Buch

Jeder von uns kennt sie: »gute« und »schlechte« Tage, Tage des Erfolgs und Tage, an denen das Stimmungsbarometer ganz auf Tief steht. Heute weiß man, daß hinter diesen Schwankungen nicht das Schicksal steht, sondern ein naturgegebenes Gesetz. Sein Geheimnis hat die Biorhythmik entschlüsselt. Die Kenntnis der körperlichen, seelischen, geistigen und feinfühligen Rhythmen läßt uns Hochphasen besser nutzen und Tiefphasen sinnvoll berücksichtigen.

Täglich stellt sich uns die Aufgabe, Unvorhersehbares, besonders Unerwünschtes, zu vermeiden, dem Zufall auszuweichen. Die Zukunft läßt sich nicht vorhersagen – aber die Biorhythmik macht die Einflüsse und Tendenzen erkennbar.

Ideale Partnerschaft ist nicht nur ein Wunschtraum. Ideale Partnerschaft ist nicht nur vom Schicksal bestimmt oder zufällig. Ideale Partnerschaft ist vielmehr abhängig vom Biorhythmus der Betroffenen und dessen Übereinstimmung in körperlicher, geistiger, seelischer und intuitiver Hinsicht. Bei hoher Übereinstimmung der einzelnen Rhythmen sind im Privaten und Beruflichen ideale Voraussetzungen für ein harmonisches Miteinander gegeben. Die persönlichen Biorhythmen kann man einfach berechnen und mit ihrer Hilfe seine privaten und beruflichen Partnerschaften überprüfen, begreifen und besser mit ihnen umgehen.

Walter A. Appel zeigt uns, wie wir unsere Rhythmen selbst berechnen und zur Meisterung des Lebens einsetzen können.

Autor

Dipl.-Kfm. Walter A. Appel studierte an seinem Geburtsort München Betriebswirtschaft und ist seit Jahrzehnten als praktizierender Biorhythmiker und Lebensberater tätig.

Durch seine zahlreichen Veröffentlichungen gilt er als bekanntester Vertreter der angewandten Biorhythmik und neuerdings der Mondastrologie.

In seinem Landsberger Studio hat er als Weltneuheit einen Taschenrechner entwickelt, der wahlweise die Biorhythmuskurven oder den Mondaufenthalt anzeigt.

Im Goldmann Verlag liegt von Walter A. Appel außerdem vor:

Die Macht des Mondes (13519).

WALTER A. APPEL

HANDBUCH BIORHYTHMUS

Der Schlüssel für bessere Gesundheit, mehr Erfolg und eine glückliche Partnerschaft

GOLDMANN VERLAG

Dieses Buch stützt sich in weiten Teilen auf die beiden Bücher
»Das ist Ihr Tag« und »Wer paßt zu wem?« von Walter A. Appel.

Der Goldmann Verlag ist ein Unternehmen der
Verlagsgruppe Bertelsmann

Made in Germany · 3/91 · 1. Auflage
© 1991 by Wilhelm Goldmann Verlag, München
Umschlaggestaltung: Design Team München
Umschlagillustration: The Image Bank/Hunt, München
Druck: Elsnerdruck, Berlin
Verlagsnummer: 13 615
JJ · Herstellung: Gisela Ernst
ISBN 3-442-13615-6

Inhalt

Biorhythmik im täglichen Leben

Einführung

I. Der Mensch, ein biosoziales Wesen

II. Die Macht der Gefühle

III. Die biorhythmische Partneranalyse

IV. Gruppenvergleiche

V. Tabelle für die Geburtstagskennzahlen . . . 225

Vorwort

»Was jeder Tag will, sollst du fragen,
was jeder Tag will, wird er sagen.«

Johann Wolfgang von Goethe
Gedichte, Epigrammatisch,
Lebensregeln

Warum dieses Buch
Ihren Tag erfolgreicher machen wird

Jeder von uns kennt sie: gute Tage und schlechte Tage, Glücks-
tage, Tage des Erfolgs und Tage ohne Bedeutung. Wir alle wissen
aus Erfahrung, daß uns die Gestaltung unserer Tage nicht immer
gleich gut gelingt; wir müssen die verschiedenartigsten Anforderungen und Eindrücke verarbeiten und erzielen dabei unterschiedliche Ergebnisse, doch uns fehlt die Erkenntnis, warum
das so ist. Wir kennen die Regeln nicht, nach denen diese
Schwankungen in unserem Leben ablaufen.

Als der altersweise Goethe uns den tiefsinnigen Rat gab,
immer erneut zu fragen, welche Forderungen der Tag an uns
stellt und welche Möglichkeiten wir haben, sie zu erfüllen, da
wußte er wohl, wie wenig die Menschen geneigt sind, Harmonie
in das Verhältnis der ihnen innewohnenden Kräfte zu den von
außen kommenden Anforderungen zu bringen. Er hatte erkannt, daß die Betriebsamkeit des Alltags den meisten wenig Zeit
läßt, nach dem Sinn ihres Tuns zu fragen.

Seitdem bahnte sich aber erfreulicherweise eine Entwicklung
an, die heute zu intensiverem Nachdenken über Grundfragen
des Lebens führt. Neue Wege und Möglichkeiten zu einer
besseren Daseinsgestaltung erschließen sich.

Unablässig sind wir bestrebt, unsere Existenz zu sichern. Der natürliche Selbsterhaltungstrieb löst fortwährend Empfindungen aus und führt zu Handlungen, die diesem Ziel dienen. Täglich stellt sich die Aufgabe, dem Zufall auszuweichen. Wir wollen einem unerwünschten Schicksal entrinnen, ihm ein Schnippchen schlagen.

Einen Beitrag zur Lösung dieser Aufgabe kann nun eine auf Erfahrung beruhende Wissenschaft leisten, die dem Geheimnis des Rhythmus im Leben natürlicher Organismen auf die Spur gekommen ist. Sie bietet brauchbare Perspektiven zur Selbsterkenntnis und zur Meisterung des Lebens. Diese Wissenschaft vorzustellen und die Berechnung, Darstellung und praktische Verwertung der persönlichen Bio-Rhythmen zu erläutern, ist Aufgabe dieses Buches.

Erkenntnisse aus zwanzig Jahren Forschung und praktischer Betätigung auf dem Spezialgebiet der Wissenschaft, das man heute allgemein mit dem Wort »Biorhythmik« in Verbindung bringt, wurden hier verwertet. Viele eigene Beobachtungen und Erfahrungen sowie die Erlebnisse, Berichte und Forschungsergebnisse Tausender in aller Welt waren Veranlassung, die Biorhythmik als wertvolles Instrument zur Lebenshilfe einzuschätzen und anzuerkennen.

Es kommt nicht von ungefähr, daß gerade in unserem so aufgeklärten Zeitalter Menschen und Institutionen große Beachtung finden, die behaupten, in die Zukunft schauen zu können – sind viele andere Prognosen doch auch möglich: Meteorologen sagen mit großer Zuverlässigkeit den Witterungsverlauf der nächsten 24 Stunden vorher, Astronauten berechnen den Ablauf der Ereignisse bei Flügen zum und vom Mond fast auf die Sekunde genau im voraus, wirtschaftswissenschaftliche Institute legen für Monate und Jahre vorhersehbare »Eckdaten« der Entwicklung fest und erzielen dabei eine hohe Trefferquote! Warum sollte solche »Zukunftsforschung« nicht auch für den einzelnen möglich sein? Jeder möchte für seine Alltagsentscheidungen gern wissen, was der nächste Tag, der nächste Monat bringt. Es ist also kein Wunder, daß an Hinweisen und Empfehlungen einzelner »Propheten« kein Mangel herrscht.

Trotzdem tappen die meisten von uns im dunkeln, müssen

zugeben, daß offenbar viele unbekannte Größen im Spiel sind, werden von Entwicklungen überrascht, die sie nicht bedacht, nicht vorhergesehen haben. Hier möchte die Biorhythmik helfend eingreifen und ein verläßlicher Ratgeber sein.

Als ich im Jahre 1975 den Wünschen interessierter Freunde folgte und mein erstes Buch über Biorhythmik schrieb, mußte ich davon ausgehen, daß der Begriff »Biorhythmik« und andere mit ihm in Verbindung stehende Benennungen nur wenigen Eingeweihten bekannt sein würden. Weder populärwissenschaftliche noch einschlägige Lexika konnten Auskunft geben. Seitdem veränderte sich die Situation auch durch die Information der Massenmedien (besonders Rundfunk und Fernsehen) grundlegend. Die Biorhythmik wurde zu einer neuen Erfahrungswissenschaft. Viel Pionierarbeit ließ sich mit Hilfe der modernen elektronischen Datenverarbeitung leisten: Sie ermöglichte es, große Mengen empirisch ermittelter Zahlen und Daten aufzubereiten und zu allgemeingültigen Schlußfolgerungen heranzuziehen.

Seit Jahren halte ich durch Veröffentlichungen, Vorträge, Seminare, Funk- und Fernsehsendungen und nicht zuletzt durch meinen Beratungs-Service unmittelbare Verbindung zu einem aufgeschlossenen, zuweilen auch sehr kritisch eingestellten Publikum. Bei diesen ständigen Kontakten erlebe ich immer wieder, daß Laien und auch fachkundige Personen häufig ähnliche Fragen stellen, die auch das Bemühen um die Ausräumung berechtigter Zweifel zeigen.

Um einem möglichst großen Interessentenkreis antworten zu können, entschloß ich mich, dieses Buch zu schreiben und dabei in etwas aufgelockerten Frage-und-Antwort-Formulierungen alles Wissenswerte über den neuesten Stand der Biorhythmik zusammenzufassen.

Neue Ideen und Methoden begegnen erfahrungsgemäß der Zurückhaltung und Skepsis. So erging es auch mir, als ich zum ersten Mal von den Regeln hörte, die die periodischen Schwingungen der Körperrhythmen beschreiben. Über Jahre prüfte ich ihre Systematik und wurde erst dann von einem zweifelnden Saulus zu einem bekehrten Paulus.

Selbstverständlich wird eine biorhythmisch ausgerichtete Lebensweise nicht alle Probleme und Beschwernisse beseitigen. Aber Sie dürfen überzeugt sein, daß ein danach harmonisch geführtes Leben mehr Gewinn, mehr Glück und Daseinsfreude bringt und Sie so eher Herr Ihrer Zeit und Ihrer Tage werden.

Persönliches

»Schön ist, was wir sehen,
schöner, was wir wissen,
am schönsten jedoch ist das,
was wir noch nicht verstehen.«

Naturforscher *Niels Stensen*
(1638–1686)

Wie kam es, daß Biorhythmik zu einem Leitthema Ihres Lebens wurde?

Diese Frage stellte man mir so oft, daß ich sie hier – und man möge mir diesen Exkurs ins Persönliche verzeihen – einmal für alle beantworten möchte. Gleichzeitig kann die Schilderung als Beispiel für den Werdegang eines Biorhythmikers stehen.

Aufgewachsen in einem alten Bürgerhaus in Landsberg/Lech, verbrachte ich die großen Sommerferien am liebsten in Füssen bei meinem Großvater, der als Optiker und Uhrmacher sehr aufgeschlossen für viele geistige Bereiche war. In seinem Haus hatte er deshalb ein eigenes Bibliothekszimmer, das einen besonderen Eindruck auf mich machte. An Regentagen zog ich mich stundenlang dorthin zurück und fand beim Stöbern in alten Büchern und vergilbten Zeitschriften Abwechslung und Anregung.

In der für die damaligen Verhältnisse einmaligen Sammlung gab es auch Bücher über Menschenkunde. So erinnere ich mich zum Beispiel an das Werk von Oscar Schellbach aus den dreißiger Jahren, mit dem Titel »Mein Erfolgssystem«, das mich mit seinen Kapiteln über bewußte Lebensführung, Gesetze des per-

sönlichen Einflusses, praktische Menschenkenntnis, Charakter-
analysen und ähnliches immer wieder fesselte.

Seit dieser Zeit beschäftige ich mich mit Fragen der Charakte-
rologie, der Ausdruckslehre und verwandter Gebiete, die man
zusammenfassend als angewandte Psychologie bezeichnet.

Durch Zufall fiel mir dann als Student ein kleines Heftchen aus
dem Jahre 1932 in die Hand, das den Titel »Die Lebenskurve
nach dem Ellerbeck'schen Gesetz – Ebbe und Flut im Blut« trug.
In dieser Broschüre begegnete ich zum ersten Mal dem Begriff
»Biorhythmik«, denn schon im Vorwort fand ich die nachstehenden Lebensregeln:

1. Erkenne dich selbst!
2. Erkenne deine Nächsten!
3. Beachte das Gesetz der Zellenschwingungen in deinem Organismus! Wer das Gesetz des Lebensrhythmus (Biorhythmus)
   mißachtet oder nicht kennt, muß Mißerfolg haben. Den
   richtigen Zeitpunkt zu allem Tun und Handeln erfassen, das
   allein ist der Schlüssel zum Erfolg.

Der kleine Band stellte die von dem deuschen Gelehrten und
Präsidenten einer indischen Unversität Prof. Dr. h. c. Ellegaard
Ellerbeck formulierten Gesetze der Tagesschwingungen von 23,
28 und 33 Tagen Dauer vor. Eine Reihe von Beispielen aus dem
Alltag und aus der Geschichte erläuterte das Wirken der Bio-
rhythmen (Lebensrhythmen).

Eine Anleitung zur Selbstberechnung der Lebensrhythmen
fehlte in der Schrift, und es fehlten auch Literaturhinweise, die
eine weitere Vertiefung ermöglicht hätten. Die Veröffentlichungen zur Periodenlehre von Dr. Wilhelm Fließ, von denen ich damals natürlich auch noch nichts wußte, wurden nicht erwähnt.
So verlor ich denn zunächst das Interesse an der mir völlig neuen
Materie.

Erst etwa ein Jahrzehnt später entdeckte ich während einer
Geschäftsreise in einem Schaufenster in Winterthur eine Dreh-
bühne, auf der eine fotografische Rundsichtaufnahme zu sehen
war. Sie stellte, aufgeteilt in 24 Einzelbilder, den jeweiligen
Sonnenstand bei einem Abstand von je einer Stunde so dar, wie

er sich dem Betrachter im nördlichsten Fjord Norwegens am längsten Tag des arktischen Sommers bot. Dieser Blickfang mit der einer Sinuskurve ähnlichen Sonnenbahn war zugleich die Umschlaggestaltung für das Buch von H. J. Wernli, dessen Titel »Biorhythmisch leben« mich nun abermals auf die so geheimnisvollen Lebensschwingungen aufmerksam machte. Sofort kaufte ich es, um nun wirklich mehr über ein Thema zu erfahren, von dem ich bislang noch nichts verstand, das mich aber immer wieder anrührte. Ich nahm mir vor, die Sache jetzt gründlich anzugehen.

Beim Studium des Buches fand ich Hinweise auf Arbeiten von Schweizer Forschern, und bald kam ich in persönliche Verbindung mit dem in Zürich lebenden Ingenieur Hans R. Früh. Dieser hatte Apparate und Uhren entwickelt, mit denen man durch Einstellen eines bestimmten Geburtstages für jedes beliebige Ereignisdatum die entsprechende Biorhythmenlage des betreffenden Menschen ermitteln konnte. Nachdem ich etwa 1964 bei Früh einen Biorechner gekauft hatte und mir die zum praktischen Arbeiten erforderlichen Unterlagen und Dokumente zur Verfügung standen, war der Grundstock für ein Hobby gelegt, das sich dann über die nebenberufliche Tätigkeit bis zum selbständigen Hauptberuf weiterentwickelt hat.

Die Frühschen Dokumente und Atteste enthielten in reicher Auswahl Berechnungsbeispiele und Auswertungen von Verkehrsunfällen, Krankheits- und Todesfällen, Verbrechen, sportlichen Erfolgen und Niederlagen. Sie gaben mir Anregungen und Hinweise zu eigenem Arbeiten auf dem vorgezeichneten Weg. Ich begann, Informationen über herausragende Tagesereignisse zu sammeln und die biologischen Rhythmen der bei diesen Ereignissen handelnd oder unterlassend in Erscheinung getretenen Personen zu berechnen und selbständig auszuwerten. Es war naheliegend, daß ich zu allererst jedoch einige Fälle aus meinem persönlichen Erleben und aus meinem engsten Familienkreis überprüfte, um so eine Erklärung zu finden für »rätselhafte« Schicksalsschläge und gravierende Begebenheiten.

Aus diesen und ähnlichen Beispielen konnte ich zu meinem großen Erstaunen sehr bald erkennen, daß nicht das »Gesetz des blinden Zufalls«, sondern ein wohlgeordnetes System hinter all den Erscheinungen unseres Daseins steht. Und ich fühlte mich geradezu gedrängt, die zeitlichen Zusammenhänge zu erforschen und unablässig nach Erklärungen zu suchen, die auch die Richtigkeit der Theorie von den Biorhythmen zu beweisen geeignet waren.

Glauben Sie persönlich an Biorhythmik und leben Sie selbst nach Ihrer inneren Uhr?

Diese Frage gibt mir Gelegenheit zu einem ausdrücklichen Bekenntnis: Wäre ich nicht von der Richtigkeit und Anwendbarkeit der Lehren von den körpereigenen Rhythmen überzeugt, könnte ich wohl schwerlich in aller Öffentlichkeit so unbeirrbar und unablässig für ihre Anwendung in der Praxis eintreten!

Wer das Werden und Vergehen in der Natur, das Aufwärtsstreben und Abklingen der Kräfte, Gefühle und Regungen im Menschen, sein »Himmelhoch-Jauchzend« und »Zu-Tode-Betrübt-Sein« ganz bewußt erlebt, der muß davon überzeugt sein, daß Rhythmen die Grundmuster allen Seins sind.

Diese Erkenntnis ist heute genauso gültig wie vor tausend Jahren, als die Weisen im Kybalion ihre Einsicht in die Geheimnisse des Lebens so formulierten: »Nichts ist in Ruhe, alles bewegt sich, alles ist in Schwingung. Alles fließt aus und ein, alles hat seine Zeiten, alle Dinge steigen und fallen, das Schwingen des Pendels zeigt sich in allem: das Maß des Schwunges nach rechts ist das Maß des Schwunges nach links; Rhythmus kompensiert.«

Warum sollte man Einwände gegen solche uralten Lebenserfahrungen haben? Jeder, der sich in seinem Lebensbereich etwas umsieht und ihn fragend betrachtet, wird kaum bestreiten können, daß Rhythmen lebensgestaltend und lebensbestimmend sind und als Phänomen des Universums unbedingt Anerkennung verlangen.

Ungezählt sind die Beispiele und Erfahrungen, die ich selbst im Laufe von Jahrzehnten gesammelt habe: Sie bestätigen immer wieder die Stärke und das Wirken polarer Gegenkräfte, die unser Leben erhalten oder es zerstören können. Zahlreiche Beispiele im zweiten Teil dieses Buches werden auch dem Leser ein persönliches Urteil ermöglichen.

Trotz vieler Anfeindungen hat auch der Mitentdecker der Biorhythmik, der Berliner Sanitätsrat Dr. Wilhelm Fließ, unentwegt auf das periodische Geschehen in der Natur und beim Menschen hingewiesen. In seinem Aufsatz »Vom Rhythmus des Lebens« schreibt er beispielsweise folgende Sätze, die leider in der heutigen Literatur kaum mehr die ihnen zukommende Beachtung finden:

»Aus dem frühen Griechentum klingt Hesiods Wort in unsere Zeit, daß mancher Tag eine Mutter und mancher eine Stiefmutter sei. Welch ein feines Wort und welche tiefe Erkenntnis liegt darin! Nur wer engste Fühlung mit der Natur hatte, konnte es finden. Es hat zweieinhalb Jahrtausende gebraucht, bis sein Ernst erkannt wurde. Und damit ist es der Kern einer neuen, wissenschaftlichen Wahrheit geworden: des Satzes, daß alles Leben sprunghaft schwankt, daß Tage des Behagens und Wohlseins plötzlich abgelöst werden durch Unbehagen und Krankheit. Das Naturgesetz hat schon Goethe in sich gefühlt. Aber vom Fühlen zum Erkennen ist noch ein weiter Weg.«

Wer wie ich nach Jahren des Zweifelns von der Biorhythmik überzeugt wurde, hat eigentlich keine andere Wahl als die, sich auch in der eigenen Lebensführung nach den periodischen Gegebenheiten zu richten. Doch es muß an dieser Stelle ganz klar zum Ausdruck gebracht werden, daß es bei einer solcherart den Gesetzen der Biorhythmik folgenden Verhaltensweise darauf ankommt, sich von den vorausberechneten Tendenzen weder beirren noch manipulieren zu lassen, nicht zum Sklaven seiner Erkenntnisse zu werden.

Aus den Lehren und Berechnungen der Biorhythmik lassen sich Informationen und Instruktionen ableiten, aber diese zwingen niemanden zu einem ganz bestimmten persönlichen Reagieren. Den Weg, den wir gehen müssen, bestimmen auch unberechenbare, insbesondere äußere Einflüsse, und es ergeben sich immer wieder Abweichungen von dem zunächst erwarteten Ablauf der Dinge. Aber diese Tatsache bleibt bestehen: In jedem Fall ist die Kenntnis der persönlichen Rhythmen ein wertvolles Werkzeug zum Abschätzen der psychologischen und physiologischen Momente, die zu irgendeinem Zeitpunkt vorherrschen. Durch die Biorhythmik gewinnen wir ein besseres Verständnis für den Zustand, in dem wir uns befinden, und sind in gewissem Maß auch in der Lage, die zukünftige Entwicklung bei unserem Tun und Lassen zu berücksichtigen.

Ich bin der Überzeugung, daß es einer gewissen Lebenskunst bedarf, sein Gefühls- und Geistesleben unter Beachtung einer vorgegebenen Rhythmik zu gestalten; auch eine gehörige Portion Selbstdisziplin ist notwendig. Aber wäre unser Dasein nicht langweilig und belanglos, wenn es nicht Stimmungsschwankungen und Leistungsänderungen unterworfen wäre? Entscheidend ist doch, daß wir unseren Einsatz überlegt steuern und nicht Gefahr laufen, in einer Hochstimmung zu übertreiben und in einer Depressionsphase zu verzweifeln.

Es sei zugegeben, daß es zunächst etwas schwierig erscheint, nach der »inneren Uhr« zu leben. Wer aber sich davor hütet, eine fanatische Ergebenheit gegenüber den Biorhythmen an den Tag zu legen, wird bald zu einer inneren Sicherheit gelangen und die Vorteile seiner geänderten Lebensweise erkennen. Im Grunde handelt es sich ja nur darum, der körpereigenen Schwingungen und Schwankungen inne zu werden und daraus die erforderlichen, je nach Veranlagung möglichen Schlüsse zu ziehen.

So kommt es darauf an, Stimmungsumschwünge, Empfindungswechsel und Verhaltensänderungen zu beachten und sie im Zusammenhang mit der biorhythmischen Eigenschwingung zu beurteilen. Durch vorbeugende Maßnahmen, richtige Zeitplanung und angepaßte Lebensweise lassen sich unliebsame Komplikationen und Fehlleistungen aller Art, lassen sich Risiken weitgehend vermeiden.

Früher oder später rächt es sich, wenn man immer wieder gegen den eigenen Rhythmus handelt und nicht auf die naturgegebenen Zeiten der Kraftabgabe und der Erholung achtet. Wenn man sich ihrer bewußt ist, läßt sich die Biorhythmik ohne große

Mühe in den subjektiven Tagesablauf einbauen, weil sie ja kein Verhalten wider die Natur verlangt. Im Gegenteil: Wie ein Wellenreiter die hoch- und niedergehenden Wogen für seine gefahrlose Fortbewegung ausnützt, so kann jeder, der von den rhythmischen Schwingen im eigenen Körper überzeugt ist und sie bewußt erlebt, sich ihnen anpassen und so ein naturgewolltes, gesundes und harmonisches Leben führen.

Ist »Biorhythmiker« ein Beruf?

Meine Arbeiten zur Erforschung der Biorhythmik, die vielfältigen Beratungen, Vorträge und schriftstellerischen Aktivitäten
auf diesem Spezialgebiet liefern den Beweis dafür, daß die Tätigkeit eines Biorhythmikers als Beruf und als Lebensaufgabe auf-
zufassen ist. Generell kann man davon ausgehen, daß dieser
Beruf zur Gruppe freier, schöpferischer Beschäftigungen zählt,
die mit »geistigen« Aktivitäten zu tun haben und die jedermann
ausüben kann. Außerdem sieht Artikel 12 des Grundgesetzes das
Recht auf freie Wahl von Beruf, Arbeitsplatz und Ausbildungs-
stätte vor. So ist es denn auch rechtlich uneingeschränkt möglich, den Beruf eines Biorhythmikers zu wählen.

Jeder Beruf ist durch berufstyische Arbeitserfahrungen und
den Einsatz spezialisierter Arbeitsmethoden und -mittel gekennzeichnet; er dient dazu, in unserer Wirtschaftsordnung eine ganz
spezielle Aufgabe für die Gesellschaft zu erfüllen. Auch für den
Biorhythmiker treffen diese Kriterien ohne Einschränkung zu.
Bisher liegt kein eigenes Berufsbild vor, demzufolge gibt es noch
keine Ausbildungsordnung oder Zulassungsprüfung, auch exi-
stiert kein Gesetz, das die Ausübung des Berufs regelt. Berufene
und Unberufene werden daher gleichermaßen haupt- wie neben-
beruflich aktiv. Jeder kann sich als Experte ausgeben, was
Gefahren und Nachteile für den interessierten Laien mit sich
bringt. Deshalb sollte man immer sorgfältig prüfen, ob man es
mit einem qualifizierten Fachmann zu tun hat.

Biorhythmik ist also eine freiberufliche Tätigkeit, die in besonderer Weise Gegebenheiten und Situationen anderer Menschen ganz spezifisch betrachtet. Richtig ausgeführt, hat sie mit
Hellsehen oder Aberglauben nicht das geringste zu tun.

Der freiberuflich tätige Biorhythmiker hat Gesetze und Verordnungen zu beachten und Pflichten wie Rechte wahrzunehmen, wie jeder andere Bürger auch. Besonders berücksichtigen muß er allerdings die Gesetze des Bürgerlichen Gesetzbuchs, des Handelsgesetzes und die Vorschriften des Gewerberechts, die eine freie Berufsausübung regeln. Er muß seine Tätigkeit bei den entsprechenden Behörden anmelden. Voraussetzung für eine erfolgreiche Arbeit als Biorhythmiker sind selbstverständlich zunächst Spezialkenntnisse, wie das Berechnen und Interpretieren der biorhythmischen Kurven und das Analysieren von Partnerbeziehungen. Aber auch eine kaufmännische Ausbildung darf nicht fehlen, da er Grundkenntnisse in der Büroorganisation, des Registratur-, Kartei- und Terminwesens, des kaufmännischen Rechnungswesens und des Zahlungsverkehrs benötigt. Die Anwendung des Steuerrechts, dem der Biorhythmiker unterliegt, zwingt zu einem ausreichenden Wissensschatz über die wichtigsten Steuerarten, wie Mehrwertsteuer, Umsatzsteuer, Einkommen- oder Lohnsteuer. Oft werden auch Angelegenheiten auf dem Gebiet der Sozialversicherung zu bearbeiten sein, vor allem dann, wenn für Mitarbeiter Lohn- und Gehaltsabrechnungen zu fertigen sind.

Besondere Beachtung verlangt die Erfüllung der zur Regelung des Wettbewerbs vom Gesetzgeber erlassenen Vorschriften. Sie sollen

- die Voraussetzungen für einen fairen Wettbewerb gewährleisten,
- eine Täuschung der Klienten durch irreführende Angebote verhindern,
- unlautere Werbemaßnahmen unterbinden,
- die Verwendung rechtlich geschützter Warenzeichen und Symbole durch Unbefugte verhindern.

Zu beachten ist zum Beispiel das Verbot der reißerischen Werbung. In diesem Zusammenhang erinnere ich mich ungern der Werbeschrift eines »Berufskollegen«, der auf der Umschlagseite das Foto eines schweren Autounfalls zeigte und dazu die geschmacklose Überschrift gebrauchte: »Sind Sie der nächste?«

Ein anderer Biorhythmiker mußte aufgrund einer Anzeige seine Tätigkeit einstellen, weil er in regelmäßigen Abständen führende Persönlichkeiten der Wirtschaft, der Industrie, der Politik und der Kunst mit seinen Zuschriften beglückte. Wenn er keine Antworten erhielt, folgten Briefe, deren Tenor zunehmend makaberer wurde. Zum Schluß bestand der Inhalt der Sendung aus einer Sammlung von Todesanzeigen, die mit der kühnen Behauptung garniert war: »Sie alle könnten noch leben, wenn sie auf mich gehört hätten.«

Solche und ähnliche marktschreierische Methoden stellen Entgleisungen dar, die man nicht scharf genug anprangern kann. Aber es gibt genug gesetzliche Handhaben, sie zu unterbinden. Diese gesetzlichen Möglichkeiten seien hier erwähnt, um den interessierten Leser zu warnen und zu einer kritischen Einstellung zu veranlassen.

Für die meisten vertraglich zu regelnden Beziehungen gilt in Deutschland bekanntlich die »Vertragsfreiheit«, doch sind im allgemeinen bestimmte Geschäftsbedingungen einzuhalten. Dazu sei zum Beispiel noch die Schweigepflicht und der sorgsame Umgang mit den von Klienten anvertrauten Daten (Geburtstag, Lebenslauf-Daten) erwähnt. Daß der Biorhythmiker bei seiner beratenden Tätigkeit auch so profane Dinge wie Lieferungen, Leistungen und Zahlungen zu regulieren hat, ist ohne weiteres einsichtig.

Dem Umfang nach im Vordergrund steht die Aufgabe des Biorhythmikers, durch Berechnung und Darstellung der Lebenskurven und ihrer wahrscheinlichen Auswirkungsmöglichkeit bestimmte Tendenzen zu erkennen und diese dem Klienten zu erläutern. Außer den erwähnten speziellen Fachkenntnissen und dem allgemeinen kaufmännischen Grundwissen soll ein verantwortungsbewußter Biorhythmiker auch Kenntnisse auf dem Gebiet der Psychologie besitzen. Angesichts der Fülle von Arbeitsgebieten ist also eine gut fundierte Ausbildung über die ganze Breite des Aufgabenspektrums notwendig bzw. wäre sie als Voraussetzung für eine erfolgversprechende Tätigkeit zu fordern. Erfüllen läßt sich diese Forderung durch Teilnahme an entsprechenden Studiengängen, Seminaren und ähnlichem.

Abschließend sei noch angemerkt, daß sich die Erwerbsmöglichkeiten in diesem Beruf in erster Linie nach Umfang und Art des persönlichen Einsatzes, nach den Fähigkeiten und der Tüchtigkeit desjenigen richten, der ihn ausübt. Natürlich spielt auch der finanzielle Spielraum eine gewisse Rolle. Wer da glaubt, ohne die erforderlichen Fachkenntnisse durch Verkauf maschinell erstellter biorhythmischer Gutachten rasch an das große Geld zu kommen, wird erfahrungsgemäß große Enttäuschungen erleben. Mir sind Fälle bekannt, bei denen Verluste von Vermögenswerten bis zur Millionenhöhe zu verbuchen waren. Andererseits kenne ich aber auch Berufskollegen, die seriös ihr Geld verdienen, denen der Beruf zugleich Berufung ist, die mit ihrer Arbeit schon vielen Menschen wertvolle Dienste leisteten.

Was ist Biorhythmik?
Grundlagen und Berechnung

> »In jedem von uns, so unvollkommen
> er auch sei, schlägt ein lautloser Puls
> von vollkommenem Rhythmus, ein
> Komplex von Wellenformen und Re-
> sonanzen, der absolut individuell und
> einzigartig ist und uns gleichzeitig mit
> dem ganzen Universum verbindet.«
>
> *George Leonard*

Was versteht man unter Biorhythmik?

Allgemein versteht man unter dem Begriff »Biorhythmik« das Existieren zeitlich gegliederter, periodisch ablaufender Zustandsschwankungen von Lebensvorgängen und die Einflüsse dieser Schwankungen auf das Geschehen aller Organismen (Menschen, Tiere, Pflanzen).

Im engeren Sinne wird der Begriff »Biorhythmik«, als Spezialgebiet der Naturwissenschaft, heute weltweit nur für eine ganz bestimmte Mehrtagesperiodik beim Menschen gebraucht, wobei man davon ausgeht, daß diese aus den unterschiedlichen Periodenlängen von 23, 28, 33 und 38 Tagen besteht.

Dem Sinngehalt des Wortes »Biorhythmik« liegen zwei aus dem Griechischen kommende Wörter zugrunde: Mit »bios« bezeichneten die Griechen die belebte Welt, das Leben schlechthin, mit »rhythmós« drückten sie das Gleichmaß einer Bewegung bei periodischem Verlauf aus.

Nach Ludwig Klages (1872–1956) ist Rhythmus eine Urerscheinung des Lebens; in seinem Werk »Vom Wesen des Rhythmus« bezeichnete er diesen als »gegliederte Stetigkeit«. Wir sind heute von der Richtigkeit der Erkenntnis überzeugt, die schon der im vorigen Jahrhundert lebende Physiologe Johannes Müller hatte, daß »der Rhythmus durch die ganze Natur geht, bis in den anorganischen Stoff hinein. Alles beruht auf rhythmischer Bewegung und alles Leben vollzieht sich in rhythmischer Bewegung«.

Obwohl der Rhythmus ein Merkmal allen Lebens und der periodische Wechsel in der gesamten belebten Natur erkennbar ist, widmete man diesem Phänomen in früheren Zeiten wenig Aufmerksamkeit. Erst in den letzten Jahrzehnten wurde das kosmische Gesetz von Polarität und Wiederkehr stärker beachtet und in den Kreis der allgemeinen wissenschaftlichen Forschung einbezogen. Die Ergebnisse dieser Forschung betreffen sehr unterschiedliche Fachbereiche, wie Biologie, Medizin, Psychologie, Physiologie, Soziologie, Kriminologie und sogar Philosophie und Theologie.

Seit den grundlegenden Arbeiten des schon zitierten Psychologen Klages besteht Übereinstimmung in der Auffassung, daß der Rhythmus eine geregelt fließende, harmonische Bewegung ist. Das Besondere des Begriffs »Rhythmus« wird deutlich, wenn man ihn dem Begriff »Takt« gegenüberstellt: Hier sind die Elemente des Bewegungsflusses in »gleichmäßiger« Folge betont, während dort an die Stelle von Gleichmäßigkeit die »Ähnlichkeit« tritt. Rhythmus ist also die »Wiederkehr von Ähnlichem in ähnlichen Abständen«; unter Takt soll verstanden werden, daß sich »Gleiches in gleichbleibenden Abständen« wiederholt. Rhythmus läßt Abweichungen der Zeiteinheiten und der Tempi zu, während Takt einem starren, mathematisch zu beschreibenden Schema unterliegt.

Kosmische, also außermenschliche Zeitgeber wie Sonne und Mond schaffen, vom Menschen her gesehen, »exogene« Rhythmen, dagegen werden die von der »inneren Uhr« des Menschen gesteuerten Rhythmen wie Pulsschlag und Atemfrequenz als »endogen« bezeichnet.

Man nimmt an – eine Beweisführung ist noch schwierig –, daß der endogene, zum Teil angeborene Rhythmus synchron mit dem exogenen Rhythmus abläuft; die Synchronisation wird durch äußere Einflüsse immer aufs neue hergestellt. Karl Birzele faßt dies in seinem Werk »Sonnenaktivität und Biorhythmus des Menschen« so zusammen: »Hinter dem sogenannten Zufall im Biologischen stehen, wie sich heute wissenschaftlich mehr und mehr herausstellt, häufig kosmische oder meteorologische Auslösewirkungen.«

Der Schlüssel zum Verständnis rhythmischer Prozesse liegt in der Erkenntnis, daß hier ein Gesetz der Polarität wirksam ist. Denn ein Rhythmus kann nur entstehen, wenn einander entgegengesetzte Pole den Ausgleich anstreben. Johann Wolfgang von Goethe, der den Begriff der Polarität eingeführt hat, demonstriert ihr Wesen sehr einleuchtend in seinem Beispiel des lebenerhaltenden Atems, wie er es in einem Gedicht im »Westöstlichen Diwan« schildert:

> »Im Atemholen sind zweierlei Gnaden:
> Die Luft einziehen, sich ihrer entladen.
> Jenes bedrängt, dieses erfrischt;
> So wunderbar ist das Leben gemischt.
> Du danke Gott, wenn er dich preßt,
> Und dank ihm, wenn er dich wieder entläßt!«

Der ständige Wechsel – wie er sich beim Atemholen so sinnfällig darstellt – bildet die Grundstruktur des Rhythmus. Ohne Einatmen gibt es kein Ausatmen, ohne Ausatmen kein Einatmen, und wer dies polare System unterbricht, stoppt damit gleichzeitig das Leben. Leben ist also Rhythmus, und Tod ist Stillstand.

Im Wort »Rhythmus« finden wir als Wortstamm auch das griechische »rhein«, das sich mit »fließen« übersetzen läßt. Demnach bedeutet Rhythmus auch soviel wie »Bewegung, stetes Sich-Erneuern«. Der griechische Philosoph Heraklit von Ephesus (etwa 540–480 v. Chr.) hat mit seinem weltbekannten Ausspruch »panta rhei« (alles fließt) diese Erkenntnis von der alles beherrschenden Bewegung in der Natur in klassischer Weise zum Ausdruck gebracht: Jeder, der mit offenen Augen und Sinnen die Vorgänge in der Natur betrachtet, findet seine Erfahrung immer wieder bestätigt.

Wenn Rhythmus der Ausgleich zwischen polaren Zuständen und Verhältnissen ist, muß jede Beeinträchtigung zu einer Störung des harmonischen Gefüges führen. Denken wir in diesem Zusammenhang an die Wechselwirkung von Wachen und Schlafen, jenen Rhythmus, der so deutlich wahrnehmbar in die Vorgänge des Lebens eingreift. Wer diesen von der Natur vorgegebenen Rhythmus von Aktivität und Ruhe mißachtet, wird früher oder später mit gesundheitlichen Beeinträchtigungen rechnen müssen. Es kommt nicht von ungefähr, daß eine zunehmende Zahl von »modernen« Krankheitszuständen auf eine Entrhythmisierung unseres Lebens zurückzuführen ist.

Ein gutes Beispiel für die nachteiligen Folgen der Abkehr von dem natürlichen Wechsel zwischen Wachen und Schlafen bietet die in vielen Industriezweigen fast unvermeidliche Nachtschichtarbeit. Man spricht dann so vielsagend von Streß, von nervösen Zuständen, die durch Hetze, berufliche und private Überforderung entstanden sind. Aber es handelt sich meist um Erscheinungen, bei denen sich die disharmonische Lebensführung als eigentliche Ursache zu erkennen gibt; sie hat die Menschen offenbar aus ihrem normalen, von der Natur vorbestimmten Grundrhythmus herausgerissen. Nicht von ungefähr sind die vielbeklagten Schlafstörungen, ist die Schlaflosigkeit ein Übel unserer Tage geworden. Dies zeigt jedem bewußt lebenden Menschen, wie schädlich eine rhythmenfeindliche Einstellung ist.

Wer nicht versteht, sich den biorhythmischen Gesetzen zwanglos unterzuordnen, wer versucht ist, seine eigenen Vorstellungen von der Dauer der Aktiv- und Passivphasen durchzusetzen, wird sehr bald an die Wirksamkeit einer naturgewollten, das heißt rhythmischen Lebensgestaltung erinnert. Andererseits wird jeder, der die Grundkräfte der Biorhythmik bewußt beachtet, durch die Erhaltung der leiblichen und seelischen Gesundheit belohnt.

> »Genieß an einem guten Tage dein
> Glück, und vor einem bösen hüte
> dich: denn Gott schickt sie wechsel-
> weise, damit der Mensch keine billige
> Klage wider ihn aufbringen könne.«

Prediger *Salomon*, 7. Hauptstück, 15

Wer entdeckte die Biorhythmik?

17 Jahre nach der Erstauflage seines mehr als 400 Seiten umfas-
senden Werkes »Der Ablauf des Lebens, Grundlegung zur
exakten Biologie« sagte der Sanitätsrat Dr. Wilhelm Fließ
(24.10.1858–13.10.1928), einer der Entdecker der Biorhythmik,
in der Neuauflage (1923) skeptisch mit dem Wort Keplers: »Es
kümmert mich nicht, ob mein Werk jetzt oder erst in Zukunft
gelesen wird. Es macht mir nichts, ein Jahrhundert auf meine
Leser zu warten, wo doch Gott selbst sechstausend Jahre auf
seine Erforscher gewartet hat. Ich siege.«

Fließ bemerkte dann ausführlich, daß die von ihm entwickelte
Lehre von den Tagesverbänden von 23 und 28 Tagen Dauer
schon im indischen Altertum hätte aufgestellt werden können,
weil auch damals die Voraussetzungen – einfache Beobachtung
der Natur, lediglich mit dem Instrument des menschlichen
Geistes – durchaus gegeben waren.

In der Tat ist die Kenntnis von den periodisch sich wiederho-
lenden Vorgängen in der Natur und so auch beim Menschen
uralt, was sich aus den bruchstückhaft aufgefundenen Schriften
der verschiedenen Kulturkreise erkennen läßt. Leider sind uns
nur Fragmente von Berichten zugänglich, aber sie beweisen, daß
die biorhythmische Schwingungslehre oder, wie sie früher
genannt wurde, die Periodenlehre, eine lange Vorgeschichte hat.

Daß es zyklische Vorgänge im Leben gibt, war den Alten wohl
bewußt; die Gelehrten der Babylonier, Ägypter, Griechen,
Chinesen usw. haben sich intensiv mit ihnen beschäftigt. So

kennen wir beispielsweise Teile von Kalendern aus dem alten Ägypten, in denen von einer sogenannten »Tagwählerei« berichtet wird. Schon vor mehr als 3000 Jahren hatte der Mensch für die einzelnen Tage des Jahres Verhaltensregeln und Hinweise.

Auch im alttestamentlichen Israel hat der um 900 v. Chr. regierende König Salomon, wegen seiner Weisheit und Gerechtigkeit bekannt und noch heute oft zitiert, im dritten Hauptstück seines Bibelbuches »Der Prediger Salomon« den Gesichtspunkt der Bedeutung der Zeit für das Tun des Menschen ausführlich behandelt. Im 1.–8. Vers dieses dritten Kapitels lesen wir seine Worte in der Übersetzung Ignaz Weitnauers (1783):

1. Einer jeden Sache ist ihre Zeit bestimmt, und alle Geschäfte unter dem Himmel haben ihren Augenblick.
2. Es ist eine Zeit, auf die Welt zu kommen, und eine Zeit, zu sterben, es ist eine Zeit, zu pflanzen und wieder auszureißen, was gepflanzet ist.
3. Es ist eine Zeit umzubringen und zu heilen; eine Zeit niederzureißen und aufzubauen.
4. Es ist eine Zeit zu weinen und zu lachen; eine zu trauern und eine zu tanzen.
5. Es ist eine Zeit, die Steine (eines abgerissenen Hauses) auseinanderzuwerfen und sie zu sammeln; eine Zeit, sich zu umarmen und von der Umarmung sich zu entfernen.
6. Es ist eine Zeit zu gewinnen und zu verlieren, eine zu bewahren und eine wegzuwerfen.
7. Eine Zeit, aufzutrennen und eine Zeit, zusammenzuheften, eine zu schweigen und eine zu reden.
8. Eine Zeit der Liebe und eine Zeit des Hasses, des Krieges und des Friedens.

Im alten Griechenland hat der Begründer der klassischen Medizin, Hippokrates (460–377 v. Chr.), seine Schüler auf rhythmische Vorgänge im menschlichen Körper hingewiesen und sie gelehrt, bei Gesunden wie bei Kranken auf »gute« und »schlechte« Tage zu achten. Er wußte, daß Regelmäßigkeit das Gesundsein begünstigt und Unregelmäßigkeit das Kranksein, und deshalb verlangte er von seinen Schülern, die Tagestendenzen bei der Behandlung der Patienten zu berücksichtigen.

Überliefert sind auch Erfahrungen, die der griechisch-römische Arzt Galen (129–199 n. Chr.) über den periodischen Verlauf von Krankheiten und über deren kritische Phasen gemacht hat.

Im Fernen Osten wurden schon vor vielen tausend Jahren Beobachtungen über das rhythmische Geschehen in der gesamten Natur einschließlich des Menschen gesammelt; in der weltbekannten »Yin-Yang-Lehre« finden wir als Grundlage des Denkens das Polaritätsgesetz, das uns in der modernen Biorhythmik wieder begegnet.

Um die Wende zum 20. Jahrhundert entwickelte sich bei uns eine neuartig anmutende Lehre auf der Basis alter Einsichten. Die beiden Persönlichkeiten, die die Wirksamkeit der beiden Langzeitrhythmen von 23 und 28 Tagen Dauer etwa zur gleichen Zeit erkannten und beschrieben, sind Dr. Wilhelm Fließ (1858–1928), Sanitätsrat in Berlin, und Dr. Hermann Swoboda (1873–1963), Professor der Psychologie in Wien. Die von ihnen veröffentlichten Forschungsergebnisse fanden in der Fachwelt zunächst noch keine große Beachtung; erst etwa sieben Jahrzehnte später war ihren Lehren der verdiente Erfolg beschieden, und deren Bedeutung für den Menschen wurde allgemein anerkannt.

Für die praktische Anwendung und Verbreitung ließen sich dann auch neuzeitliche Hilfsmittel, zum Beispiel die Datenverarbeitung mit elektronischen Rechnern, einsetzen, vor allem, nachdem andere Forscher Erweiterungen und Ergänzungen der Rhythmenlehre vorgenommen hatten. Mit an vorderster Stelle ist hier Dr. Ing. Friedrich Teltscher (1885–1945) zu erwähnen, der aufgrund von Untersuchungen der Lebensläufe schöpferischer Menschen den Rhythmus von 33 Tagen Dauer als Mechanismus zur Steuerung geistiger Aktivitäten und den von 38 Tagen Dauer für intuitive Regsamkeit nachwies, die teilweise von dem amerikanischen Psychologie-Professor Dr. Rexford B. Hersey in Zusammenarbeit mit dem Drüsenspezialisten Dr. Michael J. Bennett bestätigt wurden.

Eine erste Anerkennung der Theorie der biologisch wirkenden Rhythmen durch die Wissenschaft errang der Schweizer Diplomingenieur Hans Schwing im Jahre 1939. Er promovierte in Zürich mit einer Arbeit zum Thema »Über Biorhythmen und deren technische Anwendung«, wobei ihm der wissenschaftliche Beweis gelang, daß in einer Vielzahl von Fällen Zusammenhänge zwischen der Rhythmenlage bestimmter Personen und ihrer Beteiligung an äußeren Ereignissen (Unfällen, plötzliches Ableben) bestanden. Seine Untersuchungen basierten auf den grundlegenden Erkenntnissen von Wilhelm Fließ und setzten sich mathematisch exakt mit den zahlentheoretischen Elementen in dessen Lehren auseinander. Schwing entwickelte moderne rechnerische Verfahren und Methoden zur grafischen Darstellung der Rhythmenabläufe und war um Klärung der Begriffe sowie um deren Definition bemüht. Er war es auch, der die Anwendungsmöglichkeiten in der Unfallverhütung, bei der Personalauswahl und der Ermittlung von Rhythmenverwandtschaften überzeugend vorstellte.

Die von Schwing so erfolgreich begonnene mathematische Durchdringung des Stoffes und dessen statistische Aufarbeitung wurden leider durch den Krieg und die Nachkriegszeit zunächst unterbrochen. In den siebziger Jahren setzte dann aber ein weltweites Interesse an der weiteren Erforschung der Materie ein; neue Erkenntnisse brachen sich Bahn und erschlossen immer neue Anwendungsgebiete.

Was spricht für die Richtigkeit der biorhythmischen Gesetzmäßigkeiten?

Es leuchtet ein, daß die gesonderte Beobachtung und Auswertung von Rhythmen um so unüberschaubarer und deshalb auch schwieriger ist, je länger die Rhythmen sind. Obwohl es also problematisch ist, eine langfristige Zeitstruktur beim Menschen zu durchleuchten und so berechenbar wie eben möglich zu machen, brachten die vergangenen Jahrzehnte doch sehr erfolgreiche Schritte in dieser Richtung.

Die meisten Menschen bemerken den rhythmischen Wechsel gefühlsmäßig in ihrem Befinden, und sie spüren die tagelangen Stimmungsschwankungen, denen sie unterworfen sind. Aber nur wenige Menschen versuchen, die biologischen Perioden, die unsere Lebensfreude, die Gesundsein und Kranksein merklich beeinflussen, auch zeitlich zu bestimmen. Denn das Erinnerungsvermögen bei langen Abständen zwischen Ereignissen ist unzuverlässig, und nachprüfbare Aufzeichnungen sind selten.

Um die biologischen Zusammenhänge bei den Rhythmen beweisbar zu erforschen, bedient man sich im wesentlichen zweier Verfahrensweisen, nämlich der dynamischen Einzelstudie und der statistischen Gruppenuntersuchung. Beide Methoden haben Vor- und Nachteile. So lassen sich beispielsweise die Ergebnisse von Einzeluntersuchungen nicht ohne weiteres auf andere Menschen übertragen, andererseits bleiben bei Reihenuntersuchungen individuelle Unterschiede unberücksichtigt.

Bei der dynamischen Einzelstudie verfolgt man die physiologischen und pathologischen Vorgänge und Reaktionen von ausgesuchten Personen (Versuchspersonen) über einen längeren

Zeitraum hinweg und zeichnet sie auf. Bei diesem Verfahren ist es möglich, individuelle Gegebenheiten wie Alter, Geschlecht, Veranlagung, Charakter, Erbmerkmale, Konstitution usw. zu berücksichtigen. Auch äußere Umstände wie atmosphärische und kosmische Einwirkungen, die die Biorhythmen beeinflussen, lassen sich in derartige Untersuchungen einbeziehen, ebenso periodische Schwankungen innerhalb des 24-Stunden-Tages, die nicht außer acht bleiben sollten.

Vor allem ärztliche Praxen und Institute sind sehr geeignet und in der Lage, solche Einzelstudien durchzuführen, die gleichsam einen Längsschnitt über eine längere Lebensperiode eines Menschen darstellen. Seit Jahren sammelt man in der Bundesrepublik, der Schweiz, in Österreich und Frankreich, aber auch in anderen europäischen Ländern, in den USA und in Japan beachtliche Mengen von Unterlagen über Einzelpersonen, aber der öffentlichen Diskussion derartiger Daten und Fakten stehen meist standesrechtliche Gesichtspunkte, wie die ärztliche Schweigepflicht, Unzulässigkeit der Werbemethoden u. ä. entgegen.

Es gibt aber auch Fälle, in denen Ärzte die Biorhythmenlehre bedeutend unterstützen konnten. So behandelte Dr. Freimut Biedermann, Chirurg und Schüler von Prof. Sauerbruch, innerhalb von 17 Jahren Praxistätigkeit etwa 6000 Patienten unter Berücksichtigung der jeweiligen Rhythmenstände. Bei ca. 3000 Patienten wurden schriftliche biorhythmische Berechnungen gefertigt und den Krankengeschichten beigefügt. Um jegliche Form der Beeinflussung durch subjektiv gefärbte Beiträge zu vermeiden, informierte man die betreffenden Personen nicht darüber, daß biorhythmische Sachverhalte über sie erhoben worden waren. Damit blieb die Suggestivwirkung, die das Bild getrübt hätte, von Anfang an ausgeschaltet, und die Einzelbeobachtungen ließen sich objektiv auswerten. Dr. Biedermann hatte im Kollegenkreis mehrfach darauf hingewiesen, daß die Biorhythmenlehre für ihn weitgehend unentbehrlich geworden sei und die Tatsachen für die Richtigkeit der Anschauungen über die biorhythmischen Gesetzmäßigkeiten sprächen.

Die wissenschaftliche Auswertung rein statistisch gewonnener Daten führt zu einer weiteren Methode, die geeignet ist,

Beweise für die Gültigkeit der Lehre von der Biorhythmik zu liefern. Um hier zu Zahlenmaterial zu gelangen, das für oder gegen das Vorhandensein biorhythmischer Einflüsse Zeugnis ablegt, erkundet man die Differenz zwischen der tatsächlichen und der rein zufällig zu erwartenden Häufigkeit eines Ereignisses, zum Beispiel eines gesundheitlichen Zusammenbruchs, eines Unfalls, eines Selbstmordes usw. Die Qualität der zur statistischen Verwertung zugelassenen Stichproben muß in diesem Fall ganz besonders untersucht sein und eine entsprechende Verläßlichkeit garantieren: Zur exakten Analyse ist daher ein spezieller Ansatz erforderlich. Bahnbrechende methodische Ergebnisse verdanken wir dem Züricher Professor H. L. Le Roy von der angesehenen Eidgenössischen Technischen Hochschule. Zur Standortbestimmung der Biorhythmik erarbeitete er eine Arbeitshypothese, die unter anderem angibt, wie viele Daten (unabhängige Einzelfälle) mindestens erforderlich sind, um eine Analyse als wahrscheinlich richtig gelten zu lassen.

In seiner Studie lieferte Prof. Le Roy erstmals den mathematischen Beweis dafür, daß ein Zusammenhang zwischen Biorhythmik und selbstverschuldeten Verkehrsunfällen besteht. Dazu hatte er die Daten von 5110 amtlich erfaßten Unfällen mit Todesfolge ausgewertet. Seitdem stellte man weltweit ähnliche Untersuchungen an, allerdings mit recht unterschiedlichen Ergebnissen. Auf diese Untersuchungen kann hier nicht näher eingegangen werden, weil die ihnen zugrunde liegenden Methoden und Daten nicht verfügbar sind, eine Wertung also auch unterbleiben müßte.

Zusammenfassend läßt sich sagen, daß die Beobachtung von Einzelpersonen über einen längeren Zeitraum hinweg ebenso wie die statistische Auswertung von Daten großer Gruppen für das Vorhandensein einer biorhythmischen Gesetzmäßigkeit spricht.

Recht aufschlußreich und interessant sind Ergebnisse von Forschungen, bei denen es um das Schicksal von Zwillingen ging, auch von biorhythmischen Zwillingen, also Personen, die nicht blutsverwandt sind, sondern lediglich zur selben Zeit geboren wurden, ging. Zwei Beispiele sollen dies zeigen.

Im ersten Fall handelt es sich um ein Schweizer Ehepaar, Justus Hausammann und Frau Rosa, geb. Schär. Beide wurden am 16. 8. 1885 in dem kleinen Dorf Langrickenbach (TG) im Abstand von zwei Stunden geboren. Dort verbrachten sie gemeinsam ihre Kindheit, heirateten im September 1910, führten eine glückliche Ehe und verstarben am 19. 6. 1968 im Abstand von wenigen Stunden.

Rhythmoskop für J. und R. Hausammann Juni 1968

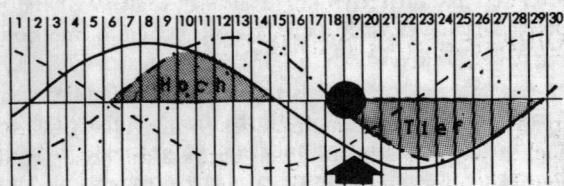

Ähnliches wird von dem Ehepaar Felix und Maria Varela aus der Stadt Lugo in Spanien berichtet. Am selben Tag geboren (2. 6. 1898), wurden sie gleichzeitig krank und starben an demselben Tag, an ihrem Geburtstag, dem 2. 6. 1958. Ihre nähere Umgebung war von dem gemeinsamen Schicksal dieser Leute so ergriffen, daß die ganze Gemeinde dem Trauerzug folgte, als sie in einem gemeinsamen Grab beerdigt wurden.

Rhythmoskop für F. und M. Varela Mai–Juni 1958

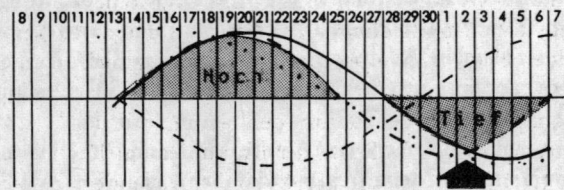

»Wem man nicht die Möglichkeit bietet, sich durch eigene Berechnungen
von den Tatsachen zu überzeugen,
von dem kann man keine Zustimmung
verlangen.«

Hermann Swoboda (1873–1963)

Wie berechnet man den Stand der persönlichen Biorhythmen?

Die Berechnung des Rhythmenstandes für einen beliebigen Tag ist einfacher als oft angenommen wird. Man benötigt nicht unbedingt Hilfsmittel wie Tabellen oder Rechner, doch können Tabellen die recht zeitraubende und zu Fehlern neigende Arbeit des Auszählens von Kalendertagen wesentlich vereinfachen. Mit entsprechend programmierten Taschenrechnern oder Tischcomputern ist die ganze Sache eine leicht handhabbare Angelegenheit.

Am Anfang jeder Bestimmung von Biorhythmen steht der Geburtstag desjenigen, für den die einzelnen Rhythmenstände berechnet werden sollen. Dazu kommt das Datum des Tages, für den die Rechnung gelten soll. Zwischen diesen beiden Daten liegt die Zahl der Lebenstage; sie ist entscheidend für richtiges Errechnen und muß fehlerfrei ermittelt werden.

Wie nun vorzugehen ist, erklärt das nachstehende einfache Beispiel. Tabellen, Rechner oder sonstige datenverarbeitende Maschinen braucht man bei dieser Erläuterung nicht.

Angenommen wird das Datum der Geburt mit dem 1.1.1984. Gefragt wird nach dem Stand der Rhythmen am 10.2.1984.

Vom 1.1.1984 bis zum 10.2.1984 sind 41 Kalendertage verstrichen, die Gesamtzahl der Lebenstage ist also 41.

Es ergeben sich folgende Biorhythmenstände:

– der 23-Tage-Rhythmus (k) wurde einmal zur Gänze erlebt, und der betreffende Mensch hat den 18. Tag des zweiten Durchlaufs erlebt. Er befindet sich in einem Tief des k-Rhythmus.

Rechenvorgang: $41-23 = 18$

– der 28-Tage-Rhythmus (s) wurde gleichfalls einmal vollständig durchlaufen; am 10.2. lebt der Mensch am 13. Tag des s-Rhythmus, das Hoch neigt sich dem Ende zu.

Rechenvorgang: $41-28 = 13$

– der 33-Tage-Rhythmus (g) ist wie die vorigen einmal komplett durchschritten, und der gegenwärtige Stand ist der 8. Tag, ein Tag im Hoch. Rechenvorgang: $41-33 = 8$

– der 38-Tage-Rhythmus (f) schließlich ist ebenfalls einmal ganz vorüber; in diesem Rhythmus steht der Mensch am 3. Tag des neuen Durchlaufs, also am Anfang eines Hochs. Rechenvorgang: $41-38 = 3$

Es ist an diesem bewußt einfach gehaltenen Beispiel wohl deutlich geworden, daß es nur darauf ankommt, die Gesamtzahl der Lebenstage durch die jeweiligen Rhythmuslängen (nämlich 23, 28, 33 und 38) zu teilen und so den *unteilbaren* Rest zu ermitteln. (In unserem Fall ließ sich die Gesamtzahl der Lebenstage nur einmal durch die Rhythmuslängen teilen, daher ergab sich der Rest durch sofortige Subtraktion.) Die Zahl der vollständig absolvierten Rhythmendurchläufe ist ohne Bedeutung, wichtig sind nur die Restzahlen, weil sie zugleich den persönlichen Biorhythmus am Bezugstag angeben.

Nun sei die Bestimmung der Biorhythmenstände des vorherigen Beispiels unter Benutzung der in diesem Buch enthaltenen Tabellen vorgeführt:

Geburtstag 1. 1. 1991
Abfragedatum 10. 2. 1991

		k	s	g	f
Kennzahlen für 1. 1. 1991	=	20	10	13	28
Korrektur		+ 1	+ 1	+ 1	+ 1
	=	21	11	14	29
Falls notwendig erhöhen		(+23)	+28	(+33)	(+38)
	=	21	39	14	29
Kennzahlen für 10. 2. 1991		− 3	−26	− 6	−26
Rhythmenstand 10. 2. 1991	=	18	13	8	3

Grundsätzlich werden lediglich von den Kennzahlen des Geburtstages (+ 1) die Kennzahlen des gesuchten Abfragedatums abgezogen. Die Ermittlung des Biorhythmenstandes ist mit Hilfe des Tabellenwerkes einfach und rasch durchzuführen.

Hier nochmal ausführlicher die Vorgehensweise:

Zuerst suchen wir in der Jahrgangstabelle 1991 neben dem Geburtstagsdatum 1. 1. 1991 die Kennzahlen für die einzelnen Biorhythmen heraus, nämlich körperlich (k) = 20, seelisch (s) = 10, geistig (g) = 13, feinsinnig (f) = 28.

Jede erhaltene Zahl muß um 1 korrigiert werden, und so erhalten wir k = 21, s = 11, g = 14, f = 29.

Unter diese Zahlen werden dann die entsprechenden 4 Kennzahlen für das Abfragedatum, nämlich die für den 10. 2. 1991, notiert und abgezogen, falls dies möglich ist.

Ist jedoch eine Geburtstagszahl kleiner als die dazugehörige Zahl des Abfragedatums, dann muß diese jeweils um die Rhythmenlänge (für k = 23, s = 28, G = 33, f = 38) erhöht werden.

Wie berechnet man die prozentuale Rhythmenverwandtschaft?

Um zu ermitteln, inwieweit die Rhythmenabläufe zweier Menschen übereinstimmen oder sich voneinander unterscheiden, werden unbedingt die Geburtstage der betreffenden Personen als Grundlage der Berechnung benötigt. Die verehrten Leserinnen mögen das als unabänderlich hinnehmen und in derartigen Fällen wahrheitsgemäß ihren Geburtsjahrgang angeben. Anzumerken ist, daß das Ausmaß der Übereinstimmung der Rhythmen oder der »Rhythmenfremdheit« immer gleich bleibt und von niemandem beeinflußt werden kann.

Es ist sicher einleuchtend, daß der Rhythmenvergleich nur dann möglich ist, wenn von beiden Partnern der Zeitpunkt des Beginns der Rhythmenabläufe, also der Start im Augenblick der Geburt (Tag und soweit möglich auch Stunde), bekannt ist. Denn es kommt darauf an, daß der zeitliche Abstand des Rhythmenablaufs des einen Menschen von dem des anderen ermittelt wird. Dabei sind die Geburts-*Stunden* vor allem dann von Bedeutung, wenn sie erheblich voneinander abweichen. Nehmen wir an, daß der Partner A am 1. 1. um 00.10 Uhr geboren ist, der Partner B dagegen zwar am gleichen Tag, jedoch um 23.55 Uhr. Der Unterschied beträgt dann fast einen ganzen Tag, und die Übereinstimmung der Rhythmen ist keinesfalls hundertprozentig, sondern um etwa den Prozentwert eines Tages geringer. In solchen Fällen wäre eine Berücksichtigung des Unterschieds der Geburtsstunde angebracht. Man nimmt dann als Grundlage der Berechnung der Rhythmen des zweiten Partners nicht den eigentlichen Geburtstag, sondern den darauffolgenden Tag, in unserem Beispiel den 2. 1. Meist jedoch werden die Stunden der Geburt nicht zu ermitteln sein; dann bleibt ein kleiner Unsicherheitsfaktor bei der Berechnung der Rhythmenverwandtschaft. Der Unterschied zwischen den berechneten Prozentwerten und den »wahren« Prozentwerten kann dann bis zu maximal $+/-5\%$ betragen, für die Auswertung des Rhythmenvergleichs ist das kaum von Bedeutung.

Wenn sich die Biorhythmen der beiden zu vergleichenden Personen rechnerisch erfassen lassen, ist es natürlich auch möglich, sie in ihrem zeitlichen Ablauf miteinander zu vergleichen und Aussagen darüber zu machen, inwieweit zeitliche Übereinstimmung besteht. Maßgebend ist, wie oben dargelegt, der Abstand der Geburtszeitpunkte, ausgedrückt in Kalendertagen.

Allgemein bieten sich drei Möglichkeiten zur Ermittlung der Prozentwerte der Rhythmenübereinstimmung:

1. Man berechnet den Abstand der Geburtstage in Kalendertagen durch einfaches Abzählen anhand von Kalendern oder unter Zuhilfenahme der Kalendertabellen (siehe Anhang). Von den ermittelten Tagen kommt man dann in zwei Rechenschritten zum gewünschten Ergebnis, wobei der erste Rechenschritt zur Rhythmendifferenz in Tagen, der zweite Rechenschritt zur Rhythmendifferenz in Prozentwerten führt. Das nachfolgend wiedergegebene Beispiel erläutert die Rechenschritte.

2. Einfacher ist es, die in diesem Buch enthaltenen Tabellen A (für Geburtstag und -monat) und B (für das Geburtsjahr) zur Berechnung der persönlichen Rhythmen zu verwenden und dann mit Hilfe der Umsetzungstabelle die Prozentzahlen zu finden (Näheres dazu anschließend im Beispiel).

3. Noch eleganter stellt sich die dritte Möglichkeit dar, die aber nur demjenigen offensteht, der über einen entsprechend programmierten Tisch- oder Taschenrechner verfügt. Derartige, einfach zu bedienende Computer mit fester Rhythmenvergleichs-Programmierung werden bereits überall angeboten.

Nun also ein praktisches Beispiel, das die beiden erstgenannten Berechnungsmöglichkeiten vorführt:

Gefragt ist nach der Rhythmenverwandtschaft des spanischen Königspaares, der Königin Sophie und des Königs Juan Carlos von Spanien. Die Geburtstage in diesem *Partnerschaftsvergleich*:
Partner A (König Juan Carlos) ist am 5. 1. 1938 geboren,
Partner B (Königin Sophie) am 2. 11. 1938.
Zwischen diesen beiden Geburtstagen liegt eine Spanne von 301 Tagen, die wie folgt ermittelt werden:

Januar Rest	26
Februar	28
März	31
April	30
Mai	31
Juni	30
Juli	31
August	31
September	30
Oktober	31
November	2
Gesamt	301 Tage

Dieses Zwischenergebnis erhalten wir rascher, wenn wir die Datumstabelle im Anhang benützen und die Resttage bis zum Jahresende unter dem Datum 5. Januar und 2. November voneinander abziehen (361 − 60 = 301).

Diese Zeitdifferenz, die zwischen den Geburtstagen der beiden Partner liegt – in unserem Beispiel 301 Tage –, wird nun im ersten Rechenschritt nach herkömmlicher Weise durch die jeweils vollständigen Rhythmenlängen (23, 28, 33 und 38) geteilt und der jeweils verbleibende *Rest* festgehalten, denn nur dieser zeigt den Abstand der Biorhythmen beider Personen an.

Bleibt kein Rest, dann besteht für den betreffenden Rhythmus eine hundertprozentige Übereinstimmung. Erhalten wir als Restzahl eine halbe oder anderthalbfache Rhythmuslänge, dann sind die Biokurven gegenläufig, und eine Hochphase des einen Partners entspricht der Tiefphase des anderen und umgekehrt.

Bei der Benützung von Taschenrechnern ergeben sich bei der Division Dezimalstellen (Stellen hinter dem Komma), wenn das Ergebnis nicht glatt aufgeht. Um diese Dezimalstellen für unsere Berechnung brauchbar zu machen, muß man den Wert rechts vom Komma umrechnen, indem man diesen durch Neueingabe mit der entsprechenden Rhythmenlänge wieder multipliziert und, falls notwendig, aufrundet.

In unserem Beispiel erhalten wir beim Ausrechnen des Seelenrhythmus und einem Abstand der Geburtstage von 301 folgendes Ergebnis: 301 : 28 = 10,75, das heißt, nach 10 voll durchlaufenen Rhythmenlängen verbleibt als Rest $^{75}/_{100}$. Die weitere Rechnung lautet deshalb 0,75 × 28 = 21.

In einem weiteren Rechenschritt gilt es nun, die bisher ermittelten Restzahlen (= Abstand der einzelnen Rhythmen) durch Multiplizieren in den gewünschten Prozentwert umzusetzen. Dies geschieht durch Vervielfachung des
23-Tage-Rhythmus mit dem Faktor 8,7 (100:11,5)
28-Tage-Rhythmus mit dem Faktor 7,14 (100:14)
33-Tage-Rhythmus mit dem Faktor 6,06 (100:16,5)
38-Tage-Rhythmus mit dem Faktor 5,26 (100:19)

Zusammengefaßt sehen die bisher erläuterten Rechenschritte so aus:

Abstand der Geburtstage geteilt durch Rhythmuslänge	Rest multipliziert mit Prozentfaktor	ergibt Prozentwert
301 : 23 = 13, Rest 2	2 × 8,7 = 17,4	100 − 17,4 = 82,6
301 : 28 = 10, Rest 21	21 × 7,14 = 149,9	149,9 − 100 = 49,9
301 : 33 = 9, Rest 4	4 × 6,06 = 24,2	100 − 24,2 = 75,8
301 : 38 = 7, Rest 35	35 × 5,26 = 184,1	184,1 − 100 = 84,1

Bei der Endermittlung der Prozentwerte für die Rhythmenverwandtschaft muß man die durch Multiplikation mit dem Prozentfaktor erhaltene Zahl von der Zahl 100 abziehen, wenn diese kleiner als 100 ist. Ist sie dagegen größer als 100, dann muß sie um 100 verringert werden.

In unserem Beispiel erhalten wir für die Rhythmenverwandtschaft zwischen König Juan Carlos und Königin Sophie 82,6% für die körperliche, 49,9% für die seelische, 75,8% für die geistige und 84,1% für die feinsinnige Übereinstimmung.

Dasselbe Ergebnis bekommt man, wenn man die in diesem Buch wiedergegebenen Tabellen A (für Geburtstag und -monat) und B (für das Geburtsjahr) verwendet und die addierten Grundzahlen voneinander abzieht, und zwar jeweils die kleinere von der größeren Zahl. Falls das Ergebnis für die Einzelrhythmen größer ist als 12, 14, 17 und 19, muß eine Ergänzung auf 23, 28, 33 und 38 vorgenommen werden. Das Endergebnis ist dann die Tages-differenz-Zahl, die sich nach Tabelle D in eine Prozentzahl der Übereinstimmung verwandeln läßt.

Für unser Beispiel-Paar sieht das wie folgt aus:

Person A		k	s	g	f		k	s	g	f
Tabelle A 5. Jan.		19	24	29	34					
Tabelle A 1938	+	3	24	8	4					
		22	48	37	38					
Ausgleich, wenn größer als		(23)	28	33	(38)					
Grundzahl	=	22	20	4	38	=	22	20	4	38
Person B		k	s	g	f		k	s	g	f
Tabelle A 2. Nov.		17	3	25	37					
Tabelle B 1938	+	3	24	8	4					
		20	27	33	41					
Ausgleich, wenn größer als		(23)	(28)	(33)	38					
Grundzahl	=	20	27	33	3	=	20	27	33	3

		k	s	g	f
Grundzahl Person A	=	22	20	4	38
Person B	=	20	27	33	3
Differenz	=	2	7	29	35
nur von abziehen, wenn größer als		(23)	(28)	33	38
		12	14	17	19
daher Differenz	=	2	7	4	3

Die auf diese Weise erhaltenen Tagesdifferenz-Zahlen werden abschließend nach Tabelle D in prozentuale Übereinstimmungs-

zahlen umgewandelt, und wir erhalten als Endergebnis
k = 83%, s = 50%, g = 76%, f = 84%.

Tabelle D
für die prozentuale Übereinstimmung

	Rhythmen-Differenz in Tagen																		
	1	2	3	4	5	6	7	8	9	10	11	12	13	14	15	16	17	18	19
k	91	83	74	65	57	48	39	30	22	13	4	0%	Prozentwerte						
s	93	86	79	71	64	57	50	43	36	29	21	14	7	0%					
g	94	88	82	76	70	64	58	52	46	39	33	27	21	15	9	3	0%		
f	95	89	84	79	74	68	63	58	53	47	42	37	32	27	21	16	10	5	0%

»Es sind also Zahlen, die dem Menschen seine heutige Macht über die Natur und deren Kräfte gegeben haben. Woher kommt die Macht der Zahlen? Wir können es nur vermuten.«

Ernst Deissinger, Fachredakteur

Welche Hilfsmittel zur Berechnung und Darstellung der Lebenskurven gibt es?

Die vier Langzeitkurven eines jeden Menschen lassen sich berechnen, indem man von den sogenannten Grundzahlen, das heißt dem Geburtstag, Geburtsmonat und Geburtsjahr, ausgeht und als Schlüsselzahlen jeweils den ersten Tag des gewünschten Monats, für den die Kurven gelten sollen, heranzieht. Anhand der in diesem Buch enthaltenen Tabellen ergeben sich keine Schwierigkeiten.

Zur sinnfälligen Darstellung der so erhaltenen Zahlenwerte gibt es verschiedene Arten von Bio-Rechenschiebern und Bio-Scheiben, auf denen die Einzelrhythmen mit ihren Hoch- und Tieflagen, meist durch farbige Abschnitte monatlich getrennt, gekennzeichnet sind. Mittels spezieller Schablonen lassen sich die Zahlenwerte in sogenannte Rhythmoskope oder Biogramme übertragen.

Müheloser und schneller ist die Ermittlung und Darstellung der Kurven mit Hilfe besonderer elektronischer Taschenrechner möglich. Derartige Rechner werden in unterschiedlicher Qualität vor allem von japanischen Firmen hergestellt. Sie sind fest programmiert, meist genügt es, das Geburtsdatum und den gewählten Stichtag in den Speicher einzugeben, um danach in Sichtfenstern sofort die Kennzahlen für den Stand der Rhythmen am Stichtag ablesen zu können.

Ein besonders gut gelungenes, vielseitiges Modell eines Bio-Rechners hatte eine amerikanische Firma entwickelt und unter dem Namen Kosmos-Rechner vertrieben. Man erhielt bei diesem Rechner außer den Zahlenwerten für die Rhythmen noch farblich unterschiedliche Lichtsignale nach Art von Verkehrsampeln, die die kritischen Tage symbolisierten. Sehr vorteilhaft war, daß die Berechnung der Prozentwerte einer Rhythmenverträglichkeit (Compatibility) durch einfaches Eingeben der Geburtsdaten möglich war. Das Ausmaß der Verwandtschaft der Rhythmen mehrerer Personen war so mühelos berechenbar. Leider sind diese Rechner zur Zeit nicht mehr im Handel erhältlich, offenbar hat es nach dem Tod des Firmeninhabers David N. Smith Nachfolgeschwierigkeiten gegeben, und es bleibt abzuwarten, ob und wann das beliebte Modell wieder zur Verfügung steht.

Hinzuweisen ist auf den weiterentwickelten Taschencomputer PC-1500 der Firma Sharp, der zu einem verhältnismäßig günstigen Preis angeboten wird. Der Rechner arbeitet mit einem Drucker, der die vier biorhythmischen Kurven als farbig angelegte Sinuskurven ausdruckt.

In fast allen frei programmierbaren Heimcomputern lassen sich Biorhythmikprogramme speichern. Je nach angeschlossenem Peripheriegerät kann man die Ergebnisse in Sekundenschnelle vom Bildschirm ablesen oder als Zeichen und Buchstaben vom Drucker ausdrucken lassen. Die erforderlichen Programme für die einzelnen Modelle werden in Fachbüchern und Fachzeitschriften angeboten. Es gibt auch Spezialfirmen für die Entwicklung der Software, die man heranziehen kann, wenn man es nicht vorzieht, die gewünschten Programme selbst zu erarbeiten.

Wahrscheinlich geht die Entwicklung dahin, daß mit Hilfe des Bildschirmtext-Verfahrens (BTX) der gewünschte Biorhythmenstand über das hauseigene Telefon abgerufen werden kann und auf dem Bildschirm erscheint. Anbieter dieser Verfahren sind schon vorhanden.

Interessant sind auch die Angebote von Armbanduhren mit Biorhythmusanzeige. Bei diesen Uhren wird das Geburtsdatum des Trägers gespeichert, so daß der Rechner laufend den Stand der Rhythmen berechnen kann. Ein Blick auf die Anzeige verrät dem Träger dann täglich seine Rhythmensituation.

Computerprogramm zur Berechnung des Biorhythmus

```
10    REM    *********************************************
20    REM    *** BIORHYTHMUS      für    COLOUR GENIE ***
30    REM    ***              und         ITOH 8510A ***
40    REM    *** COPYRIGHT  BY    DIETER GERBLINGER ***
50    REM    *** 8102 MITTENWALD ALPENKORPSSTR. 23 ***
60    REM    *********************************************
70    REM
80    REM         Version vom 15. 05. 1984
90    REM
100   DIMM(12),B(12)
110   DIMD$(100)
120   CLS
130   LPRINTCHR$(27)CHR$(66):REM ZEILENABSTAND
140   LPRINTCHR$(27)CHR$(36);:REM DRUCKER (ASC II-SATZ)
150   O$=CHR$(9):REM FETTDRUCK EIN
160   N$=CHR$(27)+CHR$(33):M$=CHR$(27)+CHR$(34):
      REM FETTDRUCK AUS
170   FORA=1TO12
180   READM(A):NEXTA
190   FORA=1TO12:READD$(A),B(A):NEXT
200   RESTORE
210   REM DATENEINGABE
220   CLS:PRINT§15,"BIORHYTHMUS"
230   PRINT§762,"GIB DEN NAMEN EIN!"
240   INPUTH$
250   PRINT§160,CHR$(30)
260   PRINT§200,"    NAME:";TAB(20)H$
270   PRINT§760,"GIB  DAS  GEBURTSDATUM  EIN!"
280   PRINT"FORM:  01 03 1948    RETURN"
290   INPUTA$:PRINT§285,"GEB.-DATUM:";TAB(20)A$:PRINTCHR$(31)
300   PRINT§760,"AB WANN SOLL GEDRUCKT WERDEN?         FORM:
      3 RETURN    1983  RETURN"
310   INPUTMM,J$
320   PRINT§365,"PROG.-DATUM:";TAB(20)"1.";MM;".";J$:
      PRINTCHR$(31)
330   PRINT§760,"WIE VIELE MONATE SOLLEN GEDRUCKT WERDEN?    1
      = 6 MONATE    2 = 12 MONATE"
340   INPUTQ:IFQ=1THENR=6ELSEIFQ=2THENR=12
350   PRINT§445,"MONATE:"TAB(20)R:PRINTCHR$(31)
360   PRINT§760,"SOLL EINE ERKLÄRUNG GEDRUCKT WERDEN?    1 =
      JA    2 = NEIN"
370   INPUTD:IFD=1THEND$="JA"ELSEIFD=2THEND$="NEIN"
380   PRINT§525,"ERKLÄRUNG:";TAB(20)D$:PRINTCHR$(31)
390   PRINT§760,"WENN ALLE ANGABEN RICHTIG SIND,         DRUECK
      E RETURN    ANSONSTEN IRGENDEINE  TASTE."
400   INPUTG$:IFG$<>""THEN210
```

```
410     T=VAL(LEFT$(A$,2)):M=VAL(MID$(A$,4,2)):
        J=VAL(RIGHT$(A$,4))
420     REM  NAME + KOPF
430     LPRINTCHR$(27)CHR$(76)"010":REM LINKER RAND
440     GOSUB1050
450     GOSUB900
460     A=S:RESTORE:IFD=1THENGOSUB1190:REM  ERKLÄRUNG
470     REM  TABELLENKOPF
480     GOSUB970
490     REM  MONAT+JAHR
500     T=1:AA=T:M=MM:BB=MM:J=VAL(J$)
510     CC=VAL(RIGHT$(J$,4))
520     GOSUB900
530     CLS:PRINT@210,"Ich arbeite gerade!!!"
540     GOSUB1160:B=S:V=B-A
550     LPRINTCHR$(27)CHR$(40) "006,015,024,033,044.";:
        REM TAB HORIZONTAL
560     KK=B(BB):IFCC/4=INT(CC/4)ANDBB=2THENKK=29
570     FORAA=1TOKK:LPRINTO$;:LPRINTUSING"###";AA;:LPRINT".";
580     N=V-INT(V/23)*23:IFN=0THENN=23
590     S1=N
600     N=INT(100*SIN(6.283184*V/23)+.5)
610     LPRINTO$;
620     LPRINTUSING"####";N;
630     N=V-INT(V/28)*28:IFN=0THENN=28
640     S2=N
650     N=INT(100*SIN(6.283184*V/28)+.5)
660     LPRINTO$;
670     LPRINTUSING"####";N;
680     N=V-INT(V/33)*33:IFN=0THENN=33
690     S3=N
700     N=INT(100*SIN(6.283184*V/33)+.5)
710     LPRINTO$;
720     LPRINTUSING"####";N;
730     IF(S1=11ORS1=23)AND(S2=14ORS2=28)AND(S3=17ORS3=33)THENS$=
        "G E F A H R  !":GOTO860
740     IFS1<11ANDS1<>23ANDS2<14ANDS2<>28ANDS3<17ANDS3<>33THENS$=
        "+":GOTO860
750     IFS1>11ANDS1<>23ANDS2>14ANDS2<>28ANDS3>17ANDS3<>33THENS$=
        "-":GOTO860
760     IF(S1=11ORS1=23)AND(S2=14ORS2=28)ANDS3<>17ANDS3<>33THENS$
        ="VORSICHT":GOTO860
770     IFS1<>11ANDS1<>23AND(S2=14ORS2=28)AND(S3=17ORS3=33)THENS$
        ="VORSICHT":GOTO860
780     IF(S1=11ORS1=23)ANDS2<>14ANDS2<>28AND(S3=17ORS3=33)THENS$
        ="VORSICHT":GOTO860
790     IFS1=11ORS1=23ORS2=14ORS2=28ORS3=17ORS3=33THENS$="Achtung
        ":GOTO860
800     IFS1<11ANDS2>14ANDS3>17THENS$="+":GOTO860
810     IFS1<11ANDS2>14ANDS3>17THENS$="-":GOTO860
820     IFS1>11ANDS2>14ANDS3<17THENS$="-":GOTO860
830     IFS1>11ANDS2<14ANDS3<17THENS$="+":GOTO860
840     IFS1<11ANDS2>14ANDS3<17THENS$="+":GOTO860
850     IFS1<11ANDS2<14ANDS3>17THENS$="-":GOTO860
860     LPRINTO$;:LPRINTS$:S$=""
870     V=V+1
880     NEXTAA:LPRINT:GOSUB1140:GOTO560
```

49

```
890    REM UNTERPROGRAMM
900    Z=0
910    IFJ/4<>INT(J/4)THEN940
920    IFM<=2THEN940
930    Z=1
940    Z=Z+(J-1)*365+INT((J-1)/4)
950    FORK=1TO12:READM(K):NEXTK
960    S=Z+M(M)+T:RETURN
970    LPRINT:
       LPRINTTAB(7);N$"Die folgenden Angaben sind Prozentwerte."
       M$:LPRINT
980    LPRINTTAB(4);CHR$(27)CHR$(86)"0369"CHR$(6)
990    LPRINTCHR$(27)CHR$(81):REM ENGSCHRIFT EIN
1000   LPRINTTAB(10);"DATUM";TAB(25);"KÖRPER-         SEELEN-
                                GEISTES-      BEMERKUNG"
1010   LPRINTTAB(25);"WERTE           WERTE           WERTE"
1020   LPRINTCHR$(27)CHR$(78):REM NORMALSCHRIFT
1030   LPRINTTAB(4);CHR$(27)CHR$(86)"0369"CHR$(6):
       REM DRUCKER-SPALTENWIEDERHOLUNG
1040   RETURN
1050   REM  LPRINT NAME+KOPF
1060   LPRINTTAB(14)"****************************"
1070   LPRINTCHR$(14):LPRINTTAB(8);"BIORHYTHMUS":LPRINTCHR$(15)
1080   LPRINTTAB(14)"****************************":LPRINT
1090   L=LEN(H$):ZZ=INT(L/2)
1100   LPRINTTAB(25);"für":LPRINT
1110   LPRINTTAB(20-ZZ);H$;"  *";A$:LPRINT:LPRINT
1120   RETURN
1130   REM  MONAT+1
1140   BB=BB+1:E=E+1:IFBB=13THENBB=1:CC=CC+1
1150   IFE=RTHENGOTO1580
1160   LPRINTCHR$(27)CHR$(81);:REM ENGSCHRIFT
1170   LPRINTTAB(9);D$(BB);CC:RETURN:REM NORMALSCHRIFT
1180   LPRINTCHR$(27)CHR$(78):RETURN:REM NORMALSCHRIFT
1190   REM  ERKLAERUNG
1200   LPRINTTAB(15);CHR$(27)CHR$(33)CHR$(27)CHR$(88)"Das sagen
       die Biowerte aus!"CHR$(27)CHR$(89)CHR$(27)CHR$(34):
       REM FETT+UNTERSTR. EIN+AUS
1210   LPRINT
1220   LPRINT"Bei den Werten  "CHR$(27)CHR$(33)"1"CHR$(27)CHR$(3
       4)" bis "CHR$(27)CHR$(33)"100"CHR$(27)CHR$(34)" ist de
       r jeweilige Zustand "CHR$(27)CHR$(33)"erhöht"CHR$(27)CHR$
       (34)"        bis ";
1230   LPRINTCHR$(27)CHR$(33)"maximal"CHR$(27)CHR$(34)", je nach
       dem angezeigten Wert!"
1240   LPRINT"Die Werte  "N$"-1"M$"  bis  "N$"-100"M$"  sind nic
       ht als schlecht anzusehen,         sondern als Zeiten de
       r ";
1250   LPRINTN$"Kr";CHR$(123);"ftesammlung"M$" bzw. der "N$"Rege
       neration"M$"."
1260   LPRINT:
       LPRINT"Die Schnittpunkte  "N$"(0 PROZENT)"M$" bzw. die Üb
       erg";CHR$(123);"nge von "N$"PLUS"M$" nach           "N$"MINUS
       "M$" oder von ";
1270   LPRINTN$"MINUS"M$" nach "N$"PLUS"M$" sind als besonders
       "N$CHR$(27)CHR$(88)"KRITISCH"CHR$(27)CHR$(89)M$" zu
       werten."
```

50

```
1280    LPRINT"An diesen Tagen besteht die Gefahr, auf körperlich
        em, seelischem      oder geistigem Gebiet zu versagen."
1290    LPRINT
1300    LPRINT"Die "N$"KÖRPERKURVE"M$" (23-Tage) bestimmt das kör
        perliche Wohlbefinden."
1310    LPRINTCHR$(27)CHR$(48);:LPRINTCHR$(27)CHR$(40)"016."
1320    LPRINTTAB(8),"z.B.";:LPRINTO$"-Angriffsfreudigkeit"
1330    LPRINTO$"-Energie"
1340    LPRINTO$"-Ausdauer"
1350    LPRINTO$"-Unternehmungslust":LPRINTO$"-Widerstand":
        LPRINTO$"-Aggressivit";CHR$(123);"t"
1360    LPRINT
1370    LPRINT"Die "N$"SEELENKURVE"M$" (28-Tage) bestimmt das kör
        perlich-seelische      Wohlbefinden."
1380    LPRINT:LPRINTTAB(8),"z.B.";:
        LPRINTO$"-Allgemeine Stimmungslage"
1390    LPRINTO$"-Gefühlslage":LPRINTO$"-Optimismus":
        LPRINTO$"-Fröhlichkeit":
        LPRINTO$"-Kreativit";CHR$(123);"t"
1400    LPRINT:
        LPRINT"Die "N$"GEISTESKURVE"M$" (33-Tage) bestimmt aussch
        ließlich Situationen      wie:"
1410    LPRINTTAB(8),"z.B.";:LPRINTO$"-Geistesgegenwart":
        LPRINTO$"-Auffassungsf";CHR$(123);"higkeit":
        LPRINTO$"-Schlagfertigkeit":
        LPRINTO$"-Assotiationsvermögen"
1420    LPRINT:
        LPRINT"In der Spalte "N$"BEMERKUNG"M$" sind die Durchschn
        ittswerte als               + oder  -  ausgedruckt.
1430    LPRINT"An kritischen Tagen erfolgt eine entsprechende War
        nung."
1440    LPRINT:
        LPRINT"Hier zeigen sich Tendenzen zu allen Lebensgebiete
        .":LPRINT
1450    LPRINTTAB(8),"z.B.";:LPRINTO$"-Prüfungen":
        LPRINTO$"-sportliche Hochleistungen":
        LPRINTO$"-Operationen":
        LPRINTO$"-wichtige Lebensentscheidungen"
1460    LPRINTO$"-Verhandlungen      usw."
1470    LPRINTCHR$(27)CHR$(48):REM TAB LOESCHEN
1480    LPRINT"Die ausgedruckten Werte beziehen sich immer auf di
        e"
1490    LPRINTN$"persönliche Geburtsstunde";M$;".";
1500    LPRINT" Wer um 6 Uhr geboren wurde,muß seinen"
1510    LPRINT"Tageswert auf diese Zeit beziehen. Im Laufe des Ta
        ges ver";CHR$(123);"ndert"
1520    LPRINT"sich der Wert infolgedessen in die Richtung des n"
        ;CHR$(123);"chsten Wertes."
1530    LPRINT
1540    LPRINT"**";N$"ABER:
        "M$" Biorhythmen sind keine Horoskope. Sie garantieren ke
        inen      **Erfolg oder Mißerfolg."
1550    LPRINT
1560    LPRINT
1570    RETURN
1580    LPRINTCHR$(27)CHR$(86)"0425"CHR$(91)
```

51

```
1590    LPRINT" DIESES BIORHYTHMOGRAMM WURDE AUF EINEM colour-gen
        ie                     BERECHNET    UND MIT EINEM    itoh 8
        510    GEDRUCKT.
1600    LPRINT" ****** Programmerarbeitung:
        Dieter Gerblinger *****"
1610    LPRINTCHR$(27)CHR$(86)"0425"CHR$(218)
1620    END
1630    DATA0,31,59,90,120,151,181,212,243,273,304,334
1640    DATAJANUAR,31,FEBRUAR,28,MÄRZ,31,APRIL,30,MAI,31,JUNI,30,
        JULI,31,AUGUST,31,SEPTEMBER,30,OKTOBER,31,NOVEMBER,30,DEZ
        EMBER,31
```

Wie sind die verschieden langen Biorhythmen zu bewerten?

Die Lehre von den Biorhythmen gründet sich auf der Annahme, daß es beim Menschen vier periodisch verlaufende Zyklen von unterschiedlicher Dauer gibt. Sie beginnen zum Zeitpunkt der Geburt mit ihrem von äußeren Einflüssen weitgehend unabhängigen Lauf und halten ihren Takt unser ganzes Leben hindurch ein. In ihrer Intensität, das heißt hinsichtlich der Stärke ihrer Wirkung auf den Menschen, sind sie Schwankungen unterworfen. Wegen der unterschiedlichen Dauer der Rhythmenperioden ergeben sich die verschiedensten Kombinationsmöglichkeiten mit der Folge, daß sich einander verstärkende oder abschwächende Auswirkungen auf den menschlichen Organismus einstellen. Die Wechselbeziehungen der Rhythmen untereinander ändern sich täglich, und von Woche zu Woche ergibt sich eine andere Konstellation. Es kann zum Beispiel vorkommen, daß der 23-Tage-Zyklus ein Hoch signalisiert, während alle anderen einem Tiefpunkt zustreben. Eine derartige Situation wirkt sich ausgleichend auf unseren Energiehaushalt aus.

Wenn wir nun die vier Rhythmen vorstellen und ihre Bedeutung diskutieren, sei vorausgeschickt, daß diese Ausdeutung allgemeiner Art ist und die Erkenntnisse und Erfahrungen der verschiedensten internationalen Rhythmenforscher berücksichtigt.

Die Körperkurve (= k)

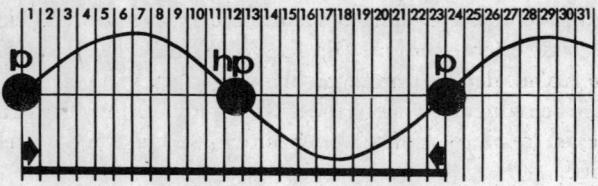

p = periodische, hp = halbperiodische Übergangstage

Dieser Rhythmus hat eine Zeitdauer von 23 Tagen, das heißt, nach Ablauf von 23 Tagen ist die Anfangslage wieder erreicht. Der Rhythmus beeinflußt die körperliche Kondition. Belastbarkeit, Ausdauer, Tatendrang und Kraft werden als positive Merkmale und Meßgrößen angegeben, während Ermüdungserscheinungen, Arbeitsunlust und eine gesteigerte Anfälligkeit für körperliche Erkrankungen negative Erscheinungen sind.

Es ist allgemein üblich, den Verlauf der Rhythmen zeichnerisch darzustellen und sich dabei der bekannten Sinuskurve zu bedienen, um den stetigen Wechsel zwischen zwei Zuständen anzudeuten. Die Körperkurve verläuft bei dieser Darstellungsart von »Null« am ersten Tag ansteigend bis zu einem Maximalwert (Höhepunkt) nach sechs Tagen, um sich von da an wieder der Null-Linie zuzuwenden. Die 11½ Tage oberhalb dieser Null-Linie werden Hochphase genannt. Die folgenden 11½ Tage stellen die Tiefphase mit einem Maximalwert (Tiefpunkt) etwa um den 17. Tag dar. Auch Bezeichnungen wie Plus- und Minuszone kommen bei der Interpretation des Kurvenverlaufs vor.

In der Hochphase (Pluszone) ist mit Wohlbefinden und ausgeprägter körperlicher Leistungsfähigkeit zu rechnen, in der Tiefphase (Minuszone) sollte eine Ruhepause eingelegt werden, der Körper möchte auftanken und Reserven schaffen.

Die Schwankungen der körperlichen Leistungsfähigkeit während des 23-Tage-Rhythmus sind individuell verschieden. Der Einfluß dieser Schwankungen auf den betreffenden Menschen richtet sich nach dem Alter, der allgemeinen körperlichen Verfassung und den physischen Beanspruchungen.

Aus der zeichnerischen Darstellung als Sinuskurve darf man nicht schließen, daß die Maximalwerte in der Hoch- (Höchstwerte) oder in der Tiefphase (Tiefpunkte) immer mit der gleichen Intensität erlebt werden. Die Kurve soll nur eine Vorstellung vom Ablauf der rhythmischen Schwingungen vermitteln.

Die Schwingungsweite bei der Rhythmendarstellung (Amplitude) ist keine rechnerisch oder durch Messung zu ermittelnde Größe.

Meßbar und gleichbleibend ist der Zeitabstand zwischen den Übergängen, die jeweils nach 11 ½ und 23 Tagen stattfinden. Diese periodisch wiederkehrenden Tage (p und hp) können sich als kritisch erweisen, wenn äußere Umstände zu einer zusätzlichen Belastung des Organismus führen.

Denn der Körper gerät am Übergangszeitpunkt in einen Zustand, der sich als unstabil bezeichnen läßt, und zeigt alle Symptome, die ein solches Un-Gleichgewicht auslöst. Die kritischen Übergangstage werden deshalb von allen Rhythmenforschern besonders gewürdigt und bewertet.

Die Seelenkurve (= s)

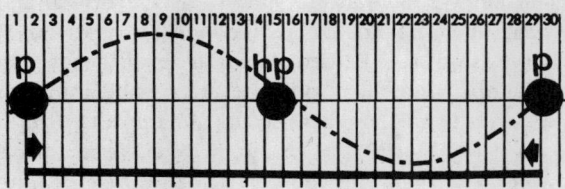

Fließ nannte den 28-Tage-Rhythmus den weiblichen Zyklus im Gegensatz zum 23-Tage-Rhythmus, den er als den männlichen bezeichnet hat. Man kann daraus ableiten, daß der 28-Tage-Rhythmus den Bereich der Gefühle und Empfindungen steuert.

Auch diese »Seelenkurve« setzt sich aus einer auf- und einer abbauenden Halbperiode zusammen. Da die Gesamtdauer mit 28 Tagen angegeben wird, befindet sich der Mensch in den ersten 14 Tagen nach dem Übergang in der Plus-, in den folgenden 14 Tagen dagegen in der Minusphase.

In der Plusphase (Hochphase) besteht die Tendenz zu größerer Lebensfreude und zu mehr Optimismus, zu positiver Lebenseinstellung und ausgeprägter Seelenstärke. Im Tief dagegen ist das allgemeine Niveau der Gefühle und Stimmungen unterhalb der sonstigen Konstitution, man neigt dazu, sich zurückzuziehen, wird kontaktschwach und ungesellig. Natürlich kommt es auch bei diesem Zyklus auf die Ausgangslage, auf die persönliche Veranlagung des einzelnen an, denn nicht jeder Mensch reagiert auf seelische Beanspruchungen gleich.

Je nach Temperament und Empfindungs- bzw. Einfühlungsvermögen ergeben sich unterschiedliche Verhaltensweisen.

Die Kurve des 28-Tage-Rhythmus gibt das Auf und Ab des Widerstands recht anschaulich wieder, den der Mensch seelischen Streßsituationen entgegenzusetzen vermag. Auch hier sind es die Übergangstage – die Zeit vom 28. zum ersten Tag und vom 14. zum 15. Tag –, die kritische Zustände signalisieren. An diesen Tagen stellen sich verstärkt Situationen ein, die zu Unausgeglichenheit und fehlerhaftem Reagieren tendieren lassen.

Meine Untersuchungen ergaben, daß die steuernden Funktionen des Körperrhythmus und des Seelenrhythmus im Leben des Menschen eine größere Rolle spielen als die beiden anderen Rhythmen, über die noch berichtet wird. Körperkurve und Seelenkurve sind die beiden Basiskurven des sogenannten Rhythmoskops, und man sollte sie stets gemeinsam werten. Zusammengenommen ergeben sie ein Biojahr mit einem Intervall von 644 (= 23 × 28) Tagen mit sich zeitweise ergebenden Hoch- oder Tieflagen, die von den beiden übrigen Rhythmen begleitet werden.

Untersuchungen vieler Lebensläufe rechtfertigen die Vermutung, daß vor allem die Schwingungen des Seelenrhythmus regulierend auf unsere Gefühle der Lebenslust oder -unlust einwirken.

Wer von sich weiß, daß er starken Stimmungsschwankungen ausgesetzt ist, sollte darauf achten, inwieweit der Zusammenhang zwischen den Stimmungsänderungen und dem 28-Tage-Rhythmus deutlich wird.

Das Vorauswissen eines derartigen Zusammenhangs und die

zeitbezogene Berücksichtigung dieses Wissens kann eine gute Hilfe zur Überwindung von Niedergeschlagenheit und Verdrossenheit sein.

Die Geisteskurve (= g)

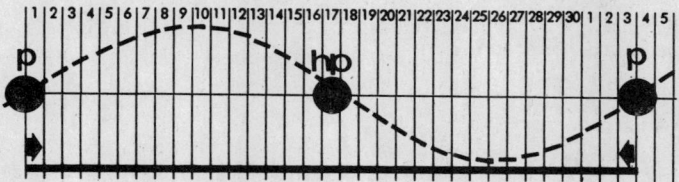

Die Entdeckung dieses Rhythmus geht zurück auf die Untersuchungen von Dr. Ing. Friedrich Teltscher und Prof. Rexford B. Hersey. Teltscher ging von dem Gedanken aus, daß unser Lebensraum dreidimensional ist und schloß daraus, daß das Leben in diesem dreidimensionalen Raum auch von einer dreifach wirkenden Rhythmik geprägt wird. Er entdeckte einen Zyklus von 33 Tagen, der sich besonders in den Veränderungen unserer geistigen Leistungsfähigkeit zu erkennen gibt.

In der ersten Halbperiode dieses Zyklus, die 16½ Tage dauert, sind die Regsamkeiten im intellektuellen Bereich, sind Urteilskraft, Reaktionsvermögen, Denk- und Lernfähigkeit deutlich besser als in der zweiten Halbperiode von ebenfalls 16½ Tagen Dauer. Diese Zeit kommt folglich vorwiegend für geistige Routine in Frage, während das mehr schöpferische Tun in der Hochlage angesiedelt sein sollte. Die kritischen Übergangstage vom 33. zum ersten Tag und vom 16. zum 17. Tag können eine spürbare Steigerung von Nervosität, ein Nachlassen der Aufmerksamkeit, eine Neigung zu Fehlern und Irrtümern auslösen.

Der Geistesrhythmus wirkt auf die Welt der Gedanken ein. Für alle überwiegend geistig arbeitenden Personen liegt daher die Empfehlung nahe, diesen Rhythmus mit seinen Hoch- und Tieflagen sorgfältig zu berücksichtigen. Natürlich sind auch hier die zyklischen Wirkungen auf die mentalen Fähigkeiten individuell verschieden. Schulische Leistungen im Lesen, Schreiben,

Rechnen, Erlernen von Vokabeln einer Fremdsprache, Verhalten in Prüfungssituationen können solche Prüfsteine sein, die geeignet sind, Veränderungen unserer schöpferischen Tätigkeit und deren Zusammenhang mit dem Verlauf des 33-Tage-Rhythmus zu registrieren. Der Erwachsene wird sich dahingehend beobachten, ob sich Schwankungen seiner geistigen Aufgeschlossenheit und Anpassungsfähigkeit auf rhythmische Schwingungen zurückführen lassen.

Die Feinsinnigkeitskurve (= f)

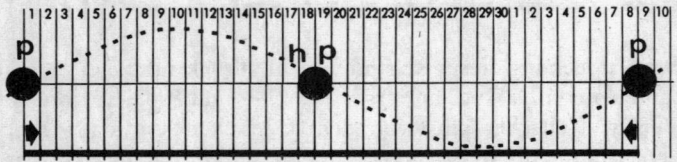

Dieser Zyklus der feinsinnigen Wahrnehmung bewegt sich 19 Tage im positiven Bereich, in der Hochphase, um dann ebenfalls 19 Tage durch die Tieflage zu gehen. Übergangstage fallen in die Zeit vom 38. zum ersten Tag und auf den 19. Tag. Der Rhythmus steuert unsere Umwelt-Empfindungen, er beeinflußt den Geschmacks- und Schönheitssinn. Auch das Erkennenkönnen von Farben, Formen, Tönen und Gerüchen gehört in seinen Bereich. Dieser Rhythmus wird also von künstlerisch inspirierten Menschen empfunden.

Die Plusphase läßt eine verstärkte Aufnahmefähigkeit erwarten, während in der Minusphase die Empfindungen für die Umwelt weniger stark in Erscheinung treten, unbewußter aufgenommen und verarbeitet werden.

Diesen vierten Rhythmus hat die Forschung bisher etwas vernachlässigt, da seine Wirkungen auf den einzelnen Menschen weniger auffallen. Er spielt jedoch eine besondere Rolle bei der Partnerschafts-Analyse. Denn bei den Beziehungen zwischen zwei Menschen kommt es eben vor allem darauf an, ob mit Übereinstimmung und Harmonie in der Auseinandersetzung

mit der Mitwelt gerechnet werden kann. Schroffe Gegesätze –
besonderes auch im Zusammenhang mit den übrigen Biorhythmen gesehen – sind kaum in der Lage, die Güte einer auf Dauer
angelegten Verbindung zu gewährleisten.

»Dasjenige, welches Unten ist, ist
gleich demjenigen, welches Oben ist:
Und dasjenige, welches Oben ist, ist
gleich demjenigen, welches Unten ist,
um zu vollbringen die Wunderwerke
eines einzigen Dinges.«

Hermes Trismegistos
»Tabula smaragdina«

Was ist ein Rhythmoskop?

Rhythmoskop oder Rhythmogramm nennt man die graphische
Darstellung der Biorhythmen – also das (übersichtlichere) zeich-
nerische Umsetzen der berechneten Zahlenkolonnen. Zunächst
erhält man die für eine bestimmte Person berechneten Rhythmenstände eines beliebigen Tages in der Vergangenheit, Gegenwart oder Zukunft ja als Zahlen. So bedeutet die Zahl 15 z. B.,
daß die Person an dem Tag, für den der Stand ihrer Rhythmen
errechnet wurde, am 15. Tag des betreffenden Rhythmus lebt.
Mit vier ein- oder zweistelligen Zahlen für die vier Rhythmen ist
die Rhythmensituation eines Menschen an einem bestimmten
Tag vollkommen beschrieben.

So wie ein Horoskop, zu deutsch »Stundenschau«, eine Skizze
der von außen auf den Menschen einwirkenden jeweiligen
Gestirnpositionen zu einem bestimmten Zeitpunkt ist und sich
mit Hilfe astronomischer Tabellen anfertigen läßt, so ist ein
Rhythmoskop eine Schau der Positionen der im Menschen
wirkenden Langzeitrhythmen, ihre sinnfällige Sichtbarmachung
und Ausdeutung. Die Rhythmen schwingen in gleichbleibenden
Intervallen mit bestimmter Periodenlänge um eine Null-Lage.
Dieses Auf und Ab der Schwingungen, die Hoch- und Tiefphasen sowie die regelmäßig wiederkehrenden Übergänge werden
im Rhythmoskop erkennbar und erleichtern die Beurteilung.
Üblich sind derartige Darstellungen als Monats-, Halbjahres-
oder Jahresrhythmoskope, die einzelnen Rhythmen werden in

Gestalt von kreis- oder sinusförmigen Kurven, mitunter auch linear wiedergegeben. Ein Rhythmoskop ist nichts anderes als ein Abbildungsmuster der periodischen Tendenzen, man erhält von ihm Hinweise auf die zeitbezogene Qualität eines Tages. Da Biorhythmik nicht der Glaube an den Einfluß der inneren Uhr ist, sondern nur der Entschleierung der unsichtbaren Zeiger dieser »Uhr« dient, kann auch ein Rhythmoskop keine gute oder schlechte Position an sich ankündigen. Unser Tun und Lassen erst bestimmt die Situation, die im Zusammenhang mit inneren und äußeren Einflüssen und Faktoren gesehen werden muß.

So ist denn ein Rhythmoskop zunächst völlig wertfrei und neutral, es kommt auf den Betrachter an, ob er imstande ist, in ihm das Wirksamwerden von Regelmäßigkeiten zu erkennen, die periodische Wiederkehr also ebenso wie die Symbolik der Polarität.

Man braucht beispielsweise ein Rhythmoskop nur auf den Kopf zu stellen, um sofort zu erkennen, daß jede Hochlage im Verlauf der Zeit in gleicher Größenlage als Tieflage erscheint, und natürlich auch umgekehrt. So fügt sich die dunkle, mehrdeutige Weisheit der hermeneutischen Literatur »wie oben, so unten« zwanglos in ein ganz normales Weltbild. Die Betrachtung eines halbvollen Glases stimmt den einen Betrachter optimistisch, da er daran denkt, daß noch ein Inhalt vorhanden ist, den anderen pessimistisch, wenn er an die Leere denkt. Es kommt eben auf die Betrachtungsweise und den Standpunkt an. So verlangt auch das Rhythmoskop eine objektive Betrachtungsweise und die Erkenntnis, daß unser Bewußtsein dem Gesetz der Analogie untersteht. Gegensatzpaare wie Plus–Minus, Dur und Moll, Gut und Böse, Hell und Dunkel usw. sind in Wirklichkeit Teile einer Einheit, die wir meist nur in Aspekten wahrnehmen. Obwohl wir zur Annahme neigen, daß Gegensätze einander ausschließen, ist es in der Realität so, daß sie einander bedingen und erst zusammen eine Einheit bilden und existent werden.

Leben bedeutet, einem ständigen Wechsel ausgesetzt zu sein, aber letztlich doch immer nach der eigenen Ganzheit zu streben. Als Verheißung der Bibel finden wir im Alten Testament unter 1. Mose 8; 22 die tröstlichen Worte: »Solange die Erde steht, soll nicht aufhören Saat und Ernte, Frost und Hitze, Sommer und Winter, Tag und Nacht.«

Diese etwas philosophischen Gedanken werden sich dem Leser besser erschließen, wenn er sich die Entstehung der Wellenform der Biorhythmen aus einem Kreis, z. B. aus der kreisförmigen Bewegung eines sich drehenden Rades – von vorn betrachtet – vor Augen führt. Übertragen wir einen bestimmten Punkt der Peripherie des Kreises in die Ebene über eine Zeitachse, so erhalten wir eine Kurve, bei der ein vollständiger Zyklus einer einzigen Umdrehung gleich ist (siehe auch nachstehende Skizze).

In diesem Buch werden für die Darstellung in Rhythmoskopen folgende Zeichen, Symbole und Benennungen benützt:

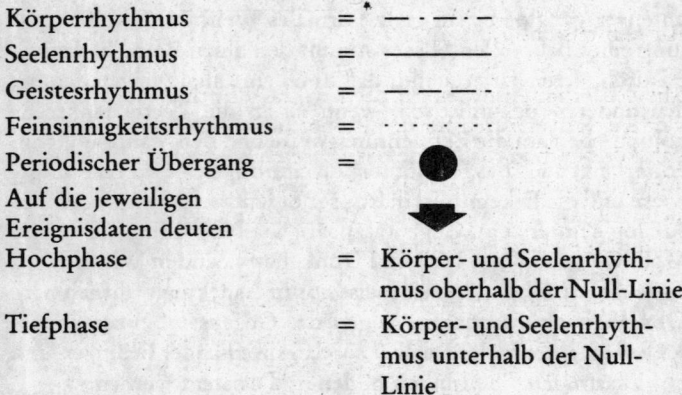

Körperrhythmus = — · — · — · —

Seelenrhythmus = ————

Geistesrhythmus = — — — —

Feinsinnigkeitsrhythmus = · · · · · · · ·

Periodischer Übergang = ●

Auf die jeweiligen Ereignisdaten deuten ▼

Hochphase = Körper- und Seelenrhythmus oberhalb der Null-Linie

Tiefphase = Körper- und Seelenrhythmus unterhalb der Null-Linie

Als Beispiel für die Ausführungen zum Rhythmoskop sei nachfolgend die Rhythmensituation des Regisseurs und Schauspielers Rainer Werner Fassbinder (geb. am 13. 2. 1946) für den Monat

Juni 1982 dargestellt. Fassbinder starb am 10.6.1982, als Todesursache dürfte Herzversagen infolge übermäßigen Tablettenge-
nusses und Alkoholmißbrauchs in Frage kommen.

Juni 1982 dargestellt. Fassbinder starb am 10.6. 1982, als Todesursache dürfte Herzversagen infolge übermäßigen Tablettenge-
nusses und Alkoholmißbrauchs in Frage kommen.

Fassbinders Lebensalter, in Tagen ausgedrückt, läßt sich mit
13 525 angeben. Das ergibt für den Todestag, den 10.6., rechnerisch unter Benützung der Tabelle für die Geburtstagskennzah-
len folgende Rhythmenstände:

Geburtstag 31. 5. 1945
Abfragedatum 10. 6. 1982

		k	s	g	f
Kennzahlen für 31. 5. 1945	=	19	1	32	35
Korrektur		+ 1	+ 1	+ 1	+ 1
	=	20	2	33	36
Kennzahlen für 10. 6. 1982		−19	− 1	− 5	− 1
Rhythmenstand 10. 6. 1982	=	1	1	28	35

Mit den erhaltenen Daten läßt sich das Rhythmoskop mit den
vier Kurvenverläufen für den Monat Juni 1982 zeichnen. Natürlich könnte man die Werte jedes einzelnen Tages mit Hilfe der
Winkelfunktionen berechnen (denn um nichts anderes handelt es
sich bei den Kurven) – diese Möglichkeit nutzen computerge-
steuerte Zeichenautomaten.

Rhythmoskop für R. W. Fassbinder Juni 1982

Das Rhythmoskop macht deutlich, daß sich der völlig überraschende Tod Fassbinders in seiner Münchener Wohnung an einem Doppelschalttag ereignet hat, eine kritische Situation, wie wir sie auch bei anderen freiwillig aus dem Leben Geschiedenen vorfinden.

Siehe auch die Aufstellung prominenter Persönlichkeiten am Ende des Kapitels »Wann legen Menschen Hand an sich?«

»Die praktische Biorhythmik betrachtet die Stunde der Geburt als ko-
inzidierenden zeitlichen Nullpunkt
aller drei Schwingungen und findet in
der vielfachen Bestätigung dieser Annahme durch die Wirklichkeit ihre
hinreichende Berechtigung.«

Dr. Hans Schwing

Welche Bedeutung haben Geburtsstunde und Geburtsort?

Bei biorhythmischen Berechnungen geht man allgemein davon aus, daß die Rhythmenschwingungen im Organismus mit dem Zeitpunkt der Entstehung eines selbständigen Individuums beginnen. Das ist also die Minute der Geburt, in der die körperliche Trennung von der Mutter erfolgt und mit dem ersten Atemzug und Schrei das Eigenleben beginnt.

Zwar gibt es immer wieder Diskussionen über Begriff und Zeitpunkt des Lebensanfangs, denn schon bei der Empfängnis durch das Eindringen des Samenfadens in die Eizelle wird Leben erzeugt, aber dieser Vorgang ist zeitlich nicht genau zu bestimmen; außerdem ist das heranwachsende Wesen noch weitgehend mit den rhythmischen Körpervorgängen der Mutter verbunden und auf sie angewiesen.

Deshalb hat es sich bisher als richtig erwiesen, den Moment der Geburt (möglichst mit Stunde und Minute) als rechnerischen Beginn des Lebens anzusehen. Der Geburtstag gilt als erster Lebenstag, es sei denn, die Geburt erfolgte in den späten Nachmittags- oder Nachtstunden.

Aufgrund von Statistiken der Ärzte kann man annehmen, daß mindestens 60% der Geburten in den Morgenstunden stattfinden. In allen diesen Fällen, und auch dann, wenn sich die Geburtsstunde nicht genau feststellen läßt, ist es richtig, die erste

Tageshälfte als normale Grundlage der Berechnungen zur Biorhythmik anzunehmen.

Man muß dabei in Kauf nehmen, daß es zu Verschiebungen der Lage der Biorhythmenkurven bis zu 24 Stunden kommen kann mit der Folge, daß das Datum eines Übergangstages nicht mehr exakt stimmt, der Übergang also zum Teil am folgenden Tag stattfindet. Das Zeichenbeispiel erläutert dies:

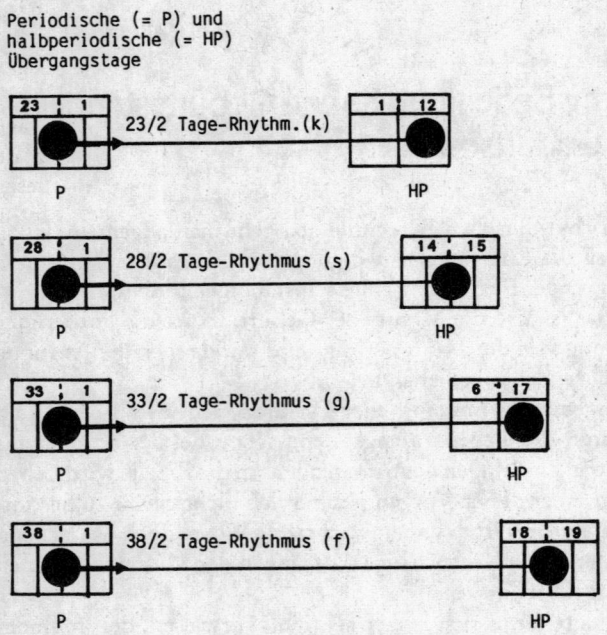

Periodische (= P) und
halbperiodische (= HP)
Übergangstage

23/2 Tage-Rhythm. (k)

28/2 Tage-Rhythmus (s)

33/2 Tage-Rhythmus (g)

38/2 Tage-Rhythmus (f)

Die möglichst genaue Ermittlung des Kalendertags, an dem der Übergang von einer Periodenlänge zur nächsten und von einer Halbperiodenlänge zur folgenden stattfindet, ist allerdings wichtig. Denn diese Tage sind kritisch und müssen besonders eingeschätzt werden. Der eigentliche Übergang von einem Zustand in den anderen – also zum Beispiel von der Hochphase (= Plusphase) in die Tiefphase (= Minusphase) – dauert zwar durchaus nicht volle 24 Stunden, trotzdem sollte man diese Tage kalendermäßig erfassen und im Zustandekommen erkennen. Man halte sich dabei das nachstehende Schema vor Augen:

Der körperliche Rhythmus hat eine Periodenlänge von 23 Tagen. Der erste Kalendertag dieser Periode ist ein periodischer Tag (Übergangstag), von Einfluß sind die zweite Hälfte des vorangegangenen (23.) Tages und die erste Hälfte des ersten Tages. In der Mitte des 12. Kalendertages erfolgt der Übergang in die Tiefphase, wir sprechen von einem halbperiodischen Tag. Von Einfluß ist der ganze 12. Kalendertag.

Der seelische Rhythmus hat eine Periodenlänge von 28 Tagen. Der erste Tag dieser Periode ist ein periodischer Tag, von Einfluß sind die zweite Hälfte des vorangegangenen (28.) Tages und die erste Hälfte dieses ersten Tages. Am Anfang des 15. Tages erfolgt der Übergang in die Tiefphase, an diesem halbperiodischen Tag erstreckt sich der biorhythmische Einfluß von der zweiten Hälfte des 14. Tages bis in die erste Hälfte des 15. Tages.

Der geistige Rhythmus hat eine Periodenlänge von 33 Tagen. Der erste Tag der Periode ist ein periodischer Tag, folglich wirken sich die zweite Hälfte des vorangegangenen (33.) Tages und die erste Hälfte des ersten Tages biorhythmisch aus.

In der Mitte des 17. Tages findet der Übergang statt, an diesem halbperiodischen Tag muß man während des ganzen Tages mit Einflüssen rechnen.

Der feinsinnige Rhythmus hat eine Periodenlänge von 38 Tagen. Der erste Tag ist ein periodischer Tag, Einflüsse sind während der zweiten Hälfte des vorangegangenen (38.) Tages und der ersten Hälfte dieses Tages wirksam. Am Anfang des 20. Tages findet der Übergang in die Tiefphase statt, an diesem halbperiodischen Tag ist mit Einwirkungen zu rechnen, die von der zweiten Hälfte des 19. Tages bis in die erste Hälfte des 20. Tages andauern können.

Je nachdem, ob man nun im individuellen Fall von einem Geburtszeitpunkt am Morgen oder am Vormittag (Normalfall) ausgeht oder ob mehr der späte Nachmittag, Abend oder die Nacht anzunehmen ist, muß man Verschiebungen der kalendermäßigen Daten der Tage, die Wirkungen unterworfen sind, einkalkulieren. So wird zum Beispiel bei einer Geburt am Abend der Einfluß des Übergangs im körperlichen Rhythmus nicht während des ganzen 12. Kalendertages zu erwarten sein, sondern erst ab der zweiten Hälfte dieses Tages.

An weitere Verschiebungen muß man in all jenen Fällen denken, in denen die Zeitzonen auf unserer Erde eine Rolle spielen. Wer in dem Bereich der mitteleuropäischen Uhrzeit, der auf den 15. Längengrad östlicher Länge bezogenen Zeit, geboren wurde und während einer Reise in die USA seine biorhythmische Situation ermitteln will, muß dann eben den Zeitunterschied berücksichtigen. Wenn er sich in San Francisco aufhält, beträgt der Unterschied 9 Stunden (120 Grad westliche Länge), eine für rhythmenempfindliche Menschen durchaus spürbare Differenz. Wäre die Geburtsstunde dieses Menschen an einem 15. irgendeines Monats in den späten Abendstunden, so sollte er die Zeitverschiebung berücksichtigen, indem er den Vormittag des 16. als Zeit der Geburt als Berechnungsgrundlage (besonders bei Partnervergleichen) nimmt. Bei Menschen, die öfter über große Distanzen verreisen, ist die Beachtung der Zeitdifferenz empfehlenswert, wobei auch die unterschiedliche Anpassungsfähigkeit zu berücksichtigen ist.

Allerdings sei auch gesagt, daß man sich nicht sklavisch an den Kalendertag oder die Uhrzeit halten sollte, sondern eine gewisse Großzügigkeit in dieser Hinsicht hinnehmen kann. Die Rhythmen und die periodischen Übergangstage deuten auf Tendenzen hin, die sich in kleinen Zeitintervallen einstellen. Sicher ist, daß es hier keinen abrupten Wechsel von einem Zustand in den anderen gibt. Wer die kritischen Übergangstage und ihre periodischen oder halbperiodischen Einflüsse in diesem Sinn als Wendepunkte betrachtet, handelt richtig.

Biorhythmik im täglichen Leben

> »Geschieht wohl, daß man einen Tag,
> Weder sich noch andre leiden mag,
> Will nichts dir nach dem Herzen ein;
> Sollt's in der Kunst wohl anders sein?«
>
> *Johann Wolfgang von Goethe*
> (1749–1832)

Wie können »gute« und »schlechte« Tage unser Leben bestimmen?

Es ist eine Binsenweisheit, daß der Mensch unablässig Leistungs- und Gemütsschwankungen unterworfen ist und daß man nicht an jedem Tag auf dieselbe Sache in gleicher Weise reagiert. Gute und schlechte Tage gehören zu den normalen Erscheinungen unseres Lebens, so wie das Wetter, das an einem Tag besonders gut zu unserem Vorhaben paßt, an einem anderen Tag jedoch besonders schlecht.

Manchmal ist man gut gelaunt und voller ansteckender Fröhlichkeit, die durch nichts zu erschüttern ist, während man ein andermal mißmutig dreinblickt, sich über jede Kleinigkeit ärgert und vielleicht sogar völlig aus der Fassung gerät. Oft könnte man schon am frühen Morgen voller Daseinsfreude ein lustiges Lied trällern, doch dann kommen wieder Stunden, da »hängt einem alles zum Halse raus« und man geht ohne Lust und Freude seinem Tagwerk nach.

Wir haben auch das Empfinden, daß unsere Mitmenschen uns ebenfalls nicht jeden Tag gleich gesonnen sind; jede Mutter weiß ein Lied davon zu singen, daß ihr Kind zuweilen lieb und folgsam ist, während es sich an einem anderen Tag mürrisch und widerspenstig gebärdet.

»Pechtage« wechseln mit »Glückstagen«, und wohl niemand zweifelt daran, daß Bedrücktsein wie Hochstimmungen nicht nur in unserer Einbildung existieren, sondern daß es tatsächlich so etwas wie »gute« und »schlechte« Tage gibt. Selbstverständlich ist die Bewertung »gut« oder »schlecht« immer subjektiv, es kommt daher stets auf den Standpunkt und Blickwinkel des Urteilenden an.

Für uns stellt sich die Frage, ob und in welchem Ausmaß eigene biorhythmische Tendenzen und diejenigen unserer Mitmenschen unsere Handlungen beeinflussen und den Ablauf unseres Lebens entscheidend mitbestimmen. Versuchen wir, diese Frage dadurch zu beantworten, daß wir an geschichtlichen Beispielen aufzeigen, welche weittragenden Folgen verhängnisvoller Art biorhythmische Konstellationen und Kombinationen vordergründig für einzelne Personen, im weiteren Verlauf dann auch für ganze Völker·haben können. Dabei ist zu berücksichtigen, daß die zur Lenkung der Geschicke von Staaten und Völkern berufenen Menschen, die über das Wohl und Wehe von Millionen entscheiden, von ihren persönlichen Leidenschaften, ihren Stärken und Schwächen, Sympathien und Abneigungen, Urteilen und Vorurteilen geleitet werden wie alle anderen Menschen.

Besonders sinnfällig wird dies bei politischen Entscheidungen, die eigentlich von streng objektbezogenem, vernunftgemäßen Denken, frei von subjektiven Einflüssen, getragen sein sollten. Doch allzuoft fließen fehlgeleitete Gefühle, Wunschvorstellungen und Vorurteile in die Überlegungen ein und zeitigen verheerende Folgen, Gewalttaten und Kriege. So waren es nicht zuletzt große Familientragödien herrschender Häuser und Dynastien, die sich landes- oder weltweit zu politischen Konflikten, Umstürzen oder Gewalttaten entwickelten.

An den geschichtsträchtigen Ereignissen im Leben des österreichischen Kaisers Franz Joseph I. (geb. 18. 8. 1830)wollen wir zeigen, welche Zusammenhänge zwischen kritischen Tagen der biologischen Rhythmen (vergleiche auch die Kapitel über kritische Tage und über Rhythmenverwandtschaft) und den die katastrophalen Ereignisse auslösenden Kräften gesehen werden können.

Franz Joseph I. saß in der Zeit von 1848 bis 1916 auf dem Thron der Donaumonarchie. Er mußte in seinem Leben schwere persönliche Schicksalsschläge wie auch tiefgreifende Erschütterungen in den von ihm regierten Ländern Österreich-Ungarns ertragen.

Schon seine Ehe mit der aus dem in Bayern regierenden Haus Wittelsbach stammenden Prinzessin Elisabeth (geb. 24.12.1837) brachte beiden mehr Leid als Glück. Die biorhythmische Partnerkonstellation mit den Prozentwerten an Übereinstimmung

körperlich	seelisch	geistig	feinsinnig
48%	79%	77%	30%

war durchaus nicht ideal, sie kann jedoch als Indiz dafür gelten, daß der Kaiser seine junge, schöne Frau »Sissi« anfangs abgöttisch geliebt haben soll. Diese Liebe hielt den Alltagsbelastungen nicht stand. Elisabeth konnte sich in das strenge Hofzeremoniell in Wien nicht einfügen. Sie fühlte sich mit der Kaisermutter Sophie und deren patriarchalischem Verhalten innerlich wenig verbunden, worauf auch die biorhythmischen Übereinstimmungswerte hindeuten:

körperlich	seelisch	geistig	feinsinnig
13%	50%	58%	43%

Erst nach jahrelangem Ringen gegen die Widerstände des Hofes gelang es ihr, die ihr zustehende Rolle bei der Erziehung ihrer Kinder zu übernehmen und frei über ihre persönliche Umgebung zu verfügen.

Auch im politischen Leben spielte sie für kurze Zeit die ihr gemäße Rolle (Ausgleich mit Ungarn), doch hier setzte die Entfremdung zwischen den Ehegatten ein. Kaiser Franz Joseph fühlte sich in seiner Ehe vernachlässigt, da seine Frau viel reiste und sich lange im Ausland aufhielt. So wandte er sich einer anderen Frau, der Burgschauspielerin Katharina Schratt (geb. 11.9.1855) zu; mit ihr war er in einer mehr als dreißig Jahre dauernden Freundschaft verbunden. Die biorhythmischen Verträglichkeitswerte dieser Partnerschaft vermögen die Beziehung zu erklären:

körperlich	seelisch	geistig	feinsinnig
91%	93%	15%	64%

Kaiserin Elisabeth nahm das Verhältnis ihres Mannes mit der anderen Frau nicht nur hin, sondern betrachtete sich dadurch in gewissem Sinn als frei, ihren Neigungen und eigenen Gefühlsregungen nachzugehen. So erstaunt es nicht, daß sie es war, die Frau Schratt bat, dem Kaiser die furchtbare Nachricht von der als »Tragödie von Mayerling« in die Geschichte eingegangenen Selbstmordaffäre seines ältesten Sohnes Rudolf zu überbringen.

Kronprinz Rudolf (geb. 21. 8. 1858) und sein Vater waren sehr gegensätzliche Naturen und hatten oft Meinungsverschiedenheiten; Franz Joseph war das, was man heute etwas salopp einen »sturen Kommißkopf« nennen würde, während Rudolf ein tief empfindender, gefühlsbetonter Mensch war. Die biorhythmischen Partnerwerte der beiden geben einen gewissen Hinweis auf das gespannte Verhältnis:

körperlich	seelisch	geistig	feinsinnig
57%	29%	100%	58%

Die Entfremdung, die sehr bald eintrat, wurde durch die Art auf die Spitze getrieben, wie Rudolf seine angetraute Frau, die belgische Prinzessin Stephanie (geb. 25. 5. 1864) brüskierte und während eines Hofballs in aller Öffentlichkeit eine Liebschaft mit der damals 17jährigen Baronin Mary Vetsera (geb. 19. 3. 1871) begann.

Die biorhythmischen Übereinstimmungszahlen der Partnerschaft Kronprinz Rudolf / Baronin Vetsera waren

körperlich	seelisch	geistig	feinsinnig
39%	93%	64%	72%

während die Partnerwerte Rudolf / Stephanie mit

körperlich	seelisch	geistig	feinsinnig
4%	71%	52%	27%

angegeben werden; angesichts der charakterlichen Entwicklung Rudolfs ein bemerkenswerter Unterschied!

In den Augen des Kaisers, der in streng monarchischen Traditionen verwurzelt war und nur seiner Arbeit, seiner Verantwortung für die von ihm regierten Völker und seinem Pflichtgefühl lebte, war die Beziehung seines Sohnes zu der Baronin ein Skandal, der um so schwerer ins Gewicht fiel, als Rudolf sich den privaten und politischen Anordnungen seines Vaters fortwährend widersetzte, ein für Franz Joseph, der nur die Denkkategorien von Befehl und Gehorsam anerkannte, ganz unbegreiflicher Vorgang.

Der Vater-Sohn-Konflikt trieb dem dramatischen Höhepunkt zu, als der Kaiser am 26. 1. 1889 seinen Sohn in ultimativer Form aufforderte, sich den väterlichen Anordnungen zu fügen und aus Gründen der Staatsraison die zur Klärung der Beziehung zu Baronin Vetsera erforderlichen Entscheidungen zu treffen. Was sich danach im Schlosse des Kronprinzen in Mayerling tatsächlich ereignet hat, ist bis heute nicht völlig geklärt, zumal der Wiener Hof Grund hatte, die Dinge möglichst geheim zu behandeln. Wahrscheinlich hat Kronprinz Rudolf am 30. 1. 1889 die Waffe gegen sich gerichtet, nachdem er zuvor seine Geliebte erschossen hatte.

Biorhythmisch gesehen waren die Tage des Streits mit dem Vater und der Tag des Dramas von Mayerling durch Besonderheiten gekennzeichnet, wie wir sie bei vielen derartigen Ausnahmesituationen antreffen. Die Kurven der Biorhythmen deuten auf kritische Übergänge, sie lauten:

	körperlich	seelisch	geistig	feinsinnig
für den 26. 1. 1889 =	8. Tag	1. Tag	29. Tag	21. Tag
für den 30. 1. 1889 =	12. Tag	5. Tag	33. Tag	25. Tag

73

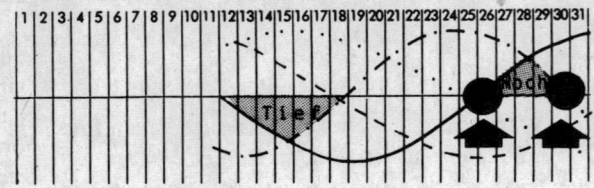

Der so aufgehellte biorhythmische Hintergrund mit den kritischen Übergängen macht das an sich unvernünftige und den moralischen und sittlichen Prinzipien zuwiderlaufende Verhalten des Kronprinzen begreiflich. Die Tendenzen der Biorhythmen waren so, daß zur Überwindung der katastrophalen Lage andere Anstrengungen notwendig gewesen wären als die, zu denen Rudolf allenfalls fähig war.

Ein weiterer gewaltsamer Todesfall in der Kaiserfamilie zeigt, wie stark biorhythmische Konstellationen offensichtlich Einfluß ausüben können. Gemeint ist das Attentat auf die Kaiserin am 10. 9. 1898. Hier scheint sich ein Schicksal erfüllt zu haben, für das die Zeit reif war. Elisabeth hat zwar das Ende herbeigesehnt, doch ging in diesem Fall die Initiative nicht von der vom Schicksal Auserkorenen aus.

Die Kaiserin war gesundheitlich schon stark angegriffen und trug schwer daran, daß sie das Verhängnis von ihrem Sohn Rudolf nicht hatte abwenden können. Ein weiterer Schicksalsschlag traf sie durch den tragischen Tod des bayerischen Königs Ludwig II. (geb. 25. 8. 1845). Dies konnte sie nur schwer verwinden. Mit dem »Märchenkönig« verband sie eine innige Seelenverwandtschaft, was durch die recht harmonisch ausgeprägten biorhythmischen Zahlenwerte der Partnerschaft belegt ist:

körperlich	seelisch	geistig	feinsinnig
57%	93%	76%	40%

Im Gegensatz dazu waren die zeitweilige Verlobte des bayerischen Königs, Sissis Schwester, die Herzogin Sophie, und Ludwig ein durchaus unharmonisches Paar, und der weitere Lebensweg Ludwigs wäre allein schon eine biorhythmische Untersuchung wert.

Elisabeth jedenfalls war völlig vereinsamt und suchte ihrer Umgebung auf immer neuen Reisen zu entfliehen. Bei einem Aufenthalt in der Schweiz wurde sie am 10. 9. 1898 von dem Anarchisten Luigi Luchini in Genf auf offener Straße ermordet. Daß der Attentäter, der alle Großen und Reichen haßte, gerade sie als Opfer seiner Gesinnung auserkoren hatte, war wohl Zufall, ihr aber brachte der Tod den Frieden, der ihr im Leben versagt geblieben war. Das Rhythmoskop dieses Tages zeigt bedrohliche Übergänge im seelischen und geistigen Bereich, die oft für ein Fehlverhalten verantwortlich sind. (Vergleiche die Beispiele Fassbinder, Pasolini, Wieland.)

	körperlich	seelisch	geistig	feinsinnig
10. 9. 1898 =	4. Tag	28. Tag	33. Tag	21. Tag

Rhythmoskop für Kaiserin Elisabeth September 1898

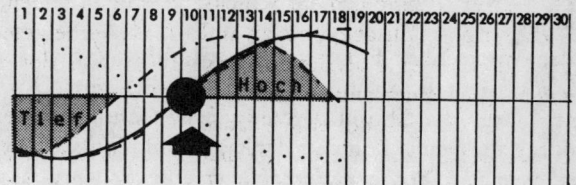

Nach dem tragischen Ende des Kronprinzen Rudolf hatte der alte Kaiser die Erbfolge neu regeln müssen und als Thronfolger seinen Neffen, den Erzherzog Franz Ferdinand, eingesetzt. Besondere Sympathien verbanden die beiden Männer nicht; dabei spielte die Tatsache, daß Franz Ferdinand (geb. 18. 12. 1863) darauf bestand, seine Ehe mit der nicht standesgemäßen Gräfin Sophie Chotek (geb. 13. 8. 1868) unverändert fortbestehen zu lassen, eine nicht unerhebliche Rolle. Doch auch auf dem Gebiet der Politik kam es zwischen Kaiser und Thronfolger immer wieder zu Differenzen, da Kaiser Franz Joseph vornehmlich absolutistischen und autoritären Regierungsformen zuneigte, Franz Ferdinand dagegen die Zeichen der Zeit dahingehend deutete, daß in dem Vielvölkerstaat Österreich föderative Ideen das Gebot der Stunde wären und eine liberale, demokratische Grundordnung unumgänglich bliebe.

Die Rhythmenverwandtschaft

körperlich	seelisch	geistig	feinsinnig
30%	64%	88%	22%

legt Zeugnis für die disharmonische Beziehung zwischen den beiden aufeinander angewiesenen Männern ab und erklärt vielleicht, daß Kaiser Franz Joseph seinen Neffen von allen Staatsgeschäften fernzuhalten versuchte. Um so mehr widmete sich der Thronfolger militärischen Aufgaben und bemühte sich, durch entsprechende Maßnahmen im Heer die auseinanderstrebenden Kräfte der verschiedenen Nationalitäten zusammenzuführen. Das erweckte den Argwohn panslavistischer, vor allem großserbischer Kräfte, die einen Erfolg der Anstrengungen des Thronfolgers vereiteln mußten, da er ihren politischen Absichten zuwiderlief.

Bei der Anwesenheit Franz Ferdinands in Sarajevo anläßlich von Manövern in Bosnien kam es zur Katastrophe. Obwohl gewarnt, fuhren der Thronfolger und seine Gattin im offenen Auto durch die Stadt, konnten dank der Kaltblütigkeit Franz Ferdinands einem Bombenattentat entkommen, wurden aber kurze Zeit danach Opfer des Revolveranschlags eines serbischen Nationalisten, als sie etwas provozierend nochmals durch die Stadt fuhren.

Für die innere Einstellung des Erzherzogs, sein starres Festhalten am gefaßten Entschluß und seine Trotzdem-Haltung kann die im nachfolgenden Rhythmoskop aufgezeichnete biorhythmische Hochlage als typisch gelten:

	körperlich	seelisch	geistig	feinsinnig
28. 6. 1914 =	9. Tag	3. Tag	8. Tag	24. Tag

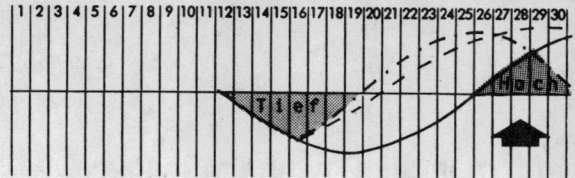

Das Attentat war von langer Hand durch die großserbische Untergrundbewegung vorbereitet und bekanntlich der äußere Anlaß für den Ersten Weltkrieg, der auch zum Untergang der Donaumonarchie führte. Kaiser Franz Joseph hat diesen Ausgang des Krieges wahrscheinlich vorausgesehen, zumal der nunmehr vorgesehene Nachfolger, Erzherzog Karl (geb. 17. 8. 1887), schon bald zu erkennen gab, daß er die Politik des Kaisers an der Seite des Deutschen Reiches nicht fortzusetzen gedächte.

Es könnten nun weitere Untersuchungen der Familiengeschichte und ihrer biorhythmischen Ausdeutungen angestellt werden, auch das tragische Ende des Bruders des Kaisers, der von Napoleon III. veranlaßt worden war, in Mexiko den Thron zu besteigen und von seinem politischen Gegenspieler, General Juárez, vor die Gewehre eines Hinrichtungspelotons gestellt wurde. Doch dürften die bisherigen Ausführungen hinlänglich nachgewiesen haben, welche Auswirkungen weltgeschichtlicher Art gute und schlechte Tage haben können und wie stark biorhythmische Kräfte herrschen, indem sie Menschen zusammenführen oder auch trennen.

Wie prüft man die Rhythmenfühligkeit eines Menschen?

Bei der Beantwortung dieser Frage müssen wir von der Erfahrungstatsache ausgehen, daß die Menschen unterschiedlich sensibilisiert sind und je nach Typus unterschiedlich auf den Einfluß der Lebensschwingungen reagieren. Mit einiger Sicherheit lassen sich zwei Haupteinteilungen treffen: der Rhythmenempfindliche mit schwach ausgeprägter Anpassungsgabe und der Rhythmenunempfindliche mit geringer Erregbarkeit; natürlich gibt es Zwischenstufen mit Neigungen zum einen oder anderen Bereich. Zu berücksichtigen ist auch, daß sich – unter anderem durch den Wechsel der äußeren Umstände bewirkt – Empfindlichkeiten und Anpassungsfähigkeiten im Lauf des Lebens verändern.

Die Ansprechbarkeit einer Person auf ihren Biorhythmus läßt sich auf einfachste Weise durch tägliche Selbstkontrolle und schriftliches Festhalten der kontrollierten Sachverhalte ermitteln. Viel aufwendiger dagegen sind Laboruntersuchungen und medizinische Messungen, wie sie von Rhythmenforschern wie Prof. Dr. Rexford B. Hersey, University of Pennsylvania, Dr. Douglas E. Neil, Laboratory der U.S. Naval Postgraduate School in Monterey, California, Professor Gottfried Kellner, Histologisch-Embryologisches Institut der Universität Wien, Professor Livio Vinardi, Instituto de Biopsicoenergética do Brasil, Sao Paulo, Professor Sigmund J. Kardas, Jr., Laboratorio de Investigaciones sobre Bioritmos Humanos, Wildwood Crest, New Jersey, u. a. in letzten Jahrzehnten sehr erfolgreich unternommen worden sind.

Für denjenigen, der nicht über die notwendigen Apparaturen und Meßgeräte verfügt und in der Anlage wissenschaftlicher Testreihen unerfahren ist, sollte es genügen, wenn er die beobachteten Vorgänge und Verhaltensweisen seines täglichen Lebens in einen Kalender einträgt und diese Unterlagen dann zu seinem Rhythmenstand in Beziehung setzt.

Wie man hier verfahren kann, zeigt ein Auszug aus einer Biorhythmik-Dokumentation. Der Beobachtungszeitraum betrug 48 Monate, dabei war es von einigem Wert, daß zusätzlich notiert wurde, ob die jeweilige Rhythmenlage im voraus bekannt war, oder ob der Vergleich mit dem Rhythmenstand nachträglich angestellt wurde.

Datum	Art der Störung	Rhythmenstand			
		k	s	g	f
13. August	Herzdruck	+ 9	+14	+16	+ 8
15. August	Herzdruck und Übelkeit	+11	−16	−18	+10
25. August	Übelkeit	−21	−26	−28	−20
27. August	Herzstörung und Nervosität	−23	−28	−30	−22
28. August	Herzstörung und Nervosität	+ 1	+ 1	−31	−23
10. September	Starke Herzstörung und Erkältungsausbruch	−14	+14	+11	−36

Überträgt man diese Aufzeichnungen aus dem Tagebuch in ein Schema, das einen sinnfälligen Zusammenhang mit der Kurvendarstellung des Biorhythmenverlaufs herzustellen gestattet, dann fallen die Auswirkungen der periodischen Übergangstage sofort auf.

Rhythmoskop für August–September

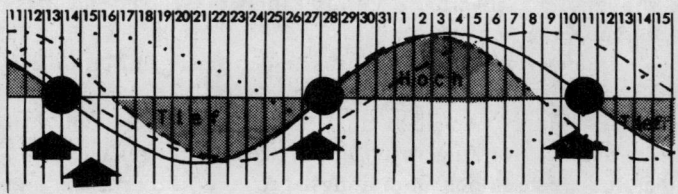

Das Gesamtergebnis, das bei den 1461 täglichen Beobachtungen erzielt wurde, lag erheblich über der statistischen Wahrscheinlichkeit. Im übrigen fiel auf, daß bei dieser persönlichen Untersuchung Vorauswissen oder nachträgliches Ermitteln des Rhythmenstandes ohne nachhaltige Auswirkung blieb und keinen schlüssigen Beweis für einen sogenannten »Placebo-Effekt« lieferte.

Bei dieser Untersuchung wurden hauptsächlich Störungen des Gesundheitszustandes erfaßt. Um ein Gesamtbild zu gewinnen, ist es natürlich sehr zweckmäßig, nicht nur physiologische Symptome zu registrieren, sondern auch psychologische und intellektuelle Merkmale in die Selbstbeobachtung einzubeziehen.

Für den nach Antwort suchenden Leser wird es also darauf ankommen, daß er Einzelheiten des körperlichen Befindens, der seelischen Gleichgewichtslage und der geistigen Beweglichkeit notiert. Zu den markanten physiologischen Symptomen gehören unter anderem auffallende Abweichungen der normalen körperlichen Verfassung, spontane Störungen und Beschwerden aller Art wie Herzprobleme, plötzlich auftretende Allergien, Nachlassen der Potenz, Hautausschläge und Geschwüre, Koliken, Migränezustände, Magen- und Darmprobleme (Durchfall), Kreislaufstörungen, Schwindelgefühle, Schlaflosigkeit.

Als Kennzeichen veränderten seelischen Befindens sind zum Beispiel erwähnenswert: gereizte Stimmung, Angst- und Unsicherheitsgefühl, Depression oder starke Niedergeschlagenheit ohne äußerlich erkennbaren Anlaß, Anzeichen von Nervosität, auch Streitlust und ähnliches, während ein auffälliges Nachlassen der Merk- oder Erinnerungsfähigkeit, eine Einschränkung des Konzentrationsvermögens, Schwierigkeiten beim Erlernen komplizierter Sachverhalte, Verluste auf dem Gebiet der Auffassungsgabe, der Schlagfertigkeit sowie Nachlassen des sonst zu beobachtenden kreativen Denkens zu den geistigen Merkmalen gehören.

Diese wenigen Angaben dürften schon genügen, um dem Leser deutlich vor Augen zu führen, wie er sich täglich ein Bild über die wechselnden Stimmungslagen, die körperlichen und geistigen Zustände machen kann. Damit gewinnt er die Grundlage für seine Analyse der Rhythmenempfindlichkeit.

Besonders ergiebig sind natürlich herausragende Ereignisse wie sportliche Höchstleistungen, mit Beifall aufgenommenes öffentliches Auftreten, richtige Entscheidungen in schwieriger Lage, geglückte Forschungen und Erfindungen, aber auch selbstverschuldeter Unfall, sinnlose Gewalttaten, unkontrolliert-impulsives Handeln, plötzliches Unpäßlichsein und dergleichen. Solche Vorkommnisse und Selbsterfahrungen machen die täglichen Kontrolleintragungen noch bedeutsamer und wertvoller für die Auswertung.

Wer gar Erlebtes und Erlittenes nicht nur in Stichworten, sondern als Tagebuch vorliegen hat, kann aus den Beschreibungen über das Meistern der verschiedenen Lebenssituationen aufschlußreiche Hinweise auf das Wirken biorhythmischer Kräfte erhalten. Deshalb sind auch die Auswertungen von Tagebüchern großer Künstler, Maler, Dichter und Komponisten hinsichtlich deren Rhythmenabhängigkeit von besonderem Reiz.

Als Beispiel sei hier das tragische Schicksal des britischen Kapitäns Robert Falcon Scott (geb. 6. 6. 1868) angeführt, der im Jahre 1912 mit einer Expedition den bis dahin noch nicht entdeckten Südpol erreichen wollte. Aus einem übersteigerten Pflichtgefühl heraus wollte er unbedingt der erste Mensch am Pol sein, um dort den britischen Union Jack zu hissen. Der Kampf gegen die antarktische Kälte, die Schneestürme und das unwegsame Eis gestaltete sich zu einem lebensgefährlichen Unternehmen, das durch den Wettkampf mit dem zur gleichen Zeit dem Südpol zustrebenden Norweger Roald Amundsen eine verhängnisvolle Wendung nahm. Als Scott mit seinen vier Gefährten nach unbeschreiblichen Mühen und Entbehrungen schließlich am 16. Januar 1912 den Pol erreichte, mußten sie erleben, daß sie nicht die ersten waren. Vier Wochen vorher hatte Amundsen die norwegische Fahne am Pol aufgepflanzt, ihm war der Ruhm zuteil geworden, der erste gewesen zu sein. Nach all den Wochen voller Strapazen und Gefahren war die Enttäuschung bei Scott grenzenlos, eine Katastrophe mußte die unweigerliche Folge sein. Scotts Kampf um den Südpol hat der

Dichter Stefan Zweig in seinen »Sternstunden der Menschheit« beschrieben. Seine Schilderung, auf den Tagebuchaufzeichnungen des Kapitäns Scott fußend, läßt die ungeheuerliche körperliche und seelische Beanspruchung der tapferen Expeditionsteilnehmer bis zum tragischen Ende erahnen.

Betrachtet man die biorhythmischen Tendenzen, die bei Scott in den Krisenmonaten Januar und März 1912 dominierten, und setzt sie in Beziehung zu seinen Tagebucheintragungen, so findet man überraschende Vergleichsansätze. In den ersten Januartagen hatte sich der 46jährige Scott von den übrigen Expeditionsteilnehmern getrennt und war mit vier ausgewählten Begleitern aufgebrochen, um die letzte Distanz bis zum Pol zu bewältigen. Einer anfänglichen Müdigkeit und Hoffnungslosigkeit stand, wie aus den Tagebuchaufzeichnungen zu entnehmen ist, bald ein verhaltener Jubel gegenüber: »Nur noch 70 km, noch 50, sie werden bitter schwer werden, aber wir müssen es schaffen.« Noch am 16. 1. meldet das Tagebuch »gehobene Stimmung«, und man lebte auf in dem Bewußtsein, eine Großtat für die Menschheit vollbracht zu haben. Als aber am 17. 1. das verhängnisvolle, schemenhaft Erahnte zur Gewißheit wurde, als Scott und seine Männer erkennen müssen, daß Amundsen vor ihnen den Pol erreicht hatte, da bricht das Hochgefühl zusammen, die Stimmung schlägt jäh um, und Scott schreibt voller Bitterkeit: »All die Mühsal, all die Entbehrungen, all die Qual – wofür? Für nichts als Träume, die jetzt zu Ende sind. Mir graut vor dem Weg zurück." Die Biorhythmensituation Mitte Januar kann erklären, daß kein Gedanke mehr der Tatsache galt, den Südpol erreicht zu haben – das Ziel, dem die Anstrengungen galten –, sondern daß in der geistig-seelischen Tieflage offenbar nur noch das Scheitern der Träume, der Erste gewesen zu sein, in das Bewußtsein vordrang.

Auch die dunklen Ahnungen der bevorstehenden Fährnisse des Rückmarsches lassen sich mit Hilfe des Rhythmenstandes erklären. Und Scott hatte richtig vermutet: Der Weg über Schneefelder, Gletscher, durch antarktische Stürme und dünne Luft über den Hochflächen war wie eine 1500 km lange Hölle, die keiner der Teilnehmer überlebte.

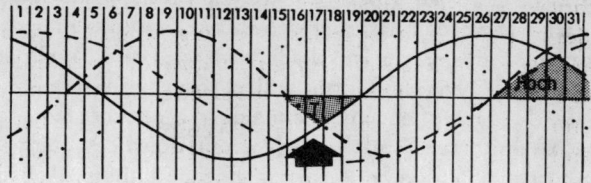

Erschütternd sind die Tagebuchnotizen vom März des Jahres 1912 und die letzten Briefe des zu Tode erschöpften Scott. So schreibt er am 4. 3.:

»Es sieht in der Tat sehr böse aus, den ganzen Vormittag lang mußten wir mit aller Kraft ziehen und schafften in den viereinhalb Stunden nur dreieinhalb Meilen. Wir haben noch etwa 42 Meilen bis zum nächsten Depot und Nahrung für eine Woche, aber nur für drei oder vier Tage Brennstoff... Wir sind wirklich in einer sehr heiklen Lage, aber noch verzagt keiner von uns.«

»7. März: Etwas schlimmer, fürchte ich...«

»10. März: Mit uns geht es weiter abwärts... Die Wetterbedingungen sind furchtbar, und unsere Geräte vereisen mehr und mehr und sind immer schwieriger zu handhaben...«

»14. März: ... alles geht schief bei uns...«

»Freitag, 16. März oder Sonnabend, 17. Bin mit den Tagen durcheinandergekommen, denke aber, das letzte Datum wird stimmen. Tragödie auf der ganzen Linie.«

Zu dieser Zeit schleppten sich nur noch drei müde Männer durch die weiße Hölle, die zwei anderen waren kurz vorher liegen geblieben, mit erfrorenen Füßen und unfähig, noch einen Schritt zu tun.

Aber auch Scott und die beiden anderen wußten nun, daß kein Wunder sie mehr retten könne. Am 29. 3. gaben sie den Weitermarsch auf und verkrochen sich in ihre Schlafsäcke, um zu sterben. Letzte Eintragung im Tagebuch: »Seit dem 21. hatten wir ununterbrochen Sturm... Am 20. hatten wir Brennstoff für zwei Tage. Jeden Tag waren wir bereit, zu unserem 18 km entfernten Depot aufzubrechen, aber außerhalb des Zelts ständig ein wirbelndes Schneetreiben. Glaube nicht, daß wir jetzt noch Besseres zu erwarten haben. Wir werden bis zum Ende aushalten, aber wir werden natürlich schwächer, und das Ende kann nicht mehr weit sein. Es ist schade, aber ich glaube, mehr kann ich nicht schreiben. Um Gottes willen, sorgt für unsere Hinterbliebenen!« Dann blieben die Seiten des Tagebuches leer.

Die Biorhythmen Scotts in den letzten Tagen des März 1912 geben Aufschluß darüber, daß zu einem Zeitpunkt, zu dem vielleicht ein äußerstes Maß an Anstrengungsbereitschaft Rettung bedeutet hätte, eine Tiefphase eingetreten war, in der das Bedürfnis nach Ruhe, Erholung und Ausspannen überwog. Das traurige Schicksal war unabwendbar.

Rhythmoskop für Robert Falcon Scott März 1912

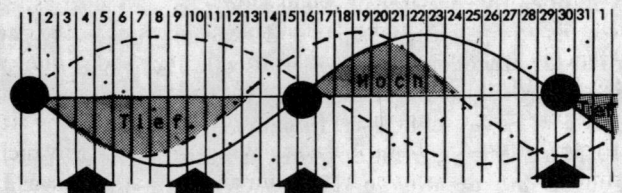

> »Die erwartete Schickung verliert ihren Schrecken, sie verdient ihren Namen nicht mehr. Der Mensch wird durch Einsicht ein Verbündeter der Mächte, die über ihn herrschen.«

Hermann Swoboda, Das Siebenjahr

Führt die Biorhythmenlehre zur fatalistischen Einstellung?

Es gibt Menschen, die durchaus nicht wissen wollen, mit welchen Zukunftseinflüssen sie rechnen sollten. Sie haben Angst, sie meinen, das Wissen um kommende Dinge würde sich negativ auf ihr Handeln auswirken, und glauben, eine Art »Erfüllungszwang« könne die ungünstigen Ereignisse geradezu herbeiführen.

Nun, krankhafte Angsthasen wird es immer geben. Wer sich nicht mit der Biorhythmik befassen will, der sollte sich nicht informieren und braucht sich auch nicht beraten zu lassen. Es handelt sich offenbar um eine Selbstsuggestion, und ich nehme an, daß meist diejenigen Menschen ihr zuneigen, die die Biorhythmik wohl zuwenig kennen.

Mit ihrer Vorausberechnung von Hoch- und Tiefphasen und periodischen Vorsichtstagen greift die Biorhythmik nicht unmittelbar in das Schicksal ein, kann also auch keinen entwicklungshemmenden Fatalismus auslösen.

Der Fatalist neigt ja zu der Auffassung von der »blinden« Notwendigkeit des Ablaufs der Ereignisse. Er glaubt, sein Schicksal (Fatum) sei vorbestimmt und Menschenwille könne daran nichts ändern.

Natürlich mag es vorkommen, daß die Kenntnis einer schwachen Tagestendenz eine gewisse Unsicherheit auslöst, gegen die man dann eben angehen kann. Andererseits verspricht eine Vogel-Strauß-Politik, die sich vor den Tatsachen und Tendenzen verschließt, ganz gewiß keinen Nutzen.

Der japanische Professor Tatai vergleicht die biorhythmische Vorhersage sehr treffend mit einem personenbezogenen Wetterbericht, der vielen von uns täglich wertvolle Hinweise liefert. Wer zum Beispiel als Autofahrer weiß, daß im Wetterbericht Regen, Schnee oder Glatteis vorhergesagt wurde, wird sein Fahrverhalten entsprechend einrichten. Während der Übergangszeit vom Herbst zum Winter wird er sich nicht von frühzeitig einsetzenden Schneefällen überraschen lassen, wenn z. B. Schnee angesagt ist, sondern vorausschauend anstelle von Sommerreifen die Winterreifen montieren und bei einer Fahrt in die Berge Schneeketten mitnehmen. Niemand wird heute auf den Gedanken kommen, Meldungen von Sturm oder Gewitter als Angstmacherei abzutun. Die Wettervorhersage ist wertneutral, es kommt auf den einzelnen an, wie er derartige Informationen »verarbeitet«.

Und so ist es auch mit dem Vorauswissen der Biorhythmenlage. Vorgewarnt ist vorgewappnet – mit anderen Worten: Wer die Tendenzen seiner Kräfte- und Stimmungsänderungen kennt, kann den Entwicklungen gefaßt entgegensehen und entsprechende Vorbereitungen treffen.

Obwohl bei der Geburt eines Menschen bereits feststeht, wann Hoch- und Tieflagen und ihre Übergänge zu erwarten sind, bedeutet die Darstellung des Ablaufs der biologischen Rhythmen noch lange nicht die Kenntnis einer unabänderlichen Schicksalskonstellation. Die biorhythmische Situation eines Menschen schafft nur eine der Voraussetzungen für mögliche positive oder negative Entwicklungen. Erst im Zusammenwirken mit anderen Faktoren wie Alter, Allgemeinbefinden, Umwelteinflüssen gestalten sich die Ereignisabläufe endgültig.

Ein einfaches Beispiel, das mir ein Arzt kürzlich beschrieb, soll das Gesagte verdeutlichen. Dieser Arzt wußte, daß er zu einem bestimmten Zeitpunkt einen »kritischen« Tag hat und rechnete an diesem Tag mit verringerter Reaktionsfähigkeit. Er mußte mit seinem Auto eine Fahrt unternehmen und teilte vorausschauend die Tour so ein, daß ihm reichlich Zeit zur Verfügung stand. Ein gewagtes Überholmanöver eines anderen Verkehrsteilnehmers führte dann tatsächlich eine sehr heikle

Situation herbei, die der Mediziner nur meistern konnte, indem er, langsamer als sonst fahrend, eine Vollbremsung ausführte und dadurch ausweichen konnte. Nach seiner Ansicht gelang ihm das Kunststück nur, weil er sich auf die Biorhythmenlage eingestellt hatte und so einen schweren Unfall abwenden konnte.

Das Beispiel mag zeigen, wie man durch entsprechende Vorkehrungen und Einstellungen an ungewisse künftige Ereignisse herangehen kann und dabei ein persönliches Maß an Selbstsicherheit ohne Angstgefühle erlangt.

Bezüglich der Willensfreiheit erklärte Psychologieprofessor Matussek in einer Rundfunkdiskussion kürzlich, jeder von uns habe bestimmte Schicksalssituationen zu akzeptieren, »Schicksalsdeterminanten« also, an denen er unschuldig ist, für die er nichts kann – beispielsweise die Tatsache, daß er in eine bestimmte Familie und in eine bestimmte Zeit hineingeboren wurde, daß er einem Kollektiv angehört, daß er diese und nicht andere Erbanlagen mitbekommen hat usw. Dies alles sind Faktoren, die außerhalb seiner Möglichkeiten liegen, sie durch die Entfaltung seines Willens zu ändern. Aber er hat mit diesen schicksalhaften Gegebenheiten so zu arbeiten, daß eine freie, von seiner einmaligen Persönlichkeit bestimmte Verfügung über seinen Lebenslauf möglich ist, wobei der Freiheitsgrad des Verfügenkönnens den Unterschied zu anderen ausmacht.

So soll die Kenntnis der Lehre von den Biorhythmen zu der tröstlichen Gewißheit führen, daß wir dem Schicksal nicht bedingungslos ausgeliefert sind. Scheinbar Unabwendbares können wir durch den Einsatz des eigenen Willens wandelbar machen. In Abänderung eines Goethe-Wortes können wir sagen: Den Biorhythmus gibt uns Gott, zum Schicksal muß der Mensch sich diesen selbst gestalten.

Soll man an kritischen Tagen im Bett bleiben?

Radio Eriwan, jener Sender aus der Hauptstadt der armenischen Sowjetrepublik mit dem hintergründigen Humor, würde auf eine solche Frage witzig wie immer antworten: »Im Prinzip ja, aber es kommt darauf an, mit wem!«

Doch im Ernst, kritische Tage, das heißt Übergangstage, an denen die biorhythmischen Schwingungen von der Hochlage in eine Tieflage übergehen und umgekehrt, sind kein Grund zur Besorgnis oder gar Beunruhigung. An derartigen Tagen müssen wir zwar nach der von dem Biorhythmik-Forscher Dr. H. Schwing geäußerten Ansicht mit »Labilität im körperlichen Befinden, allgemeiner Indisposition, verminderter Spannkraft, geringer Leistungsfähigkeit, schwankender geistiger Verfassung, veränderter Stimmung, gelockerter Aufmerksamkeit und fehlender Konzentration« rechnen, aber eine einfache Überlegung bringt uns zu der Erkenntnis, daß jeder von uns viele solcher Übergangstage in seinem Leben ganz harmlos und unbedenklich erlebt hat. Kritische Tage »bilden innere Vorbedingungen, die beim Zusammentreffen mit entsprechenden äußeren Umständen zu Fehlhandlungen, Mißerfolgen, Versagen, Unfällen, ganz allgemein zu Gefährdungen und Schädigungen der eigenen Person sowie dritter in gesundheitlicher und sachlicher Beziehung führen können«.

Wer also glaubt, an kritischen Tagen im Bett bleiben zu müssen, will damit ja nur zum Ausdruck bringen, daß er den Tag ohne wesentliche Aktivität an einem geschützten Ort verbringen möchte. Das aber ist meist unmöglich, weil jeder sich den Anforderungen des Alltags stellen muß. In jedem Monat sind mehrere periodische Übergänge durchzustehen, und man weiß nicht im voraus, welcher davon besonders gefahrbringend sein wird.

Schon im Jahre 1909 hat Prof. Dr. Hermann Swoboda in seiner Lehre von den kritischen Tagen des Menschen geschrieben, daß »ungünstige äußere Verhältnisse materieller und psychischer Natur die Bresche der kritischen Tage brauchen, um unsere Oberfläche zu durchdringen. Sonst bleiben sie äußere Reize«.

Damit wird uns bereits die Empfehlung für unser Verhalten an diesen kritischen Tagen gegeben: Ganz normal leben, jedoch zusätzliche Belastungen vermeiden und Störfaktoren möglichst ausschalten. Wenn das nicht möglich ist, muß man ihnen mit besonderer Willenskraft und Geistesstärke begegnen. Das heißt also: An die Stelle von Wagemut vermehrt Vorsicht treten lassen und Zurückhaltung anstatt riskantem Einsatz zeigen. Man sollte Ruhe und Erholung anstreben, Überanstrengung und Geschäftigkeit vermeiden, und eine vernünftige Lebensweise anstelle von Ausschweifungen auf verschiedensten Gebieten ist oberstes Gebot.

Wie Prof. Swoboda bereits zutreffend beobachtete, sind auch die Symptome der kritischen Tage je nach Lebensalter, Geschlecht, Charakter sowie körperlicher und seelischer Verfassung verschiedenartig. Bei Gesunden äußern sie sich auch anders als bei Kranken. Kränkliche Menschen reagieren empfindlicher auf die Phasenwechsel als gesunde, bei denen die Auswirkungen der kritischen Tage eher »normal« sind. Auch tritt im Laufe der Zeit allgemein eine Änderung der Symptome bei ein und demselben Menschen ein. Schließlich ist zu bedenken, daß es bei aller Gesetzmäßigkeit doch Unregelmäßigkeiten gibt, durch die Anfälligkeiten anders als üblich zum Ausdruck kommen.

Obwohl wir also nicht exakt voraussagen können, ob und wann es zu spontanen Störungen der normalen Funktionen und des Wohlbefindens kommen wird, ist es doch sehr nützlich, sich generell auf kritische Tage einzustellen, um ein Mißgeschick oder einen Unfall zu vermeiden.

Der große deutsche Philosoph Arthur Schopenhauer hat einmal gesagt: »Man soll einen gewissen Aufwand an Mühe, Zeit, Unbequemlichkeit, Weitläufigkeit, Geld oder Entbehrung nicht scheuen, um der Möglichkeit eines Unglücks die Tür zu verschließen«, und er hat uns damit schon die Maxime für unser Verhalten an kritischen Tagen gegeben. In jedem Fall kommt es darauf an, zusätzliche Risikofaktoren zu vermeiden und es durch situationsgerechtes, vorsichtiges Verhalten nicht zur Auslösung unangenehmer Erscheinungen kommen zu lassen. Vor allem ist impulsiv reagierenden Menschen ein gesteigertes Maß an Beherrschung anzuraten. Auf »unvernünftige« Lebensweise (üppiges Essen, Alkohol- und Nikotinmißbrauch, Bewegungsmangel, Übermüdung durch Streß und dergleichen) sei besonders hingewiesen, weil sie die Momente der Gefährdung und die Unfallgeneigtheit erhöht. Unser Leben ist ein fortwährender Anpassungsvorgang. Kritische Tage verlangen die ihnen gemäße Anpassung, und wir sollten dies vorbeugend durch richtiges Planen und durch Vermeiden von Streß und Hetze erreichen. Durch entsprechende Motivation und sogar durch Beeinflussung unseres seelischen und körperlichen Zustands gelingt es uns zuverlässig, vorübergehenden Gefahren zu entgehen, die sich unter Umständen negativ auf unser gesamtes Leben auswirken könnten.

Ein besonders markantes Beispiel dafür, daß kritische Übergangstage auch zu einem Umbruch mit positiven Folgen führen können, bietet die Geschichte des denkwürdigen 21. März 1953, jenes Tages, an dem der indische Religionsphilosoph Bhagwan Shree Rajneesh (geboren am 11. 12. 1931, weltbekannt durch seine Meditationszentren in Poona/Indien und ab 1981 in Antelope, Oregon/USA) unter dem Maulshree-Baum im Bhanvartal-Park von Jabalpur seine Erleuchtung hatte. In dem Buch »Der Erwachte« wird das ungewöhnliche Geschehen mit seinen eigenen Worten ausführlich beschrieben; einige Auszüge mit den Darlegungen seiner Gedanken und Gefühle seien hier wiedergegeben. Das anschließende Rhythmoskop gibt Aufschluß darüber, daß es sich im fraglichen Zeitraum tatsächlich um eine sehr kritische Übergangszeit handelte.

»Kurz vor dem 21. März 1953, genau sieben Tage vorher«, sagt Bhagwan, »hörte ich auf, an mir selbst zu arbeiten. An diesem Tag, da das Suchen aufhörte, dem Tag, da ich nicht mehr erwartete, daß etwas geschehen werde, da begann es zu geschehen. Eine neue Energie wuchs aus dem Nichts. Es war kein negativer Zustand. Im Gegenteil, der Zustand war absolut positiv. Es war nicht nur eine Abwesenheit, ich fühlte eine Anwesenheit. Irgend etwas in mir floß über, überflutete mich.«

Sehr anschaulich schildert Bhagwan seine weiteren Erlebnisse: »Jene sieben Tage waren eine Zeit gewaltiger Umwandlung, völliger Umwandlung. Und am letzten Tag wurde die Gegenwart einer gänzlich neuen Energie, eines neuen Lichtes, einer neuen Freude so intensiv, daß es beinahe unerträglich war, so als explodierte ich, als würde ich verrückt vor Seligkeit.

Der ganze Tag fühlte sich fremdartig, betäubend an, und die Erfahrung war erschütternd.... Gegen Abend wurde es beinahe unerträglich – es tat weh, es schmerzte. Es war, als wenn eine Frau in die Wehen kommt, wenn ein Kind geboren werden soll, und die Frau leidet ungeheure Schmerzen.«

Bhagwan führt weiter aus, daß er spürte, wie irgend etwas unmittelbar bevorstand. Er wußte nicht, was es sein könnte, vielleicht der Tod, aber er spürte keine Angst. »Irgend etwas sollte geschehen, etwas sehr Einschneidendes, etwas, das entweder Tod oder Neugeburt sein mochte, Kreuzigung oder Auferstehung, irgend etwas von ungeheurer Bedeutung wartete auf mich, gleich um die Ecke. Es war unmöglich, die Augen offen zu halten. Ich schlief ein.«

Der Verfasser der Biographie, Vasant Joshi, läßt auch über das, was in der anschließenden Phase des Halbschlaf-Halbwachsein-Zustands geschah, den »Meister« selbst berichten. Bhagwan erlebte die Kräfte zweier Dimensionen, das Positive und das Negative, das Leben und der Tod begegneten einander. »Das ist der Augenblick, da man sagen kann ›Der Schöpfer und die Schöpfung begegnen sich‹. Es war verrückt. Beim ersten Mal erschüttert es einen bis in die Wurzeln, es erschüttert dein Fundament. ... Das Leben erhält eine neue Qualität.«

Im Haus fühlte Bhagwan sich von einer überwältigenden Gegenwart umgeben, er spürte eine starke Schwingung, pulsierendes Leben, ein Orkan von Licht, Freude, Ekstase. Es trieb ihn aus dem Zimmer, in dem er zu ersticken drohte. Er stürzte hinaus und erreichte einen ihm wohlbekannten Ort, einen Garten, den er häufig aufsuchte. Obwohl es Nacht war, leuchtete alles im Garten in dem Augenblick, als er eintrat, in hellem Licht auf. Er sah das Grün, die schlafenden Bäume, die Grashalme, er empfand den Segen der Natur. »Ein bestimmter Baum war in ein überwältigend schönes Licht eingehüllt – der Maulshree-Baum. Er zog mich an, er riß mich geradezu an sich. Ich hatte ihn nicht gewählt, Gott selbst hatte ihn gewählt. Ich ging zu dem Baum; ich saß unter dem Baum. Während ich so dasaß, beruhigte sich alles. Das ganze Universum war ein einziger Segen.«

Bhagwan ging früh am Morgen nach Hause, ein Wunder war mit ihm geschehen, eine Knospe hatte sich geöffnet, seine Suche war beendet. Die Geschichte nach seiner Erleuchtung ist eine ganz neue Geschichte, denn »in jener Nacht wurde ich leer und voll«, sagt er. »Ein anderes, absolut neues, mit dem alten völlig unverbundenes Wesen war entstanden.«

Rhythmoskop für Bhagwan Shree Rajneesh März 1953

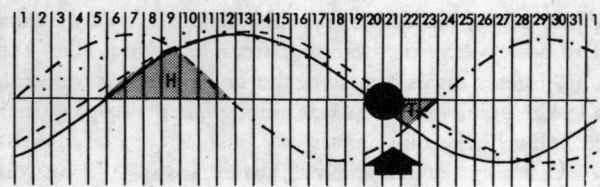

> »Der Selbstmord ist ein allgemein in-
> teressierendes, unheimliches, meiner
> Meinung nach erschütterndes Phäno-
> men. Der Mensch ist das einzige Le-
> bewesen, welches infolge der Fähig-
> keit zur Selbstreflexion um die Be-
> grenztheit seiner Existenz und um die
> Möglichkeit, Hand an sich zu legen,
> weiß.«

Professor *Erwin Ringel*

Wann legen Menschen Hand an sich?

Lange bevor es die wissenschaftlich begründete Psychiatrie und Psychologie gab, versuchten Priester, Philosophen und Dichter, die Geheimnisse der menschlichen Seele und die Abgründe, die zuweilen erschreckend sichtbar werden, zu erforschen. Dabei empfand man seit jeher ein Ereignis als hochdramatisch und meist unbegreiflich, das recht unscharf Freitod oder Selbstmord genannt wird. Bald schon griffen Wissenschaftler die Materie mit dem Ziel auf, Antworten auf die Frage zu finden, weshalb Menschen Hand an sich legen. Inzwischen liegt eine verwirrende Fülle von Veröffentlichungen über das Thema vor, aber sie alle geben keinen Aufschluß darüber, ob es zeitlich bestimmbare Auslösefaktoren gibt, die bei Selbsttötungsabsichten eines Menschen eine wesentliche Bedeutung haben. Fachleute kennen die vielen Untersuchungen und Darlegungen über Gründe, Anlässe und Praktiken der Selbstzerstörung, aber nur ganz vereinzelt findet man Erörterungen darüber, ob es im Leben eines Menschen Tage gibt, an denen sich eine Gefährdung in Richtung Selbstmordabsicht als existent annehmen läßt.

Die Möglichkeit, die eigene Existenz zu vernichten, ist ein spezifisch menschliches Problem, zu dem die Menschen ganz unterschiedlich Stellung nehmen. Die Skala reicht von tiefster Erschütterung bis zu der Auffassung, daß es sich beim Selbstmord um einen Akt letzter Erkenntnis, einer Ultima ratio, handelt. Ein unbefangenes Werturteil gibt es heute weniger denn je, und es entspricht der Einstellung unserer Zeit, daß gewisse Sachverhalte um den Selbstmord ignoriert werden. Tatsache ist, daß in Deutschland jährlich etwa 14 000 Menschen Hand an sich legen, und die Zahl derer, die in Depression versinken, mit dem Gedanken an Selbstmord leben oder damit drohen, nimmt ständig zu. Wir begegnen diesen unglücklichen Menschen überall: in allen Altersgruppen, in allen Berufsschichten, bei Männern ebenso wie bei Frauen. Tatsächlich gibt es rings um uns mehr seelisch gestörte Menschen, als wir anzunehmen geneigt sind.

In jeder Selbstmordhandlung liegt nicht nur eine persönliche, ausschließlich private Tragödie, sondern es ist auch ein Ereignis, das die Mitmenschen in eine Verantwortung einbindet. Viele Selbstmorde ließen sich verhindern, wenn die Betroffenen und auch die Menschen ihrer nächsten Umgebung mehr von sich, voneinander und von den Ursachen und Kräften, die zum Selbstmord treiben, wüßten. Obwohl auch Mediziner, Soziologen und Fürsorger dem Freitod oft ratlos gegenüberstehen, sollte der Suizid nicht länger als unerwünschtes Symptom unserer Zeit angesehen und wie ein unvermeidlicher Betriebsunfall behandelt werden.

Es ist eine schockierende Tatsache, daß in den Industrieländern der Erde als Todesursache von Menschen zwischen 15 und 45 Jahren der Selbstmord der Häufigkeit nach an vierter Stelle steht, nach den Verkehrsunfällen, dem Krebs und den Kreislaufkrankheiten. Nur wenige Menschen wissen, daß sich auf der Welt alle 90 Sekunden jemand das Leben nimmt und alle 10 Sekunden ein Versuch unternommen wird, dem Dasein freiwillig zu entfliehen. Die Bundesrepublik und Österreich stehen in der Spitzengruppe einer makabren und alarmierenden Rangliste, die Anregung sein sollte, über eine erfolgversprechende Selbstmordverhütung nachzudenken.

Wer sich mit Biorhythmik, mit ihrem Wesen und ihren Möglichkeiten befaßt, der weiß, daß es bei jedem Menschen zeitlich zu unterscheidende Lebensabschnitte wechselnder Qualität gibt. Das heißt, daß unser Verhalten periodisch gesteuert wird und wir alle unter Gesetzmäßigkeiten stehen, deren Beachtung viel Unheil und Leid vermeiden könnte.

Eine rein statistische Untersuchung von Zusammenhängen zwischen der biorhythmischen Situation eines Menschen und dem Tag seines Freitodes ist nicht imstande, vollen Aufschluß zu geben, solange die beitragenden äußeren Umstände sowie die körperlichen, seelischen und geistigen Befunde nicht umfassend berücksichtigt sind – und das ist meist der Fall. Dennoch zeigt sich, daß in mehr als 80% der untersuchten Beispiele die Menschen ihre Tat an einem Tag begingen, der eine biorhythmische Erklärung erlaubt. Vor allem lassen Vergleiche mit ähnlichen Rhythmenlagen aufschlußreiche Folgerungen über das Motiv des Selbstmords zu. Anhand der Situation der biologischen Rhythmen erfahren wir oft eine Menge über Störungen des seelischen Gleichgewichts, auch wenn meist andere Faktoren gleichzeitig auf das Verhalten am Tag der Tat einwirkten. Nachweislich neigen viele Menschen tatsächlich nur an genau bestimmbaren Tagen dazu, sich das Leben zu nehmen. Wenn sie dann beispielsweise durch Eingriffe von außen vor dem letzten Schritt bewahrt wurden, haben sie für ihr Vorhaben oft keine Erklärung. Dies läßt den Schluß zu, daß die zum Selbstmord treibenden Kräfte eine zeitliche Koppelung erfahren, daß der Zeitpunkt des Zusammenwirkens bestimm- und berechenbar sein müßte.

Wenn wir wissen, an welchen Tagen Selbsttötungsabsichten besonders ernst zu nehmen sind, haben wir auch ein Mittel in der Hand, Hilfestellung für einen Bedrohten zu leisten und ihm die notwendige Zuwendung, Wärme und Stütze vor dem Sturz in den Abgrund zuteil werden zu lassen.

Schon das beruhigende Gefühl, daß die Zeit der Verzweiflung meist nur vorübergehender Art sein wird, verleiht Sicherheit und ist deshalb sehr positiv zu bewerten. Wenn es gelingt, mit Hilfe der Biorhythmik neue Wege zur Verhütung von Selbstmorden einzuschlagen und damit die Zahl der Freitodfälle zu verringern, ist viel erreicht. Nicht allein die Antwort auf die Frage, warum sich Menschen das Leben nehmen, hilft weiter, sondern auch das Wissen um den Zeitraum, in dem die Tendenz besteht, daß der Tod als letzter Ausweg erscheint. Aus einer großen Zahl von

Fällen werden nachfolgend einige Beispiele erwähnt, die verblüffende Hinweise geben.

Mit seinem Buch »Hand an sich legen« hat der österreichische Schriftsteller Jean Améry (geb. 31. 10. 1912) versucht, eine Erklärung dafür zu liefern, daß die Neigung zum Freitod nicht notwendigerweise ein Zeichen von »Gestörtsein« oder »Verstörtheit« oder gar ein Symptom von Wahnsinn ist. Für ihn, der am 17. 10. 1978 an einer Überdosis Schlaftabletten starb, ist kennzeichnend, daß er auf die Frage »Warum haben Sie sich nicht umgebracht, warum haben Sie nur darüber geschrieben?« antwortete: »Nur Geduld.«

Rhythmoskop für Jean Améry Oktober 1978

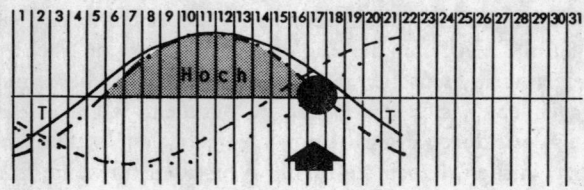

Der 18jährige Schauspieler Hans Putz jr. (geb. 12. 11. 1961) wurde am Morgen des 19. 6. 1979 tot in seiner Wohnung aufgefunden. Er gehörte zu den vielen Jugendlichen in der Bundesrepublik, die aus Enttäuschung über die Lebenswirklichkeit in den Freitod gehen. Seine Rhythmenlage zeigte einen gefährlichen Zustand, der als Auslöser zu betrachten ist.

Rhythmoskop für Hans Putz jr. Juni 1979

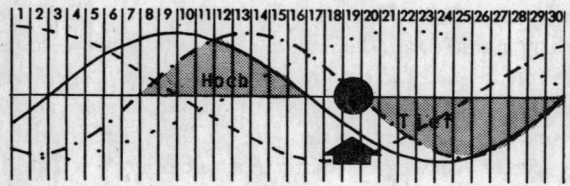

Der als Chorleiter der weltberühmten »Regensburger Domspatzen« bekanntgewordene Gymnasialprofessor Hans Schrems (geb. 29. 1. 1914) stürzte sich von der Nibelungenbrücke in Regensburg und starb unmittelbar darauf an den Folgen des Aufschlags auf den Uferstreifen. Man nahm an, daß Schrems durch seine rastlose Tätigkeit überfordert war, zumal er unter gesundheitlichen Beschwerden litt. Die Rhythmensituation am 7. 11. 1969 spricht für ein Zusammenwirken kritischer Komponenten.

Rhythmoskop für Hans Schrems November 1969

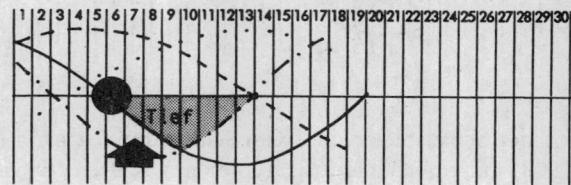

Der populäre »Fernsehkoch« und Schauspieler Clemens Wilmenrod (geb. 24. 7. 1906) hatte den Entschluß zum Freitod vermutlich schon seit längerem gefaßt, als er ihn an einem periodischen Übergang am 11. 4. 1967 in die Tat umsetzte. Er war unheilbar krank, litt unter starken Schmerzen und hatte keine Hoffnung auf Besserung.

Rhythmoskop für Clemens Wilmenrod April 1967

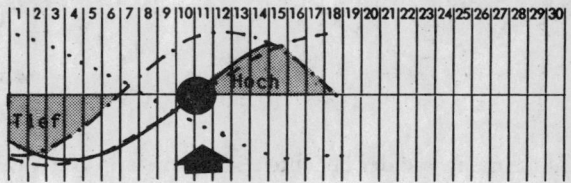

Als sich die ehemalige Fernsehansagerin Ulla Melchinger (geb. 25. 9. 1932) spontan mit ihrem zweijährigen Töchterchen in Possenhofen am 15. 5. 1969 vor den einfahrenden Zug warf, befanden sich ihre biorhythmischen Kurven im Tief. Das mag der Auslöser für ihre Kurzschlußhandlung gewesen sein.

Rhythmoskop für Ulla Melchinger Mai 1969

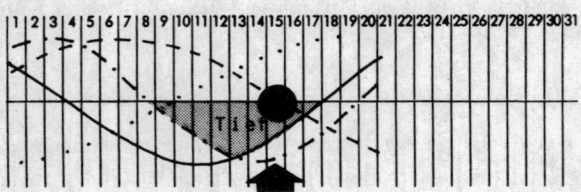

Als sich der Schauspieler und Regisseur Arno Assmann (geb. 30. 7. 1908) mit einer Überdosis Tabletten vergiftete, befand er sich am 29./30. 11. 1979 in einem kritischen biorhythmischen Übergang. Da er eine Woche vorher seine Frau durch Freitod verloren hatte, war seine depressive Lage verständlich, die im Zusammenhang mit seiner Biorhythmik höchste Gefahr signalisierte.

Rhythmoskop für Arno Assmann November 1979

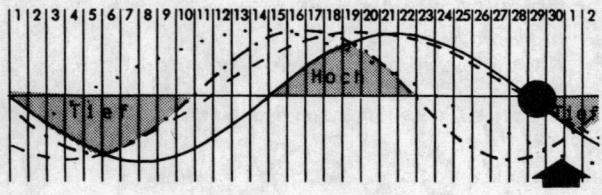

Der Rhythmenstand der beliebten Schauspielerin Gertrud Kükkelmann (geb. 3.1.1929), die sich am 17.1.1979 aus ihrer im vierten Stock gelegenen Schwabinger Wohnung stürzte, kann fast als Lehrbeispiel gelten: Der Entschluß zum Freitod wurde in einer depressiven Phase verwirklicht.

Rhythmoskop für Gertrud Kückelmann Januar 1979

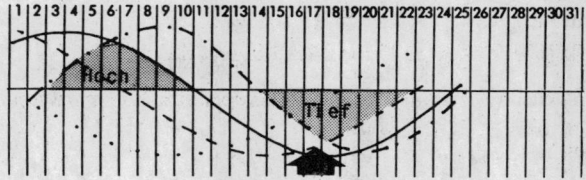

Seelisch wie körperlich am Ende ihrer Kräfte, schrieb die englische Schriftstellerin Virginia Woolf (geb. 25.1.1882) in dem Abschiedsbrief für ihren Mann: »Liebster, ich spüre genau, daß ich wieder dabei bin, verrückt zu werden. Ich glaube, wir können nicht noch einmal eine so schreckliche Zeit durchmachen ... deshalb tue ich, was mir das Beste zu sein scheint ...« Sie wählte dann am 28.3.1941 den Freitod im Wasser.

Rhythmoskop für Virginia Woolf März 1941

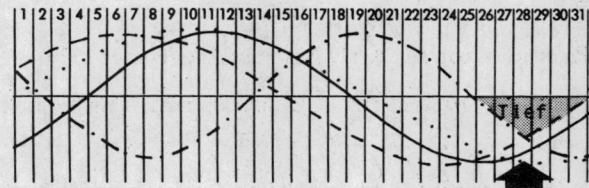

Ohne Berücksichtigung der näheren Umstände ist in der nachfolgenden Aufstellung eine Reihe bekannter Persönlichkeiten genannt, deren Rhythmenstände zum Zeitpunkt ihres vermutlichen Freitods eine interessante Aussage erlauben:

Name	Geb.-Tag	Todestag	Bio-Zahl			
			k	g	s	f
Alsop, Kenneth Autor	29.01.1920	23.05.1973	16	14	4	18
Bassermann, F. D. Parlamentarier	24.02.1811	29.07.1855	12	15	24	1
Braun, Eva Hitlers Geliebte	06.02.1912	30.04.1945	17	14	27	16
Boyer, Charles Filmschauspieler	28.08.1899	26.08.1978	11	13	11	11
Carol, Martine Filmschauspielerin	16.05.1922	5./6.02.1967	7	13	2	35
Celan, Paul Dichter	23.11.1920	30.04.1970	1	24	5	6
Diesel, Rudolf Erfinder	18.03.1858	30.09.1913	22	13	23	31
Garland, Judy Filmschauspielerin	10.06.1922	22.06.1969	22	16	20	4
van Gogh, Vincent Kunstmaler	30.03.1853	29.07.1890	20	28	7	32
Gründgens, Gustaf Regisseur	22.12.1899	06.10.1963	23	3	1	5
Hlasko, Marek Schriftsteller	14.01.1934	15.06.1969	11	1	1	17
Hitler, Adolf Führer u. Reichsk.	20.04.1889	30.04.1945	17	24	4	20
Jones, Jim Sektenführer	13.05.1931	18./19.11.1978	15	25	32	19
Joyce, James Schriftsteller	02.02.1882	13.01.1941	2	26	14	22
Kirchner, Ernst L. Maler	06.05.1880	15.06.1938	18	28	5	20
Koestler, Arthur Schriftsteller	05.09.1905	03.03.1983	14	24	23	32
Kräftner, Hertha Dichterin	26.04.1928	13.11.1951	23	6	22	14
Lehmbruck, Wilh. Bildhauer	04.01.1881	25.03.1919	21	15	33	13

Name	Geb.-Tag	Todestag	Bio-Zahl			
			k	g	s	f
Mann, Klaus Schriftsteller	18.11.1906	22.05.1949	2	15	17	23
Meinhof, Ulrike Journalistin	07.10.1934	09.05.1976	1	5	1	20
Meyen, Harry Schauspieler	31.08.1924	15.04.1979	10	15	19	1
Monroe, Marilyn Filmschauspielerin	01.06.1926	4./5.05.1962	12	18	21	12
Montherlant de, . Schriftsteller	21.04.1896	21.09.1972	13	24	27	20
Otto, Ellie Dichterin	28.02.1914	11.06.1952	23	12	25	38
Preussen von, Fried. Prinz	19.12.1911	19./20.04.1966	20	22	13	10
Rommel, Erwin Generalfeldmarsch.	15.11.1891	14.10.1944	7	7	22	23
Roth, Josef Schriftsteller	02.09.1894	27.05.1939	8	14	3	36
Springer jun., Axel Pressefotograf	07.02.1941	03.01.1980	19	14	20	36
Trakl, Georg Lyriker	03.02.1887	04.11.1914	16	28	5	28
Tucholsky, Kurt Schriftsteller	09.01.1890 (Vergiftung	21.12.1935 01.12.1935)	18	18	31	4
Udeth, Ernst Generaloberst	26.04.1896	17.11.1941	12	9	9	35
Vogel, Peter Schauspieler	22.03.1937	20.09.1978	1	10	11	34
Wallenberg, Marc Bankier	18.06.1927	20.11.1971	12	15	24	1
Weinheber, Josef Schriftsteller	09.03.1892	08.04.1945	22	12	17	8
Zweig, Stefan Schriftsteller	28.11.1881	23.02.1942	14	22	24	38

»Es ist offensichtlich, daß Menschen
von Natur aus miteinander in Kontakt
sind und aneinander gebunden sind.
Dieser Kontakt kann eine Solidarität
erzeugen, die fast so mächtig ist wie
die durch Verwandtschaft erzeugte.«

Ibn Khaldun »Prolegomena«
1378 n. Chr.

Was versteht man unter Wahlverwandtschaft?

Das Wort »Wahlverwandtschaft« ist durch Johann Wolfgang von Goethe bekannt geworden. In seinem Werk mit dem Titel »Wahlverwandtschaften« beschreibt der Dichter die tragischen Beziehungen zweier Paare als Konflikt zwischen Neigung und dem allgemein als gültig angesehenen Sittengesetz. In das geschilderte Wechselspiel von verlangender Leidenschaft und schmerzlichem Entsagen, das wir mit Vokabeln von heute »Tragik einer Ehe« nennen würden, ließ er viel von seinem persönlichen seelischen Zustand, seinen Erlebnissen unerfüllt gebliebener Liebe und verzehrender Sehnsucht einfließen und entwickelte die Handlung bis zum dramatischen Ende einer Ehe und einer Liebe fort.

Bei der Bildung des Begriffs »Wahlverwandtschaft« zwischen Menschen geht Goethe gleichnishaft von naturgesetzlichen Gegebenheiten aus: Jedes Ding muß nicht nur zu sich selbst in Beziehung gesetzt werden, sondern es muß auch zu anderen Dingen eine Beziehung haben. In der Natur ist die mit dem Fachausdruck »Affinität« gekennzeichnete chemische Verwandtschaft zwischen Atomen verschiedener Elemente zu beobachten, man versteht darunter das Bindungsstreben der Stoffe und stellt es sich am besten als eine Kraft unterschiedlicher Stärke vor, die zwischen den Körpern wirksam ist, sie zueinan-

102

der zieht oder miteinander verbindet. Nicht allen Elementen ist dieses Bindungsstreben eigen, insofern kann man von einem Bindungsverhältnis nach Auswahl (lat.: affinitas electiva) sprechen. In seinem Roman erklärt Goethe dazu: »Diejenigen Naturen, die sich beim Zusammentreffen schnell ergreifen und wechselseitig bestimmen, nennen wir verwandt. An den Alkalien und Säuren, die, obgleich einander entgegengesetzt und vielleicht eben deswegen, weil sie einander entgegengesetzt sind, sich am entschiedensten suchen und fassen, sich modifizieren und zusammen einen neuen Körper bilden, ist diese Verwandtschaft auffallend genug.«

Auf die menschliche Natur übertragen folgt daraus, daß es außer der Blutsverwandtschaft und der Verwandtschaft zwischen einem Ehegatten und den Blutsverwandten des anderen Gatten (Schwägerschaft) noch eine Wesensverwandtschaft, eine Geistes- und Seelenverwandtschaft gibt. Sie läßt bedeutende Freundschaften und Liebesbeziehungen entstehen und fortdauern. Folgt man Goethe, so muß man in Wahlverwandtschaften »eine höhere Bestimmung« sehen, er traut ihr eine besondere Art des »Wollens und Wählens« zu und hält den Begriff als Ausdruck wechselseitigen Wohlwollens für vollkommen gerechtfertigt.

Heute versteht man unter Wahlverwandtschaften im weitesten Sinne nicht nur Verbindungen, die durch Auflösung bestehender Bindungen entstanden sind, sondern allgemein die durch innere Antriebe und gefühlsbedingte Zwänge erzeugten Verbindungen, wobei gemeinsame Interessen, Zugehörigkeit zu einer bestimmten Rasse und Schicht, Horizonte der Bildung und Ausbildung sowie kulturelle Wertvorstellungen erhebliche Bedeutung haben. Geheimnisvoll bleibt bei derartigen Bindungen, warum sowohl Gleichartigkeit als auch Polarität die anziehenden und verbindenden Kräfte beeinflussen.

Versucht man einen tieferen Einblick in die Problematik menschlicher Kommunikation zu bekommen, so sollte man davon ausgehen, daß Bindungen und Partnerschaften des Lebens sich in zwei große Gruppen einteilen lassen:

a) *Gegebene Partnerschaften:* Sie sind durch die Bindungen des Blutes vorbestimmt, zum Beispiel bei Eltern und ihren Kindern und bei Geschwistern. Aber auch Verbindungen, die von früher Jugend an durch den Umgang mit anderen Menschen Bestand haben, etwa im Kindergarten, in der Schule und in der Berufsausbildung, zählen dazu, ferner Kontakte aus dem Arbeitsleben, aus Vereinen und lang andauernden Gemeinschaften, Beziehungen zu Nachbarn und zu Menschen, mit denen wir ein Stück unseres irdischen Weges gemeinsam zurückgelegt haben.

b) *Gewollt ausgewählte Bindungen:* Sie sind meist als Ausdruck des freien Willens der Partner entstanden, also vor allem Ehen, Freundschaften und Liebschaften. Auch wenn es sich oft um Prozesse und Entscheidungen handelte, die die handelnden Personen meist gar nicht bewußt erlebten, war bei allen diesen Verbindungen kein äußerer Zwang, kein von den Partnern nicht zu beeinflussender Auslöser maßgebend.

Uralt ist die Frage, wie die fast magisch wirkende Anziehungskraft erklärt werden kann, die so viele Paare auf wundersame Weise aneinanderkettet. Nach den Äußerungen des Psychologen Hans J. Eysenck ist der Mensch »ein bisoziales Wesen, das sowohl von seinem Erbgut als auch von den Sitten und Gebräuchen seiner Gesellschaft beeinflußt wird«. Von diesem Ansatz her führten Eysencks Untersuchungen der Frage, wer denn eigentlich wen heiratet, zu recht aufschlußreichen und einleuchtenden Ergebnissen. Im allgemeinen gleichen die meisten Ehepartner einander hinsichtlich Alter, Nationalität, Zugehörigkeit zu einem besonderen Volkstum und zu einer bestimmten Religionsgemeinschaft. Auch auf den gesellschaftlichen und wirtschaftlichen Hintergrund trifft das Sprichwort »Gleich und gleich gesellt sich gern« zu, das will heißen, die Partner haben identische Auffassungen über die Verbindlichkeit von Normen im sozio-ökonomischen Bereich. Bei ihnen besteht meist Einvernehmen über das für eine Partnerschaft erforderliche Ausmaß an Intelligenz und Geselligkeit, und man ist sich auch in Fragen der körperlichen Attraktivität einig. Je ähnlicher gerade auf diesem Gebiet die Auffassungen eines Paares sind, desto glücklicher scheint der Verlauf der Verbindung zu sein.

Manchmal bemerkt man bei Menschen, die man seit langem kennt, wie ähnlich sie einander in ihrem Äußeren, in ihren Gesten, in ihrer Art, zu reden und sich zu geben, geworden sind, und schließt zwanglos auf eine erfüllte Lebensbindung. Aber man erkennt auch das Walten des Ergänzungsprinzips, demzufolge Gegensätze einander anziehen, und es wirkt sich vorteilhaft auf die Haltbarkeit einer Beziehung aus, wenn Toleranz gezeigt und gegensätzliches Verhalten im geistig-seelischen Bereich akzeptiert wird.

Alle diese Faktoren sind mehr oder weniger bei der Partnersuche und Partnerwahl von entscheidender Bedeutung, und man stellt nichts grundsätzlich Neues zur Diskussion, wenn man sie zusammenfassend darlegt. Trotzdem suchen die Psychologen immer noch nach einer griffigen Definition des Begriffs *Liebe*, jener inneren Gemütsbewegung, die als Haupttriebfeder für eine Wahlverwandtschaft gelten kann. Einen willkommenen Beitrag zur Erklärung des Phänomens der Hinwendung zu einem Partner kann nun die Technik des biorhythmischen Partnervergleichs leisten. Sie ist imstande, die Wechselwirkungen zwischen den vorhandenen Energiefeldern aufzuzeigen und auf ihre Auswirkungen aufmerksam zu machen.

Schon in der Zeit der Jahrhundertwende zum 19. Jahrhundert hat der deutsche Kulturphilosoph, Historiker und Dichter Johann Gottfried Herder richtig empfunden, als er schrieb: »Alles sucht und findet sich, was sich einander liebet, und die Naturlehre selbst hat nicht umhingekonnt, den Ausdruck einer Wahl-Anziehung bei den Verbindungen ihrer Körper anzunehmen.« Aber es mußten noch fast 200 Jahre vergehen, ehe wir in der Lage waren, mit Hilfe der biorhythmischen Gesetze tiefer in die Geheimnisse der Wahlverwandtschaften einzudringen.

Garantiert eine hohe Rhythmen-verwandtschaft eine gute Partnerschaft?

Die biologischen Rhythmen zweier oder mehrerer Personen sind dann miteinander verwandt, wenn deren zeitlicher Verlauf weitgehend übereinstimmt, das heißt, wenn die Rhythmen sich etwa zur gleichen Zeit in Hoch- und Tiefphasen befinden. Diese Übereinstimmung läßt sich in Prozentwerten ausdrücken; weitgehende Übereinstimmung führt zu hohen Prozentzahlen und läßt den Schluß zu, daß Personen, deren Biorhythmen nahe verwandt sind, auch etwa gleichzeitig Schwankungen ihrer Empfindungen und Stimmungen erleben.

Es stellt sich nun die naheliegende Frage, ob eine große Übereinstimmung immer auch dazu führt, daß die rhythmen-verwandten Personen gut miteinander auskommen, ob also Rhythmenverwandtschaft für das Gelingen einer Partnerschaft wesentlich ist. Die Antwort auf diese Frage ist nicht ganz einfach. Beim Zustandekommen, Gelingen oder Scheitern partnerschaftlicher Bindungen spielen viele Faktoren eine Rolle, von denen der Biorhythmus nur einer, allerdings ein recht bedeutender, ist.

Im Leben eines jeden Menschen sind Kontakte zu den Mitmenschen, zwischenmenschliche Beziehungen und Verbindungen maßgebend. Ein von der Mit- und Umwelt völlig losgelöstes Dasein ist nicht möglich. Niemand kann willkürlich leben, und es ist unerheblich, ob er diesen Sachverhalt bejaht oder verneint.

Wir müssen uns zwangsläufig mit unseren Mitmenschen befassen, ihre Wünsche, Neigungen und Bedürfnisse respektieren und versuchen, miteinander auszukommen.

Die Gestaltung eines erträglichen Zusammenlebens ist ein wichtiges Lebensziel. Gründliche Menschenkenntnis und richtige Menschenbeurteilung sind unerläßliche Schritte, es zu erreichen. Leider lassen wir uns dabei oft vorwiegend von Gefühlen und Empfindungen anstelle von Erfahrungen und verstandesmäßigen Überlegungen leiten. Vor allem bei der Wahl eines Partners gehen die meisten doch recht unüberlegt vor. Ein solches Verhalten führt leicht zu Fehlentscheidungen und Mißverständnissen, man wird das Opfer von (Selbst-)Täuschungen, und die Folge sind Trennungen, die so gar nicht in das Konzept passen wollen.

Obwohl Verschiedenartigkeiten der Veranlagung und Gegensätzlichkeiten im Verhalten nicht zwangsläufig zu Schwierigkeiten und Aggressionen in einer Partnerschaft führen müssen, so zeigen doch die täglichen Reibereien und vielfältigen Konflikte, daß das Herstellen und Halten guter zwischenmenschlicher Beziehungen eine Kunst zu sein scheint, die viele nicht beherrschen. Sehr oft fehlt es dann an einer Erklärung für das negative Erleben und Verhalten. Scheitert eine Partnerschaft, wird die Schuld meist der anderen Seite zugewiesen, und selten ist die Einsicht in die inneren Zusammenhänge vorhanden.

Es ist deshalb wichtig, sich zunächst über die Psychologie der Partnerwahl Klarheit zu verschaffen. Ganz allgemein ist festzustellen, daß ein hoher Grad von Rhythmenverwandtschaft auch die Ursache für gegenseitige Sympathie ist. Das Wort »Sympathie« ist aus dem Griechischen abgeleitet und bedeutet etwa »Mitempfinden«. Demzufolge ist also ein sympathischer Mensch einer, der »mit uns empfindet«, der uns in wesentlichen Dingen zustimmt. Große Sympathie für einen Menschen vergrößert naturgemäß die Wahrscheinlichkeit einer glücklichen und dauerhaften Verbindung. Aber sie ist nicht der alleinige Garant für eine harmonische gemeinsame Zukunft.

Wäre dem so, bliebe uns allen viel Kummer und Sorge erspart. Wollen wir das Problem der Partnerschaft in seiner ganzen Vielfalt erkennen, müssen wir die wichtigsten Faktoren der Reihe nach ansprechen, die bei der Partnerwahl zu berücksichtigen sind und zu einer Partnerbeurteilung beitragen.

Die meisten Menschen stützen sich bei der Partnerwahl – oft ganz instinktiv und unbewußt – auf vier wesentliche Säulen, die ich kurz mit den Schlagwörtern »persönliche Ausstrahlung«, »Aussehen«, »Ausbildung« und »Auskommen« beschrieben habe.

Die persönliche »Ausstrahlung« eines Menschen resultiert vorwiegend aus den von ihm ausgehenden bioenergetischen Schwingungen. Bei Personen mit ähnlicher Schwingungslage ergibt sich ein Resonanzzustand, sie liegen »auf derselben Wellenlänge« und sind deshalb für die Ausstrahlungen besonders empfänglich. Rhythmenverwandtschaft oder auch Rhythmenfremdheit spielen hier eine wichtige Rolle. Sie sind durch die unterschiedlich ablaufenden Langzeitschwingungen im Menschen vorgegeben und erlauben uns ein begründetes Urteil über das Maß an Verträglichkeit von zwei oder auch mehreren Personen.

Unter dem Stichwort »Aussehen« sind die optischen Auslöser aufzuführen, die Merkmale eines Menschen also, die unsere Aufmerksamkeit erregen und unser Urteil stark beeinflussen. Neben dem Äußeren eines Menschen gehören dazu auch Alter, Kleidung und Gegenstände, mit denen wir uns umgeben und die eine bestimmte, gefühlsbetonte subjektive Beurteilung zulassen. Menschen neigen dazu, den sozialen, ökonomischen und ethnischen Hintergrund in ganz bestimmter, für sie typischer Weise zu betrachten, zumal diese Betrachtungsweise oft die Basis für sogenannte »Grundbedürfnisse« ist. Zusammengefaßt wurden diese Gesichtspunkte unter dem Schlagwort »Ausbildung«, soweit der gesellschaftliche und durch Erziehung und Bildung zu beeinflussende Hintergrund gemeint ist, während das »Auskommen« die finanziellen und wirtschaftlichen Bereiche, den Lebensstil und die Zukunftsaussichten erfaßt.

Besteht große Rhythmenverwandtschaft, dann sind die Partner eher geneigt, hinsichtlich ihrer Erwartungen auf anderen erwähnten Sektoren Zugeständnisse zu machen, indem sie beispielsweise darauf verzichten, strenge Forderungen in finanziellen Gegebenheiten erfüllt zu sehen. Andererseits kann es aber auch vorkommen, daß zwei Menschen eine sehr harmonisch scheinende Partnerschaft eingehen, weil sie äußerlich durch ihre körperlichen Merkmale offenbar zueinander passen, doch führt die wenig übereinstimmende Biorhythmik dazu, daß sie ständig mit Unverträglichkeiten zu rechnen haben. Und es gibt Fälle, bei denen Partner aus sozial völlig verschiedenen Lebenskreisen einander aufgrund naher Rhythmusverwandtschaft schätzen und auch bei Konfliktsituationen bereit sind, fair miteinander umzugehen.

So besteht denn Grund zu der Feststellung, daß partnerschaftliche Beziehungen Belastungen aller Art, Krisen und Zeiten, in denen es gilt, gemeinsam Leid zu tragen, eher standhalten, wenn hohe Rhythmenübereinstimmung herrscht.

Ideal ist selbstverständlich diejenige Partnerschaft, bei der »alles stimmt«, bei der also eine weitgehende Rhythmenübereinstimmung großes Verständnis füreinander zur Folge hat, bei der das äußere Erscheinungsbild die Partner füreinander einnimmt und bezüglich Herkunft, Stand und Lebensstil keinerlei Hindernisse in Erscheinung treten. Harmonische Partnerbeziehungen sind also nicht ausschließlich vom Grad der Rhythmenverwandtschaft geprägt, aber in den überwiegenden Fällen ist sie für eine verständnisvolle menschlich-persönliche Dauerbeziehung unerläßlich.

Schließlich ist noch zu bedenken, daß sich die Menschen und die Zeiten und Umstände, in denen sie leben, immer wieder ändern. In jeder Partnerschaft ist die Bereitschaft, zu neuen Einsichten und Einstellungen zu gelangen, notwendig. Zu einer guten Verbindung bedarf es deshalb aufgeschlossener Menschen, deren Beziehung zueinander durch eine hohe Rhythmenverwandtschaft gestärkt wird und so eine positive Gestaltung der Gegenwart und der Zukunft ermöglicht.

Zur Orientierung folgen einige Prominentenbeispiele, bei denen sofort die Schwachstellen in den Kombinationen auffallen, die Ursache sein können für Irrwege der Liebe, Liebesenttäuschung oder Auflösung der Partnerschaft.

Rhythmenverwandtschaft

	körperlich	seelisch	geistig	feinsinnig
Wolf Albach-Retty Magda Schneider (Scheidung)	22%	29%	45%	48%
Romy Schneider Harry Meyen (Scheidung)	39%	14%	27%	68%
Romy Schneider Alain Delon (Entlobung)	30%	0%	64%	27%
Romy Schneider Daniel Biasini (Scheidung)	22%	86%	88%	58%
Caroline von Monaco Philipp Junot (Scheidung)	57%	36%	9%	74%
Caroline von Monaco Roberto Rosselini (Trennung)	48%	93%	64%	95%
Caroline von Monaco Guillermo Vilas (Trennung)	13%	71%	82%	27%
Caroline von Monaco Stefano Casiraghi	13%	43%	76%	66%

>So ist also die Menstruation kein
Fluch, mit dem der Schöpfer die Frau-
en zeichnen wollte, sondern eine Ein-
richtung, die der denkende Mensch
mit Hilfe seines Verstandes heute zum
Schlüssel der Berechnung des Konzeptionstermins machen und damit eines der größten Probleme des
menschlichen Lebens einer natürlichen Lösung zuführen kann.«

Prof. Dr. Hermann Knaus

Wann entscheidet sich das Geschlecht eines Menschen?

Um zu verstehen, wie der uralte Wunsch nach der Vorherbe-
stimmung des Geschlechts der Nachkommenschaft der Erfüllung nähergebracht, der anscheinend blind waltende Zufall ausgeschaltet werden kann, ist es zunächst erforderlich, zu klären,
wie es zur Festlegung des Geschlechts beim Menschen kommt.

Im Grunde ist alles ganz einfach: Der Mensch »erbt« es von
seinen Eltern genauso wie die charakterlichen, körperlichen und
geistigen Anlagen, die in den »Genen«, den kleinsten Einheiten
des Bauplans eines Menschen, fixiert sind. Die Gene sind in
sogenannten Kernschleifen oder Chromosomen aufgereiht, und
jeder Mensch erhält bei der Zeugung 23 Chromosomen der
Mutter sowie 23 Chromosomen des Vaters.

Bemerkenswert ist nun, daß die Frage, ob das Geschlecht des
gezeugten Wesens männlich oder weiblich wird, allein von der
Art der Chromosomen im (männlichen) Samen abhängt. Seit
geraumer Zeit ist bekannt, daß es zwei unterschiedliche Arten
von geschlechtsbestimmenden Chromosomen im Sperma, dem
Samen des Mannes, gibt: Im Y-Chromosom steckt die »männliche« Erbanlage, im X-Chromosom die weibliche. In der Eizelle der Frau dagegen sind die geschlechtsbestimmenden Chro-

111

mosomen immer nur X-Chromosome. Kommt es zur Befruchtung, das heißt zur Vereinigung der Chromosomen der beiden Partner, so kann die Kombination Y-Chromosom des Samens/X-Chromosom des Eis auftreten: Es entsteht ein männliches Lebewesen (XY). Wenn die Kombination X-Chromosom des Samens/X-Chromosom des Eis zustande kommt, dann ist das Geschlecht des werdenden Organismus weiblich (XX).

Die Samenzellen mit X-Chromosomen unterscheiden sich von den Samenzellen mit Y-Chromosom nicht nur dadurch, daß sie ein anderes »Bauprogramm« enthalten, sie sind auch in ihrem Äußeren, das heißt in ihrer Größe, in der Form des Samenzellenkopfes und in der Art ihres Verhaltens unterscheidbar. Wichtige Erkenntnisse auf diesem Gebiet verdanken wir neuerdings amerikanischen Wissenschaftlern.

So hat Prof. Landrum B. Shettles, Gynäkologe an der New Yorker Columbia-Universität, nachgewiesen, daß das Äußere und das Verhalten der Samenfäden einen entscheidenden Einfluß auf die Geschlechtsbestimmung ausüben. Denn es kommt bei der Befruchtung zu einem Wettlauf der Samenfäden: Die etwas kleineren, mit elliptisch verjüngtem Kopf versehenen Y-Chromosom-Fäden bewegen sich schneller als die X-Fäden und erreichen die weibliche Eizelle als erste; ein Junge wird heranwachsen. Durch ihr längeres Leben haben aber auch die X-Chromosom-Fäden ihre Chance. Wenn der Geschlechtsverkehr schon zwei Tage vor dem Eisprung stattfindet, sind die Y-Fäden schon abgestorben, und die Samenzellen mit den X-Fäden sorgen für weiblichen Nachwuchs.

In der Theorie wird infolge des Unterschieds zwischen den X-Chromosom-Samenfäden und den Y-Chromosom-Samenfäden alles ganz einfach bei der Geschlechtswahl. Einmal im Monat, etwa in der Mitte der Zeit zwischen zwei Perioden einer Frau, verläßt ein reifes Ei den Eierstock und wandert durch den Eileiter zur Gebärmutter. Hier bleibt es etwa zwölf Stunden lang befruchtungsfähig, in dieser Zeit muß es zu einem Eindringen einer männlichen Samenzelle mit X-Chromosom oder mit Y-Chromosom kommen.

Die entscheidende Frage ist nun, ob es gelingt, den Wettkampf der männlichen Samenzellen so zu beeinflussen, daß das Geschlecht des aus dem Zeugungsakt entstehenden Kindes gewählt, also vorbestimmt werden kann. Immer wieder haben die Menschen versucht, bestimmte Verhaltensregeln aufzustellen und dabei den Eltern bei der mitunter recht wichtigen Entscheidung »Junge« oder »Mädchen« Hilfen anzubieten. Es leuchtet ein, daß der Tag des sogenannten Eisprungs, also des Verlassens des Eierstocks, als Ausgangspunkt aller Berechnungen wichtig ist. Die von Dr. Otfried Hatzold angegebene Methode (genaue Bestimmung des Zeugungstages durch Beobachtung des Menstruationszyklus) empfiehlt, den Zeugungsakt am Tage des Eisprungs vorzunehmen, wenn man einen Jungen wünscht, denn dann führen die beweglicheren männlichen Samen mit Y-Chromosom die Entscheidung herbei. Soll es dagegen ein Mädchen werden, dann sollte die Zeugung ein oder zwei Tage vor dem Eisprung geschehen.

Um bei dieser Methode erfolgreich zu sein, muß man den Zeitpunkt des bevorstehenden Eisprungs sehr sorgfältig ermitteln, vor allem durch Messung der Körpertemperatur und durch tabellarisches Beobachten dieser Temperatur über längere Zeiträume hinweg. Dies ist allerdings nicht einfach. Erschwerend fällt ins Gewicht, daß die Zyklen der Frau durchaus nicht so regelmäßig eintreten, wie es erwünscht wäre, und daß viele Faktoren, auch seelischer Art, diese Zyklenfolge beeinflussen.

Auch der bereits erwähnte Prof. Shettles entwickelte eine Methode, bei der die Wahl des richtigen Zeitpunkts eine wesentliche Rolle spielt. Zusätzlich empfiehlt seine Methode die Beachtung der Tatsache, daß die »Jungen«-Samenzellen dann im Vorteil sind, wenn in der Scheide der Frau möglichst wenig Säure vorhanden ist. Vor dem Geschlechtsakt ist daher eine Scheidenspülung mit einer alkalischen Lösung, zum Beispiel einer Lösung mit Natron oder Essigwasser, vorzunehmen. Umgekehrt sind die »Mädchen«-Zellen von einer säurehaltigen Beschaffenheit der Scheide begünstigt, weil dann die »Jungen«-Konkurrenten schneller absterben und nur Mädchenzellen zur Befruchtung zur Verfügung stehen. Richtige Zeitwahl plus richtige Spülung soll zu einer 85prozentigen Wahrscheinlichkeit führen, aber, wie so häufig, ist die Theorie auch hier der praktischen Anwendbarkeit weit voraus.

Eine weitere, auf streng wissenschaftlicher Grundlage entwickelte Methode hat der amerikanische Arzt Ericson angegeben, seine Verfahren wandten in Deutschland verschiedene Ärzte bereits an. Es wird eine künstliche Befruchtung, die sogenannte Insemination, vorgenommen. Dabei müssen die Spermien vorher einer speziellen Behandlung unterzogen werden: Im Reagenzglas trennt man die X-Chromosom-Samenfäden von den Y-Chromosom-Fäden mittels Trennschichten. Zum Zeitpunkt der Ovulation (Eisprung) wird die so behandelte Samenflüssigkeit in die Gebärmutter injiziert. Die Trefferwahrscheinlichkeit ist hoch und hängt natürlich davon ab, wie vollständig die Trennung der Chromosomen gelang.

Schließlich gab es und gibt es weitere Rezepte und Geheimtips, die ein Wunschkind versprechen. Dazu gehören bestimmte Diäten, Spülungen, Stellungen beim Geschlechtsverkehr und astrologische Berechnungen, bei Naturvölkern ferner Zaubermethoden, die mehr oder weniger zufällig zum Erfolg führen können.

Wie läßt sich das Geschlecht eines Wunschkinds bestimmen?

Alle hier erwähnten Verfahren sind mehr oder weniger unsicher und mit Vor- und Nachteilen behaftet. Schon bald nach der Entdeckung der Periodenlehre (Biorhythmenlehre) durch Dr. W. Fließ kamen Forscher daher auf den Gedanken, eingehend zu untersuchen, ob sich ein Zusammenhang zwischen dem Geschlecht eines Kindes und den zum Zeitpunkt der Empfängnis existenten Biorhythmen nachweisen läßt. Neuere Forschungen ergaben, daß der Einfluß der Biorhythmen als gegeben anzunehmen ist, wenn man die Rhythmenlage sowohl des Mannes als auch der Frau zusammenfassend betrachtet.

In einer sorgfältig ausgearbeiteten Untersuchung (siehe »Physikalische Medizin und Rehabilitation, Zeitschrift für allgemeine und spezielle Medizin« 14. Jahrgang, November 1973, Heft 11) unter Zuhilfenahme erklärender Nomogramme legte Dr. Günter Paetz die Möglichkeiten zur mathematischen Erfassung von Fällen, bei denen biorhythmische Einflüsse bei der Empfängnis deutlich werden, dar. Gleichzeitig forderte er seine Kollegen auf, möglichst viele derartige Fälle zu untersuchen. Er schreibt dazu: »Der ungeheuer beeindruckende Gedanke, daß man durch die Berechnung der Biorhythmen zweier Partner und deren Zusammenfassung zum Zeitpunkt einer möglichen Konzeption Rückschlüsse auf das künftige Geschlecht des Kindes ziehen kann, ist eine physiologische *Tatsache*, die unsere tiefe Bewunderung und Beobachtung verdient.«

Wie andere Untersuchungen, geht auch die von Dr. Paetz von der durch Wilhelm Fließ aufgestellten Theorie aus, daß im Leben eines jeden Menschen Intervalle (Rhythmen) von 23 und 28 Tagen Dauer bestehen und diese Intervalle als männliche und weibliche Rhythmen für die Entstehung des Geschlechts von entscheidender Bedeutung sind.

Formulieren wir es exakter: Es kommt auf die Lage der 23-Tage- und der 28-Tage-Rhythmen beider Partner in der Zeit des 11. bis 14. Tages nach der Periode der Frau an. Die Werte beider Partner im 23-Tage-Rhythmus werden addiert und mit der Addition der Werte beider Partner im 28-Tage-Rhythmus verglichen. Überwiegt die Rhythmenlage des 23-Tage-Rhythmus (männlicher Rhythmus) am Zeugungstag, so kann man erwarten, daß das Geschlecht des Kindes männlich ist, vor allem, wenn gleichzeitig eine tiefe (abfallende) Lage bei der Addition der Werte des 28-Tage-Rhythmus beider Partner zu erkennen ist. Überwiegen die addierten Werte beider Partner dagegen für den 28-Tage-Rhythmus (weiblicher Rhythmus), so ist ein Mädchen zu erwarten, vor allem, wenn die 23-Tage-Werte niedrig oder abfallend sind. Die zeichnerischen Darstellungen am Ende des Kapitels mögen zur Verdeutlichung dienen.

Zusammengefaßt erhält man eine Grundregel für die Anwendung der Biorhythmenlehre zur Geschlechtsbestimmung, die von Dr. Paetz so formuliert wurde: »Es ergibt sich die beeindruckend wichtige Tatsache, daß die höchsten gemeinsamen Werte beider Partner – sei es im männlichen Zyklus (dem

23-Tage-Rhythmus) oder im weiblichen Zyklus (dem 28-Tage-Rhythmus) – das Geschlecht des zu erwartenden Kindes zu erkennen geben.«

Absolut sicher dürfte wohl keine Methode zur freien Wahl des Geschlechts eines Kindes sein. Durch die Zuhilfenahme der Biorhythmen wird nach den bisherigen Erfahrungen immerhin die Erfolgschance von etwa 80 bis 90 Prozent erreicht.

In diesem Zusammenhang sei eine Studie von dem Gynäkologen Dr. W. Rautenstrauch erwähnt, die dieser 1978 auf der 42. Tagung der Deutschen Gesellschaft für Gynäkologie und Geburtshilfe vortrug. Anhand der Auswertung von mehr als tausend Fällen seiner Praxis versuchte er zu klären, ob Menstruations- und Geburtsgeschehen die Fließschen Grundzahlen 23 (für männlich) und 28 (weiblich) bestätigen. Das Resultat der Studie war äußerst positiv und für die gestellte Frage von großer Aussagekraft. Die nachstehend wiedergegebene Tabelle listet die absoluten Zahlen und die Prozentwerte der in »signifikant«, »mit Einschränkung signifikant« und »nicht signifikant« eingeteilten Fälle auf.

Gruppe	Anzahl der Fälle von 1000	Prozent
A		
letzte Periode	746	74,6% (signifikant)
	119	11,9% (signifikant mit Einschränkung)
	135	13,5% (nicht signifikant)
B		
Ovulations-		
termin	902	90,2% (signifikant)
	79	7,9% (signifikant mit Einschränkung)
	19	1,9% (nicht signifikant)
C		
Geburtstermin	782	78,2% (signifikant)
	155	15,5% (signifikant mit Einschränkung)
	63	6,3% (nicht signifikant)

In Gruppe A wurde als Termin der letzte Periodenbeginn der Mutter, in Gruppe B der Zeitpunkt des Eisprungs und in Gruppe C die Geburtssituation (Entbindungstermin) berücksichtigt.

Einige Vergleichsfälle zeigen die männliche bzw. weibliche Zeugungstendenz vom angenommenen Beginn der letzten Periode bis zu den Tagen des möglichen Konzeptionstermins.

Beispiel 1 für Diana Prinzessin von Wales, geboren am 1. 7. 1961
Sohn Kronprinz William, geboren am 21. 6. 1982
vermutlicher Beginn der letzten Periode 14. 9. 1981

Rhythmoskop für September 1981

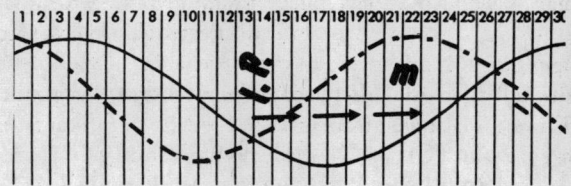

Beispiel 2 für Lena Valaitis, geboren am 7. 9. 1944
Sohn Don, mit 4 Tagen Verspätung geb. 8. 6. 1983
vermutlicher Beginn der letzten Periode 28. 8. 1982

Rhythmoskop August-September 1982

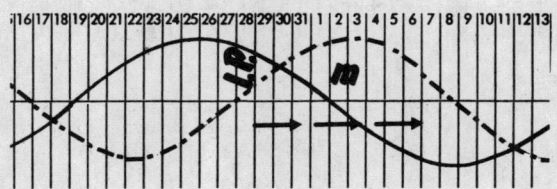

117

Beispiel 3 für Rosi Mittermaier-Neureuther, geboren am
5. 8. 1950
Tochter Amelie, geboren am 15. 6. 1981
vermutlicher Beginn der letzten Periode, da die Geburt lt. tz »2 Wochen zu spät kam«, am 25. 8. 1980

Rhythmoskop für August-September 1980

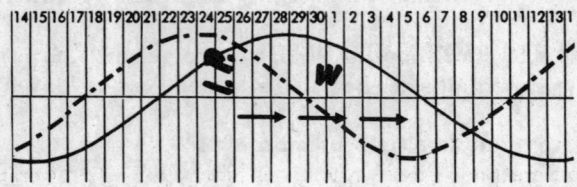

Beispiel 4 für Rosi Mittermaier-Neureuther, geboren am
5. 8. 1950
Sohn Felix, ca. 2 Wochen vor Termin geb. 26. 3. 1984
vermutlicher Beginn der letzten Periode 4. 7. 1983

Rhythmoskop für Juni-Juli 1983

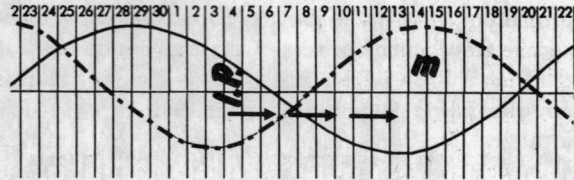

»Weiß man schon bei Experten nicht,
wann sie irren und wann sie das Richtige vorhersagen, so ist die Entscheidung bei Laienprognosen noch
schwieriger.«

Prof. Hermann Swoboda

Kann man mit Biorhythmik Sportergebnisse voraussagen?

Durch Berechnung des Verlaufs der biorhythmischen Veränderungen im menschlichen Körper ist es möglich, die wahrscheinlich eintretenden Leistungsschwankungen darzustellen und zu
interpretieren; diesen Erfahrungssachverhalt haben Hochlei-
stungssportler, Berufstrainer, Sportjournalisten und sportlich
interessierte Laien übernommen und versuchen, anhand der zu
erwartenden Tagesform nun den Ausgang eines Sportwett-
kampfs vorherzusagen. Es ist naheliegend und auch recht reiz-
voll, bei herausragenden nationalen und internationalen Groß-
veranstaltungen wie Weltmeisterschaftskämpfen und Olympia-
den Mutmaßungen über Ergebnisse anzustellen und dabei biorhythmische Gegebenheiten zu berücksichtigen.

Bei der Vielzahl von Siegern und Verlierern im Hochleistungs-
sport gibt es naturgemäß immer wieder Fälle, in denen sich die
Auswirkungen der Biorhythmenlage beispielhaft heranziehen
und als Beweis für die Richtigkeit von Vorhersagen angeben
ließen. Es ist jedoch davor zu warnen, die Möglichkeiten einer
biorhythmischen Prognose so zu bewerten, als sei allein durch
sie eine 100prozentige Trefferwahrscheinlichkeit gegeben. Das
Problem ist äußerst vielschichtig. Wie auch bei den verschiedenen Berufen kommt es auf die Art der Sportbeanspruchung des
Menschen an, um darüber zu befinden, in welchem Ausmaß die
Rhythmensituation beim Wettkampf eine Rolle spielt. Man muß
zwischen Einzelleistungen und Mannschaftsleistungen unter-

scheiden, die Motivation der Wettkämpfer wirkt sich erheblich aus, Einflüsse des Klimas sind zu bedenken, der allgemeine Gesundheitszustand, der einem Außenstehenden ja weitgehend unbekannt ist, wie auch private oder berufliche Belastungen.

Gewinner und Verlierer, Rekorde und Versagen finden wir bei allen Rhythmenkonstellationen, und oft kann irgendeine Manipulation die sorgfältig ausgearbeitete Prognose über den Haufen werfen.

Vor allem im Mannschaftssport wie Fußball, Baseball, Eishockey, bei dem Dutzende von Spielern zum Einsatz kommen und auch die Schiedsrichter keinen unerheblichen Einfluß auf das Spielgeschehen ausüben, ist die exakte Vorhersage von Endergebnissen auf der Basis der Biorhythmen ein Unding. Trotzdem wurde dies – vor allem in der Boulevard-Presse – immer wieder versucht, aber damit schadete man der Sache der Biorhythmik eher, vor allem, wenn Glücksspieler solchen Vorhersagen Glauben schenken.

Von diesem Standpunkt aus sollte man Äußerungen werten, wie sie Bert Randolph Sugar, Autor des »Horseplayer's Guide to Winning Systems« seinen Lesern als Hinweis anbietet: »Jeder Sportjournalist hält Ausschau nach dem ›Vorteil‹, und ich habe herausgefunden, was mir diesen Vorsprung gibt, nämlich die Biorhythmenkarte des Sportlers. Es ist verblüffend, wie oft sie mir sagt, daß Muhammad Ali, Bobby Unser, Angel Cordero, Kenny Stabler oder jeder Meisterschaftsanwärter von vornherein einen guten Tag hatten.«

Andererseits kann man trotz mancher Bedenken die Ansicht von Hanns Kurth teilen, der in seinem Buch »Mit Biorhythmik zum Erfolg« auf das biorhythmische Leistungsgesetz hinwies und festhält, daß der Einfluß dieser Gesetzmäßigkeit besonders im Training und bei Hochleistungen über Sieg oder Niederlage entscheiden kann.

Zu den Experten, die sich mit Fragen der Auswirkung von biorhythmischen Einflüssen im Sport befaßten, gehören zum Beispiel die Trainer der deutschen Fußball-Nationalmannschaft Sepp Herberger und Helmut Schön, der Trainer der deutschen Handball-Nationalmannschaft Simon Schobel, ferner Fußball-

Trainer von Mannschaften der 1. Bundesliga wie Helmut Benthaus, der laut Winterthurer Zeitung bestätigte, daß zwischen dem Leistungsvermögen der Spieler und deren jeweiliger Rhythmenlage unverkennbar ein Zusammenhang bestünde. An anderer Stelle kommentierte Benthaus seine Meinung zur Biorhythmik so: »Die Anwendung in der Praxis sollte sich nun nicht darin erschöpfen, daß man aus seinem Spielerkader einfach diejenigen aufstellt, die an dem fraglichen Tage die besten Rhythmenlagen aufweisen... Es gilt, bei der Aufstellung einige andere wichtige Gesichtspunkte zu beachten, zum Beispiel das Verständnis der Spieler untereinander, das Eingespieltsein einer Mannschaft usw. ›Never change a winning team!‹«

Um dem Leser zum Thema »Biorhythmus und Sport« einige Anhaltspunkte zu geben, werden nachfolgend aus einer Vielzahl von Beispielen einige Fälle vorgestellt, die recht aufschlußreich sind.

Um die Jahreswende 1980/81 kämpften der Exilrusse Viktor Kortschnoj (geb. 23.3.1931) und sein Herausforderer Dr. Robert Hübner (geb. 6.11.1948), der deutsche Großmeister, in Meran um die Schachweltmeisterschaft.

Kortschnoj, ein überzeugter Anhänger der Biorhythmiklehre, hatte die Partien sorgfältig vorgeplant. Der Verlauf des Wettkampfs mit seinen Siegen und Niederlagen entspricht genau den biorhythmischen Hoch- und Tiefphasen und den kritischen Übergängen beider Spieler.

Rhythmoskop für V. Kortschnoj Januar 1981

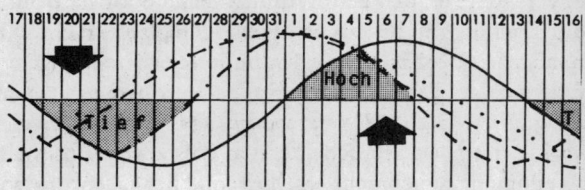

Völlig entnervt verließ Dr. Hübner am 9. Januar 1981 – in seiner Tiefphase – das Finale, nachdem er nach acht gespielten Partien bei einer Führung von Kortschnoj von 4,5 : 3,5 – bei zwei Hängepartien – vorzeitig seine Aufgabe erklärt hatte.

Rhythmoskop für Dr. R. Hübner Januar 1981

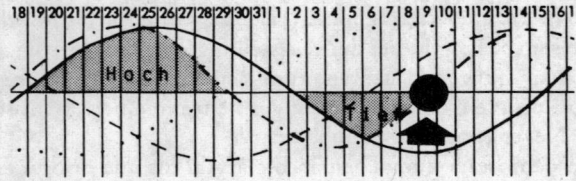

Fast eine Sensation bedeuteten die Rekordleistungen der deutschen Hochspringerin Ulrike Meyfarth (geb. 4.5.1956), die am 4.9.1972 olympisches Gold gewann und bei ihrem Comeback in der Saison 1982 wohl die Höchstform ihres Lebens erreichte (neuen deutschen Rekord und Weltrekord mit 2,02 m). Bei ihren Rekorden befand sie sich immer in körperlichen und – mit einer Ausnahme – seelischen Hochphasen.

Ihr Trainer Gerd Osenberg, der schon einigen seiner Schützlinge zu Meisterwürden verholfen hatte (Liesel Westermann, Heide Rosendahl), war von einem sowjetischen Kollegen auf das Phänomen der Leistungsschwankungen im Zusammenhang mit dem Biorhythmus aufmerksam gemacht worden, andere Quellen schienen ihm wert, den Dingen auf den Grund zu gehen, und fortan versuchte er, den Biorhythmus seiner Sportler beim Aufbau des Trainings zu berücksichtigen. »Ich glaube nicht so recht daran, aber ich beobachte es«, formulierte er vorsichtig.

Noch wenige Tage vor der Hallen-Europameisterschaft in Göteborg im März 1984 waren die Trainingsleistungen von Ulrike Meyfarth eher bescheiden, so daß Zweifel hinsichtlich ihrer Teilnahme angebracht erschienen. Aber Osenberg wußte, daß ihr Rhythmus »im Keller« war; er verordnete seiner Schutzbefohlenen einige Zeit Ruhe und war sicher, daß sie am Wettkampftag (4.3.1984) topfit sein würde. Und – er fand sich bestätigt, als Ulrike mit 1,95 m die Konkurrenz bezwang!

Rhythmoskop für Ulrike Meyfarth April-März 1984

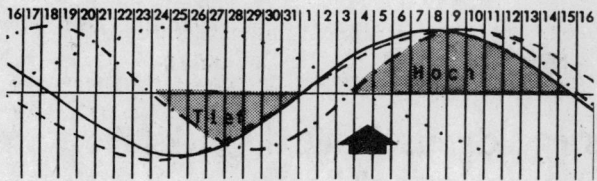

Osenberg schätzt, daß 85% aller Sportrekorde zu biorhythmisch günstigen Zeiten geleistet werden, aber er bleibt (nach einer Meldung aus der Wochenzeitung Die Zeit Nr. 15 vom 16. April 1984) zurückhaltend. Obwohl er die biorhythmischen Kurven der von ihm Trainierten immer bedenkt und – ein Trainer muß auch eine Menge von Psychologie verstehen – gegebenenfalls mit ihnen darüber diskutiert, läßt er Raum für eigene Auslegungen. Vielleicht kommt er damit dem Geheimnis wie dem Erfolg der Lehre von der Biorhythmik sehr nahe.

Einer Demonstration gleicht auch der unerwartete Doppelsieg der Zwillingsbrüder Phil und Steve Mahre (geb. 10.5.1957) bei den Olympischen Winterspielen in Sarajevo. Am 19.2.1984 belegten sie die ersten beiden Plätze im Herren-Slalom. Die Konstellation ihrer seelischen und geistigen Rhythmen war optimal und der körperliche Rhythmus befand sich am Scheitelpunkt der Hochphase.

Rhythmoskop für Phil und Steve Mahre Februar 1984

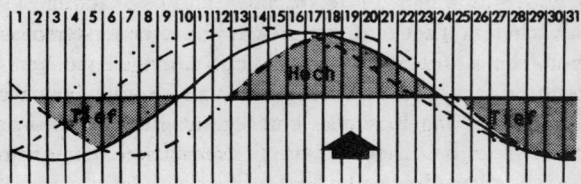

> »Die Kenntnis der leistungsvermin-
> derten Perioden ist besonders wichtig,
> da empirisch nachgewiesen ist, daß in
> diesen Perioden viele Unfälle und
> Überforderungen stattfinden.«

Prof. *Dr. Gert Flachowsky*

Lassen sich rätselhafte Unglücksfälle biorhythmisch aufklären?

Die in der Rhythmenlehre vertretene Ansicht von der Wirksamkeit ganz persönlicher Lebensrhythmen wurde lange Zeit für
eine Erfindung wirklichkeitsfremder Außenseiter gehalten, bis
es gelang, die subjektiven Schwankungen im Befinden und im
Leistungsvermögen eines Menschen durch Messungen und
Testreihen nachzuweisen.

Zwar gibt es je nach individueller Sensibilität und Konstitution unterschiedliche Reaktionen, doch kommt man nicht an der
Erkenntnis vorbei, daß es neben den rhythmischen Veränderungen im menschlichen Körper, die sich innerhalb eines 24-Stun-
den-Tages abspielen (sogenannte Zirkadian-Rhythmen), noch
Langzeit-Schwingungen gibt, die sich deutlich bemerkbar
machen und damit berechenbar sind. Spätestens seit den Untersuchungen von Prof. R. B. Hersey, der die Ergebnisse seiner
Studien in den USA (1932) und in Deutschland (1935) vorlegte,
kann die Existenz von Langzeitrhythmen als wissenschaftlich
bewiesen gelten.

Durch Änderungen im hormonalen und vegetativen System
des Menschen kommt es zu periodisch verlaufenden Beeinträchtigungen seines Gesamtzustandes mit Differenzen des Lei-
stungsvermögens, die schlimmstenfalls zu Unfällen führen. Es
ist naheliegend, den Komplex Unfallgeschehen und Biorhythmik einer speziellen Betrachtung zu unterziehen, das Interesse
der Forschung widmete sich diesem Gebiet deshalb auch ganz

besonders. Der renommierte Sozialwissenschaftler Prof. Dr. Gert Flachowsky, der sich mit empirischen Forschungen zu Fragen der Biorhythmik im Hinblick auf die Arbeitswelt beschäftigt, veröffentlichte Untersuchungsergebnisse, die ganz speziell die Wirksamkeit der Leistungsschwankungen und deren Folgen im Unfallgeschehen berühren.

Flachowsky entwickelte zunächst ein Versuchsmodell, mit dem er die Hypothesen bezüglich der Wechselwirkungen der Rhythmen und der wechselseitigen Beeinflussung überprüfte. 5000 bis 6000 Versuchspersonen, vor allem Arbeiter und Angestellte eines deutschen Elektrokonzerns, wurden mit Hilfe dieses Modells getestet. Man setzte die in der Arbeitsmedizin üblichen Untersuchungsmethoden ein und nahm vorwiegend zwei Messungen, die der Muskelkraft und die der Sauerstofftransportkapazität des Organismus (kardiopulmonale Leistungsfähigkeit), vor. Als Ergebnis der über eine lange Zeit regelmäßig registrierten Messungen erhielt man eine Kurve, die einer Sinuskurve ähnelte, aber eine Reihe von Abweichungen von der regelrechten Form erkennen ließ. Zur Klärung der Abweichungen wurden weitere Testreihen eingerichtet und mittels Computersimulation, auf die hier nicht weiter eingegangen sei, die Frage beantwortet, wie die biologischen Rhythmen einander beeinflussen.

Ein anderer Feldversuch bewies inzwischen die Richtigkeit der simulierten Modelle, und es zeigte sich, daß die ausgezeichnete Genauigkeit der Rhythmenkurven ein brauchbares Hilfsmittel für individuelle Terminplanungen darstellte. So ist zu hoffen, daß sich die immer weiter verfeinerten Methoden zur Ermittlung der Schwankungen der körperlichen, seelischen und geistigen Leistungsbereitschaft auch bald zur Unfallaufklärung und aktiven Unfallverhütung heranziehen lassen, zumal getrennt davon schon lange Untersuchungen über Unfallursachen angestellt werden.

Alle Forschungen ergaben immer wieder, daß als Unfallursache einerseits außerpersönliche Sachverhalte in Frage kommen oder als beitragend zu sehen sind – technische Mängel, Witterungseinflüsse oder andere geophysikalische Gegebenheiten –, andererseits viele Faktoren persönlicher Art eine Rolle spielen, die man gemeinhin zusammenfassend als menschliches Versagen bezeichnet.

Obwohl einige Industrieunternehmen in manchen Ländern, zum Beispiel in der Schweiz und in Japan, durch Beachten der Rhythmensituation eine Verminderung des Unfallgeschehens von 30 bis 50 Prozent erreichten, bedarf es hierzulande noch erheblicher Aufklärungsarbeit, um die Brauchbarkeit der Biorhythmik für individuelle Terminplanung in das allgemeine Bewußtsein zu rücken.

Nachdem die Einflüsse biorhythmisch bedingter Leistungsschwankungen verschiedentlich bei selbstverschuldeten Unfällen auf eine verstärkte Unfallneigung an »kritischen« Tagen hindeuten, kann man folgern, daß sich auch solche Unfälle einer Aufklärung mit Hilfe des Biorhythmus zuführen lassen, die bisher als rätselhaft galten.

Amerikanische Autoren wie George S. Thommen weisen in diesem Zusammenhang auf so mysteriöse Vorkommnisse hin wie z. B. den Unfall von Senator Edward M. Kennedy (geb. 22.2.1932). Kennedy war am 18. Juli 1969 in der Nacht mit seinem Wagen von einer Brücke gestürzt, dabei fand seine Begleiterin Mary Jo Kopechne den Tod. Der Unfall hatte ein gerichtliches Nachspiel, das der politischen Karriere des Senators wenig förderlich war.

Die biorhythmische Konstellation an diesem so folgenschweren Tag enthüllt das Geheimnis der »Kopflosigkeit« Kennedys: Der körperliche Rhythmus stand auf dem 23. Tag, der seelische auf dem 26., der geistige auf dem 33. und der feinsinnige auf dem 20. Tag. Im Fernsehen bezeichnete Kennedy seine Gefühle an diesem Tag als Trauer, Angst, Zweifel, Erschöpfung, Panik, Konfusion und Schock. Besser läßt sich eine derartige »Umbruch-Situation« kaum schildern.

Auch die folgenden Beispiele sollen zeigen, wie der Kurvenverlauf eine erhöhte Neigung zu menschlichem Versagen anzeigt. Es wird deutlich, daß ein erkennbarer Einfluß besteht, der oft als Auslöser für unverständliches Verhalten zu werten ist.

Spekulationen gab es um den Tod des amerikanischen Filmstars Nathalie Wood (geb. 20.7.1938), die am 29.11.1981 vor der

126

kalifornischen Insel Santa Catalina tot im Meer treibend aufgefunden wurde. Wie sich der Unfall im Anschluß an einen feuchtfröhlichen Abend auf der Yacht »Splendour« ereignet hat, konnte auch ihr Mann Robert Wagner nicht sagen.

Rhythmoskop für Nathalie Wood November 1981

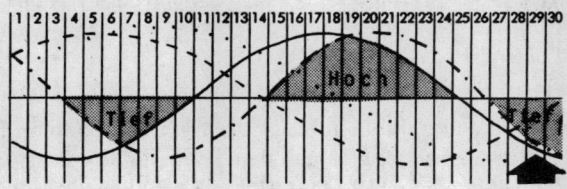

Unfaßbar war die Tat des Amokschützen Karel Chavra, der am 3.6.1983 in einer Schule in Eppstein ein Blutbad anrichtete. Der am 25.9.1948 in der Tschechoslowakei geborene Psychologe drehte aus unerklärlichen Gründen durch und erschoß drei Kinder, einen Lehrer und einen Polizisten, ehe er dann sein eigenes Leben auslöschte.

Rhythmoskop für Karl Chavra Juni 1983

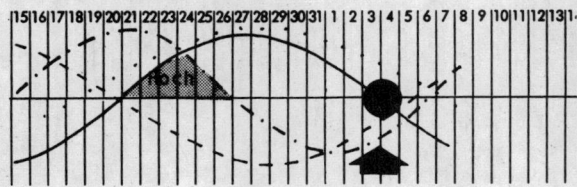

Unvergessen bleibt auch die Detonation einer Bombe auf dem Münchner Oktoberfest, die am Abend des 26.9.1980 13 Menschen tötete und über 200 verletzte. Nach polizeilichen Ermittlungen war der Täter Gundolf Köhler (geb. 27.9.1959), der bei dem Mordanschlag selbst ums Leben kam.

Rhythmoskop für Gundolf Köhler September 1980

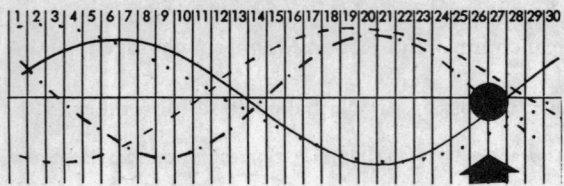

Wahrscheinlich im dunkeln bleibt der tragische Tod von Helga Scholz, die von ihrem Ehemann, dem früheren Box-Europameister »Bubi« Scholz (geb. 12. 4. 1930) in betrunkenem Zustand in der Nacht vom 22. bis 23. Juli 1984 durch eine versperrte Toilettentür erschossen wurde. Auffallend ist die labile Rhythmensituation bei »Bubi« (Gustav) Scholz, die sich durch Alkoholeinfluß noch verstärkt.

Rhythmoskop für Gustav Scholz Juli 1984

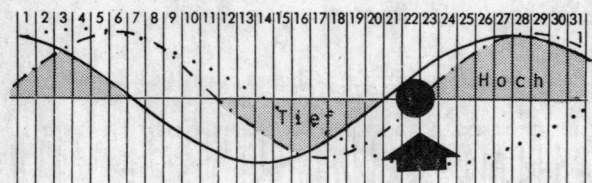

> »Das ist der Tag, den der Herr macht;
> lasset uns freuen und fröhlich darin-
> nen sein.«

Psalm 118,24

Wie verträgt sich die Biorhythmik mit der christlichen Lehre?

Aus Anlaß eines Interviews in der ZDF-Tele-Illustrierten wurde mir die Frage gestellt, ob biorhythmische Vorhersagen nicht einen Eingriff in die göttliche Ordnung bedeuteten. Ich muß zugeben, daß mich dieser Gedanke überraschte. Bis zu diesem Zeitpunkt hatte ich noch nie den Verdacht, daß religiöse Ansichten und biologische Erkenntnisse möglicherweise unverträglich sein könnten – im Gegenteil, ich war davon überzeugt, daß die christliche Lehre und die Lehre von der Wirksamkeit der biologischen Rhythmen viele Gemeinsamkeiten haben.

So dauerte es dann geraume Zeit, bis ich mir darüber im klaren war, was mit dieser Fangfrage wohl gemeint war: Bejahe ich einerseits Gottes Willen, seine göttliche Allmacht, uneingeschränkt, dann darf ich andererseits nicht annehmen, ich könnte »in die Zukunft blicken«, um in die Entscheidungen über mein Schicksal, also in Gottes unerforschliches Walten einzugreifen. Dazu ist zu sagen: Ich gehe davon aus, daß die Biorhythmik Möglichkeiten eröffnet, den ganz natürlichen Ablauf der Geschehnisse so zu nutzen, daß sich ein beglückendes, harmonisches Leben gestalten läßt. Aus dieser Einstellung ergeben sich keinerlei Unverträglichkeiten mit der göttlichen Weltordnung oder der christlichen Lehre. Einer Äußerung Gruhls zufolge liegt der wesentliche Inhalt des Daseins nicht allein im geistigen Bereich, sondern in der organischen Welt der Natur, zu der auch der Mensch gehört. »Alle Gesetze, die in der gesamten belebten Natur gültig sind, gelten auch für den Menschen, weil er selbst ein Teil der lebenden Natur ist. Und sie gelten auch – wie verschiedene Wissenschaften in den letzten Jahrzehnten in vielerlei Hinsicht bewiesen haben – für Geist und Seele des Menschen.«

Geht man also davon aus, daß das Universum, daß die Erde und wir, die wir auf ihr leben und ohne sie nicht wären, Schöpfungen Gottes sind, dann unterliegen wir alle den Gesetzmäßigkeiten dieser Schöpfung, den Naturgesetzen. Wir sind in eng begrenztem Rahmen frei, mit den Naturgesetzen zu leben oder uns dagegen zu stellen, Gottes Gebote zu mißachten. Im letzteren Fall muß der Mensch bei einem Leben wider die Natur mit negativen Folgen rechnen. Biorhythmik steht also »im Einklang mit der schöpferischen Aktion des unendlichen Gesetzes und führt zu vollkommener Ordnung und rechtem Handeln«, wie es Dr. Joseph Murphy so treffend formulierte.

Schon die von uns nicht zu erkennende und nicht zu beeinflussende Begrenzung unserer Lebenszeit sollte Ansporn genug sein, jeden Tag und jede Stunde, die uns gegeben ist, zu nutzen. Das jedoch kann nur geschehen, wenn wir uns bemühen, unsere Lebensführung in Übereinstimmung mit dem naturgegebenen Auf und Ab der körperlichen, geistigen und seelischen Kräfte zu bringen. In diese Richtung zielt auch der Hinweis des Schweizer Atomwissenschaftlers Prof. Max Thürkauf, der die Konsequenzen einer materialistischen Weltanschauung kritisch betrachtete. In seiner Schrift »Rhythmen und Polaritäten im heutigen Bild von der Materie« warnt er: »Das Ende des Zeitalters einer Technik, die glaubt, sich *nicht* um die Rhythmen und Polaritäten des Lebens kümmern zu müssen, ist so nahe gerückt, daß es von den heute lebenden Menschen – vor allem von den Kindern und den Jugendlichen – erlebt werden wird. Der Glaube an eine Technik, in der alles Machbare erlaubt ist, gründet im Glauben der Materialisten, die glauben, nicht zu glauben.« Für Thürkauf ist die Liebe zur Schöpfung Voraussetzung für ein positives und verständnisvolles Verhältnis zur Welt, in der wir leben. Nach seiner Ansicht gibt es ohne Religion keine Wissenschaft, und so schreibt er: »Mit seiner Ebenbildschaft Gottes entspricht der Mensch der Welt, in der er lebt.« Verfolgt man diesen Gedankengang weiter, kann ein Leben in Harmonie mit der Natur kein Verstoß gegen die christliche Lehre sein, zumal Biorhythmik die Ereignisse ja nicht voraussagt, sondern lediglich den Versuch unternimmt, natürliche periodische Erscheinungen aufzuzeigen.

Bei meinen umfangreichen Untersuchungen über die Auswirkungen der biologischen Rhythmen bei Menschen sammelte ich auch Daten über stigmatisierte Personen und das Auftreten der Wundmale Christi bei ihnen. Bekanntlich gab es Hunderte solcher Fälle; auffallend ist, daß die beobachteten Hautblutungen und symbolischen Zeichen mit ziemlicher Regelmäßigkeit in periodischen Abständen auftraten. So auch bei Therese Neumann von Konnersreuth und bei Pater Pio, jenen tiefreligiösen und religiös übererregten Menschen, deren Lebensschicksale einer breiten Öffentlichkeit bewußt geworden sind.

Die am Karfreitag, dem 8. April 1898, geborene Therese Neumann hatte ihre erste Vision am 4. März 1926, bei der sie den Heiland am Ölberg sah und nach dem Erwachen zum ersten Male das Stigma, die Seitenwunde, fühlte. In der Nacht vom 1. zum 2. April 1926, der Nacht zwischen Gründonnerstag und Karfreitag, traten die Wundmale an Händen und Füßen zusätzlich in Erscheinung, ferner ein als »Blutweinen« bezeichnetes Austreten von blutigen Tränen.

Bei der Untersuchung der Biorhythmen der Therese Neumann finden wir, daß an beiden genannten Daten periodische Übergänge des 28-Tage-Rhythmus stattfanden, so daß sich schwerwiegende psychische Abnormität annehmen läßt.

Rhythmoskop für Therese Neumann März und April 1926

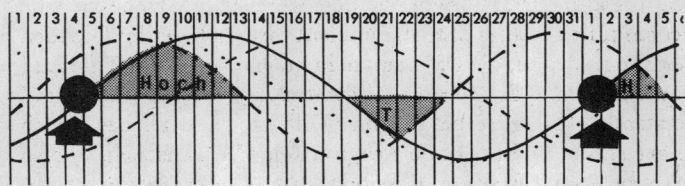

Auch bei dem italienischen Kapuzinerpater Pio (geboren am 25. Mai 1887) ist das Auftreten der Wundmale Christi an das biorhythmische Geschehen gebunden. Pater Pio ertrug am 20. September 1915 zum ersten Mal die stechenden und brennenden Schmerzen der Stigmatisierung, wobei die Konstellation der Rhythmen zu Beginn einer Tieflage sehr aufschlußreich ist.

Rhythmoskop für Pater Pio September 1915

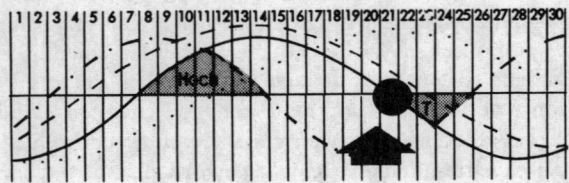

Beachtenswert ist auch die Rhythmenlage an dem Tag, an dem sein Leben nach 81 Jahren verlosch, nämlich am 23.9.1968. Hier zeigt sich deutlich die Schwächeneigung durch eine Tieflage.

Rhythmoskop für Pater Pio September 1968

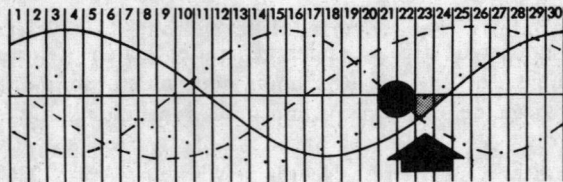

Welche allgemeinen Vorteile bringt die angewandte Biorhythmik?

Millionen Menschen in der ganzen Welt, vor allem in Japan, den USA und in einigen Ländern Europas, akzeptieren die Biorhythmik als nützliche Lebenshilfe.

Es gibt Zeitgenossen, von denen man sagt, sie hätten stets »eine glückliche Hand« und den Erfolg gleichsam gepachtet, während andere offensichtlich weniger erfolgreich leben und vom sprichwörtlichen Pech verfolgt werden. Man möchte meinen, daß da grundlegende Unterschiede zwischen den beiden Gruppen bestehen, tatsächlich aber weichen ihre Verhaltensweisen meist nur geringfügig voneinander ab.

Oft kommt es nur darauf an, die biorhythmischen Gesetzmäßigkeiten zu kennen und zu begreifen und sie im Tun und Lassen zeitgerecht anzuwenden. Verständnis für die biorhythmischen Einflüsse führt in jedem Fall zu besserer Lebensbewältigung, zu angepaßten Aktionen und Reaktionen sowie zu exakter, der jeweiligen Situation entsprechender Lebensstrategie. Die moderne Verhaltenswissenschaft versetzt uns in die Lage,
- die Tendenzen unserer persönlichen Leistungskurve zu erkennen und so das Antriebssystem den täglichen Anforderungen anzupassen;
- durch gezielte Terminplanung vermeintliche oder tatsächliche Unwägbarkeiten des Schicksals auszuschalten, Risiken und Fehlleistungen weitgehend zu vermeiden;
- durch das Wissen um das Eintreten bestimmter Lebensphasen

positive und negative Zeitabschnitte als naturgegeben zu erleben;

– uns durch Erkennen der unablässigen Stimmungsschwankungen entsprechend einzustellen und uns so das Leben zu erleichtern;

– durch besseres Verständnis der Partnerbeziehung Mißstimmungen und Fehlentwicklungen im Zusammenleben auszuschalten.

Ein führender amerikanischer Erfolgsberater, der in vielen bedeutenden Firmen tätig ist und namhaften Konzernunternehmen als Präsident vorsteht, der weltbekannte Autor M. R. Kopmeyer, gibt in seinem Ratgeber zur Persönlichkeitsbildung einem Kapitel die Überschrift »Leben Sie im Einklang mit Ihrem inneren Rhythmus!«.

In diesem Schlüsselwerk berühmter Erfolgsmethoden bestätigt Kopmeyer die Erkenntnis der Verhaltensforscher, daß jeder Mensch sein »eigenes Tempo« hat, und er führt aus, daß erst die Beachtung der persönlichen biologischen Rhythmen zur Harmonie im Leben gelangen läßt. Er ist überzeugt, daß es in einer Welt, in der wir nun leider nicht nur »das Glück gepachtet« haben, darauf ankommt, die Fähigkeit zu entwickeln, unser Leben »in Glück oder Unglück« in dem uns eigenen Rhythmus zu führen. Denn nur so sorgen wir für möglichst große Stetigkeit und Beständigkeit. Denn die unbeirrte Einhaltung eines Lebenskurses in Übereinstimmung mit dem eigenen Rhythmus befähigt uns, auch Winden aus wechselnden Richtungen zu trotzen.

Kopmeyer warnt davor, gegen den individuell maßgebenden Rhythmus zu leben, denn ein derartiges Verhalten gegen die Natur bleibt auf die Dauer nicht ohne nachteilige Folgen.

Auch für den Experten auf dem Gebiet des neuzeitlichen Selbst- und Zeitmanagements Günther Feyler ist die Biorhythmik nichts anderes als »eine für den nüchternen Lebenspraktiker hilfreiche Kalenderhilfe für die Selbstkonditionierung und Eigengestaltung des Schicksals«. Feyler weist darauf hin, daß unsere Biorhythmen mit dem Geburtsvorgang mathematisch exakt definierbar vorgegeben sind und damit neben anderen schicksalbestimmenden Faktoren ein weiterer unbeeinflußbar zur Wirksamkeit gelangt. Handeln unter bewußter Anerkennung dieser Gegebenheit und verstärkte Eigenbeobachtung ihrer Auswirkung führt nach seiner Ansicht zu mehr Unabhängigkeit, zu effektivem Arbeiten und zu größerer Leistungsfähigkeit – und, so sollte man hinzufügen, auch mehr Freude und Glück.

Abschließen möchte ich mit den Worten des Dichters Friedrich Hölderlin: »Wie mit den Lebenszeiten so ist es auch mit den Tagen, keiner ist uns genug, keiner ist ganz schön und jeder hat, wo nicht seine Plage, doch seine Unvollkommenheit, aber rechne sie zusammen, so kommt eine Summe Freude und Leben heraus.«

In diesem Sinne möchte ich jedem Leser die Worte auf den Weg geben, die mir der Autor der amerikanischen »Biorhythmik-Bibel«, George S. Thommen, als Widmung in sein Buch schrieb: »May each day and every day be Your Day«, und wünschen, daß jeder Tag auch Ihr Tag sein möge.

Ein Partnertest als Vorspann

Haben Sie die gleiche Wellenlänge?

So ist das Leben: Mal sind wir oben und fühlen uns super, mal sind wir unten, also down.

Das hängt mit unserem Biorhythmus zusammen. Kein Wunder, daß sich dieses Auf und Ab auch auf unsere Partnerschaften auswirkt.

Wie – das erfahren Sie in folgendem Test:

Beantworten Sie die folgenden Fragen, ohne viel nachzudenken, und notieren Sie dabei Ihre Punkte.

Am Schluß brauchen Sie nur die Punkte zusammenzuzählen. In der Auswertung erfahren Sie dann, ob Ihre Partnerschaft einen festen Boden hat.

1. Wie war es, als Sie sich zum erstenmal sahen?
Hat es da sofort gefunkt? . . . . 5 Punkte
Brauchte es längere Zeit, bis Sie zueinanderfanden
    (Liebe auf den zweiten Blick)? . . . . 3 Punkte
Hat sich das Zusammensein durch äußere Umstände
    (zum Beispiel am Arbeitsplatz) erst allmählich erge-
    ben? . . . . 1 Punkt

2. Können Sie sich ein Leben ohne Ihren Partner vorstellen?
ja, ohne weiteres . . . . 1 Punkt
Es kommt darauf an . . . . 3 Punkte
Unter keinen Umständen . . . . 5 Punkte

3. Sind Sie bereit, die Fehler und Schwächen Ihres Partners hinzunehmen?

Ja, auch wenn es mir schwerfällt . . . . 5 Punkte
Ich versuche es . . . . 3 Punkte
Sie ärgern mich immer wieder . . . . 5 Punkt

4. Bewundern Sie an Ihrem Partner die Äußere Erscheinung, und macht Ihnen Sex Freude?

Ja . . . . 5 Punkte
Von Zeit zu Zeit . . . . 3 Punkte
Nein, selten . . . . 1 Punkt

5. Haben Sie die gleichen Freunde und Bekannten?

Ja . . . . 5 Punkte
Teils, teils . . . . 3 Punkte
Nein . . . . 1 Punkt

6. Sind Sie sehr oft der gleichen Meinung, auch wenn Sie vorher nicht ausführlich darüber gesprochen haben?

Ja . . . . 5 Punkte
Von Fall zu Fall . . . . 3 Punkte
Selten . . . . 1 Punkt

7. Waren es in Ihrer Beziehung mehr die Gegensätzlichkeiten der »Rasse, Klasse oder Kasse«, die Sie angezogen haben?

Ja . . . . 5 Punkte
Weiß nicht . . . . 3 Punkte
Nein . . . . 1 Punkt

8. Glauben Sie, daß es ein schicksalhaftes Zusammengehörigkeitsgefühl gibt?

Ja . . . . 5 Punkte
Weiß nicht . . . . 3 Punkte
Nein . . . . 1 Punkt

9. Würden Sie sich ohne Zögern noch einmal für denselben Partner entscheiden?

Ja, sofort .... 5 Punkte

Es kommt darauf an .... 3 Punkte

Weiß nicht .... 1 Punkt

Auswertung

15 und weniger Punkte:
Ihre Partnerschaft befindet sich durch gleichgültiges Verhalten in einer Krise. Möglicherweise werden Unverträglichkeiten und Streit durch konträr laufende Biorhythmen ausgelöst. Deshalb ist es fraglich, ob die Anziehungskraft zwischen Ihnen auf Dauer ausreicht, die Gegensätze zu überbrücken.

15 bis 25 Punkte:
Eine eher durchschnittliche Rhythmenübereinstimmung ist vielleicht das Signal für eine störungsanfällige Beziehung. Jedenfalls erfordert das Zusammensein mehr Anstrengung, als dies allgemein üblich ist. Es liegt deshalb viel an den Partnern selbst, was sie aus den vorhandenen Möglichkeiten herausholen.

26 bis 35 Punkte:
Allgemein schafft diese Mischung gute Voraussetzungen für das Zustandekommen und Fortbestehen einer harmonischen Partnerschaft. Es sind viele biorhythmische Gemeinsamkeiten vorhanden, aber auch genug Unterschiede, um diese Beziehung auf die Dauer nicht langweilig werden zu lassen.

35 und mehr Punkte:
Gratulation: Ihr Gefühl hat Sie nicht betrogen, denn hier liegt eine hohe Übereinstimmung des Körper- und Seelenrhythmus vor. Die gute Rhythmenverwandtschaft bietet die Gewähr für eine lang dauernde Partnerschaft. Trotz der guten Harmonie und Verträglichkeit kann es zuweilen an einer wechselseitigen Ergänzung fehlen.

Einführung

Ideale Partnerschaft – nur ein Wunschtraum?

Wenn Sie Antwort auf eine entscheidende Frage suchen, dann ist dieses Buch für Sie geschrieben.

Zur Einstimmung in das wichtige Thema ein paar einleitende Gedanken und Fakten: Goldene Hochzeit, Diamantene Hochzeit, Eiserne Hochzeit: mehr als ein halbes Jahrhundert Seite an Seite. Aber allein der äußere Anlaß eines solchen seltenen Jubiläums heißt ja noch lange nicht, daß Mann und Frau diese Zeit in ständigem Glück und immerwährender Harmonie verbrachten. So selten waren die Fälle nicht, in denen die »Sprache der Vernunft« die »Sprache des Herzens« übertönte, in denen die Eltern beschlossen, wen ihr Kind heiraten mußte, ohne daß es selbst den Partner seiner Wahl suchen durfte. Meist galt die Auffassung, daß sich mit der Zeit auch die Liebe, zumindest aber Zuneigung einstellen würde. Gewiß traf dies bisweilen zu, doch nicht immer, und oft genug war das Gegenteil die Folge.

Die Ehe diente in erster Linie der materiellen Absicherung und der Nachwuchssicherung als einer für beide Seiten zufriedenstellenden Lebensgestaltung. Den gemeinsamen Tisch und das gemeinsame Bett zu verlassen bedeutete in aller Regel wirtschaftliche Nöte und gesellschaftliche Ächtung.

Doch, wer weiß als Außenstehender schon, was sich mitunter hinter der bloßen Anzahl der gemeinsam verbrachten Jahre verbirgt?

Die Basis einer Ehe oder einer ehelichen Gemeinschaft hat sich in der zweiten Hälfte unseres Jahrhunderts gründlich gewandelt.

Sie spielt nicht mehr die Rolle einer Versorgungsanstalt; junge Menschen entscheiden selbständig, mit wem sie den Bund fürs Leben schließen wollen; in einer kleiner gewordenen Welt mit kürzeren Wegen finden sie mehr Möglichkeiten zur raschen Partnerwahl. Zwar genießen Glück und Harmonie Vorrang beim Ja zu einer gemeinsamen Zukunft, doch die erschreckend ansteigende Zahl von Scheidungen und Trennungen wirft einen Schatten auf diesen Anspruch, der eigentlich einen Fortschritt gegenüber den Bindungen früherer Zeiten aufweisen sollte.

Nur allzu oft folgt einer kurzen, berauschenden Liebe der Katzenjammer, vor allem wenn sich eine Beziehung unter den nicht immer rosaroten Bedingungen des Alltags zu bewähren hat.

So spricht vieles dagegen, den wichtigsten Entschluß des Lebens den Gefühlen zu überlassen und ausschließlich auf die Stimme des Herzens zu hören.

Fehlschläge pflastern den Lebensweg

Die Zahl der Wartenden vor den Praxen der Psychologen, Soziologen und Familientherapeuten nimmt ständig zu. Es gibt kaum mehr eine Zeitschrift, die nicht die Hilfe eines Lebensberaters zur Bewältigung von Partnerschafts-Problemen anbietet, und die Bücher zu diesem Themenkreis füllen schon ganze Bibliotheksreihen. Es herrscht richtige Hochkonjunktur, warum wohl? Weil kaum eine Beziehung ohne mehr oder minder große Schwierigkeiten verläuft, weil die Partner wissen wollen, weshalb belastende Probleme entstanden sind und wie diese vielleicht überwunden werden können.

Haben Sie schon einmal überlegt, woran es liegen kann, daß Sie sich zu einem Menschen hingezogen fühlen, ihn achten und lieben, während Sie für den anderen nur Belangloses, Abneigung und vielleicht sogar Haß empfinden? Wissen Sie, wie es kommt, daß Ihre Emotionen manchmal ins Gegenteil umschlagen und Sie sich einem Menschen zuwenden, den Sie vorher nicht beachtet haben, oder umgekehrt, daß Sie plötzlich auf eine Verbindung verzichten, die Sie für unentbehrlich gehalten haben? Können Sie von vornherein beurteilen, wie die Chancen für eine harmonische Dauerverbindung stehen?

So unglaublich es klingt: Die meisten Berater in Fragen der Partnerschaft kennen außer neutral eingereichten Mindestbinsenwahrheiten darauf keine nennenswerten Antworten. Selbst diejenigen, die beruflich mit ihren klugen Hinweisen viele Seiten bedrucken, stehen privat nicht selten vor den Trümmern einer gescheiterten Ehe, weil es bislang einfach keine allgemein gültigen Spielregeln und Hilfen gab, um auf dem Gebiet der zwischenmenschlichen Belange Mißverständnisse, Fehlentscheidungen, Täuschungen und Enttäuschungen auszuschalten.

Die Folgen dieser schieren Unmöglichkeit machen gleichzeitig deutlich, wie dringend solche Anhaltspunkte für uns Menschen sind und wie groß der Bedarf für eine leitende Hand im Geflecht der Partnerschaften ist: Bereits ein Drittel aller Ehen in der westlichen Welt wird heute nach weniger als fünf Jahren wieder geschieden. Allein in der Bundesrepublik Deutschland waren das 1984 genau 130 744 Ehepaare, rund 8% mehr als im Vorjahr und sogar 36% mehr als 1980. Von 10 000 deutschen Ehen enden fast 90 vor Gericht, 100 000 Kindern wird auf diese Weise ein Elternteil entzogen.

Nur erahnen läßt sich angesichts dieser Fakten die Dunkelziffer jener Verbindungen, die ohne Zutun des Standesbeamten und des Familienrichters beginnen und aufhören, jener Trennungen, die zwar durch den Auszug aus der Wohnung, nicht aber durch die formelle Lösung des Lebensbundes besiegelt werden, jener Ehen, in denen gerade noch der Schein aufrechterhalten wird.

Allein diese nüchternen Daten der Statistik müssen jeden erschrecken und abschrecken. Doch viel mehr als sie tut das die harte Realität, auf die die Geschiedenen nach dem Gerichtstermin stoßen. Nach Jahren des gemeinsamen Aufbaus stehen oft beide oder steht zumindest aber einer der ehemaligen Partner wieder vor dem Nichts. Nur wenige robuste Naturen stecken diesen Schlag leicht weg und wagen den Schritt hin zu anderen Menschen. Viele ziehen sich zurück in Vorwürfe und Zweifel gegenüber dem verlorenen Mann, der verlorenen Frau, gegenüber sich selbst. Einsamkeit und Depressionen können zu dauerhaften psychischen Schäden führen, wenn plötzlich alle gewohnten Kontakte abbrechen. Gelegentlich wird die Scheidung verbunden mit dem Umzug in eine andere Stadt, die helfen soll, das Geschehene zu vergessen und von den schmerzhaften Erinnerungen abzulenken.

Immer noch bedeutet – gerade in kleinen Städten und Gemeinden – die gescheiterte Ehe einen gesellschaftlichen Makel. Ein Paar in der Krise muß meist sehr schnell erfahren, daß selbst alte und verläßliche Freunde sich zurückziehen.

Neben all diesen seelischen, menschlichen Schwierigkeiten ist zusätzlich die wirtschaftliche Folge einer Scheidung nicht zu übersehen. Die moderne Rechtsprechung versucht nach dem Grundsatz, daß ein Teil allein wohl selten verantwortlich sei, das althergebrachte Schuldprinzip abzuschaffen und verursacht dadurch mitunter größere finanzielle Ungerechtigkeiten als jemals zuvor. Ein überdurchschnittlich hohes Einkommen ist nötig, damit der Familienernährer auch über den Scheidungstermin hinaus noch seinen Lebensstandard mit einer neuen Familie halten und zugleich für den Unterhalt seiner bisherigen Frau und seiner Kinder sorgen kann.

Sozialarbeiter werden es bestätigen: Viele Menschen aus dem Obdachlosenmilieu sind durch die finanziellen Bürden, die ihnen selbst eine schuldlos geschiedene Ehe auflastet, aus dem Tritt geraten, haben ihr Zuhause, ihr Auskommen und schließlich jeden Halt verloren.

Ein allzu düsteres Bild der gegenwärtigen Partnerschaften? 130 000 Scheidungen im Jahr lassen sich nicht beiseite wischen, und es sind wohl nur einige große »Stars«, die ihr ganzes Leben lang von einer Ehe in die andere trudeln und dabei stets noch das hohe Lied der glücklichen Liebe singen.

Muß man also aufgrund der vielen Fehlentscheidungen und ihrer Folgen jeden Menschen davor warnen, eine Zweierbeziehung auf längere Zeit einzugehen?

Es gilt zu wissen – wer sich mit wem und warum verträgt

Jetzt gibt es sie: die neuartige Selbsthilfe zur tatsächlichen und beweisbaren Einschätzung einer zukunftsicheren Zweierbeziehung. Sie gründet auf der langjährigen Erforschung einer bis vor kurzem noch weitgehend unbekannten Erfahrungswissenschaft, der *Biorhythmik.*

So bringt dieses Handbuch praktische Ratschläge und Hinweise, die Ihr Leben positiv verändern können. Es vermittelt Informationen im Sinne einer vorbeugenden Aufklärung, damit Sie einen sicheren Weg gehen können in Harmonie, Glück und Wohlstand. Es bietet kein Partnerschaftsmodell mit ewiger Glücksgarantie, aber es hilft bei der Suche nach jenem Menschen, an dessen Seite Probleme und Krisen gemeistert werden oder dauerhaft nicht voll zur Wirkung kommen.

Mehr als zwei Jahrzehnte bin ich der Frage nachgegangen, warum die einen Partnerschaften eher Glück und Erfolg aufweisen als die anderen. Ich habe nicht nur die verfügbare Literatur zu diesem Thema gesammelt und studiert, sondern durch unzählige Analysen mich eingehend mit den möglichen Zusammenhängen befaßt. Dabei steht mir inzwischen sehr viel Material zur Verfügung, persönliche Aufzeichnungen und Unterlagen, die Grundlage für diese Veröffentlichungen sind.

Ich habe bei der Auswertung entdeckt, daß es geheimnisvolle Gemeinsamkeiten gibt zwischen Menschen, die sich gut verstehen; diese Gemeinsamkeiten gehen weit hinaus über den gleichen Geschmack, die gleiche Bildung oder die gleiche Herkunft. Ich habe diese Merkmale zusammengestellt und eine einfache rechnerische Methode entwickelt, mit Hilfe derer jeder überprüfen kann, ob er eine möglichst störungsfreie Partnerschaft eingeht. Mit ihr läßt sich sofort feststellen, wer sich mit wem und warum verträgt. Jedoch gilt eine Einschränkung: Nur wer unfähig ist, vier einfache zweistellige Zahlen voneinander abzuziehen, dem bringt dieses Buch nicht den versprochenen Nutzen.

Wie sehr das Sprichwort zutrifft »Wissen ist Macht«, das werden Sie feststellen, wenn Sie sich die Erkenntnisse dieses Buches zu Gemüte führen.

Ich bin mir zwar bewußt, daß ich keine Zauberformel anbieten kann, die für jeden und zu jeder Zeit paßt; aber ein bündnishaftes Eingehen auf die Naturgesetze, die doch unser aller Leben bestimmen, wird auch Ihnen helfen.

Der Erfolg Ihrer persönlichen Partnerschaften hängt von ganz elementaren Regeln ab. Sie müssen wissen, wie hoch die Verträglichkeit zwischen Ihnen und Ihrem möglichen Partner auf körperlicher, geistiger, seelischer und feinsinniger Ebene ist. Erst wenn Sie diese Grundlagen mit Hilfe der im Anhang befindlichen Tabellen erarbeitet haben, können Sie sicher entscheiden, ob eine Verbindung anzuraten ist.

Aufgrund meiner jahrzehntelangen Erfahrungen bei der Erforschung wesentlicher Fragen menschlichen Lebens bin ich überzeugt, daß dieses Buch für Sie von ganz besonderem Wert ist. Es wird Sie vor körperlichem und seelischem Leid, aber auch vor finanziellem Schaden bewahren, wenn Sie bereit sind, eine Lehre aus seiner Lektüre zu ziehen. Es gibt Ihnen Antworten auf viele Fragen, die Sie sonst von keiner Seite her beantwortet bekommen, ganz einfach deshalb, weil es bisher keine Antworten darauf gab. Auch Sie werden überrascht sein, wie einfach es ist, eine Partnerschaftsanalyse zu berechnen, und wie treffsicher eine Deutung sein kann, auf deren Grundlage Sie all Ihre Beziehungen realistisch einschätzen und konstruktiv gestalten können.

In der Zusammenfassung: Dieses Buch ist also für jedermann geschrieben, egal, wer Sie sind, ganz gleich, wie alt Sie sind und auch in welchem Familienstand Sie leben. Wenn Sie die vorgestellten Erkenntnisse anwenden, werden Sie in Ihren privaten und beruflichen Partnerschaften das Pech abwenden und hinfinden zu Glück und Zufriedenheit. Vergessen wir dabei nicht, was Friedrich Schiller in seiner »Glocke« so treffend gesagt hat: »Drum prüfe, wer sich ewig bindet, ob sich auch Herz zum Herzen findet!« Damit Ihnen diese Prüfung leichter fällt und Sie ein richtiges Ergebnis finden, sollten Sie sich intensiv mit der Auswertung der neuesten biorhythmischen Erkenntnisse befassen und auch mit der Frage, ob die ideale Partnerschaft nur ein Wunschtraum ist.

I. Der Mensch ein biosoziales Wesen

Von der antiken Personenkunde bis zum modernen Charaktertest

Das schönste Paradies taugt nicht zum Glücklichsein, wenn man allein ist. Diese Erfahrung machte schon Urvater Adam, der sich inmitten des für ihn geschaffenen wundervollen Gartens nur eines von ganzem Herzen wünschte: einen Menschen, mit dem er sein sorgloses Leben teilen und sich gemeinsam an den Gaben Edens erfreuen könnte, und ließe sich dafür ein idealerer Lebensgefährte finden als einer, der aus seiner eigenen Rippe entstand, der gleichsam ein Stück von ihm selbst war?

Zugegeben, auf dem Prüfstand der nüchternen Wissenschaften betrachtet, ist die Geschichte von Adam und Eva wohl nicht mehr als eben eine hübsche, bildhafte Erzählung. Aber sie beweist, daß der Wunsch nach Zweisamkeit nicht erst ein Produkt unserer Zeit ist.

Schon das Denken jener Menschen war davon bestimmt, die vor einigen Jahrtausenden das Rätsel der Schöpfung zu deuten versuchten. Und wenn schon im Paradies das Verlangen nach einem Partner so groß war, wird es dann nicht zur Lebensnotwendigkeit in unserer heutigen manchmal sogar feindseligen Welt?

Ganz ungeachtet des zu Fortpflanzung und Arterhaltung jeden Lebewesens notwendigen Dualismus der Geschlechter kommt es immer wieder auf die gegenseitige Unterstützung und Hilfe an, auf die Einbindung in ein funktionsfähiges Sozialsystem.

Frühe Zeugnisse gemeinsamen Lebens und Kämpfens liefern uns archaische Höhlenmalereien, etwa im Schweizer Jura oder in der Umgebung der französischen Stadt Lascaux; nicht der einzelne, sondern der Mensch in der Gesellschaft gleichgesinnter kann sich gegen Gefahren zur Wehr setzen. Er vermag die bedrohlichen Tiere zu erlegen und damit ebenso Anfeindungen zu bannen wie auch materielle Grundlagen zu schaffen.

Das heute so leicht gebräuchliche Schimpfwort vom »Idioten« weist in eine ganz ähnliche Richtung. In der griechischen Antike waren damit nicht etwa Geistesschwache gemeint. Ein »Idiot« war einer, der sich ausschließlich um seine eigenen, privaten Interessen kümmerte, der nicht am gesellschaftlichen Leben teilnahm und nicht bereit war, in öffentlichen Ämtern Sorge zu tragen für das Wohl seiner Mitbürger. Weil der Mensch nach damaliger Auffassung aber als »zoon politikon« galt, als ein in der Gemeinschaft verwurzeltes Wesen, zeigte der »Idiot« im antiken Sinn durchaus ein »anormales« Denken und Handeln.

Der Faden ließe sich so beliebig weiterspinnen durch alle Epochen hin bis in unsere Tage: Die Geschichte der Menschheit ist immer die Geschichte von Bindungen, von Bündnissen, Freundschaften und Feindschaften unter einzelnen Exemplaren dieser Gattung. Althergebrachte Strukturen und vielfältige Verflechtungen bestimmen ihn als »biosoziales Wesen«, dessen Spielregeln mit geringfügigen Abweichungen unter allen Kulturen und Volksstämmen gelten. Die Verhältnisse, in denen wir zueinander stehen, sind von größter Bedeutung: Wir alle könnten womöglich noch heute – um zum Ausgangspunkt zurückzukehren – Phantasiegebilde im Paradiesgarten sein, hätte Adam nicht Eva an die Seite bekommen oder wäre er selbst Manns genug gewesen, ein strenges Nein zu sagen zu der lockenden Versuchung. Ein unrealistisches Beispiel, gewiß, aber wieviel hängt doch stets davon ab, im richtigen Moment den richtigen Partner zu haben.

Das gilt für den engen Kreis der Familie ebenso wie für die Arbeitskollegen oder jene Menschen, mit denen sich unsere Wege nur kurz und scheinbar bedeutunglos kreuzen. Wir möchten den anderen kennen, möchten wissen, was er im Schilde führt und was wir von ihm zu erwarten haben. Wir wollen wissen, ob wir uns zu einem guten Ende mit ihm einlassen dürfen oder ob wir durch seine Nähe zuletzt Schaden erleiden.

Am deutlichsten wird der Versuch, unser Gegenüber zu durchschauen, in den Ritualen der Bewerbung um einen Arbeitsplatz. Zeugnisse, Arbeitsproben, Empfehlungen und der berühmte handschriftliche Lebenslauf sollen helfen, den anderen »abzuklopfen« und ihn »auszukundschaften«. Doch mit solchen greifbaren Belegen für Tüchtigkeit und Unvermögen, die sich messen, zählen und wiegen lassen, die kurz empirisch zu erfassen sind, stellt das Berufsleben zweifellos eine Ausnahme dar; ein »Freundschaftszeugnis« oder ein »Ehediplom« gibt es bislang nicht. Und wo nichts Hieb- und Stichfestes vorzuweisen ist, da müssen wir uns mit vagen Einschätzungen begnügen, die auf einer nicht weniger unklaren Fähigkeit, der Menschenkenntnis, basieren. Einfühlsamkeit, Erfahrung im Umgang mit unseren Zeitgenossen und die daraus herrührenden Vergleichsmöglichkeiten zwischen diesem und jenem sind dabei ja nützlich.

Aber dennoch gibt es immer wieder Zusammenstöße mit mehr oder minder großen Folgen auf allen Ebenen, gerade weil wir uns vom anderen ein falsches Bild gemacht haben.

So uralt wie die Notwendigkeit, sich mit anderen zu verbünden, gleich in welcher Form, so uralt ist darum auch das Bestreben, einen verläßlichen Maßstab für die Beurteilung des Partners zu finden.

Die eigentliche Kernfrage ist dabei stets, was denn nun verantwortlich sei für das Tun und Lassen des Menschen. Im Gegensatz zum Tier folgt er nicht bedingungslos seinen Instinkten, sondern verfügt über einen freien Willen, der ihn ja angeblich erst zur Krönung der Schöpfung erhebt. Andererseits beruht dieser freie Wille nicht auf den Gesetzen der Vernunft – die Beispiele für unvernünftige und doch freiwillige Entscheidungen umgeben uns Tag für Tag. Irgendwo in uns, dem Seziermesser ebenso verborgen wie den modernen Analysen der Zellen unseres Körpers, sitzt dieses Etwas, das unser Denken und Handeln und damit unser ganzes Sein, oft mehr bestimmt, als es uns bei nüchterner Betrachtung lieb ist.

Seit sich vor siebentausend, achttausend Jahren die Menschen in ihren ersten Siedlungen zusammenfanden und die Interessen dieser primitiven Kulturen sich auch über die bloße Lebenserhaltung hinaus regten, wird diese geheimnisvolle Kraft hier als dämonische, dort als segensreiche Gabe verehrt.

Während das Christentum bis in unser Zeitalter ein ähnlich mythisches Bild zeichnete, beschäftigt sich die Wissenschaft mit diesem Phänomen bereits in der Antike auf eine rationale Weise. Ohne damit bereits zum Kern vorgestoßen zu sein, fanden die Griechen dafür das Wort »Psyche« und die Deutschen sehr viel später das Wort »Seele«. Den Forschungen liegt die ganz einfache Beobachtung zugrunde, daß verschiedene Menschen auf haargenau das gleiche Ereignis vollkommen unterschiedlich reagieren. Darum, so schlossen die Vorfahren der heutigen Psychologen, müsse es auch verschiedene Formen der Seele geben.

Entsprechend den vier Elementen der Natur wählten sie
- den feurigen Sanguiniker, der mit seinen Ideen auch seine Umgebung zu begeistern versteht, jedoch wenig Beständigkeit aufweist
- den luftigen Choleriker, der das Leben mit allen seinen Sinnen genießt und dessen Wohlbefinden auch von dieser Sinnlichkeit abhängt
- den kühlen und tiefgründigen Phlegmatiker, der zwar voller Einfälle steckt, sie aber aus seiner Trägheit heraus selten in die Tat umsetzt
- den der Erde verhafteten Melancholiker, der mit seiner Schwermut und den düsteren Einflüssen das Mißtrauen der antiken Seelenkundler hervorrief.

Diese Klassifizierungen mögen grob klingen, doch sie bilden bis in unsere Zeit hinein eine Grundlage für die Psychologie; auch wir benutzen schließlich noch die Ausdrücke Sanguiniker, Choleriker, Phlegmatiker und Melancholiker, um etwas über den Charakter unserer Mitmenschen auszusagen.

Eine weitere Erkenntnis der alten Griechen fand sogar Eingang in die Psychoanalyse, die der Wiener Arzt Sigmund Freud zu Beginn dieses Jahrhunderts begründete. Schon um 300 vor Christus beschäftigte sich der geniale Aristoteles mit dem menschlichen Wesen und kam zu dem Schluß, daß alles Tun nur von den Trieben des Körpers abhängig sei. Als Rationalist und Verteidiger des logischen Prinzips konnte er metaphysische, mit den Methoden der Naturwissenschaft unerklärliche Einflüsse selbstverständlich nicht gelten lassen. Und darum betrachtete er nicht nur die biologischen Bedürfnisse, sondern auch das Denken, den freien Willen und die dafür bestimmenden Kräfte wie etwa Phantasie oder Vernunft als fleischliche Triebe.

Zwar stützte sich die christliche Seelenkunde zum Teil auf die Überzeugungen des Aristoteles und sah die Beweggründe des Menschen ebenfalls in der Seele verwurzelt. Die rein naturwissenschaftliche Psychologie war für den Kirchenlehrer Thomas von Aquin im 12. Jahrhundert allerdings Ketzerei. Nach seiner Lehre ist die Seele vollkommen unabhängig vom Körper: Der Mensch erhält sie erst durch die Taufe von Gott, und darum sei sein ganzes Streben auf die Erfüllung des göttlichen Willens hin ausgerichtet. Alle nicht diesem Ziel entsprechenden Kräfte galten als Einfluß des Bösen und wurden, je nach Ansehen und Stand der Person, hart bestraft oder einfach verdrängt. Bis ins 17. und 18. Jahrhundert zeigten gnadenlose Hexenverbrennungen und die Verfolgung Andersdenkender, wie gegen alle Abweichungen, gegen die »unseligen« Triebe vorgegangen wurde. Im übrigen waren sich die maßgebenden Denker der Epoche nicht einig darüber, ob Frauen überhaupt eine Seele besäßen oder ob dies nur ein Privileg der Männer sei.

Die Geschichte der Psychologie bewegt sich in Extremen, denn auf die metaphysische Periode des Mittelalters folgte mit der Verfeinerung der Wissenschaften wieder ein Zeitalter nüchterner Forschung und Vernunft.

Es treffen zusammen die Bestrebungen, die Psychologie aus dem Einfluß von Religion und Philosophie herauszuziehen, und die Gewißheit, daß auch bei sorgfältigster anatomischer

Untersuchung die Existenz der Seele im menschlichen Körper nicht nachzuweisen sei.

In die Aufklärung des 18. Jahrhunderts fallen bedeutende Entdeckungen der Funktionsweise von Gehirn und Nervensystem, die nun als ausschlaggebend für das menschliche Verhalten erachtet werden.

Die Tendenz zur rationalistischen Betrachtungsweise wurde später verstärkt, als auch die Zellbiologie keine Anzeichen für das Vorhandensein der Seele ergab. Der Erkenntnisdrang richtete sich darum auf etwas, das tatsächlich zu beobachten, zu messen und zu vergleichen war: Das Verhalten des Menschen, aus dem man sich wiederum Rückschlüsse auf seine Antriebskräfte erhoffte. An die Stelle des Glaubens an eine Seele, die den Menschen erst vom Tier unterscheidet, trat nun der Glaube an primitive Verhaltensmechanismen, die ebensogut am Tier zu erkunden waren. Forschungsergebnisse von Konrad Lorenz oder Irenäus Eibl-Eibesfeld sind in der Folge dem Leser wohl bekannter als die Arbeitsfelder des Psychologen und Psychiaters C. G. Jung, der seinerseits von der Existenz einer Seele überzeugt war und den Begriff vom kollektiven Unbewußten, von einem überpersönlichen psychischen Feld ins Gespräch brachte. Nach Jungs Auffassung unterliegt dieses Unbewußte nicht den Gesetzen der animalischen Triebe, sondern ist ausgerichtet auf die Entfaltung der gesamten Persönlichkeit. Er steht damit im Gegensatz zu Sigmund Freud, der bei der Erforschung der Psychoanalyse auf den Lusttrieb als die stärkste Kraft im Menschen stieß und nachwies, daß die meisten Neurosen und Komplexe bereits in frühester Kindheit durch autoritäre Erziehung und Unterdrückung einer natürlichen – auch sexuellen – Triebentwicklung geprägt würden.

Wie C. G. Jung hatte der amerikanische Neurophysiologe William Grey Walter individuelle Elemente bei der Persönlichkeitsbeurteilung entdeckt. Mit dem von ihm entwickelten Hirn-Wellen-Analysator stellt er fest, daß jeder Mensch ein unterschiedliches Muster von Hirnströmen aufweist. Diese Wellen ermöglichen Rückschlüsse auf Charakter, auf seelische Grundhaltungen und Reaktionen nach Walters Auffassung weitaus besser als die Kenntnis von Intelligenzquotient oder Persönlichkeitstests, die zwar auf den durchaus ernsthaften Studien von Wilhelm Wundt und seinem Leipziger Institut für experimentelle Psychologie beruhen, durch ihre trivialisierte Verbreitung in Magazinen und Zeitschriften ihren Nutzen aber verloren haben.

William Grey Walter nennt zwei verschiedene grundsätzliche Denkstrukturen: Die visuelle, also die bildhafte Form, die sich alles rasch ausmalt und auch rasch entscheidet, und die persistente, die abwägende und vergleichende Form, die länger zu einem Urteil braucht und dieses dann für optimal und unumstößlich hält.

Zwischen den beiden Polen gibt es natürlich unzählige Mischformen, die weitaus häufiger sind als rein visuelle oder die rein insistente Denkweise.

Treffen zwei Partner extrem unterschiedlicher Strukturen aufeinander, dann kann das nach Walters Überzeugung erhebliche Probleme bereiten.

Aber nicht nur die Messungen der Gehirnströme durch den Elektro-Enzephalographen (EEG) geben Aufschlüsse über die Eigenschaften des Menschen; das gleiche gilt auch für die elektromagnetischen Strahlungen der Fingerkuppen, die, mit Spezialkameras festgehalten, die Entsprechungen von Personen ebenso verdeutlichen wie ihre Gegensätze.

Vom antiken Charakterbild über mittelalterliche Seelenkunde und neuzeitliche Psychoanalyse bis hin zur Naturwissenschaft, die sich technischer Hilfsmittel bedient, gibt es im Grunde also vielfältige Möglichkeiten, etwas über seine Mitmenschen und ihr Verhalten in bestimmten Situationen zu erfahren.

Doch Hand aufs Herz, wer würde schon seinen künftigen Lebensgefährten erst mal zum Psychiater schicken wollen, wer ließe sich ein Charakterschema von seinem Mitarbeiter vorlegen oder wer verlangte ein EEG von seinen Freunden? Daß so viele Verbindungen in allen Bereichen mißglücken, liegt wohl am Widerwillen, sich solche Methoden zunutze zu machen und am

Glauben an die Verläßlichkeit seines eigenen Gutdünkens. Mit anderen Worten gesagt: In häufigen Fällen wird der Partner nicht bewußt und überlegt, sondern aus den berühmten, rational nicht zu lenkenden Trieben heraus gewählt.

Erinnern wir uns an die einleitenden Worte über den Wandel des Ehebildes. Da war die Rede von der materiellen Absicherung, von der Versorgungsanstalt fürs ganze Leben. Auch wenn sich daran inzwischen manches geändert haben mag, so dienen doch selbst heute noch unsere Verbindungen in erster Linie der Daseinserhaltung. Ausschlaggebend für unseren Zusammenschluß mit anderen Menschen ist der Wunsch nach Befriedigung unserer Grundbedürfnisse: Hier sind vor allem die Aufrechterhaltung des eigenen Lebens und die Arterhaltung mit sämtlichen dazugehörenden Notwendigkeiten zu nennen.

Hinter diesen Notwendigkeiten steckt freilich mehr, als auf den ersten Blick zu erkennen ist. Gemeint sind damit nicht nur Nahrungsaufnahme, physischer Schutz und Fortpflanzung. Über die Erfordernisse des Körpers hinaus machen auch Geist und Seele ihre Ansprüche geltend. Sie verlangen nach Liebe und Geborgenheit, nach gesellschaftlicher Anerkennung und nach persönlicher Entfaltung. Für all das ist die Nähe anderer Menschen notwendig, für die Liebe ganz selbstverständlich, aber auch für das Selbstwertgefühl brauchen wir den Vergleich, die Unterweisung und das Lob, für das seelische Gleichgewicht bisweilen den Halt und das offene Ohr des Partners.

Werden diese Bedürfnisse nicht befriedigt, einfach unterschätzt oder gar beiseite geschoben, dann drohen – die Entwicklungen einer anonymen Gesellschaft bestätigen das nur – ernsthafte psychische Schäden, die selbst physische Beeinträchtigungen nach sich ziehen können: Magenbeschwerden, Herzleiden, Migräneanfälle, sie alle sind heute so häufig wie nie zuvor Ausdruck seelischer Vernachlässigungen. »Hab nun, ach! Philosophie, Juristerei und Medizin und leider auch Theologie durchaus studiert, mit heißem Bemühn«, läßt

Goethe den zwar gelehrten, aber einsamen und enttäuschten Doktor Faust stöhnen, der erst in der Umarmung Margarethens zum Augenblicke sagt: »Verweile doch! Du bist so schön.«

Zum Problem der Partnerwahl

Was also die dringende Befriedigung unserer elementaren Bedürfnisse, die natürlich den Wandlungen und Entwicklungen unterworfen sind, angeht, so hat sich in den achttausend Jahren von der ersten gemeinschaftlichen Lebensform bis heute, vom Neandertaler in seiner Höhle bis zum modernen Menschen in seiner Eigentumswohnung kaum etwas geändert.

Und doch gibt es einen ganz großen Unterschied: Sie können dazu den erstbesten auswählen, der Ihnen über den Weg läuft – immer vorausgesetzt allerdings, daß auch er damit einverstanden ist. Oder Sie können warten und prüfen, bis einer kommt, der so haarklein Ihren Vorstellungen und Anforderungen entspricht, wie Sie umgekehrt den seinen.

Wir wollen diese beiden Extreme die bewußte und die unbewußte Partnerwahl nennen. Von der Form, die Sie für Ihr eigenes Leben anwenden werden, hängt in aller Regel auch das Ausmaß Ihres Erfolges, Ihrer Zufriedenheit und Ihres persönlichen Glückes ab.

Große Sprüche, meinen Sie? Zwei Fallbeispiele aus meiner biorhythmischen Beratungspraxis sollen Ihnen nachfolgend die Bedeutung der unbewußten und bewußten Partnerwahl vor Augen führen.

Beispiel Nr. 1
Da waren einmal Klaus und Gerda, ein Bub und ein Mädchen in einer süddeutschen Kleinstadt. Ihre Eltern kannten sich gut, und die Kinder wuchsen nahezu miteinander auf: Sie besuchten dieselbe Schule, waren in einer Klasse und verbrachten große Teile ihrer Freizeit miteinander. Daran änderte sich nichts, als sie

langsam erwachsen wurden. Der sportliche, naturverbundene Klaus liebte die Berge im Sommer wie im Winter, und Gerda begleitete ihn auf den meisten seiner Touren. Aus dieser kumpelhaften Freundschaft wurde dann ein innigeres Verhältnis, und das Band zwischen beiden riß selbst dann nicht ab, als sie die Schule mit dem Abitur in der Tasche verließen und ein Studium an der Universität in der nahen Großstadt aufnahmen.

Groß war die Aufregung allerdings – auch bei den Eltern in der Kleinstadt –, als sich plötzlich Nachwuchs einstellte. Die Familien drängten auf eine rasche Heirat, und so mußte Gerda ihr Studium aufgeben und sich um das Kind kümmern, während Klaus sein Diplom ablegte und bald darauf eine Anstellung als Ingenieur in der Heimatstadt fand. Die Ehe lief über lange Jahre hinweg sehr gut, bis Klaus bei einem Betriebsausflug ein Verhältnis mit einer jungen, attraktiven Kollegin begann, das jedoch nicht ohne Folgen blieb: Die Frau bekam ein Kind von Klaus, und das machte in der kleinen Stadt natürlich schnell die Runde. Trotz der eindringlichen Bitten Gerdas und trotz seiner eigenen Versprechungen kam Klaus jedoch nicht von seiner Geliebten los und zog schließlich, als auch Freunde und Bekannte ihre Mißbilligung bekundeten, mit ihr in eine andere Stadt.

Glücklich wurde er freilich dort ebensowenig, denn schon bald stellte er fest, daß seine neue Lebensgefährtin zwar sehr attraktiv, in ihrer Intelligenz aber seinen Ansprüchen nicht gewachsen war. Nach einigen hysterischen Anfällen der Frau packte Klaus wieder seine Koffer und kehrte zurück zu Gerda, die – wie sich nun herausstellte – glücklicherweise einer Scheidung nie zugestimmt hatte. Sie nahm Klaus auf, zwar nicht ohne Bedingungen, doch immerhin dauert die Ehe der beiden inzwischen mit der Unterbrechung weit über 30 Jahre.

Ein nahezu klassisches Beispiel für eine unbewußte Partnerwahl, und das gleich in doppelter Hinsicht.

Tatsächlich war ja die Verbindung von Klaus und Gerda nie eine wohlüberlegte, herangereifte Entscheidung angesichts verschiedener Möglichkeiten. Sie wuchsen von der Rolle der Kameraden im Sandkasten über die der Jugendfreunde auf der Schulbank bis in die Rollen der Ehegatten hinein, ohne daß sich ihnen wohl jemals eine wirkliche Entscheidung mit Alternativen für die künftige Lebensgestaltung gestellt hätte.

Die frühzeitige gegenseitige Fixierung von Gerda und Klaus ließ beide weder ernsthaft nach anderen Partnern suchen noch dies überhaupt in Betracht ziehen. Keiner der beiden besaß Vergleichsmöglichkeiten, die zu einer rationalen Beurteilung ihrer Chancen für eine glückliche Ehe hätten dienen können, und als sich dann mit der Schwangerschaft Gerdas auch die bürgerliche Erfordernis einer Legalisierung ihres Verhältnisses aufdrängte, war das im Grunde nur ein vorgezogener Schritt, der nach Beendigung des Studiums ohnehin fällig geworden wäre. Die Befriedigung elementarer Bedürfnisse samt ihrer physischen und psychischen Notwendigkeiten haben wir das vorhin genannt.

Mit geringfügig veränderten Vorzeichen trifft dieses Verhalten auch für die Beziehung zwischen Klaus und seiner Geliebten zu, die natürlich ebenfalls als Folge dieser unbewußten Partnerwahl und einer gewissen, daraus herrührenden Unzufriedenheit zu betrachten ist. Das war nicht eine gezielt gesuchte und sorgfältig gewählte Bekanntschaft, sondern eher ein zufälliges Zusammentreffen zweier Menschen, die viele Stunden täglich an einem gemeinsamen Ort, ihrem Arbeitsplatz verbringen. Bei dieser Konstellation spielen wiederum der Gewöhnungsfaktor und eine Form der Zwangsläufigkeit die Hauptrolle; Atmosphäre und Umgebung des Betriebsausfluges zeigen ebenfalls deutlich, daß es sich nicht um ein planvoll angestrebtes Liebesverhältnis handelt.

Während Klaus und Gerda sich gegenseitig allerdings durch die jahrelange Freundschaft kennengelernt hatten und damit nicht mehr die meist trügerischen, kurzen visuellen Eindrücke oder die selektive Wahrnehmung nur einzelner Persönlichkeitsaspekte im Vordergrund standen, wußte Klaus bei seiner Geliebten ganz offensichtlich nicht, was ihn wohl genau erwarten würde – oder er hatte sich ganz einfach ein falsches Bild davon gemacht.

Auch das gehört zur unbewußten Partnerwahl: Daß sich bei unvollständiger Kenntnis des anderen sofort ein geistiger Vorgang einstellt, der zu einem Urteil über den gesamten Menschen führt, über Alter, Geschlecht, Nationalität, Beruf, soziale Schicht, über Intelligenz, Temperament und persönliches Umfeld.

Da ging es Klaus – und damit uns allen – wie einem Archäologen, der anhand einer ausgegrabenen einzelnen Tonscherbe Form, Größe, Zweck und Beschaffenheit eines Gefäßes rekonstruieren soll.

Ganz klar, daß es zu dieser schwierigen Aufgabe einer größeren Erfahrung bedarf, als der die Klaus besaß.

Beispiel Nr. 2
Anders sieht es jedoch bei einem zweiten Ehepaar aus, bei Peter und Beate.

Peter lebte ebenfalls seit seiner Kindheit in einer kleinen Stadt, in der seine Familie ein alteingesessenes Handelshaus betrieb. So stand er als junger Mann vor dem Wunsch, eine Frau so recht nach seinem Geschmack zu finden, die darüber hinaus auch den Vorstellungen der Familie entsprechen sollte. Keine einfache Aufgabe also, die Peter aber mit großer Hingabe zu lösen versuchte. Seine Bemühungen führten ihn – bedingt durch Studium und Berufsausbildung – über die kleine Stadt ins weite Umland. Er lernte im Laufe der Jahre viele Frauen kennen, verbrachte eine Zeitlang mit ihnen und trennte sich dann wieder, wenn er seine Erwartungen nicht erfüllt fand.

Peter hatte bereits die 30 überschritten und war immer noch Junggeselle, als er, gerade wieder zu Hause, in der kleinen Stadt auf Beate aufmerksam wurde. Sie war hübsch, erheblich jünger als Peter selbst und erwies sich bei näherem Kennenlernen als genau die Frau, die Peter immer gesucht, bislang jedoch nie gefunden hatte. Sie erwiderte seine Gefühle, und auch die Familie war mit einer Heirat der beiden einverstanden. Der erfahrene und ältere Peter übernahm in der Ehe die Führung, nicht aber ohne seiner Frau den nötigen Freiraum zu lassen in ihrem eigenen Beruf, bei ihren eigenen Beschäftigungen, mit ihrem eigenen Bekanntenkreis; auch gelegentliche getrennte Urlaube von Peter und Beate änderten nichts an dem tiefen Einverständnis und der Übereinstimmung in den grundlegenden Fragen, welche die beiden auch nach einem Vierteljahrhundert Ehe noch eng zusammenhalten. Die inzwischen erwachsene Tochter machte als Wunschkind das Glück in dieser Lebensgemeinschaft perfekt.

Im Grunde waren für die Verbindung von Beate und Peter die gleichen Wünsche ausschlaggebend wie für die Heirat von Gerda und Klaus: Wiederum primär das Bedürfnis nach Lebenserhaltung und das Verlangen nach Liebe, Geborgenheit und Anerkennung. Daß bei gleichen Voraussetzungen doch andere Ergebnisse zustande kamen, liegt darum am vollkommen unterschiedlichen Vorgehen in den zwei Fällen.

Für Beate und Peter ist die Ehe ein bewußter Willensakt, auf den beide gezielt hingesteuert hatten. Gezielt darum, weil zumindest Peter aufgrund seiner Erfahrung und seinen zahlreichen Bekanntschaften die Möglichkeit zum Vergleich hatte.

Vor jeder Entscheidung steht bekanntlich die Meinungsbildung; wir müssen wissen, was wir nicht wollen, wir müssen wissen, was wir wollen, um schließlich das Beste auswählen zu können.

Voraussetzung für dieses Wissen ist die Kenntnis der zur Disposition stehenden Angebote und ihrer voraussichtlichen Folgen. Genau diese Voraussetzungen hatte Peter, und der Umgang mit verschiedenen Partnern hatte ihn auch gelehrt, sich auf das jeweilige Gegenüber so einzustellen, daß trotz seiner gefestigten Haltung genügend Platz für das Eigenleben und die Selbständigkeit Beates blieb.

Wir wollen allerdings nicht verschweigen, daß eine derart bewußte Partnerwahl im Eheleben wohl eher ein Extremfall unter den verschiedenen Verhaltensweisen ist, der uns aber als anschauliches Modell dient.

Solchermaßen rationales Vorgehen ist eigentlich üblich nur bei geschäftlichen Beziehungen, bei der Auswahl beruflicher Partner oder bei reinen Vernunftehen, bei denen freilich in erster Linie ebenfalls die materiellen Interessen von Bedeutung sind.

Wenn wir aber eine bewußte Wahl treffen, dann heißt das nicht, daß wir damit alles Unbewußte, nur unterschwellig in unserem Denken und Fühlen Vorhandene einfach ausschalten können wie eine Glühbirne. Kurz: Nichts anderes als die bereits erwähnten Triebe, sind nach wie vor für unser Bestreben verantwortlich. Wesentlich ist nur, daß wir uns Faktoren und Abläufe bewußt machen und das Vorgefundene vergleichen können mit dem Gesuchten. Wir tragen in uns also eine Negativform, zu der wir – und davon hängt der Erfolg der Suche in aller Regel ab – bewußt oder unbewußt das Positiv finden wollen.

Bei der Beurteilung der tatsächlichen Übereinstimmung sollten Sie sich darum nicht auf Ihre Gefühle und Ihr Gutdünken allein verlassen, vielmehr auf die vernünftig begründete Kritikfähigkeit des Geistes, zumal die berühmte Liebe auf den ersten Blick gemeinhin trügerisch ist. Wie sehr sind wir es doch alle gewöhnt, unser Äußeres und unser Verhalten häufig zu verändern. Gottfried Keller beschreibt in seiner Novelle »Kleider machen Leute«, wie aus dem einfachen Schneidergesellen mit Hilfe eines teuren Mantels plötzlich ein vornehmer Herr wird, der sich allseitiger Hochachtung und Respekts erfreut. Dieselben Mechanismen werden in Kraft gesetzt durch die ständig wechselnde Mode, durch Frisuren oder Make-up, durch Statussymbole oder einstudiertes Auftreten. Heiratsschwindler in aller Welt leben doch nur von der Fähigkeit, andere Menschen mit solchen Methoden zu täuschen.

Und weil die Liebe bekanntlich blind machen kann, ist es doppelt nötig, Partnerschaften mit wachem Verstand zu werten, will man sich Enttäuschungen ersparen.

So wie sich mit einem nur ungefähr passenden Zahnrad zwar eine vorübergehende Lösung für die Funktionsfähigkeit eines Getriebes schaffen läßt, die jedoch ohne Bestand ist und auf längere Zeit großen Schaden anrichten wird, so ermöglicht auch die Wahl eines unpassenden Partners kein dauerhaftes und reibungsloses Zusammenspiel der Kräfte. Daran ändert der Umstand nichts, daß wir möglicherweise die Abmessungen des benötigten »Zahnrades« nicht genau kennen oder es als geeignet betrachten, während es in Wirklichkeit hinten und vorne nicht stimmt. Unwissenheit schützt selbst bei der Partnerwahl nicht vor betrüblichen Folgen.

Wir sind damit bei der zweiten wichtigen Voraussetzung angelangt. Nicht nur Menschenkenntnis und die Fähigkeit, den anderen richtig einzuschätzen, bilden eine Hürde auf dem Weg zum glücklichen Zusammenleben; es besteht auch die Notwendigkeit, sich selbst zu erkennen und seine eigenen unbewußten Wünsche zu formulieren.

Das wirft nun die Frage auf, ob es denn eine grundsätzliche Feststellung gibt über die Kriterien, nach denen wir, entsprechend unseren eigenen Voraussetzungen, ein passendes Gegenüber suchen. Wir sagen »Gleich und Gleich gesellt sich gern«, aber wir sagen auch »Gegensätze ziehen sich an«. Was von beidem stimmt?

Gegensätzlichkeiten vom Gleichen ziehen sich an

Nach allem, was wir bisher gehört haben, müssen wir davon ausgehen, daß erst die Gemeinsamkeiten die Basis für ein friedvolles und erfolgreiches Zusammenleben in allen Bereichen schaffen. Sie können das ganz einfach feststellen, wenn Sie einen Blick in Ihren Freundeskreis werfen: Gemeinsame Hobbys, gemeinsame Erlebnisse und Unternehmungen schmieden das Band zwischen den Menschen. Erinnern wir uns außerdem an die christliche Seelenkunde, mit deren Argumenten im Mittelalter alle Abweichungen von der kirchlichen Linie unerbittlich verfolgt und ausgemerzt werden konnten.

Dieses Vorgehen entspricht nicht nur dem natürlichen Trieb zur Erhaltung unserer Macht, sondern auch der allgemein menschlichen Abneigung gegenüber allem Neuen, Ungewohnten, Fremden, das bedrohlich erscheint, weil es mit den angelernten Verhaltensweisen nicht beherrschbar ist.

Wenn wir gelegentlich nach Veränderungen suchen, so wollen wir doch nicht unser angestammtes Umfeld verlassen, und mit der Anzahl unserer Jahre wächst das Beharren auf unseren Gewohnheiten, sinkt andererseits die Bereitschaft, sich mit Veränderungen auseinanderzusetzen. Das hat nicht nur mit Bequemlichkeit zu tun, sondern auch mit einer Verfestigung des Willens und der Annahme des eigenen Ichs.

Das gilt in gleichem Maß für die Wahl unseres Partners: Wir wollen unter unseresgleichen bleiben, mit ähnlichem sozialen Hintergrund, mit ähnlichem Bildungsniveau und ähnlichem Geschmack, mitunter sogar mit ähnlichem Körperbau und Aussehen. Unbewußt wählen wir dabei jene Konstellationen, die wir bereits von früher Kindheit an durch Vererbung, durch Einflüsse des engen Umfeldes und schließlich durch schöpferische Selbstgestaltung erfahren haben.

Sowohl Peter und Beate wie auch Gerda und Klaus bieten ein gutes Beispiel für die Partnersuche im angestammten Milieu. Das heißt freilich nicht, daß neben allen Übereinstimmungen nicht Gegensätzlichkeiten vorhanden sein können, solange sich insgesamt doch eine sinnvolle Ergänzung beider Teile ergibt. Ohnehin kann man davon ausgehen, daß in jedem Menschen nahezu alle Anlagen grundsätzlich vorhanden, aber unterschiedlich stark ausgeprägt sind. Während bei dem einen bestimmte Merkmale dominieren, haben sie in der Persönlichkeitsstruktur des anderen nur eine nebensächliche Funktion.

Die Frage, wer wen heiratet und damit am Ende auch glücklich bleibt, ist also relativ einfach, mitunter sogar durch bloßen Augenschein zu untersuchen.

Entsprechende Forschungen haben ergeben, daß sich zwar primär die Übereinstimmungen, im Bereich des Gleichartigen dann aber doch eine partielle Andersartigkeit anziehen. Das trifft für das Temperament ebenso zu wie für den Charaktertyp oder die Attraktivität des einzelnen. Wie bei einem Gegenpol wird die

Wiederherstellung einer harmonischen Einheit verlangt: Extrem ausgedrückt sucht der Schwache den Starken, der Arme den Reichen, der Heilige den Sünder, der Bescheidene den Angeber, der Hilfsbedürftige den Helfer.

Kurz formuliert: »Die Gegensätze vom Gleichen ziehen sich an.«

Diese Aussage wird auch untermauert von der »Theorie der sich ergänzenden Bedürfnisse«, die in den fünfziger Jahren aufgestellt wurde. Sie reduziert die Wahlvorgänge auf zwei elementare Verhaltensweisen, die anschließend wieder auf die übrigen Bereiche projiziert werden: die Dominanz und die Fürsorge.

Personen mit ausgeprägter Dominanz suchen sich meist anpassungsfähige, unterwürfige Partner, während fürsorgliche Personen jemanden brauchen, um den sie sich kümmern können, dem sie beistehen dürfen. Diese Funktion des Helfens und Haltens ist durchaus wechselseitig, das heißt, daß übertragen auf die verschiedenen Aspekte einer Persönlichkeit eine gegenseitige Ergänzung entsteht: Dominanz und Fürsorge müssen in den einzelnen Charakterfeldern nicht immer von gleichen Teilen des Gespanns ausgeübt werden.

Unsere tägliche Erfahrung lehrt uns, daß die beiden Sprichwörter »Gleich und Gleich gesellt sich gern« und »Gegensätze ziehen sich an« nicht miteinander im Widerspruch zu stehen brauchen.

Ebenbürtigkeit ist oft die Voraussetzung für das Zustandekommen und die Entwicklung einer Beziehung, während die Gegensätze aufkommende Eintönigkeit, Interesselosigkeit oder Übersättigung verhindern. Ergänzung und Gleichrangigkeit fördern also den Wunsch nach Vereinigung von einander zugeneigten Partnern.

II. Die Macht der Gefühle auf dem wissenschaftlichen Prüfstand

> »Eines Tages, nachdem wir den Wind, die Wellen, die Flut
> und die Schwerkraft gemeistert haben, werden wir die
> Energien der Liebe zu lenken lernen. Dann wird der Mensch
> ein zweites Mal das Feuer entdeckt haben.«
>
> *Teilhard de Chardin (1888–1955)*

So entsteht »Liebe auf den ersten Blick«

»Siebzehn Jahr, blondes Haar«, trällerte Udo Jürgens einmal am Anfang seiner Sängerkarriere: Mitten im Großstadtgetriebe steht sie plötzlich vor ihm, und er weiß, das muß sie sein!

Die berühmte Liebe auf den ersten Blick also, die sich freilich in den meisten Fällen gar nicht als der große Volltreffer des Lebens herausstellt. Es ist schon ein sonderbarer Mechanismus, der in so einem Augenblick im Menschen abläuft. Woher nimmt er die – bisweilen auch sehr trügerische – Gewißheit, daß ihm da genau der richtige Partner über den Weg läuft? Woher kommt dieser geheimnisvolle Funken, der bei einem solchen, oft nur Sekunden währenden Zusammentreffen überspringen kann?

Wir haben ja vorhin bereits gesagt, daß wir in uns sozusagen die Negativform eines Menschen tragen, zu dem wir bewußt oder unbewußt das entsprechende Positiv suchen; gerade so, wie an einem großen Schlüsselbund auch nur ein einziger Schlüssel in das Schloß paßt und es öffnen kann. Jugendliches Alter, blonde Haare, ein Lächeln, das sind nun alles Dinge, die sich durch den bloßen Anschein feststellen lassen. Bei schwarzen Haaren und einem grimmigen Gesichtsausdruck paßt das Vorgefundene schon nicht mehr zu den programmierten Erwartungen. Ein Blick genügt, und in den meisten Fällen werden solche Begegnungen nicht einmal richtig wahrgenommen.

Wie vielen Menschen treten wir jeden Tag gegenüber, ohne hinterher nicht einmal mehr eine grobe Beschreibung ihres Äußeren abgeben zu können.

Gewiß, die Optik spielt bei der Wahl des Partners eine bedeutende Rolle, aber sie allein vermag gewöhnlich noch kein gemeinsames Glück zu begründen. Denken wir an die gleiche Herkunft, die gleiche Bildung, die gleichen materiellen Voraussetzungen, die wir bereits als Bedingungen anerkannt haben. Auch sie werden bei der Liebe auf den ersten Blick intuitiv wahrgenommen; das heißt, wir wissen bereits, daß eine Übereinstimmung vorhanden ist, noch bevor wir uns dessen mit Hilfe unseres Verstandes vergewissert haben. Wir verfügen in diesem Augenblick über eine ungewöhnliche Sensibilität, die man gemeinhin auch als den »sechsten Sinn« bezeichnen könnte. Sie reicht weit in die Parapsychologie hinein und beginnt erst in unseren Tagen das Geheimnisvolle abzuwerfen und mit den Methoden der Wissenschaft erforschbar zu werden.

Auch wenn diese Wissenschaften gerne als »Grenzwissenschaften« ein wenig herablassend bezeichnet werden, so bedienen sie sich doch in erster Linie der herkömmlichen Arbeitsweisen, beispielsweise der Schulmedizin, der Physik oder auch der Chemie. Ein einfacher Blutdruckmesser aus der Praxis des Hausarztes genügt, um die Reaktion unseres Körpers bei einer derart tief empfundenen Begegnung festzustellen: Das Herz schlägt schneller, der Blutdruck schießt in die Höhe. Auslöser dafür ist das Zwischenhirn, das in den Nebennieren eine erhöhte Produktion von Adrenalin und Neoadrenalin hervorruft. Zukker und Fett werden blitzartig freigesetzt, damit der Körper zu Höchstleistungen bereit ist. Und diese Energie ist auch nötig, denn die Nerven senden mit einer Geschwindigkeit von mehr als 430 Stundenkilometern Signale nicht nur durch unseren Körper, sondern auch weit darüber hinaus – so weit, daß sogar unser Gegenüber sie noch spüren kann. Es umgibt uns ein elektromagnetisches Spannungsfeld, das freilich nicht nur in derartigen Ausnahmesituationen verstärkt vorhanden ist, sondern Tag für Tag; es umhüllt uns wie eine zweite Haut, unsichtbar, aber dennoch wahrnehmbar.

Wenn wir sagen »nicht sichtbar«, dann müßten wir es eigentlich mit »nicht für unser menschliches Auge sichtbar« genauer beschreiben.

Und damit sind wir schon beim größten Problem aller Grenzwissenschaften angelangt, das ihnen immer wieder den Ruf der mangelnden Ernsthaftigkeit, ja sogar der Scharlatanerie zuträgt. In den meisten Büchern zum Thema Parapsychologie müssen sich die Autoren auf gezeichnete Darstellungen ihrer Forschung beschränken.

Spricht man von einem Informationsfluß von Lebewesen zu Lebewesen, der sich außerhalb der fünf Sinne bewegt, so beinhaltet die Illustration dieses Vorgangs gewöhnlich nur einen schematischen Blitz zwischen zwei Köpfen, ein Gewirr von Linien, das zwei Körper zueinander in Beziehung setzt. Bewiesen ist damit im Grunde nichts.

Die Schwierigkeit bildlicher Darstellung, auch ihre teilweise Unmöglichkeit, bedeuten indes nicht, daß dieses Phänomen der Telepathie nicht tatsächlich vorhanden wäre. Wem ist es nicht schon passiert: Sie denken gerade, diesen oder jenen anrufen zu wollen, und im selben Moment klingelt ihr Telefon, weil der Adressat des Gedankens, der ebenfalls das Gespräch mit Ihnen sucht, Ihre Nummer wählt. Oder die Mutter, die das Unglück ihres Kindes spürt, weil das Kind im selben Augenblick des Unglücks an die Mutter denkt. Die Beispiele sind vielfältig, sie sind auch belegbar.

Aber der Körper und der Geist senden nicht nur in besonderen Ausnahmefällen derartige Wellen aus, sondern rund um die Uhr. Ein Kind denkt auch zu anderen Gelegenheiten als in Notsituationen an seine Mutter. Müßte diese dann nicht ständig über das Tun und Lassen des Sprößlings Aufschluß erfahren? Wie ist beides miteinander zu vereinbaren? Wieder stoßen wir dabei auf das Bewußte und das Unbewußte im Menschen: Wir erhalten und strahlen tatsächlich unablässig elektromagnetische Signale aus, die aus unseren Gedanken und Gefühlen formuliert werden. Ebenso unbewußt, wie wir sie aussenden, werden sie auch vom Empfänger aufgenommen. Nur ein Teil von ihnen steigt ins Bewußtsein, diejenigen mit der größten Intensität, mit der stärksten Beziehung zwischen Absender und Adressat.

Einblicke in unsere tiefsten Gedanken und Gefühle

Wie der Informationsfluß von Mensch zu Mensch außerhalb der bekannten Wahrnehmung funktioniert, erforschte der amerikanische Parapsychologe Douglas Dean.

Bei telepathischen Experimenten schloß er einen sogenannten »Plethysmographen« an den Körper eines Versuchsteilnehmers, mit dessen Hilfe Veränderungen des Blutvolumens festgestellt werden können. Zu einem festgelegten Zeitpunkt mußte eine zweite Person sich auf ein Wort, einen Gegenstand oder einen Vorgang konzentrieren, der bei dem an das Gerät Angeschlossenen erfahrungsgemäß eine besondere Reaktion hervorrief. Obwohl dem Empfänger der Augenblick der Übertragung und das Reizwort selbst nicht bekannt waren, stellte das Gerät eine vom Unterbewußtsein hervorgerufene Veränderung des Blutvolumens fest.

Von der Realität unterscheidet sich dieses Spiel letztlich vor allem in der genauen Kenntnis jener Signale, die auf das Gegenüber einen bestimmten Reiz ausüben; die meisten verpuffen ganz einfach ohne jedes Ergebnis.

Im Grunde sind es doch erst die Bindungen, gleich welcher Art, die uns Aufschluß geben über solche Schlüsselworte und die von ihnen hervorgerufenen Reaktionen. Im Extremfall verleiht dieses Wissen sogar eine Form von Macht über den anderen.

Die Fähigkeit und Bereitschaft, auf dieser Schiene miteinander in Kontakt zu treten und Botschaften jenseits der fünf Sinne auszutauschen, bilden andererseits zugleich die Voraussetzungen für eine aussichtsreiche Partnerschaft. Die darin angesprochene Wechselbeziehung zwischen beiden Notwendigkeiten verdeutlichen, wie schwer ein optimales Verhältnis zu erreichen ist. Nur in der Kenntnis der Persönlichkeitsstruktur haben wir die Möglichkeit, auf den anderen einzugehen. Und die wiederum erhalten wir nur, wenn wir uns mit ihm oder ihr näher einlassen. Wir müssen also »auf der gleichen Wellenlänge liegen« wie unser Gegenüber, in einer grundsätzlichen Übereinstimmung für seine Signale empfangsbereit sein. Stimmt diese Frequenz nicht, dann ist letztlich auch alles Senden vergebens.

Auch wenn wir hie und da, selbst in diesem Buch, uns gerne auf die alten Griechen berufen, müssen wir sie also, nach allem bisher Gehörten, in einem Punkt verbessern. Es wäre demnach den vier Elementen Feuer, Wasser, Erde und Luft ein fünftes hinzuzufügen, in dem sich diese Wellen, Schwingungen und Strömungen formulieren.

Aber die moderne Naturwissenschaft hat das bereits vorweggenommen und vier Grundzustände der Materie festgelegt, den flüssigen, den festen, den gasförmigen und – ein neues Wort – das Plasma. Damit ist ein besonderes Gas gemeint, dessen Elektronen aus dem Atomverband gelöst sind; es kommt im Weltraum vor und kann bei sehr hohen Temperaturen auch im Labor erzeugt werden.

Von diesem Begriff leitete 1944 der russische Wissenschaftler die Bezeichnung »Bioplasma« her als Wort für eine in allen lebenden Organismen vorkommende, auf andere Weise nicht zu fassende Energie. Unter diesen Begriff fallen genau jene Signale, von denen zuvor die Rede war, als ihr Ausgangspunkt daher auch unsere Gefühle und Gedanken. Ganz nüchtern und prosaisch könnten wir also sagen: Was sich in unserem Kopf und in unseren Herzen abspielt, das ist nichts weiter als ein Gemisch aus Ionen, freien Elektronen und freien Protonen. Aus diesen freien, so haben Experimente ergeben, besteht nämlich das Bioplasma. Und man weiß heute auch, daß es eine sehr komplexe Organisation der Teilchen aufweist, daß verschiedene Moleküle, Gewebe oder Organismen unterschiedliche Strukturen des Bioplasmas besitzen. Es kann von äußeren Kräften beeinflußt werden, insgesamt ist es aber relativ stabil.

Die Fotografie der Lebensenergien liefert den Beweis

Bereits die Griechen vermuteten, daß es ein solches Energiefeld der Lebewesen gibt. Sie fanden dafür den Namen »Aura«, das die Ausstrahlungskraft eines Menschen bezeichnet.

Auch in den Grenzwissenschaften taucht dieser Begriff wieder auf für die Gesamtheit der freigesetzten Energien eines Körpers. Alle Energie, die wir nicht brauchen, wird in Form von Schwingungen aus unserem Biosystem ausgestoßen, plötzlich verstärkt in Ausnahmesituationen oder gleichmäßig fließend Tag für Tag. Wir verspüren bewußt oder unbewußt eine besondere Vorliebe und fühlen uns auch selbst besonders angezogen, weil wir sie zum Ausgleich unseres Energiehaushaltes benötigen.

Geht die Psychologie dabei in erster Linie von der Neigung zu bestimmten Farben aus, so läßt sich damit – jede Farbe steht ja auch für besondere Eigenschaften – doch der Bogen zu Denk- und Verhaltensweisen ebenfalls schlagen.

Ebenso wie ein Magnet durch die ausgesandten Wellen zugleich Gegenstände anzuziehen vermag, so haben auch die in der Aura gebündelten Frequenzen des Körpers Anziehungskräfte. Allerdings bewegt ein Magnet bekanntlich nur bestimmte Metalle, Plastik, Holz oder Glas bleiben unberührt liegen.

Und ebenso kommt es auch beim Menschen darauf an, die »richtige Wellenlänge« zu haben, um anzuziehen und zu bewegen.

Während aber das Verhalten verschiedener Stoffe auf einen Magneten längst bekannt ist, stellt sich da bei der Erforschung von Beziehungen verschiedener Menschen ein weitaus größeres Problem. Man kann es ja nicht einfach ausprobieren, mal diesen mit jenem zusammenstecken, mal eine andere Kombination auswählen. Selbst wenn das möglich wäre – ein Resultat ließe sich durch bloßen Augenschein wohl kaum feststellen. Wie also kann die Aura eines Menschen und ihre Auswirkungen auf andere sichtbar gemacht werden?

Einen Weg dazu zeigte bereits in der ersten Hälfte dieses Jahrhunderts der russische Elektroingenieur Semjon Devidowitsch Kirlian; er entwickelte gemeinsam mit seiner Frau ein Verfahren, mit deren Hilfe sich das Energiefeld aller Dinge, vor allem aber lebender Objekte, fotografieren läßt.

Diese nach ihrem Entdecker benannte Kirlianfotografie hat große Ähnlichkeit mit der Sonnenkorona, jenem Kranz energetischer Sprühungen, die als elektrische Entladung der Sonne immer neue Kräfte freisetzen. Sie beweist erstmals, daß Aura, Bioplasma, oder wie immer man es nennen mag, tatsächlich wahrnehmbar vorhanden ist.

Und nicht nur das: Die Kirlianfotografie ermöglicht es, das Verhältnis verschiedener Personen zueinander darzustellen. Mit dieser Forschung beschäftigt sich derzeit vor allem Dr. Erik Igenbergs, der in seinem Münchener Labor der Frage nachgeht, wie die menschliche Psyche mit physikalischen Methoden zu ergründen ist.

Aus seiner Versuchsstätte stammen die Aufnahmen von menschlichen Fingerkuppen und den dazu gehörigen Korona-Erscheinungen.

Zwei Versuchspersonen legen dabei ihre Finger nebeneinander auf eine speziell als flüssige Kathode vorbereitete Glasplatte, die in ein Hochspannungsfeld gebracht wird. Wir haben die Energiefelder unseres Körpers bereits als relativ stabil, aber den äußeren Kräften unterworfen, kennengelernt. Deshalb verändert die Strahlung die Aura auch, wenn wir in die Nähe anderer, ja ebenfalls strahlender Menschen kommen. Das gleiche geschieht auch mit den Fingerkuppen: Da die beiden Versuchspersonen gleiche Polarität in ihrem Hochspannungsfeld haben, müßten sich entsprechend dem physikalischen Gesetz von der Abstoßungskraft gleicher Pole auch ihre Koronen abstoßen und auf dem Bild als geschlossene Ringe erscheinen. Das war bei einigen Partnern so auch der Fall; bei anderen kann man zwischen den Lichtkränzen nur Glimmpunkte sehen, und überraschenderweise kommt es bei weiteren Teilnehmern auf der einander zugewandten Seite der Korona zu gar keiner Entladung.

Nähere Untersuchungen ergaben, daß diese sogenannte »Freundschaftsbrücke« bei Personen entsteht, die sich sympathisch finden. Erinnern Sie sich noch an einige Seiten zurück? Gegensätze vom Gleichen ziehen sich an, hieß es da, und mit der Kirlianfotografie ist dafür auch der wissenschaftliche Beweis zu finden. Bei absolut gleicher Strahlung würden sich auch die Menschen, wiederum wie zwei Magnete, regelrecht abstoßen. Eine Brücke bilden hingegen Signale, die zwar dieselbe Wellenlänge haben müssen, nicht aber die ganz gleiche Stärke, Häufigkeit oder Dauer.

Viele offene Fragen ranken sich noch immer um diese Erscheinung, doch für Teile der Wissenschaft zeichnet sich bereits eine Erkenntnis ganz deutlich ab: Nicht im Zellkern, nicht in den Eiweißstrukturen des Körpers allein liegt das Geheimnis allen Lebens begründet. Denn könnte man das Leben rein auf physikalisch-chemische Elemente zurückführen, aus denen der Körper aufgebaut ist – wo wäre da der Unterschied zwischen einem lebenden und einem toten Organismus?

Mit modernsten Geräten können die Energiefelder auf ein millionstel Volt genau vermessen werden. Besonders interessante Resultate erzielte dabei der amerikanische Professor Harold Saxon Burr: In dem immer noch auf die Kirlianfotografie zurückgehenden Verfahren stellte er fest, daß das Strahlenfeld eines Samenkorns beispielsweise die Form der ausgewachsenen Pflanze zeigt, ein Froschei das des Frosches. In seinem Buch »Felder des Lebens« schließt Burr daraus, daß jedes Lebewesen ein solches elektromagnetisches Feld besitzt.

In diesen unsichtbaren, aber meßbaren »Raumbildern« erhält jede einzelne Zelle ihren Platz.

Die Struktur dieser Spannungsfelder und Spannungspunkte bestimmen das Wohlbefinden des Organismus; Störungen im Ablauf ihrer Funktionen können Auslöser sein für Krankheit, Alterung und schließlich für das Sterben.

Alle Körperzellen stehen in diesem Spannungsfeld miteinander in Verbindung, stabilisieren sich, regeln die biochemischen Reaktionen und steuern das Wachstum.

Aber nicht nur die greifbare Materie besitzt nach Auffassung des Schweizer Psychiaters Hans Naegele-Osjord eine solche Grundstruktur, sondern auch in den geistigen, feinstofflichen Elementen gibt es sie. Es gibt demnach ein feinstoffliches Urmodell, das sich im schöpferischen Prozeß mit Materie anreichert und so dem Auge sichtbar wird.

Aber zurück zu dem eigentlichen Anliegen, der Beurteilung von Partnerschaften.

Was wir heute wissen, hilft uns, die Bedeutung der Aura, des Bioplasma, des Feinstoffkörpers, oder welches Wort dafür auch immer gewählt wird, richtig zu erfassen. Die technischen Möglichkeiten, diese Spannungsfelder sichtbar zu machen, sind ein wichtiges Glied in der Beweiskette der Biorhythmik, die, wie die Erforschung des Feinstoffkörpers, noch am Anfang steht.

Bei den Vorführungen im Labor des Dr. Igenberg zeigte sich, daß Anziehung und Abstoßung der Energien in enger Verbindung stehen mit der Übereinstimmung der biorhythmischen Wellen zweier Personen. Lagen die Partner weitgehend auf einer Wellenlänge, bildete sich eine Freundschaftsbrücke, dann wiesen die geistigen und körperlichen Rhythmen eine hohe Übereinstimmung auf; stießen sich die beiden Koronen ab, dann war die Partnerschaft auch aufgrund biorhythmischer Berechnungen ohne allzu große Anziehungs- und Bindungskraft und mit einem Mangel an gegenseitiger Sympathie behaftet.

III.
Die biorhythmische Partneranalyse

Die Entdeckung der Biorhythmen und ihre Bedeutung für das Zusammenleben

Nach den bisherigen Darlegungen geht es uns um das Hauptthema dieses Buches. Dabei bedarf es wohl zunächst einer Klärung des Wortes und Begriffes »Biorhythmus«.

Im allgemeinen versteht man unter »Biorhythmus« zeitlich gegliederte Zustandsschwankungen von Lebensvorgängen, die mit einer bestimmten Regelmäßigkeit ablaufen.

Dem besonderen Sinngehalt des Wortes nähern wir uns, wenn wir es in seine Bestandteile »biologischer Rhythmus« zerlegen. Mit »bios« bezeichneten die alten Griechen die belebte Welt, das Leben schlechthin, deshalb wird heute als »Biologie« die Lehre von der Natur und den Gesetzmäßigkeiten im Ablauf des Lebens verstanden, während der Begriff »Rhythmus«, abgeleitet vom griechischen »rheo«, die periodische Wiederkehr annähernd gleichartiger Ereignisse in fließend ineinander übergehenden Zuständen kennzeichnet.

Wir sprechen also von »Rhythmen«, wenn wir eine Ordnung von einander ähnelnden Folgen bestimmter Vorgänge in etwa gleichbleibenden Zeitabständen meinen, und unterscheiden davon den Begriff »Takt«, bei dem das maschinenhaft exakte Wiederkehren gleicher Zustände in gleichbleibenden Abständen das typische Wesensmerkmal ist. So ist zum Beispiel ein Musikstück im ¼-Takt gesetzt oder ein Motor läuft als Zweitakt-Maschine, während die vier Jahreszeiten einander rhythmisch folgen; auch Ebbe und Flut ist ein Vorgang, dessen

Rhythmus prägend auf die Natur an den Küsten der Weltmeere wirkt.

In derartig rhythmischen Formen laufen weit mehr Ereignisse ab als früher auch nur geahnt wurde, und man muß heute davon ausgehen, daß alles Lebendige rhythmischen Gesetzmäßigkeiten unterliegt.

Bekannte Beispiele für dies Geschehen sind der Wechsel von Tag und Nacht, das Wachsen, Blühen, Ernten und Vergehen der Pflanzen, die Fruchtbarkeitsperioden der Tiere und Menschen und das Werden und Verglühen der Materie im Makrokosmos.

Heute versteht man weltweit unter Biorhythmus eine Folge von Langzeitperioden, die das Auf und Ab unserer körperlichen Energien, unserer Stimmungen und Gefühlsäußerungen sowie unserer geistigen Kräfte maßgeblich beeinflussen und mithin verantwortlich sind für die Fähigkeiten, mit denen wir unsere täglichen Aufgaben erledigen.

Dabei müssen vier Perioden unterschiedlicher Länge als existent angesehen werden, jede dieser vier Schwingungen beginnt ihren Lauf im Zeitpunkt der Geburt eines Menschen und läßt sich das ganze Leben hindurch weiterverfolgen.

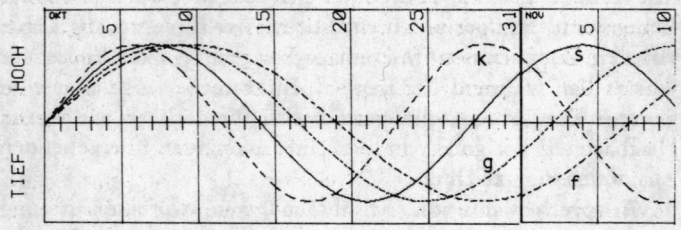

Zeichenerklärung: k = körperlicher Rhythmus
s = seelischer Rhythmus
g = geistiger Rhythmus
f = feinsinniger Rhythmus

Im einzelnen lassen sich die biorhythmischen Zustandsänderungen zuordnen:

bei dem 23-Tage-Rhythmus
dem physischen Bereich, das heißt den körperlichen Aktivitäten, der Lebenskraft und den grobsinnigen Empfindungen;

bei dem 28-Tage-Rhythmus
dem psychischen Bereich, das heißt den Geschehnissen im Bereich der Emotionen, dem Lebensgefühl und den Reaktionen im Seelischen;

bei dem 33-Tage-Rhythmus
dem mentalen oder intellektuellen Bereich, der Gedankenwelt und der Denkarbeit;

bei dem 38-Tage-Rhythmus
der Intuition, der feinsinnigen Wahrnehmung und der unmittelbaren Erkenntnis.

Mit dem Ausdruck »Biorhythmus« wird, so können wir zusammenfassend folgern, ein Vorgang bezeichnet, dessen Auswirkung wir in dem periodischen Lauf unserer inneren Langzeituhr erleben. Zugleich beeinflußt dieses Steuerungssystem unser Verhalten den Mitmenschen gegenüber, es regelt nicht nur unser eigenes Empfinden, sondern ist auch für die Gefühle verantwortlich, die wir anderen Menschen entgegenbringen.

Obwohl die Erfahrungswissenschaft der Biorhythmik noch verhältnismäßig jung ist, hat sie doch eine lange Vorgeschichte. Aus den Schriften der Babylonier, Ägypter und Griechen wissen wir, daß die Kunde von periodisch wiederkehrenden Ereignissen in der Natur und beim Menschen uralt ist.

Seit eh und je wurden die zyklischen Vorgänge beobachtet, die im menschlichen Leben eine so große Rolle spielen. So wies beispielsweise der griechische Arzt und »Vater der Heilkunde« Hippokrates seine Schüler auf rhythmische Abläufe im menschlichen Körper hin und lehrte sie, bei Gesunden wie bei Kranken auf »gute« und »schlechte« Tage besonders zu achten.

Aus den überlieferten Aufzeichnungen und der einschlägigen Literatur müssen wir dann allerdings entnehmen, daß es während einer langen Zeit keinerlei Fortschritte auf dem Gebiet der Periodenforschung zu verzeichnen gab; im Gegenteil, es wurde dies interessante Wissensgebiet anscheinend völlig vernachlässigt, und es geriet in Vergessenheit.

Erst um die Wende zum 20. Jahrhundert stießen zwei durch ihre wissenschaftlichen Arbeiten über langfristig verlaufende Vorgänge im menschlichen Körper bekanntgewordene Forscher auf neue Erkenntnisse, die dazu führten, daß den rhythmischen Schwingungen in der belebten Natur wieder mehr Aufmerksamkeit zuteil wurde.

Unabhängig voneinander und fast gleichzeitig entwickelten der Berliner Sanitätsrat Dr. Wilhelm Fließ (1858–1928) und der Wiener Psychologie-Professor Dr. Hermann Swoboda (1873–1963) neuartige Theorien, die in wenigen Jahren zu einer Periodenlehre führten, die heute als Standardmeinung angesehen werden kann.

Fließ wie auch Swoboda entdeckten die Langzeitrhythmen von 23 und 28 Tagen Dauer und beschrieben erstmalig die Auswirkungen dieser Rhythmen; nach ihnen war es vor allem Friedrich Teltscher (1885–1945), der die Veröffentlichungen ergänzend untersuchte und dabei einen weiteren Rhythmus, den von 33 Tagen Dauer, entdeckte und beschrieb.

Bereits im 3. Jahrzehnt unseres Jahrhunderts wurde dann auch der Einfluß der Rhythmen auf das partnerschaftliche Verhalten von Menschen näher untersucht.

Es tauchte um diese Zeit der Name »Rhythmenverwandtschaft« erstmalig auf, und wir finden Veröffentlichungen namhafter Wissenschaftler, die auf die Beachtung der Rhythmen bei der Eheberatung, Geschlechtsbestimmung und Kindererziehung hinweisen.

So schrieb zum Beispiel Hans Waldeck in der Schrift »Dein Bluttakt ist Dein Schicksal«:

»Die Grundlage für ein Harmonieren der Charaktere in der Ehe und für die Zeugung gesunder, begabter Kinder ist die Rhythmenverwandtschaft, wie diese Verwandtschaft der Rhythmen auch die Basis der Harmonie bei Freundschaften, Sportgemeinschaften und geschäftlicher Sozietät ist.«

Im Jahre 1939 erarbeitete der Züricher Diplom-Ingenieur Hans Schwing die wissenschaftliche Grundlage für die Berechnung und Interpretation der Rhythmenverwandtschaft.

In seiner Abhandlung schrieb Schwing zu diesem Thema:

»Wenn die Geburt eines Kindes an einem körperlich periodischen Tag der Mutter erfolgt, wie dies nach den Beobachtungen von Fließ in vielen Fällen eintritt, ohne daß dieses Zusammentreffen jedoch als allgemeine Regel aufgefaßt werden könnte, wird der betreffende Rhythmus in zeitlicher Übereinstimmung von beiden Individuen fortgesetzt, das heißt, die Plus- und Minusphasen, ihre Maxima und Nullwerte treten stets zur gleichen Zeit ein, da der ganze Verlauf sich in paralleler Form vollzieht. Angeregt durch die auffallende Ähnlichkeit in den Schwankungen des körperlichen Befindens wie auch der psychischen Korrelate des betreffenden Rhythmus bei derart verwandten Personen dehnte sich die Forschung aus auf die Erkenntnis der Beziehungen aller vorkommenden Verkettungen der biorhythmischen Elemente.

Es geht daraus hervor, daß enge Rhythmengemeinschaft nicht notwendigerweise an Blutsverwandtschaft gebunden ist, obwohl sie dort bei gleichzeitiger Vererbung typischer Anlagen und Eigenschaften besonders deutlich zur Auswirkung gelangen kann, sondern daß sie ganz allgemein die Folge einer möglichst kleinen Phasenverschiebung der korrespondierenden Rhythmen beliebiger Individuen ist.

Die Frage der Rhythmenverwandtschaft reduziert sich demnach auf die Bestimmung der zeitlichen Differenz im Ablauf der gleichnamigen Kurven.«

Damit wird zum Ausdruck gebracht, daß die Anwendung der Biorhythmik nicht nur im persönlichen Bereich, zum Beispiel zur Erhaltung der Gesundheit, zur inneren und äußeren Heilbehandlung, zur Leistungssteigerung, Unfallverhütung usw. zu dienen vermag, sondern daß sie auch als Wertungssystem für den Bereich zwischenmenschlicher Beziehungen herangezogen werden kann.

Die biorhythmische Partneranalyse verrät nicht nur das Geheimnis, wer zu wem paßt, sie gibt auch Hinweise auf eventuelle Störquellen und Spannungszustände. Dadurch macht sie es möglich, die Chancen für eine dauerhafte Verbindung abzuwägen und kann auch die Erklärung für plötzlich auftretende Disharmonien und krisenhafte Animositäten liefern.

Mittels Rhythmenvergleich kann nicht nur die Verträglichkeit zweier Menschen beurteilt werden; es können auch ganze Gruppen und Mannschaften so zusammengestellt werden, daß eine ersprießliche Teamarbeit erwartet werden kann.

Wie bei vielen großen Entdeckungen dauerte es Jahrzehnte, bis die neue Lehre in das Allgemeinbewußtsein der Menschen eingedrungen war. Die große Zahl von Anhängern der Biorhythmik, die heutzutage, vor allem in den USA, in Japan und zunehmend auch in der Bundesrepublik registriert werden kann, beruht nicht zuletzt auch darauf, daß neuzeitliche Hilfsmittel, wie die der elektronischen Datenerfassung und -verarbeitung, ein schnelles und korrektes Berechnen der Zusammenhänge wie auch der statistischen Erfahrungswerte gestatten.

Die Berechnung und Deutung der Partneranalyse

Die Berechnung der Rhythmenübereinstimmung zweier Menschen läßt im Ergebnis eine allgemeine Aussage über die von den Biorhythmen geprägte Struktur einer partnerschaftlichen Beziehung zu. Sie liefert damit die Grundlage für deren Beurteilung und für das Erkennen und die Lösung von Partnerproblemen.

Da das die Prozentwerte bestimmende Auf und Ab der Energieschwingungen alle Menschen in gleicher Weise erfaßt, berücksichtigen die reinen Zahlen noch nicht das Spezielle, Einmalige der einzelnen Individuen. Sie müssen deshalb noch »entschlüsselt«, auf die jeweilige Person bezogen werden.

Über die charakterliche Veranlagung der Menschen, deren Beziehung zueinander hier in Rede steht, über ihre Anlagen, Gewohnheiten, Denkweisen, gesundheitliche Konstitution, soziale Haltungen wie auch über die Umwelteinflüsse sagen die errechneten Zahlen nichts aus. Diese Punkte können nur aus gründlicher Kenntnis der Szene mit in Betracht gezogen werden.

Zu bedenken ist ferner, daß sich jeder Mensch im Laufe seines Lebens weiterentwickelt und daß auch jede Beziehung zweier Menschen zueinander Entwicklungsstufen durchläuft. Ein stürmischer Liebhaber wird in seiner Jugendzeit anders reagieren als beispielsweise ein gereifter Witwer am Ende seines Lebens.

Jeder Mensch ist also in seinen Beziehungen schon aufgrund seines Alters von anderen Motiven und anderen Bedürfnissen geleitet. Es leuchtet ein, daß vieles, was in der biorhythmischen Analyse durch Prozentverhältnisse anscheinend ganz exakt geklärt ist, im Laufe der Jahre eine andere Gewichtung erfährt. Das mag den Eindruck von Ungenauigkeit erwecken, ist aber das getreue Spiegelbild der Vielschichtigkeit des Lebens und trübt nicht das Bild von der Verläßlichkeit der Biorhythmik.

In jeder Beziehung wirken gleichartige, gegensätzliche und einander ergänzende Empfindungen, Verhaltensweisen und Beeinflussungen zusammen; dies kann – muß jedoch nicht – zu Spannungen und Störungen führen, denn je nach Veranlagung werden die Partner die Wechselwirkungen als aufregend, anregend oder ermüdend empfinden. Es kommt dann auf eine der Situation entsprechende Bereitschaft zur Anpassung an, ob unterschiedliche Ansichten und Reaktionen eine ausgeglichene Dauerbeziehung zulassen. Fehlt die für jede Verbindung erforderliche Toleranz und Rücksicht, dann kann auch eine hohe biorhythmische Übereinstimmungsquote verhältnismäßig wenig ausrichten.

Schicksalsbezogene Vorhersagen lassen sich mit Hilfe einer biorhythmischen Partneranalyse nicht aufstellen, aber die allgemeine Erfahrung lehrt, daß für das Leben eines jeden Menschen die Qualität seiner menschlichen Bindungen von ausschlaggebender Bedeutung ist.

Der amerikanische Bestseller-Autor Napoleon Hill berichtet in seinem Buch »Think and grow rich« – Denke nach und werde reich –, daß er einige tausend Fälle von Personen analysiert hat, die im Leben Schiffbruch erlitten haben. Dabei hat er die Gründe untersucht und kategorisiert, die seiner Meinung nach für das Scheitern maßgebend waren.

Neben so allgemein einleuchtenden Punkten wie mangelnde Gesundheit, ungenügende Ausbildung, fehlende Durchsetzungskraft, negatives Persönlichkeitsbild, erwähnte er auch Fehler in der Wahl des Partners als Hauptgrund für Mißerfolge im Leben. Er behauptet, daß vor allem das enge, den ganzen Menschen erfassende Wir in einer Ehe auf Harmonie aufgebaut sein muß, wenn diese nicht scheitern soll.

Aber auch im Berufsleben führt nach den Untersuchungen von Hill eine falsche Partnerwahl zu Störungen und Unzulänglichkeiten. Er nennt als einen der Hauptgründe für geschäftliche Mißerfolge das Zusammensein mit unpassenden Partnern und rät deshalb, Mitarbeiter mit großer Sorgfalt auszusuchen.

All diese Einsichten mögen sich wie Binsenweisheiten anhören, aber die tägliche Erfahrung zeigt doch, wie wenig derartige Ratschläge in der Praxis angenommen werden. Daher dürfte es zweckmäßiger sein, in einem Team die Rhythmenverwandtschaft im voraus zu kennen und dies Wissen zur Vervollkommnung der Beziehungen einzusetzen, um später keinen Reinfall zu erleben.

Der Psychologieprofessor Harold R. Willis, Direktor der *Biorhythm Clinic*, Joplin, Missouri, ist davon überzeugt, daß sich durch biorhythmische Partnerschaftsanalysen und deren Anwendung familiäre Spannungen verhindern lassen. Zwar ist nach seiner Ansicht weder ein hoher Übereinstimmungsgrad der Biorhythmen eine narrensichere Garantie für ein ständiges Funktionieren einer Beziehung, wie andererseits bei einer mäßigen Rhythmenverwandtschaft nicht unbedingt ein Scheitern oder Versagen vorprogrammiert ist. Doch eröffnet die Kenntnis von einer geringen Übereinstimmung die Möglichkeit, Schwachstellen rechtzeitig zu erkennen und bewußt zu eliminieren. Deshalb hält Willis die biorhythmische Partneranalyse besonders für Eheberater für sehr nützlich. Dem Vorschlag Willis' folgend könnte man die Biorhythmik sogar als »zweckmäßigen Sündenbock« nutzen, damit es bei Meinungsverschiedenheiten nicht immer zu gegenseitigen Schuldzuweisungen kommt. Sobald die Partner eingesehen haben, wo die Ursachen ihrer Disharmonien liegen, werden sie auch Möglichkeiten finden, mit ihren ganz speziellen Problemen fertig zu werden.

Willis befürwortet eine Vorausberechnung der Rhythmenabläufe der einzelnen Partner, damit kritische Phasen und schwache Tage durch entsprechende Nachsicht und Verständnis entschärft werden können. Andererseits besteht auch dann die Möglichkeit, an voraussichtlich friedlichen (harmonisch verlaufenden) Tagen gemeinsam das Beste aus einer Partnerschaft herauszuholen.

Obwohl die biorhythmische Partneranalyse nur eine der Möglichkeiten darstellt, familiäre Spannungen abzubauen, empfiehlt Willis sie jeder einsichtsfähigen Person zur Verbesserung zwischenmenschlicher Beziehungen.

Zu den überzeugten Verfechtern der Ansicht, daß Partneranalyse nützlich ist, gehört auch Professor Kichinosuke Tatai, Universität Tokyo, Experte für psychosomatische Medizin und menschliche Verhaltenswissenschaft. Seiner Meinung nach führt die Anwendung der Lehren von der Biorhythmik in der Wirtschaft zu Verbesserungen in der Zusammenarbeit. Obwohl die japanischen Geschäftsmethoden wesentlich von denen abweichen, die im europäischen Westen praktiziert werden, muß davon ausgegangen werden, daß die Zusammenstellung von

Arbeitsgruppen nach den Gesichtspunkten biorhythmischer Verträglichkeit zu deutlichen Leistungssteigerungen beitragen kann. Nach Tatai kann die Kenntnis der eigenen Biorhythmen nicht nur dem einzelnen Individuum helfen, sondern es kann sogar die Effizienz ganzer Firmen verbessert werden. So berichtet er beispielsweise von Fällen, in denen die Leiter von Personalabteilungen darauf achten, daß innerhalb einer Gruppe nur Personen zusammenarbeiten, die sich auch aus biorhythmischer Sicht vertragen.

Fassen wir zusammen: Wer sein Leben privat oder beruflich erfolgreich gestalten will, sollte ganz bewußt die Regeln der richtigen Partnerwahl anwenden. Wer dagegen auf die daraus erwachsenden Vorteile verzichtet, wird sich vor Schwierigkeiten gestellt sehen, die verhütet werden könnten.

Es lohnt sich also – auch für Sie – im nächsten Kapitel mehr über die Deutung der biorhythmischen Übereinstimmung zu lesen.

Wie man in zwei Minuten die Rhythmenübereinstimmung berechnet

Bitte hören Sie hier nicht auf zu lesen, weil Sie etwas über Rechnen lesen. Die Ermittlung der Übereinstimmung biologischer Rhythmen in Prozenten ist unkompliziert und anhand von Tabellen leicht durchzuführen; dabei beschränkt sich der eigentliche Rechenvorgang auf das Subtrahieren ganzer Zahlen, was wohl von jedermann ohne Schwierigkeiten bewerkstelligt werden kann.

Man beginnt mit der Ermittlung von vier Kennzahlen, die sich aus dem Geburtstag eines der Partner ergeben. Diese Kennzahlen finden Sie für jeden Geburtstag vom Jahre 1890 bis zum Jahre 1990 in der großen Tabelle. Sodann müssen die Kennzahlen für den Geburtstag des anderen Partners herausgelesen werden.

Wenn man nun die Kennzahlen des einen Partners von denen des anderen Partners abzieht, hat man bereits den Unterschied der Rhythmen, ausgedrückt in Tagen; und die Prozentwerte der jeweiligen Übereinstimmung lassen sich daraus leicht ermitteln, indem man die Tabelle am Ende dieses Buches zu Hilfe nimmt.

Wenn Sie die nachstehenden Beispiele nachgerechnet und gedanklich verarbeitet haben, werden Sie künftig mühelos jede gewünschte Partneranalyse vornehmen können. Verfahren Sie dazu am besten so, wie nachfolgend beschrieben:

Schreiben Sie die Geburtstage der beiden Partner, deren Rhythmen Sie untersuchen wollen, untereinander auf. Dann suchen Sie in der entsprechenden Spalte der Tabelle A die zugehörigen Kennzahlen heraus und notieren diese neben den Geburtstagen. Jedem Rhythmus entspricht eine ein- oder zweistellige Zahl, man notiert sie am besten in der Reihenfolge – körperlich – seelisch – geistig – feinsinnig –. Die gewählte Reihenfolge darf natürlich in einem Rechengang nicht geändert werden. Jetzt kommt die erwähnte Rechnung, die darin besteht, daß die jeweils kleinere Zahl eines Rhythmus von der größeren subtrahiert wird. Ob diese größere oben oder unten steht, ist unwichtig; es geht hier nur um die Differenz der beiden Zahlen. Denn wir wollen ja den Unterschied der Rhythmen ermitteln.

Die so erhaltenen Zahlen müssen nun noch in Prozentwerte umgewandelt werden. Dazu benützt man die Tabelle B am Ende des Buches.

Jeder Tag Differenz beim unterschiedlichen Ablauf der jeweiligen Biorhythmen zweier Personen entspricht

dem körperlichen Rhythmus (k) = 8,7%
dem seelischen Rhythmus (s)   = 7,1%
dem geistigen Rhythmus (g)   = 6,0%
dem feinsinnigen Rhythmus (f) = 5,3%

Die tabellarische Übersicht (Tabelle B) ist durch diese (aufgerundeten) Prozentzahlen entstanden.

Ergeben sich bei der Gegenüberstellung der Kennzahlen keine

Differenzen, stehen also zwei gleiche Zahlen untereinander und ist das Ergebnis der Subtraktion Null, dann haben wir es mit einem gleichlaufenden Biorhythmus zu tun, das heißt, die betreffenden Rhythmen der untersuchten Personen sind hundertprozentig phasengleich, sie »laufen zeitgleich«.

Für den körperlichen Rhythmus ist dies immer dann der Fall, wenn zwei Menschen am selben Tage geboren sind oder wenn ihre Geburtstage einen Abstand von 23 Tagen oder ein Vielfaches davon haben. Für die anderen Rhythmen gilt entsprechendes.

Sind beispielsweise beide Partner in einem Abstand von 644 Tagen oder einem Vielfachen davon geboren, dann verlaufen die körperlichen und seelischen Biorhythmen lebenslang deckungsgleich, es besteht mithin für diese beiden Rhythmen hundertprozentige Übereinstimmung. Alle drei Rhythmen (körperlich, seelisch, geistig) sind im Gleichlauf, wenn der Abstand der Geburt 21252 Tage ($23 \times 28 \times 33$) beträgt, das entspricht 58 Jahren und 89 Tagen. Eine hundertprozentige Übereinstimmung aller vier Rhythmen gibt es nur im Fall gleichzeitiger Geburt, da ein Lebensalter von $23 \times 28 \times 33 \times 38 = 807576$ Tagen (etwa 2200 Jahre) von keinem Sterblichen erreicht werden kann.

Die Übereinstimmung eines Rhythmus von Null Prozent ergibt sich, wenn der Abstand der Geburten zweier Menschen gleich einer halben oder anderthalbfachen Rhythmenlage (oder Vielfachen dieses Abstandes) ist; wir sprechen dann von Rhythmenfremdheit, da die beiden Kurven zeigen, daß der eine Mensch gerade dann in einer Hochphase lebt, wenn der andere in der Tiefphase ist.

Beispiel Nr. 1

	Geburtstag	Kennzahlen		
		k	s	g	f
Fürst Joseph II. von Liechtenstein	16. 08. 1906	19	1	10	29
Fürstin Gina von Liechtenstein	24. 10. 1921	14	25	6	29
Differenz der Biorhythmen in Tagen, umgerechnet in %		5	24	4	0
		57%	71%	76%	100%

Zur Demonstration folgt jeweils ein Rhythmoskop für den Monat Oktober 1989, in dem am 16. 10. Fürstin Gina verstarb, der Fürst ins Koma fiel, um ihr 28 Tage später im Tode zu folgen.

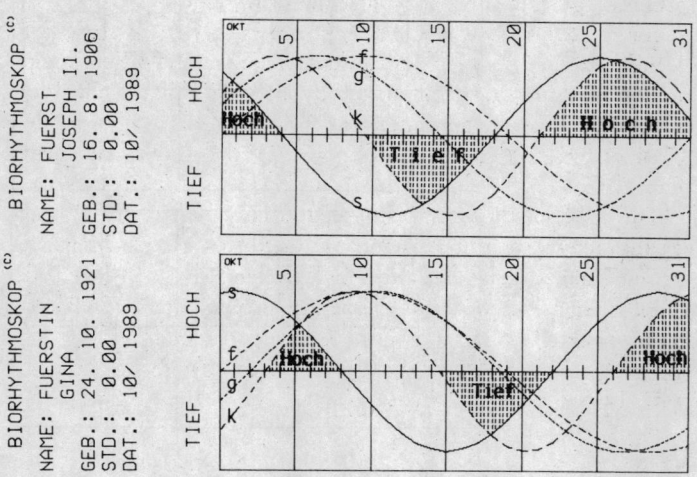

Zeichenerklärung: k = körperliches Befinden
s = seelische Verfassung
g = geistige Kräfte
f = feinsinnige Wahrnehmung

185

Beispiel Nr. 2

	Geburtstag	Kennzahlen			
		k	s	g	f
Helmut Kohl	03. 04. 1930	13	22	25	24
Oskar Lafontaine	16. 09. 1943	21	8	28	12
Differenz der Biorhythmen		8	14	3	12
in Tagen, umgerechnet in %		30%	0%	79%	37%

Zur Demonstration der meist gegenläufigen Biorhythmen folgt für den Monat Dezember 1990 (Bundestagswahl war am 2. 12. 90) jeweils ein Rhythmoskop für die Spitzenkandidaten Kohl und Lafontaine.

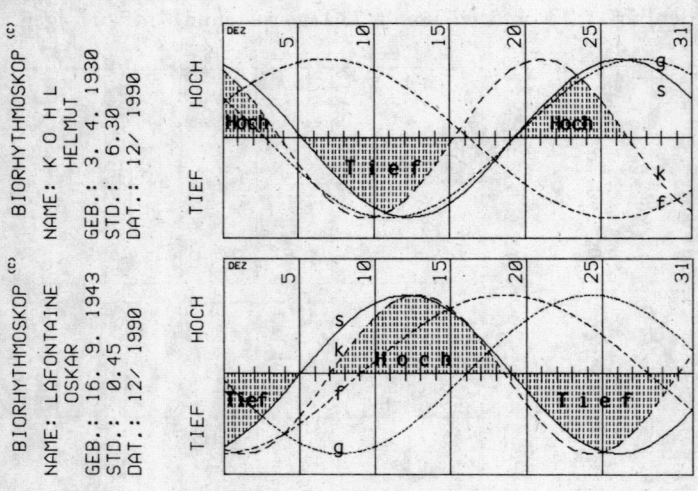

Zeichenerklärung: k = körperliches Befinden
s = seelische Verfassung
g = geistige Kräfte
f = feinsinnige Wahrnehmung

Umrechnungtabelle für die Rhythmenübereinstimmung

Abstand in Tagen	Körper-Rhythmus (k) Unterschied in Prozent	Seelen-Rhythmus (s) Unterschied in Prozent	Geistes-Rhythmus (g) Unterschied in Prozent	Intuitions-Rhythmus (f) Unterschied in Prozent
0	100	100	100	100
1	91	93	94	95
2	83	86	88	89
3	74	79	82	84
4	65	71	76	79
5	57	64	70	74
6	48	57	64	68
7	39	50	58	63
8	30	43	52	58
9	22	36	46	53
10	13	29	39	47
11	4	21	33	42
12	4	14	27	37
13	13	7	21	32
14	22	0	15	26
15	30	7	9	21
16	39	14	3	16
17	48	21	3	11
18	57	29	9	5
19	65	36	15	0
20	74	43	21	5
21	83	50	27	11
22	91	57	33	16
23	100	64	39	21
24		71	46	26
25		79	52	32
26		86	58	37
27		93	64	42
28		100	70	47
29			76	53
30			82	58
31			88	63
32			94	68
33			100	74
34				79
35				84
36				89
37				95
38				100

Erläuterung und Wertung der Einzelergebnisse

Der 23-Tage-Rhythmus

Allgemeine Benennung: Körperrhythmus = k
11½ Tage Hochlage
11½ Tage Tieflage

Der Rhythmus steuert die Leistungsbereitschaft, Antriebskraft, Belastbarkeit und Ausdauer, das Temperament und Energieverhalten sowie den Tatendrang; er beeinflußt die körperliche Kondition und Vitalität, steuert das Sexualverhalten und die Triebstruktur und wirkt sich im Bewegungsdrang und bei sportlichen Betätigungen aus.

Übereinstimmung 4% – ungewöhnliche Anziehung
Diese weitgehende Gegenläufigkeit (fast völlige Phasenverschiebung) der Biorhythmen muß als ein Sonderfall betrachtet werden: hier kann je nach Persönlichkeit der Partner die Beziehung sowohl positiv als auch negativ beeinflussen. Allgemein ist damit zu rechnen, daß die Auswirkung der Rhythmen auf die Partnerbeziehung ziemlich groß ist, oft wird eine intensive Anziehung mit starker erotischer Komponente zu beachten sein (Gegensätze ziehen sich an).

Auf Dauer kann sich Abkühlung einstellen, wenn die auf dem Rhythmenverhältnis beruhenden Spannungen zur Ermüdung führen. Dann sammeln sich Konfliktsituationen an und in Ausnahmefällen schlägt die ursprüngliche Liebe in Gleichgültigkeit, Abneigung, mitunter sogar Haß um. Möglicherweise bringen körperliche Intimitäten auf Dauer mehr Frust als Lust.

Zusammengefaßt kann gelten, daß es harmonischere Partnerschaften gibt als solche, die auf großen Gegensätzen beruhen.

Übereinstimmung 4% – 22% – schwache Anziehung
Bei diesen geringen Gleichlaufwerten der Rhythmen stellen sich Abneigungen ein, die sich in Gleichgültigkeit, Zurückhal-

tung und vorsichtigem Handeln ausdrücken. In vielen Fällen lassen die hemmenden Einflüsse eine ernsthafte Partnerschaft gar nicht erst aufkommen.

Körperliche Anziehung ist hier eher die Ausnahme als die Regel; die starken polaren Gegensätze müssen bewußt abgebaut, die Schwächen des Partners deutlich ertragen werden.

Eine gewisse Lustlosigkeit hemmt das erotische Verlangen, und es besteht die Gefahr, daß das sexuelle Zusammensein zu einer wenig glückbringenden Pflichtübung entartet. Bei unterschiedlichen Temperamenten und Lebensweisen der Partner verlangt diese geringe Übereinstimmung ein hohes Maß an Anpassungsbereitschaft.

Übereinstimmung 22% – 39% – mäßige Anziehung
Dies Ausmaß an Übereinstimmung der Rhythmen im körperlichen Bereich übt meist dämpfende Wirkung auf die erotischen Gefühle und das sexuelle Verhalten der Partner aus, so daß Augenblicke der Lustlosigkeit fast unvermeidlich sind. Das Motto dieser Beziehung könnte daher lauten: Mehr Triebe als Liebe.

Die zeitlichen Unterschiede bei den Antriebskräften können sich im Auseinanderklaffen der Aktivitätsbereitschaft (Morgenmensch kontra Abendmensch) bemerkbar machen; oft sind große Differenzen hinsichtlich der Neigung zu körperlichen Tätigkeiten, z. B. beim Sport, zu beobachten.

Der Wunsch nach gemeinsamem Tun hält sich in engen Grenzen.

Übereinstimmung 39% – 65% – ausgeglichene Anziehung
Bei diesen Prozentzahlen besteht annähernd Gleichgewicht zwischen den Zeiten der Phasengleichheit und -differenz der Rhythmenkurven. Gleichzeitigkeit und Unterschiede der Körperschwingungen sind in einem ausgewogenen Verhältnis anzutreffen.

Die Partner kommen im allgemeinen gut miteinander aus und registrieren angenehme, von gegenseitigem Wohlwollen geprägte Beziehungen zueinander. Größere Komplikationen lassen sich vermeiden. Zwar wird in den Bereichen der Erotik und Sexualität eine besonders starke Faszination ausbleiben, doch sorgen zahlreiche Gemeinsamkeiten und Zuneigungen für Bereicherung und Vertiefung der Bindungen.

Übereinstimmung 65% – 91% – große Anziehung
Der hohe Prozentsatz zeitgleicher Schwingungen übt eine starke Anziehungskraft aus und sorgt für ein ausgeprägtes Zusammengehörigkeitsgefühl.

Im Hinblick auf gemeinsame körperliche Aktivitäten, z. B. bei der Arbeit oder beim Sport, stellt sich die Leistungsbereitschaft überwiegend zur gleichen Zeit ein, so daß das Zusammenleben unproblematischer wird. So entsteht die Grundlage für gemeinsames Wirken und vereinten Einsatz der Energien, deren gemeinsame Schubkraft zu guten Erfolgen führt.

Die Partner vertragen sich und vertrauen einander, so daß stabile Freundschaften und anhaltende Liebesbeziehungen zu erwarten sind.

Übereinstimmung 91% – 100% – überragende Anziehung
Bei dieser optimalen Verkettung der Rhythmen werden verborgene Reize und Körpersignale oft spontan wahrgenommen und entschlüsselt. Meist entstehen Gefühle der Sympathie, es stellt sich die »Liebe auf den ersten Blick« ein. Die Partner sind oft kaum in der Lage, die Gewalt der Anziehung und Bindung zu kontrollieren.

Die körperliche Zuwendung spielt eine dominierende Rolle; vor allem im Moment der Vereinigung und des Zusammenseins werden Höchstwerte der Harmonie und des Glücksempfindens erreicht.

Die Partner sind einander sehr zugetan; sie übersehen und ignorieren störende Umstände, negative Einflüsse und Mängel, die in anderen Fällen ernstgenommen werden. Es schlagen gewissermaßen zwei Herzen im gleichen Takt und lassen den Wunsch nach Ehe und Vereinigung mächtig werden. Trotz der starken Anziehungskraft können auch negative Faktoren Geltung erlangen. Kritisch wird es, wenn die persönliche Entfaltung eines Partners durch den Besitzanspruch des anderen eingeengt wird, wenn er seiner Freiheit verlustig geht.

Der 28-Tage-Rhythmus

Allgemeine Benennung: Seelenrhythmus = s
14 Tage Hochlage
14 Tage Tieflage
Zeugungswunsch: weiblich
  Der Rhythmus steuert das Gemüts- und Gefühlsleben, er beeinflußt die Lebensfreude und die Kraft seelischer Empfindungen, die Leidensfähigkeit, den Opfermut und die passiven Energien des Ertragens und Erduldens. In ihm werden Affekte reguliert, Moralvorstellungen gelenkt, Geselligkeit und freundliches Wesen entwickelt.

Übereinstimmung 0%–7% – ungewöhnliche Anziehung
Diese Situation der beiden Rhythmenverläufe kann zu außergewöhnlichen Verbindungen führen, die durch ein ständiges Auf und Ab, einen permanenten Wechsel von Spannung und Entspannung, gekennzeichnet sind. Die Gegenläufigkeit der Empfindungen hat starke Reize im Augenblick erster Begegnungen zur Folge, doch sind überwiegend die Fälle zu beobachten, bei denen mit der Zeit die Bindungskräfte nachlassen. Die Konstellation der Rhythmenkurven steht unter der Devise des »Entweder alles oder nichts!«

Übereinstimmung 7%–21% – schwache Anziehung
Diese relativ schwache Affinität bedarf einer hohen Anpassungsbereitschaft beider Partner. In vielen Fällen muß mit einem Wechselbad der Gefühle gerechnet werden, weshalb bei einer derartigen Verbindung entsprechende Vorbehalte angebracht sind. Toleranz und Flexibilität bei Stimmungsschwankungen

sind unbedingt erforderlich, wenn langsame Entfremdung vermieden werden soll.

Möglich erscheint, daß sich seelische Grausamkeiten einstellen; auch sind Fälle außergewöhnlicher Bejahung des Partners bekannt geworden.

Übereinstimmung 21% – 36% – mäßige Anziehung
Bei dieser mäßigen Übereinstimmung der Emotionen kann es zu Verstimmungen im Gefühlsbereich kommen. Die Partner werden sich auf Dauer nur verstehen, wenn engere Beziehungen aufgrund hoher Übereinkünfte auf anderen Ebenen existieren.

Im Gefühlsleben stellt sich oft mangelndes Verständnis füreinander ein, zumal leidvolle Erlebnisse unterschiedlich verarbeitet werden müssen.

Der Austausch echter Gefühle leidet unter einem gewissen Abschirmungsbedürfnis; so kommt es, daß Gefühlsausbrüche des einen Partners den anderen äußerlich kalt lassen.

Der Mangel an gemeinsam erlebten Empfindungen wird zu einer Belastung derartiger Verbindungen.

Übereinstimmung 36% – 64% – ausgeglichene Anziehung
Die durchschnittlichen Übereinstimmungswerte lassen ein normales Funktionieren der Gefühlsmitteilungen in der Partnerschaft erwarten. Die Partner erleben etwa die Hälfte der Hoch- und der Tiefphasen zur gleichen Zeit; die gegensätzlichen Stimmungen und Gemütsempfindungen in der anderen Hälfte der Zeit können durch gegenseitigen Zuspruch zufriedenstellend gestaltet werden. Hierbei werden wechselseitig Anregungen vermittelt, man lernt, mit Problemen fertig zu werden und entwickelt ein harmonisches Zusammensein in der Welt der Gefühle.

Übereinstimmung 64% – 93% – große Anziehung
Die hohen Harmoniewerte in dieser Partnerschaft sorgen für Stetigkeit und Ordnung der Beziehungen. Sie ergeben eine breite Basis für eine vertrauensvolle Gemeinsamkeit, lassen den Aus-

tausch romantischer Empfindungen zu und lösen tiefes Verständnis auch für die Unzulänglichkeiten des Partners aus.

Man teilt sich dem anderen gerne mit, ist bereit, für ihn Opfer zu bringen und entwickelt Liebe und Verehrung für den Partner. Als Folge der intensiven Empfindungen stellt sich eine »Seelenverwandtschaft« ein, in der die Verständigung ohne viele Worte bis in die unbewußten Tiefen selbstverständlich ist. Die Partner sind »auf gleicher Wellenlänge« und erahnen, was in dem anderen vorgeht; derartige verschlüsselte Informationen werden aufgenommen und verarbeitet und tragen mit dazu bei, daß das starke gefühlsmäßige Band beide Partner für lange Zeit fest aneinander bindet.

Übereinstimmung 93% – 100% – überragende Anziehung
Bei dieser weitgehenden Deckungsgleichheit der Rhythmenkurven besteht die Gefahr, daß der Partner idealisiert wird und die Gefühle eine Übersteigerung erfahren. Diese Situation führt dann zu tiefer Enttäuschung, wenn beim Partner Schwächen oder Mängel entdeckt werden, die infolge der übergroßen Zuneigung für ganz und gar unmöglich gehalten wurden.

Eine Beziehung, die überhöht erscheint und einem unerfüllbaren Wunschbild eher entspricht als der Lebenswirklichkeit, kann Schmerz und Leid hervorrufen. Sie muß daher kritisch gewertet werden.

Der 33-Tage-Rhythmus

Allgemeine Benennung: Geistiger Rhythmus = g
16½ Tage Hochlage
16½ Tage Tieflage
Zeugungswunsch: neutral
Der Rhythmus steuert die Aktivitäten im intellektuellen Bereich, er beeinflußt das geistige Reaktionsvermögen, die Denk- und Lernfähigkeit und die Urteilskraft. Von ihm hängen die Einstellung zu abstrakten Werten, die Weite der geistigen

Interessen, das Denkverhalten, aber auch die Selbstachtung und das Bewußtsein der eigenen Identität ab.

Übereinstimmung 0% – 3% – sehr geringe Anziehung

In dieser Situation erlebt der eine Partner etwa 16 Tage lang sein aktives »geistiges« Hoch, während der andere in der gleichen Zeit in seiner geistigen Tiefphase steckt. Das muß zwar nicht unbedingt negativ gewertet werden und kann mitunter eine Beziehung interessant gestalten, jedoch besteht immer die Möglichkeit, daß Mißverständnisse und Unzuträglichkeiten entstehen.

Wahrscheinlich ergeben sich Schwierigkeiten für eine Kommunikation auf geistigem Gebiet, die nur unter großen Anstrengungen überwunden werden. Meinungsverschiedenheiten sollten frühzeitig durch aufrichtiges Offenlegen ausgeräumt werden.

Übereinstimmung 3% – 21% – schwache Anziehung

Auch hier ist die Übereinstimmung noch recht mangelhaft, so daß die resultierende schwache Anziehungskraft nur durch große Toleranz der Partner auf geistigem Gebiet überwunden werden kann. Es besteht sonst die Gefahr, daß die eklatanten Unterschiede bei den geistigen Interessen die gesamte Partnerschaft erheblich belasten.

Übereinstimmung 21% – 39% – mäßige Anziehung

Wahrscheinlich reicht die Übereinstimmung aus, daß die Partner die Unterschiede der geistigen Aktivitäten bewußt soweit akzeptieren, um eine Gefährdung der Beziehungen nicht aufkommen zu lassen. Die Zeitverschiebungen bei der geistigen Auseinandersetzung werden sich um so geringer auf den Erfolg einer Bindung auswirken, je größer die Harmonie der anderen Biorhythmen ist.

Übereinstimmung 39% – 64% – ausgeglichene Anziehung
Diese durchschnittliche Übereinstimmung der zeitlich gesteuerten Vorgänge im intellektuellen Bereich wird ein Normverhalten der Partner ohne besondere Auswirkungen auf die Beziehung zur Folge haben. Das Verständnis für die Aktivitäten des Partners wird wechselnd mehr oder weniger groß sein und zuweilen förderlich, zuweilen aber auch hemmend auf die Intensität der Bindung wirken.

Man kann davon ausgehen, daß es immer wieder Zeiten gibt, in denen Probleme im geistigen Bereich sachlich und einvernehmlich gelöst werden können. Da die Bereitschaft zu Konversation grundsätzlich vorhanden ist, werden auch bei Meinungsverschiedenheiten Mißverständnisse ausgeräumt werden können.

Übereinstimmung 64% – 94% – große Anziehung
Die große geistige Verwandtschaft läßt auf einen intensiven Gedankenaustausch schließen und wird sich ganz allgemein recht günstig auf die Partnerbeziehung auswirken. So kann denn auch fehlender Gleichklang in der Welt der Gefühle durch gute geistige Kommunikation ersetzt werden. Vor allem im beruflichen Bereich wird durch hohe geistige Übereinstimmung ein Zusammenarbeiten erleichtert; die Interpretation der Gedankengänge des Partners sorgt für harmonisches Verhalten.

Übereinstimmung 94% – 100% – überragende Anziehung
Fast gleichzeitig kommen Gedanken, Phantasie und Erkenntnisse bei beiden Partnern in Bewegung oder in den Zustand der Beharrung; deshalb wird das geistige Miteinander in hervorragender Weise aufeinander abgestimmt werden können. Verwandte Interessen im intellektuellen Bereich bringen eine besondere Note in eine derartige Beziehung. Probleme bei der Auswahl der »geistigen Nahrung« werden sich kaum einstellen; dagegen kann eine zu starke Vertrautheit in speziellen Fragen zu einer gewissen Verbohrtheit der Ansichten führen.

Allgemeine Benennung: Feinsinniger Rhythmus = f
19 Tage Hochlage
19 Tage Tieflage
Zeugungswunsch: neutral

Der Rhythmus steuert den Bereich der Intuitionen, der feinsinnigen, vom Umweltempfinden her beeinflußten Wahrnehmungen, und beeinflußt den Geschmacks- und Schönheitssinn.

Er macht Farben, Formen, Töne und Gerüche bewußt, reguliert die künstlerische Ausdrucks- und Gestaltungsfähigkeit sowie die Empfänglichkeit für äußere Eindrücke und das Genußempfinden.

Durch ihn kommen innere Werte zur Entfaltung, die den Lebensstil, das Unabhängigkeitsgefühl und den Drang nach Freiheit von Zwang prägen.

Übereinstimmung 0% – 5% – ungewöhnliche Anziehung
Die feinsinnigen Wahrnehmungen sind hier durch ihre Polarität gekennzeichnet. Trotzdem oder gerade deswegen kommt es – anders als vielleicht erwartet – nicht unbedingt zu einer Blockade gemeinsamer Empfindungen. Im Gegenteil: oft erweist sich eine derartige Konstellation als vorteilhaft für die Existenz einer Bindung.

Doch sind Disharmonien nicht auszuschließen.

Übereinstimmung 5% – 21% – sehr geringe Anziehung
Die Unterschiede im Vermögen, Umwelteindrücke wahrzunehmen und zu verarbeiten, werden oft belastend wirken. Die niedrige Prozentzahl der Anziehung kann nur dann ihren Einfluß vermeiden, wenn die resultierenden Spannungen durch ein großes Maß an Freizügigkeit und Einfühlungsvermögen abgebaut werden.

Übereinstimmung 21% – 37% – mäßige Anziehung
Häufig wird bei der Beurteilung von geschmacklichen Dingen durch die Partner eine gemeinsame Linie fehlen. Bei Entscheidungen über Fragen der künstlerischen Gestaltung werden oft Umstände eintreten, bei denen sich kein gemeinsamer Nenner finden läßt und die Partner sich mit der Zeit »auf die Nerven gehen«. Doch kann es auch zu sinnvollen Ergänzungen kommen, die dann Brücken der Harmonie bilden.

Übereinstimmung 37% – 63% – ausgeglichene Anziehung
Wenn es dann und wann auch Reibungsanlässe gibt, so werden die Partner im allgemeinen zufriedenstellend miteinander auskommen, wenn sie sich den nötigen Freiraum zubilligen. Ansatzpunkte für das Tolerieren sind ergänzende Einstellungen, die dann meist recht gute Kompromisse zur Folge haben. Oft beleben andersartige Schönheitsempfindungen die Szene im positiven Sinn.

Übereinstimmung 63% – 95% – große Anziehung
Gleichartige Äußerungen des intuitiven Empfindens wirken durchaus förderlich auf den Bestand einer Verbindung und prägen den Lebensstil der Partner. Die ästhetische Intimität vermittelt gemeinsames Erleben von Schönheit, z. B. in der Natur, der Kunst, des Zusammenseins. Auch auf schöpferischem Gebiet wird die Anziehung beiderseits zu einem beglückkenden Erlebnis werden.

Übereinstimmung 95% – 100% – überragende Anziehung
Eine so weitgehende Übereinstimmung der feinsinnigen Empfindungen wird wahrscheinlich große Bindungskräfte freimachen und sehr förderlich für die Dauerhaftigkeit der Beziehung zwischen den Partnern sein. Doch sollte man auch an mögliche Nachteile denken: Es kann sich eine gewisse Abhängigkeit und einseitige Betrachtungsweise bilden.

Anleitung zur zusammenfassenden Wertung
der Einzelergebnisse

Wer lediglich die Rhythmenübereinstimmung der vier Biorhythmen getrennt berechnet und deutet, erhält zwar gute Einzelhinweise über die wahrscheinlichen Anziehungkräfte, doch bedarf es noch einer abschließenden Gesamtschau, damit sich das Bild der Partnerschaftsanalyse zu einem Ganzen fügt.

Wesentlich ist, daß man sich zunächst über Zweck und Ziel der partnerschaftlichen Verbindung Klarheit verschafft und darüber, welche – mitunter recht verborgenen – Wünsche und Sehnsüchte in Erfüllung gehen sollen.

Prüfen Sie deshalb so aufrichtig wie möglich den Sinn der Beziehung zu einem anderen Menschen, insbesondere die Frage nach dem Schwerpunkt der Partnerschaft, weil sie nur so ein ganzes Bild erhalten können.

Eine freundschaftliche Bindung geht von anderen Voraussetzungen aus als eine Ehe, und die Motive für eine gute Kameradschaft sind anderer Art als die einer Liebesbeziehung. Familiäre Kontakte entspringen anderen Wurzeln und verfolgen ganz andere Zwecke als berufliche, und die Kommunikation zwischen Jung und Alt ist anderen Spielregeln unterworfen als eine solche unter annähernd gleichaltrigen Mitmenschen.

Trotz dieser Vielfalt an Möglichkeiten lassen sich einige Grundsätze herleiten, die bei der Gesamtschau beachtet werden sollten.

Man spricht von einer großen Rhythmenverwandtschaft, wenn die Hoch- und Tiefphasen der Biorhythmen zweier Menschen zeitlich eng beieinander liegen und lebenslang in dieser Kongruenz, in dieser Deckungsgleichheit, ablaufen. Je weiter andererseits die Abstände der Kurven sind, je größer also die zeitliche Differenz der Perioden ist, desto geringer ist die Verwandtschaft der Rhythmen.

Die Prozentwerte der Rhythmenverwandtschaft beziehen sich immer auf die Zahl 100! Wenn zum Beispiel die Biorhythmen zweier Menschen nur an zehn von hundert Tagen synchron laufen, ergibt sich eine Verwandtschaft von 10% und das hat zur Folge, daß an neunzig von hundert Tagen die Kurven nicht übereinstimmen, die Rhythmen mithin mehr oder weniger voneinander differieren. Bei einer Verwandtschaft von 50% sind die beiden Bezugspersonen je zur Hälfte gleichzeitig in einem Hoch oder einem Tief.

A) Hohe bioryhthmische Übereinstimmung aller vier Rhythmen läßt gute bis sehr gute Verträglichkeit der Partner erwarten. Diese Konstellation ist sehr förderlich für das Anknüpfen einer Verbindung und ihr dauerhaftes Gedeihen. Fälle, in denen alle Rhythmen im oberen Prozentbereich angetroffen werden, stehen ziemlich sicher dafür ein, daß die Partner ihre Probleme einvernehmlich lösen werden. Bei genügender Reife wird die Verbindung zweier Menschen ein Leben lang halten.

Als ideal kann eine Übereinstimmung von 80–90% angesehen werden, da sich dabei Anziehungs- und Bindungskräfte einstellen, die nur selten übertroffen werden.

Vergleichen Sie dazu die nachfolgenden Beispiele prominenter Persönlichkeiten:

	k	s	g	f
William H. Masters Virginia E. Johnsen	91%	86%	94%	46%
Carlo Ponti Sophia Loren	83%	100%	88%	35%

B) Bei einer durchschnittlichen Übereinstimmung von 40–60% spricht man von einer normalen Verträglichkeit.

Eine derartige Quote der Übereinstimmung erreichen viele Partner und ergänzen einander zur vollen Zufriedenheit. Jeder füllt den leeren Raum seines Partners aus, die wech-

199

selnde Nähe und Ferne, die durch die Phasenverschiebung der Rhythmen in körperlicher, seelischer und geistiger Hinsicht als gegeben betrachtet werden muß, kann belebend und kräftigend auf die Verbindung wirken.

Oft entwickelt sich die wechselseitige Anziehung langsam aus einem Nebeneinander; man ist sich zunächst fern und entdeckt nur schrittweise den Reiz der Ergänzung durch den verschiedenartigen und doch so vertrauten Partner.

Ein recht treffendes Beispiel sei hier zum Vergleich erwähnt:

	k	s	g	f
Max Schmeling Anny Ondra	65%	57%	100%	25%

Und ein ähnlich übereinstimmendes Rhythmenverhältnis:

Walter Giller Nadja Tiller	65%	21%	39%	95%

C) Eine mäßige Übereinstimmung der Biorhythmen erschwert das Zusammenleben und bedingt unter Umständen eine beträchtliche Distanz in der Beziehung. Meist besteht ein gewisser Mangel an Gemeinsamkeiten; die unterschiedlichen Antriebe, Stimmungen, Gedanken und Empfindungen müssen bewußt einkalkuliert werden, damit das Bemühen um einen Brückenschlag das Zusammenleben möglich macht. Sehr oft ist eine Partnerschaft von kurzer Dauer ohne weiteres Bemühen möglich, aber eine Dauerbeziehung kann nur erwartet werden, wenn gegenseitige Toleranz und ausgeprägtes Mitgefühl in ausreichendem Maß vorhanden sind. Nur beiderseitige Kompromißbereitschaft sorgt für den festen Boden, den diese Beziehung braucht.

Zur Demonstration folgen einige Prominentenbeispiele:

	k	s	g	f
Gunnar Möller Brigitte Rau	30%	50%	76%	72%
Björn Borg Mariana Simionescu	13%	57%	45%	14%

D) Durch Unterschiede in der Höhe der biorhythmischen Übereinstimmung ergeben sich Abstufungen, die zu Spannungszuständen besonderer Art führen. In einer derartig mit Kontrasten ausgestatteten Bindung stellen sich Schwerpunkte ein, die auf körperlichem, seelischem, geistigem oder feinsinnigem Gebiet liegen können. Dann bedarf es eines betonten Entgegenkommens, damit den Wünschen und Bedürfnissen des jeweiligen Partners die ihnen zukommende Bedeutung zugemessen werden kann.

Erfahrungsgemäß entstehen aus Phasenverschiebungen von über 50% bei den beiden für eine Partnerbeziehung wesentlichen, den körperlichen und den seelischen Biorhythmen, erhebliche Spannungen, die auf die Dauer nur schwer überbrückt werden können und alsbald zu Reibungen und Störungen führen. Nicht selten ist dann die Flucht aus dem Verhältnis die Folge.

Die nachstehenden berechneten Prominentenbeispiele sind geeignet, diese Aussage zu stützen:

	k	s	g	f
Paul Hubschmid Eva Renzi	4%	93%	100%	40%
Roberto Rosselini Ingrid Bergmann	65%	14%	94%	6%

E) Als risikoreiche Sonderfälle können jene Bindungen betrachtet werden, bei denen eine dominierende hundertprozentige Übereinstimmung – meist im Körperrhythmus –

besteht, während in mindestens einem der anderen Rhythmen – oft im seelischen oder im feinsinnigen – nur eine ganz unterdurchschnittliche Anziehung vorliegt.

In solchen Verhältnissen ist zwar zuweilen ein sehr starkes Kontaktbedürfnis vorhanden, doch scheinen plötzliche Zerreißproben nicht die zum Bestand einer Bindung erforderliche Widerstandskraft zu finden. Die Ursache solcher Katastrophen im Biorhythmus-Verhältnis zu suchen, ist erst neuerdings unternommen worden; man hat erkannt, daß bei derartigen Auseinandersetzungen ein Wechselspiel zwischen »Feuer« und »Wasser«, Flamme und Eis abläuft, und häufig gelingt es nicht, die resultierenden Schwierigkeiten auszuräumen. Unter bestimmten äußeren Bedingungen kann offenbar die übergroße Polarität einen plötzlichen »Schleudereffekt« auslösen, der die Verbindung zerbricht. Und dann geschieht es, daß die Partner nach der Trennung wieder zueinander finden, um das Spiel von Anziehung und Abstoßung von neuem zu beginnen.

Als Beispiele für diese Sonderfälle können gelten:

	k	s	g	f
Richard Burton Elizabeth Taylor	100%	71%	33%	4%
André Heller Erika Pluhar	100‰	71%	48%	6%
Dr. Erhard Keller Regina Baar	100%	7%	3%	82%

Übersicht über Rhythmenverwandtschaft und Anziehungskraft

Übereinstimmung der Rhythmen in Prozent

körperlicher Rhythmus (23 Tage)	seelischer Rhythmus (28 Tage)	geistiger Rhythmus (33 Tage)	feinsinniger Rhythmus (38 Tage)	Kommentar
4%	0–7%	3%	0–5%	ungewöhnliche Anziehung
4–22%	7–21%	3–21%	5–21%	schwache Anziehung
22–39%	21–36%	21–39%	21–37%	mäßige Anziehung
39–65%	36–64%	39–64%	37–63%	mittelmäßige Anziehung
65–91%	64–93%	64–94%	63–95%	starke Anziehung
91–100%	93–100%	94–100%	95–100%	außergewöhnliche Anziehung

Partnerschafts-Inventur

Die Partnerschafts-Inventur ist eine Bestandsaufnahme, die Ihnen zeigt, wie es um Ihre Beziehungen bestellt ist und wie gut diese sein könnten. Sie soll Ihnen helfen, unangenehme Erfahrungen zu vermeiden, und Sie in die Lage versetzen, die Weichen für eine positive Entwicklung zu stellen.

Wir gehen von der Berechnung der Übereinstimmung der Biorhythmen in Prozenten aus und betrachten diese mehr oder weniger hohen Übereinstimmungswerte zusammmen mit den mehr oder weniger günstigen Partnerschaftsbedingungen.

Es ergeben sich auf diese Weise vier mögliche Kombinationen, und zwar

> große Rhythmenübereinstimmung –
> gute Partnerschaftsbedingung

> große Rhythmenübereinstimmung –
> ungünstige Partnerschaftsbedingung

> geringe Rhythmenübereinstimmung –
> gute Partnerschaftsbedingung

> geringe Rhythmenübereinstimmung –
> ungünstige Partnerschaftsbedingung.

Große Rhythmenübereinstimmung liegt dann vor, wenn die Biorhythmen der Partner an mehr als der Hälfte der Tage im Jahr gleichzeitig im Hoch oder im Tief sind, der Rhythmenlauf also weitgehend phasengleich ist, wie wir dies schon in früheren Kapiteln gelesen haben. Die Partner befinden sich »auf gleicher Wellenlänge«. Als Grundregel kann gelten, daß gute Kommunikation immer dann zu erwarten ist, wenn die Übereinstimmungsquote im Bereich oberhalb von 50% liegt.

Von geringer Rhythmenübereinstimmung ist auszugehen, wenn ein erheblicher Phasenunterschied zwischen den einzelnen Rhythmen der Partner gegeben ist, wenn also verhältnismäßig selten Hoch- oder Tieflagen gemeinsam erlebt werden. Bei einer derartigen Konstellation der Rhythmenabläufe ist das Verständnis füreinander erschwert, es entwickeln sich Spannungen, die Menschen finden nicht richtig zueinander, weil jeder gänzlich oder doch teilweise »auf einer anderen Wellenlänge« sendet und empfängt.

Unter welchen Bedingungen man von »guter Partnerschaft« sprechen kann, ist von namhaften Psychologen mittels Reihenuntersuchungen festgestellt worden. So zählt z. B. einer von ihnen, Hans Eysenck, in seiner Untersuchung »Wer heiratet wen« folgende Faktoren als gute Partnerschaftsbedingungen auf:

– kein zu großer Altersunterschied zwischen den Partnern (in der westlichen Welt ist die Regel etwa 3 Jahre, wobei der Mann meist älter ist als die Frau)
– gleicher Personenstand (bislang ledig Gebliebene heiraten meist nur ebensolche Personen, während Geschiedene mehr zu Geschiedenen tendieren)
– gleiche Religionszugehörigkeit ist von gewisser Bedeutung, obwohl dieser Umstand nicht mehr so stark ins Gewicht fällt wie früher
– gleiche Gesellschaftsschicht und gleicher wirtschaftlicher Hintergrund führen zu ähnlichen Auffassungen und Wertvorstellungen
– gleiche Zugehörigkeit zu einer Nationalität oder Volksgruppe
– räumliche Nähe des Geburts- oder Aufenthaltsortes und
– ähnliche geistige Fähigkeiten.

A) Die ideale Partnerschaft
große Rhythmenübereinstimmung – gute Partnerschaftsbedingungen

Diese auf großer Harmonie basierende Partnerschaft entspricht den Wünschen und Vorstellungen beider Partner. Die Analyse der biologischen Rhythmen bestätigt diese Feststellung.

Betrachten wir in unserem Bekanntenkreis eine solch glückliche, meist lebenslange Verbindung, die als Ehe oder eheähnliche

Gemeinschaft besteht, dann werden wir Partner vorfinden, die offenbar instinktiv bei der Partnerwahl wußten, worauf es ankommt.

Das Zusammensein ist hier nicht nur ein vom Verstand ausgehendes Bedürfnis, sondern eine auf Gegenseitigkeit beruhende Wunscherfüllung. Das Geheimnis einer solchen Zusammengehörigkeit ist die identische Einstellung zum Leben, die einen wundervollen Schutz bildet gegen unbarmherzige Angriffe des Schicksals. Damit lassen sich Probleme und Krisen meistern, und aus der Bewältigung solcher Komplexe folgt wiederum eine Festigung des Einheitsgefühls.

Werden Auseinandersetzungen unumgänglich, so ist immer wieder der Wille vorhanden, Streitfragen zu diskutieren und möglichst bald aus der Welt zu schaffen. So läßt sich die Aussöhnung herbeiführen und die Sache wird nicht zu einem Dauerärgernis. Fehlentwicklungen wird rechtzeitig entgegengesteuert, damit kein bleibender Schaden entsteht.

Allein der Vergleich mit anderen Paaren dürfte genügen, das große Glück einer solchen Verbindung richtig einzuschätzen und alles zu unternehmen, um es zu bewahren. Die Tatsache, daß jede Partnerschaft durch äußere Einflüsse oder infolge innerer Entwicklung der Beteiligten einer ständigen Veränderung unterliegt, muß auch von den Partnern dieser begnadeten Kategorie zur Kenntnis genommen und bewältigt werden. Sie müssen erkennen, welche Vorteile ihnen aus ihrer Beziehung zuteil werden und wie wichtig ihr Zusammensein für die ganze Lebensführung ist. Liebevolle Zuwendung, gegenseitiges Vertrauen und freiwillige Anerkennung der Eigenart des anderen bilden die Eckpfeiler einer solchen Partnerschaft, die damit fest genug zusammengefügt erscheint, um den Belastungen des Alltags und den Erschütterungen, die mitunter nicht zu vermeiden sind, standzuhalten.

B) Gefühlsorientierte Partnerschaft
große Rhythmenübereinstimmung – ungünstige Partnerschafts-
bedingungen

Große Rhythmenverwandtschaft bedeutet allgemein auch starke Anziehungs- und Bindungskraft, die in der Lage ist, negative äußere Einwirkungen abzuschwächen, im günstigsten Fall gar auszuschalten. Die Partnerbeziehung belastende Umstände wie Berufsstreß, radikales Emanzipationsstreben, enorme Altersunterschiede oder gesundheitliche Probleme, schließlich aber auch charakterlich bedingte Schwierigkeiten, Trunk- oder Drogensucht müssen nicht unbedingt die Ursachen von Störungen in einer Zweierbeziehung sein. In derartigen Situationen kommt es darauf an, daß gemeinsam nach Möglichkeiten zur Bewältigung der Umfeldprobleme gesucht wird.

Es lassen sich meistens Konzepte für eine Änderung der beeinträchtigenden Faktoren aufstellen; das Ausarbeiten von Lösungsvorschlägen hilft mit, eine Partnerbeziehung auf eine gesunde Grundlage zu stellen. Entweder wird dann der notwendige Wille zur Korrektur der Lebensführung und das dazugehörige Verständnis für den Partner aufgebracht, oder man paßt sich freiwillig, ohne Zwang zu empfinden, den Gegebenheiten an.

Meistens werden Zugeständnisse erforderlich sein, damit die Partnerbeziehung erfolgreich weitergeführt werden kann, sei es durch Abbau individueller Ursachen wie Änderung der Lebensgewohnheiten und Ansichten, durch Beachtung gesundheitlicher Risiken und charakterlicher Fehlhaltungen wie auch durch Rücksichtnahmen auf berufliche oder sonstige von außen einwirkende Verpflichtungen. Wer in einer solchen Lage zu früh aufgibt, beraubt sich und den Partner guter Chancen, doch noch im Zusammensein glücklich zu werden.

Falls jedoch Selbsthilfemaßnahmen nicht den angestrebten Erfolg haben, sollte man unbedingt die Ratschläge von Fachleuten, Ärzten, Psychologen usw. einholen und beherzigen. Erst wenn mit bester Absicht und gutem Willen eine Besserung der

Verhältnisse nicht zu erreichen ist, droht die Gefahr, daß es zu bleibender Enttäuschung, zur nachhaltigen Entfremdung kommt. Sollten trotz aller Bemühungen sich die Verhältnisse nicht normalisieren lassen, müssen andere Auswege gesucht werden, dazu gehört, daß ernsthafte Überlegungen anzustellen sind, ob nicht der Abbruch der Beziehung das einzig Sinnvolle ist.

Gewinnen wir aus dem oben Geschilderten die Erkenntnis, daß große Rhythmenübereinstimmung an Wert verliert, wenn der eine oder beide Partner durch die Bindung überfordert sind. So kann im äußersten Fall eine zu starke gefühlsbetonte Beziehung zu einem Handicap werden, besonders dann, wenn sich herausstellt, daß zu viel Gefühl und Vertrauen vergeblich investiert worden ist. Es ist dann bei dieser Konstellation wichtig, daß die Partner nicht in einen Dauerzustand der Trauer und Frustration verfallen; partnerschaftliches Glück und zufriedenes Miteinander ist mit gutem Willen bei den gebotenen Maßnahmen oft doch noch erreichbar.

C) Zweckorientierte Partnerschaft
geringe Rhythmenübereinstimmung – gute Partnerschaftsbedingungen

Bei dieser Kombination werden wegen der Unterschiede im Ablauf der biologischen Rhythmen zeitweilig Disharmonien auftreten. Dieser negativ wirkende Sachverhalt wird jedoch durch die günstigen Partnerschaftsverhältnisse weitgehend aufgewogen und es kommt im Ergebnis sehr darauf an, wie abhängig der eine oder der andere Partner von den Einwirkungen ist.

So können z. B. berufliche oder finanzielle Vorteile für ein Fortbestehen der Verbindung sprechen; man ist dann bereit, die Rhythmenfremdheit des Partners hinzunehmen oder sich ihm bewußt anzupassen. Doch bleibt dann natürlich die Frage offen, wie lange diese Situation von beiden Partnern hingenommen wird und ob das Interesse an den erkennbaren Vorteilen einseitig oder gegenseitig ist.

Nicht selten kommt es vor, daß Ehepartner grundsätzlich an der Gemeinsamkeit mit dem angetrauten Partner festhalten, während sie eigene Seitensprünge wie die des Partners akzeptieren. Dann wird eben außerhalb der Ehe Ersatz für Teilbereiche gesucht, die in der legalen Verbindung enttäuschend sind. Häufig erstreckt sich dies auf das Gebiet des Sexuellen, kann sich aber genauso als Austausch seelischer Empfindungen oder im Geistigen abspielen. In einer derartigen »partiellen« Partnerschaft genießt man die offensichtlichen Vorzüge der einen Verbindung, zum Beispiel die finanzielle Sicherheit und das Familienleben mit den Kindern, und erlebt Freuden anderer Art in einer anderen Bindung.

Es besteht mithin keine Partnerschaft, die alle Lebensbereiche mit ausschließlichem Charakter umfaßt, sondern man arrangiert sich, wobei oft beide Teile ihren Nutzen sehen.

Meist erwarten solche Paare gar keine Vollkommenheit, und ihre Bindung konzentriert sich auf das, was gemeinsam gestaltet wird, und nicht so sehr auf die Unterschiede. Falls es gelingt, das Unabänderliche der geringen Rhythmenübereinstimmung hinzunehmen und in aller Offenheit das Verhältnis zu regeln, kann man auch mit dieser Form des Zusammenseins auskommen.

Jeder kennt wohl in seiner Umgebung Fälle, in denen die Partnerschaft nur noch durch die Sorge um die Kinder oder den Erhalt des gemeinsam aufgebauten Betriebes zusammengehalten wird, während die menschlichen Bindungen, vor allem im seelischen und erotischen Bereich, nicht mehr vorhanden sind. Wer die große, erfüllende Liebe nie erfahren hat, wird sie allerdings auch nicht vermissen und möglicherweise seine Erfahrungen von der Partnerschaft als normal betrachten. Wenn sich diesem Menschen dann doch eine Alternative anbietet, kann es zur völligen Abkehr vom bisherigen Partner kommen, und er ist dann vielleicht sogar bereit, materielle Verluste in Kauf zu nehmen.

Wie immer wir es auch betrachten: Eine zweckorientierte Partnerschaft setzt viel Rücksichtnahme voraus, um die immer wieder auftretenden Spannungen, Meinungsunterschiede und Enttäuschungen auszugleichen oder zu überwinden.

D) Anfällige Partnerschaft
geringe Rhythmenübereinstimmung – ungünstige Partnerschaftsbedingungen

Eine derartige Kombination ist von vornherein eine Herausforderung, der sich beide Partner bewußt stellen sollten. Die Menschentypen, die eine solche Verbindung eingehen, sind so verschieden, daß der gemeinsame Lebensweg mit Steinen gepflastert erscheint; es wird großer Anstrengungen bedürfen, um die ungewöhnlichen Situationen zu meistern, die der Weg aufweist. Die Rhythmenfremdheit allein bringt schon Probleme mit sich, die durch die Einwirkung negativer Umstände bis ins Unerträgliche gesteigert werden können.

Zur Krisenbewältigung sind gemeinsame Strategien und große Einsicht in die gegebene Lage notwendig. Ist es dann trotzdem nicht möglich, Konflikte zu lösen, Wünsche und Bedürfnisse des Partners zu erfüllen und die Aufgaben, die sich täglich stellen, angemessen zu verteilen, ist also keine Basis für ein Zusammensein oder wenigstens ein Miteinander-Auskommen herstellbar, so gibt es nur eine Konsequenz: die Trennung in beiderseitigem Interesse, und zwar je früher, desto besser.

Schwierige Partnerbeziehungen können schwere körperliche und seelische Leiden auslösen. Das Aufrechterhalten einer freudlosen Verbindung um jeden Preis, aus Prestigegründen oder wegen ungelöster Besitzansprüche, ist nie empfehlenswert. Aufreibende Streitigkeiten und Kämpfe um Macht und Geltung bleiben nicht ohne Spuren, und Männer wie Frauen reagieren darauf meist mit gesundheitlichen Störungen, oft mit psychischen Erkrankungen.

Liegt die Ursache der Unverträglichkeit einer Bindung in der geringen Rhythmenverwandtschaft und den bedenklichen Partnerschaftsverhältnissen, dann dürfte der beste Therapievorschlag versagen. Wenn Partner nicht zusammenpassen und unglücklich sind, hat es wenig Sinn, wegen irgendwelcher vermeintlicher Vorteile, zum Beispiel wirtschaftlicher Art, Wohlbefinden und inneren Frieden aufs Spiel zu setzen. Das Leben ist viel zu kostbar, als daß man eine vergiftete Verbindung mit aller Gewalt aufrechterhalten sollte.

Die Notwendigkeit der Trennung sollte man positiv sehen: Es gibt hier keine Schuld bei einem der Partner, sondern es waren die Umstände, die zu der unbefriedigenden Entwicklung der Partnerschaft und den unerträglichen Differenzen führten. Das Scheitern war in gewisser Hinsicht vorprogrammiert.

Für das Eingehen einer neuen Verbindung ist es wichtig, sich in der Erkenntnis dieser Tatsache von alten Erfahrungen und Schuldzuweisungen zu lösen und mit neuer Bereitschaft bessere Bedingungen zu erwarten. Die Einstellung »Es kommt nichts Besseres« darf nicht die Oberhand gewinnen und zur Resignation führen. Denn ein anderer Partner bedeutet andere Rhythmenübereinstimmung und andere Partnerschaftsbedingungen und damit die Aussicht auf die erwünschte harmonische Beziehung.

IV. Gruppen-Vergleiche

Es liegt in der Natur der Sache, daß Partnervergleiche vorwiegend zur Bewertung der Beziehungen zwischen zwei Personen – Ehepaaren und Lebensgefährten – angestellt werden. Denn gerade hier sind die Probleme, die bei der Partnerwahl entstehen können, besonders augenfällig. Durch die gegebenen Beispiele wurde dies vorgeführt und erläutert.

Doch auch Personengruppen können durch Vergleich ihrer Biorhythmen hinsichtlich ihres Zusammenpassens und ihrer Team-Effizienz untersucht werden, und man wird dabei wertvolle Hinweise erhalten, die geeignet sind, manche Geheimnisse des Erfolgs oder Scheiterns zu enthüllen.

Wir alle sind im privaten wie im beruflichen Bereich in ein Netz der verschiedensten Verbindungen eingewoben. Man denke nur an die weitverzweigten verwandtschaftlichen Beziehungen, wie wir sie aus einem Stammbaum ersehen können, an die vielfältigen gesellschaftlichen Pflichten im Freundes- und Bekanntenkreis oder bei Sport- und Freizeitbetätigungen, vor allem aber an die beruflichen Gemeinschaften in Betrieben, Organisationen, Verbänden, Kommunen und Körperschaften. Überall in diesen Gruppierungen stellt sich die Frage, inwieweit die Rhythmen der mehr oder weniger zufällig aufeinander angewiesenen Personen einer Zusammenarbeit förderlich oder abträglich sind, sei es in einer künstlerischen Vereinigung oder auch in einer sportlichen Mannschaft oder in einem Handwerksbetrieb. Entscheidenden Einfluß auf die allgemeine Atmosphäre innerhalb solcher Gruppen hat die Quote der Übereinstimmung im 23-Tage- wie im 28-Tage-Rhythmus (körperlich und seelisch), sie trägt maßgeblich zu den Erfolgen oder Mißerfolgen bei.

Jeder Leser mag für sich selbst darüber befinden, welcher Kreis von Mitmenschen für seine Untersuchungen wichtig und besonders geeignet ist; anhand einiger bekannter Personengruppen soll Gelegenheit geboten werden, die bisher gemachten Aussagen nachzuvollziehen.

Das Geheimnis des Riesenerfolgs der »Beatles«

Es leuchtet wohl ohne nähere Beweisführung ein, daß ein jegliches Unternehmen mit der richtigen »Mannschaft« bessere Ergebnisse erzielt als eine Gruppe, in der Mißverständnisse vorherrschen. Partner, Mitarbeiter, Gesellschafter und Mitspieler, die sich untereinander akzeptieren und verstanden fühlen, sind zufriedener, optimistischer und zur Kooperation bereit.

Nicht-passende Partner dagegen erschweren die Zusammenarbeit und das Zusammenleben, es kommt zu unliebsamen Auseinandersetzungen und Beschwerden, und die Leistungen werden so blockiert. Störende Querelen sind dann an der Tagesordnung, wenn es wegen der fehlenden Rhythmenverwandtschaft nicht alsbald zu einer Trennung kommt.

Wir müssen davon ausgehen, daß unsere Gefühle und Gedanken, die wir anderen gegenüber haben, von diesen meist unbewußt wahrgenommen werden. Sie beeinflussen deren Einstellung, Verhalten und Reaktion uns gegenüber und bewirken, wie bei einer Rück-Kopplung, wiederum positive oder negative Gefühle. Eine Anpassung kann erst gelingen, wenn wir jene Ursachen kennen, die zu den Mißverständnissen führen; zu diesem Zweck ist die Berechnung der Verträglichkeit der Rhythmen, der Gruppenvergleich, unerläßlich.

Als herausragendes Beispiel für eine erfolgreiche Teamarbeit führen wir hier die Geschichte der »Beatles« an, jener Musikgruppe, die mit ihrer epochemachenden künstlerischen Aussage

213

eine ganze Generation begeistert hat. Wenngleich es auch schwierig sein dürfte, einer der zahlreichen Popmusik-Gruppen den Rang zuzuerkennen, die beste gewesen zu sein, so kann man doch behaupten, daß die Beatles die meisten Langspielplatten verkauft haben; in den Jahren von 1962 bis 1970 sollen sie 56 Millionen umgesetzt und damit einen speziellen Rekord aufgestellt haben.

Wortführer war zunächst John Winston Lennon (geb. 9. 10. 1940), der sich mit James Paul McCartney (geb. 18. 6. 1942) zusammentat. Zu diesen beiden kamen dann George Harrison (geb. 25. 2. 1942) und Ringo Starr (geb. 7. 7. 1940), und zu viert stellte man sich so dem Liverpooler Publikum vor. Entscheidend jedoch war das Eingreifen von Brian Epstein (geb. 19. 9. 1934), der den Beatles vorschlug, ihr Manager zu werden. Epstein hatte auf den ersten Blick erkannt, welche Möglichkeiten sich durch die Musik der »Pilzköpfe« eröffneten, und unermüdlich organisierte er Tourneen sowie Plattenaufnahmen, um für die Steigerung des Bekanntheitsgrades in den Medien zu sorgen. Er erwies sich als der ideale Manager, war aber auch Freund und Berater der Gruppe, der das Geschäftliche und Finanzielle von den Beatles fernhielt, so daß diese sich ganz auf ihre Musik konzentrieren konnten. Erst als er durch einen Unfall ums Leben kam, begannen die Auflösungserscheinungen, die dann zum Ende der Gruppe führten.

Die nachfolgend dargestellte Gruppenanalyse zeigt deutlich, daß Brian Epstein mit jedem Mitglied der Gruppe durch sehr hohe Rhythmenverwandtschaft verbunden war, daß diese aber auch untereinander sehr hohe Werte der Verträglichkeit aufwiesen.

Diese Konstellation war maßgebend dafür, daß es Epstein gelang, die Kräfte der Beatles zu fördern, zu koordinieren und optimal einzusetzen.

Gruppen-Vergleich

Bewertung der biorhythmischen Übereinstimmung von mehreren Personen untereinander im körperlichen (k) und seelischen (s) Bereich

Rhythmus	Brian Epstein 19. 9. 1934	John Lennon 9. 10. 1940	Paul McCartney 18. 6. 1942	George Harrison 25. 2. 1943	Ringo Starr 7. 7. 1940
k	65%	John			
s	100%	Lennon 9. 10. 1940			
k	100%	65%	Paul		
s	93%	93%	McCartney 18. 6. 1942		
k	91%	57%	91%	George	
s	93%	93%	100%	Harrison 25. 2. 1943	
k	83%	83%	83%	74%	Ringo
s	29%	29%	21%	21%	Starr 7. 7. 1940

Das »Tenniswunder« Boris Becker

Wenn man den kometenhaften Aufstieg des jugendlichen Tennisspielers Boris Becker (geb. 22. 11. 1967) bewundernd und zugleich kritisch betrachtet, kommt man nicht umhin, auch den Hintergrund auszuleuchten und die Männer zu erwähnen, die beim Zustandekommen dieses »Wunders« mitwirkten.

Der verantwortliche Kopf der Millionenfirma Becker ist und bleibt der Rumäne Ion Tiriac (geb. 5. 9. 1939), dem es besser als vielen anderen der Branche gelungen ist, Spitzenspieler zu managen und auf die ersten Plätze der Weltrangliste zu hieven.

Zur Erklärung seiner Erfolge kann auch in seinem Fall die biorhythmische Gruppenanalyse herangezogen werden; wir erkennen Zusammenhänge, die uns sonst nicht bewußt werden.

Mit seinem Landsmann Ilie Nastase bildete Ion Tiriac mehr als 10 Jahre lang ein Davis-Cup-Team und erreichte in den Jahren 1969, 1971 und 1972 im Doppel die Endrunde. Älter geworden, bemühte sich Tiriac sodann um den Nachwuchs und betätigte sich mit Erfolg als Coach von Spitzenspielern, die er zu Meisterehren führen wollte.

Mit dem wenig rhythmenverwandten Adriano Panatta (geb. 9. 7. 1950) (körperliche Übereinstimmung 30%, seelische Übereinstimmung 36%, geistige Übereinstimmung 21%), erlebte er eine Enttäuschung, aber bald darauf brachte die harmonische Verbindung mit dem Argentinier Guillermo Vilas (geb. 17. 8. 1952) Rekordergebnisse, die in die Geschichte der Profi-Tennismeisterschaften eingingen. Beispielsweise schloß sein Starschüler das Jahr 1975 als Nr. 2 der Computer-Weltrangliste ab und fiel dann auch in den folgenden Jahren nie weiter als bis auf die 6. Position zurück. Erst als Vilas 1984 wegen illegaler Geschäfte in Schwierigkeiten geriet, wurde seine Karriere gestoppt, und Tiriac sah sich nach einem Nachfolger um.

Im Wettbewerb mit den großen amerikanischen Agenturen gelang es dem Supermanager, mit Hilfe von Vilas und seinem Jugendfreund Günter Bosch, den jungen Boris Becker unter Vertrag zu nehmen und mit dem damals Sechzehnjährigen eine

Karriere ohnegleichen zu starten. Es war nicht nur die Geschäftstüchtigkeit des inzwischen weltbekannten Rumänen, die den sensationellen Durchbruch Beckers erzielte, sondern auch der Zusammenschluß der richtigen Partner.

Es sind vor allem die sehr hohen Übereinstimmungswerte im Bereich der körperlichen Rhythmen zwischen Tiriac, Bosch und Becker, die für das starke Band sprechen, das dies Team zusammenhält. Sie erklären auch das in der Presse oft erwähnte Vater-Sohn-Verhältnis zwischen dem Trainer Bosch und dem Spieler Becker, welches nicht nur darauf beruht, daß man sich sympathisch findet. Dazu kommt, daß Tiriac beim Management nicht nur Planung, Zielsetzung und Kontrolle beispielhaft beherrscht, sondern daß er auch die personellen Dinge, die Politik der Stellenbesetzung, vorbildlich handhabt.

Gruppen-Vergleich

Bewertung der biorhythmischen Übereinstimmung von mehreren Personen untereinander im körperlichen (k) und seelischen (s) Bereich

Rhythmus	Ion Tiriac 5. 9. 1939	Günter Bosch 1. 3. 1937	Boris Becker 22. 11. 1967	Guillermo Vilas 17. 8. 1952	Ilie Nastase 19. 7. 1946
k	48%	Günter Bosch 1. 3. 1937			
s	7%				
k	57%	91%	Boris Becker 22. 11. 1967		
s	43%	64%			
k	65%	13%	22%	Guillermo Vilas 17. 8. 1952	
s	64%	43%	79%		
k	48%	100%	91%	13%	Ilie Nastase 19. 7. 1946
s	71%	21%	14%	36%	

Warum Strauß und Wehner
sich nicht leiden mögen

Abschließend sei noch der Versuchung nachgegeben, einige der führenden Politiker der Bundesrepublik in einer Gruppen-Analyse einander gegenüberzustellen.

Der besondere Reiz einer solchen vergleichenden Betrachtung liegt wohl darin, daß man durch Rhythmenverwandtschaften bedingte verbindende und trennende Faktoren entdecken kann, die sich in Beziehung bringen lassen zu den Handlungen und Äußerungen der betreffenden Personen in Vergangenheit und Gegenwart.

Daß Menschen, die aus dem gleichen politischen Lager kommen, dann besonders gut miteinander auskommen werden, wenn ein hohes Maß an Rhythmenübereinstimmung besteht, ist wohl ohne weiteres einzusehen.

Bei politisch Andersdenkenden wird gute Rhythmenverwandtschaft die Bereitschaft zu Kompromissen, zum Entgegenkommen und zu Koalitionen fördern, wie der Leser unschwer aus der Gruppenanalyse erkennen kann.

Andererseits ist Rhythmenfremdheit oft die Erklärung dafür, daß unter politisch Gleichgesinnten Unstimmigkeiten und Verstimmungen auftauchen, für die der Außenstehende meist keinerlei Verständnis aufzubringen vermag.

Und schließlich sind politische Gegner, deren Biorhythmen nur eine geringe Prozentzahl an Übereinstimmung aufweisen, im Umgang miteinander geradezu unverträglich, so daß es nur schwer möglich ist, das erforderliche Minimum an Kommunikation aufzubringen.

So sind Freunde und Gegner, kooperationsbereite Mitspieler und unverträglicher Widerstand nicht zuletzt auch durch die Rhythmenkonstellation vorgegeben. Jeder aufmerksame Betrachter der Szene kann sich für die Zukunft darauf seinen Reim machen.

Gruppen-Vergleich

Bewertung der biorhythmischen Übereinstimmung von mehreren Personen untereinander im körperlichen (k) und seelischen (s) Bereich

Rhythmus	Helmut Kohl 3. 4. 1930	Hans-Dietr. Genscher 21. 3. 1927	Theodor Waigel 22. 4. 1939	George Bush 12. 6. 1924	Michail Gorbatschow 2. 3. 1931	Hans-Jochen Vogel 3. 2. 1926	Oskar Lafontaine 16. 9. 1943
k	57%						
s	21%						
k	48%	91%					
s	86%	36%					
k	57%	100%	91%				
s	50%	71%	64%				
k	4%	39%	48%	39%			
s	79%	0%	64%	29%			
k	83%	74%	65%	74%	13%		
s	42%	36%	29%	7%	64%		
k	30%	74%	83%	74%	65%	48%	
s	0%	79%	14%	50%	21%	57%	

Der verhinderte Weltkrieg

Was unter Historikern allgemein bekannt ist und viele Zeitgenossen damals ahnten, sei den Lesern, die in Dingen der Zeitgeschichte weniger bewandert sind, in Erinnerung gebracht: Wenn es nach dem Willen des »Führers« Adolf Hitler gegangen wäre, hätte schon im Herbst 1938 der große Krieg seinen Anfang genommen, wären in Europa die Lichter ein Jahr früher ausgegangen.

Schon Ende Mai schrieb er in einer geheimgehaltenen Weisung an die Generale: »Es ist mein unabänderlicher Wille, die Tschechoslowakei durch eine militärische Aktion zu zerschlagen...«, und als er auf dem Nürnberger Parteitag in seiner Schlußrede am 12. 9. 1938 seine Drohungen gegen die verhaßten Herrscher im Hradschin ausstieß, er werde »den bedrängten deutschen Brüdern zu Hilfe kommen, koste es, was es wolle«, da war es den Diplomaten in Prag, Paris und London klar, daß das nächste Opfer der Expansionspolitik des Deutschen Reiches die Tschechoslowakei sein würde und daß es fünf Minuten vor zwölf war.

Hitler schätzte die Lage so ein wie kurz zuvor beim Einmarsch in Österreich, nahm bewußt das Risiko eines großen Krieges auf sich und war, als es dann anders ausging, tief verärgert. Zu seiner Überraschung mischten sich die Westmächte ein, aber nicht so, daß er Gelegenheit zum Losschlagen bekommen hätte, sondern durch ein Angebot, das in der diplomatischen Geschichte Europas wohl ohne Beispiel war.

Es kam zu Besprechungen zwischen so ungleichen Partnern wie Chamberlain und Hitler auf dem Obersalzberg und in Godesberg, in denen es dem einen darum ging, »den Frieden in unserer Zeit« zu erhalten, während der andere später sagte, »der Kerl – er meinte Chamberlain – hat mir meinen Einzug in Prag verdorben«. Tatsächlich waren »der Kerl« und sein Pariser Kollege Daladier zu geradezu unglaublichen Konzessionen bereit, wie sich auf der berühmt-berüchtigten Konferenz von München zeigte, um eine Entspannung in Europa zu erzielen. Zusammen mit Italiens Diktator, der Hitler vorher noch zur

Mäßigung geraten hatte, entschlossen sich die europäischen Großmächte England und Frankreich, Hitlers Kriegsdrohungen nachzugeben und ihm das Sudetenland zu überlassen, ein Teilgeschenk, das er großmütig annahm, indem er sich den Rest für später reservierte.

Daß bei dieser Abmachung die Tschechen nicht gefragt wurden, macht die Sache besonders pikant, blieben doch immerhin in den abzutretenden Gebieten Hunderttausende von Tschechen, die nun unter deutsche Herrschaft kamen.

Das Einlenken der Staatsführer und Minister auf der Konferenz von München kann zu einem Teil auch dadurch erklärt werden, daß sie »sich nicht unsympathisch« waren.

Die biorhythmische Gruppenuntersuchung zeigt beträchtliche Rhythmenverwandtschaften. Man »verstand« sich und verstand die angebliche Sehnsucht der Sudetendeutschen, die »heim ins Reich« wollten, und unter diesen Umständen gelang es Hitler, seine persönliche Ausstrahlung in einem Maße auszuspielen, wie es auch weniger in seinem Bann Stehende zu ihrem Nachteil öfter erlebt hatten.

Gruppen-Vergleich

Bewertung der biorhythmischen Übereinstimmung von mehreren Personen untereinander im körperlichen (k) und seelischen (s) Bereich

Rhythmus	Adolf Hitler 20. 4. 1889	Benito Mussolini 29. 7. 1883	Neville A. Chamberlain 18. 3. 1869	Edouard Daladier 18. 6. 1884	Eduard Benesch 28. 5. 1884
k	91%				
s	43%				
k	91%	83%			
s	86%	29%			
k	65%	74%	57%		
s	79%	21%	93%		
k	48%	57%	39%	83%	
s	71%	71%	57%	50%	

V. Die Tabelle für die Geburtstagskennzahlen

1892

1892 TAG	JANUAR k	s	g	f	FEBRUAR k	s	g	f	MÄRZ k	s	g	f	APRIL k	s	g	f	MAI k	s	g	f	JUNI k	s	g	f	1892 TAG
1	23	21	4	11	15	18	6	18	9	17	10	27	1	14	12	34	17	12	15	4	9	9	17	11	1
2	22	20	3	10	14	17	5	17	8	16	9	26	23	13	11	33	16	11	14	3	8	8	16	10	2
3	21	19	2	9	13	16	4	16	7	15	8	25	22	12	10	32	15	10	13	2	7	7	15	9	3
4	20	18	1	8	12	15	3	15	6	14	7	24	21	11	9	31	14	9	12	1	6	6	14	8	4
5	19	17	33	7	11	14	2	14	5	13	6	23	20	10	8	30	13	8	11	38	5	5	13	7	5
6	18	16	32	6	10	13	1	13	4	12	5	22	19	9	7	29	12	7	10	37	4	4	12	6	6
7	17	15	31	5	9	12	33	12	3	11	4	21	18	8	6	28	11	6	9	36	3	3	11	5	7
8	16	14	30	4	8	11	32	11	2	10	3	20	17	7	5	27	10	5	8	35	2	2	10	4	8
9	15	13	29	3	7	10	31	10	1	9	2	19	16	6	4	26	9	4	7	34	1	1	9	3	9
10	14	12	28	2	6	9	30	9	23	8	1	18	15	5	3	25	8	3	6	33	23	28	8	2	10
11	13	11	27	1	5	8	29	8	22	7	33	17	14	4	2	24	7	2	5	32	22	27	7	1	11
12	12	10	26	38	4	7	28	7	21	6	32	16	13	3	1	23	6	1	4	31	21	26	6	38	12
13	11	9	25	37	3	6	27	6	20	5	31	15	12	2	33	22	5	28	3	30	20	25	5	37	13
14	10	8	24	36	2	5	26	5	19	4	30	14	11	1	32	21	4	27	2	29	19	24	4	36	14
15	9	7	23	35	1	4	25	4	18	3	29	13	10	28	31	20	3	26	1	28	18	23	3	35	15
16	8	6	22	34	23	3	24	3	17	2	28	12	9	27	30	19	2	25	33	27	17	22	2	34	16
17	7	5	21	33	22	2	23	2	16	1	27	11	8	26	29	18	1	24	32	26	16	21	1	33	17
18	6	4	20	32	21	1	22	1	15	28	26	10	7	25	28	17	23	23	31	25	15	20	33	32	18
19	5	3	19	31	20	28	21	38	14	27	25	9	6	24	27	16	22	22	30	24	14	19	32	31	19
20	4	2	18	30	19	27	20	37	13	26	24	8	5	23	26	15	21	21	29	23	13	18	31	30	20
21	3	1	17	29	18	26	19	36	12	25	23	7	4	22	25	14	20	20	28	22	12	17	30	29	21
22	2	28	16	28	17	25	18	35	11	24	22	6	3	21	24	13	19	19	27	21	11	16	29	28	22
23	1	27	15	27	16	24	17	34	10	23	21	5	2	20	23	12	18	18	26	20	10	15	28	27	23
24	23	26	14	26	15	23	16	33	9	22	20	4	1	19	22	11	17	17	25	19	9	14	27	26	24
25	22	25	13	25	14	22	15	32	8	21	19	3	23	18	21	10	16	16	24	18	8	13	26	25	25
26	21	24	12	24	13	21	14	31	7	20	18	2	22	17	20	9	15	15	23	17	7	12	25	24	26
27	20	23	11	23	12	20	13	30	6	19	17	1	21	16	19	8	14	14	22	16	6	11	24	23	27
28	19	22	10	22	11	19	12	29	5	18	16	38	20	15	18	7	13	13	21	15	5	10	23	22	28
29	18	21	9	21	10	18	11	28	4	17	15	37	19	14	17	6	12	12	20	14	4	9	22	21	29
30	17	20	8	20					3	16	14	36	18	13	16	5	11	11	19	13	3	8	21	20	30
31	16	19	7	19					2	15	13	35					10	10	18	12					31

1892 TAG	JULI k	s	g	f	AUGUST k	s	g	f	SEPTEMBER k	s	g	f	OKTOBER k	s	g	f	NOVEMBER k	s	g	f	DEZEMBER k	s	g	f	1892 TAG
1	2	7	20	19	17	4	22	26	9	1	24	33	2	27	27	3	17	24	29	10	10	22	32	18	1
2	1	6	19	18	16	3	21	25	8	28	23	32	1	26	26	2	16	23	28	9	9	21	31	17	2
3	23	5	18	17	15	2	20	24	7	27	22	31	23	25	25	1	15	22	27	8	8	20	30	16	3
4	22	4	17	16	14	1	19	23	6	26	21	30	22	24	24	38	14	21	26	7	7	19	29	15	4
5	21	3	16	15	13	28	18	22	5	25	20	29	21	23	23	37	13	20	25	6	6	18	28	14	5
6	20	2	15	14	12	27	17	21	4	24	19	28	20	22	22	36	12	19	24	5	5	17	27	13	6
7	19	1	14	13	11	26	16	20	3	23	18	27	19	21	21	35	11	18	23	4	4	16	26	12	7
8	18	28	13	12	10	25	15	19	2	22	17	26	18	20	20	34	10	17	22	3	3	15	25	11	8
9	17	27	12	11	9	24	14	18	1	21	16	25	17	19	19	33	9	16	21	2	2	14	24	10	9
10	16	26	11	10	8	23	13	17	23	20	15	24	16	18	18	32	8	15	20	1	1	13	23	9	10
11	15	25	10	9	7	22	12	16	22	19	14	23	15	17	17	31	7	14	19	38	23	12	22	8	11
12	14	24	9	8	6	21	11	15	21	18	13	22	14	16	16	30	6	13	18	37	22	11	21	7	12
13	13	23	8	7	5	20	10	14	20	17	12	21	13	15	15	29	5	12	17	36	21	10	20	6	13
14	12	22	7	6	4	19	9	13	19	16	11	20	12	14	14	28	4	11	16	35	20	9	19	5	14
15	11	21	6	5	3	18	8	12	18	15	10	19	11	13	13	27	3	10	15	34	19	8	18	4	15
16	10	20	5	4	2	17	7	11	17	14	9	18	10	12	12	26	2	9	14	33	18	7	17	3	16
17	9	19	4	3	1	16	6	10	16	13	8	17	9	11	11	25	1	8	13	32	17	6	16	2	17
18	8	18	3	2	23	15	5	9	15	12	7	16	8	10	10	24	23	7	12	31	16	5	15	1	18
19	7	17	2	1	22	14	4	8	14	11	6	15	7	9	9	23	22	6	11	30	15	4	14	38	19
20	6	16	1	38	21	13	3	7	13	10	5	14	6	8	8	22	21	5	10	29	14	3	13	37	20
21	5	15	33	37	20	12	2	6	12	9	4	13	5	7	7	21	20	4	9	28	13	2	12	36	21
22	4	14	32	36	19	11	1	5	11	8	3	12	4	6	6	20	19	3	8	27	12	1	11	35	22
23	3	13	31	35	18	10	33	4	10	7	2	11	3	5	5	19	18	2	7	26	11	28	10	34	23
24	2	12	30	34	17	9	32	3	9	6	1	10	2	4	4	18	17	1	6	25	10	27	9	33	24
25	1	11	29	33	16	8	31	2	8	5	33	9	1	3	3	17	16	28	5	24	9	26	8	32	25
26	23	10	28	32	15	7	30	1	7	4	32	8	23	2	2	16	15	27	4	23	8	25	7	31	26
27	22	9	27	31	14	6	29	38	6	3	31	7	22	1	1	15	14	26	3	22	7	24	6	30	27
28	21	8	26	30	13	5	28	37	5	2	30	6	21	28	33	14	13	25	2	21	6	23	5	29	28
29	20	7	25	29	12	4	27	36	4	1	29	5	20	27	32	13	12	24	1	20	5	22	4	28	29
30	19	6	24	28	11	3	26	35	3	28	28	4	19	26	31	12	11	23	33	19	4	21	3	27	30
31	18	5	23	27	10	2	25	34					18	25	30	11					3	20	2	26	31

1893

1893 TAG	JANUAR k	s	g	f	FEBRUAR k	s	g	f	MÄRZ k	s	g	f	APRIL k	s	g	f	MAI k	s	g	f	JUNI k	s	g	f	1893 TAG
1	2	19	1	25	17	16	3	32	12	16	8	4	4	13	10	11	20	11	13	19	12	8	15	26	1
2	1	18	33	24	16	15	2	31	11	15	7	3	3	12	9	10	19	10	12	18	11	7	14	25	2
3	23	17	32	23	15	14	1	30	10	14	6	2	2	11	8	9	18	9	11	17	10	6	13	24	3
4	22	16	31	22	14	13	33	29	9	13	5	1	1	10	7	8	17	8	10	16	9	5	12	23	4
5	21	15	30	21	13	12	32	28	8	12	4	38	23	9	6	7	16	7	9	15	8	4	11	22	5
6	20	14	29	20	12	11	31	27	7	11	3	37	22	8	5	6	15	6	8	14	7	3	10	21	6
7	19	13	28	19	11	10	30	26	6	10	2	36	21	7	4	5	14	5	7	13	6	2	9	20	7
8	18	12	27	18	10	9	29	25	5	9	1	35	20	6	3	4	13	4	6	12	5	1	8	19	8
9	17	11	26	17	9	8	28	24	4	8	33	34	19	5	2	3	12	3	5	11	4	28	7	18	9
10	16	10	25	16	8	7	27	23	3	7	32	33	18	4	1	2	11	2	4	10	3	27	6	17	10
11	15	9	24	15	7	6	26	22	2	6	31	32	17	3	33	1	10	1	3	9	2	26	5	16	11
12	14	8	23	14	6	5	25	21	1	5	30	31	16	2	32	38	9	28	2	8	1	25	4	15	12
13	13	7	22	13	5	4	24	20	23	4	29	30	15	1	31	37	8	27	1	7	23	24	3	14	13
14	12	6	21	12	4	3	23	19	22	3	28	29	14	28	30	36	7	26	33	6	22	23	2	13	14
15	11	5	20	11	3	2	22	18	21	2	27	28	13	27	29	35	6	25	32	5	21	22	1	12	15
16	10	4	19	10	2	1	21	17	20	1	26	27	12	26	28	34	5	24	31	4	20	21	33	11	16
17	9	3	18	9	1	28	20	16	19	28	25	26	11	25	27	33	4	23	30	3	19	20	32	10	17
18	8	2	17	8	28	27	19	15	18	27	24	25	10	24	26	32	3	22	29	2	18	19	31	9	18
19	7	1	16	7	23	26	18	14	17	26	23	24	9	23	25	31	2	21	28	1	17	18	30	8	19
20	6	28	15	6	22	25	17	13	16	25	22	23	8	22	24	30	1	20	27	38	16	17	29	7	20
21	5	27	14	5	21	24	16	12	15	24	21	22	7	21	23	29	23	19	26	37	15	16	28	6	21
22	4	26	13	4	20	23	15	11	14	23	20	21	6	20	22	28	22	18	25	36	14	15	27	5	22
23	3	25	12	3	19	22	14	10	13	22	19	20	5	19	21	27	21	17	24	35	13	14	26	4	23
24	2	24	11	2	18	21	13	9	12	21	18	19	4	18	20	26	20	16	23	34	12	13	25	3	24
25	1	23	10	1	17	20	12	8	11	20	17	18	3	17	19	25	19	15	22	33	11	12	24	2	25
26	23	22	9	38	16	19	11	7	10	19	16	17	2	16	18	24	18	14	21	32	10	11	23	1	26
27	22	21	8	37	15	18	10	6	9	18	15	16	1	15	17	23	17	13	20	31	9	10	22	38	27
28	21	20	7	36	14	17	9	5	8	17	14	15	23	14	16	22	16	12	19	30	8	9	21	37	28
29	20	19	6	35					7	16	13	14	22	13	15	21	15	11	18	29	7	8	20	36	29
30	19	18	5	34					6	15	12	13	21	12	14	20	14	10	17	28	6	7	19	35	30
31	18	17	4	33					5	14	11	12					13	9	16	27					31

228

1893 TAG	JULI k	s	g	f	AUGUST k	s	g	f	SEPTEMBER k	s	g	f	OKTOBER k	s	g	f	NOVEMBER k	s	g	f	DEZEMBER k	s	g	f	1893 TAG
1	5	6	18	34	20	3	20	3	12	28	22	10	5	26	25	18	20	23	27	25	13	21	30	33	1
2	4	5	17	33	19	2	19	2	11	27	21	9	4	25	24	17	19	22	26	24	12	20	29	32	2
3	3	4	16	32	18	1	18	1	10	26	20	8	3	24	23	16	18	21	25	23	11	19	28	31	3
4	2	3	15	31	17	28	17	38	9	25	19	7	2	23	22	15	17	20	24	22	10	18	27	30	4
5	1	2	14	30	16	27	16	37	8	24	18	6	1	22	21	14	16	19	23	21	9	17	26	29	5
6	23	1	13	29	15	26	15	36	7	23	17	5	23	21	20	13	15	18	22	20	8	16	25	28	6
7	22	28	12	28	14	25	14	35	6	22	16	4	22	20	19	12	14	17	21	19	7	15	24	27	7
8	21	27	11	27	13	24	13	34	5	21	15	3	21	19	18	11	13	16	20	18	6	14	23	26	8
9	20	26	10	26	12	23	12	33	4	20	14	2	20	18	17	10	12	15	19	17	5	13	22	25	9
10	19	25	9	25	11	22	11	32	3	19	13	1	19	17	16	9	11	14	18	16	4	12	21	24	10
11	18	24	8	24	10	21	10	31	2	18	12	38	18	16	15	8	10	13	17	15	3	11	20	23	11
12	17	23	7	23	9	20	9	30	1	17	11	37	17	15	14	7	9	12	16	14	2	10	19	22	12
13	16	22	6	22	8	19	8	29	23	16	10	36	16	14	13	6	8	11	15	13	1	9	18	21	13
14	15	21	5	21	7	18	7	28	22	15	9	35	15	13	12	5	7	10	14	12	23	8	17	20	14
15	14	20	4	20	6	17	6	27	21	14	8	34	14	12	11	4	6	9	13	11	22	7	16	19	15
16	13	19	3	19	5	16	5	26	20	13	7	33	13	11	10	3	5	8	12	10	21	6	15	18	16
17	12	18	2	18	4	15	4	25	19	12	6	32	12	10	9	2	4	7	11	9	20	5	14	17	17
18	11	17	1	17	3	14	3	24	18	11	5	31	11	9	8	1	3	6	10	8	19	4	13	16	18
19	10	16	33	16	2	13	2	23	17	10	4	30	10	8	7	38	2	5	9	7	18	3	12	15	19
20	9	15	32	15	1	12	1	22	16	9	3	29	9	7	6	37	1	4	8	6	17	2	11	14	20
21	8	14	31	14	23	11	33	21	15	8	2	28	8	6	5	36	23	3	7	5	16	1	10	13	21
22	7	13	30	13	22	10	32	20	14	7	1	27	7	5	4	35	22	2	6	4	15	28	9	12	22
23	6	12	29	12	21	9	31	19	13	6	33	26	6	4	3	34	21	1	5	3	14	27	8	11	23
24	5	11	28	11	20	8	30	18	12	5	32	25	5	3	2	33	20	28	4	2	13	26	7	10	24
25	4	10	27	10	19	7	29	17	11	4	31	24	4	2	1	32	19	27	3	1	12	25	6	9	25
26	3	9	26	9	18	6	28	16	10	3	30	23	3	1	33	31	18	26	2	38	11	24	5	8	26
27	2	8	25	8	17	5	27	15	9	2	29	22	2	28	32	30	17	25	1	37	10	23	4	7	27
28	1	7	24	7	16	4	26	14	8	1	28	21	1	27	31	29	16	24	33	36	9	22	3	6	28
29	23	6	23	6	15	3	25	13	7	28	27	20	23	26	30	28	15	23	32	35	8	21	2	5	29
30	22	5	22	5	14	2	24	12	6	27	26	19	22	25	29	27	14	22	31	34	7	20	1	4	30
31	21	4	21	4	13	1	23	11					21	24	28	26					6	19	33	3	31

229

1894

1894 TAG	JANUAR k	s	g	f	FEBRUAR k	s	g	f	MÄRZ k	s	g	f	APRIL k	s	g	f	MAI k	s	g	f	JUNI k	s	g	f	1894 TAG
1	5	18	32	2	20	15	1	9	15	15	6	19	7	12	8	26	23	10	11	34	15	7	13	3	1
2	4	17	31	1	19	14	33	8	14	14	5	18	6	11	7	25	22	9	10	33	14	6	12	2	2
3	3	16	30	38	18	13	32	7	13	13	4	17	5	10	6	24	21	8	9	32	13	5	11	1	3
4	2	15	29	37	17	12	31	6	12	12	3	16	4	9	5	23	20	7	8	31	12	4	10	38	4
5	1	14	28	36	16	11	30	5	11	11	2	15	3	8	4	22	19	6	7	30	11	3	9	37	5
6	23	13	27	35	15	10	29	4	10	10	1	14	2	7	3	21	18	5	6	29	10	2	8	36	6
7	22	12	26	34	14	9	28	3	9	9	33	13	1	6	2	20	17	4	5	28	9	1	7	35	7
8	21	11	25	33	13	8	27	2	8	8	32	12	23	5	1	19	16	3	4	27	8	28	6	34	8
9	20	10	24	32	12	7	26	1	7	7	31	11	22	4	33	18	15	2	3	26	7	27	5	33	9
10	19	9	23	31	11	6	25	38	6	6	30	10	21	3	32	17	14	1	2	25	6	26	4	32	10
11	18	8	22	30	10	5	24	37	5	5	29	9	20	2	31	16	13	28	1	24	5	25	3	31	11
12	17	7	21	29	9	4	23	36	4	4	28	8	19	1	30	15	12	27	33	23	4	24	2	30	12
13	16	6	20	28	8	3	22	35	3	3	27	7	18	28	29	14	11	26	32	22	3	23	1	29	13
14	15	5	19	27	7	2	21	34	2	2	26	6	17	27	28	13	10	25	31	21	2	22	33	28	14
15	14	4	18	26	6	1	20	33	1	1	25	5	16	26	27	12	9	24	30	20	1	21	32	27	15
16	13	3	17	25	5	28	19	32	23	28	24	4	15	25	26	11	8	23	29	19	23	20	31	26	16
17	12	2	16	24	4	27	18	31	22	27	23	3	14	24	25	10	7	22	28	18	22	19	30	25	17
18	11	1	15	23	3	26	17	30	21	26	22	2	13	23	24	9	6	21	27	17	21	18	29	24	18
19	10	28	14	22	2	25	16	29	20	25	21	1	12	22	23	8	5	20	26	16	20	17	28	23	19
20	9	27	13	21	1	24	15	28	19	24	20	38	11	21	22	7	4	19	25	15	19	16	27	22	20
21	8	26	12	20	23	23	14	27	18	23	19	37	10	20	21	6	3	18	24	14	18	15	26	21	21
22	7	25	11	19	22	22	13	26	17	22	18	36	9	19	20	5	2	17	23	13	17	14	25	20	22
23	6	24	10	18	21	21	12	25	16	21	17	35	8	18	19	4	1	16	22	12	16	13	24	19	23
24	5	23	9	17	20	20	11	24	15	20	16	34	7	17	18	3	23	15	21	11	15	12	23	18	24
25	4	22	8	16	19	19	10	23	14	19	15	33	6	16	17	2	22	14	20	10	14	11	22	17	25
26	3	21	7	15	18	18	9	22	13	18	14	32	5	15	16	1	21	13	19	9	13	10	21	16	26
27	2	20	6	14	17	17	8	21	12	17	13	31	4	14	15	38	20	12	18	8	12	9	20	15	27
28	1	19	5	13	16	16	7	20	11	16	12	30	3	13	14	37	19	11	17	7	11	8	19	14	28
29	23	18	4	12					10	15	11	29	2	12	13	36	18	10	16	6	10	7	18	13	29
30	22	17	3	11					9	14	10	28	1	11	12	35	17	9	15	5	9	6	17	12	30
31	21	16	2	10					8	13	9	27					16	8	14	4					31

1894 TAG	JULI k	s	g	f	AUGUST k	s	g	f	SEPTEMBER k	s	g	f	OKTOBER k	s	g	f	NOVEMBER k	s	g	f	DEZEMBER k	s	g	f	1894 TAG
1	8	5	16	11	23	2	18	18	15	27	20	25	8	25	23	33	23	22	25	2	16	20	28	10	1
2	7	4	15	10	22	1	17	17	14	26	19	24	7	24	22	32	22	21	24	1	15	19	27	9	2
3	6	3	14	9	21	28	16	16	13	25	18	23	6	23	21	31	21	20	23	38	14	18	26	8	3
4	5	2	13	8	20	27	15	15	12	24	17	22	5	22	20	30	20	19	22	37	13	17	25	7	4
5	4	1	12	7	19	26	14	14	11	23	16	21	4	21	19	29	19	18	21	36	12	16	24	6	5
6	3	28	11	6	18	25	13	13	10	22	15	20	3	20	18	28	18	17	20	35	11	15	23	5	6
7	2	27	10	5	17	24	12	12	9	21	14	19	2	19	17	27	17	16	19	34	10	14	22	4	7
8	1	26	9	4	16	23	11	11	8	20	13	18	1	18	16	26	16	15	18	33	9	13	21	3	8
9	23	25	8	3	15	22	10	10	7	19	12	17	23	17	15	25	15	14	17	32	8	12	20	2	9
10	22	24	7	2	14	21	9	9	6	18	11	16	22	16	14	24	14	13	16	31	7	11	19	1	10
11	21	23	6	1	13	20	8	8	5	17	10	15	21	15	13	23	13	12	15	30	6	10	18	38	11
12	20	22	5	38	12	19	7	7	4	16	9	14	20	14	12	22	12	11	14	29	5	9	17	37	12
13	19	21	4	37	11	18	6	6	3	15	8	13	19	13	11	21	11	10	13	28	4	8	16	36	13
14	18	20	3	36	10	17	5	5	2	14	7	12	18	12	10	20	10	9	12	27	3	7	15	35	14
15	17	19	2	35	9	16	4	4	1	13	6	11	17	11	9	19	9	8	11	26	2	6	14	34	15
16	16	18	1	34	8	15	3	3	23	12	5	10	16	10	8	18	8	7	10	25	1	5	13	33	16
17	15	17	33	33	7	14	2	2	22	11	4	9	15	9	7	17	7	6	9	24	23	4	12	32	17
18	14	16	32	32	6	13	1	1	21	10	3	8	14	8	6	16	6	5	8	23	22	3	11	31	18
19	13	15	31	31	5	12	33	38	20	9	2	7	13	7	5	15	5	4	7	22	21	2	10	30	19
20	12	14	30	30	4	11	32	37	19	8	1	6	12	6	4	14	4	3	6	21	20	1	9	29	20
21	11	13	29	29	3	10	31	36	18	7	33	5	11	5	3	13	3	2	5	20	19	28	8	28	21
22	10	12	28	28	2	9	30	35	17	6	32	4	10	4	2	12	2	1	4	19	18	27	7	27	22
23	9	11	27	27	1	8	29	34	16	5	31	3	9	3	1	11	1	28	3	18	17	26	6	26	23
24	8	10	26	26	23	7	28	33	15	4	30	2	8	2	33	10	23	27	2	17	16	25	5	25	24
25	7	9	25	25	22	6	27	32	14	3	29	1	7	1	32	9	22	26	1	16	15	24	4	24	25
26	6	8	24	24	21	5	26	31	13	2	28	38	6	27	31	8	21	25	33	15	14	23	3	23	26
27	5	7	23	23	20	4	25	30	12	1	27	37	5	26	30	7	20	24	32	14	13	22	2	22	27
28	4	6	22	22	19	3	24	29	11	28	26	36	4	25	29	6	19	23	31	13	12	21	1	21	28
29	3	5	21	21	18	2	23	28	10	27	25	35	3	24	28	5	18	22	30	12	11	20	33	20	29
30	2	4	20	20	17	1	22	27	9	26	24	34	2	23	27	4	17	21	29	11	10	19	32	19	30
31	1	3	19	19	16	28	21	26					1	23	26	3					9	18	31	18	31

1895 TAG	JAN k	JAN s	JAN g	JAN f	FEB k	FEB s	FEB g	FEB f	MÄRZ k	MÄRZ s	MÄRZ g	MÄRZ f	APR k	APR s	APR g	APR f	MAI k	MAI s	MAI g	MAI f	JUNI k	JUNI s	JUNI g	JUNI f	1895 TAG
1	8	17	30	17	23	14	32	24	18	14	4	34	10	11	6	3	3	9	9	11	18	6	11	18	1
2	7	16	29	16	22	13	31	23	17	13	3	33	9	10	5	2	2	8	8	10	17	5	10	17	2
3	6	15	28	15	21	12	30	22	16	12	2	32	8	9	4	1	1	7	7	9	16	4	9	16	3
4	5	14	27	14	20	11	29	21	15	11	1	31	7	8	3	38	23	6	6	8	15	3	8	15	4
5	4	13	26	13	19	10	28	20	14	10	33	30	6	7	2	37	22	5	5	7	14	2	7	14	5
6	3	12	25	12	18	9	27	19	13	9	32	29	5	6	1	36	21	4	4	6	13	1	6	13	6
7	2	11	24	11	17	8	26	18	12	8	31	28	4	5	33	35	20	3	3	5	12	28	5	12	7
8	1	10	23	10	16	7	25	17	11	7	30	27	3	4	32	34	19	2	2	4	11	27	4	11	8
9	23	9	22	9	15	6	24	16	10	6	29	26	2	3	31	33	18	1	1	3	10	26	3	10	9
10	22	8	21	8	14	5	23	15	9	5	28	25	1	2	30	32	17	28	33	2	9	25	2	9	10
11	21	7	20	7	13	4	22	14	8	4	27	24	23	1	29	31	16	27	32	1	8	24	1	8	11
12	20	6	19	6	12	3	21	13	7	3	26	23	22	28	28	30	15	26	31	38	7	23	33	7	12
13	19	5	18	5	11	2	20	12	6	2	25	22	21	27	27	29	14	25	30	37	6	22	32	6	13
14	18	4	17	4	10	1	19	11	5	1	24	21	20	26	26	28	13	24	29	36	5	21	31	5	14
15	17	3	16	3	9	28	18	10	4	28	23	20	19	25	25	27	12	23	28	35	4	20	30	4	15
16	16	2	15	2	8	27	17	9	3	27	22	19	18	24	24	26	11	22	27	34	3	19	29	3	16
17	15	1	14	1	7	26	16	8	2	26	21	18	17	23	23	25	10	21	26	33	2	18	28	2	17
18	14	28	13	38	6	25	15	7	1	25	20	17	16	22	22	24	9	20	25	32	1	17	27	1	18
19	13	27	12	37	5	24	14	6	23	24	19	16	15	21	21	23	8	19	24	31	23	16	26	38	19
20	12	26	11	36	4	23	13	5	22	23	18	15	14	20	20	22	7	18	23	30	22	15	25	37	20
21	11	25	10	35	3	22	12	4	21	22	17	14	13	19	19	21	6	17	22	29	21	14	24	36	21
22	10	24	9	34	2	21	11	3	20	21	16	13	12	18	18	20	5	16	21	28	20	13	23	35	22
23	9	23	8	33	1	20	10	2	19	20	15	12	11	17	17	19	4	15	20	27	19	12	22	34	23
24	8	22	7	32	23	19	9	1	18	19	14	11	10	16	16	18	3	14	19	26	18	11	21	33	24
25	7	21	6	31	22	18	8	38	17	18	13	10	9	15	15	17	2	13	18	25	17	10	20	32	25
26	6	20	5	30	21	17	7	37	16	17	12	9	8	14	14	16	1	12	17	24	16	9	19	31	26
27	5	19	4	29	20	16	6	36	15	16	11	8	7	13	13	15	23	11	16	23	15	8	18	30	27
28	4	18	3	28	19	15	5	35	14	15	10	7	6	12	12	14	22	10	15	22	14	7	17	29	28
29	3	17	2	27					13	14	9	6	5	11	11	13	21	9	14	21	13	6	16	28	29
30	2	16	1	26					12	13	8	5	4	10	10	12	20	8	13	20	12	5	15	27	30
31	1	15	33	25					11	12	7	4					19	7	12	19					31

1895 TAG	JULI k	s	g	f	AUGUST k	s	g	f	SEPTEMBER k	s	g	f	OKTOBER k	s	g	f	NOVEMBER k	s	g	f	DEZEMBER k	s	g	f	1895 TAG
1	11	4	14	26	3	1	16	33	18	26	18	2	11	24	21	10	3	21	23	17	19	19	26	25	1
2	10	3	13	25	2	28	15	32	17	25	17	1	10	23	20	9	2	20	22	16	18	18	25	24	2
3	9	2	12	24	1	27	14	31	16	24	16	38	9	22	19	8	1	19	21	15	17	17	24	23	3
4	8	1	11	23	23	26	13	30	15	23	15	37	8	21	18	7	23	18	20	14	16	16	23	22	4
5	7	28	10	22	22	25	12	29	14	22	14	36	7	20	17	6	22	17	19	13	15	15	22	21	5
6	6	27	9	21	21	24	11	28	13	21	13	35	6	19	16	5	21	16	18	12	14	14	21	20	6
7	5	26	8	20	20	23	10	27	12	20	12	34	5	18	15	4	20	15	17	11	13	13	20	19	7
8	4	25	7	19	19	22	9	26	11	19	11	33	4	17	14	3	19	14	16	10	12	12	19	18	8
9	3	24	6	18	18	21	8	25	10	18	10	32	3	16	13	2	18	13	15	9	11	11	18	17	9
10	2	23	5	17	17	20	7	24	9	17	9	31	2	15	12	1	17	12	14	8	10	10	17	16	10
11	1	22	4	16	16	19	6	23	8	16	8	30	1	14	11	38	16	11	13	7	9	9	16	15	11
12	23	21	3	15	15	18	5	22	7	15	7	29	23	13	10	37	15	10	12	6	8	8	15	14	12
13	22	20	2	14	14	17	4	21	6	14	6	28	22	12	9	36	14	9	11	5	7	7	14	13	13
14	21	19	1	13	13	16	3	20	5	13	5	27	21	11	8	35	13	8	10	4	6	6	13	12	14
15	20	18	33	12	12	15	2	19	4	12	4	26	20	10	7	34	12	7	9	3	5	5	12	11	15
16	19	17	32	11	11	14	1	18	3	11	3	25	19	9	6	33	11	6	8	2	4	4	11	10	16
17	18	16	31	10	10	13	33	17	2	10	2	24	18	8	5	32	10	5	7	1	3	3	10	9	17
18	17	15	30	9	9	12	32	16	1	9	1	23	17	7	4	31	9	4	6	38	2	2	9	8	18
19	16	14	29	8	8	11	31	15	23	8	33	22	16	6	3	30	8	3	5	37	1	1	8	7	19
20	15	13	28	7	7	10	30	14	22	7	32	21	15	5	2	29	7	2	4	36	23	28	7	6	20
21	14	12	27	6	6	9	29	13	21	6	31	20	14	4	1	28	6	1	3	35	22	27	6	5	21
22	13	11	26	5	5	8	28	12	20	5	30	19	13	3	33	27	5	28	2	34	21	26	5	4	22
23	12	10	25	4	4	7	27	11	19	4	29	18	12	2	32	26	4	27	1	33	20	25	4	3	23
24	11	9	24	3	3	6	26	10	18	3	28	17	11	1	31	25	3	26	33	32	19	24	3	2	24
25	10	8	23	2	2	5	25	9	17	2	27	16	10	28	30	24	2	25	32	31	18	23	2	1	25
26	9	7	22	1	1	4	24	8	16	1	26	15	9	27	29	23	1	24	31	30	17	22	1	30	26
27	8	6	21	38	23	3	23	7	15	28	25	14	8	26	28	22	23	23	30	29	16	21	33	37	27
28	7	5	20	37	22	2	22	6	14	27	24	13	7	25	27	21	22	22	29	28	15	20	32	36	28
29	6	4	19	36	21	1	21	5	13	26	23	12	6	24	26	20	21	21	28	27	14	19	31	35	29
30	5	3	18	35	20	28	28	4	12	25	22	11	5	23	25	19	20	20	27	26	13	18	30	34	30
31	4	2	17	34	19	27	19	3					4	22	24	18					12	17	29	33	31

233

1896

1896 TAG	JANUAR k	s	g	f	FEBRUAR k	s	g	f	MÄRZ k	s	g	f	APRIL k	s	g	f	MAI k	s	g	f	JUNI k	s	g	f	1896 TAG
1	11	16	28	32	3	13	30	1	20	12	1	10	12	9	3	17	5	7	6	25	20	4	8	32	1
2	10	15	27	31	2	12	29	38	19	11	33	9	11	8	2	16	4	6	5	24	19	3	7	31	2
3	9	14	26	30	1	11	28	37	18	10	32	8	10	7	1	15	3	5	4	23	18	2	6	30	3
4	8	13	25	29	23	10	27	36	17	9	31	7	9	6	33	14	2	4	3	22	17	1	5	29	4
5	7	12	24	28	22	9	26	35	16	8	30	6	8	5	32	13	1	3	2	21	16	28	4	28	5
6	6	11	23	27	21	8	25	34	15	7	29	5	7	4	31	12	23	2	1	20	15	27	3	27	6
7	5	10	22	26	20	7	24	33	14	6	28	4	6	3	30	11	22	1	33	19	14	26	2	26	7
8	4	9	21	25	19	6	23	32	13	5	27	3	5	2	29	10	21	28	32	18	13	25	1	25	8
9	3	8	20	24	18	5	22	31	12	4	26	2	4	1	28	9	20	27	31	17	12	24	33	24	9
10	2	7	19	23	17	4	21	30	11	3	25	1	3	28	27	8	19	26	30	16	11	23	32	23	10
11	1	6	18	22	16	3	20	29	10	2	24	38	2	27	26	7	18	25	29	15	10	22	31	22	11
12	23	5	17	21	15	2	19	28	9	1	23	37	1	26	25	6	17	24	28	14	9	21	30	21	12
13	22	4	16	20	14	1	18	27	8	28	22	36	23	25	24	5	16	23	27	13	8	20	29	20	13
14	21	3	15	19	13	28	17	26	7	27	21	35	22	24	23	4	15	22	26	12	7	19	28	19	14
15	20	2	14	18	12	27	16	25	6	26	20	34	21	23	22	3	14	21	25	11	6	18	27	18	15
16	19	1	13	17	11	26	15	24	5	25	19	33	20	22	21	2	13	20	24	10	5	17	26	17	16
17	18	28	12	16	10	25	14	23	4	24	18	32	19	21	20	1	12	19	23	9	4	16	25	16	17
18	17	27	11	15	9	24	13	22	3	23	17	31	18	20	19	38	11	18	22	8	3	15	24	15	18
19	16	26	10	14	8	23	12	21	2	22	16	30	17	19	18	37	10	17	21	7	2	14	23	14	19
20	15	25	9	13	7	22	11	20	1	21	15	29	16	18	17	36	9	16	20	6	1	13	22	13	20
21	14	24	8	12	6	21	10	19	23	20	14	28	15	17	16	35	8	15	19	5	23	12	21	12	21
22	13	23	7	11	5	20	9	18	22	19	13	27	14	16	15	34	7	14	18	4	22	11	20	11	22
23	12	22	6	10	4	19	8	17	21	18	12	26	13	15	14	33	6	13	17	3	21	10	19	10	23
24	11	21	5	9	3	18	7	16	20	17	11	25	12	14	13	32	5	12	16	2	20	9	18	9	24
25	10	20	4	8	2	17	6	15	19	16	10	24	11	13	12	31	4	11	15	1	19	8	17	8	25
26	9	19	3	7	1	16	5	14	18	15	9	23	10	12	11	30	3	10	14	38	18	7	16	7	26
27	8	18	2	6	23	15	4	13	17	14	8	22	9	11	10	29	2	9	13	37	17	6	15	6	27
28	7	17	1	5	22	14	3	12	16	13	7	21	8	10	9	28	1	8	12	36	16	5	14	5	28
29	6	16	33	4	21	13	2	11	15	12	6	20	7	9	8	27	23	7	11	35	15	4	13	4	29
30	5	15	32	3					14	11	5	19	6	8	7	26	22	6	10	34	14	3	12	3	30
31	4	14	31	2					13	10	4	18					21	5	9	33					31

234

1896 TAG	JULI k	s	g	f	AUGUST k	s	g	f	SEPTEMBER k	s	g	f	OKTOBER k	s	g	f	NOVEMBER k	s	g	f	DEZEMBER k	s	g	f	1896 TAG
1	13	2	11	2	5	27	13	9	20	24	15	16	13	22	18	24	5	19	20	31	21	17	23	1	1
2	12	1	10	1	4	26	12	8	19	23	14	15	12	21	17	23	4	18	19	30	20	16	22	38	2
3	11	28	9	38	3	25	11	7	18	22	13	14	11	20	16	22	3	17	18	29	19	15	21	37	3
4	10	27	8	37	2	24	10	6	17	21	12	13	10	19	15	21	2	16	17	28	18	14	20	36	4
5	9	26	7	36	1	23	9	5	16	20	11	12	9	18	14	20	1	15	16	27	17	13	19	35	5
6	8	25	6	35	23	22	8	4	15	19	10	11	8	17	13	19	23	14	15	26	16	12	18	34	6
7	7	24	5	34	22	21	7	3	14	18	9	10	7	16	12	18	22	13	14	25	15	11	17	33	7
8	6	23	4	33	21	20	6	2	13	17	8	9	6	15	11	17	21	12	13	24	14	10	16	32	8
9	5	22	3	32	20	19	5	1	12	16	7	8	5	14	10	16	20	11	12	23	13	9	15	31	9
10	4	21	2	31	19	18	4	38	11	15	6	7	4	13	9	15	19	10	11	22	12	8	14	30	10
11	3	20	1	30	18	17	3	37	10	14	5	6	3	12	8	14	18	9	10	21	11	7	13	29	11
12	2	19	33	29	17	16	2	36	9	13	4	5	2	11	7	13	17	8	9	20	10	6	12	28	12
13	1	18	32	28	16	15	1	35	8	12	3	4	1	10	6	12	16	7	8	19	9	5	11	27	13
14	23	17	31	27	15	14	33	34	7	11	2	3	23	9	5	11	15	6	7	18	8	4	10	26	14
15	22	16	30	26	14	13	32	33	6	10	1	2	22	8	4	10	14	5	6	17	7	3	9	25	15
16	21	15	29	25	13	12	31	32	5	9	33	1	21	7	3	9	13	4	5	16	6	2	8	24	16
17	20	14	28	24	12	11	30	31	4	8	32	38	20	6	2	8	12	3	4	15	5	1	7	23	17
18	19	13	27	23	11	10	29	30	3	7	31	37	19	5	1	7	11	2	3	14	4	28	6	22	18
19	18	12	26	22	10	9	28	29	2	6	30	36	18	4	33	6	10	1	2	13	3	27	5	21	19
20	17	11	25	21	9	8	27	28	1	5	29	35	17	3	32	5	9	28	1	12	2	26	4	20	20
21	16	10	24	20	8	7	26	27	23	4	28	34	16	2	31	4	8	27	33	11	1	25	3	19	21
22	15	9	23	19	7	6	25	26	22	3	27	33	15	1	30	3	7	26	32	10	23	24	2	18	22
23	14	8	22	18	6	5	24	25	21	2	26	32	14	28	29	2	6	25	31	9	22	23	1	17	23
24	13	7	21	17	5	4	23	24	20	1	25	31	13	27	28	1	5	24	30	8	21	22	33	16	24
25	12	6	20	16	4	3	22	23	19	28	24	30	12	26	27	38	4	23	29	7	20	21	32	15	25
26	11	5	19	15	3	2	21	22	18	27	23	29	11	25	26	37	3	22	28	6	19	20	31	14	26
27	10	4	18	14	2	1	20	21	17	26	22	28	10	24	25	36	2	21	27	5	18	19	30	13	27
28	9	3	17	13	1	28	19	20	16	25	21	27	9	23	24	35	1	20	26	4	17	18	29	12	28
29	8	2	16	12	23	27	18	19	15	24	20	26	8	22	23	34	23	19	25	3	16	17	28	11	29
30	7	1	15	11	22	26	17	18	14	23	19	25	7	21	22	33	22	18	24	2	15	16	27	10	30
31	6	28	14	10	21	25	16	17					6	20	21	32					14	15	26	9	31

1897

1897 TAG	JUNI k	s	g	f	MAI k	s	g	f	APRIL k	s	g	f	MÄRZ k	s	g	f	FEBRUAR k	s	g	f	JANUAR k	s	g	f	1897 TAG
1	23	3	6	9	8	6	4	2	15	8	1	32	23	11	32	25	5	11	27	15	13	14	25	8	1
2	22	2	5	8	7	5	3	1	14	7	33	31	22	10	31	24	4	10	26	14	12	13	24	7	2
3	21	1	4	7	6	4	2	38	13	6	32	30	21	9	30	23	3	9	25	13	11	12	23	6	3
4	20	28	3	6	5	3	1	37	12	5	31	29	20	8	29	22	2	8	24	12	10	11	22	5	4
5	19	27	2	5	4	2	33	36	11	4	30	28	19	7	28	21	1	7	23	11	9	10	21	4	5
6	18	26	1	4	3	1	32	35	10	3	29	27	18	6	27	20	23	6	22	10	8	9	20	3	6
7	17	25	33	3	2	28	31	34	9	2	28	26	17	5	26	19	22	5	21	9	7	8	19	2	7
8	16	24	32	2	1	27	30	33	8	1	27	25	16	4	25	18	21	4	20	8	6	7	18	1	8
9	15	23	31	1	23	26	29	32	7	28	26	24	15	3	24	17	20	3	19	7	5	6	17	38	9
10	14	22	30	38	22	25	28	31	6	27	25	23	14	2	23	16	19	2	18	6	4	5	16	37	10
11	13	21	29	37	21	24	27	30	5	26	24	22	13	1	22	15	18	1	17	5	3	4	15	36	11
12	12	20	28	36	20	23	26	29	4	25	23	21	12	28	21	14	17	28	16	4	2	3	14	35	12
13	11	19	27	35	19	22	25	28	3	24	22	20	11	27	20	13	16	27	15	3	1	2	13	34	13
14	10	18	26	34	18	21	24	27	2	23	21	19	10	26	19	12	15	26	14	2	23	1	12	33	14
15	9	17	25	33	17	20	23	26	1	22	20	18	9	25	18	11	14	25	13	1	22	23	11	32	15
16	8	16	24	32	16	19	22	25	23	21	19	17	8	24	17	10	13	24	12	38	21	22	10	31	16
17	7	15	23	31	15	18	21	24	22	20	18	16	7	23	16	9	12	23	11	37	20	21	9	30	17
18	6	14	22	30	14	17	20	23	21	19	17	15	6	22	15	8	11	22	10	36	19	20	8	29	18
19	5	13	21	29	13	16	19	22	20	18	16	14	5	21	14	7	10	21	9	35	18	19	7	28	19
20	4	12	20	28	12	15	18	21	19	17	15	13	4	20	13	6	9	20	8	34	17	18	6	27	20
21	3	11	19	27	11	14	17	20	18	16	14	12	3	19	12	5	8	19	7	33	16	17	5	26	21
22	2	10	18	26	10	13	16	19	17	15	13	11	2	18	11	4	7	18	6	32	15	16	4	25	22
23	1	9	17	25	9	12	15	18	16	14	12	10	1	17	10	3	6	17	5	31	14	15	3	24	23
24	23	8	16	24	8	11	14	17	15	13	11	9	23	16	9	2	5	16	4	30	13	14	2	23	24
25	22	7	15	23	7	10	13	16	14	12	10	8	22	15	8	1	4	15	3	29	12	13	1	22	25
26	21	6	14	22	6	9	12	15	13	11	9	7	21	14	7	38	3	14	2	28	11	12	33	21	26
27	20	5	13	21	5	8	11	14	12	10	8	6	20	13	6	37	2	13	1	27	10	11	32	20	27
28	19	4	12	20	4	7	10	13	11	9	7	5	19	12	5	36	1	12	33	26	9	10	31	19	28
29	18	3	11	19	3	6	9	12	10	8	6	4	18	11	4	35					8	14	30	18	29
30	17	2	10	18	2	5	8	11	9	7	5	3	17	10	3	34					7	13	29	17	30
31					1	4	7	10					16	9	2	33					6	12	28	16	31

1897 TAG	JULI k	s	g	f	AUGUST k	s	g	f	SEPTEMBER k	s	g	f	OKTOBER k	s	g	f	NOVEMBER k	s	g	f	DEZEMBER k	s	g	f	1897 TAG
1	16	1	9	17	8	26	11	24	23	23	13	31	16	21	16	1	8	18	18	8	1	16	21	16	1
2	15	28	8	16	7	25	10	23	22	22	12	30	15	20	15	38	7	17	17	7	23	15	20	15	2
3	14	27	7	15	6	24	9	22	21	21	11	29	14	19	14	37	6	16	16	6	22	14	19	14	3
4	13	26	6	14	5	23	8	21	20	20	10	28	13	18	13	36	5	15	15	5	21	13	18	13	4
5	12	25	5	13	4	22	7	20	19	19	9	27	12	17	12	35	4	14	14	4	20	12	17	12	5
6	11	24	4	12	3	21	6	19	18	18	8	26	11	16	11	34	3	13	13	3	19	11	16	11	6
7	10	23	3	11	2	20	5	18	17	17	7	25	10	15	10	33	2	12	12	2	18	10	15	10	7
8	9	22	2	10	1	19	4	17	16	16	6	24	9	14	9	32	1	11	11	1	17	9	14	9	8
9	8	21	1	9	23	18	3	16	15	15	5	23	8	13	8	31	23	10	10	38	16	8	13	8	9
10	7	20	33	8	22	17	2	15	14	14	4	22	7	12	7	30	22	9	9	37	15	7	12	7	10
11	6	19	32	7	21	16	1	14	13	13	3	21	6	11	6	29	21	8	8	36	14	6	11	6	11
12	5	18	31	6	20	15	33	13	12	12	2	20	5	10	5	28	20	7	7	35	13	5	10	5	12
13	4	17	30	5	19	14	32	12	11	11	1	19	4	9	4	27	19	6	6	34	12	4	9	4	13
14	3	16	29	4	18	13	31	11	10	10	33	18	3	8	3	26	18	5	5	33	11	3	8	3	14
15	2	15	28	3	17	12	30	10	9	9	32	17	2	7	2	25	17	4	4	32	10	2	7	2	15
16	1	14	27	2	16	11	29	9	8	8	31	16	1	6	1	24	16	3	3	31	9	1	6	1	16
17	23	13	26	1	15	10	28	8	7	7	30	15	23	5	33	23	15	2	2	30	8	28	5	38	17
18	22	12	25	38	14	9	27	7	6	6	29	14	22	4	32	22	14	1	1	29	7	27	4	37	18
19	21	11	24	37	13	8	26	6	5	5	28	13	21	3	31	21	13	28	33	28	6	26	3	36	19
20	20	10	23	36	12	7	25	5	4	4	27	12	20	2	30	20	12	27	32	27	5	25	2	35	20
21	19	9	22	35	11	6	24	4	3	3	26	11	19	1	29	19	11	26	31	26	4	24	1	34	21
22	18	8	21	34	10	5	23	3	2	2	25	10	18	28	28	18	10	25	30	25	3	23	33	33	22
23	17	7	20	33	9	4	22	2	1	1	24	9	17	27	27	17	9	24	29	24	2	22	32	32	23
24	16	6	19	32	8	3	21	1	23	28	23	8	16	26	26	16	8	23	28	23	1	21	31	31	24
25	15	5	18	31	7	2	20	38	22	27	22	7	15	25	25	15	7	22	27	22	23	20	30	30	25
26	14	4	17	30	6	1	19	37	21	26	21	6	14	24	24	14	6	21	26	21	22	19	29	29	26
27	13	3	16	29	5	28	18	36	20	25	20	5	13	23	23	13	5	20	25	20	21	18	28	28	27
28	12	2	15	28	4	27	17	35	19	24	19	4	12	22	22	12	4	19	24	19	20	17	27	27	28
29	11	1	14	27	3	26	16	34	18	23	18	3	11	21	21	11	3	18	23	18	19	16	26	26	29
30	10	28	13	26	2	25	15	33	17	22	17	2	10	20	20	10	2	17	22	17	18	15	25	25	30
31	9	27	12	25	1	24	14	32					9	19	19	9					17	14	24	24	31

1898

1898 TAG	JANUAR k	s	g	f	FEBRUAR k	s	g	f	MÄRZ k	s	g	f	APRIL k	s	g	f	MAI k	s	g	f	JUNI k	s	g	f	1898 TAG
1	16	13	23	23	8	10	25	30	3	10	30	2	18	7	32	9	11	5	2	17	3	2	4	24	1
2	15	12	22	22	7	9	24	29	2	9	29	1	17	6	31	8	10	4	1	16	2	1	3	23	2
3	14	11	21	21	6	8	23	28	1	8	28	38	16	5	30	7	9	3	33	15	1	28	2	22	3
4	13	10	20	20	5	7	22	27	23	7	27	37	15	4	29	6	8	2	32	13	23	27	1	21	4
5	12	9	19	19	4	6	21	26	22	6	26	36	14	3	28	5	7	1	31	13	22	26	33	20	5
6	11	8	18	18	3	5	20	25	21	5	25	35	13	2	27	4	6	28	30	12	21	25	32	19	6
7	10	7	17	17	2	4	19	24	20	4	24	34	12	1	26	3	5	27	29	11	20	24	31	18	7
8	9	6	16	16	1	3	18	23	19	3	23	33	11	28	25	2	4	26	28	10	19	23	30	17	8
9	8	5	15	15	23	2	17	22	18	2	22	32	10	27	24	1	3	25	27	9	18	22	29,16	16	9
10	7	4	14	14	22	1	16	21	17	1	21	31	9	26	23	38	1	24	26	8	17	21	28	15	10
11	6	3	13	13	21	28	15	20	16	28	20	30	8	25	22	37	23	23	25	7	16	20	27	14	11
12	5	2	12	12	20	27	14	19	15	27	19	29	7	24	21	36	22	22	24	6	15	19	26	13	12
13	4	1	11	11	19	26	13	18	14	26	18	28	6	23	20	35	21	21	23	5	14	18	25	12	13
14	3	28	10	10	18	25	12	17	13	25	17	27	5	22	19	34	20	20	22	4	13	17	24	11	14
15	2	27	9	9	17	24	11	16	12	24	16	26	4	21	18	33	19	19	21	3	12	16	23	10	15
16	1	26	8	8	16	23	10	15	11	23	15	25	3	20	17	32	18	18	20	2	11	15	22	9	16
17	23	25	7	7	15	22	9	14	10	22	14	24	2	19	16	31	17	17	19	1	10	14	21	8	17
18	22	24	6	6	14	21	8	13	9	21	13	23	1	18	15	30	16	16	18	38	9	13	20	7	18
19	21	23	5	5	13	20	7	12	8	20	12	22	23	17	14	29	15	15	17	37	8	12	19	6	19
20	20	22	4	4	12	19	6	11	7	19	11	21	22	16	13	28	14	14	16	36	7	11	18	5	20
21	19	21	3	3	11	18	5	10	6	18	10	20	21	15	12	27	13	13	15	35	6	10	17	4	21
22	18	20	2	2	10	17	4	9	5	17	9	19	20	14	11	26	12	12	14	34	5	9	16	3	22
23	17	19	1	1	9	16	3	8	4	16	8	18	19	13	10	25	11	11	13	33	4	8	15	2	23
24	16	18	33	38	8	15	2	7	3	15	7	17	18	12	9	24	10	10	12	32	3	7	14	1	24
25	15	17	32	37	7	14	1	6	2	14	6	16	17	11	8	23	9	9	11	31	2	6	13	38	25
26	14	16	31	36	6	13	33	5	1	13	5	15	16	10	7	22	8	8	10	30	1	5	12	37	26
27	13	15	30	35	5	12	32	4	23	12	4	14	15	9	6	21	7	7	9	29	23	4	11	36	27
28	12	14	29	34	4	11	31	3	22	11	3	13	14	8	5	20	6	6	8	28	22	3	10	35	28
29	11	13	28	33					21	10	2	12	13	7	4	19	5	5	7	27	21	2	9	34	29
30	10	12	27	32					20	9	1	11	12	6	3	18	4	4	6	26	20	1	8	33	30
31	9	11	26	31					19	8	33	10					3	3	5	25					31

1898 TAG	JULI k	s	g	f	AUGUST k	s	g	f	SEPTEMBER k	s	g	f	OKTOBER k	s	g	f	NOVEMBER k	s	g	f	DEZEMBER k	s	g	f	1898 TAG
1	19	28	7	32	11	25	9	1	3	22	11	8	19	20	14	16	11	17	16	23	4	15	19	31	1
2	18	27	6	31	10	24	8	38	2	21	10	7	18	19	13	15	10	16	15	22	3	14	18	30	2
3	17	26	5	30	9	23	7	37	1	20	9	6	17	18	12	14	9	15	14	21	2	13	17	29	3
4	16	25	4	29	8	22	6	36	23	19	8	5	16	17	11	13	8	14	13	20	1	12	16	28	4
5	15	24	3	28	7	21	5	35	22	18	7	4	15	16	10	12	7	13	12	19	23	11	15	27	5
6	14	23	2	27	6	20	4	34	21	17	6	3	14	15	9	11	6	12	11	18	22	10	14	26	6
7	13	22	1	26	5	19	3	33	20	16	5	2	13	14	8	10	5	11	10	17	21	9	13	25	7
8	12	21	33	25	4	18	2	32	19	15	4	1	12	13	7	9	4	10	9	16	20	8	12	24	8
9	11	20	32	24	3	17	1	31	18	14	3	38	11	12	6	8	3	9	8	15	19	7	11	23	9
10	10	19	31	23	2	16	33	30	17	13	2	37	10	11	5	7	2	8	7	14	18	6	10	22	10
11	9	18	30	22	1	15	32	29	16	12	1	36	9	10	4	6	1	7	6	13	17	5	9	21	11
12	8	17	29	21	23	14	31	28	15	11	33	35	8	9	3	5	23	6	5	12	16	4	8	20	12
13	7	16	28	20	22	13	30	27	14	10	32	34	7	8	2	4	22	5	4	11	15	3	7	19	13
14	6	15	27	19	21	12	29	26	13	9	31	33	6	7	1	3	21	4	3	10	14	2	6	18	14
15	5	14	26	18	20	11	28	25	12	8	30	32	5	6	33	2	20	3	2	9	13	1	5	17	15
16	4	13	25	17	19	10	27	24	11	7	29	31	4	5	32	1	19	2	1	8	12	28	4	16	16
17	3	12	24	16	18	9	26	23	10	6	28	30	3	4	31	38	18	1	33	7	11	27	3	15	17
18	2	11	23	15	17	8	25	22	9	5	27	29	2	3	30	37	17	28	32	6	10	26	2	14	18
19	1	10	22	14	16	7	24	21	8	4	26	28	1	2	29	36	16	27	31	5	9	25	1	13	19
20	23	9	21	13	15	6	23	20	7	3	25	27	23	1	28	35	15	26	30	4	8	24	33	12	20
21	22	8	20	12	14	5	22	19	6	2	24	26	22	28	27	34	14	25	29	3	7	23	32	11	21
22	21	7	19	11	13	4	21	18	5	1	23	25	21	27	26	33	13	24	28	2	6	22	31	10	22
23	20	6	18	10	12	3	20	17	4	28	22	24	20	26	25	32	12	23	27	1	5	21	30	9	23
24	19	5	17	9	11	2	19	16	3	27	21	23	19	25	24	31	11	22	26	38	4	20	29	8	24
25	18	4	16	8	10	1	18	15	2	26	20	22	18	24	23	30	10	21	25	37	3	19	28	7	25
26	17	3	15	7	9	28	17	14	1	25	19	21	17	23	22	29	9	20	24	36	2	18	27	6	26
27	16	2	14	6	8	27	16	13	23	24	18	20	16	22	21	28	8	19	23	35	1	17	26	5	27
28	15	1	13	5	7	26	15	12	22	23	17	19	15	21	20	27	7	18	22	34	23	16	25	4	28
29	14	28	12	4	6	25	14	11	21	22	16	18	14	20	19	26	6	17	21	33	22	15	24	3	29
30	13	27	11	3	5	24	13	10	20	21	15	17	13	19	18	25	5	16	20	32	21	14	23	2	30
31	12	26	10	2	4	23	12	9					12	18	17	24					20	13	22	1	31

1899

1899 TAG	JANUAR k	s	g	f	FEBRUAR k	s	g	f	MÄRZ k	s	g	f	APRIL k	s	g	f	MAI k	s	g	f	JUNI k	s	g	f	1899 TAG
1	19	12	21	38	11	9	23	7	6	6	28	17	21	6	30	24	14	4	33	32	6	1	2	1	1
2	18	11	20	37	10	8	22	6	5	5	27	16	20	5	29	23	13	3	32	31	5	28	1	38	2
3	17	10	19	36	9	7	21	5	4	4	26	15	19	4	28	22	12	2	31	30	4	27	33	37	3
4	16	9	18	35	8	6	20	4	3	3	25	14	18	3	27	21	11	1	30	29	3	26	32	36	4
5	15	8	17	34	7	5	19	3	2	2	24	13	17	2	26	20	10	28	29	28	2	25	31	35	5
6	14	7	16	33	6	4	18	2	1	1	23	12	16	1	25	19	9	27	28	27	1	24	30	34	6
7	13	6	15	32	5	3	17	1	23	23	22	11	15	28	24	18	8	26	27	26	23	23	29	33	7
8	12	5	14	31	4	2	16	38	22	22	21	10	14	27	23	17	7	25	26	25	22	22	28	32	8
9	11	4	13	30	3	1	15	37	21	21	20	9	13	26	22	16	6	24	25	24	21	21	27	31	9
10	10	3	12	29	2	28	14	36	20	28	19	8	12	25	21	15	5	23	24	23	20	20	26	30	10
11	9	2	11	28	1	27	13	35	19	27	18	7	11	24	20	14	4	22	23	22	19	19	25	29	11
12	8	1	10	27	23	26	12	33	18	26	17	6	10	23	19	13	3	21	22	21	18	18	24	28	12
13	7	28	9	26	22	25	11	33	17	25	16	5	9	22	18	12	2	20	21	20	17	17	23	27	13
14	6	27	8	25	21	24	10	32	16	24	15	4	8	21	17	11	23	19	20	19	16	16	22	26	14
15	5	26	7	24	20	23	9	31	15	23	14	3	7	20	16	10	22	18	19	18	15	15	21	25	15
16	4	25	6	23	19	22	8	30	14	22	13	2	6	18	15	9	21	16	17	16	14	14	20	24	16
17	3	24	5	22	18	21	7	29	13	21	12	1	5	18	14	8	20	16	17	16	13	13	19	23	17
18	2	23	4	21	17	20	6	28	12	20	11	38	4	17	13	7	19	15	16	15	12	12	18	22	18
19	1	22	3	20	16	19	5	27	11	19	10	37	3	16	12	6	18	14	15	14	11	11	17	21	19
20	23	21	2	19	15	18	4	26	10	18	9	36	2	15	11	5	18	13	14	13	10	10	16	20	20
21	22	20	1	18	14	17	3	25	9	17	8	35	1	14	10	4	17	12	13	12	9	9	15	19	21
22	21	19	33	17	13	16	2	24	8	16	7	34	23	13	9	3	16	11	12	11	8	8	14	18	22
23	20	18	32	16	12	15	1	23	7	15	6	33	22	12	8	2	15	10	11	10	7	7	13	17	23
24	19	17	31	15	11	14	33	22	6	14	5	32	21	11	7	1	14	9	10	9	6	6	12	16	24
25	18	16	30	14	10	13	32	21	5	13	4	31	20	10	6	38	13	8	9	8	5	5	11	15	25
26	17	15	29	13	9	12	31	20	4	12	3	30	19	9	5	37	12	7	8	7	4	4	10	14	26
27	16	14	28	12	8	11	30	19	3	11	2	29	18	8	4	36	11	6	7	6	3	3	9	13	27
28	15	13	27	11	7	10	29	18	2	10	1	28	17	7	3	35	10	5	6	5	2	2	8	12	28
29	14	12	26	10					1	9	33	27	16	6	2	34	9	4	5	4	1	1	7	11	29
30	13	11	25	9					23	8	32	26	15	5	1	33	8	3	4	3	23	23	6	10	30
31	12	10	24	8					22	7	31	25					7	2	3	2					31

1899 TAG	JULI k	s	g	f	AUGUST k	s	g	f	SEPTEMBER k	s	g	f	OKTOBER k	s	g	f	NOVEMBER k	s	g	f	DEZEMBER k	s	g	f	1899 TAG
1	22	27	5	9	14	24	7	16	6	21	9	23	22	19	12	31	14	16	14	38	7	14	17	8	1
2	21	26	4	8	13	23	6	15	5	20	8	22	21	18	11	30	13	15	13	37	6	13	16	7	2
3	20	25	3	7	12	22	5	14	4	19	7	21	20	17	10	29	12	14	12	36	5	12	15	6	3
4	19	24	2	6	11	21	4	13	3	18	6	20	19	16	9	28	11	13	11	35	4	11	14	5	4
5	18	23	1	5	10	20	3	12	2	17	5	19	18	15	8	27	10	12	10	34	3	10	13	4	5
6	17	22	33	4	9	19	2	11	1	16	4	18	17	14	7	26	9	11	9	33	2	9	12	3	6
7	16	21	32	3	8	18	1	10	23	15	3	17	16	13	6	25	8	10	8	32	1	8	11	2	7
8	15	20	31	2	7	17	33	9	22	14	2	16	15	12	5	24	7	9	7	31	23	7	10	1	8
9	14	19	30	1	6	16	32	8	21	13	1	15	14	11	4	23	6	8	6	30	22	6	9	38	9
10	13	18	29	38	5	15	31	7	20	12	33	14	13	10	3	22	5	7	5	29	21	5	8	37	10
11	12	17	28	37	4	14	30	6	19	11	32	13	12	9	2	21	4	6	4	28	20	4	7	36	11
12	11	16	27	36	3	13	29	5	18	10	31	12	11	8	1	20	3	5	3	27	19	3	6	35	12
13	10	15	26	35	2	12	28	4	17	9	30	11	10	7	33	19	2	4	2	26	18	2	5	34	13
14	9	14	25	34	1	11	27	3	16	8	29	10	9	6	32	18	1	3	1	25	17	1	4	33	14
15	8	13	24	33	23	10	26	2	15	7	28	9	8	5	31	17	23	2	33	24	16	28	3	32	15
16	7	12	23	32	22	9	25	1	14	6	27	8	7	4	30	16	22	1	32	23	15	27	2	31	16
17	6	11	22	31	21	8	24	38	13	5	26	7	6	3	29	15	21	28	31	22	14	26	1	30	17
18	5	10	21	30	20	7	23	37	12	4	25	6	5	2	28	14	20	27	30	21	13	25	33	29	18
19	4	9	20	29	19	6	22	36	11	3	24	5	4	1	27	13	19	26	29	20	12	24	32	28	19
20	3	8	19	28	18	5	21	35	10	2	23	4	3	28	26	12	18	25	28	19	11	23	31	27	20
21	2	7	18	27	17	4	20	34	9	1	22	3	2	27	25	11	17	24	27	18	10	22	30	26	21
22	1	6	17	26	16	3	19	33	8	28	21	2	1	26	24	10	16	23	26	17	9	21	29	25	22
23	23	5	16	25	15	2	18	32	7	27	20	1	23	25	23	9	15	22	25	16	8	20	28	24	23
24	22	4	15	24	14	1	17	31	6	26	19	38	22	24	22	8	14	21	24	15	7	19	27	23	24
25	21	3	14	23	13	28	16	30	5	25	18	37	21	23	21	7	13	20	23	14	6	18	26	22	25
26	20	2	13	22	12	27	15	29	4	24	17	36	20	22	20	6	12	19	22	13	5	17	25	21	26
27	19	1	12	21	11	26	14	28	3	23	16	35	19	21	19	5	11	18	21	12	4	16	24	20	27
28	18	28	11	20	10	25	13	27	2	22	15	34	18	20	18	4	10	17	20	11	3	15	23	19	28
29	17	27	10	19	9	24	12	26	1	21	14	33	17	19	17	3	9	16	19	10	2	14	22	18	29
30	16	26	9	18	8	23	11	25	23	20	13	32	16	18	16	2	8	15	18	9	1	13	21	17	30
31	15	25	8	17	7	22	10	24					15	17	15	1					23	12	20	16	31

1900

1900 TAG	JANUAR k	s	g	f	FEBRUAR k	s	g	f	MÄRZ k	s	g	f	APRIL k	s	g	f	MAI k	s	g	f	JUNI k	s	g	f	1900 TAG
1	22	11	19	15	14	8	21	22	9	8	26	32	1	5	28	1	17	3	31	9	9	28	33	16	1
2	21	10	18	14	13	7	20	21	8	7	25	31	23	4	27	38	16	2	30	8	8	27	32	15	2
3	20	9	17	13	12	6	19	20	7	6	24	30	22	3	26	37	15	1	29	7	7	26	31	14	3
4	19	8	16	12	11	5	18	19	6	5	23	29	21	2	25	36	14	28	28	6	6	25	30	13	4
5	18	7	15	11	10	4	17	18	5	4	22	28	20	1	24	35	13	27	27	5	5	24	29	12	5
6	17	6	14	10	9	3	16	17	4	3	21	27	19	28	23	34	12	26	26	4	4	23	28	11	6
7	16	5	13	9	8	2	15	16	3	2	20	26	18	27	22	33	11	25	25	3	3	22	27	10	7
8	15	4	12	8	7	1	14	15	2	1	19	25	17	26	21	32	10	24	24	2	2	21	26	9	8
9	14	3	11	7	6	28	13	14	1	28	18	24	16	25	20	31	9	23	23	1	1	20	25	8	9
10	13	2	10	6	5	27	12	13	23	27	17	23	15	24	19	30	8	22	22	38	23	19	24	7	10
11	12	1	9	5	4	26	11	12	22	26	16	22	14	23	18	29	7	21	21	37	22	18	23	6	11
12	11	28	8	4	3	25	10	11	21	25	15	21	13	22	17	28	6	20	20	36	21	17	22	5	12
13	10	27	7	3	2	24	9	10	20	24	14	20	12	21	16	27	5	19	19	35	20	16	21	4	13
14	9	26	6	2	1	23	8	9	19	23	13	19	11	20	15	26	4	18	18	34	19	15	20	3	14
15	8	25	5	1	23	22	7	8	18	22	12	18	10	19	14	25	3	17	17	33	18	14	19	2	15
16	7	24	4	38	22	21	6	7	17	21	11	17	9	18	13	24	2	16	16	32	17	13	18	1	16
17	6	23	3	37	21	20	5	6	16	20	10	16	8	17	12	23	1	15	15	31	16	12	17	38	17
18	5	22	2	36	20	19	4	5	15	19	9	15	7	16	11	22	23	14	14	30	15	11	16	37	18
19	4	21	1	35	19	18	3	4	14	18	8	14	6	15	10	21	22	13	13	29	14	10	15	36	19
20	3	20	33	34	18	17	2	3	13	17	7	13	5	14	9	20	21	12	12	28	13	9	14	35	20
21	2	19	32	33	17	16	1	2	12	16	6	12	4	13	8	19	20	11	11	27	12	8	13	34	21
22	1	18	31	32	16	15	33	1	11	15	5	11	3	12	7	18	19	10	10	26	11	7	12	33	22
23	23	17	30	31	15	14	32	38	10	14	4	10	2	11	6	17	18	9	9	25	10	6	11	32	23
24	22	16	29	30	14	13	31	37	9	13	3	9	1	10	5	16	17	8	8	24	9	5	10	31	24
25	21	15	28	29	13	12	30	36	8	12	2	8	23	9	4	15	16	7	7	23	8	4	9	30	25
26	20	14	27	28	12	11	29	35	7	11	1	7	22	8	3	14	15	6	6	22	7	3	8	29	26
27	19	13	26	27	11	10	28	34	6	10	33	6	21	7	2	13	14	5	5	21	6	2	7	28	27
28	18	12	25	26	10	9	27	33	5	9	32	5	20	6	1	12	13	4	4	20	5	1	6	27	28
29	17	11	24	25					4	8	31	4	19	5	33	11	12	3	3	19	4	28	5	26	29
30	16	10	23	24					3	7	30	3	18	4	32	10	11	2	2	18	3	27	4	25	30
31	15	9	22	23					2	6	29	2					10	1	1	17					31

242

1980 TAG	JULI k	s	g	f	AUGUST k	s	g	f	SEPTEMBER k	s	g	f	OKTOBER k	s	g	f	NOVEMBER k	s	g	f	DEZEMBER k	s	g	f	1980 TAG
1	2	26	3	24	17	23	5	31	9	20	7	38	2	18	10	8	17	15	12	15	10	13	15	23	1
2	1	25	2	23	16	22	4	30	8	19	6	37	1	17	9	7	16	14	11	14	9	12	14	22	2
3	23	24	1	22	15	21	3	29	7	18	5	36	23	16	8	6	15	13	10	13	8	11	13	21	3
4	22	23	33	21	14	20	2	28	6	17	4	35	22	15	7	5	14	12	9	12	7	10	12	20	4
5	21	22	32	20	13	19	1	27	5	16	3	34	21	14	6	4	13	11	8	11	6	9	11	19	5
6	20	21	31	19	12	18	33	26	4	15	2	33	20	13	5	3	12	10	7	10	5	8	10	18	6
7	19	20	30	18	11	17	32	25	3	14	1	32	19	12	4	2	11	9	6	9	4	7	9	17	7
8	18	19	29	17	10	16	31	24	2	13	33	31	18	11	3	1	10	8	5	8	3	6	8	16	8
9	17	18	28	16	9	15	30	23	1	12	32	30	17	10	2	38	9	7	4	7	2	5	7	15	9
10	16	17	27	15	8	14	29	22	23	11	31	29	16	9	1	37	8	6	3	6	1	4	6	14	10
11	15	16	26	14	7	13	28	21	22	10	30	28	15	8	33	36	7	5	2	5	23	3	5	13	11
12	14	15	25	13	6	12	27	20	21	9	29	27	14	7	32	35	6	4	1	4	22	2	4	12	12
13	13	14	24	12	5	11	26	19	20	8	28	26	13	6	31	34	5	3	33	3	21	1	3	11	13
14	12	13	23	11	4	10	25	18	19	7	27	25	12	5	30	33	4	2	32	2	20	28	2	10	14
15	11	12	22	10	3	9	24	17	18	6	26	24	11	4	29	32	3	1	31	1	19	27	1	9	15
16	10	11	21	9	2	8	23	16	17	5	25	23	10	3	28	31	2	28	30	38	18	26	33	8	16
17	9	10	20	8	1	7	22	15	16	4	24	22	9	2	27	30	1	27	28	37	17	25	32	7	17
18	8	9	19	7	23	6	21	14	15	3	23	21	8	1	26	29	23	26	28	36	16	24	31	6	18
19	7	8	18	6	22	5	20	13	14	2	22	20	7	28	25	28	22	25	27	35	15	23	30	5	19
20	6	7	17	5	21	4	19	12	13	1	21	19	6	27	24	27	21	24	26	34	14	22	29	4	20
21	5	6	16	4	20	3	18	11	12	28	20	18	5	26	23	26	20	23	26	33	13	21	28	3	21
22	4	5	15	3	19	2	17	10	11	27	19	17	4	25	22	25	19	22	24	32	12	20	27	2	22
23	3	4	14	2	18	1	16	9	10	26	18	16	3	24	21	24	18	21	23	31	11	19	26	1	23
24	2	3	13	1	17	28	15	8	9	25	17	15	2	23	20	23	17	20	22	30	10	18	25	38	24
25	1	2	12	38	16	27	14	7	8	24	16	14	1	22	19	22	16	19	21	29	9	17	24	37	25
26	23	1	11	37	15	26	13	6	7	23	15	13	23	21	18	21	15	18	20	28	8	16	23	36	26
27	22	28	10	36	14	25	12	5	6	22	14	12	22	20	17	20	14	17	19	27	7	15	22	35	27
28	21	27	9	35	13	24	11	4	5	21	13	11	21	19	16	19	13	16	18	26	6	14	21	34	28
29	20	26	8	34	12	23	10	3	4	20	12	10	20	18	15	18	12	15	17	25	5	13	20	33	29
30	19	25	7	33	11	22	9	2	3	19	11	9	19	17	14	17	11	14	16	24	4	12	19	32	30
31	18	24	6	32	10	21	8	1					18	16	13	16					3	11	18	31	31

1901

1901 TAG	JANUAR k	s	g	f	FEBRUAR k	s	g	f	MÄRZ k	s	g	f	APRIL k	s	g	f	MAI k	s	g	f	JUNI k	s	g	f	1901 TAG
1	2	10	17	30	17	7	19	37	12	7	24	9	4	4	26	16	20	2	29	24	12	27	31	31	1
2	1	9	16	29	16	6	18	36	11	6	23	8	3	3	25	15	19	1	28	23	11	26	30	30	2
3	23	8	15	28	15	5	17	35	10	5	22	7	2	2	24	14	18	28	27	22	10	25	29	29	3
4	22	7	14	27	14	4	16	34	9	4	21	6	1	1	23	13	17	27	26	21	9	24	28	28	4
5	21	6	13	26	13	3	15	33	8	3	20	5	23	28	22	12	16	26	25	20	8	23	27	27	5
6	20	5	12	25	12	2	14	32	7	2	19	4	22	27	21	11	15	25	24	19	7	22	26	26	6
7	19	4	11	24	11	1	13	31	6	1	18	3	21	26	20	10	14	24	23	18	6	21	25	25	7
8	18	3	10	23	10	28	12	30	5	28	17	2	20	25	19	9	13	23	22	17	5	20	24	24	8
9	17	2	9	22	9	27	11	29	4	27	16	1	19	24	18	8	12	22	21	16	4	19	23	23	9
10	16	1	8	21	8	26	10	28	3	26	15	38	18	23	17	7	11	21	20	15	3	18	22	22	10
11	15	28	7	20	7	25	9	27	2	25	14	37	17	22	16	6	10	20	19	14	2	17	21	21	11
12	14	27	6	19	6	24	8	26	1	24	13	36	16	21	15	5	9	19	18	13	1	16	20	20	12
13	13	26	5	18	5	23	7	25	23	23	12	35	15	20	14	4	8	18	17	12	23	15	19	19	13
14	12	25	4	17	4	22	6	24	22	22	11	34	14	19	13	3	7	17	16	11	22	14	18	18	14
15	11	24	3	16	3	21	5	23	21	21	10	33	13	18	12	2	6	16	15	10	21	13	17	17	15
16	10	23	2	15	2	20	4	22	20	20	9	32	12	17	11	1	5	15	14	9	20	12	16	16	16
17	9	22	1	14	1	19	3	21	19	19	8	31	11	16	10	38	4	14	13	8	19	11	15	15	17
18	8	21	33	13	23	18	2	20	18	18	7	30	10	15	9	37	3	13	12	7	18	10	14	14	18
19	7	20	32	12	22	17	1	19	17	17	6	29	9	14	8	36	2	12	11	6	17	9	13	13	19
20	6	19	31	11	21	16	33	18	16	16	5	28	8	13	7	35	1	11	10	5	16	8	12	12	20
21	5	18	30	10	20	15	32	17	15	15	4	27	7	12	6	34	23	10	9	4	15	7	11	11	21
22	4	17	29	9	19	14	31	16	14	14	3	26	6	11	5	33	22	9	8	3	14	6	10	10	22
23	3	16	28	8	18	13	30	15	13	13	2	25	5	10	4	32	21	8	7	2	13	5	9	9	23
24	2	15	27	7	17	12	29	14	12	12	1	24	4	9	3	31	20	7	6	1	12	4	8	8	24
25	1	14	26	6	16	11	28	13	11	11	33	23	3	8	2	30	19	6	5	38	11	3	7	7	25
26	23	13	25	5	15	10	27	12	10	10	32	22	2	7	1	29	18	5	4	37	10	2	6	6	26
27	22	12	24	4	14	9	26	11	9	9	31	21	1	6	33	28	17	4	3	36	9	1	5	5	27
28	21	11	23	3	13	8	25	10	8	8	30	20	23	5	32	27	16	3	2	35	8	28	4	4	28
29	20	10	22	2					7	7	29	19	22	4	31	26	15	2	1	34	7	27	3	3	29
30	19	9	21	1					6	6	28	18	21	3	30	25	14	1	33	33	6	26	2	2	30
31	18	8	20	38					5	5	27	17					13	28	32	32					31

244

1981 TAG	JULI k	s	g	f	AUGUST k	s	g	f	SEPTEMBER k	s	g	f	OKTOBER k	s	g	f	NOVEMBER k	s	g	f	DEZEMBER k	s	g	f	1981 TAG
1	5	25	1	1	20	22	3	8	12	19	5	15	5	17	8	23	20	14	10	30	13	12	13	38	1
2	4	24	33	38	19	21	2	7	11	18	4	14	4	16	7	22	19	13	9	29	12	11	12	37	2
3	3	23	32	37	18	20	1	6	10	17	3	13	3	15	6	21	18	12	8	28	11	10	11	36	3
4	2	22	31	36	17	19	33	5	9	16	2	12	2	14	5	20	17	11	7	27	10	9	10	35	4
5	1	21	30	35	16	18	32	4	8	15	1	11	1	13	4	19	16	10	6	26	9	8	9	34	5
6	23	20	29	34	15	17	31	3	7	14	33	10	23	12	3	18	15	9	5	25	8	7	8	33	6
7	22	19	28	33	14	16	30	2	6	13	32	9	22	11	2	17	14	8	4	24	7	6	7	32	7
8	21	18	27	32	13	15	29	1	5	12	31	8	21	10	1	16	13	7	3	23	6	5	6	31	8
9	20	17	26	31	12	14	28	38	4	11	30	7	20	9	33	15	12	6	2	22	5	4	5	30	9
10	19	16	25	30	11	13	27	37	3	10	29	6	19	8	32	14	11	5	1	21	4	3	4	29	10
11	18	15	24	29	10	12	26	36	2	9	28	5	18	7	31	13	10	4	33	20	3	2	3	28	11
12	17	14	23	28	9	11	25	35	1	8	27	4	17	6	30	12	9	3	32	19	2	1	2	27	12
13	16	13	22	27	8	10	24	34	23	7	26	3	16	5	29	11	8	2	31	18	1	28	1	26	13
14	15	12	21	26	7	9	23	33	22	6	25	2	15	4	28	10	7	1	30	17	23	27	33	25	14
15	14	11	20	25	6	8	22	32	21	5	24	1	14	3	27	9	6	28	29	16	22	26	32	24	15
16	13	10	19	24	5	7	21	31	20	4	23	38	13	2	26	8	5	27	28	15	21	25	31	23	16
17	12	9	18	23	4	6	20	30	19	3	22	37	12	1	25	7	4	26	27	14	20	24	30	22	17
18	11	8	17	22	3	5	19	29	18	2	21	36	11	28	24	6	3	25	26	13	19	23	29	21	18
19	10	7	16	21	2	4	18	28	17	1	20	35	10	27	23	5	2	24	25	12	18	22	28	20	19
20	9	6	15	20	1	3	17	27	16	28	19	34	9	26	22	4	1	23	24	11	17	21	27	19	20
21	8	5	14	19	23	2	16	26	15	27	18	33	8	25	21	3	23	22	23	10	16	20	26	18	21
22	7	4	13	18	22	1	15	25	14	26	17	32	7	24	20	2	22	21	22	9	15	19	25	17	22
23	6	3	12	17	21	28	14	24	13	25	16	31	6	23	19	1	21	20	21	8	14	18	24	16	23
24	5	2	11	16	20	27	13	23	12	24	15	30	5	22	18	38	20	19	20	7	13	17	23	15	24
25	4	1	10	15	19	26	12	22	11	23	14	29	4	21	17	37	19	18	19	6	12	16	22	14	25
26	3	28	9	14	18	25	11	21	10	22	13	28	3	20	16	36	18	17	18	5	11	15	21	13	26
27	2	27	8	13	17	24	10	20	9	21	12	27	2	19	15	35	17	16	17	4	10	14	20	12	27
28	1	26	7	12	16	23	9	19	8	20	11	26	1	18	14	34	16	15	16	3	9	13	19	11	28
29	23	25	6	11	15	22	8	18	7	19	10	25	23	17	13	33	15	14	15	2	8	12	18	10	29
30	22	24	5	10	14	21	7	17	6	18	9	24	22	16	12	32	14	13	14	1	7	11	17	9	30
31	21	23	4	9	13	20	6	16	5	17	8	23	21	15	11	31	13	12	13	38	6	10	16	8	31

1902 TAG	JANUAR k	s	g	f	FEBRUAR k	s	g	f	MÄRZ k	s	g	f	APRIL k	s	g	f	MAI k	s	g	f	JUNI k	s	g	f
1	5	9	15	7	20	6	17	14	15	6	22	24	7	3	24	31	23	1	27	1	15	26	29	8
2	4	8	14	6	19	5	16	13	14	5	21	23	6	2	23	30	22	28	26	38	14	25	28	7
3	3	7	13	5	18	4	15	12	13	4	20	21	5	1	22	29	21	27	25	37	13	24	27	6
4	2	6	12	4	17	3	14	11	12	3	19	20	4	28	21	28	20	26	24	36	12	23	26	5
5	1	5	11	3	16	2	13	10	11	2	18	19	3	27	20	27	19	25	23	35	11	22	25	4
6	23	4	10	2	15	1	12	9	10	1	17	18	2	26	19	26	18	24	22	34	10	21	24	3
7	22	3	9	1	14	28	11	8	9	28	16	17	1	25	18	25	17	23	21	33	9	20	23	2
8	21	2	8	38	13	27	10	7	8	27	15	16	23	24	17	24	16	22	20	32	8	19	22	1
9	20	1	7	37	12	26	9	6	7	26	14	15	22	23	16	23	15	21	19	31	7	18	21	38
10	19	28	6	36	11	25	8	5	6	25	13	14	21	22	15	22	14	20	18	30	6	17	20	37
11	18	27	5	35	10	24	7	4	5	24	12	13	20	21	14	21	13	19	17	29	5	16	19	36
12	17	26	4	34	9	23	6	3	4	23	11	12	19	20	13	20	12	18	16	28	4	15	18	35
13	16	25	3	33	8	22	5	2	3	22	10	11	18	19	12	19	11	17	15	27	3	14	17	34
14	15	24	2	32	7	21	4	1	2	21	9	10	17	18	11	18	10	16	14	26	2	13	16	33
15	14	23	1	31	6	20	3	38	1	20	8	9	16	17	10	17	9	15	13	25	1	12	15	32
16	13	22	33	30	5	19	2	37	23	19	7	8	15	16	9	16	8	14	12	24	23	11	14	31
17	12	21	32	29	4	18	1	36	22	18	6	7	14	15	8	15	7	13	11	23	22	10	13	30
18	11	20	31	28	3	17	33	35	21	17	5	6	13	14	7	14	6	12	10	22	21	9	12	29
19	10	19	30	27	2	16	32	34	20	16	4	5	12	13	6	13	5	11	9	21	20	8	11	28
20	9	18	29	26	1	15	31	33	19	15	3	4	11	12	5	12	4	10	8	20	19	7	10	27
21	8	17	28	25	23	14	30	32	18	14	2	3	10	11	4	11	3	9	7	19	18	6	9	26
22	7	16	27	24	22	13	29	31	17	13	1	2	9	10	3	10	2	8	6	18	17	5	8	25
23	6	15	26	23	21	12	28	30	16	12	33	1	8	9	2	9	1	7	5	17	16	4	7	24
24	5	14	25	22	20	11	27	29	15	11	32	38	7	8	1	8	23	6	4	16	15	3	6	23
25	4	13	24	21	19	10	26	28	14	10	31	37	6	7	33	7	22	5	3	15	14	2	5	22
26	3	12	23	20	18	9	25	27	13	9	30	36	5	6	32	6	21	4	2	14	13	1	4	21
27	2	11	22	19	17	8	24	26	12	8	29	35	4	5	31	5	20	3	1	13	12	28	3	20
28	1	10	21	18	16	7	23	25	11	7	28	34	3	4	30	4	19	2	33	12	11	27	2	19
29	23	9	20	17					10	6	27	33	2	3	29	3	18	1	32	11	10	26	1	18
30	22	8	19	16					9	5	26	32	1	2	28	2	17	28	31	10	9	25	33	17
31	21	7	18	15					8	4	25	32					16	27	30	9				

1982 TAG	JULI k	s	g	f	AUGUST k	s	g	f	SEPTEMBER k	s	g	f	OKTOBER k	s	g	f	NOVEMBER k	s	g	f	DEZEMBER k	s	g	f	1982 TAG
1	8	24	32	16	23	21	1	23	15	18	3	30	8	16	6	38	23	13	8	7	16	11	11	15	1
2	7	23	31	15	22	20	33	22	14	17	2	29	7	15	5	37	22	12	7	6	15	10	10	14	2
3	6	22	30	14	21	19	32	21	13	16	1	28	6	14	4	36	21	11	6	5	14	9	9	13	3
4	5	21	29	13	20	18	31	20	12	15	33	27	5	13	3	35	20	10	5	4	13	8	8	12	4
5	4	20	28	12	19	17	30	19	11	14	32	26	4	12	2	34	19	9	4	3	12	7	7	11	5
6	3	19	27	11	18	16	29	18	10	13	31	25	3	11	1	33	18	8	3	2	11	6	6	10	6
7	2	18	26	10	17	15	28	17	9	12	30	24	2	10	33	32	17	7	2	1	10	5	5	9	7
8	1	17	25	9	16	14	27	16	8	11	29	23	1	9	32	31	16	6	1	38	9	4	4	8	8
9	23	16	24	8	15	13	26	15	7	10	28	22	23	8	31	30	15	5	33	37	8	3	3	7	9
10	22	15	23	7	14	12	25	14	6	9	27	21	22	7	30	29	14	4	32	36	7	2	2	6	10
11	21	14	22	6	13	11	24	13	5	8	26	20	21	6	29	28	13	3	31	35	6	1	1	5	11
12	20	13	21	5	12	10	23	12	4	7	25	19	20	5	28	27	12	2	30	34	5	28	33	4	12
13	19	12	20	4	11	9	22	11	3	6	24	18	19	4	27	26	11	1	29	33	4	27	32	3	13
14	18	11	19	3	10	8	21	10	2	5	23	17	18	3	26	25	10	28	28	32	3	26	31	2	14
15	17	10	18	2	9	7	20	9	1	4	22	16	17	2	25	24	9	27	27	31	2	25	30	1	15
16	16	9	17	1	8	6	19	8	23	3	21	15	16	1	24	23	8	26	26	30	1	24	29	38	16
17	15	8	16	38	7	5	18	7	22	2	20	14	15	28	23	22	7	25	25	29	23	23	28	37	17
18	14	7	15	37	6	4	17	6	21	1	19	13	14	27	22	21	6	24	24	28	22	22	27	36	18
19	13	6	14	36	5	3	16	5	20	28	18	12	13	26	21	20	5	23	23	27	21	21	26	35	19
20	12	5	13	35	4	2	15	4	19	27	17	11	12	25	20	19	4	22	22	26	20	20	25	34	20
21	11	4	12	34	3	1	14	3	18	26	16	10	11	24	19	18	3	21	21	25	19	19	24	33	21
22	10	3	11	33	2	28	13	2	17	25	15	9	10	23	18	17	2	20	20	24	18	18	23	32	22
23	9	2	10	32	1	27	12	1	16	24	14	8	9	22	17	16	1	19	19	23	17	17	22	31	23
24	8	1	9	31	23	26	11	38	15	23	13	7	8	21	16	15	23	18	18	22	16	16	21	30	24
25	7	28	8	30	22	25	10	37	14	22	12	6	7	20	15	14	22	17	17	21	15	15	20	29	25
26	6	27	7	29	21	24	9	36	13	21	11	5	6	19	14	13	21	16	16	20	14	14	19	28	26
27	5	26	6	28	20	23	8	35	12	20	10	4	5	18	13	12	20	15	15	19	13	13	18	27	27
28	4	25	5	27	19	22	7	34	11	19	9	3	4	17	12	11	19	14	14	18	12	12	17	26	28
29	3	24	4	26	18	21	6	33	10	18	8	2	3	16	11	10	18	13	13	17	11	11	16	25	29
30	2	23	3	25	17	20	5	32	9	17	7	1	2	15	10	9	17	12	12	16	10	10	15	24	30
31	1	22	2	24	16	19	4	31					1	14	9	8					9	9	14	23	31

247

1903

1903 TAG	JANUAR k	s	g	f	FEBRUAR k	s	g	f	MÄRZ k	s	g	f	APRIL k	s	g	f	MAI k	s	g	f	JUNI k	s	g	f	1903 TAG
1	8	8	13	22	23	5	15	29	18	5	20	1	10	2	22	8	3	28	25	16	18	25	27	23	1
2	7	7	12	21	22	4	14	28	17	4	19	38	9	1	21	7	2	27	24	15	17	24	26	22	2
3	6	6	11	20	21	3	13	27	16	3	18	37	8	28	20	6	1	26	23	14	16	23	25	21	3
4	5	5	10	19	20	2	12	26	15	2	17	36	7	27	19	5	23	25	22	13	15	22	24	20	4
5	4	4	9	18	19	1	11	25	14	1	16	35	6	26	18	4	22	24	21	12	14	21	23	19	5
6	3	3	8	17	18	28	10	24	13	28	15	34	5	25	17	3	21	23	20	11	13	20	22	18	6
7	2	2	7	16	17	27	9	23	12	27	14	33	4	24	16	2	20	22	19	10	12	19	21	17	7
8	1	1	6	15	16	26	8	22	11	26	13	32	3	23	15	1	19	21	18	9	11	18	20	16	8
9	23	28	5	14	15	25	7	21	10	25	12	31	2	22	14	38	18	20	17	8	10	17	19	15	9
10	22	27	4	13	14	24	6	20	9	24	11	30	1	21	13	37	17	19	16	7	9	16	18	14	10
11	21	26	3	12	13	23	5	19	8	23	10	29	23	20	12	36	16	18	15	6	8	15	17	13	11
12	20	25	2	11	12	22	4	18	7	22	9	28	22	19	11	35	15	17	14	5	7	14	16	12	12
13	19	24	1	10	11	21	3	17	6	21	8	27	21	18	10	34	14	16	13	4	6	13	15	11	13
14	18	23	33	9	10	20	2	16	5	20	7	26	20	17	9	33	13	15	12	3	5	12	14	10	14
15	17	22	32	8	9	19	1	15	4	19	6	25	19	16	8	32	12	14	11	2	4	11	13	9	15
16	16	21	31	7	8	18	33	14	3	18	5	24	18	15	7	31	11	13	10	1	3	10	12	8	16
17	15	20	30	6	7	17	32	13	2	17	4	23	17	14	6	30	10	12	9	38	2	9	11	7	17
18	14	19	29	5	6	16	31	12	1	16	3	22	16	13	5	29	9	11	8	37	1	8	10	6	18
19	13	18	28	4	5	15	30	11	23	15	2	21	15	12	4	28	8	10	7	36	23	7	9	5	19
20	12	17	27	3	4	14	29	10	22	14	1	20	14	11	3	27	7	9	6	35	22	6	8	4	20
21	11	16	26	2	3	13	28	9	21	13	33	19	13	10	2	26	6	8	5	34	21	5	7	3	21
22	10	15	25	1	2	12	27	8	20	12	32	18	12	9	1	25	5	7	4	33	20	4	6	2	22
23	9	14	24	38	1	11	26	7	19	11	31	17	11	8	33	24	4	6	3	32	19	3	5	1	23
24	8	13	23	37	23	10	25	6	18	10	30	16	10	7	32	23	3	5	2	31	18	2	4	38	24
25	7	12	22	36	22	9	24	5	17	9	29	15	9	6	31	22	2	4	1	30	17	1	3	37	25
26	6	11	21	35	21	8	23	4	16	8	28	14	8	5	30	21	1	3	33	29	16	28	2	36	26
27	5	10	20	34	20	7	22	3	15	7	27	13	7	4	29	20	23	2	32	28	15	27	1	35	27
28	4	9	19	33	19	6	21	2	14	6	26	12	6	3	28	19	22	1	31	27	14	26	33	34	28
29	3	8	18	32					13	5	25	11	5	2	27	18	21	28	30	26	13	25	32	33	29
30	2	7	17	31					12	4	24	10	4	1	26	17	20	27	29	25	12	24	31	32	30
31	1	6	16	30					11	3	23	9					19	26	28	24					31

1983 TAG	JULI k	JULI s	JULI g	JULI f	AUGUST k	AUGUST s	AUGUST g	AUGUST f	SEPTEMBER k	SEPTEMBER s	SEPTEMBER g	SEPTEMBER f	OKTOBER k	OKTOBER s	OKTOBER g	OKTOBER f	NOVEMBER k	NOVEMBER s	NOVEMBER g	NOVEMBER f	DEZEMBER k	DEZEMBER s	DEZEMBER g	DEZEMBER f	1983 TAG
1	11	23	30	31	3	20	32	38	18	17	1	7	11	15	4	15	3	12	6	22	19	10	9	30	1
2	10	22	29	30	2	19	31	37	17	16	33	6	10	14	3	14	2	11	5	21	18	9	8	29	2
3	9	21	28	29	1	18	30	36	16	15	32	5	9	13	2	13	1	10	4	20	17	8	7	28	3
4	8	20	27	28	23	17	29	35	15	14	31	4	8	12	1	12	23	9	3	19	16	7	6	27	4
5	7	19	26	27	22	16	28	34	14	13	30	3	7	11	33	11	22	8	2	18	15	6	5	26	5
6	6	18	25	26	21	15	27	33	13	12	29	2	6	10	32	10	21	7	1	17	14	5	4	25	6
7	5	17	24	25	20	14	26	32	12	11	28	1	5	9	31	9	20	6	33	16	13	4	3	24	7
8	4	16	23	24	19	13	25	31	11	10	27	38	4	8	30	8	19	5	32	15	12	3	2	23	8
9	3	15	22	23	18	12	24	30	10	9	26	37	3	7	29	7	18	4	31	14	11	2	1	22	9
10	2	14	21	22	17	11	23	29	9	8	25	36	2	6	28	6	17	3	30	13	10	1	33	21	10
11	1	13	20	21	16	10	22	28	8	7	24	35	1	5	27	5	16	2	29	12	9	28	32	20	11
12	23	12	19	20	15	9	21	27	7	6	23	34	23	4	26	4	15	1	28	11	8	27	31	19	12
13	22	11	18	19	14	8	20	26	6	5	22	33	22	3	25	3	14	28	27	10	7	26	30	18	13
14	21	10	17	18	13	7	19	25	5	4	21	32	21	2	24	2	13	27	26	9	6	25	29	17	14
15	20	9	16	17	12	6	18	24	4	3	20	31	20	1	23	1	12	26	25	8	5	24	28	16	15
16	19	8	15	16	11	5	17	23	3	2	19	30	19	28	22	38	11	25	24	7	4	23	27	15	16
17	18	7	14	15	10	4	16	22	2	1	18	29	18	27	21	37	10	24	23	6	3	22	26	14	17
18	17	6	13	14	9	3	15	21	1	28	17	28	17	26	20	36	9	23	22	5	2	21	25	13	18
19	16	5	12	13	8	2	14	20	23	27	16	27	16	25	19	35	8	22	21	4	1	20	24	12	19
20	15	4	11	12	7	1	13	19	22	26	15	26	15	24	18	34	7	21	20	3	23	19	23	11	20
21	14	3	10	11	6	28	12	18	21	25	14	25	14	23	17	33	6	20	19	2	22	18	22	10	21
22	13	2	9	10	5	27	11	17	20	24	13	24	13	22	16	32	5	19	18	1	21	17	21	9	22
23	12	1	8	9	4	26	10	16	19	23	12	23	12	21	15	31	4	18	17	38	20	16	20	8	23
24	11	28	7	8	3	25	9	15	18	22	11	22	11	20	14	30	3	17	16	37	19	15	19	7	24
25	10	27	6	7	2	24	8	14	17	21	10	21	10	19	13	29	2	16	15	36	18	14	18	6	25
26	9	26	5	6	1	23	7	13	16	20	9	20	9	18	12	28	1	15	14	35	17	13	17	5	26
27	8	25	4	5	23	22	6	12	15	19	8	19	8	17	11	27	23	14	13	34	16	12	16	4	27
28	7	24	3	4	22	21	5	11	14	18	7	18	7	16	10	26	22	13	12	33	15	11	15	3	28
29	6	23	2	3	21	20	4	10	13	17	6	17	6	15	9	25	21	12	11	32	14	10	14	2	29
30	5	22	1	2	20	19	3	9	12	16	5	16	5	14	8	24	20	11	10	31	13	9	13	1	30
31	4	21	33	1	19	18	2	8					4	13	7	23					12	8	12	38	31

1904

1904 TAG	JANUAR k	s	g	f	FEBRUAR k	s	g	f	MÄRZ k	s	g	f	APRIL k	s	g	f	MAI k	s	g	f	JUNI k	s	g	f	1904 TAG
1	11	7	11	37	3	4	13	6	20	3	17	15	12	28	19	22	5	26	22	30	20	23	24	37	1
2	10	6	10	36	2	3	12	5	19	2	16	14	11	27	18	21	4	25	21	29	19	22	23	36	2
3	9	5	9	35	1	2	11	4	18	1	15	13	10	26	17	20	3	24	20	28	18	21	22	35	3
4	8	4	8	34	23	1	10	3	17	28	14	12	9	25	16	19	2	23	19	27	17	20	21	34	4
5	8	3	7	33	22	28	9	2	16	27	13	11	8	24	15	18	1	22	18	26	16	19	20	33	5
6	6	2	6	32	21	27	8	1	15	26	12	10	7	23	14	17	23	21	17	25	15	18	19	32	6
7	5	1	5	31	20	26	7	38	14	25	11	9	6	22	13	16	22	20	16	24	14	17	18	31	7
8	4	28	4	30	19	25	6	37	13	24	10	8	5	21	12	15	21	19	15	23	13	16	17	30	8
9	3	27	3	29	18	24	5	36	12	23	9	7	4	20	11	14	20	18	14	22	12	15	16	29	9
10	2	26	2	28	17	23	4	35	11	22	8	6	3	19	10	13	19	17	13	21	11	14	15	28	10
11	1	25	1	27	16	22	3	34	10	21	7	5	2	18	9	12	18	16	12	20	10	13	14	27	11
12	23	24	33	26	15	21	2	33	9	20	6	4	1	17	8	11	17	15	11	19	9	12	13	26	12
13	22	23	32	25	14	20	1	32	8	19	5	3	23	16	7	10	16	14	10	18	8	11	12	25	13
14	21	22	31	24	13	19	33	31	7	18	4	2	22	15	6	9	15	13	9	17	7	10	11	24	14
15	20	21	30	23	12	18	32	30	6	17	3	1	21	14	5	8	14	12	8	16	6	9	10	23	15
16	19	20	29	22	11	17	31	29	5	16	2	38	20	13	4	7	13	11	7	15	5	8	9	22	16
17	18	19	28	21	10	16	30	28	4	15	1	37	19	12	3	6	12	10	6	14	4	7	8	21	17
18	17	18	27	20	9	15	29	27	3	14	33	36	18	11	2	5	11	9	5	13	3	6	7	20	18
19	16	17	26	19	8	14	28	26	2	13	32	35	17	10	1	4	10	8	4	12	2	5	6	19	19
20	15	16	25	18	7	13	27	25	1	12	31	34	16	9	33	3	9	7	3	11	1	4	5	18	20
21	14	15	24	17	6	12	26	24	23	11	30	33	15	8	32	2	8	6	2	10	23	3	4	17	21
22	13	14	23	16	5	11	25	23	22	10	29	32	14	7	31	1	7	5	1	38	22	2	3	16	22
23	12	13	22	15	4	10	24	22	21	9	28	31	13	6	30	38	6	4	33	8	21	1	2	15	23
24	11	12	21	14	3	9	23	21	20	8	27	30	12	5	29	37	5	3	32	7	20	28	1	14	24
25	10	11	20	13	2	8	22	20	19	7	26	29	11	4	28	36	4	2	31	6	19	27	33	13	25
26	9	10	19	12	1	7	21	19	18	6	25	28	10	3	27	35	3	1	30	5	18	26	32	12	26
27	8	9	18	11	23	6	20	18	17	5	24	27	9	2	26	34	2	28	29	4	17	25	31	11	27
28	8	8	17	10	22	5	19	17	16	4	23	26	8	1	25	33	1	27	28	3	16	24	30	10	28
29	7		16	9	21	4	18	16	15	3	22	25	7	28	24	32	23	26	27	2	15	23	29	9	29
30	6		15	8					14	2	21	24	6	27	23	31	22	25	26	1	14	22	28	8	30
31	5		14	7					13	1	20	23					21	24	25	38					31

250

1984 TAG	JULI k	s	g	f	AUGUST k	s	g	f	SEPTEMBER k	s	g	f	OKTOBER k	s	g	f	NOVEMBER k	s	g	f	DEZEMBER k	s	g	f	1984 TAG
1	13	21	27	7	5	18	29	14	20	15	31	21	13	13	1	29	5	10	3	36	21	8	6	6	1
2	12	20	26	6	4	17	28	13	19	14	30	20	12	12	33	28	4	9	2	35	20	7	5	5	2
3	11	19	25	5	3	16	27	12	18	13	29	19	11	11	32	27	3	8	1	34	19	6	4	4	3
4	10	18	24	4	2	15	26	11	17	12	28	18	10	10	31	26	2	7	33	33	18	5	3	3	4
5	9	17	23	3	1	14	25	10	16	11	27	17	9	9	30	25	1	6	32	32	17	4	2	2	5
6	8	16	22	2	23	13	24	9	15	10	26	16	8	8	29	24	23	5	31	31	16	3	1	1	6
7	7	15	21	1	22	12	23	8	14	9	25	15	7	7	28	23	22	4	30	30	15	2	33	38	7
8	6	14	20	38	21	11	22	7	13	8	24	14	6	6	27	22	21	3	29	29	14	1	32	37	8
9	5	13	19	37	20	10	21	6	12	7	23	13	5	5	26	21	20	2	28	28	13	28	31	36	9
10	4	12	18	36	19	9	20	5	11	6	22	12	4	4	25	20	19	1	27	27	12	27	30	35	10
11	3	11	17	35	18	8	19	4	10	5	21	11	3	3	24	19	18	28	26	26	11	26	29	34	11
12	2	10	16	34	17	7	18	3	9	4	20	10	2	2	23	18	17	27	25	25	10	25	28	33	12
13	1	9	15	33	16	6	17	2	8	3	19	9	1	1	22	17	16	26	24	24	9	24	27	32	13
14	23	8	14	32	15	5	16	1	7	2	18	8	23	28	21	16	15	25	23	23	8	23	26	31	14
15	22	7	13	31	14	4	15	38	6	1	17	7	22	27	20	15	14	24	22	22	7	22	25	30	15
16	21	6	12	30	13	3	14	37	5	28	16	6	21	26	19	14	13	23	21	21	6	21	24	29	16
17	20	5	11	29	12	2	13	36	4	27	15	5	20	25	18	13	12	22	20	20	5	20	23	28	17
18	19	4	10	28	11	1	12	35	3	26	14	4	19	24	17	12	11	21	19	19	4	19	22	27	18
19	18	3	9	27	10	28	11	34	2	25	13	3	18	23	16	11	10	20	18	18	3	18	21	26	19
20	17	2	8	26	9	27	10	33	1	24	12	2	17	22	15	10	9	19	17	17	2	17	20	25	20
21	16	1	7	25	8	26	9	32	23	23	11	1	16	21	14	9	8	18	16	16	1	16	19	24	21
22	15	28	6	24	7	25	8	31	22	22	10	38	15	20	13	8	7	17	15	15	23	15	18	23	22
23	14	27	5	23	6	24	7	30	21	21	9	37	14	19	12	7	6	16	14	14	22	14	17	22	23
24	13	26	4	22	5	23	6	29	20	20	8	36	13	18	11	6	5	15	13	13	21	13	16	21	24
25	12	25	3	21	4	22	5	28	19	19	7	35	12	17	10	5	4	14	12	12	20	12	15	20	25
26	11	24	2	20	3	21	4	27	18	18	6	34	11	16	9	4	3	13	11	11	19	11	14	19	26
27	10	23	1	19	2	20	3	26	17	17	5	33	10	15	8	3	2	12	10	10	18	10	13	18	27
28	9	22	33	18	1	19	2	25	16	16	4	32	9	14	7	2	1	11	9	9	17	9	12	17	28
29	8	21	32	17	23	18	1	24	15	15	3	31	8	13	6	1	23	10	8	8	16	8	11	16	29
30	7	20	31	16	22	17	33	23	14	14	2	30	7	12	5	38	22	9	7	7	15	7	10	15	30
31	6	19	30	15	21	16	32	22					6	11	4	37					14	6	9	14	31

1905

1905 TAG	JANUAR k	s	g	f	FEBRUAR k	s	g	f	MÄRZ k	s	g	f	APRIL k	s	g	f	MAI k	s	g	f	JUNI k	s	g	f	1905 TAG
1	13	5	8	13	5	1	10	20	23	2	15	30	15	27	17	37	8	25	20	7	23	22	22	14	1
2	12	4	7	12	4	28	9	19	22	1	14	29	14	26	16	36	7	24	19	6	22	21	21	13	2
3	11	3	6	11	3	27	8	18	21	28	13	28	13	25	15	35	6	23	18	5	21	20	20	12	3
4	10	2	5	10	2	26	7	17	20	27	12	27	12	24	14	34	5	22	17	4	20	19	19	11	4
5	9	1	4	9	1	25	6	16	19	26	11	26	11	23	13	33	4	21	16	3	19	18	18	10	5
6	8	28	3	8	23	24	5	15	18	25	10	25	10	22	12	32	3	20	15	2	18	17	17	9	6
7	7	27	2	7	22	23	4	14	17	24	9	24	9	21	11	31	2	19	14	1	17	16	16	8	7
8	6	26	1	6	21	22	3	13	16	23	8	23	8	20	10	30	1	18	13	38	16	15	15	7	8
9	5	25	33	5	20	21	2	12	15	22	7	22	7	19	9	29	23	17	12	37	15	14	14	6	9
10	4	24	32	4	19	20	1	11	14	21	6	21	6	18	8	28	22	16	11	36	14	13	13	5	10
11	3	23	31	3	18	19	33	10	13	20	5	20	5	17	7	27	21	15	10	35	13	12	12	4	11
12	2	22	30	2	17	18	32	9	12	19	4	19	4	16	6	26	20	14	9	34	12	11	11	3	12
13	1	21	29	1	16	17	31	8	11	18	3	18	3	15	5	25	19	13	8	33	11	10	10	2	13
14	23	20	28	38	15	16	30	7	10	17	2	17	2	14	4	24	18	12	7	32	10	9	9	1	14
15	22	19	27	37	14	15	29	6	9	16	1	16	1	13	3	23	17	11	6	31	9	8	8	38	15
16	21	18	26	36	13	14	28	5	8	15	33	15	23	12	2	22	16	10	5	30	8	7	7	37	16
17	20	17	25	35	12	13	27	4	7	14	32	14	22	11	1	21	15	9	4	29	7	6	6	36	17
18	19	16	24	34	11	12	26	3	6	13	31	13	21	10	33	20	14	8	3	28	6	5	5	35	18
19	18	15	23	33	10	11	25	2	5	12	30	12	20	9	32	19	13	7	2	27	5	4	4	34	19
20	17	14	22	32	9	10	24	1	4	11	29	11	19	8	31	18	12	6	1	26	4	3	3	33	20
21	16	13	21	31	8	9	23	38	3	10	28	10	18	7	30	17	11	5	33	25	3	2	2	32	21
22	15	12	20	30	7	8	22	37	2	9	27	9	17	6	29	16	10	4	32	24	2	1	1	31	22
23	14	11	19	29	6	7	21	36	1	8	26	8	16	5	28	15	9	3	31	23	1	28	33	30	23
24	13	10	18	28	5	6	20	35	23	7	25	7	15	4	27	14	8	2	30	22	23	27	32	29	24
25	12	9	17	27	4	5	19	34	22	6	24	6	14	3	26	13	7	1	29	21	22	26	31	28	25
26	11	8	16	26	3	4	18	33	21	5	23	5	13	2	25	12	6	28	28	20	21	25	30	27	26
27	10	7	15	25	2	3	17	32	20	4	22	4	12	1	24	11	5	27	27	19	20	24	29	26	27
28	9	6	14	24	1	2	16	31	19	3	21	3	11	28	23	10	4	26	26	18	19	23	28	25	28
29	8	5	13	23					18	2	20	2	10	27	22	9	3	25	25	17	18	22	27	24	29
30	7	4	12	22					17	1	19	1	9	26	21	8	2	24	24	16	17	21	26	23	30
31	6	3	11	21					16	28	18	38					1	23	23	15					31

1905 TAG	JULI k	s	g	f	AUGUST k	s	g	f	SEPTEMBER k	s	g	f	OKTOBER k	s	g	f	NOVEMBER k	s	g	f	DEZEMBER k	s	g	f	1905 TAG
1	16	20	25	22	8	17	27	29	23	14	29	36	16	12	32	6	8	9	1	13	1	7	4	21	1
2	15	19	24	21	7	16	26	28	22	13	28	35	15	11	31	5	7	8	33	12	23	6	3	20	2
3	14	18	23	20	6	15	25	27	21	12	27	34	14	10	30	4	6	7	32	11	22	5	2	19	3
4	13	17	22	19	5	14	24	26	20	11	26	33	13	9	29	3	5	6	31	10	21	4	1	18	4
5	12	16	21	18	4	13	23	25	19	10	25	32	12	8	28	2	4	5	30	9	20	3	33	17	5
6	11	15	20	17	3	12	22	24	18	9	24	31	11	7	27	1	3	4	29	8	19	2	32	16	6
7	10	14	19	16	2	11	21	23	17	8	23	30	10	6	26	38	2	3	28	7	18	1	31	15	7
8	9	13	18	15	1	10	20	22	16	7	22	29	9	5	25	37	1	2	27	6	17	28	30	14	8
9	8	12	17	14	23	9	19	21	15	6	21	28	8	4	24	36	23	1	26	5	16	27	29	13	9
10	7	11	16	13	22	8	18	20	14	5	20	27	7	3	23	35	22	28	25	4	15	26	28	12	10
11	6	10	15	12	21	7	17	19	13	4	19	26	6	2	22	34	21	27	24	3	14	25	27	11	11
12	5	9	14	11	20	6	16	18	12	3	18	25	5	1	21	33	20	26	23	2	13	24	26	10	12
13	4	8	13	10	19	5	15	17	11	2	17	24	4	28	20	32	19	25	22	1	12	23	25	9	13
14	3	7	12	9	18	4	14	16	10	1	16	23	3	27	19	31	18	24	21	38	11	22	24	8	14
15	2	6	11	8	17	3	13	15	9	28	15	22	2	26	18	30	17	23	20	37	10	21	23	7	15
16	1	5	10	7	16	2	12	14	8	27	14	21	1	25	17	29	16	22	19	36	9	20	22	6	16
17	23	4	9	6	15	1	11	13	7	26	13	20	23	24	16	28	15	21	18	35	8	19	21	5	17
18	22	3	8	5	14	28	10	12	6	25	12	19	22	23	15	27	14	20	17	34	7	18	20	4	18
19	21	2	7	4	13	27	9	11	5	24	11	18	21	22	14	26	13	19	16	33	6	17	19	3	19
20	20	1	6	3	12	26	8	10	4	23	10	17	20	21	13	25	12	18	15	32	5	16	18	2	20
21	19	28	5	2	11	25	7	9	3	22	9	16	19	20	12	24	11	17	14	31	4	15	17	1	21
22	18	27	4	1	10	24	6	8	2	21	8	15	18	19	11	23	10	16	13	30	3	14	16	38	22
23	17	26	3	38	9	23	5	7	1	20	7	14	17	18	10	22	9	15	12	29	2	13	15	37	23
24	16	25	2	37	8	22	4	6	23	19	6	13	16	17	9	21	8	14	11	28	1	12	14	36	24
25	15	24	1	36	7	21	3	5	22	18	5	12	15	16	8	20	7	13	10	27	23	11	13	35	25
26	14	23	33	35	6	20	2	4	21	17	4	11	14	15	7	19	6	12	9	26	22	10	12	34	26
27	13	22	32	34	5	19	1	3	20	16	3	10	13	14	6	18	5	11	8	25	21	9	11	33	27
28	12	21	31	33	4	18	33	2	19	15	2	9	12	13	5	17	4	10	7	24	20	8	10	32	28
29	11	20	30	32	3	17	32	1	18	14	1	8	11	12	4	16	3	9	6	23	19	7	9	31	29
30	10	19	29	31	2	16	31	38	17	13	33	7	10	11	3	15	2	8	5	22	18	6	8	30	30
31	9	18	28	30	1	15	30	37					9	10	2	14					17	5	7	29	31

253

1906

1906 TAG	JANUAR k	s	g	f	FEBRUAR k	s	g	f	MÄRZ k	s	g	f	APRIL k	s	g	f	MAI k	s	g	f	JUNI k	s	g	f	1906 TAG
1	16	4	6	28	8	1	8	35	3	1	13	7	18	26	15	14	11	24	18	22	3	21	20	29	1
2	15	3	5	27	7	28	7	34	2	28	12	6	17	25	14	13	10	23	17	21	2	20	19	28	2
3	14	2	4	26	6	27	6	33	1	27	11	5	16	24	13	12	9	22	16	20	1	19	18	27	3
4	13	1	3	25	5	26	5	32	23	26	10	4	15	23	12	11	8	21	15	19	23	18	17	26	4
5	12	28	2	24	4	25	4	31	22	25	9	3	14	22	11	10	7	20	14	18	22	17	16	25	5
6	11	27	1	23	3	24	3	30	21	24	8	2	13	21	10	9	6	19	13	17	21	16	15	24	6
7	10	26	33	22	2	23	2	29	20	23	7	1	12	20	9	8	5	18	12	16	20	15	14	23	7
8	9	25	32	21	1	22	1	28	19	22	6	38	11	19	8	7	4	17	11	15	19	14	13	22	8
9	8	24	31	20	23	21	33	27	18	21	5	37	10	18	7	6	3	16	10	14	18	13	12	21	9
10	7	23	30	19	22	20	32	26	17	20	4	36	9	17	6	5	2	15	9	13	17	12	11	20	10
11	6	22	29	18	21	19	31	25	16	19	3	35	8	16	5	4	1	14	8	12	16	11	10	19	11
12	5	21	28	17	20	18	30	24	15	18	2	34	7	15	4	3	23	13	7	11	15	10	9	18	12
13	4	20	27	16	19	17	29	23	14	17	1	33	6	14	3	2	22	12	6	10	14	9	8	17	13
14	3	19	26	15	18	16	28	22	13	16	33	32	5	13	2	1	21	11	5	9	13	8	7	16	14
15	2	18	25	14	17	15	27	21	12	15	32	31	4	12	1	38	20	10	4	8	12	7	6	15	15
16	1	17	24	13	16	14	26	20	11	14	31	30	3	11	33	37	19	9	3	7	11	6	5	14	16
17	23	16	23	12	15	13	25	19	10	13	30	29	2	10	32	36	18	8	2	6	10	5	4	13	17
18	22	15	22	11	14	12	24	18	9	12	29	28	1	9	31	35	17	7	1	5	9	4	3	12	18
19	21	14	21	10	13	11	23	17	8	11	28	27	23	8	30	34	16	6	33	4	8	3	2	11	19
20	20	13	20	9	12	10	22	16	7	10	27	26	22	7	29	33	15	5	32	3	7	2	1	10	20
21	19	12	19	8	11	9	21	15	6	9	26	25	21	6	28	32	14	4	31	2	6	1	33	9	21
22	18	11	18	7	10	8	20	14	5	8	25	24	20	5	27	31	13	3	30	1	5	28	32	8	22
23	17	10	17	6	9	7	19	13	4	7	24	23	19	4	26	30	12	2	29	38	4	27	31	7	23
24	16	9	16	5	8	6	18	12	3	6	23	22	18	3	25	29	11	1	28	37	3	26	30	6	24
25	15	8	15	4	7	5	17	11	2	5	22	21	17	2	24	28	10	28	27	36	2	25	29	5	25
26	14	7	14	3	6	4	16	10	1	4	21	20	16	1	23	27	9	27	26	35	1	24	28	4	26
27	13	6	13	2	5	3	15	9	23	3	20	19	15	28	22	26	8	26	25	34	23	23	27	3	27
28	12	5	12	1	4	2	14	8	22	2	19	18	14	27	21	25	7	25	24	33	22	22	26	2	28
29	11	4	11	38					21	1	18	17	13	26	20	24	6	24	23	32	21	21	25	1	29
30	10	3	10	37					20	28	17	16	12	25	19	23	5	23	22	31	20	20	24	38	30
31	9	2	9	36					19	27	16	15					4	22	21	30					31

1986 TAG	JULI k	s	g	f	AUGUST k	s	g	f	SEPTEMBER k	s	g	f	OKTOBER k	s	g	f	NOVEMBER k	s	g	f	DEZEMBER k	s	g	f	1986 TAG
1	19	19	23	37	11	16	25	6	3	13	27	13	19	11	30	21	11	8	32	28	4	6	2	36	1
2	18	18	22	36	10	15	24	5	2	12	26	12	18	10	29	20	10	7	31	27	3	5	1	35	2
3	17	17	21	35	9	14	23	4	1	11	25	11	17	9	28	19	9	6	30	26	2	4	33	34	3
4	16	16	20	34	8	13	22	3	23	10	24	10	16	8	27	18	8	5	29	25	1	3	32	33	4
5	15	15	19	33	7	12	21	2	22	9	23	9	15	7	26	17	7	4	28	24	23	2	31	32	5
6	14	14	18	32	6	11	20	1	21	8	22	8	14	6	25	16	6	3	27	23	22	1	30	31	6
7	13	13	17	31	5	10	19	38	20	7	21	7	13	5	24	15	5	2	26	22	21	28	29	30	7
8	12	12	16	30	4	9	18	37	19	6	20	6	12	4	23	14	4	1	25	21	20	27	28	29	8
9	11	11	15	29	3	8	17	36	18	5	19	5	11	3	22	13	3	28	24	20	19	26	27	28	9
10	10	10	14	28	2	7	16	35	17	4	18	4	10	2	21	12	2	27	23	19	18	25	26	27	10
11	9	9	13	27	1	6	15	34	16	3	17	3	9	1	20	11	1	26	22	18	17	24	25	26	11
12	8	8	12	26	23	5	14	33	15	2	16	2	8	28	19	10	23	25	21	17	16	23	24	25	12
13	7	7	11	25	22	4	13	32	14	1	15	1	7	27	18	9	22	24	20	16	15	22	23	24	13
14	6	6	10	24	21	3	12	31	13	28	14	38	6	26	17	8	21	23	19	15	14	21	22	23	14
15	5	5	9	23	20	2	11	30	12	27	13	37	5	25	16	7	20	22	18	14	13	20	21	22	15
16	4	4	8	22	19	1	10	29	11	26	12	36	4	24	15	6	19	21	17	13	12	19	20	21	16
17	3	3	7	21	18	28	9	28	10	25	11	35	3	23	14	5	18	20	16	12	11	18	19	20	17
18	2	2	6	20	17	27	8	27	9	24	10	34	2	22	13	4	17	19	15	11	10	17	18	19	18
19	1	1	5	19	16	26	7	26	8	23	9	33	1	21	12	3	16	18	14	10	9	16	17	18	19
20	23	28	4	18	15	25	6	25	7	22	8	32	23	20	11	2	15	17	13	9	8	15	16	17	20
21	22	27	3	17	14	24	5	24	6	21	7	31	22	19	10	1	14	16	12	8	7	14	15	16	21
22	21	26	2	16	13	23	4	23	5	20	6	30	21	18	9	38	13	15	11	7	6	13	14	15	22
23	20	25	1	15	12	22	3	22	4	19	5	29	20	17	8	37	12	14	10	6	5	12	13	14	23
24	19	24	33	14	11	21	2	21	3	18	4	28	19	16	7	36	11	13	9	5	4	11	12	13	24
25	18	23	32	13	10	20	1	20	2	17	3	27	18	15	6	35	10	12	8	4	3	10	11	12	25
26	17	22	31	12	9	19	33	19	1	16	2	26	17	14	5	34	9	11	7	3	2	9	10	11	26
27	16	21	30	11	8	18	32	18	23	15	1	25	16	13	4	33	8	10	6	2	1	8	9	10	27
28	15	20	29	10	7	17	31	17	22	14	33	24	15	12	3	32	7	9	5	1	23	7	8	9	28
29	14	19	28	9	6	16	30	16	21	13	32	23	14	11	2	31	6	8	4	38	22	6	7	8	29
30	13	18	27	8	5	15	29	15	20	12	31	22	13	10	1	30	5	7	3	37	21	5	6	7	30
31	12	17	26	7	4	14	28	14	19	11	30	21	12	9	33	29	4	6	2	36	20	4	5	6	31

1907

1907 TAG	JANUAR k	s	g	f	FEBRUAR k	s	g	f	MÄRZ k	s	g	f	APRIL k	s	g	f	MAI k	s	g	f	JUNI k	s	g	f	1907 TAG
1	19	3	4	5	11	28	6	12	6	28	11	22	21	25	13	29	14	23	16	37	6	20	18	6	1
2	18	2	3	4	10	27	5	11	5	27	10	21	20	24	12	28	13	22	15	36	5	19	17	5	2
3	17	1	2	3	9	26	4	10	4	26	9	20	19	23	11	27	12	21	14	35	4	18	16	4	3
4	16	28	1	2	8	25	3	9	3	25	8	19	18	22	10	26	11	20	13	34	3	17	15	3	4
5	15	27	33	1	7	24	2	8	2	24	7	18	17	21	9	25	10	19	12	33	2	16	14	2	5
6	14	26	32	38	6	23	1	7	1	23	6	17	16	20	8	24	9	18	11	32	1	15	13	1	6
7	13	25	31	37	5	22	33	6	23	22	5	16	15	19	7	23	8	17	10	31	23	14	12	38	7
8	12	24	30	36	4	21	32	5	22	21	4	15	14	18	6	22	7	16	9	30	22	13	11	37	8
9	11	23	29	35	3	20	31	4	21	20	3	14	13	17	5	21	6	15	8	29	21	12	10	36	9
10	10	22	28	34	2	19	30	3	20	19	2	13	12	16	4	20	5	14	7	28	20	11	9	35	10
11	9	21	27	33	1	18	29	2	19	18	1	12	11	15	3	19	4	13	6	27	19	10	8	34	11
12	8	20	26	32	23	17	28	1	18	17	33	11	10	14	2	18	3	12	5	26	18	9	7	33	12
13	7	19	25	31	22	16	27	38	17	16	32	10	9	13	1	17	2	11	4	25	17	8	6	32	13
14	6	18	24	30	21	15	26	37	16	15	31	9	8	12	33	16	1	10	3	24	16	7	5	31	14
15	5	17	23	29	20	14	25	36	15	14	30	8	7	11	32	15	23	9	2	23	15	6	4	30	15
16	4	16	22	28	19	13	24	35	14	13	29	7	6	10	31	14	22	8	1	22	14	5	3	29	16
17	3	15	21	27	18	12	23	34	13	12	28	6	5	9	30	13	21	7	33	21	13	4	2	28	17
18	2	14	20	26	17	11	22	33	12	11	27	5	4	8	29	12	20	6	32	20	12	3	1	27	18
19	1	13	19	25	16	10	21	32	11	10	26	4	3	7	28	11	19	5	31	19	11	2	33	26	19
20	23	12	18	24	15	9	20	31	10	9	25	3	2	6	27	10	18	4	30	18	10	1	32	25	20
21	22	11	17	23	14	8	19	30	9	8	24	2	1	5	26	9	17	3	29	17	9	28	31	24	21
22	21	10	16	22	13	7	18	29	8	7	23	1	23	4	25	8	16	2	28	16	8	27	30	23	22
23	20	9	15	21	12	6	17	28	7	6	22	38	22	3	24	7	15	1	27	15	7	26	29	22	23
24	19	8	14	20	11	5	16	27	6	5	21	37	21	2	23	6	14	28	26	14	6	25	28	21	24
25	18	7	13	19	10	4	15	26	5	4	20	36	20	1	22	5	13	27	25	13	5	24	27	20	25
26	17	6	12	18	9	3	14	25	4	3	19	35	19	28	21	4	12	26	24	12	4	23	26	19	26
27	16	5	11	17	8	2	13	24	3	2	18	34	18	27	20	3	11	25	23	11	3	22	25	18	27
28	15	4	10	16	7	1	12	23	2	1	17	33	17	26	19	2	10	24	22	10	2	21	24	17	28
29	14	3	9	15					1	28	16	32	16	25	18	1	9	23	21	9	1	20	23	16	29
30	13	2	8	14					23	27	15	31	15	24	17	38	8	22	20	8	23	19	22	15	30
31	12	1	7	13					22	26	14	30					7	21	19	7					31

1987 TAG	JULI k	JULI s	JULI g	JULI f	AUGUST k	AUGUST s	AUGUST g	AUGUST f	SEPTEMBER k	SEPTEMBER s	SEPTEMBER g	SEPTEMBER f	OKTOBER k	OKTOBER s	OKTOBER g	OKTOBER f	NOVEMBER k	NOVEMBER s	NOVEMBER g	NOVEMBER f	DEZEMBER k	DEZEMBER s	DEZEMBER g	DEZEMBER f	1987 TAG
1	22	18	21	14	14	15	23	21	6	12	25	28	22	10	28	36	14	7	30	5	7	5	33	13	1
2	21	17	20	13	13	14	22	20	5	11	24	27	21	9	27	35	13	6	29	4	6	4	32	12	2
3	20	16	19	12	12	13	21	19	4	10	23	26	20	8	26	34	12	5	28	3	5	3	31	11	3
4	19	15	18	11	11	12	20	18	3	9	22	25	19	7	25	33	11	4	27	2	4	2	30	10	4
5	18	14	17	10	10	11	19	17	2	8	21	24	18	6	24	32	10	3	26	1	3	1	29	9	5
6	17	13	16	9	9	10	18	16	1	7	20	23	17	5	23	31	9	2	25	38	2	28	28	8	6
7	16	12	15	8	8	9	17	15	23	6	19	22	16	4	22	30	8	1	24	37	1	27	27	7	7
8	15	11	14	7	7	8	16	14	22	5	18	21	15	3	21	29	7	28	23	36	23	26	26	6	8
9	14	10	13	6	6	7	15	13	21	4	17	20	14	2	20	28	6	27	22	35	22	25	25	5	9
10	13	9	12	5	5	6	14	12	20	3	16	19	13	1	19	27	5	26	21	34	21	24	24	4	10
11	12	8	11	4	4	5	13	11	19	2	15	18	12	28	18	26	4	25	20	33	20	23	23	3	11
12	11	7	10	3	3	4	12	10	18	1	14	17	11	27	17	25	3	24	19	32	19	22	22	2	12
13	10	6	9	2	2	3	11	9	17	28	13	16	10	26	16	24	2	23	18	31	18	21	21	1	13
14	9	5	8	1	1	2	10	8	16	27	12	15	9	25	15	23	1	22	17	30	17	20	20	38	14
15	8	4	7	38	23	1	9	7	15	26	11	14	8	24	14	22	23	21	16	29	16	19	19	37	15
16	7	3	6	37	22	28	8	6	14	25	10	13	7	23	13	21	22	20	15	28	15	18	18	36	16
17	6	2	5	36	21	27	7	5	13	24	9	12	6	22	12	20	21	19	14	27	14	17	17	35	17
18	5	1	4	35	20	26	6	4	12	23	8	11	5	21	11	19	20	18	13	26	13	16	16	34	18
19	4	28	3	34	19	25	5	3	11	22	7	10	4	20	10	18	19	17	12	25	12	15	15	33	19
20	3	27	2	33	18	24	4	2	10	21	6	9	3	19	9	17	18	16	11	24	11	14	14	32	20
21	2	26	1	32	17	23	3	1	9	20	5	8	2	18	8	16	17	15	10	23	10	13	13	31	21
22	1	25	33	31	16	22	2	38	8	19	4	7	1	17	7	15	16	14	9	22	9	12	12	30	22
23	23	24	32	30	15	21	1	37	7	18	3	6	23	16	6	14	15	13	8	21	8	11	11	29	23
24	22	23	31	29	14	20	33	36	6	17	2	5	22	15	5	13	14	12	7	20	7	10	10	28	24
25	21	22	30	28	13	19	32	35	5	16	1	4	21	14	4	12	13	11	6	19	6	9	9	27	25
26	20	21	29	27	12	18	31	34	4	15	33	3	20	13	3	11	12	10	5	18	5	8	8	26	26
27	19	20	28	26	11	17	30	33	3	14	32	2	19	12	2	10	11	9	4	17	4	7	7	25	27
28	18	19	27	25	10	16	29	32	2	13	31	1	18	11	1	9	10	8	3	16	3	6	6	24	28
29	17	18	26	24	9	15	28	31	1	12	30	38	17	10	33	8	9	7	2	15	2	5	5	23	29
30	16	17	25	23	8	14	27	30	23	11	29	37	16	9	32	7	8	6	1	14	1	4	4	22	30
31	15	16	24	22	7	13	26	29					15	8	31	6					23	3	3	21	31

1908

1908 TAG	JANUAR k	s	g	f	FEBRUAR k	s	g	f	MÄRZ k	s	g	f	APRIL k	s	g	f	MAI k	s	g	f	JUNI k	s	g	f
1	22	2	2	20	14	27	4	27	8	26	8	36	23	23	10	5	16	21	13	13	8	18	15	20
2	21	1	1	19	13	26	3	26	7	25	7	35	22	22	9	4	15	20	12	12	7	17	14	19
3	20	28	33	18	12	25	2	25	6	24	6	34	21	21	8	3	14	19	11	11	6	16	13	18
4	19	27	32	17	11	24	1	24	5	23	5	33	20	20	7	2	13	18	10	10	5	15	12	17
5	18	26	31	16	10	23	33	23	4	22	4	32	19	19	6	1	12	17	9	9	4	14	11	16
6	17	25	30	15	9	22	32	22	3	21	3	31	18	18	5	38	11	16	8	8	3	13	10	15
7	16	24	29	14	8	21	31	21	2	20	2	30	17	17	4	37	10	15	7	7	2	12	9	14
8	15	23	28	13	7	20	30	20	1	19	1	29	16	16	3	36	9	14	6	6	1	11	8	13
9	14	22	27	12	6	19	29	19	23	18	33	28	15	15	2	35	8	13	5	5	23	10	7	12
10	13	21	26	11	5	18	28	18	22	17	32	27	14	14	1	34	7	12	4	4	22	9	6	11
11	12	20	25	10	4	17	27	17	21	16	31	26	13	13	33	33	6	11	3	3	21	8	5	10
12	11	19	24	9	3	16	26	16	20	15	30	25	12	12	32	32	5	10	2	2	20	7	4	9
13	10	18	23	8	2	15	25	15	19	14	29	24	11	11	31	31	4	9	1	1	19	6	3	8
14	9	17	22	7	1	14	24	14	18	13	28	23	10	10	30	30	3	8	33	38	18	5	2	7
15	8	16	21	6	23	13	23	13	17	12	27	22	9	9	29	29	2	7	32	37	17	4	1	6
16	7	15	20	5	22	12	22	12	16	11	26	21	8	8	28	28	1	6	31	36	16	3	33	5
17	6	14	19	4	21	11	21	11	15	10	25	20	7	7	27	27	23	5	30	35	15	2	32	4
18	5	13	18	3	20	10	20	10	14	9	24	19	6	6	26	26	22	4	29	34	14	1	31	3
19	4	12	17	2	19	9	19	9	13	8	23	18	5	5	25	25	21	3	28	33	13	28	30	2
20	3	11	16	1	18	8	18	8	12	7	22	17	4	4	24	24	20	2	27	32	12	27	29	1
21	2	10	15	38	17	7	17	7	11	6	21	16	3	3	23	23	19	1	26	31	11	26	28	38
22	1	9	14	37	16	6	16	6	10	5	20	15	2	2	22	22	18	28	25	30	10	25	27	37
23	23	8	13	36	15	5	15	5	9	4	19	14	1	1	21	21	17	27	24	29	9	24	26	36
24	22	7	12	35	14	4	14	4	8	3	18	13	23	28	20	20	16	26	23	28	8	23	25	35
25	21	6	11	34	13	3	13	3	7	2	17	12	22	27	19	19	15	25	22	27	7	22	24	34
26	20	5	10	33	12	2	12	2	6	1	16	11	21	26	18	18	14	24	21	26	6	21	23	33
27	19	4	9	32	11	1	11	1	5	28	15	10	20	25	17	17	13	23	20	25	5	20	22	32
28	18	3	8	31	10	28	10	38	4	27	14	9	19	24	16	16	12	22	19	24	4	19	21	31
29	17	2	7	30	9	27	9	37	3	26	13	8	18	23	15	15	11	21	18	23	3	18	20	30
30	16	1	6	29					2	25	12	7	17	22	14	14	10	20	17	22	2	17	19	29
31	15	28	5	28					1	24	11	6					9	19	16	21				

1988 TAG	JULI k	s	g	f	AUGUST k	s	g	f	SEPTEMBER k	s	g	f	OKTOBER k	s	g	f	NOVEMBER k	s	g	f	DEZEMBER k	s	g	f	1988 TAG
1	1	16	18	28	16	13	20	35	8	10	22	4	1	8	25	12	16	5	27	19	9	3	30	27	1
2	23	15	17	27	15	12	19	34	7	9	21	3	23	7	24	11	15	4	26	18	8	2	29	26	2
3	22	14	16	26	14	11	18	33	6	8	20	2	22	6	23	10	14	3	25	17	7	1	28	25	3
4	21	13	15	25	13	10	17	32	5	7	19	1	21	5	22	9	13	2	24	16	6	28	27	24	4
5	20	12	14	24	12	9	16	31	4	6	18	38	20	4	21	8	12	1	23	15	5	27	26	23	5
6	19	11	13	23	11	8	15	30	3	5	17	37	19	3	20	7	11	28	22	14	4	26	25	22	6
7	18	10	12	22	10	7	14	29	2	4	16	36	18	2	19	6	10	27	21	13	3	25	24	21	7
8	17	9	11	21	9	6	13	28	1	3	15	35	17	1	18	5	9	26	20	12	2	24	23	20	8
9	16	8	10	20	8	5	12	27	23	2	14	34	16	28	17	4	8	25	19	11	1	23	22	19	9
10	15	7	9	19	7	4	11	26	22	1	13	33	15	27	16	3	7	24	18	10	23	22	21	18	10
11	14	6	8	18	6	3	10	25	21	28	12	32	14	26	15	2	6	23	17	9	22	21	20	17	11
12	13	5	7	17	5	2	9	24	20	27	11	31	13	25	14	1	5	22	16	8	21	20	19	16	12
13	12	4	6	16	4	1	8	23	19	26	10	30	12	24	13	38	4	21	15	7	20	19	18	15	13
14	11	3	5	15	3	28	7	22	18	25	9	29	11	23	12	37	3	20	14	6	19	18	17	14	14
15	10	2	4	14	2	27	6	21	17	24	8	28	10	22	11	36	2	19	13	5	18	17	16	13	15
16	9	1	3	13	1	26	5	20	16	23	7	27	9	21	10	35	1	18	12	4	17	16	15	12	16
17	8	28	2	12	23	25	4	19	15	22	6	26	8	20	9	34	23	17	11	3	16	15	14	11	17
18	7	27	1	11	22	24	3	18	14	21	5	25	7	19	8	33	22	16	10	2	15	14	13	10	18
19	6	26	33	10	21	23	2	17	13	20	4	24	6	18	7	32	21	15	9	1	14	13	12	9	19
20	5	25	32	9	20	22	1	16	12	19	3	23	5	17	6	31	20	14	8	38	13	12	11	8	20
21	4	24	31	8	19	21	33	15	11	18	2	22	4	16	5	30	19	13	7	37	12	11	10	7	21
22	3	23	30	7	18	20	32	14	10	17	1	21	3	15	4	29	18	12	6	36	11	10	9	6	22
23	2	22	29	6	17	19	31	13	9	16	33	20	2	14	3	28	17	11	5	35	10	9	8	5	23
24	1	21	28	5	16	18	30	12	8	15	32	19	1	13	2	27	16	10	4	34	9	8	7	4	24
25	23	20	27	4	15	17	29	11	7	14	31	18	23	12	1	26	15	9	3	33	8	7	6	3	25
26	22	19	26	3	14	16	28	10	6	13	30	17	22	11	33	25	14	8	2	32	7	6	5	2	26
27	21	18	25	2	13	15	27	9	5	12	29	16	21	10	32	24	13	7	1	31	6	5	4	1	27
28	20	17	24	1	12	14	26	8	4	11	28	15	20	9	31	23	12	6	33	30	5	4	3	38	28
29	19	16	23	38	11	13	25	7	3	10	27	14	19	8	30	22	11	5	32	29	4	3	2	37	29
30	18	15	22	37	10	12	24	6	2	9	26	13	18	7	29	21	10	4	31	28	3	2	1	36	30
31	17	14	21	36	9	11	23	5					17	6	28	20					2	1	33	35	31

1909

1909 TAG	JANUAR k	s	g	f	FEBRUAR k	s	g	f	MÄRZ k	s	g	f	APRIL k	s	g	f	MAI k	s	g	f	JUNI k	s	g	f	1909 TAG
1	1	28	32	34	16	25	1	3	11	25	6	13	3	22	8	20	19	20	11	28	11	17	13	35	1
2	23	27	31	33	15	24	33	2	10	24	5	12	2	21	7	19	18	19	10	27	10	16	12	34	2
3	22	26	30	32	14	23	32	1	9	23	4	11	1	20	6	18	17	18	9	26	9	15	11	33	3
4	21	25	29	31	13	22	31	38	8	22	3	10	23	19	5	17	16	17	8	25	8	14	10	32	4
5	20	24	28	30	12	21	30	37	7	21	2	9	22	18	4	16	15	16	7	24	7	13	9	31	5
6	19	23	27	29	11	20	29	36	6	20	1	8	21	17	3	15	14	15	6	23	6	12	8	30	6
7	18	22	26	28	10	19	28	35	5	19	33	7	20	16	2	14	13	14	5	22	5	11	7	29	7
8	17	21	25	27	9	18	27	34	4	18	32	6	19	15	1	13	12	13	4	21	4	10	6	28	8
9	16	20	24	26	8	17	26	33	3	17	31	5	18	14	33	12	11	12	3	20	3	9	5	27	9
10	15	19	23	25	7	16	25	32	2	16	30	4	17	13	32	11	10	11	2	19	2	8	4	26	10
11	14	18	22	24	6	15	24	31	1	15	29	3	16	12	31	10	9	10	1	18	1	7	3	25	11
12	13	17	21	23	5	14	23	30	23	14	28	2	15	11	30	9	8	9	33	17	23	6	2	24	12
13	12	16	20	22	4	13	22	29	22	13	27	1	14	10	29	8	7	8	32	16	22	5	1	23	13
14	11	15	19	21	3	12	21	28	21	12	26	38	13	9	28	7	6	7	31	15	21	4	33	22	14
15	10	14	18	20	2	11	20	27	20	11	25	37	12	8	27	6	5	6	30	14	20	3	32	21	15
16	9	13	17	19	1	10	19	26	19	10	24	36	11	7	26	5	4	5	29	13	19	2	31	20	16
17	8	12	16	18	23	9	18	25	18	9	23	35	10	6	25	4	3	4	28	12	18	1	30	19	17
18	7	11	15	17	22	8	17	24	17	8	22	34	9	5	24	3	2	3	27	11	17	28	29	18	18
19	6	10	14	16	21	7	16	23	16	7	21	33	8	4	23	2	1	2	26	10	16	27	28	17	19
20	5	9	13	15	20	6	15	22	15	6	20	32	7	3	22	1	23	1	25	9	15	26	27	16	20
21	4	8	12	14	19	5	14	21	14	5	19	31	6	2	21	38	22	28	24	8	14	25	26	15	21
22	3	7	11	13	18	4	13	20	13	4	18	30	5	1	20	37	21	27	23	7	13	24	25	14	22
23	2	6	10	12	17	3	12	19	12	3	17	29	4	28	19	36	20	26	22	6	12	23	24	13	23
24	1	5	9	11	16	2	11	18	11	2	16	28	3	27	18	35	19	25	21	5	11	22	23	12	24
25	23	4	8	10	15	1	10	17	10	1	15	27	2	26	17	34	18	24	20	4	10	21	22	11	25
26	22	3	7	9	14	28	9	16	9	28	14	26	1	25	16	33	17	23	19	3	9	20	21	10	26
27	21	2	6	8	13	27	8	15	8	27	13	25	23	24	15	32	16	22	18	2	8	19	20	9	27
28	20	1	5	7	12	26	7	14	7	26	12	24	22	23	14	31	15	21	17	1	7	18	19	8	28
29	19	28	4	6					6	25	11	23	21	22	13	30	14	20	16	38	6	17	18	7	29
30	18	27	3	5					5	24	10	22	20	21	12	29	13	19	15	37	5	16	17	6	30
31	17	26	2	4					4	23	9	21					12	18	14	36					31

1909 TAG	JULI k	s	g	f	AUGUST k	s	g	f	SEPTEMBER k	s	g	f	OKTOBER k	s	g	f	NOVEMBER k	s	g	f	DEZEMBER k	s	g	f	1909 TAG
1	4-15	16		5	19	12	18	12	11	9	20	19	4	7	23	27	19	4	25	34	12	2	28	4	1
2	3	14	15	4	18	11	17	11	10	8	19	18	3	6	22	26	18	3	24	33	11	1	27	3	2
3	2	13	14	3	17	10	16	10	9	7	18	17	2	5	21	25	17	2	23	32	10	28	26	2	3
4	1	12	13	2	16	9	15	9	8	6	17	16	1	4	20	24	16	1	22	31	9	27	25	1	4
5	23	11	12	1	15	8	14	8	7	5	16	15	23	3	19	23	15	28	21	30	8	26	24	38	5
6	22	10	11	38	14	7	13	7	6	4	15	14	22	2	18	22	14	27	20	29	7	25	23	37	6
7	21	9	10	37	13	6	12	6	5	3	14	13	21	1	17	21	13	26	19	28	6	24	22	36	7
8	20	8	9	36	12	5	11	5	4	2	13	12	20	28	16	20	12	25	18	27	5	23	21	35	8
9	19	7	8	35	11	4	10	4	3	1	12	11	19	27	15	19	11	24	17	26	4	22	20	34	9
10	18	6	7	34	10	3	9	3	2	28	11	10	18	26	14	18	10	23	16	25	3	21	19	33	10
11	17	5	6	33	9	2	8	2	1	27	10	9	17	25	13	17	9	22	15	24	2	20	18	32	11
12	16	4	5	32	8	1	7	1	23	26	9	8	16	24	12	16	8	21	14	23	1	19	17	31	12
13	15	3	4	31	7	28	6	38	22	25	8	7	15	23	11	15	7	20	13	22	23	18	16	30	13
14	14	2	3	30	6	27	5	37	21	24	7	6	14	22	10	14	6	19	12	21	22	17	15	29	14
15	13	1	2	29	5	26	4	36	20	23	6	5	13	21	9	13	5	18	11	20	21	16	14	28	15
16	12	28	1	28	4	25	3	35	19	22	5	4	12	20	8	12	4	17	10	19	20	15	13	27	16
17	11	27	33	27	3	24	2	34	18	21	4	3	11	19	7	11	3	16	9	18	19	14	12	26	17
18	10	26	32	26	2	23	1	33	17	20	3	2	10	18	6	10	2	15	8	17	18	13	11	25	18
19	9	25	31	25	1	22	33	32	16	19	2	1	9	17	5	9	1	14	7	16	17	12	10	24	19
20	8	24	30	24	23	21	32	31	15	18	1	38	8	16	4	8	23	13	6	15	16	11	9	23	20
21	7	23	29	23	22	20	31	30	14	17	33	37	7	15	3	7	22	12	5	14	15	10	8	22	21
22	6	22	28	22	21	19	30	29	13	16	32	36	6	14	2	6	21	11	4	13	14	9	7	21	22
23	5	21	27	21	20	18	29	28	12	15	31	35	5	13	1	5	20	10	3	12	13	8	6	20	23
24	4	20	26	20	19	17	28	27	11	14	30	34	4	12	33	4	19	9	2	11	12	7	5	19	24
25	3	19	25	19	18	16	27	26	10	13	29	33	3	11	32	3	18	8	1	10	11	6	4	18	25
26	2	18	24	18	17	15	26	25	9	12	28	32	2	10	31	2	17	7	33	9	10	5	3	17	26
27	1	17	23	17	16	14	25	24	8	11	27	31	1	9	30	1	16	6	32	8	9	4	2	16	27
28	23	16	22	16	15	13	24	23	7	10	26	30	23	8	29	38	15	5	31	7	8	3	1	15	28
29	22	15	21	15	14	12	23	22	6	9	25	29	22	7	28	37	14	4	30	6	7	2	33	14	29
30	21	14	20	14	13	11	22	21	5	8	24	28	21	6	27	36	13	3	29	5	6	1	32	13	30
31	20	13	19	13	12	10	21	20					20	5	26	35					5	28	31	12	31

1910

1910 TAG	JUNI k	s	g	f	MAI k	s	g	f	APRIL k	s	g	f	MÄRZ k	s	g	f	FEBRUAR k	s	g	f	JANUAR k	s	g	f	1910 TAG
1	14	16	11	12	22	19	9	5	6	21	6	35	14	24	4	28	19	24	32	18	4	27	30	11	1
2	13	15	10	11	21	18	8	4	5	20	5	34	13	23	3	27	18	23	31	17	3	26	29	10	2
3	12	14	9	10	20	17	7	3	4	19	4	33	12	22	2	26	17	22	30	16	2	25	28	9	3
4	11	13	8	9	19	16	6	2	3	18	3	32	11	21	1	25	16	21	29	15	1	24	27	8	4
5	10	12	7	8	18	15	5	1	2	17	2	31	10	20	33	24	15	20	28	14	23	23	26	7	5
6	9	11	6	7	17	14	4	38	1	16	1	30	9	19	32	23	14	19	27	13	22	22	25	6	6
7	8	10	5	6	16	13	3	37	23	15	33	29	8	18	31	22	13	18	26	12	21	21	24	5	7
8	7	9	4	5	15	12	2	36	22	14	32	28	7	17	30	21	12	17	25	11	20	20	23	4	8
9	6	8	3	4	14	11	1	35	21	13	31	27	6	16	29	20	11	16	24	10	19	19	22	3	9
10	5	7	2	3	13	10	33	34	20	12	30	26	5	15	28	19	10	15	23	9	18	18	21	2	10
11	4	6	1	2	12	9	32	33	19	11	29	25	4	14	27	18	9	14	22	8	17	17	20	1	11
12	3	5	33	1	11	8	31	32	18	10	28	24	3	13	26	17	8	13	21	7	16	16	19	38	12
13	2	4	32	38	10	7	30	31	17	9	27	23	2	12	25	16	7	12	20	6	15	15	18	37	13
14	1	3	31	37	9	6	29	30	16	8	26	22	1	11	24	15	6	11	19	5	14	14	17	36	14
15	23	2	30	36	8	5	28	29	15	7	25	21	23	10	23	14	5	10	18	4	13	13	16	35	15
16	22	1	29	35	7	4	27	28	14	6	24	20	22	9	22	13	4	9	17	3	12	12	15	34	16
17	21	28	28	34	6	3	26	27	13	5	23	19	21	8	21	12	3	8	16	2	11	11	14	33	17
18	20	27	27	33	5	2	25	26	12	4	22	18	20	7	20	11	2	7	15	1	10	10	13	32	18
19	19	26	26	32	4	1	24	25	11	3	21	17	19	6	19	10	1	6	14	38	9	9	12	31	19
20	18	25	25	31	3	28	23	24	10	2	20	16	18	5	18	9	23	5	13	37	8	8	11	30	20
21	17	24	24	30	2	27	22	23	9	1	19	15	17	4	17	8	22	4	12	36	7	7	10	29	21
22	16	23	23	29	1	26	21	22	8	28	18	14	16	3	16	7	21	3	11	35	6	6	9	28	22
23	15	22	22	28	23	25	20	21	7	27	17	13	15	2	15	6	20	2	10	34	5	5	8	27	23
24	14	21	21	27	22	24	19	20	6	26	16	12	14	1	14	5	19	1	9	33	4	4	7	26	24
25	13	20	20	26	21	23	18	19	5	25	15	11	13	28	13	4	18	28	8	32	3	3	6	25	25
26	12	19	19	25	20	22	17	18	4	24	14	10	12	27	12	3	17	27	7	31	2	2	5	24	26
27	11	18	18	24	19	21	16	17	3	23	13	9	11	26	11	2	16	26	6	30	1	1	4	23	27
28	10	17	17	23	18	20	15	16	2	22	12	8	10	25	10	1	15	25	5	29	23	28	3	22	28
29	9	16	16	22	17	19	14	15	1	21	11	7	9	24	9	38					22	27	2	21	29
30	8	15	15	21	16	18	13	14	23	20	10	6	8	23	8	37					21	26	1	20	30
31					15	17	12	13					7	22	7	36					20	25	33	19	31

262

1910 TAG	JULI k	s	g	f	AUGUST k	s	g	f	SEPTEMBER k	s	g	f	OKTOBER k	s	g	f	NOVEMBER k	s	g	f	DEZEMBER k	s	g	f	1910 TAG
1	7	14	14	20	22	11	16	27	14	8	18	34	7	6	21	4	22	3	23	11	15	1	26	19	1
2	6	13	13	19	21	10	15	26	13	7	17	33	6	5	20	3	21	2	22	10	14	28	25	18	2
3	5	12	12	18	20	9	14	25	12	6	16	32	5	4	19	2	20	1	21	9	13	27	24	17	3
4	4	11	11	17	19	8	13	24	11	5	15	31	4	3	18	1	19	28	20	8	12	26	23	16	4
5	3	10	10	16	18	7	12	23	10	4	14	30	3	2	17	38	18	27	19	7	11	25	22	15	5
6	2	9	9	15	17	6	11	22	9	3	13	29	2	1	16	37	17	26	18	6	10	24	21	14	6
7	1	8	8	14	16	5	10	21	8	2	12	28	1	28	15	36	16	25	17	5	9	23	20	13	7
8	23	7	7	13	15	4	9	20	7	1	11	27	23	27	14	35	15	24	16	4	8	22	19	12	8
9	22	6	6	12	14	3	8	19	6	28	10	26	22	26	13	34	14	23	15	3	7	21	18	11	9
10	21	5	5	11	13	2	7	18	5	27	9	25	21	25	12	33	13	22	14	2	6	20	17	10	10
11	20	4	4	10	12	1	6	17	4	26	8	24	20	24	11	32	12	21	13	1	5	19	16	9	11
12	19	3	3	9	11	28	5	16	3	25	7	23	19	23	10	31	11	20	12	38	4	18	15	8	12
13	18	2	2	8	10	27	4	15	2	24	6	22	18	22	9	30	10	19	11	37	3	17	14	7	13
14	17	1	1	7	9	26	3	14	1	23	5	21	17	21	8	29	9	18	10	36	2	16	13	6	14
15	16	28	33	6	8	25	2	13	23	22	4	20	16	20	7	28	8	17	9	35	1	15	12	5	15
16	15	27	32	5	7	24	1	12	22	21	3	19	15	19	6	27	7	16	8	34	23	14	11	4	16
17	14	26	31	4	6	23	33	11	21	20	2	18	14	18	5	26	6	15	7	33	22	13	10	3	17
18	13	25	30	3	5	22	32	10	20	19	1	17	13	17	4	25	5	14	6	32	21	12	9	2	18
19	12	24	29	2	4	21	31	9	19	18	33	16	12	16	3	24	4	13	5	31	20	11	8	1	19
20	11	23	28	1	3	20	30	8	18	17	32	15	11	15	2	23	3	12	4	30	19	10	7	38	20
21	10	22	27	38	2	19	29	7	17	16	31	14	10	14	1	22	2	11	3	29	18	9	6	37	21
22	9	21	26	37	1	18	28	6	16	15	30	13	9	13	33	21	1	10	2	28	17	8	5	36	22
23	8	20	25	36	23	17	27	5	15	14	29	12	8	12	32	20	23	9	1	27	16	7	4	35	23
24	7	19	24	35	22	16	26	4	14	13	28	11	7	11	31	19	22	8	33	26	15	6	3	34	24
25	6	18	23	34	21	15	25	3	13	12	27	10	6	10	30	18	21	7	32	25	14	5	2	33	25
26	5	17	22	33	20	14	24	2	12	11	26	9	5	9	29	17	20	6	31	24	13	4	1	32	26
27	4	16	21	32	19	13	23	1	11	10	25	8	4	8	28	16	19	5	30	23	12	3	33	31	27
28	3	15	20	31	18	12	22	38	10	9	24	7	3	7	27	15	18	4	29	22	11	2	32	30	28
29	2	14	19	30	17	11	21	37	9	8	23	6	2	6	26	14	17	3	28	21	10	1	31	29	29
30	1	13	18	29	16	10	20	36	8	7	22	5	1	5	25	13	16	2	27	20	9	28	30	28	30
31	23	12	17	28	15	9	19	35					23	4	24	12					8	27	29	27	31

263

1911

1911 TAG	JANUAR k	s	g	f	FEBRUAR k	s	g	f	MÄRZ k	s	g	f	APRIL k	s	g	f	MAI k	s	g	f	JUNI k	s	g	f	1911 TAG
1	7	26	28	26	22	23	30	33	17	23	2	5	9	20	4	12	2	18	7	20	17	15	9	27	1
2	6	25	27	25	21	22	29	32	16	22	1	4	8	19	3	11	1	17	6	19	16	14	8	26	2
3	5	24	26	24	20	21	28	31	15	21	33	3	7	18	2	10	23	16	5	18	15	13	7	25	3
4	4	23	25	23	19	20	27	30	14	20	32	2	6	17	1	9	22	15	4	17	14	12	6	24	4
5	3	22	24	22	18	19	26	29	13	19	31	1	5	16	33	8	21	14	3	16	13	11	5	23	5
6	2	21	23	21	17	18	25	28	12	18	30	38	4	15	32	7	20	13	2	15	12	10	4	22	6
7	1	20	22	20	16	17	24	27	11	17	29	37	3	14	31	6	19	12	1	14	11	9	3	21	7
8	23	19	21	19	15	16	23	26	10	16	28	36	2	13	30	5	18	11	33	13	10	8	2	20	8
9	22	18	20	18	14	15	22	25	9	15	27	35	1	12	29	4	17	10	32	12	9	7	1	19	9
10	21	17	19	17	13	14	21	24	8	14	26	34	23	11	28	3	16	9	31	11	8	6	33	18	10
11	20	16	18	16	12	13	20	23	7	13	25	33	22	10	27	2	15	8	30	10	7	5	32	17	11
12	19	15	17	15	11	12	19	22	6	12	24	32	21	9	26	1	14	7	29	9	6	4	31	16	12
13	18	14	16	14	10	11	18	21	5	11	23	31	20	8	25	38	13	6	28	8	5	3	30	15	13
14	17	13	15	13	9	10	17	20	4	10	22	30	19	7	24	37	12	5	27	6	4	2	29	14	14
15	16	12	14	12	8	9	16	19	3	9	21	29	18	6	23	36	11	4	26	6	3	1	28	13	15
16	15	11	13	11	7	8	15	18	2	8	20	28	17	5	22	35	10	3	25	5	2	28	27	12	16
17	14	10	12	10	6	7	14	17	1	7	19	27	16	4	21	34	9	2	24	4	1	27	26	11	17
18	13	9	11	9	5	6	13	16	23	6	18	26	15	3	20	33	8	1	23	3	23	26	25	10	18
19	12	8	10	8	4	5	12	15	22	5	17	25	14	2	19	32	7	28	22	2	22	25	24	9	19
20	11	7	9	7	3	4	11	14	21	4	16	24	13	1	18	31	6	27	21	1	21	24	23	8	20
21	10	6	8	6	2	3	10	13	20	3	15	23	12	28	17	30	5	26	20	38	20	23	22	7	21
22	9	5	7	5	23	2	9	12	19	2	14	22	11	27	16	29	4	25	19	37	19	22	21	6	22
23	8	4	6	4	1	1	8	11	18	1	13	21	10	26	15	28	3	24	18	36	18	21	20	5	23
24	7	3	5	3	22	28	7	10	17	28	12	20	9	25	14	27	2	23	17	35	17	20	19	4	24
25	6	2	4	2	21	27	6	9	16	27	11	19	8	24	13	26	1	22	16	34	16	19	18	3	25
26	5	1	3	1	20	26	5	8	15	26	10	18	7	23	12	25	23	21	15	33	15	18	17	2	26
27	4	28	2	38	19	25	4	7	14	25	9	17	6	22	11	24	22	20	14	32	14	17	16	1	27
28	3	27	1	37	18	24	3	6	13	24	8	16	5	21	10	23	21	19	13	31	13	16	15	38	28
29	2	26	33	36					12	23	7	15	4	20	9	22	20	18	12	30	12	15	14	37	29
30	1	25	32	35					11	22	6	14	3	19	8	21	19	17	11	29	11	14	13	36	30
31	23	24	31	34					10	21	5	13					18	16	10	28					31

1911 TAG	JULI k	s	g	f	AUGUST k	s	g	f	SEPTEMBER k	s	g	f	OKTOBER k	s	g	f	NOVEMBER k	s	g	f	DEZEMBER k	s	g	f	1911 TAG
1	10	13	12	35	2	10	14	4	17	7	16	11	10	5	19	19	2	2	21	26	18	28	24	34	1
2	9	12	11	34	1	9	13	3	16	6	15	10	9	4	18	18	1	1	20	25	17	27	23	33	2
3	8	11	10	33	23	8	12	2	15	5	14	9	8	3	17	17	23	28	19	24	16	26	22	32	3
4	7	10	9	32	22	7	11	1	14	4	13	8	7	2	16	16	22	27	18	23	15	25	21	31	4
5	6	9	8	31	21	6	10	38	13	3	12	7	6	1	15	15	21	26	17	22	14	24	20	30	5
6	5	8	7	30	20	5	9	37	12	2	11	6	5	28	14	14	20	25	16	21	13	23	19	29	6
7	4	7	6	29	19	4	8	36	11	1	10	5	4	27	13	13	19	24	15	20	12	22	18	28	7
8	3	6	5	28	18	3	7	35	10	28	9	4	3	26	12	12	18	23	14	19	11	21	17	27	8
9	2	5	4	27	17	2	6	34	9	27	8	3	2	25	11	11	17	22	13	18	10	20	16	26	9
10	1	4	3	26	16	1	5	33	8	26	7	2	1	24	10	10	16	21	12	17	9	19	15	25	10
11	23	3	2	25	15	28	4	32	7	25	6	1	23	23	9	9	15	20	11	16	8	18	14	24	11
12	22	2	1	24	14	27	3	31	6	24	5	38	22	22	8	8	14	19	10	15	7	17	13	23	12
13	21	1	33	23	13	26	2	30	5	23	4	37	21	21	7	7	13	18	9	14	6	16	12	22	13
14	20	28	32	22	12	25	1	29	4	22	3	36	20	20	6	6	12	17	8	13	5	15	11	21	14
15	19	27	31	21	11	24	33	28	3	21	2	35	19	19	5	5	11	16	7	12	4	14	10	20	15
16	18	26	30	20	10	23	32	27	2	20	1	34	18	18	4	4	10	15	6	11	3	13	9	19	16
17	17	25	29	19	9	22	31	26	1	19	33	33	17	17	3	3	9	14	5	10	2	12	8	18	17
18	16	24	28	18	8	21	30	25	23	18	32	32	16	16	2	2	8	13	4	9	1	11	7	17	18
19	15	23	27	17	7	20	29	24	22	17	31	31	15	15	1	1	7	12	3	8	23	10	6	16	19
20	14	22	26	16	6	19	28	23	21	16	30	30	14	14	33	38	6	11	2	7	22	9	5	15	20
21	13	21	25	15	5	18	27	22	20	15	29	29	13	13	32	37	5	10	1	6	21	8	4	14	21
22	12	20	24	14	4	17	26	21	19	14	28	28	12	12	31	36	4	9	33	5	20	7	3	13	22
23	11	19	23	13	3	16	25	20	18	13	27	27	11	11	30	35	3	8	32	4	19	6	2	12	23
24	10	18	22	12	2	15	24	19	17	12	26	26	10	10	29	34	2	7	31	3	18	5	1	11	24
25	9	17	21	11	1	14	23	18	16	11	25	25	9	9	28	33	1	6	30	2	17	4	33	10	25
26	8	16	20	10	23	13	22	17	15	10	24	24	8	8	27	32	23	5	29	1	16	3	32	9	26
27	7	15	19	9	22	12	21	16	14	9	23	23	7	7	26	31	22	4	28	38	15	2	31	8	27
28	6	14	18	8	21	11	20	15	13	8	22	22	6	6	25	30	21	3	27	37	14	1	30	7	28
29	5	13	17	7	20	10	19	14	12	7	21	21	5	5	24	29	20	2	26	36	13	28	29	6	29
30	4	12	16	6	19	9	18	13	11	6	20	20	4	4	23	28	19	1	25	35	12	27	28	5	30
31	3	11	15	5	18	8	17	12					3	3	22	27					11	26	27	4	31

1912

1912 TAG	JANUAR k	s	g	f	FEBRUAR k	s	g	f	MÄRZ k	s	g	f	APRIL k	s	g	f	MAI k	s	g	f	JUNI k	s	g	f	1912 TAG
1	10	25	26	3	2	22	28	10	19	21	32	19	11	18	1	26	4	16	4	34	19	13	6	3	1
2	9	24	25	2	1	21	27	9	18	20	31	18	10	17	33	25	3	15	3	33	18	12	5	2	2
3	8	23	24	1	23	20	26	8	17	19	30	17	9	16	32	24	2	14	2	32	17	11	4	1	3
4	7	22	23	38	22	19	25	7	16	18	29	16	8	15	31	23	1	13	1	31	16	10	3	38	4
5	6	21	22	37	21	18	24	6	15	17	28	15	7	14	30	22	23	12	33	30	15	9	2	37	5
6	5	20	21	36	20	17	23	5	14	16	27	14	6	13	29	21	22	11	32	29	14	8	1	36	6
7	4	19	20	35	19	16	22	4	13	15	26	13	5	12	28	20	21	10	31	28	13	7	33	35	7
8	3	18	19	34	18	15	21	3	12	14	25	12	4	11	27	19	20	9	30	27	12	6	32	34	8
9	2	17	18	33	17	14	20	2	11	13	24	11	3	10	26	18	19	8	29	26	11	5	31	33	9
10	1	16	17	32	16	13	19	1	10	12	23	10	2	9	25	17	18	7	28	25	10	4	30	32	10
11	23	15	16	31	15	12	18	38	9	11	22	9	1	8	24	16	17	6	27	24	9	3	29	31	11
12	22	14	15	30	14	11	17	37	8	10	21	8	23	7	23	15	16	5	26	23	8	2	28	30	12
13	21	13	14	29	13	10	16	36	7	9	20	7	22	6	22	14	15	4	25	22	7	1	27	29	13
14	20	12	13	28	12	9	15	35	6	8	19	6	21	5	21	13	14	3	24	21	6	28	26	28	14
15	19	11	12	27	11	8	14	34	5	7	18	5	20	4	20	12	13	2	23	20	5	27	25	27	15
16	18	10	11	26	10	7	13	33	4	6	17	4	19	3	19	11	12	1	22	19	4	26	24	26	16
17	17	9	10	25	9	6	12	32	3	5	16	3	18	2	18	10	11	28	21	18	3	25	23	25	17
18	16	8	9	24	8	5	11	31	2	4	15	2	17	1	17	9	10	27	20	17	2	24	22	24	18
19	15	7	8	23	7	4	10	30	1	3	14	1	16	28	16	8	9	26	19	16	1	23	21	23	19
20	14	6	7	22	6	3	9	29	23	2	13	38	15	27	15	7	8	25	18	15	23	22	20	22	20
21	13	5	6	21	5	2	8	28	22	1	12	37	14	26	14	6	7	24	17	14	22	21	19	21	21
22	12	4	5	20	4	1	7	27	21	28	11	36	13	25	13	5	6	23	16	13	21	20	18	20	22
23	11	3	4	19	3	28	6	26	20	27	10	35	12	24	12	4	5	22	15	12	20	19	17	19	23
24	10	2	3	18	2	27	5	25	19	26	9	34	11	23	11	3	4	21	14	11	19	18	16	18	24
25	9	1	2	17	1	26	4	24	18	25	8	33	10	22	10	2	3	20	13	10	18	17	15	17	25
26	8	28	1	16	8	25	3	23	17	24	7	32	9	21	9	1	2	19	12	9	17	16	14	16	26
27	7	27	33	15	7	27	2	22	16	23	6	31	8	20	8	38	1	18	11	8	16	15	13	15	27
28	6	26	32	14	6	24	1	21	15	22	5	30	7	19	7	37	23	17	10	7	15	14	12	14	28
29	5	25	31	13	5	23	33	20	14	21	4	29	6	18	6	36	22	16	9	6	14	13	11	13	29
30	4	24	30	12					13	20	3	28	5	17	5	35	21	15	8	5	13	12	10	12	30
31	3	23	29	11					12	19	2	27					20	14	7	4					31

1912 TAG	JULI				AUGUST				SEPTEMBER				OKTOBER				NOVEMBER				DEZEMBER				1912 TAG
	k	s	g	f	k	s	g	f	k	s	g	f	k	s	g	f	k	s	g	f	k	s	g	f	
1	12	11	9	11	4	8	11	18	19	5	13	25	12	3	16	33	4	28	18	2	20	26	21	10	1
2	11	10	8	10	3	7	10	17	18	4	12	24	11	2	15	32	3	27	17	1	19	25	20	10	2
3	10	9	7	9	2	6	9	16	17	3	11	23	10	1	14	31	2	26	16	38	18	24	19	8	3
4	9	8	6	8	1	5	8	15	16	2	10	22	9	28	13	30	1	25	15	37	17	23	18	7	4
5	8	7	5	7	23	4	7	14	15	1	9	21	8	27	12	29	23	24	14	36	16	22	17	6	5
6	7	6	4	6	22	3	6	13	14	28	8	20	7	26	11	28	22	23	13	35	15	21	16	5	6
7	6	5	3	5	21	2	5	12	13	27	7	19	6	25	10	27	21	22	12	34	14	20	15	4	7
8	5	4	2	4	20	1	4	11	12	26	6	18	5	24	9	26	20	21	11	33	13	19	14	3	8
9	4	3	1	3	19	28	3	10	11	25	5	17	4	23	8	25	19	20	10	32	12	18	13	2	9
10	3	2	33	2	18	27	2	9	10	24	4	16	3	22	7	24	18	19	9	31	11	17	12	1	10
11	2	1	32	1	17	26	1	8	9	23	3	15	2	21	6	23	17	18	8	30	10	16	11	38	11
12	1	28	31	38	16	25	33	7	8	22	2	14	1	20	5	22	16	17	7	29	9	15	10	37	12
13	23	27	30	37	15	24	32	6	7	21	1	13	23	19	4	21	15	16	6	28	8	14	9	36	13
14	22	26	29	36	14	23	31	5	6	20	33	12	22	18	3	20	14	15	5	27	7	13	8	35	14
15	21	25	28	35	13	22	30	4	5	19	32	11	21	17	2	19	13	14	4	26	6	12	7	34	15
16	20	24	27	34	12	21	29	3	4	18	31	10	20	16	1	18	12	13	3	25	5	11	6	33	16
17	19	23	26	33	11	20	28	2	3	17	30	9	19	15	33	17	11	12	2	24	4	10	5	32	17
18	18	22	25	32	10	19	27	1	2	16	29	8	18	14	32	16	10	11	1	23	3	9	4	31	18
19	17	21	24	31	9	18	26	38	1	15	28	7	17	13	31	15	9	10	33	22	2	8	3	30	19
20	16	20	23	30	8	17	25	37	23	14	27	6	16	12	30	14	8	9	32	21	1	7	2	29	20
21	15	19	22	29	7	16	24	36	22	13	26	5	15	11	29	13	7	8	31	20	23	6	1	28	21
22	14	18	21	28	6	15	23	35	21	12	25	4	14	10	28	12	6	7	30	19	22	5	33	27	22
23	13	17	20	27	5	14	22	34	20	11	24	3	13	9	27	11	5	6	29	18	21	4	32	26	23
24	12	16	19	26	4	13	21	33	19	10	23	2	12	8	26	10	4	5	28	17	20	3	31	25	24
25	11	15	18	25	3	12	20	32	18	9	22	1	11	7	25	9	3	4	27	16	19	2	30	24	25
26	10	14	17	24	2	11	19	31	17	8	21	38	10	6	24	8	2	3	26	15	18	1	29	23	26
27	9	13	16	23	1	10	18	30	16	7	20	37	9	5	23	7	1	2	25	14	17	28	28	22	27
28	8	12	15	22	23	9	17	29	15	6	19	36	8	4	22	6	23	1	24	13	16	27	27	21	28
29	7	11	14	21	22	8	16	28	14	5	18	35	7	3	21	5	22	28	23	12	15	26	26	20	29
30	6	10	13	20	21	7	15	27	13	4	17	34	6	2	20	4	21	27	22	11	14	25	25	19	30
31	5	9	12	19	20	6	14	26					5	1	19	3					13	24	24	18	31

1913

1913 TAG	JANUAR k	s	g	f	FEBRUAR k	s	g	f	MÄRZ k	s	g	f	APRIL k	s	g	f	MAI k	s	g	f	JUNI k	s	g	f	1913 TAG
1	12	23	23	17	4	20	20	24	22	20	30	34	14	17	32	3	7	15	2	11	22	12	4	18	1
2	11	22	22	16	3	19	19	23	21	19	29	33	13	16	31	2	6	14	1	10	21	11	3	17	2
3	10	21	21	15	2	18	18	22	20	18	28	32	12	15	30	1	5	13	33	9	20	10	2	16	3
4	9	20	20	14	1	17	17	21	19	17	27	31	11	14	29	38	4	12	32	8	19	9	1	15	4
5	8	19	19	13	23	16	16	20	18	16	26	30	10	13	28	37	3	11	31	7	18	8	33	14	5
6	7	18	18	12	22	15	15	19	17	15	25	29	9	12	27	36	2	10	30	6	17	7	32	13	6
7	6	17	17	11	21	14	14	18	16	14	24	28	8	11	26	35	1	9	29	5	16	6	31	12	7
8	5	16	16	10	20	13	13	17	15	13	23	27	7	10	25	34	23	8	28	4	15	5	30	11	8
9	4	15	15	9	19	12	12	16	14	12	22	26	6	9	24	33	22	7	27	3	14	4	29	10	9
10	3	14	14	8	18	11	11	15	13	11	21	25	5	8	23	32	21	6	26	2	13	3	28	9	10
11	2	13	13	7	17	10	10	14	12	10	20	24	4	7	22	31	20	5	25	1	12	2	27	8	11
12	1	12	12	6	16	9	9	13	11	9	19	23	3	6	21	30	19	4	24	38	11	1	26	7	12
13	23	11	11	5	15	8	8	12	10	8	18	22	2	5	20	29	18	3	23	37	10	28	25	6	13
14	22	10	10	4	14	7	7	11	9	7	17	21	1	4	19	28	17	2	22	36	9	27	24	5	14
15	21	9	9	3	13	6	6	10	8	6	16	20	23	3	18	27	16	1	21	35	8	26	23	4	15
16	20	8	8	2	12	5	5	9	7	5	15	19	22	2	17	26	15	28	20	34	7	25	22	3	16
17	19	7	7	1	11	4	4	8	6	4	14	18	21	1	16	25	14	27	19	33	6	24	21	2	17
18	18	6	6	38	10	3	3	7	5	3	13	17	20	28	15	24	13	26	18	32	5	23	20	1	18
19	17	5	5	37	9	2	2	6	4	2	12	16	19	27	14	23	12	25	17	31	4	22	19	38	19
20	16	4	4	36	8	1	1	5	3	1	11	15	18	26	13	22	11	24	16	30	3	21	18	37	20
21	15	3	3	35	7	28	28	4	2	28	10	14	17	25	12	21	10	23	15	29	2	20	17	36	21
22	14	2	2	34	6	27	27	3	1	27	9	13	16	24	11	20	9	22	14	28	1	19	16	35	22
23	13	1	1	33	5	26	26	2	23	26	8	12	15	23	10	19	8	21	13	27	23	18	15	34	23
24	12	28	33	32	4	25	25	1	22	25	7	11	14	22	9	18	7	20	12	26	22	17	14	33	24
25	11	27	32	31	3	24	24	38	21	24	6	10	13	21	8	17	6	19	11	25	21	16	13	32	25
26	10	26	31	30	2	23	33	37	20	23	5	9	12	20	7	16	5	18	10	24	20	15	12	31	26
27	9	25	30	29	1	22	32	36	19	22	4	8	11	19	6	15	4	17	9	23	19	14	11	30	27
28	8	24	29	28	23	21	31	35	18	21	3	7	10	18	5	14	3	16	8	22	18	13	10	29	28
29	7	23	28	27					17	20	2	6	9	17	4	13	2	15	7	21	17	12	9	28	29
30	6	22	27	26					16	19	1	5	8	16	3	12	1	14	6	20	16	11	8	27	30
31	5	21	26	25					15	18	33	4					23	13	5	19					31

1913 TAG	JULI k	s	g	f	AUGUST k	s	g	f	SEPTEMBER k	s	g	f	OKTOBER k	s	g	f	NOVEMBER k	s	g	f	DEZEMBER k	s	g	f	1913 TAG
1	15	10	7	26	7	7	9	33	22	4	11	2	15	2	14	10	7	27	16	17	23	25	19	25	1
2	14	9	6	25	6	6	8	32	21	3	10	1	14	1	13	9	6	26	15	16	22	24	18	24	2
3	13	8	5	24	5	5	7	31	20	2	9	38	13	28	12	8	5	25	14	15	21	23	17	23	3
4	12	7	4	23	4	4	6	30	19	1	8	37	12	27	11	7	4	24	13	14	20	22	16	22	4
5	11	6	3	22	3	3	5	29	18	28	7	36	11	26	10	6	3	23	12	13	19	21	15	21	5
6	10	5	2	21	2	2	4	28	17	27	6	35	10	25	9	5	2	22	11	12	18	20	14	20	6
7	9	4	1	20	1	1	3	27	16	26	5	34	9	24	8	4	1	21	10	11	17	19	13	19	7
8	8	3	33	19	23	28	2	26	15	25	4	33	8	23	7	3	23	20	9	10	16	18	12	18	8
9	7	2	32	18	22	27	1	25	14	24	3	32	7	22	6	2	22	19	8	9	15	17	11	17	9
10	6	1	31	17	21	26	33	24	13	23	2	31	6	21	5	1	21	18	7	8	14	16	10	16	10
11	5	28	30	16	20	25	32	23	12	22	1	30	5	20	4	38	20	17	6	7	13	15	9	15	11
12	4	27	29	15	19	24	31	22	11	21	33	29	4	19	3	37	19	16	5	6	12	14	8	14	12
13	3	26	28	14	18	23	30	21	10	20	32	28	3	18	2	36	18	15	4	5	11	13	7	13	13
14	2	25	27	13	17	22	29	20	9	19	31	27	2	17	1	35	17	14	3	4	10	12	6	12	14
15	1	24	26	12	16	21	28	19	8	18	30	26	1	16	33	34	16	13	2	3	9	11	5	11	15
16	23	23	25	11	15	20	27	18	7	17	29	25	23	15	32	33	15	12	1	2	8	10	4	10	16
17	22	22	24	10	14	19	26	17	6	16	28	24	22	14	31	32	14	11	33	1	7	9	3	9	17
18	21	21	23	9	13	18	25	16	5	15	27	23	21	13	30	31	13	10	32	38	6	8	2	8	18
19	20	20	22	8	12	17	24	15	4	14	26	22	20	12	29	30	12	9	31	37	5	7	1	7	19
20	19	19	21	7	11	16	23	14	3	13	25	21	19	11	28	29	11	8	30	36	4	6	33	6	20
21	18	18	20	6	10	15	22	13	2	12	24	20	18	10	27	28	10	7	29	35	3	5	32	5	21
22	17	17	19	5	9	14	21	12	1	11	23	19	17	9	26	27	9	6	28	34	2	4	31	4	22
23	16	16	18	4	8	13	20	11	23	10	22	18	16	8	25	26	8	5	27	33	1	3	30	3	23
24	15	15	17	3	7	12	19	10	22	9	21	17	15	7	24	25	7	4	26	32	23	2	29	2	24
25	14	14	16	2	6	11	18	9	21	8	20	16	14	6	23	24	6	3	25	31	22	1	28	1	25
26	13	13	15	1	5	10	17	8	20	7	19	15	13	5	22	23	5	2	24	30	21	28	27	38	26
27	12	12	14	38	4	9	16	7	19	6	18	14	12	4	21	22	4	1	23	29	20	27	26	37	27
28	11	11	13	37	3	8	15	6	18	5	17	13	11	3	20	21	3	28	22	28	19	26	25	36	28
29	10	10	12	36	2	7	14	5	17	4	16	12	10	2	19	20	2	27	21	27	18	25	24	35	29
30	9	9	11	35	1	6	13	4	16	3	15	11	9	1	18	19	1	26	20	26	17	24	23	34	30
31	8	8	10	34	23	5	12	3					8	28	17	18					16	23	22	33	31

269

1914 TAG	JANUAR k	s	g	f	FEBRUAR k	s	g	f	MÄRZ k	s	g	f	APRIL k	s	g	f	MAI k	s	g	f	JUNI k	s	g	f	1914 TAG
1	15	22	21	32	7	19	23	1	2	19	28	11	17	16	30	18	10	14	33	26	2	11	2	33	1
2	14	21	20	31	6	18	22	38	1	18	27	10	16	15	29	17	9	13	32	25	1	10	1	32	2
3	13	20	19	30	5	17	21	37	23	17	26	9	15	14	28	16	8	12	31	24	23	9	33	31	3
4	12	19	18	29	4	16	20	36	22	16	25	8	14	13	27	15	7	11	30	23	22	8	32	30	4
5	11	18	17	28	3	15	19	35	21	15	24	7	13	12	26	14	6	10	29	22	21	7	31	29	5
6	10	17	16	27	2	14	18	34	20	14	23	6	12	11	25	13	5	9	28	21	20	6	30	28	6
7	9	16	15	26	1	13	17	33	19	13	22	5	11	10	24	12	4	8	27	20	19	5	29	27	7
8	8	15	14	25	23	12	16	32	18	12	21	4	10	9	23	11	3	7	26	19	18	4	28	26	8
9	7	14	13	24	22	11	15	31	17	11	20	3	9	8	22	10	2	6	25	18	17	3	27	25	9
10	6	13	12	23	21	10	14	30	16	10	19	2	8	7	21	9	1	5	24	17	16	2	26	24	10
11	5	12	11	22	20	9	13	29	15	9	18	1	7	6	20	8	23	4	23	16	15	1	25	23	11
12	4	11	10	21	19	8	12	28	14	8	17	38	6	5	19	7	22	3	22	15	14	28	24	22	12
13	3	10	9	20	18	7	11	27	13	7	16	37	5	4	18	6	21	2	21	14	13	27	23	21	13
14	2	9	8	19	17	6	10	26	12	6	15	36	4	3	17	5	20	1	20	13	12	26	22	20	14
15	1	8	7	18	16	5	9	25	11	5	14	35	3	2	16	4	19	28	19	12	11	25	21	19	15
16	23	7	6	17	15	4	8	24	10	4	13	34	2	1	15	3	18	27	18	11	10	24	20	18	16
17	22	6	5	16	14	3	7	23	9	3	12	33	1	28	14	2	17	26	17	10	9	23	19	17	17
18	21	5	4	15	13	2	6	22	8	2	11	32	23	27	13	1	16	25	16	9	8	22	18	16	18
19	20	4	3	14	12	1	5	21	7	1	10	31	22	26	12	38	15	24	15	8	7	21	17	15	19
20	19	3	2	13	11	28	4	20	6	28	9	30	21	25	11	37	14	23	14	7	6	20	16	14	20
21	18	2	1	12	10	27	3	19	5	27	8	29	20	24	10	36	13	22	13	6	5	19	15	13	21
22	17	1	33	11	9	26	2	18	4	26	7	28	19	23	9	35	12	21	12	5	4	18	14	12	22
23	16	28	32	10	8	25	1	17	3	25	6	27	18	22	8	34	11	20	11	4	3	17	13	11	23
24	15	27	31	9	7	24	33	16	2	24	5	26	17	21	7	33	10	19	10	3	2	16	12	10	24
25	14	26	30	8	6	23	32	15	1	23	4	25	16	20	6	32	9	18	9	2	1	15	11	9	25
26	13	25	29	7	5	22	31	14	23	22	3	24	15	19	5	31	8	17	8	1	23	14	10	8	26
27	12	24	28	6	4	21	30	13	22	21	2	23	14	18	4	30	7	16	7	38	22	13	9	7	27
28	11	23	27	5	3	20	29	12	21	20	1	22	13	17	3	29	6	15	6	37	21	12	8	6	28
29	10	22	26	4					20	19	33	21	12	16	2	28	5	14	5	36	20	11	7	5	29
30	9	21	25	3					19	18	32	20	11	15	1	27	4	13	4	35	19	10	6	4	30
31	8	20	24	2					18	17	31	19					3	12	3	34					31

1914 TAG	JULI k	s	g	f	AUGUST k	s	g	f	SEPTEMBER k	s	g	f	OKTOBER k	s	g	f	NOVEMBER k	s	g	f	DEZEMBER k	s	g	f	1914 TAG
1	18	9	5	3	10	6	7	10	2	3	9	17	18	1	12	25	10	26	14	32	3	24	17	2	1
2	17	8	4	2	9	5	6	9	1	2	8	16	17	28	11	24	9	25	13	31	2	23	16	1	2
3	16	7	3	1	8	4	5	8	23	1	7	15	16	27	10	23	8	24	12	30	1	22	15	38	3
4	15	6	2	38	7	3	4	7	22	28	6	14	15	26	9	22	7	23	11	29	23	21	14	37	4
5	14	5	1	37	6	2	3	6	21	27	5	13	14	25	8	21	6	22	10	28	22	20	13	36	5
6	13	4	33	36	5	1	2	5	20	26	4	12	13	24	7	20	5	21	9	27	21	19	11	35	6
7	12	3	32	35	4	28	1	4	19	25	3	11	12	23	6	19	4	20	8	26	20	18	11	34	7
8	11	2	31	34	3	27	33	3	18	24	2	10	11	22	5	18	3	19	7	25	19	17	10	33	8
9	10	1	30	33	2	26	32	2	17	23	1	9	10	21	4	17	2	18	6	24	18	16	9	32	9
10	10	28	29	32	1	25	31	1	16	22	33	8	9	20	3	16	1	17	5	23	17	15	8	31	10
11	8	28	28	31	23	24	30	38	15	21	32	7	8	19	2	15	23	16	4	22	16	14	7	30	11
12	7	26	27	30	22	23	29	37	14	20	31	6	7	18	1	14	22	15	3	21	15	13	6	29	12
13	6	25	26	29	21	22	28	36	13	19	30	5	6	17	33	13	21	14	2	20	14	12	5	28	13
14	5	24	25	28	20	21	27	35	12	18	29	4	5	16	32	12	20	13	1	19	13	11	4	27	14
15	4	23	24	27	19	20	26	34	11	17	28	3	4	15	31	11	19	12	33	18	12	10	3	26	15
16	3	22	23	26	18	19	25	33	10	16	27	2	3	14	30	10	18	11	32	17	11	9	2	25	16
17	2	21	22	25	17	18	24	32	9	15	26	1	2	13	29	9	17	10	31	16	10	8	1	24	17
18	1	20	21	24	16	17	23	31	8	14	25	38	1	12	28	8	16	9	30	15	9	7	33	23	18
19	23	19	20	23	15	16	22	30	7	13	24	37	23	11	27	7	15	8	29	14	8	6	32	22	19
20	22	18	19	22	14	15	21	29	6	12	23	36	22	10	26	6	14	7	28	13	7	5	31	21	20
21	21	17	18	21	13	14	20	28	5	11	22	35	21	9	25	5	13	6	27	12	6	4	30	20	21
22	20	16	17	20	12	13	19	27	4	10	21	34	20	8	24	4	12	5	26	11	5	3	29	19	22
23	19	15	16	19	11	12	18	26	3	9	20	33	19	7	23	3	11	4	25	10	4	2	28	18	23
24	18	14	15	18	10	11	17	25	2	8	19	32	18	6	22	2	10	3	24	9	3	1	27	17	24
25	17	13	14	17	9	10	16	24	1	7	18	31	17	5	21	1	9	2	23	8	2	28	26	16	25
26	16	12	13	16	8	9	15	23	23	6	17	30	16	4	20	38	8	1	22	7	1	27	25	15	26
27	15	11	12	15	7	8	14	22	22	5	16	29	15	3	19	37	7	28	21	6	23	26	24	14	27
28	14	10	11	14	6	7	13	21	21	4	15	28	14	2	18	36	6	27	20	5	22	25	23	13	28
29	13	10	10	13	5	6	12	20	20	3	14	27	13	1	17	35	5	26	19	4	21	24	22	12	29
30	12	9	9	12	4	5	11	19	19	2	13	26	12	28	16	34	4	25	18	3	20	23	21	11	30
31	11	7	8	11	3	4	10	18					11	27	15	33					19	22	20	10	31

271

1915

1915 TAG	JANUAR k	s	g	f	FEBRUAR k	s	g	f	MÄRZ k	s	g	f	APRIL k	s	g	f	MAI k	s	g	f	JUNI k	s	g	f	1915 TAG
1	18	21	19	9	10	18	21	16	5	18	26	26	20	15	28	33	13	13	31	3	5	10	33	10	1
2	17	20	18	8	9	17	20	15	4	17	25	25	19	14	27	32	12	12	30	2	4	9	32	9	2
3	16	19	17	7	8	16	19	14	3	16	24	24	18	13	26	31	11	11	29	1	3	8	31	8	3
4	15	18	16	6	7	15	18	13	2	15	23	23	17	12	25	30	10	10	28	38	2	7	30	7	4
5	14	17	15	5	6	14	17	12	1	14	22	22	16	11	24	29	9	9	27	37	1	6	29	6	5
6	13	16	14	4	5	13	16	11	23	13	21	21	15	10	23	28	8	8	26	36	23	5	28	5	6
7	12	15	13	3	4	12	15	10	22	12	20	20	14	9	22	27	7	7	25	35	22	4	27	4	7
8	11	14	12	2	3	11	14	9	21	11	19	19	13	8	21	26	6	6	24	34	21	3	26	3	8
9	10	13	11	1	2	10	13	8	20	10	18	18	12	7	20	25	5	5	23	33	20	2	25	2	9
10	9	12	10	38	1	9	12	7	19	9	17	17	11	6	19	24	4	4	22	32	19	1	24	1	10
11	8	11	9	37	23	8	11	6	18	8	16	16	10	5	18	23	3	3	21	31	18	28	23	38	11
12	7	10	8	36	22	7	10	5	17	7	15	15	9	4	17	22	2	2	20	30	17	27	22	37	12
13	6	9	7	35	21	6	9	4	16	6	14	14	8	3	16	21	1	1	19	29	16	26	21	36	13
14	5	8	6	34	20	5	8	3	15	5	13	13	7	2	15	20	23	28	18	28	15	25	20	35	14
15	4	7	5	33	19	4	7	2	14	4	12	12	6	1	14	19	22	27	17	27	14	24	19	34	15
16	3	6	4	32	18	3	6	1	13	3	11	11	5	28	13	18	21	26	16	26	13	23	18	33	16
17	2	5	3	31	17	2	5	38	12	2	10	10	4	27	12	17	20	25	15	25	12	22	17	32	17
18	1	4	2	30	16	1	4	37	11	1	9	9	3	26	11	16	19	24	14	24	11	21	16	31	18
19	23	3	1	29	15	28	3	36	10	28	8	8	2	25	10	15	18	23	13	23	10	20	15	30	19
20	22	2	33	28	14	27	2	35	9	27	7	7	1	24	9	14	17	22	12	22	9	19	14	29	20
21	21	1	32	27	13	26	1	34	8	26	6	6	23	23	8	13	16	21	11	21	8	18	13	28	21
22	20	28	31	26	12	25	33	33	7	25	5	5	22	22	7	12	15	20	10	20	7	17	12	27	22
23	19	27	30	25	11	24	32	32	6	24	4	4	21	21	6	11	14	19	9	19	6	16	11	26	23
24	18	26	29	24	10	23	31	31	5	23	3	3	20	20	5	10	13	18	8	18	5	15	10	25	24
25	17	25	28	23	9	22	30	30	4	22	2	2	19	19	4	9	12	17	7	17	4	14	9	24	25
26	16	24	27	22	8	21	29	29	3	21	1	1	18	18	3	8	11	16	6	16	3	13	8	23	26
27	15	23	26	21	7	20	28	28	2	20	33	38	17	17	2	7	10	15	5	15	2	12	7	22	27
28	14	22	25	20	6	19	27	27	1	19	32	37	16	16	1	6	9	14	4	14	1	11	6	21	28
29	13	21	24	19					23	18	31	36	15	15	33	5	8	13	3	13	23	10	5	20	29
30	12	20	23	18					22	17	30	35	14	14	32	4	7	12	2	12	22	9	4	19	30
31	11	19	22	17					21	16	29	34					6	11	1	11					31

1915 TAG	JULI k	s	g	f	AUGUST k	s	g	f	SEPTEMBER k	s	g	f	OKTOBER k	s	g	f	NOVEMBER k	s	g	f	DEZEMBER k	s	g	f	1915 TAG
1	21	8		18	13	5	5	25	5	2	7	32	21	28	10	2	13	25	12	9	6	23	15	17	1
2	20	7	3	17	12	4	4	24	4	1	6	31	20	27	9	1	12	24	11	8	5	22	14	16	2
3	19	6	1	16	11	3	3	23	3	28	5	30	19	26	8	38	11	23	10	7	4	21	13	15	3
4	18	5	33	15	10	2	2	22	2	27	4	29	18	25	8	37	10	22	9	6	3	20	12	14	4
5	17	4	32	14	9	1	1	21	1	26	3	28	17	24	6	36	9	21	8	5	2	19	11	13	5
6	16	3	31	13	8	28	33	20	23	25	2	27	16	23	5	35	8	20	7	4	1	18	10	12	6
7	15	2	30	12	7	27	32	19	22	24	1	26	15	22	4	34	7	19	6	3	23	17	9	11	7
8	14	1	29	11	6	26	31	18	21	23	33	25	14	21	3	33	6	18	5	2	22	16	8	10	8
9	13	28	28	10	5	25	30	17	20	22	32	24	13	20	2	32	5	17	4	1	21	15	7	9	9
10	12	27	27	9	4	24	29	16	19	21	31	23	12	19	1	31	4	16	3	38	20	14	6	8	10
11	11	26	26	8	3	23	28	15	18	20	30	22	11	18	33	30	3	15	2	37	19	13	5	6	11
12	10	25	25	7	2	22	27	14	17	19	29	21	10	17	32	29	2	14	1	36	18	12	4	5	12
13	9	24	24	6	1	21	26	13	16	18	28	20	9	16	31	28	1	13	33	35	17	11	3	4	13
14	8	23	23	5	23	20	25	12	15	17	27	19	8	15	30	27	23	12	32	34	16	10	2	3	14
15	7	22	22	4	22	19	24	11	14	16	26	18	7	14	29	26	22	11	31	33	15	9	1	2	15
16	6	21	21	3	21	18	23	10	13	15	25	17	6	13	28	25	21	10	30	32	14	8	33	1	16
17	5	20	20	2	20	17	22	9	12	14	24	16	5	12	27	24	20	9	29	31	13	7	32	1	17
18	4	19	19	1	19	16	21	8	11	13	23	15	4	11	26	23	19	8	28	30	12	6	31	38	18
19	3	18	18	38	18	15	20	7	10	12	22	14	3	10	25	22	18	7	27	29	11	5	30	37	19
20	2	17	17	37	17	14	19	6	9	11	21	13	2	9	24	21	17	6	26	28	10	4	29	36	20
21	1	16	16	36	16	13	18	5	8	10	20	12	1	8	23	20	16	5	25	27	9	3	28	35	21
22	23	15	15	35	15	12	17	4	7	9	19	11	23	7	22	19	15	4	24	26	8	2	27	34	22
23	22	14	14	34	14	11	16	3	6	8	18	10	22	6	21	18	14	3	23	25	7	1	26	33	23
24	21	13	13	33	13	10	15	2	5	7	17	9	21	5	20	17	13	2	22	24	6	28	25	32	24
25	20	12	12	32	12	9	14	1	4	6	16	8	20	4	19	16	12	1	21	23	5	27	24	31	25
26	19	11	11	31	11	8	13	38	3	5	15	7	19	3	18	15	11	28	20	22	4	26	23	30	26
27	18	10	10	30	10	7	12	37	2	4	14	6	18	2	17	14	10	27	19	21	3	25	22	29	27
28	17	9	9	29	9	6	11	36	1	3	13	5	17	1	16	13	9	26	18	20	2	24	21	28	28
29	16	8	8	28	8	5	10	35	23	2	12	4	16	28	15	12	8	25	17	19	1	23	20	27	29
30	15	7	7	27	7	4	9	34	22	1	11	3	15	27	14	11	7	24	16	18	23	22	19	26	30
31	14	6	6	26	6	3	8	33					14	26	13	10					22	21	18	25	31

1916

1916 TAG	JANUAR k	g	f		FEBRUAR k	g	f		MÄRZ k	g	f		APRIL k	g	f		MAI k	g	f		JUNI k	g	f		1916 TAG
1	21	20	17 24		13	17	19 31		7	16	23 2		22	13	25 9		15	11	28 17		7	8	30 24		1
2	20	19	16 23		12	16	18 30		6	15	22 1		21	12	24 8		14	10	27 16		6	7	29 23		2
3	19	18	15 22		11	15	17 29		5	14	21 38		20	11	23 7		13	9	26 15		5	6	28 22		3
4	18	17	14 21		10	14	16 28		4	13	20 37		19	10	22 6		12	8	25 14		4	5	27 21		4
5	17	16	13 20		9	13	15 27		3	12	19 36		18	9	21 5		11	7	24 13		3	4	26 20		5
6	16	15	12 19		8	12	14 26		2	11	18 35		17	8	20 4		10	6	23 12		2	3	25 19		6
7	15	14	11 18		7	11	13 25		1	10	17 34		16	7	19 3		9	5	22 11		1	2	24 18		7
8	14	13	10 17		6	10	12 24		23	9	16 33		15	6	18 2		8	4	21 10		23	1	23 17		8
9	13	12	9 16		5	9	11 23		22	8	15 32		14	5	17 1		7	3	20 9		22	28	22 16		9
10	12	11	8 15		4	8	10 22		21	7	14 31		13	4	16 38		6	2	19 8		21	27	21 15		10
11	11	10	7 14		3	7	9 21		20	6	13 30		12	3	15 37		5	1	18 7		20	26	20 14		11
12	10	9	6 13		2	6	8 20		19	5	12 29		11	2	14 36		4	28	17 6		19	25	19 13		12
13	9	8	5 12		1	5	7 19		18	4	11 28		10	1	13 35		3	27	16 5		18	24	18 12		13
14	8	7	4 11		23	4	6 18		17	3	10 27		9	28	12 34		2	26	15 4		17	23	17 11		14
15	7	6	3 10		22	3	5 17		16	2	9 26		8	27	11 33		1	25	14 3		16	22	16 10		15
16	6	5	2 9		21	2	4 16		15	1	8 25		7	26	10 32		23	24	13 2		15	21	15 9		16
17	5	4	1 8		20	1	3 15		14	28	7 24		6	25	9 31		22	23	12 1		14	20	14 8		17
18	4	3	33 7		19	28	2 14		13	27	6 23		5	24	8 30		21	22	11 38		13	19	13 7		18
19	3	2	32 6		18	27	1 13		12	26	5 22		4	23	7 29		20	21	10 37		12	18	12 6		19
20	2	1	31 5		17	26	33 12		11	25	4 21		3	22	6 28		19	20	9 36		11	17	11 5		20
21	1	28	30 4		16	25	32 11		10	24	3 20		2	21	5 27		18	19	8 35		10	16	10 4		21
22	23	27	29 3		15	24	31 10		9	23	2 19		1	20	4 26		17	18	7 34		9	15	9 3		22
23	22	26	28 2		14	23	30 9		8	22	1 18		23	19	3 25		16	17	6 33		8	14	8 2		23
24	21	25	27 1		13	22	29 8		7	21	33 17		22	18	2 24		15	16	5 32		7	13	7 1		24
25	20	24	26 38		12	21	28 7		6	20	32 16		21	17	1 23		14	15	4 31		6	12	6 38		25
26	19	23	25 37		11	20	27 6		5	19	31 15		20	16	33 22		13	14	3 30		5	11	5 37		26
27	18	22	24 36		10	19	26 5		4	18	30 14		19	15	32 21		12	13	2 29		4	10	4 36		27
28	17	21	23 35		9	18	25 4		3	17	29 13		18	14	31 20		11	12	1 28		3	9	3 35		28
29	16	20	22 34		8	17	24 3		2	16	28 12		17	13	30 19		10	11	33 27		2	8	2 34		29
30	15	19	21 33						1	15	27 11		16	12	29 18		9	10	32 26		1	7	1 33		30
31	14	18	20 32						23	14	26 10						8	9	31 25						31

274

1916 TAG	JULI k	s	g	f	AUGUST k	s	g	f	SEPTEMBER k	s	g	f	OKTOBER k	s	g	f	NOVEMBER k	s	g	f	DEZEMBER k	s	g	f	1916 TAG
1	23	6	33	32	15	3	2	1	7	28	4	8	23	26	7	16	15	23	9	23	8	21	12	31	1
2	22	5	32	31	14	2	1	38	6	27	3	7	22	25	6	15	14	22	8	22	7	20	11	30	2
3	21	4	31	30	13	1	33	37	5	26	2	6	21	24	5	14	13	21	7	21	6	19	10	29	3
4	20	3	30	29	12	28	32	36	4	25	1	5	20	23	4	13	12	20	6	20	5	18	9	28	4
5	19	2	29	28	11	27	31	35	3	24	33	4	19	22	3	12	11	19	5	19	4	17	8	27	5
6	18	1	28	27	10	26	30	34	2	23	32	3	18	21	2	11	10	18	4	18	3	16	7	26	6
7	17	28	27	26	9	25	29	33	1	22	31	2	17	20	1	10	9	17	3	17	2	15	6	25	7
8	16	27	26	25	8	24	28	32	23	21	30	1	16	19	33	9	8	16	2	16	1	14	5	24	8
9	15	26	25	24	7	23	27	31	22	20	29	38	15	18	32	8	7	15	1	15	23	13	4	23	9
10	14	25	24	23	6	22	26	30	21	19	28	37	14	17	31	7	6	14	33	14	22	12	3	22	10
11	13	24	23	22	5	21	25	29	20	18	27	36	13	16	30	6	5	13	32	13	21	11	2	21	11
12	12	23	22	21	4	20	24	28	19	17	26	35	12	15	29	5	4	12	31	12	20	10	1	20	12
13	11	22	21	20	3	19	23	27	18	16	25	34	11	14	28	4	3	11	30	11	19	9	33	19	13
14	10	21	20	19	2	18	22	26	17	15	24	33	10	13	27	3	2	10	29	10	18	8	32	18	14
15	9	20	19	18	1	17	21	25	16	14	23	32	9	12	26	2	1	9	28	9	17	7	31	17	15
16	8	19	18	17	23	16	20	24	15	13	22	31	8	11	25	1	23	8	27	8	16	6	30	16	16
17	7	18	17	16	22	15	19	23	14	12	21	30	7	10	24	38	22	7	26	7	15	5	29	15	17
18	6	17	16	15	21	14	18	22	13	11	20	29	6	9	23	37	21	6	25	6	14	4	28	14	18
19	5	16	15	14	20	13	17	21	12	10	19	28	5	8	22	36	20	5	24	5	13	3	27	13	19
20	4	15	14	13	19	12	16	20	11	9	18	27	4	7	21	35	19	4	23	4	12	2	26	12	20
21	3	14	13	12	18	11	15	19	10	8	17	26	3	6	20	34	18	3	22	3	11	1	25	11	21
22	2	13	12	11	17	10	14	18	9	7	16	25	2	5	19	33	17	2	21	2	10	28	24	10	22
23	1	12	11	10	16	9	13	17	8	6	15	24	1	4	18	32	16	1	20	1	9	27	23	9	23
24	23	11	10	9	15	8	12	16	7	5	14	23	23	3	17	31	15	28	19	38	8	26	22	8	24
25	22	10	9	8	14	7	11	15	6	4	13	22	22	2	16	30	14	27	18	37	7	25	21	7	25
26	21	9	8	7	13	6	10	14	5	3	12	21	21	1	15	29	13	26	17	36	6	24	20	6	26
27	20	8	7	6	12	5	9	13	4	2	11	20	20	28	14	28	12	25	16	35	5	23	19	5	27
28	19	7	6	5	11	4	8	12	3	1	10	19	19	27	13	27	11	24	15	34	4	22	18	4	28
29	18	6	5	4	10	3	7	11	2	28	9	18	18	26	12	26	10	23	14	33	3	21	17	3	29
30	17	5	4	3	9	2	6	10	1	27	8	17	17	25	11	25	9	22	13	32	2	20	16	2	30
31	16	4	3	2	8	1	5	9					16	24	10	24					1	19	15	1	31

1917

1917 TAG	JANUAR k	s	g	f	FEBRUAR k	s	g	f	MÄRZ k	s	g	f	APRIL k	s	g	f	MAI k	s	g	f	JUNI k	s	g	f	1917 TAG
1	23	18	14	38	15	15	1	7	10	15	21	17	2	12	23	24	18	10	26	32	10	7	28	1	1
2	22	17	13	37	14	14	15	6	9	14	20	16	1	11	22	23	17	9	25	31	9	6	27	38	2
3	21	16	12	36	13	13	14	5	8	13	19	15	23	10	21	22	16	8	24	30	8	5	26	37	3
4	20	15	11	35	12	12	13	4	7	12	18	14	22	9	20	21	15	7	23	29	7	4	25	36	4
5	19	14	10	34	11	11	12	3	6	11	17	13	21	8	19	20	14	6	22	28	6	3	24	35	5
6	18	13	9	33	10	16	11	2	5	10	16	12	20	7	18	19	13	5	21	27	5	2	23	34	6
7	17	12	8	32	9	8	10	1	4	9	15	11	19	6	17	18	12	4	20	26	4	1	22	33	7
8	16	11	7	31	8	7	9	38	3	8	14	10	18	5	16	17	11	3	19	25	3	28	21	32	8
9	15	10	6	30	7	6	8	37	2	7	13	9	17	4	15	16	10	2	18	24	2	27	20	31	9
10	14	9	5	29	6	5	7	36	1	6	12	8	16	3	14	15	9	1	17	23	1	26	19	30	10
11	13	8	4	28	5	4	6	35	23	5	11	7	15	2	13	14	8	28	16	22	23	25	18	29	11
12	12	7	3	27	4	3	5	34	22	4	10	6	14	1	12	13	7	27	15	21	22	24	17	28	12
13	11	6	2	26	3	2	4	33	21	3	9	5	13	28	11	12	6	26	14	20	21	23	16	27	13
14	10	5	1	25	2	1	3	32	20	2	8	4	12	27	10	11	5	25	13	19	20	22	15	26	14
15	9	4	33	24	1	23	2	31	19	1	7	3	11	26	9	10	4	24	12	18	19	21	14	25	15
16	8	3	32	23	23	28	1	30	18	28	6	2	10	25	8	9	3	23	11	17	18	20	13	24	16
17	7	2	31	22	22	27	33	29	17	27	5	1	9	24	7	8	2	22	10	16	17	19	12	23	17
18	6	1	30	21	21	26	32	28	16	26	4	38	8	23	6	7	1	21	9	15	16	18	11	22	18
19	5	28	29	20	20	25	31	27	15	25	3	37	7	22	5	6	23	20	8	14	15	17	10	21	19
20	4	27	28	19	19	24	30	26	14	24	2	36	6	21	4	5	22	19	7	13	14	16	9	20	20
21	3	26	27	18	18	23	29	25	13	23	1	35	5	20	3	4	21	18	6	12	13	15	8	19	21
22	2	25	26	17	17	22	28	24	12	22	33	34	4	19	2	3	20	17	5	11	12	14	7	18	22
23	1	24	25	16	16	21	27	23	11	21	32	33	3	18	1	2	19	16	4	10	11	13	6	17	23
24	23	23	24	15	15	20	26	22	10	20	31	32	2	17	33	1	18	15	3	9	10	12	5	16	24
25	22	22	23	14	14	19	25	21	9	19	30	31	1	16	32	38	17	14	2	8	9	11	4	15	25
26	21	21	22	13	13	18	24	20	8	18	29	30	23	15	31	37	16	13	1	7	8	10	3	14	26
27	20	20	21	12	12	17	23	19	7	17	28	29	22	14	30	36	15	12	33	6	7	9	2	13	27
28	19	19	20	11	11	16	22	18	6	16	27	28	21	13	29	35	14	11	32	5	8	8	1	12	28
29	18	18	19	10					5	15	26	27	20	12	28	34	13	10	31	4	7	7	33	11	29
30	17	17	18	9					4	14	25	26	19	11	27	33	12	9	30	3	6	6	32	10	30
31	16	16	17	8					3	13	24	25					11	8	29	2					31

1917 TAG	JULI k	s	g	f	AUGUST k	s	g	f	SEPTEMBER k	s	g	f	OKTOBER k	s	g	f	NOVEMBER k	s	g	f	DEZEMBER k	s	g	f	1917 TAG
1	3	5	31	9	18	2	33	16	10	27	2	23	3	25	5	31	18	22	7	38	11	20	10	8	1
2	2	4	30	8	17	1	32	15	9	26	1	22	2	24	4	30	17	21	6	37	10	19	9	7	2
3	1	3	29	7	16	28	31	14	8	25	33	21	1	23	3	29	16	20	5	36	9	18	8	6	3
4	23	2	28	6	15	27	30	13	7	24	32	20	23	22	2	28	15	19	4	35	8	17	7	5	4
5	22	1	27	5	14	26	29	12	6	23	31	19	22	21	1	27	14	18	3	34	7	16	6	4	5
6	21	28	26	4	13	25	28	11	5	22	30	18	21	20	33	26	13	17	2	33	6	15	5	3	6
7	20	27	25	3	12	24	27	10	4	21	29	17	20	19	32	25	12	16	1	32	5	14	4	2	7
8	19	26	24	2	11	23	26	9	3	20	28	16	19	18	31	24	11	15	33	31	4	13	3	1	8
9	18	25	23	1	10	22	25	8	2	19	27	15	18	17	30	23	10	14	32	30	3	12	2	38	9
10	17	24	22	38	9	21	24	7	1	18	26	14	17	16	29	22	9	13	31	29	2	11	1	37	10
11	16	23	21	37	8	20	23	6	23	17	25	13	16	15	28	21	8	12	30	28	1	10	33	36	11
12	15	22	20	36	7	19	22	5	22	16	24	12	15	14	27	20	7	11	29	27	23	9	32	35	12
13	14	21	19	35	6	18	21	4	21	15	23	11	14	13	26	19	6	10	28	26	22	8	31	34	13
14	13	20	18	34	5	17	20	3	20	14	22	10	13	12	25	18	5	9	27	25	21	7	30	33	14
15	12	19	17	33	4	16	19	2	19	13	21	9	12	11	24	17	4	8	26	24	20	6	29	32	15
16	11	18	16	32	3	15	18	1	18	12	20	8	11	10	23	16	3	7	25	23	19	5	28	31	16
17	10	17	15	31	2	14	17	38	17	11	19	7	10	9	22	15	2	6	24	22	18	4	27	30	17
18	9	16	14	30	1	13	16	37	16	10	18	6	9	8	21	14	1	5	23	21	17	3	26	29	18
19	8	15	13	29	23	12	15	36	15	9	17	5	8	7	20	13	23	4	22	20	16	2	25	28	19
20	7	14	12	28	22	11	14	35	14	8	16	4	7	6	19	12	22	3	21	19	15	1	24	27	20
21	6	13	11	27	21	10	13	34	13	7	15	3	6	5	18	11	21	2	20	18	14	28	23	26	21
22	5	12	10	26	20	9	12	33	12	6	14	2	5	4	17	10	20	1	19	17	13	27	22	25	22
23	4	11	9	25	19	8	11	32	11	5	13	1	4	3	16	9	19	28	18	16	12	26	21	24	23
24	3	10	8	24	18	7	10	31	10	4	12	38	3	2	15	8	18	27	17	15	11	25	20	23	24
25	2	1	7	23	17	6	9	30	9	3	11	37	2	1	14	7	17	26	16	14	10	24	19	22	25
26	1	28	6	22	16	5	8	29	8	2	10	36	1	28	13	6	16	25	15	13	9	23	18	21	26
27	23	27	5	21	15	4	7	28	7	1	9	35	23	27	12	5	15	24	14	12	8	22	17	20	27
28	22	26	4	20	14	3	6	27	6	28	8	34	22	26	11	4	14	23	13	11	7	21	16	19	28
29	21	25	3	19	13	2	5	26	5	27	7	33	21	25	10	3	13	22	12	10	6	20	15	18	29
30	20	4	2	18	12	1	4	25	4	26	6	32	20	24	9	2	12	21	11	9	5	19	14	17	30
31	19	3	1	17	11	28	3	24					19	23	8	1					4	18	13	16	31

1918

1918 TAG	JANUAR k	s	g	f	FEBRUAR k	s	g	f	MÄRZ k	s	g	f	APRIL k	s	g	f	MAI k	s	g	f	JUNI k	s	g	f	1918 TAG
1	3	17	12	15	18	14	14	22	13	14	19	32	5	11	21	1	21	9	24	9	13	6	26	16	1
2	2	16	11	14	17	13	13	21	12	13	18	31	4	10	20	38	20	8	23	8	12	5	25	15	2
3	1	15	10	13	16	12	12	20	11	12	17	30	3	9	19	37	19	7	22	7	11	4	24	14	3
4	23	14	9	12	15	11	11	19	10	11	16	29	2	8	18	36	18	6	21	6	10	3	23	13	4
5	22	13	8	11	14	10	10	18	9	10	15	28	1	7	17	35	17	5	20	5	9	2	22	12	5
6	21	12	7	10	13	9	9	17	8	9	14	27	23	6	16	34	16	4	19	4	8	1	21	11	6
7	20	11	6	9	12	8	8	16	7	8	13	26	22	5	15	33	15	3	18	3	7	28	20	10	7
8	19	10	5	8	11	7	7	15	6	7	12	25	21	4	14	32	14	2	17	2	6	27	19	9	8
9	18	9	4	7	10	6	6	14	5	6	11	24	20	3	13	31	13	1	16	1	5	26	18	8	9
10	17	8	3	6	9	5	5	13	4	5	10	23	19	2	12	30	12	28	15	38	4	25	17	7	10
11	16	7	2	5	8	4	4	12	3	4	9	22	18	1	11	29	11	27	14	37	3	24	16	6	11
12	15	6	1	4	7	3	3	11	2	3	8	21	17	28	10	28	10	26	13	36	2	23	15	5	12
13	14	5	33	3	6	2	2	10	1	2	7	20	16	27	9	27	9	25	12	35	1	22	14	4	13
14	13	4	32	2	5	1	1	9	23	1	6	19	15	26	8	26	8	24	11	34	23	21	13	3	14
15	12	3	31	1	4	28	33	8	22	28	5	18	14	25	7	25	7	23	10	33	22	20	12	2	15
16	11	2	30	38	3	27	32	7	21	27	4	17	13	24	6	24	6	22	9	32	21	19	11	1	16
17	10	1	29	37	2	26	31	6	20	26	3	16	12	23	5	23	5	21	8	31	20	18	10	38	17
18	9	28	28	36	1	25	30	5	19	25	2	15	11	22	4	22	4	20	7	30	19	17	9	37	18.
19	8	27	27	35	23	24	29	4	18	24	1	14	10	21	3	21	3	19	6	29	18	16	8	36	19.
20	7	26	26	34	22	23	28	3	17	23	33	13	9	20	2	20	2	18	5	28	17	15	7	35	20
21	6	25	25	33	21	22	27	2	16	22	32	12	8	19	1	19.	1	17	4	27	16	14	6	34	21
22	5	24	24	32	20	21	26	1	15	21	31	11	7	18	33	18	23	16	3	26	15	13	5	33	22
23	4	23	23	31	19	20	25	38	14	20	30	10	6	17	32	17	22	15	2	25	14	12	4	32	23
24	3	22	22	30	18	19	24	37	13	19	29	9	5	16	31	16	21	14	1	24	13	11	3	31	24
25	2	21	21	29	17	18	23	36	12	18	28	8	4	15	30	15	20	13	33	23	12	10	2	30	25
26	1	20	20	28	16	17	22	35	11	17	27	7	3	14	29	14	19	12	32	22	11	9	1	29	26
27	23	19	19	27	15	16	21	34	10	16	26	6	2	13	28	13	18	11	31	21	10	8	33	28	27
28	22	18	18	26	14	15	20	33	9	15	25	5	1	12	27	12	17	10	30	20	9	7	32	27	28
29	21	17	17	25					8	14	24	4	23	11	26	11	16	9	29	19	8	6	31	26	29
30	20	16	16	24					7	13	23	3	22	10	25	10	15	8	28	18	7	5	30	25	30
31	19	15	15	23					6	12	22	2					14	7	27	17					31

1918 TAG	JULI k	s	g	f	AUGUST k	s	g	f	SEPTEMBER k	s	g	f	OKTOBER k	s	g	f	NOVEMBER k	s	g	f	DEZEMBER k	s	g	f	1918 TAG
1	6	4	29	24	21	1	31	31	13	26	33	38	6	24	3	8	21	21	5	15	14	19	8	23	1
2	5	3	28	23	20	28	30	30	12	25	32	37	5	23	2	7	20	20	4	14	13	18	7	22	2
3	4	2	27	22	19	27	29	29	11	24	31	36	4	22	1	6	19	19	3	13	12	17	6	21	3
4	3	1	26	21	18	26	28	28	10	23	30	35	3	21	33	5	18	18	2	12	11	16	5	20	4
5	2	28	25	20	17	25	27	27	9	22	29	34	2	20	32	4	17	17	1	11	10	15	4	19	5
6	1	27	24	19	16	24	26	26	8	21	28	33	1	19	31	3	16	16	33	10	9	14	3	18	6
7	23	26	23	18	15	23	25	25	7	20	27	32	23	18	30	2	15	15	32	9	8	13	2	17	7
8	22	25	22	17	14	22	24	24	6	19	26	31	22	17	29	1	14	14	31	8	7	12	1	16	8
9	21	24	21	16	13	21	23	23	5	18	25	30	21	16	28	38	13	13	30	7	6	11	33	15	9
10	20	23	20	15	12	20	22	22	4	17	24	29	20	15	27	37	12	12	29	6	5	10	32	14	10
11	19	22	19	14	11	19	21	21	3	16	23	28	19	14	26	36	11	11	28	5	4	9	31	13	11
12	18	21	18	13	10	18	20	20	2	15	22	27	18	13	25	35	10	10	27	4	3	8	30	12	12
13	17	20	17	12	9	17	19	19	1	14	21	26	17	12	24	34	9	9	26	3	2	7	29	11	13
14	16	19	16	11	8	16	18	18	23	13	20	25	16	11	23	33	8	8	25	2	1	6	28	10	14
15	15	18	15	10	7	15	17	17	22	12	19	24	15	10	22	32	7	7	24	1	23	5	27	9	15
16	14	17	14	9	6	14	16	16	21	11	18	23	14	9	21	31	6	6	23	38	22	4	26	8	16
17	13	16	13	8	5	13	15	15	20	10	17	22	13	8	20	30	5	5	22	37	21	3	25	7	17
18	12	15	12	7	4	12	14	14	19	9	16	21	12	7	19	29	4	4	21	36	20	2	24	6	18
19	11	14	11	6	3	11	13	13	18	8	15	20	11	6	18	28	3	3	20	35	19	1	23	5	19
20	10	13	10	5	2	10	12	12	17	7	14	19	10	5	17	27	2	2	19	34	18	28	22	4	20
21	9	12	9	4	1	9	11	11	16	6	13	18	9	4	16	26	1	1	18	33	17	27	21	3	21
22	8	11	8	3	23	8	10	10	15	5	12	17	8	3	15	25	23	28	17	32	16	26	20	2	22
23	7	10	7	2	22	7	9	9	14	4	11	16	7	2	14	24	22	27	16	31	15	25	19	1	23
24	6	9	6	1	21	6	8	8	13	3	10	15	6	1	13	23	21	26	15	30	14	24	18	38	24
25	5	8	5	38	20	5	7	7	12	2	9	14	5	28	12	22	20	25	14	29	13	23	17	37	25
26	4	7	4	37	19	4	6	6	11	1	8	13	4	27	11	21	19	24	13	28	12	22	16	36	26
27	3	6	3	36	18	3	5	5	10	28	7	12	3	26	10	20	18	23	12	27	11	21	15	35	27
28	2	5	2	35	17	2	4	4	9	27	6	11	2	25	9	19	17	22	11	26	10	20	14	34	28
29	1	4	1	34	16	1	3	3	8	26	5	10	1	24	8	18	16	21	10	25	9	19	13	33	29
30	23	3	33	33	15	28	2	2	7	25	4	9	23	23	7	17	15	20	9	24	8	18	12	32	30
31	22	2	32	32	14	27	1	1					22	22	6	16					7	17	11	31	31

279

1919

1919 TAG	JANUAR k	s	g	f	FEBRUAR k	s	g	f	MÄRZ k	s	g	f	APRIL k	s	g	f	MAI k	s	g	f	JUNI k	s	g	f	1919 TAG
1	6	16	18	30	21	13	12	37	16	13	17	9	8	10	19	16	1	8	22	24	16	5	24	31	1
2	5	15	9	29	20	12	11	36	15	12	16	8	7	9	18	15	23	7	21	23	15	4	23	30	2
3	4	14	8	28	19	11	10	35	14	11	15	7	6	8	17	14	22	6	20	22	14	3	22	29	3
4	3	13	7	27	18	10	9	34	13	10	14	6	5	7	16	13	21	5	19	21	13	2	21	28	4
5	2	12	6	26	17	9	8	33	12	9	13	5	4	6	15	12	20	4	18	20	12	1	20	27	5
6	1	11	5	25	16	8	7	32	11	8	12	4	3	5	14	11	19	3	17	19	11	28	19	26	6
7	23	10	4	24	15	7	6	31	10	7	11	3	2	4	13	10	18	2	16	18	10	27	18	25	7
8	22	9	3	23	14	6	5	30	9	6	10	2	1	3	12	9	17	1	15	17	9	26	17	24	8
9	21	8	2	22	13	5	4	29	8	5	9	1	23	2	11	8	16	28	14	16	8	25	16	23	9
10	20	7	1	21	12	4	3	28	7	4	8	38	22	1	10	7	15	27	13	15	7	24	15	22	10
11	19	6	33	20	11	3	2	27	6	3	7	37	21	28	9	6	14	26	12	14	6	23	14	21	11
12	18	5	32	19	10	2	1	26	5	2	6	36	20	27	8	5	13	25	11	13	5	22	13	20	12
13	17	4	31	18	9	1	33	25	4	1	5	35	19	26	7	4	12	24	10	12	4	21	12	19	13
14	16	3	30	17	8	28	32	24	3	28	4	34	18	25	6	3	11	23	9	11	3	20	11	18	14
15	15	2	29	16	7	27	31	23	2	27	3	33	17	24	5	2	10	22	8	10	2	19	10	17	15
16	14	1	28	15	6	26	30	22	1	26	2	32	16	23	4	1	9	21	7	9	1	18	9	16	16
17	13	28	27	14	5	25	29	21	23	25	1	31	15	22	3	38	8	20	6	8	23	17	8	15	17
18	12	27	26	13	4	24	28	20	22	24	33	30	14	21	2	37	7	19	5	7	22	16	7	14	18
19	11	26	25	12	3	23	27	19	21	23	32	29	13	20	1	36	6	18	4	6	21	15	6	13	19
20	10	25	24	11	2	22	26	18	20	22	31	28	12	19	33	35	5	17	3	5	20	14	5	12	20
21	9	24	23	10	1	21	25	17	19	21	30	27	11	18	32	34	4	16	2	4	19	13	4	11	21
22	8	23	22	9	23	20	24	16	18	20	29	26	10	17	31	33	3	15	1	3	18	12	3	10	22
23	7	22	21	8	22	19	23	15	17	19	28	25	9	16	30	32	2	14	33	2	17	11	2	9	23
24	6	21	20	7	21	18	22	14	16	18	27	24	8	15	29	31	1	13	32	1	16	10	1	8	24
25	5	20	19	6	20	17	21	13	15	17	26	23	7	14	28	30	23	12	31	38	15	9	33	7	25
26	4	19	18	5	19	16	20	12	14	16	25	22	6	13	27	29	22	11	30	37	14	8	32	6	26
27	3	18	17	4	18	15	19	11	13	15	24	21	5	12	26	28	21	10	29	36	13	7	31	5	27
28	2	17	16	3	17	14	18	10	12	14	23	20	4	11	25	27	20	9	28	35	12	6	30	4	28
29	1	16	15	2					11	13	22	19	3	10	24	26	19	8	27	34	11	5	29	3	29
30	23	15	14	1					10	12	21	18	2	9	23	25	18	7	26	33	10	4	28	2	30
31	22	14	13	38					9	11	20	17					17	6	25	32					31

1919 TAG	JULI k	JULI s	JULI g	JULI f	AUGUST k	AUGUST s	AUGUST g	AUGUST f	SEPTEMBER k	SEPTEMBER s	SEPTEMBER g	SEPTEMBER f	OKTOBER k	OKTOBER s	OKTOBER g	OKTOBER f	NOVEMBER k	NOVEMBER s	NOVEMBER g	NOVEMBER f	DEZEMBER k	DEZEMBER s	DEZEMBER g	DEZEMBER f	1919 TAG
1	9	3	27	1	1	28	29	8	16	25	31	15	9	23	1	23	1	20	3	30	17	18	6	38	1
2	8	2	26	38	23	27	28	7	15	24	30	14	8	22	33	22	23	19	2	29	16	17	5	37	2
3	7	1	25	37	22	26	27	6	14	23	29	13	7	21	32	21	22	18	1	28	15	16	4	36	3
4	6	28	24	36	21	25	26	5	13	22	28	12	6	20	31	20	21	17	33	27	14	15	3	35	4
5	5	27	23	35	20	24	25	4	12	21	27	11	5	19	30	19	20	16	32	26	13	14	2	34	5
6	4	26	22	34	19	23	24	3	11	20	26	10	4	18	29	18	19	15	31	25	12	13	1	33	6
7	3	25	21	33	18	22	23	2	10	19	25	9	3	17	28	17	18	14	30	24	11	12	33	32	7
8	2	24	20	32	17	21	22	1	9	18	24	8	2	16	27	16	17	13	29	23	10	11	32	31	8
9	1	23	19	31	16	20	21	38	8	17	23	7	1	15	26	15	16	12	28	22	9	10	31	30	9
10	23	22	18	30	15	19	20	37	7	16	22	6	23	14	25	14	15	11	27	21	8	9	30	29	10
11	22	21	17	29	14	18	19	36	6	15	21	5	22	13	24	13	14	10	26	20	7	8	29	28	11
12	21	20	16	28	13	17	18	35	5	14	20	4	21	12	23	12	13	9	25	19	6	7	28	27	12
13	20	19	15	27	12	16	17	34	4	13	19	3	20	11	22	11	12	8	24	18	5	6	27	26	13
14	19	18	14	26	11	15	16	33	3	12	18	2	19	10	21	10	11	7	23	17	4	5	26	25	14
15	18	17	13	25	10	14	15	32	2	11	17	1	18	9	20	9	10	6	22	16	3	4	25	24	15
16	17	16	12	24	9	13	14	31	1	10	16	38	17	8	19	8	9	5	21	15	2	3	24	23	16
17	16	15	11	23	8	12	13	30	23	9	15	37	16	7	18	7	8	4	20	14	1	2	23	22	17
18	15	14	10	22	7	11	12	29	22	8	14	36	15	6	17	6	7	3	19	13	23	1	22	21	18
19	14	13	9	21	6	10	11	28	21	7	13	35	14	5	16	5	6	2	18	12	22	28	21	20	19
20	13	12	8	20	5	9	10	27	20	6	12	34	13	4	15	4	5	1	17	11	21	27	20	19	20
21	12	11	7	19	4	8	9	26	19	5	11	33	12	3	14	3	4	28	16	10	20	26	19	18	21
22	11	10	6	18	3	7	8	25	18	4	10	32	11	2	13	2	3	27	15	9	19	25	18	17	22
23	10	9	5	17	2	6	7	24	17	3	9	31	10	1	12	1	2	26	14	8	18	24	17	16	23
24	9	8	4	16	1	5	6	23	16	2	8	30	9	28	11	38	1	25	13	7	17	23	16	15	24
25	8	7	3	15	23	4	5	22	15	1	7	29	8	27	10	37	23	24	12	6	16	22	15	14	25
26	7	6	2	14	22	3	4	21	14	28	6	28	7	26	9	36	22	23	11	5	15	21	14	13	26
27	6	5	1	13	21	2	3	20	13	27	5	27	6	25	8	35	21	22	10	4	14	20	13	12	27
28	5	4	33	12	20	1	2	19	12	26	4	26	5	24	7	34	20	21	9	3	13	19	12	11	28
29	4	3	32	11	19	28	1	18	11	25	3	25	4	23	6	33	19	20	8	2	12	18	11	10	29
30	3	2	31	10	18	27	33	17	10	24	2	24	3	22	5	32	18	19	7	1	11	17	10	9	30
31	2	1	30	9	17	26	32	16					2	21	4	31					10	16	9	8	31

1920

1920 TAG	JANUAR				FEBRUAR				MÄRZ				APRIL				MAI				JUNI				1920 TAG
	k	s	g	f	k	s	g	f	k	s	g	f	k	s	g	f	k	s	g	f	k	s	g	f	
1	9	15	8	7	1	12	10	14	18	11	14	23	10	8	16	30	3	6	19	38	18	3	21	7	1
2	8	14	7	6	23	11	9	13	17	10	13	22	9	7	15	29	2	5	18	37	17	2	20	6	2
3	7	13	6	5	22	10	8	12	16	9	12	21	8	6	14	28	1	4	17	36	16	1	19	5	3
4	6	12	5	4	21	9	7	11	15	8	11	20	7	5	13	27	23	3	16	35	15	28	18	4	4
5	5	11	4	3	20	8	6	10	14	7	10	19	6	4	12	26	22	2	15	34	14	27	17	3	5
6	4	10	3	2	19	7	5	9	13	6	9	18	5	3	11	25	21	1	14	33	13	26	16	2	6
7	3	9	2	1	18	6	4	8	12	5	8	17	4	2	10	24	20	28	13	32	12	25	15	1	7
8	2	8	1	38	17	5	3	7	11	4	7	16	3	1	9	23	19	27	12	31	11	24	14	38	8
9	1	7	33	37	16	4	2	6	10	3	6	15	2	28	8	22	18	26	11	30	10	23	13	37	9
10	23	6	32	36	15	3	1	5	9	2	5	14	1	27	7	21	17	25	10	29	9	22	12	36	10
11	22	5	31	35	14	2	33	4	8	1	4	13	23	26	6	20	16	24	9	28	8	21	11	35	11
12	21	4	30	34	13	1	32	3	7	28	3	12	22	25	5	19	15	23	8	27	7	20	10	34	12
13	20	3	29	33	12	28	31	2	6	27	2	11	21	24	4	18	14	22	7	26	6	19	9	33	13
14	19	2	28	32	11	27	30	1	5	26	1	10	20	23	3	17	13	21	6	25	5	18	8	32	14
15	18	1	27	31	10	26	29	37	4	25	33	9	19	22	2	16	12	20	5	24	4	17	7	31	15
16	17	28	26	30	9	25	28	37	3	24	32	8	18	21	1	15	11	19	4	23	3	16	6	30	16
17	16	27	25	29	8	24	27	36	2	23	31	7	17	20	33	14	10	18	3	22	2	15	5	29	17
18	15	26	24	28	7	23	26	35	1	22	30	6	16	19	32	13	9	17	2	21	1	14	4	28	18
19	14	25	23	27	6	22	25	34	23	21	29	5	15	18	31	12	8	16	1	20	23	13	3	27	19
20	13	24	22	26	5	21	24	33	22	20	28	4	14	17	30	11	7	15	33	19	22	12	2	26	20
21	12	23	21	25	4	20	23	32	21	19	27	3	13	16	29	10	6	14	32	18	21	11	1	25	21
22	11	22	20	24	3	19	22	31	20	18	26	2	12	15	28	9	5	13	31	17	20	10	33	24	22
23	10	21	19	23	2	18	21	30	19	17	25	1	11	14	27	8	4	12	30	16	19	9	32	23	23
24	9	20	18	22	1	17	20	29	18	16	24	38	10	13	26	7	3	11	29	15	18	8	31	22	24
25	8	19	17	21	23	16	19	28	17	15	23	37	9	12	25	6	2	10	28	14	17	7	30	21	25
26	7	18	16	20	22	15	18	27	16	14	22	36	8	11	24	5	1	9	27	13	16	6	29	20	26
27	6	17	15	19	21	14	17	26	15	13	21	35	7	10	23	4	23	8	26	12	15	5	28	19	27
28	5	16	14	18	20	13	16	25	14	12	20	34	6	9	22	3	22	7	25	11	14	4	27	18	28
29	4	15	13	17	19	12	15	24	13	11	19	33	5	8	21	2	21	6	24	10	13	3	26	17	29
30	3	14	12	16					12	10	18	32	4	7	20	1	20	5	23	9	12	2	25	16	30
31	2	13	11	15					11	9	17	31					19	4	22	8					31

1928 TAG	JULI k	JULI s	JULI g	JULI f	AUGUST k	AUGUST s	AUGUST g	AUGUST f	SEPTEMBER k	SEPTEMBER s	SEPTEMBER g	SEPTEMBER f	OKTOBER k	OKTOBER s	OKTOBER g	OKTOBER f	NOVEMBER k	NOVEMBER s	NOVEMBER g	NOVEMBER f	DEZEMBER k	DEZEMBER s	DEZEMBER g	DEZEMBER f	1928 TAG
1	11	1	24	15	3	26	26	22	18	23	23	29	11	21	31	37	3	18	33	6	19	16	3	14	1
2	10	28	23	14	2	25	25	21	17	22	22	28	10	20	30	36	2	17	32	5	18	15	2	13	2
3	9	27	22	13	1	24	24	20	16	21	21	27	9	19	29	35	1	16	31	4	17	14	1	12	3
4	8	26	21	12	23	23	23	19	15	20	20	26	8	18	28	34	23	15	30	3	16	13	33	11	4
5	7	25	20	11	22	22	22	18	14	19	19	25	7	17	27	33	22	14	29	2	15	12	32	10	5
6	6	24	19	10	21	21	21	17	13	18	18	24	6	16	26	32	21	13	28	1	14	11	31	9	6
7	5	23	18	9	20	20	20	16	12	17	17	23	5	15	25	31	20	12	27	38	13	10	30	8	7
8	4	22	17	8	19	19	19	15	11	16	16	22	4	14	24	30	19	11	26	37	12	9	29	7	8
9	3	21	16	7	18	18	18	14	10	15	15	21	3	13	23	29	18	10	25	36	11	8	28	6	9
10	2	20	15	6	17	17	17	13	9	14	14	20	2	12	22	28	17	9	24	35	10	7	27	5	10
11	1	19	14	5	16	16	16	12	8	13	13	19	1	11	21	27	16	8	23	34	9	6	26	4	11
12	23	18	13	4	15	15	15	11	7	12	12	18	23	10	20	26	15	7	22	33	8	5	25	3	12
13	22	17	12	3	14	14	14	10	6	11	11	17	22	9	19	25	14	6	21	32	7	4	24	2	13
14	21	16	11	2	13	13	13	9	5	10	10	16	21	8	18	24	13	5	20	31	6	3	23	1	14
15	20	15	10	1	12	12	12	8	4	9	9	15	20	7	17	23	12	4	19	30	5	2	22	38	15
16	19	14	9	38	11	11	11	7	3	8	8	14	19	6	16	22	11	3	18	29	4	1	21	37	16
17	18	13	8	37	10	10	10	6	2	7	7	13	18	5	15	21	10	2	17	28	3	28	20	36	17
18	17	12	7	36	9	9	9	5	1	6	6	12	17	4	14	20	9	1	16	27	2	27	19	35	18
19	16	11	6	35	8	8	8	4	23	5	5	11	16	3	13	19	8	28	15	26	1	26	18	34	19
20	15	10	5	34	7	7	7	3	22	4	4	10	15	2	12	18	7	27	14	25	23	25	17	33	20
21	14	9	4	33	6	6	6	2	21	3	3	9	14	1	11	17	6	26	13	24	22	24	16	32	21
22	13	8	3	32	5	5	5	1	20	2	2	8	13	28	10	16	5	25	12	23	21	23	15	31	22
23	12	7	2	31	4	4	4	38	19	1	1	7	12	27	9	15	4	24	11	22	20	22	14	30	23
24	11	6	1	30	3	3	3	37	18	28	28	6	11	26	8	14	3	23	10	21	19	21	13	29	24
25	10	5	33	29	2	2	2	36	17	27	27	5	10	25	7	13	2	22	9	20	18	20	12	28	25
26	9	4	32	28	1	1	1	35	16	26	26	4	9	24	6	12	1	21	8	19	17	19	11	27	26
27	8	3	31	27	23	28	33	34	15	25	25	3	8	23	5	11	23	20	7	18	16	18	10	26	27
28	7	2	30	26	22	27	32	33	14	24	24	2	7	22	4	10	22	19	6	17	15	17	9	25	28
29	6	1	29	25	21	26	31	32	13	23	23	1	6	21	3	9	21	18	5	16	14	16	8	24	29
30	5	28	28	24	20	25	30	31	12	22	22	38	5	20	2	8	20	17	4	15	13	15	7	23	30
31	4	27	27	23	19	24	29	30					4	19	1	7					12	14	6	22	31

283

1921

1921 TAG	JANUAR k	s	g	f	FEBRUAR k	s	g	f	MÄRZ k	s	g	f	APRIL k	s	g	f	MAI k	s	g	f	JUNI k	s	g	f	1921 TAG
1	11	13	5	21	3	10	7	28	21	10	12	38	13	7	14	7	6	5	17	15	21	2	19	22	1
2	10	12	4	20	2	9	6	27	20	9	11	37	12	6	13	6	5	4	16	14	20	1	18	21	2
3	9	11	3	19	1	8	5	26	19	8	10	36	11	5	12	5	4	3	15	13	19	28	17	20	3
4	8	10	2	18	23	7	4	25	18	7	9	35	10	4	11	4	3	2	14	12	18	27	16	19	4
5	7	9	1	17	22	6	3	24	17	6	8	34	9	3	10	3	2	1	13	11	17	26	15	18	5
6	6	8	33	16	21	5	2	23	16	5	7	33	8	2	9	2	1	28	12	10	16	25	14	17	6
7	5	7	32	15	20	4	1	22	15	4	6	32	7	1	8	1	23	27	11	9	15	24	13	16	7
8	4	6	31	14	19	3	33	21	14	3	5	31	6	28	7	38	22	26	10	8	14	23	12	15	8
9	3	5	30	13	18	2	32	20	13	2	4	30	5	27	6	37	21	25	9	7	13	22	11	14	9
10	2	4	29	12	17	1	31	19	12	1	3	29	4	26	5	36	20	24	8	6	12	21	10	13	10
11	1	3	28	11	16	28	30	18	11	28	2	28	3	25	4	35	19	23	7	5	11	20	9	12	11
12	23	2	27	10	15	27	29	17	10	27	1	27	2	24	3	34	18	22	6	4	10	19	8	11	12
13	22	1	26	9	14	26	28	16	9	26	33	26	1	23	2	33	17	21	5	3	9	18	7	10	13
14	21	28	25	8	13	25	27	15	8	25	32	25	23	22	1	32	16	20	4	2	8	17	6	9	14
15	20	27	24	7	12	24	26	14	7	24	31	24	22	21	33	31	15	19	3	1	7	16	5	8	15
16	19	26	23	6	11	23	25	13	6	23	30	23	21	20	32	30	14	18	2	38	6	15	4	7	16
17	18	25	22	5	10	22	24	12	5	22	29	22	20	19	31	29	13	17	1	37	5	14	3	6	17
18	17	24	21	4	9	21	23	11	4	21	28	21	19	18	30	28	12	16	33	36	4	13	2	5	18
19	16	23	20	3	8	20	22	10	3	20	27	20	18	17	29	27	11	15	32	35	3	12	1	4	19
20	15	22	19	2	7	19	21	9	2	19	26	19	17	16	28	26	10	14	31	34	2	11	33	3	20
21	14	21	18	1	6	18	20	8	1	18	25	18	16	15	27	25	9	13	30	33	1	10	32	2	21
22	13	20	17	38	5	17	19	7	23	17	24	17	15	14	26	24	8	12	29	32	23	9	31	1	22
23	12	19	16	37	4	16	18	6	22	16	23	16	14	13	25	23	7	11	28	31	22	8	30	38	23
24	11	18	15	36	3	15	17	5	21	15	22	15	13	12	24	22	6	10	27	30	21	7	29	37	24
25	10	17	14	35	2	14	16	4	20	14	21	14	12	11	23	21	5	9	26	29	20	6	28	36	25
26	9	16	13	34	1	13	15	3	19	13	20	13	11	10	22	20	4	8	25	28	19	5	27	35	26
27	8	15	12	33	23	12	14	2	18	12	19	12	10	9	21	19	3	7	24	27	18	4	26	34	27
28	7	14	11	32	22	11	13	1	17	11	18	11	9	8	20	18	2	6	23	26	17	3	25	33	28
29	6	13	10	31					16	10	17	10	8	7	19	17	1	5	22	25	16	2	24	32	29
30	5	12	9	30					15	9	16	9	7	6	18	16	23	4	21	24	15	1	23	31	30
31	4	11	8	29					14	8	15	8					22	3	20	23					31

1921 TAG	JULI k	s	g	f	AUGUST k	s	g	f	SEPTEMBER k	s	g	f	OKTOBER k	s	g	f	NOVEMBER k	s	g	f	DEZEMBER k	s	g	f	1921 TAG
1	14	28	22	30	6	25	24	37	21	22	26	6	14	20	29	14	6	17	31	21	22	15	1	29	1
2	13	27	21	29	5	24	23	36	20	21	25	5	13	19	28	13	5	16	30	20	21	14	33	28	2
3	12	26	20	28	4	23	22	35	19	20	24	4	12	18	27	12	4	15	29	19	20	13	32	27	3
4	11	25	19	27	3	22	21	34	18	19	23	3	11	17	26	11	3	14	28	18	19	12	31	26	4
5	10	24	18	26	2	21	20	33	17	18	22	2	10	16	25	10	2	13	27	17	18	11	30	25	5
6	9	23	17	25	1	20	19	32	16	17	21	1	9	15	24	9	1	12	26	16	17	10	29	24	6
7	8	22	16	24	23	19	18	31	15	16	20	38	8	14	23	8	23	11	25	15	16	9	28	23	7
8	7	21	15	23	22	18	17	30	14	15	19	37	7	13	22	7	22	10	24	14	15	8	27	22	8
9	6	20	14	22	21	17	16	29	13	14	18	36	6	12	21	6	21	9	23	13	14	7	26	21	9
10	5	19	13	21	20	16	15	28	12	13	17	35	5	11	20	5	20	8	22	12	13	6	25	20	10
11	4	18	12	20	19	15	14	27	11	12	16	34	4	10	19	4	19	7	21	11	12	5	24	19	11
12	3	17	11	19	18	14	13	26	10	11	15	33	3	9	18	3	18	6	20	10	11	4	23	18	12
13	2	16	10	18	17	13	12	25	9	10	14	32	2	8	17	2	17	5	19	9	10	3	22	17	13
14	1	15	9	17	16	12	11	24	8	9	13	31	1	7	16	1	16	4	18	8	9	2	21	16	14
15	23	14	8	16	15	11	10	23	7	8	12	30	23	6	15	38	15	3	17	7	8	1	20	15	15
16	22	13	7	15	14	10	9	22	6	7	11	29	22	5	14	37	14	2	16	6	7	28	19	14	16
17	21	12	6	14	13	9	8	21	5	6	10	28	21	4	13	36	13	1	15	5	6	27	18	13	17
18	20	11	5	13	12	8	7	20	4	5	9	27	20	3	12	35	12	28	14	4	5	26	17	12	18
19	19	10	4	12	11	7	6	19	3	4	8	26	19	2	11	34	11	27	13	3	4	25	16	11	19
20	18	9	3	11	10	6	5	18	2	3	7	25	18	1	10	33	10	26	12	2	3	24	15	10	20
21	17	8	2	10	9	5	4	17	1	2	6	24	17	28	9	32	9	25	11	1	2	23	14	9	21
22	16	7	1	9	8	4	3	16	23	1	5	23	16	27	8	31	8	24	10	38	1	22	13	8	22
23	15	6	33	8	7	3	2	15	22	28	4	22	15	26	7	30	7	23	9	30	23	21	12	7	23
24	14	5	32	7	6	2	1	14	21	27	3	21	14	25	6	29	6	22	8	36	22	20	11	6	24
25	13	4	31	6	5	1	33	13	20	26	2	20	13	24	5	28	5	21	7	35	21	19	10	5	25
26	12	3	30	5	4	28	32	12	19	25	1	19	12	23	4	27	4	20	6	34	20	18	9	4	26
27	11	2	29	4	3	27	31	11	18	24	33	18	11	22	3	26	3	19	5	33	19	17	8	3	27
28	10	1	28	3	2	26	30	10	17	23	32	17	10	21	2	25	2	18	4	32	18	16	7	2	28
29	9	28	27	2	1	25	29	9	16	22	31	16	9	20	1	24	1	17	3	31	17	15	6	1	29
30	8	27	26	1	23	24	28	8	15	21	30	15	8	19	33	23	23	16	2	30	16	14	5	38	30
31	7	26	25	30	22	23	27	7					7	18	32	22					15	13	4	37	31

1922

1922 TAG	JUNI k	JUNI s	JUNI g	JUNI f	MAI k	MAI s	MAI g	MAI f	APRIL k	APRIL s	APRIL g	APRIL f	MÄRZ k	MÄRZ s	MÄRZ g	MÄRZ f	FEBRUAR k	FEBRUAR s	FEBRUAR g	FEBRUAR f	JANUAR k	JANUAR s	JANUAR g	JANUAR f	1922 TAG
1	1	1	17	37	9	4	15	30	16	6	12	22	1	9	10	15	6	9	5	5	14	12	3	36	1
2	23	28	16	36	8	3	14	29	15	5	11	21	23	8	9	14	5	8	4	4	13	11	2	35	2
3	22	27	15	35	7	2	13	28	14	4	10	20	22	7	8	13	4	7	3	3	12	10	1	34	3
4	21	26	14	34	6	1	12	27	13	3	9	19	21	6	7	12	3	6	2	2	11	9	33	33	4
5	20	25	13	33	5	28	11	26	12	2	8	18	20	5	6	11	2	5	1	1	10	8	32	32	5
6	19	24	12	32	4	27	10	25	11	1	7	17	19	4	5	10	1	4	33	38	9	7	31	31	6
7	18	23	11	31	3	26	9	24	10	28	6	16	18	3	4	9	23	3	32	37	8	6	30	30	7
8	17	22	10	30	2	25	8	23	9	27	5	15	17	2	3	8	22	2	31	36	7	5	29	29	8
9	16	21	9	29	1	24	7	22	8	26	4	14	16	1	2	7	21	1	30	35	6	4	28	28	9
10	15	20	8	28	23	23	6	21	7	25	3	13	15	28	1	6	20	28	29	34	5	3	27	27	10
11	14	19	7	27	22	22	5	20	6	24	2	12	14	27	33	5	19	27	28	33	4	2	26	26	11
12	13	18	6	26	21	21	4	19	5	23	1	11	13	26	32	4	18	26	27	32	3	1	25	25	12
13	12	17	5	25	20	20	3	18	4	22	33	10	12	25	31	3	17	25	26	31	2	28	24	24	13
14	11	16	4	24	19	19	2	17	3	21	32	9	11	24	30	2	16	24	25	30	1	27	23	23	14
15	10	15	3	23	18	18	1	16	2	20	31	8	10	23	29	1	15	23	24	29	23	26	22	22	15
16	9	14	2	22	17	17	33	15	1	19	30	7	9	22	28	38	14	22	23	28	22	25	21	21	16
17	8	13	1	21	16	16	32	14	23	18	29	6	8	21	27	37	13	21	22	27	21	24	20	20	17
18	7	12	33	20	15	15	31	13	22	17	28	5	7	20	26	36	12	20	21	26	20	23	19	19	18
19	6	11	32	19	14	14	30	12	21	16	27	4	6	19	25	35	11	19	20	25	19	22	18	18	19
20	5	10	31	18	13	13	29	11	20	15	26	3	5	18	24	34	10	18	19	24	18	21	17	17	20
21	4	9	30	17	12	12	28	10	19	14	25	2	4	17	23	33	9	17	18	23	17	20	16	16	21
22	3	8	29	16	11	11	27	9	18	13	24	1	3	16	22	32	8	16	17	22	16	19	15	15	22
23	2	7	28	15	10	10	26	8	17	12	23	38	2	15	21	31	7	15	16	21	15	18	14	14	23
24	1	6	27	14	9	9	25	7	16	11	22	37	1	14	20	30	6	14	15	20	14	17	13	13	24
25	23	5	26	13	8	8	24	6	15	10	21	36	23	13	19	29	5	13	14	19	13	16	12	12	25
26	22	4	25	12	7	7	23	5	14	9	20	35	22	12	18	28	4	12	13	18	12	15	11	11	26
27	21	3	24	11	6	6	22	4	13	8	19	34	21	11	17	27	3	11	12	17	11	14	10	10	27
28	20	2	23	10	5	5	21	3	12	7	18	33	20	10	16	26	2	10	11	16	10	13	9	9	28
29	19	1	22	9	4	4	20	2	11	6	17	32	19	9	15	25					9	12	8	8	29
30	18	28	21	8	3	3	19	1	10	5	16	31	18	8	14	24					8	11	7	7	30
31					2	2	18	38					17	7	13	23					7	10	6	6	31

1922 TAB	JULI k	s	g	f	AUGUST k	s	g	f	SEPTEMBER k	s	g	f	OKTOBER k	s	g	f	NOVEMBER k	s	g	f	DEZEMBER k	s	g	f	1922 TAB
1	17	27	20	7	9	24	22	14	1	21	24	21	17	19	27	29	9	16	29	36	2	14	32	6	1
2	16	26	19	6	8	23	21	13	23	20	23	20	16	18	26	28	8	15	28	35	1	13	31	5	2
3	15	25	18	5	7	22	20	12	22	19	22	19	15	17	25	27	7	14	27	34	23	12	30	4	3
4	14	24	17	4	6	21	19	11	21	18	21	18	14	16	24	26	6	13	26	33	22	11	29	3	4
5	13	23	16	3	5	20	18	10	20	17	20	17	13	15	23	25	5	12	25	32	21	10	28	2	5
6	12	22	15	2	4	19	17	9	19	16	19	16	12	14	22	24	4	11	24	31	20	9	27	1	6
7	11	21	14	1	3	18	16	8	18	15	18	15	11	13	21	23	3	10	23	30	19	8	26	38	7
8	10	20	13	38	2	17	15	7	17	14	17	14	10	12	20	22	2	9	22	29	18	7	25	37	8
9	9	19	12	37	1	16	14	6	16	13	16	13	9	11	19	21	1	8	21	28	17	6	24	36	9
10	8	18	11	36	23	15	13	5	15	12	15	12	8	10	18	20	23	7	20	27	16	5	23	35	10
11	7	17	10	35	22	14	12	4	14	11	14	11	7	9	17	19	22	6	19	26	15	4	22	34	11
12	6	16	9	34	21	13	11	3	13	10	13	10	6	8	16	18	21	5	18	25	14	3	21	33	12
13	5	15	8	33	20	12	10	2	12	9	12	9	5	7	15	17	20	4	17	24	13	2	20	32	13
14	4	14	7	32	19	11	9	1	11	8	11	8	4	6	14	16	19	3	16	23	12	1	19	31	14
15	3	13	6	31	18	10	8	38	10	7	10	7	3	5	13	15	18	2	15	22	11	28	18	30	15
16	2	12	5	30	17	9	7	37	9	6	9	6	2	4	12	14	17	1	14	21	10	27	17	29	16
17	1	11	4	29	16	8	6	36	8	5	8	5	1	3	11	13	16	28	13	20	9	26	16	28	17
18	23	10	3	28	15	7	5	35	7	4	7	4	23	2	10	12	15	27	12	19	8	25	15	27	18
19	22	9	2	27	14	6	4	34	6	3	6	3	22	1	9	11	14	26	11	18	7	24	14	26	19
20	21	8	1	26	13	5	3	33	5	2	5	2	21	28	8	10	13	25	10	17	6	23	13	25	20
21	20	7	33	25	12	4	2	32	3	28	4	1	20	27	7	9	12	24	9	16	5	22	12	24	21
22	19	6	32	24	11	3	1	31	2	27	3	38	19	26	6	8	11	23	8	15	4	21	11	23	22
23	18	5	31	23	10	2	33	30	1	26	2	37	18	25	5	7	10	22	7	14	3	20	10	22	23
24	17	4	30	22	9	1	32	29			1	36	17	24	4	6	9	21	6	13	2	19	9	21	24
25	16	3	29	21	8	28	31	28	23	25	33	35	16	23	3	5	8	20	5	12	1	18	8	20	25
26	15	2	28	20	7	27	30	27	22	24	32	34	15	22	2	4	7	19	4	11	23	17	7	19	26
27	14	1	27	19	6	26	29	26	21	23	31	33	14	21	1	3	6	18	3	10	22	16	6	18	27
28	13	28	26	18	5	25	28	25	20	22	30	32	13	20	33	2	5	17	2	9	21	15	5	17	28
29	12	27	25	17	4	24	27	24	19	21	29	31	12	19	32	1	4	16	1	8	20	14	4	16	29
30	11	26	24	16	3	23	26	23	18	20	28	30	11	18	31	38	3	15	33	7	19	13	3	15	30
31	10	25	23	15	2	22	25	22					10	17	30	37					18	12	2	14	31

1923

1923 TAG	JANUAR k	s	g	f	FEBRUAR k	s	g	f	MÄRZ k	s	g	f	APRIL k	s	g	f	MAI k	s	g	f	JUNI k	s	g	f	1923 TAG
1	17	11	1	13	9	8	3	20	4	8	8	30	19	5	10	37	12	3	13	7	4	28	15	14	1
2	16	10	33	12	8	7	2	19	3	7	6	29	18	4	9	36	11	2	12	6	3	27	14	13	2
3	15	9	32	11	7	6	1	18	2	6	5	28	17	3	8	35	10	1	11	5	2	26	13	12	3
4	14	8	31	10	6	5	33	17	1	5	4	27	16	2	7	34	9	28	10	4	1	25	12	11	4
5	13	7	30	9	5	4	32	16	23	4	3	26	15	1	6	33	8	27	9	3	23	24	11	10	5
6	12	6	29	8	4	3	31	15	22	3	2	25	14	28	5	32	7	26	8	2	22	23	10	9	6
7	11	5	28	7	3	2	30	14	21	2	1	24	13	27	4	31	6	25	7	1	21	22	9	8	7
8	10	4	27	6	2	1	29	13	20	1	33	23	12	26	3	30	5	24	6	38	20	21	8	7	8
9	9	3	26	5	1	28	28	12	19	28	32	22	11	25	2	29	4	23	5	37	19	20	7	6	9
10	8	2	25	4	23	27	27	11	18	27	31	21	10	24	1	28	3	22	4	36	18	19	6	5	10
11	7	1	24	3	22	26	26	10	17	26	30	20	9	23	33	27	2	21	3	35	17	18	5	4	11
12	6	28	23	2	21	25	25	9	16	25	29	19	8	22	32	26	1	20	2	34	16	17	4	3	12
13	5	27	22	1	20	24	24	8	15	24	28	18	7	21	31	25	23	19	1	33	15	16	3	2	13
14	4	26	21	38	19	23	23	7	14	23	27	17	6	20	30	24	22	18	33	32	14	15	2	1	14
15	3	25	20	37	18	22	22	6	13	22	26	16	5	19	29	23	21	17	32	31	13	14	1	38	15
16	2	24	19	36	17	21	21	5	12	21	25	15	4	18	28	22	20	16	31	30	12	13	33	37	16
17	1	23	18	35	16	20	20	4	11	20	24	14	3	17	27	21	19	15	30	29	11	12	32	36	17
18	23	22	17	34	15	19	19	3	10	19	23	13	2	16	26	20	18	14	29	28	10	11	31	35	18
19	22	21	16	33	14	18	18	2	9	18	22	12	1	15	25	19	17	13	28	27	9	10	30	34	19
20	21	20	15	32	13	17	17	1	8	17	21	11	23	14	24	18	16	12	27	26	8	9	29	33	20
21	20	19	14	31	12	16	16	38	7	16	20	10	22	13	23	17	15	11	26	25	7	8	28	32	21
22	19	18	13	30	11	15	15	37	6	15	19	9	21	12	22	16	14	10	25	24	6	7	27	31	22
23	18	17	12	29	10	14	14	36	5	14	18	8	20	11	21	15	13	9	24	23	5	6	26	30	23
24	17	16	11	28	9	13	13	35	4	13	17	7	19	10	20	14	12	8	23	22	4	5	25	29	24
25	16	15	10	27	8	12	12	34	3	12	16	6	18	9	19	13	11	7	22	21	3	4	24	28	25
26	15	14	9	26	7	11	11	33	2	11	15	5	17	8	18	12	10	6	21	20	2	3	23	27	26
27	14	13	8	25	6	10	10	32	1	10	14	4	16	7	17	11	9	5	20	19	1	2	22	26	27
28	13	12	7	24	5	9	9	31	23	9	13	3	15	6	16	10	8	4	19	18	23	1	21	25	28
29	12	11	6	23					22	8	12	2	14	5	15	9	7	3	18	17	22	28	20	24	29
30	11	10	5	22					21	7	11	1	13	4	14	8	6	2	17	16	21	27	19	23	30
31	10	9	4	21					20	6	11	38					5	1	16	15					31

1923 TAG	JULI k	JULI s	JULI g	JULI f	AUGUST k	AUGUST s	AUGUST g	AUGUST f	SEPTEMBER k	SEPTEMBER s	SEPTEMBER g	SEPTEMBER f	OKTOBER k	OKTOBER s	OKTOBER g	OKTOBER f	NOVEMBER k	NOVEMBER s	NOVEMBER g	NOVEMBER f	DEZEMBER k	DEZEMBER s	DEZEMBER g	DEZEMBER f	1923 TAG
1	20	26	18	22	12	23	20	29	4	20	22	36	20	18	25	6	12	15	27	13	5	13	30	21	1
2	19	25	17	21	11	22	19	28	3	19	21	35	19	17	24	5	11	14	26	12	4	12	29	20	2
3	18	24	16	20	10	21	18	27	2	18	20	34	18	16	23	4	10	13	25	11	3	11	28	19	3
4	17	23	15	19	9	20	17	26	1	17	19	33	17	15	22	3	9	12	24	10	2	10	27	18	4
5	16	22	14	18	8	19	16	25	23	16	18	32	16	14	21	2	8	11	23	9	23	9	26	17	5
6	15	21	13	17	7	18	15	24	22	15	17	31	15	13	20	1	7	10	22	8	22	8	25	16	6
7	14	20	12	16	6	17	14	23	21	14	16	30	14	12	19	38	6	9	21	7	21	7	24	15	7
8	13	19	11	15	5	16	13	22	20	13	15	29	13	11	18	37	5	8	20	6	20	6	23	14	8
9	12	18	10	14	4	15	12	21	19	12	14	28	12	10	17	36	4	7	19	5	19	5	22	13	9
10	11	17	9	13	3	14	11	20	18	11	13	27	11	9	16	35	3	6	18	4	18	4	21	12	10
11	10	16	8	12	2	13	10	19	17	10	12	26	10	8	15	34	2	5	17	3	17	3	20	11	11
12	9	15	7	11	1	12	9	18	16	9	11	25	9	7	14	33	1	4	16	2	16	2	19	10	12
13	8	14	6	10	23	11	8	17	15	8	10	24	8	6	13	32	23	3	15	1	15	1	18	9	13
14	7	13	5	9	22	10	7	16	14	7	9	23	7	5	12	31	22	2	14	38	14	28	17	8	14
15	6	12	4	8	21	9	6	15	13	6	8	22	6	4	11	30	21	1	13	37	13	27	16	7	15
16	5	11	3	7	20	8	5	14	12	5	7	21	5	3	10	29	20	28	12	36	12	26	15	6	16
17	4	10	2	6	19	7	4	13	11	4	6	20	4	2	9	28	19	27	11	35	11	25	14	5	17
18	3	9	1	5	18	6	3	12	10	3	5	19	3	1	8	27	18	26	10	34	10	24	13	4	18
19	2	8	33	4	17	5	2	11	9	2	4	18	2	28	7	26	17	25	9	33	9	23	12	3	19
20	1	7	32	3	16	4	1	10	8	1	3	17	1	27	6	25	16	24	8	32	8	22	11	2	20
21	23	6	31	2	15	3	33	9	7	28	2	16	23	26	5	24	15	23	7	31	7	21	10	1	21
22	22	5	30	1	14	2	32	8	6	27	1	15	22	25	4	23	14	22	6	30	6	20	9	38	22
23	21	4	29	38	13	1	31	7	5	26	33	14	21	24	3	22	13	21	5	29	5	19	8	37	23
24	20	3	28	37	12	28	30	6	4	25	32	13	20	23	2	21	12	20	4	28	4	18	7	36	24
25	19	2	27	36	11	27	29	5	3	24	31	12	19	22	1	20	11	19	3	27	3	17	6	35	25
26	18	1	26	35	10	26	28	4	2	23	30	11	18	21	33	19	10	18	2	26	2	16	5	34	26
27	17	28	25	34	9	25	27	3	1	22	29	10	17	20	32	18	9	17	1	25	1	15	4	33	27
28	16	27	24	33	8	24	26	2	23	21	28	9	16	19	31	17	8	16	33	24	23	14	3	32	28
29	15	26	23	32	7	23	25	1	22	20	27	8	15	18	30	16	7	15	32	23	22	13	2	31	29
30	14	25	22	31	6	22	24	38	21	19	26	7	14	17	29	15	6	14	31	22	21	12	1	30	30
31	13	24	21	30	5	21	23	37					13	16	28	14					21	11	33	29	31

1924

1924 TAG	JANUAR k	s	g	f	FEBRUAR k	s	g	f	MÄRZ k	s	g	f	APRIL k	s	g	f	MAI k	s	g	f	JUNI k	s	g	f	1924 TAG
1	20	10	32	28	12	7	1	35	6	6	5	6	21	3	7	13	14	1	10	21	6	26	12	28	1
2	19	9	31	27	11	6	33	34	5	5	4	5	20	2	6	12	13	28	9	20	5	25	11	27	2
3	18	8	30	26	10	5	32	33	4	4	3	4	19	1	5	11	12	27	8	19	4	24	10	26	3
4	17	7	29	25	9	4	31	32	3	3	2	3	18	28	4	10	11	26	7	18	3	23	9	25	4
5	16	6	28	24	8	3	30	31	3	2	1	2	17	27	3	9	10	25	6	17	2	22	8	24	5
6	15	5	27	23	7	2	29	30	2	1	33	1	16	26	2	8	9	24	5	16	1	21	7	23	6
7	14	4	26	22	6	1	28	29	1	1	32	38	15	25	1	7	8	23	4	15	23	20	6	22	7
8	13	3	25	21	5	28	27	28	23	28	31	37	14	24	33	6	7	22	3	14	22	19	5	21	8
9	12	2	24	20	4	27	26	27	22	27	30	36	13	23	32	5	6	21	2	13	21	18	4	20	9
10	11	1	23	19	3	26	25	26	21	26	29	35	12	22	31	4	5	20	1	12	20	17	3	19	10
11	10	28	22	18	2	25	24	25	20	25	28	34	11	21	30	3	4	19	33	11	19	16	2	18	11
12	9	27	21	17	1	24	23	24	19	24	27	33	10	20	29	2	3	18	32	10	18	15	1	17	12
13	8	26	20	16	23	23	22	23	18	23	26	32	9	19	28	1	2	17	31	9	17	14	33	16	13
14	7	25	19	15	22	21	21	22	17	22	25	31	8	18	27	38	1	16	30	8	16	13	32	15	14
15	6	24	18	14	21	20	20	21	16	21	24	30	7	17	26	37	23	15	29	7	15	12	31	14	15
16	5	23	17	13	20	19	19	20	15	20	23	29	6	16	25	36	22	14	28	6	14	11	30	13	16
17	4	22	16	12	19	18	18	19	14	19	22	28	5	15	24	35	21	13	27	5	13	10	29	12	17
18	3	21	15	11	18	17	17	18	13	18	21	27	4	14	23	34	20	12	26	4	12	9	28	11	18
19	2	20	14	10	17	17	16	17	12	17	21	26	3	13	22	33	19	11	25	3	11	8	27	10	19
20	1	20	13	9	16	16	16	16	11	16	20	26	2	12	21	32	18	10	24	2	10	7	26	9	20
21	23	18	12	8	15	15	14	15	10	15	19	24	1	11	20	31	17	9	23	1	9	6	25	8	21
22	22	17	11	7	14	14	13	14	9	14	18	23	23	10	19	30	16	8	22	38	8	5	24	7	22
23	21	16	10	6	13	13	12	13	8	13	17	22	22	9	18	29	15	7	21	37	7	4	23	6	23
24	20	15	9	5	12	12	11	12	7	12	16	28	21	8	17	28	14	6	20	36	6	3	22	5	24
25	19	14	8	4	11	11	10	11	6	11	14	29	20	7	16	27	13	5	19	35	5	2	21	4	25
26	18	13	7	3	10	10	9	10	5	9	13	19	19	6	15	26	12	4	18	34	4	1	20	3	26
27	17	12	6	2	9	9	8	9	4	8	12	18	18	5	14	25	11	3	17	33	3	28	19	2	27
28	16	11	5	1	8	8	7	8	3	7	11	17	17	4	13	24	10	2	16	32	2	27	18	1	28
29	15	10	4	38	7	7	6	7	2	6	10	16	16	3	12	23	9	1	15	31	1	26	17	38	29
30	14	9	3	37					1	5	9	15	15	2	11	22	8	28	14	30	23	25	16	37	30
31	13	8	2	36					23	4	8	14					7	27	13	29					31

1924 TAG	JULI k	JULI s	JULI g	JULI f	AUGUST k	AUGUST s	AUGUST g	AUGUST f	SEPTEMBER k	SEPTEMBER s	SEPTEMBER g	SEPTEMBER f	OKTOBER k	OKTOBER s	OKTOBER g	OKTOBER f	NOVEMBER k	NOVEMBER s	NOVEMBER g	NOVEMBER f	DEZEMBER k	DEZEMBER s	DEZEMBER g	DEZEMBER f	1924 TAG
1	22	24	15	36	14	21	17	5	6	18	19	12	22	16	22	20	14	13	24	27	7	11	27	35	1
2	21	23	14	35	13	20	16	4	5	17	18	11	21	15	21	19	13	12	23	26	6	10	26	34	2
3	20	22	13	34	12	19	15	3	4	16	17	10	20	14	20	18	12	11	22	25	5	9	25	33	3
4	19	21	12	33	11	18	14	2	3	15	16	9	19	13	19	17	11	10	21	24	4	8	24	32	4
5	18	20	11	32	10	17	13	1	2	14	15	8	18	12	18	16	10	9	20	23	3	7	23	31	5
6	17	19	10	31	9	16	12	38	1	13	14	7	17	11	17	15	9	8	19	22	2	6	22	30	6
7	16	18	9	30	8	15	11	37	23	12	13	6	16	10	16	14	8	7	18	21	1	5	21	29	7
8	15	17	8	29	7	14	10	36	22	11	12	5	15	9	15	13	7	6	17	20	23	4	20	28	8
9	14	16	7	28	6	13	9	35	21	10	11	4	14	8	14	12	6	5	16	19	22	3	19	27	9
10	13	15	6	27	5	12	8	34	20	9	10	3	13	7	13	11	5	4	15	18	21	2	18	26	10
11	12	14	5	26	4	11	7	33	19	8	9	2	12	6	12	10	4	3	14	17	20	1	17	25	11
12	11	13	4	25	3	10	6	32	18	7	8	1	11	5	11	9	3	2	13	16	19	28	16	24	12
13	10	12	3	24	2	9	5	31	17	6	7	38	10	4	10	8	2	1	12	15	18	27	15	23	13
14	9	11	2	23	1	8	4	30	16	5	6	37	9	3	9	7	1	28	11	14	17	26	14	22	14
15	8	10	1	22	23	7	3	29	15	4	5	36	8	2	8	6	23	27	10	13	16	25	13	21	15
16	7	9	33	21	22	6	2	28	14	3	4	35	7	1	7	5	22	26	9	12	15	24	12	20	16
17	6	8	32	20	21	5	1	27	13	2	3	34	6	28	6	4	21	25	8	11	14	23	11	19	17
18	5	7	31	19	20	4	33	26	12	1	2	33	5	27	5	3	20	24	7	10	13	22	10	18	18
19	4	6	30	18	19	3	32	25	11	28	1	32	4	26	4	2	19	23	6	9	12	21	9	17	19
20	3	5	29	17	18	2	31	24	10	27	33	31	3	25	3	1	18	22	5	8	11	20	8	16	20
21	2	4	28	16	17	1	30	23	9	26	32	30	2	24	2	38	17	21	4	7	10	19	8	15	21
22	1	3	27	15	16	28	29	22	8	25	31	29	1	23	1	37	16	20	3	6	9	18	7	14	22
23	23	2	26	14	15	27	28	21	7	24	30	28	23	22	33	36	15	19	2	5	8	17	6	13	23
24	22	1	25	13	14	26	27	20	6	23	29	27	22	21	32	35	14	18	1	4	7	16	5	12	24
25	21	28	24	12	13	25	26	19	5	22	28	26	21	20	31	34	13	17	33	3	6	15	4	11	25
26	20	27	23	11	12	24	25	18	4	21	27	25	20	19	30	33	12	16	32	2	5	14	3	10	26
27	19	26	22	10	11	23	24	17	3	20	26	24	19	18	29	32	11	15	31	1	4	13	2	9	27
28	18	25	21	9	10	22	23	16	2	19	25	23	18	17	28	31	10	14	30	38	3	12	1	8	28
29	17	24	20	8	9	21	22	15	1	18	24	22	17	16	27	30	9	13	29	37	2	11	33	7	29
30	16	23	19	7	8	20	21	14	23	17	23	21	16	15	26	29	8	12	28	36	1	10	32	6	30
31	15	22	18	6	7	19	20	13					15	14	25	28					23	9	30	5	31

291

1925 TAG	JANUAR k	s	g	f	FEBRUAR k	s	g	f	MÄRZ k	s	g	f	APRIL k	s	g	f	MAI k	s	g	f	JUNI k	s	g	f	1925 TAG
1	22	8	29	4	14	5	31	11	9	5	3	21	1	2	5	28	17	28	8	36	9	25	10	5	1
2	21	7	28	3	13	4	30	10	8	4	2	20	23	1	4	27	16	27	7	35	8	24	9	4	2
3	20	6	27	2	12	3	29	9	7	3	1	19	22	27	3	26	15	26	6	34	7	23	8	3	3
4	19	5	26	1	11	2	28	8	6	2	33	18	21	26	2	25	14	25	5	33	6	22	7	2	4
5	18	4	25	38	10	1	27	7	5	1	32	17	20	25	1	24	13	24	4	32	5	21	6	1	5
6	17	3	24	37	9	28	26	6	4	28	31	16	19	24	33	23	12	23	3	31	4	20	5	38	6
7	16	2	23	36	8	27	25	5	3	27	30	15	18	23	32	22	11	22	2	30	3	19	4	37	7
8	15	1	22	35	7	26	24	4	2	26	29	14	17	22	31	21	10	21	1	29	2	18	3	36	8
9	14	28	21	34	6	25	23	3	1	25	28	13	16	21	30	20	9	20	33	28	1	17	2	35	9
10	13	27	20	33	5	24	22	2	23	24	27	12	15	20	29	19	8	19	32	27	23	16	1	34	10
11	12	26	19	32	4	23	21	1	22	23	26	11	14	19	28	18	7	18	31	26	22	15	33	33	11
12	11	25	18	31	3	22	20	38	21	22	25	10	13	18	27	17	6	17	30	25	21	14	32	32	12
13	10	24	17	30	2	21	19	37	20	21	24	9	12	17	26	16	5	16	29	24	20	13	31	31	13
14	9	23	16	29	1	20	18	36	19	20	23	8	11	16	25	15	4	15	28	23	19	12	30	30	14
15	8	22	15	28	23	19	17	35	18	19	22	7	10	15	24	14	3	14	27	22	18	11	29	29	15
16	7	21	14	27	22	18	16	34	17	18	21	6	9	14	23	13	2	13	26	21	17	10	28	28	16
17	6	20	13	26	21	17	15	33	16	17	20	5	8	13	22	12	1	12	25	20	16	9	27	27	17
18	5	19	12	25	20	16	14	32	15	16	19	4	7	12	21	11	23	11	24	19	15	8	26	26	18
19	4	18	11	24	19	15	13	31	14	15	18	3	6	11	20	10	22	10	23	18	14	7	25	25	19
20	3	17	10	23	18	14	12	30	13	14	17	2	5	10	19	9	21	9	22	17	13	6	24	24	20
21	2	16	9	22	17	13	11	29	12	13	16	1	4	9	18	8	20	8	21	16	12	5	23	23	21
22	1	15	8	21	16	12	10	28	11	12	15	38	3	8	17	7	19	7	20	15	11	4	22	22	22
23	23	14	7	20	15	11	9	27	10	11	14	37	2	7	16	6	18	6	18	14	10	3	21	21	23
24	22	13	6	19	14	10	8	26	9	10	13	36	1	6	15	5	17	5	18	13	9	2	20	20	24
25	21	12	5	18	13	9	7	25	8	9	12	35	23	5	14	4	16	4	17	12	8	1	19	19	25
26	20	11	4	17	12	8	6	24	7	8	11	34	22	4	13	3	15	3	16	11	7	28	18	18	26
27	19	10	3	16	11	7	5	23	6	7	10	33	21	3	12	2	14	2	15	10	6	27	17	17	27
28	18	9	2	15	10	6	4	22	5	6	9	32	20	2	11	1	13	1	14	9	5	26	16	16	28
29	17	8	1	14					4	5	8	31	19	1	10	38	12	28	13	8	4	25	15	15	29
30	16	7	33	13					3	4	7	30	18	26	9	37	11	27	12	7	3	24	14	14	30
31	15	6	32	12					2	3	6	29					10	26	11	6					31

1925 TAG	JULI k	s	g	f	AUGUST k	s	g	f	SEPTEMBER k	s	g	f	OKTOBER k	s	g	f	NOVEMBER k	s	g	f	DEZEMBER k	s	g	f	1925 TAG
1	2	23	13	13	17	20	15	20	9	17	17	27	2	15	20	35	17	12	22	4	10	10	25	12	1
2	1	22	12	12	16	19	14	19	8	16	16	26	1	14	19	34	16	11	21	3	9	9	24	11	2
3	23	21	11	11	15	18	13	18	7	15	15	25	23	13	18	33	15	10	20	2	8	8	23	10	3
4	22	20	10	10	14	17	12	17	6	14	14	24	22	12	17	32	14	9	19	1	7	7	22	9	4
5	21	19	9	9	13	16	11	16	5	13	13	23	21	11	16	31	13	8	18	38	6	6	21	8	5
6	20	18	8	8	12	15	10	15	4	12	12	22	20	10	15	30	12	7	17	37	5	5	20	7	6
7	19	17	7	7	11	14	9	14	3	11	11	21	19	9	14	29	11	6	16	36	4	4	19	6	7
8	18	16	6	6	10	13	8	13	2	10	10	20	18	8	13	28	10	5	15	35	3	3	18	5	8
9	17	15	5	5	9	12	7	12	1	9	9	19	17	7	12	27	9	4	14	34	2	2	17	4	9
10	16	14	4	4	8	11	6	11	23	8	8	18	16	6	11	26	8	3	13	33	1	1	16	3	10
11	15	13	3	3	7	10	5	10	22	7	7	17	15	5	10	25	7	2	12	32	23	28	15	2	11
12	14	12	2	2	6	9	4	9	21	6	6	16	14	4	9	24	6	1	11	31	22	27	14	1	12
13	13	11	1	1	5	8	3	8	20	5	5	15	13	3	8	23	5	28	10	30	21	26	13	38	13
14	12	10	33	38	4	7	2	7	19	4	4	14	12	2	7	22	4	27	9	29	20	25	12	37	14
15	11	9	32	37	3	6	1	6	18	3	3	13	11	1	6	21	3	26	8	28	19	24	11	36	15
16	10	8	31	36	2	5	33	5	17	2	2	12	10	28	5	20	2	25	7	27	18	23	10	35	16
17	9	7	30	35	1	4	32	4	16	1	1	11	9	27	4	19	1	24	6	26	17	22	9	34	17
18	8	6	29	34	23	3	31	3	15	28	33	10	8	26	3	18	23	23	5	25	16	21	8	33	18
19	7	5	28	33	22	2	30	2	14	27	32	9	7	25	2	17	22	22	4	24	15	20	7	32	19
20	6	4	27	32	21	1	29	1	13	26	31	8	6	24	1	16	21	21	3	23	14	19	6	31	20
21	5	3	26	31	20	28	28	38	12	25	30	7	5	23	33	15	20	20	2	22	13	18	5	30	21
22	4	2	25	30	19	27	27	37	11	24	29	6	4	22	32	14	19	19	1	21	12	17	4	29	22
23	3	1	24	29	18	26	26	36	10	23	28	5	3	21	31	13	18	18	33	20	11	16	3	28	23
24	2	28	23	28	17	25	25	35	9	22	27	4	2	20	30	12	17	17	32	19	10	15	2	27	24
25	1	27	22	27	16	24	24	34	8	21	26	3	1	19	29	11	16	16	31	18	9	14	1	26	25
26	23	26	21	26	15	23	23	33	7	20	25	2	23	18	28	10	15	15	30	17	8	13	33	25	26
27	22	25	20	25	14	22	22	32	6	19	24	1	22	17	27	9	14	14	29	16	7	12	32	24	27
28	21	24	19	24	13	21	21	31	5	18	23	38	21	16	26	8	13	13	28	15	6	11	31	23	28
29	20	23	18	23	12	20	20	30	4	17	22	37	20	15	25	7	12	12	27	14	5	10	30	22	29
30	19	22	17	22	11	19	19	29	3	16	21	36	19	14	24	6	11	11	26	13	4	9	29	21	30
31	18	21	16	21	10	18	18	28					18	13	23	5					3	8	28	20	31

293

1926

1926 TAG	JANUAR k	s	g	f	FEBRUAR k	s	g	f	MÄRZ k	s	g	f	APRIL k	s	g	f	MAI k	s	g	f	JUNI k	s	g	f	1926 TAG
1	2	7	27	19	17	4	29	26	12	4	1	36	4	1	3	5	20	27	6	13	12	24	8	28	1
2	1	6	26	18	16	3	28	25	11	3	33	35	3	28	2	4	19	26	5	12	11	23	7	19	2
3	23	5	25	17	15	2	27	24	10	2	32	34	2	27	1	3	18	25	4	11	10	22	6	18	3
4	22	4	24	16	14	1	26	23	9	1	31	33	1	26	33	2	17	24	3	10	9	21	5	17	4
5	21	3	23	15	13	28	25	22	8	28	30	32	23	25	32	1	16	23	2	9	8	20	4	16	5
6	20	2	22	14	12	27	24	21	7	27	29	31	22	24	31	38	15	22	1	8	7	19	3	15	6
7	19	1	21	13	11	26	23	20	6	26	28	30	21	23	30	37	14	21	33	7	6	18	2	14	7
8	18	28	20	12	10	25	22	19	5	25	27	29	20	22	29	36	13	20	32	6	5	17	1	13	8
9	17	27	19	11	9	24	21	18	4	24	26	28	19	21	28	35	12	19	31	5	4	16	33	12	9
10	16	26	18	10	8	23	20	17	3	23	25	27	18	20	27	34	11	18	30	4	3	15	32	11	10
11	15	25	17	9	7	22	19	16	2	22	24	26	17	19	26	33	10	17	29	3	2	14	31	10	11
12	14	24	16	8	6	21	18	15	1	21	23	25	16	18	25	32	9	16	28	2	1	13	30	9	12
13	13	23	15	7	5	20	17	14	23	20	22	24	15	17	24	31	8	15	27	1	23	12	29	8	13
14	12	22	14	6	4	19	16	13	22	19	21	23	14	16	23	30	7	14	26	38	22	11	28	7	14
15	11	21	13	5	3	18	15	12	21	18	20	22	13	15	22	29	6	13	25	37	21	10	27	6	15
16	10	20	12	4	2	17	14	11	20	17	19	21	12	14	21	28	5	12	24	36	20	9	26	5	16
17	9	19	11	3	1	16	13	10	19	16	18	20	11	13	20	27	4	11	23	35	19	8	25	4	17
18	8	18	10	2	23	15	12	9	18	15	17	19	10	12	19	26	3	10	22	34	18	7	24	3	18
19	7	17	9	1	22	14	11	8	17	14	16	18	9	11	18	25	2	9	21	33	17	6	23	2	19
20	6	16	8	38	21	13	10	7	16	13	15	17	8	10	17	24	1	8	20	31	16	5	22	1	20
21	5	15	7	37	20	12	9	6	15	12	14	16	7	9	16	23	23	7	19	31	15	4	21	38	21
22	4	14	6	36	19	11	8	5	14	11	13	15	6	8	15	22	22	6	18	30	14	3	20	37	22
23	3	13	5	35	18	10	7	4	13	10	12	14	5	7	14	21	21	5	17	29	13	2	19	36	23
24	2	12	4	34	17	9	6	3	12	9	11	13	4	6	13	20	20	4	16	28	12	1	18	35	24
25	1	11	3	33	16	8	5	2	11	8	10	12	3	5	12	19	19	3	15	27	11	28	17	34	25
26	23	10	2	32	15	7	4	1	10	7	9	11	2	4	11	18	18	2	14	26	10	27	16	33	26
27	22	9	1	31	14	6	3	38	9	6	8	10	1	3	10	17	17	1	13	25	9	26	15	32	27
28	21	8	33	30	13	5	2	37	8	5	7	9	23	2	9	16	16	28	12	24	8	25	14	31	28
29	20	7	32	29					7	4	6	8	22	1	8	15	15	27	11	23	7	24	13	30	29
30	19	6	31	28					6	3	5	7	21	28	7	14	14	26	10	22	6	23	12	29	30
31	18	5	30	27					5	2	4	6					13	25	9	21					31

1926 TAG	JULI k	s	g	f	AUGUST k	s	g	f	SEPTEMBER k	s	g	f	OKTOBER k	s	g	f	NOVEMBER k	s	g	f	DEZEMBER k	s	g	f	1926 TAG
1	5	22	11	28	20	19	13	35	12	16	15	4	5	14	18	12	20	11	20	19	13	9	23	27	1
2	4	21	10	27	19	18	12	34	11	15	14	3	4	13	17	11	19	10	19	18	12	8	22	26	2
3	3	20	9	26	18	17	11	33	10	14	13	2	3	12	16	10	18	9	18	17	11	7	21	25	3
4	2	19	8	25	17	16	10	32	9	13	12	1	2	11	15	9	17	8	17	16	10	6	20	24	4
5	1	18	7	24	16	15	9	31	8	12	11	38	1	10	14	8	16	7	16	15	9	5	19	23	5
6	23	17	6	23	15	14	8	30	7	11	10	37	23	9	13	7	15	6	15	14	8	4	18	22	6
7	22	16	5	22	14	13	7	29	6	10	9	36	22	8	12	6	14	5	14	13	7	3	17	21	7
8	21	15	4	21	13	12	6	28	5	9	8	35	21	7	11	5	13	4	13	12	6	2	16	20	8
9	20	14	3	20	12	11	5	27	4	8	7	34	20	6	10	4	12	3	12	11	5	1	15	19	9
10	19	13	2	19	11	10	4	26	3	7	6	33	19	5	9	3	11	2	11	10	4	28	14	18	10
11	18	12	1	18	10	9	3	25	2	6	5	32	18	4	8	2	10	1	10	9	3	27	13	17	11
12	17	11	33	17	9	8	2	24	1	5	4	31	17	3	7	1	9	28	9	8	2	26	12	16	12
13	16	10	32	16	8	7	1	23	23	4	3	30	16	2	6	38	8	27	8	7	1	25	11	15	13
14	15	9	31	15	7	6	33	22	22	3	2	29	15	1	5	37	7	26	7	6	23	24	10	14	14
15	14	8	30	14	6	5	32	21	21	2	1	28	14	28	4	36	6	25	6	5	22	23	9	13	15
16	13	7	29	13	5	4	31	20	20	1	33	27	13	27	3	35	5	24	5	4	21	22	8	12	16
17	12	6	28	12	4	3	30	19	19	28	32	26	12	26	2	34	4	23	4	3	20	21	7	11	17
18	11	5	27	11	3	2	29	18	18	27	31	25	11	25	1	33	3	22	3	2	19	20	6	10	18
19	10	4	26	10	2	1	28	17	17	26	30	24	10	24	33	32	2	21	2	1	18	19	5	9	19
20	9	3	25	9	1	28	27	16	16	25	29	22	9	23	32	31	1	20	1	38	17	18	4	8	20
21	8	2	24	8	23	27	26	15	15	24	28	22	8	22	31	30	23	19	33	37	16	17	3	7	21
22	7	1	23	7	22	26	25	14	14	23	27	21	7	21	30	29	22	18	32	36	15	16	2	6	22
23	6	28	22	6	21	25	24	13	13	22	26	20	6	20	29	28	21	17	31	35	14	15	1	5	23
24	5	27	21	5	20	24	23	12	12	21	25	19	5	19	28	27	20	16	30	34	13	14	33	4	24
25	4	26	20	4	19	23	22	11	11	20	24	18	4	18	27	26	19	15	29	33	12	13	32	3	25
26	3	25	19	3	18	22	21	10	10	19	23	17	3	17	26	25	18	14	28	32	11	12	31	2	26
27	2	24	18	2	17	21	20	9	9	18	22	16	2	16	25	24	17	13	27	31	10	11	30	1	27
28	1	23	17	1	16	20	19	8	8	17	21	15	1	15	24	23	16	12	26	30	9	10	29	38	28
29	23	22	16	38	15	19	18	7	7	16	20	14	23	14	23	22	15	11	25	29	8	9	28	37	29
30	22	21	15	37	14	18	17	6	6	15	19	13	22	13	22	21	14	10	24	28	7	8	27	36	30
31	21	20	14	36	13	17	16	5					21	12	21	20					6	7	26	35	31

1927

1927 TAG	JANUAR k	s	g	f	FEBRUAR k	s	g	f	MÄRZ k	s	g	f	APRIL k	s	g	f	MAI k	s	g	f	JUNI k	s	g	f	1927 TAG
1	5	6	25	34	20	3	27	3	15	3	32	13	7	28	1	20	23	26	4	28	15	23	6	35	1
2	4	5	24	33	19	2	26	2	14	2	31	12	6	27	33	19	22	25	3	27	14	22	5	34	2
3	3	4	23	32	18	1	25	1	13	1	30	11	5	26	32	18	21	24	2	26	13	21	4	33	3
4	2	3	22	31	17	28	24	38	12	28	29	10	4	25	31	17	20	23	1	25	12	20	3	32	4
5	1	2	21	30	16	27	23	37	11	27	28	9	3	24	30	16	19	22	33	24	11	19	2	31	5
6	23	1	20	29	15	26	22	36	10	26	27	8	2	23	29	15	18	21	32	23	10	18	1	30	6
7	22	28	19	28	14	25	21	35	9	25	26	7	1	22	28	14	17	20	31	22	9	17	33	29	7
8	21	27	18	27	13	24	20	34	8	24	25	6	23	21	27	13	16	19	30	21	8	16	32	28	8
9	20	26	17	26	12	23	19	33	7	23	24	5	22	20	26	12	15	18	29	20	7	15	31	27	9
10	19	25	16	25	11	22	18	32	6	22	23	4	21	19	25	11	14	17	28	19	6	14	30	26	10
11	18	24	15	24	10	21	17	31	5	21	22	3	20	18	24	10	13	16	27	18	5	13	29	25	11
12	17	23	14	23	9	20	16	30	4	20	21	2	19	17	23	9	12	15	26	17	4	12	28	24	12
13	16	22	13	22	8	19	15	29	3	19	20	1	18	16	22	8	11	14	25	16	3	11	27	23	13
14	15	21	12	21	7	18	14	28	2	18	19	38	17	15	21	7	10	13	24	15	2	10	26	22	14
15	14	20	11	20	6	17	13	27	1	17	18	37	16	14	20	6	9	12	23	14	1	9	25	21	15
16	13	19	10	19	5	16	12	26	23	16	17	36	15	13	19	5	8	11	22	13	23	8	24	20	16
17	12	18	9	18	4	15	11	25	22	15	16	35	14	12	18	4	7	10	21	12	22	7	23	19	17
18	11	17	8	17	3	14	10	24	21	14	15	34	13	11	17	3	6	9	20	11	21	6	22	18	18
19	10	16	7	16	2	13	9	23	20	13	14	33	12	10	16	2	5	8	19	10	20	5	21	17	19
20	9	15	6	15	1	12	8	22	19	12	13	32	11	9	15	1	4	7	18	9	19	4	20	16	20
21	8	14	5	14	23	11	7	21	18	11	12	31	10	8	14	38	3	6	17	8	18	3	19	15	21
22	7	13	4	13	22	10	6	20	17	10	11	30	9	7	13	37	2	5	16	7	17	2	18	14	22
23	6	12	3	12	21	9	5	19	16	9	10	29	8	6	12	36	1	4	15	6	16	1	17	13	23
24	5	11	2	11	20	8	4	18	15	8	9	28	7	5	11	35	23	3	14	5	15	28	16	12	24
25	4	10	1	10	19	7	3	17	14	7	8	27	6	4	10	34	22	2	13	4	14	27	15	11	25
26	3	9	33	9	18	6	2	16	13	6	7	26	5	3	9	33	21	1	12	3	13	26	14	10	26
27	2	8	32	8	17	5	1	15	12	5	6	25	4	2	8	32	20	28	11	2	12	25	13	9	27
28	1	7	31	7	16	4	33	14	11	4	5	24	3	1	7	31	19	27	10	1	11	24	12	8	28
29	23	6	30	6					10	3	4	23	2	28	6	30	18	26	9	38	10	23	11	7	29
30	22	5	29	5					9	2	3	22	1	27	5	29	17	25	8	37	9	22	10	6	30
31	21	4	28	4					8	1	2	21					16	24	7	36					31

1927 TAG	JULI k	s	g	f	AUGUST k	s	g	f	SEPTEMBER k	s	g	f	OKTOBER k	s	g	f	NOVEMBER k	s	g	f	DEZEMBER k	s	g	f	1927 TAG
1	8	21	9	5	23	18	11	12	15	15	13	19	8	13	16	27	23	10	18	34	16	8	21	4	1
2	7	20	8	4	22	17	10	11	14	14	12	18	7	12	15	26	22	9	17	33	15	7	20	3	2
3	6	19	7	3	21	16	9	10	13	13	11	17	6	11	14	25	21	8	16	32	14	6	19	2	3
4	5	18	6	2	20	15	8	9	12	12	10	16	5	10	13	24	20	7	15	31	13	5	18	1	4
5	4	17	5	1	19	14	7	8	11	11	9	15	4	9	12	23	19	6	14	30	12	4	17	38	5
6	3	16	4	38	18	13	6	7	10	10	8	14	3	8	11	22	18	5	13	29	11	3	16	37	6
7	2	15	3	37	17	12	5	6	9	9	7	13	2	7	10	21	17	4	12	28	10	2	15	36	7
8	1	14	2	36	16	11	4	5	8	8	6	12	1	6	9	20	16	3	11	27	9	1	14	35	8
9	23	13	1	35	15	10	3	4	7	7	5	11	23	5	8	19	15	2	10	26	8	28	13	34	9
10	22	12	33	34	14	9	2	3	6	6	4	10	22	4	7	18	14	1	9	25	7	27	12	33	10
11	21	11	32	33	13	8	1	2	5	5	3	9	21	3	6	17	13	28	8	24	6	26	11	32	11
12	20	10	31	32	12	7	33	1	4	4	2	8	20	2	5	16	12	27	7	23	5	25	10	31	12
13	19	9	30	31	11	6	32	38	3	3	1	7	19	1	4	15	11	26	6	22	4	24	9	30	13
14	18	8	29	30	10	5	31	37	2	2	33	6	18	28	3	14	10	25	5	21	3	23	8	29	14
15	17	7	28	29	9	4	30	36	1	1	32	5	17	27	2	13	9	24	4	20	2	22	7	28	15
16	16	6	27	28	8	3	29	35	23	28	31	4	16	26	1	12	8	23	3	19	1	21	6	27	16
17	15	5	26	27	7	2	28	34	22	27	30	3	15	25	33	11	7	22	2	18	23	20	5	26	17
18	14	4	25	26	6	1	27	33	21	26	29	2	14	24	32	10	6	21	1	17	22	19	4	25	18
19	13	3	24	25	5	28	26	32	20	25	28	1	13	23	31	9	5	20	33	16	21	18	3	24	19
20	12	2	23	24	4	27	25	31	19	24	27	38	12	22	30	8	4	19	32	15	20	17	2	23	20
21	11	1	22	23	3	26	24	30	18	23	26	37	11	21	29	7	3	18	31	14	19	16	1	22	21
22	10	28	21	22	2	25	23	29	17	22	25	36	10	20	28	6	2	17	30	13	18	15	33	21	22
23	9	27	20	21	1	24	22	28	16	21	24	35	9	19	27	5	1	16	29	12	17	14	32	20	23
24	8	26	19	20	23	23	21	27	15	20	23	34	8	18	26	4	23	15	28	11	16	13	31	19	24
25	7	25	18	19	22	22	20	26	14	19	22	33	7	17	25	3	22	14	27	10	15	12	30	18	25
26	6	24	17	18	21	21	19	25	13	18	21	32	6	16	24	2	21	13	26	9	14	11	29	17	26
27	5	23	16	17	20	20	18	24	12	17	20	31	5	15	23	1	20	12	25	8	13	10	28	16	27
28	4	22	15	16	19	19	17	23	11	16	19	30	4	14	22	38	19	11	24	7	12	9	27	15	28
29	3	21	14	15	18	18	16	22	10	15	18	29	3	13	21	37	18	10	23	6	11	8	26	14	29
30	2	20	13	14	17	17	15	21	9	14	17	28	2	12	20	36	17	9	22	5	10	7	25	13	30
31	1	19	12	13	16	16	14	20					1	11	19	35					9	6	24	12	31

1928

1928 TAG	JANUAR k	s	g	f	FEBRUAR k	s	g	f	MÄRZ k	s	g	f	APRIL k	s	g	f	MAI k	s	g	f	JUNI k	s	g	f	1928 TAG
1	8	5	23	11	23	2	25	18	17	1	29	27	9	26	31	34	2	24	1	4	17	21	3	11	1
2	7	4	22	10	22	1	24	17	16	28	28	26	8	25	30	33	1	23	33	3	16	20	2	10	2
3	6	3	21	9	21	28	23	16	15	27	27	25	7	24	29	32	23	22	32	2	15	19	1	9	3
4	5	2	20	8	20	27	22	15	14	26	26	24	6	23	28	31	22	21	31	1	14	18	33	8	4
5	4	1	19	7	19	26	21	14	13	25	25	23	5	22	27	30	21	20	30	38	13	17	32	7	5
6	3	28	18	6	18	25	20	13	12	24	24	22	4	21	26	29	20	19	29	37	12	16	31	6	6
7	2	27	17	5	17	24	19	12	11	23	23	21	3	20	25	28	19	18	28	36	11	15	30	5	7
8	1	26	16	4	16	23	18	11	10	22	22	20	2	19	24	27	18	17	27	35	10	14	29	4	8
9	23	25	15	3	15	22	17	10	9	21	21	19	1	18	23	26	17	16	26	34	9	13	28	3	9
10	22	24	14	2	14	21	16	9	8	20	20	18	23	17	22	25	16	15	25	33	8	12	27	2	10
11	21	23	13	1	13	20	15	8	7	19	19	17	22	16	21	24	15	14	24	32	7	11	26	1	11
12	20	22	12	38	12	19	14	7	6	18	18	16	21	15	20	23	14	13	23	31	6	10	25	38	12
13	19	21	11	37	11	18	13	6	5	17	17	15	20	14	19	22	13	12	22	30	5	9	24	37	13
14	18	20	10	36	10	17	12	5	4	16	16	14	19	13	18	21	12	11	21	29	4	8	23	36	14
15	17	19	9	35	9	16	11	4	3	15	15	13	18	12	17	20	11	10	20	28	3	7	22	35	15
16	16	18	8	34	8	15	10	3	2	14	14	12	17	11	16	19	10	9	19	27	2	6	21	34	16
17	15	17	7	33	7	14	9	2	1	13	13	11	16	10	15	18	9	8	18	26	1	5	20	33	17
18	14	16	6	32	6	13	8	1	23	12	12	10	15	9	14	17	8	7	17	25	23	4	19	32	18
19	13	15	5	31	5	12	7	38	22	11	11	9	14	8	13	16	7	6	16	24	22	3	18	31	19
20	12	14	4	30	4	11	6	37	21	10	10	8	13	7	12	15	6	5	15	23	21	2	17	30	20
21	11	13	3	29	3	10	5	36	20	9	9	7	12	6	11	14	5	4	14	22	20	1	16	29	21
22	10	12	2	28	2	9	4	35	19	8	8	6	11	5	10	13	4	3	13	21	19	28	15	28	22
23	9	11	1	27	1	8	3	34	18	7	7	5	10	4	9	12	3	2	12	20	18	27	14	27	23
24	8	10	33	26	23	7	2	33	17	6	6	4	9	3	8	11	2	1	11	19	17	26	13	26	24
25	7	9	32	25	22	6	1	32	16	5	5	3	8	2	7	10	1	28	10	18	16	25	12	25	25
26	6	8	31	24	21	5	33	31	15	4	4	2	7	1	6	9	23	27	9	17	15	24	11	24	26
27	5	7	30	23	20	4	32	30	14	3	3	1	6	28	5	8	22	26	8	16	14	23	10	23	27
28	4	6	29	22	19	3	31	29	13	2	2	38	5	27	4	7	21	25	7	15	13	22	9	22	28
29	3	5	28	21	18	2	30	28	12	1	1	37	4	26	3	6	20	24	6	14	12	21	8	21	29
30	2	4	27	20					11	28	33	36	3	25	2	5	19	23	5	13	11	20	7	20	30
31	1	3	26	19					10	27	32	35					18	22	4	12					31

1928 TAG	JULI k	s	g	f	AUGUST k	s	g	f	SEPTEMBER k	s	g	f	OKTOBER k	s	g	f	NOVEMBER k	s	g	f	DEZEMBER k	s	g	f	1928 TAG
1	10	19	6	19	2	16	8	26	17	13	10	33	10	11	13	3	2	8	15	10	18	6	18	18	1
2	9	18	5	18	1	15	7	25	16	12	9	32	9	10	12	2	1	7	14	9	17	5	17	17	2
3	8	17	4	17	23	14	6	24	15	11	8	31	8	9	11	1	23	6	13	8	16	4	16	16	3
4	7	16	3	16	22	13	5	23	14	10	7	30	7	8	10	38	22	5	12	7	15	3	15	15	4
5	6	15	2	15	21	12	4	22	13	9	6	29	6	7	9	37	21	4	11	6	14	2	14	14	5
6	5	14	1	14	20	11	3	21	12	8	5	28	5	6	8	36	20	3	10	5	13	1	13	13	6
7	4	13	33	13	19	10	2	20	11	7	4	27	4	5	7	35	19	2	9	4	12	28	12	12	7
8	3	12	32	12	18	9	1	19	10	6	3	26	3	4	6	34	18	1	8	3	11	27	11	11	8
9	2	11	31	11	17	8	33	18	9	5	2	25	2	3	5	33	17	28	7	2	10	26	10	10	9
10	1	10	30	10	16	7	32	17	8	4	1	24	1	2	4	32	16	27	6	1	9	25	9	9	10
11	23	9	29	9	15	6	31	16	7	3	33	23	23	1	3	31	15	26	5	38	8	24	8	8	11
12	22	8	28	8	14	5	30	15	6	2	32	22	22	28	2	30	14	25	4	37	7	23	7	7	12
13	21	7	27	7	13	4	29	14	5	1	31	21	21	27	1	29	13	24	3	36	6	22	6	6	13
14	20	6	26	6	12	3	28	13	4	28	30	20	20	26	33	28	12	23	2	35	5	21	5	5	14
15	19	5	25	5	11	2	27	12	3	27	29	19	19	25	32	27	11	22	1	34	4	20	4	4	15
16	18	4	24	4	10	1	26	11	2	26	28	18	18	24	31	26	10	21	33	33	3	19	3	3	16
17	17	3	23	3	9	28	25	10	1	25	27	17	17	23	30	25	9	20	32	32	2	18	2	2	17
18	16	2	22	2	8	27	24	9	23	24	26	16	16	22	29	24	8	19	31	31	1	17	1	1	18
19	15	1	21	1	7	26	23	8	22	23	25	15	15	21	28	23	7	18	30	30	23	16	33	38	19
20	14	28	20	38	6	25	22	7	21	22	24	14	14	20	27	22	6	17	29	29	22	15	32	37	20
21	13	27	19	37	5	24	21	6	20	21	23	13	13	19	26	21	5	16	28	28	21	14	31	36	21
22	12	26	18	36	4	23	20	5	19	20	22	12	12	18	25	20	4	15	27	27	20	13	30	35	22
23	11	25	17	35	3	22	19	4	18	19	21	11	11	17	24	19	3	14	26	26	19	12	29	34	23
24	10	24	16	34	2	21	18	3	17	18	20	10	10	16	23	18	2	13	25	25	18	11	28	33	24
25	9	23	15	33	1	20	17	2	16	17	19	9	9	15	22	17	1	12	24	24	17	10	27	32	25
26	8	22	14	32	23	19	16	1	15	16	18	8	8	14	21	16	23	11	23	23	16	9	26	31	26
27	7	21	13	31	22	18	15	38	14	15	17	7	7	13	20	15	22	10	22	22	15	8	25	30	27
28	6	20	12	30	21	17	14	37	13	14	16	6	6	12	19	14	21	9	21	21	14	7	24	29	28
29	5	19	11	29	20	16	13	36	12	13	15	5	5	11	18	13	20	8	20	20	13	6	23	28	29
30	4	18	10	28	19	15	12	35	11	12	14	4	4	10	17	12	19	7	19	19	12	5	22	27	30
31	3	17	9	27	18	14	11	34					3	9	16	11					11	4	21	26	31

1929

1929 TAG	JANUAR				FEBRUAR				MÄRZ				APRIL				MAI				JUNI				1929 TAG
	k	s	g	f	k	s	g	f	k	s	g	f	k	s	g	f	k	s	g	f	k	s	g	f	
1	10	3	20	25	2	28	22	32	20	28	27	4	12	25	29	11	5	23	32	19	20	20	1	26	1
2	9	2	19	24	1	27	21	31	19	27	26	3	11	24	28	10	4	22	31	18	19	19	33	25	2
3	8	1	18	23	23	26	20	30	18	26	25	2	10	23	27	9	3	21	30	17	18	18	32	24	3
4	7	28	17	22	22	25	19	29	17	25	24	1	9	22	26	8	2	20	29	16	17	17	31	23	4
5	6	27	16	21	21	24	18	28	16	24	23	38	8	21	25	7	1	19	28	15	16	16	30	22	5
6	5	26	15	20	20	23	17	27	15	23	22	37	7	20	24	6	23	18	27	14	15	15	29	21	6
7	4	25	14	19	19	22	16	26	14	22	21	36	6	19	23	5	22	17	26	13	14	14	28	20	7
8	3	24	13	18	18	21	15	25	13	21	20	35	5	18	22	4	21	16	25	12	13	13	27	19	8
9	2	23	12	17	17	20	14	24	12	20	19	34	4	17	21	3	20	15	24	11	12	12	26	18	9
10	1	22	11	16	16	19	13	23	11	19	18	33	3	16	20	2	19	14	23	10	11	11	25	17	10
11	23	21	10	15	15	18	12	22	10	18	17	32	2	15	19	1	18	13	22	9	10	10	24	16	11
12	22	20	9	14	14	17	11	21	9	17	16	31	1	14	18	38	17	12	21	8	9	9	23	15	12
13	21	19	8	13	13	16	10	20	8	16	15	30	23	13	17	37	16	11	20	7	8	8	22	14	13
14	20	18	7	12	12	15	9	19	7	15	14	29	22	12	16	36	15	10	19	6	7	7	21	13	14
15	19	17	6	11	11	14	8	18	6	14	13	28	21	11	15	35	14	9	18	5	6	6	20	12	15
16	18	16	5	10	10	13	7	17	5	13	12	27	20	10	14	34	13	8	17	4	5	5	19	11	16
17	17	15	4	9	9	12	6	16	4	12	11	26	19	9	13	33	12	7	16	3	4	4	18	10	17
18	16	14	3	8	8	11	5	15	3	11	10	25	18	8	12	32	11	6	15	2	3	3	17	9	18
19	15	13	2	7	7	10	4	14	2	10	9	24	17	7	11	31	10	5	14	1	2	2	16	8	19
20	14	12	1	6	6	9	3	13	1	9	8	23	16	6	10	30	9	4	13	38	1	1	15	7	20
21	13	11	33	5	5	8	2	12	23	8	7	22	15	5	9	29	8	3	12	37	23	28	14	6	21
22	12	10	32	4	4	7	1	11	22	7	6	21	14	4	8	28	7	2	11	36	22	27	13	5	22
23	11	9	31	3	3	6	33	10	21	6	5	20	13	3	7	27	6	1	10	35	21	26	12	4	23
24	10	8	30	2	2	5	32	9	20	5	4	19	12	2	6	26	5	28	9	34	20	25	11	3	24
25	9	7	29	1	1	4	31	8	19	4	3	18	11	1	5	25	4	27	8	33	19	24	10	2	25
26	8	6	28	38	23	3	30	7	18	3	2	17	10	28	4	24	3	26	7	32	18	23	9	1	26
27	7	5	27	37	22	2	29	6	17	2	1	16	9	27	3	23	2	25	6	31	17	22	8	38	27
28	6	4	26	36	21	1	28	5	16	1	33	15	8	26	2	22	1	24	5	30	16	21	7	37	28
29	5	3	25	35					15	28	32	14	7	25	1	21	23	23	4	29	15	20	6	36	29
30	4	2	24	34					14	27	31	13	6	24	33	20	22	22	3	28	14	19	5	35	30
31	3	1	23	33					13	26	30	12					21	21	2	27					31

1929 TAG	JULI k	s	g	f	AUGUST k	s	g	f	SEPTEMBER k	s	g	f	OKTOBER k	s	g	f	NOVEMBER k	s	g	f	DEZEMBER k	s	g	f	1929 TAG
1	13	18	4	34	5	15	6	3	20	12	8	10	13	10	11	18	5	7	13	25	21	5	16	33	1
2	12	17	3	33	4	14	5	2	19	11	7	9	12	9	10	17	4	6	12	24	20	4	15	32	2
3	11	16	2	32	3	13	4	1	18	10	6	8	11	8	9	16	3	5	11	23	19	3	14	31	3
4	10	15	1	31	2	12	3	38	17	9	5	7	10	7	8	15	2	4	10	22	18	2	13	30	4
5	9	14	33	30	1	11	2	37	16	8	4	6	9	6	7	14	1	3	9	21	17	1	12	29	5
6	8	13	32	29	23	10	1	36	15	7	3	5	8	5	6	13	23	2	8	20	16	28	11	28	6
7	7	12	31	28	22	9	33	35	14	6	2	4	7	4	5	12	22	1	7	19	15	27	10	27	7
8	6	11	30	27	21	8	32	34	13	5	1	3	6	3	4	11	21	28	6	18	14	26	9	26	8
9	5	10	29	26	20	7	31	33	12	4	33	2	5	2	3	10	20	27	5	17	13	25	8	25	9
10	4	9	28	25	19	6	30	32	11	3	32	1	4	1	2	9	19	26	4	16	12	24	7	24	10
11	3	8	27	24	18	5	29	31	10	2	31	38	3	28	1	8	18	25	3	15	11	23	6	23	11
12	2	7	26	23	17	4	28	30	9	1	30	37	2	27	33	7	17	24	2	14	10	22	5	22	12
13	1	6	25	22	16	3	27	29	8	28	29	36	1	26	32	6	16	23	1	13	9	21	4	21	13
14	23	5	24	21	15	2	26	28	7	27	28	35	23	25	31	5	15	22	33	12	8	20	3	20	14
15	22	4	23	20	14	1	25	27	6	26	27	34	22	24	30	4	14	21	32	11	7	19	2	19	15
16	21	3	22	19	13	28	24	26	5	25	26	33	21	23	29	3	13	20	31	10	6	18	1	18	16
17	20	2	21	18	12	27	23	25	4	24	25	32	20	22	28	2	12	19	30	9	5	17	33	17	17
18	19	1	20	17	11	26	22	24	3	23	24	31	19	21	27	1	11	18	29	8	4	16	32	16	18
19	18	28	19	16	10	25	21	23	2	22	23	30	18	20	26	38	10	17	28	7	3	15	31	15	19
20	17	27	18	15	9	24	20	22	1	21	22	29	17	19	25	37	9	16	27	6	2	14	30	14	20
21	16	26	17	14	8	23	19	21	23	20	21	28	16	18	24	36	8	15	26	5	1	13	29	13	21
22	15	25	16	13	7	22	18	20	22	19	20	27	15	17	23	35	7	14	25	4	23	12	28	12	22
23	14	24	15	12	6	21	17	19	21	18	19	26	14	16	22	34	6	13	24	3	22	11	27	11	23
24	13	23	14	11	5	20	16	18	20	17	18	25	13	15	21	33	5	12	23	2	21	10	26	10	24
25	12	22	13	10	4	19	15	17	19	16	17	24	12	14	20	32	4	11	22	1	20	9	25	9	25
26	11	21	12	9	3	18	14	16	18	15	16	23	11	13	19	31	3	10	21	38	19	8	24	8	26
27	10	20	11	8	2	17	13	15	17	14	15	22	10	12	18	30	2	9	20	37	18	7	23	7	27
28	9	19	10	7	1	16	12	14	16	13	14	21	9	11	17	29	1	8	19	36	17	6	22	6	28
29	8	18	9	6	23	15	11	13	15	12	13	20	8	10	16	28	23	7	18	35	16	5	21	5	29
30	7	17	8	5	22	14	10	12	14	11	12	19	7	9	15	27	22	6	17	34	15	4	20	4	30
31	6	16	7	4	21	13	9	11					6	8	14	26					14	3	19	3	31

1930

1930 TAG	JANUAR k	s	g	f	FEBRUAR k	s	g	f	MÄRZ k	s	g	f	APRIL k	s	g	f	MAI k	s	g	f	JUNI k	s	g	f	1930 TAG
1	13	2	18	2	5	27	20	9	23	27	25	19	15	24	27	26	8	22	30	34	23	19	32	3	1
2	12	1	17	1	4	26	19	8	22	26	24	18	14	23	26	25	7	21	29	33	22	18	31	2	2
3	11	28	16	38	3	25	18	7	21	25	23	17	13	22	25	24	6	20	28	32	21	17	30	1	3
4	10	27	15	37	2	24	17	6	20	24	22	16	12	21	24	23	5	19	27	31	20	16	29	38	4
5	9	26	14	36	1	23	16	5	19	23	21	15	11	20	23	22	4	18	26	30	19	15	28	37	5
6	8	25	13	35	23	22	15	4	18	22	20	14	10	19	22	21	3	17	25	29	18	14	27	36	6
7	7	24	12	34	22	21	14	3	17	21	19	13	9	18	21	20	2	16	24	28	17	13	26	35	7
8	6	23	11	33	21	20	13	2	16	20	18	12	8	17	20	19	1	15	23	27	16	12	25	34	8
9	5	22	10	32	20	19	12	1	15	19	17	11	7	16	19	18	23	14	22	26	15	11	24	33	9
10	4	21	9	31	19	18	11	38	14	18	16	10	6	15	18	17	22	13	21	25	14	10	23	32	10
11	3	20	8	30	18	17	10	37	13	17	15	9	5	14	17	16	21	12	20	24	13	9	22	31	11
12	2	19	7	29	17	16	9	36	12	16	14	8	4	13	16	15	20	11	19	23	12	8	21	30	12
13	1	18	6	28	16	15	8	35	11	15	13	7	3	12	15	14	19	10	18	22	11	7	20	29	13
14	23	17	5	27	15	14	7	34	10	14	12	6	2	11	14	13	18	9	17	21	10	6	19	28	14
15	22	16	4	26	14	13	6	33	9	13	11	5	1	10	13	12	17	8	16	20	9	5	18	27	15
16	21	15	3	25	13	12	5	32	8	12	10	4	23	9	12	11	16	7	15	19	8	4	17	26	16
17	20	14	2	24	12	11	4	31	7	11	9	3	22	8	11	10	15	6	14	18	7	3	16	25	17
18	19	13	1	23	11	10	3	30	6	10	8	2	21	7	10	9	14	5	13	17	6	2	15	24	18
19	18	12	33	22	10	9	2	29	5	9	7	1	20	6	9	8	13	4	12	16	5	1	14	23	19
20	17	11	32	21	9	8	1	28	4	8	6	38	19	5	8	7	12	3	11	15	4	28	13	22	20
21	16	10	31	20	8	7	33	27	3	7	5	37	18	4	7	6	11	2	10	14	3	27	12	21	21
22	15	9	30	19	7	6	32	26	2	6	4	36	17	3	6	5	10	1	9	13	2	26	11	20	22
23	14	8	29	18	6	5	31	25	1	5	3	35	16	2	5	4	9	28	8	12	1	25	10	19	23
24	13	7	28	17	5	4	30	24	23	4	2	34	15	1	4	3	8	27	7	11	23	24	9	18	24
25	12	6	27	16	4	3	29	23	22	3	1	33	14	28	3	2	7	26	6	10	22	23	8	17	25
26	11	5	26	15	3	2	28	22	21	2	33	32	13	27	2	1	6	25	5	9	21	22	7	16	26
27	10	4	25	14	2	1	27	21	20	1	32	31	12	26	1	38	5	24	4	8	20	21	6	15	27
28	9	3	24	13	1	28	26	20	19	28	31	30	11	25	33	37	4	23	3	7	19	20	5	14	28
29	8	2	23	12					18	27	30	29	10	24	32	36	3	22	2	6	18	19	4	13	29
30	7	1	22	11					17	26	29	28	9	23	31	35	2	21	1	5	17	18	3	12	30
31	6	28	21	10					16	25	28	27					1	20	33	4					31

1930 TAG	JULI k	s	g	f	AUGUST k	s	g	f	SEPTEMBER k	s	g	f	OKTOBER k	s	g	f	NOVEMBER k	s	g	f	DEZEMBER k	s	g	f	1930 TAG
1	16	17	2	11	8	14	4	18	23	11	6	25	16	9	9	33	8	6	11	2	1	23	14	10	1
2	15	16	1	10	7	13	3	17	22	10	5	24	15	8	8	32	7	5	10	1	23	22	13	9	2
3	14	15	33	9	6	12	2	16	21	9	4	23	14	7	7	31	6	4	9	38	22	21	12	8	3
4	13	14	32	8	5	11	1	15	20	8	3	22	13	6	6	30	5	3	8	37	21	20	11	7	4
5	12	13	31	8	5	10	33	14	19	7	2	21	12	5	5	29	4	3	8	36	20	19	11	6	5
6	11	12	30	7	4	10	32	13	18	6	1	20	11	4	4	28	4	1	6	35	19	18	10	5	6
7	10	11	29	6	3	9	31	12	17	5	33	19	10	3	3	27	2	28	5	34	18	17	9	4	7
8	9	10	28	5	2	8	30	11	16	4	32	18	9	2	2	26	1	27	4	33	17	16	8	3	8
9	8	9	27	4	1	7	29	10	15	3	31	17	8	1	1	25	23	26	3	32	16	15	7	2	9
10	8	8	26	3	23	6	28	9	14	2	30	16	7	28	33	24	22	25	2	31	15	14	6	1	10
11	7	7	25	2	22	5	27	8	13	1	29	15	6	27	32	23	21	24	1	30	14	13	5	38	11
12	6	6	24	38	21	4	26	7	12	28	28	14	5	26	31	22	20	23	33	29	13	12	4	37	12
13	5	5	23	37	20	3	25	6	11	27	27	13	4	25	30	21	19	22	32	28	12	11	3	36	13
14	4	4	22	36	19	1	24	5	10	26	26	12	3	24	29	20	18	21	31	27	11	10	2	35	14
15	3	3	21	35	18	28	23	4	9	25	25	11	2	23	28	19	17	20	30	26	10	9	1	34	15
16	2	2	20	34	17	27	22	3	8	24	24	10	1	22	27	18	16	19	29	25	9	8	33	33	16
17	1	1	19	33	16	26	21	2	7	23	23	9	23	21	26	17	15	18	28	24	8	7	32	32	17
18	23	28	18	32	15	25	20	1	6	22	22	8	22	20	25	16	14	17	27	23	7	6	31	31	18
19	22	27	17	31	14	24	19	37	5	21	21	7	21	19	24	15	13	16	26	22	6	5	30	30	19
20	21	26	16	30	13	23	18	36	4	20	20	6	20	18	23	14	12	15	25	21	5	4	29	29	20
21	20	25	15	29	12	22	17	35	3	19	19	5	19	17	22	13	11	14	24	20	4	3	28	28	21
22	19	24	14	28	11	21	16	34	2	18	18	4	18	16	21	12	10	13	23	19	3	2	27	27	22
23	18	23	13	27	10	20	15	33	1	17	17	3	17	15	20	11	9	12	22	18	2	1	26	26	23
24	17	22	12	26	9	19	14	32	23	16	16	2	16	14	19	10	8	11	21	17	1	28	25	25	24
25	16	21	11	25	8	18	13	31	22	15	15	1	15	13	18	9	7	10	20	16	23	27	24	24	25
26	15	20	10	24	7	17	12	30	21	14	14	38	14	12	17	9	6	9	19	15	22	26	23	23	26
27	14	19	9	23	6	16	11	29	20	13	13	37	13	11	16	8	5	8	18	14	21	25	22	22	27
28	13	18	8	22	5	15	10	28	19	12	12	36	12	10	15	7	4	7	17	13	20	24	21	21	28
29	12	17	7	21	4	14	9	27	18	11	11	35	11	9	14	6	3	6	16	12	19	23	20	20	29
30	11	16	6	20	3	13	8	27	17	10	10	34	10	8	13	5	2	5	15	11	18	22	19	19	30
31	10	15	5	19	1	12	7	26					9	7	12	3					17	21	18	18	31

1931

1931 TAG	JANUAR k	s	g	f	FEBRUAR k	s	g	f	MÄRZ k	s	g	f	APRIL k	s	g	f	MAI k	s	g	f	JUNI k	s	g	f	1931 TAG
1	16	1	16	17	8	26	18	24	3	26	23	34	18	23	25	3	11	21	28	11	3	18	30	18	1
2	15	28	15	16	7	25	17	23	2	25	22	33	17	22	24	2	10	20	27	10	2	17	29	17	2
3	14	27	14	15	6	24	16	22	1	24	21	32	16	21	23	1	9	19	26	9	1	16	28	16	3
4	13	26	13	14	5	23	15	21	23	23	20	31	15	20	22	38	8	18	25	8	23	15	27	15	4
5	12	25	12	13	4	22	14	20	22	22	19	30	14	19	21	37	7	17	24	7	22	14	26	14	5
6	11	24	11	12	3	21	13	19	21	21	18	29	13	18	20	36	6	16	23	6	21	13	25	13	6
7	10	23	10	11	2	20	12	18	20	20	17	28	12	17	19	35	5	15	22	5	20	12	24	12	7
8	9	22	9	10	1	19	11	17	19	19	16	27	11	16	18	34	4	14	21	4	19	11	23	11	8
9	8	21	8	9	23	18	10	16	18	18	15	26	10	15	17	33	3	13	20	3	18	10	22	10	9
10	7	20	7	8	22	17	9	15	17	17	14	25	9	14	16	32	2	12	19	2	17	9	21	9	10
11	6	19	6	7	21	16	8	14	16	16	13	24	8	13	15	31	1	11	18	1	16	8	20	8	11
12	5	18	5	6	20	15	7	13	15	15	12	23	7	12	14	30	23	10	17	38	15	7	19	7	12
13	4	17	4	5	19	14	6	12	14	14	11	22	6	11	13	29	22	9	16	37	14	6	18	6	13
14	3	16	3	4	18	13	5	11	13	13	10	21	5	10	12	28	21	8	15	36	13	5	17	5	14
15	2	15	2	3	17	12	4	10	12	12	9	20	4	9	11	27	20	7	14	35	12	4	16	4	15
16	1	14	1	2	16	11	3	9	11	11	8	19	3	8	10	26	19	6	13	34	11	3	15	3	16
17	23	13	33	1	15	10	2	8	10	10	7	18	2	7	9	25	18	5	12	33	10	2	14	2	17
18	22	12	32	38	14	9	1	7	9	9	6	17	1	6	8	24	17	4	11	32	9	1	13	1	18
19	21	11	31	37	13	8	33	6	8	8	5	16	23	5	7	23	16	3	10	31	8	28	12	38	19
20	20	10	30	36	12	7	32	5	7	7	4	15	22	4	6	22	15	2	9	30	7	27	11	37	20
21	19	9	29	35	11	6	31	4	6	6	3	14	21	3	5	21	14	1	8	29	6	26	10	36	21
22	18	8	28	34	10	5	30	3	5	5	2	13	20	2	4	19	13	28	7	28	5	25	9	35	22
23	17	7	27	33	9	4	29	2	4	4	33	12	19	1	3	19	12	27	6	27	4	24	8	34	23
24	16	6	26	32	8	3	28	1	3	3	32	11	18	28	2	18	11	26	5	26	3	23	7	33	24
25	15	5	25	31	7	2	27	38	2	2	31	10	17	27	1	17	10	25	4	25	2	22	6	32	25
26	14	4	24	30	6	1	26	37	1	1	31	9	16	26	33	16	9	24	3	24	1	21	5	31	26
27	13	3	23	29	5	28	25	36	23	23	30	8	15	25	32	15	8	23	2	23	23	20	4	30	27
28	12	2	22	28	4	27	24	35	22	27	29	7	14	24	31	14	7	22	1	22	22	19	3	29	28
29	11	1	21	27					21	26	28	6	13	23	30	13	6	21	33	21	21	18	2	28	29
30	10	28	20	26					20	25	27	5	12	22	29	12	5	20	32	20	20	17	1	27	30
31	9	27	19	25					19	24	26	4					4	19	31	19					31

304

1931 TAG	JULI k	s	g	f	AUGUST k	s	g	f	SEPTEMBER k	s	g	f	OKTOBER k	s	g	f	NOVEMBER k	s	g	f	DEZEMBER k	s	g	f	1931 TAG
1	19	16	33	26	11	13	2	33	3	10	4	2	19	8	7	10	11	5	9	17	4	3	12	25	1
2	18	15	32	25	10	12	1	32	2	9	3	1	18	7	6	9	10	4	8	16	3	2	11	24	2
3	17	14	31	24	9	11	33	31	1	8	2	38	17	6	5	8	9	3	7	15	2	1	10	23	3
4	16	13	30	23	8	10	32	30	23	7	1	37	16	5	4	7	8	2	6	14	23	28	9	22	4
5	15	12	29	22	7	9	31	29	22	6	33	36	15	4	3	6	7	1	5	13	22	27	8	21	5
6	14	11	28	21	6	8	30	28	21	5	32	35	14	3	2	5	6	28	4	12	21	25	7	20	6
7	13	10	27	20	5	7	29	27	20	4	31	34	13	2	1	4	5	27	3	11	20	24	6	19	7
8	12	9	26	19	4	6	28	26	19	3	30	33	12	1	33	3	4	26	2	10	19	23	5	18	8
9	11	8	25	18	3	5	27	25	18	2	29	32	11	28	32	2	3	25	1	9	18	22	4	17	9
10	10	7	24	17	2	4	26	24	17	1	28	31	10	27	31	1	2	24	33	8	17	21	3	16	10
11	9	6	23	16	1	3	25	23	16	28	27	30	9	26	30	38	1	23	32	7	16	20	2	15	11
12	8	5	22	15	23	2	24	22	15	27	26	29	8	25	29	37	23	22	31	6	15	19	1	14	12
13	7	4	21	14	22	1	23	21	14	26	25	28	7	24	28	36	22	21	30	5	14	18	33	13	13
14	6	3	20	13	21	28	22	20	13	25	24	27	6	23	27	35	21	20	29	4	13	17	32	12	14
15	5	2	19	12	20	27	21	19	12	24	23	26	5	22	26	34	20	19	28	3	12	16	31	11	15
16	4	1	18	11	19	26	20	18	11	23	22	25	4	21	25	33	19	18	27	2	11	15	30	10	16
17	3	28	17	10	18	25	19	17	10	22	21	24	3	20	24	32	18	17	26	1	10	14	29	9	17
18	2	27	16	9	17	24	18	16	9	21	20	23	2	19	23	31	17	16	25	38	9	13	28	8	18
19	1	26	15	8	16	23	17	15	8	20	19	22	1	18	22	30	16	15	24	37	8	12	27	7	19
20	23	25	14	7	15	22	16	14	7	19	18	21	23	17	21	29	15	14	23	36	7	11	26	6	20
21	22	23	13	6	14	21	15	13	6	18	17	20	22	16	20	28	14	13	22	35	6	10	25	5	21
22	21	23	12	5	13	20	14	12	5	17	16	19	21	15	19	27	13	12	21	34	5	9	24	4	22
23	20	22	11	4	12	19	13	11	4	16	15	18	20	14	18	26	12	11	20	33	4	8	23	3	23
24	19	21	10	3	11	18	12	10	3	15	14	17	19	13	17	25	11	10	19	32	3	7	22	2	24
25	18	20	9	2	10	17	11	9	2	14	13	16	18	12	16	24	10	9	18	31	2	6	21	1	25
26	17	19	8	1	9	16	10	8	1	13	12	15	17	11	15	23	9	8	17	30	1	5	20	38	26
27	16	18	7	38	8	15	9	7	23	12	11	14	16	10	14	22	8	7	16	29	23	4	19	37	27
28	15	17	6	37	7	14	8	6	22	11	10	13	15	9	13	21	7	6	15	28	22	3	18	36	28
29	14	16	5	36	6	13	7	5	21	10	9	12	14	8	12	20	6	5	14	27	21	2	17	35	29
30	13	15	4	35	5	12	6	4	20	9	8	11	13	7	11	19	5	4	13	26	20	1	16	34	30
31	12	14	3	34	4	11	5	3					12	6	10	18							15	33	31

1932

1932 TAG	JANUAR k	s	g	f	FEBRUAR k	s	g	f	MÄRZ k	s	g	f	APRIL k	s	g	f	MAI k	s	g	f	JUNI k	s	g	f	1932 TAG
1	19	28	14	32	11	25	16	1	5	24	20	10	20	21	22	17	13	19	25	25	5	16	27	32	1
2	18	27	13	31	10	24	15	38	4	23	19	9	19	20	21	16	12	18	24	24	4	15	26	31	2
3	17	26	12	30	9	23	14	37	3	22	18	8	18	19	20	15	11	17	23	23	3	14	25	30	3
4	16	25	11	29	8	22	13	36	2	21	17	7	17	18	19	14	10	16	22	22	2	13	24	29	4
5	15	24	10	28	7	21	12	35	1	20	16	6	16	17	18	13	9	15	21	21	1	12	23	28	5
6	14	23	9	27	6	20	11	34	23	19	15	5	15	16	17	12	8	14	20	20	23	11	22	27	6
7	13	22	8	26	5	19	10	33	22	18	14	4	14	15	16	11	7	13	19	19	22	10	21	26	7
8	12	21	7	25	4	18	9	32	21	17	13	3	13	14	15	10	6	12	18	18	21	9	20	25	8
9	11	20	6	24	3	17	8	31	20	16	12	2	12	13	14	9	5	11	17	17	20	8	19	24	9
10	10	19	5	23	2	16	7	30	19	15	11	1	11	12	13	8	4	10	16	16	19	7	18	23	10
11	9	18	4	22	1	15	6	29	18	14	10	38	10	11	12	7	3	9	15	15	18	6	17	22	11
12	8	17	3	21	23	14	5	28	17	13	9	37	9	10	11	6	2	8	14	14	17	5	16	21	12
13	7	16	2	20	22	13	4	27	16	12	8	36	8	9	10	5	1	7	13	13	16	4	15	20	13
14	6	15	1	19	21	12	3	26	15	11	7	35	7	8	9	4	23	6	12	12	15	3	14	19	14
15	5	14	33	18	20	11	2	25	14	10	6	34	6	7	8	3	22	5	11	11	14	2	13	18	15
16	4	13	32	17	19	10	1	24	13	9	5	33	5	6	7	2	21	4	10	10	13	1	12	17	16
17	3	12	31	16	18	9	33	23	12	8	4	32	4	5	6	1	20	3	9	9	12	28	11	16	17
18	2	11	30	15	17	8	32	22	11	7	3	31	3	4	5	38	19	2	8	8	11	27	10	15	18
19	1	10	29	14	16	7	31	21	10	6	2	30	2	3	4	37	18	1	7	7	10	26	9	14	19
20	23	9	28	13	15	6	30	20	9	5	1	29	1	2	3	36	17	28	6	6	9	25	8	13	20
21	22	8	27	12	14	5	29	19	8	4	33	28	23	1	2	35	16	27	5	5	8	24	7	12	21
22	21	7	26	11	13	4	28	18	7	3	32	27	22	28	1	34	15	26	4	4	7	23	6	11	22
23	20	6	25	10	12	3	27	17	6	2	31	26	21	27	33	33	14	25	3	3	6	22	5	10	23
24	19	5	24	9	11	2	26	16	5	1	30	25	20	26	32	32	13	24	2	2	5	21	4	9	24
25	18	4	23	8	10	1	25	15	4	28	29	24	19	25	31	31	12	23	1	1	4	20	3	8	25
26	17	3	22	7	9	28	24	14	3	27	28	23	18	24	30	30	11	22	33	38	3	19	2	7	26
27	16	2	21	6	8	27	23	13	2	26	27	22	17	23	29	29	10	21	32	37	2	18	1	6	27
28	15	1	20	5	7	26	22	12	1	25	26	21	16	22	28	28	9	20	31	36	1	17	33	5	28
29	14	28	19	4	6	25	21	11	23	24	25	20	15	21	27	27	8	19	30	35	23	16	32	4	29
30	13	27	18	3					22	23	24	19	14	20	26	26	7	18	29	34	22	15	31	3	30
31	12	26	17	2					21	22	23	18					6	17	28	33					31

1932 TAG	JULI k	s	g	f	AUGUST k	s	g	f	SEPTEMBER k	s	g	f	OKTOBER k	s	g	f	NOVEMBER k	s	g	f	DEZEMBER k	s	g	f	1932 TAG
1	21	14	30	2	13	11	32	9	5	8	8	16	21	6	4	24	13	3	6	31	6	1	9	1	1
2	20	13	29	1	12	10	31	8	4	7	33	15	20	5	3	23	12	2	5	30	5	28	8	38	2
3	19	12	28	38	11	9	30	7	3	6	32	14	19	4	2	22	11	1	4	29	4	27	7	37	3
4	18	11	27	37	10	8	29	6	2	5	31	13	18	3	1	21	10	28	3	28	3	26	6	36	4
5	17	10	26	36	9	7	28	5	1	4	30	12	17	2	33	20	9	27	2	27	2	25	5	35	5
6	16	9	25	35	8	6	27	4	23	3	29	11	16	1	32	19	8	26	1	26	1	24	4	34	6
7	15	8	24	34	7	5	26	3	22	2	28	10	15	28	31	18	7	25	33	25	23	23	3	33	7
8	14	7	23	33	6	4	25	2	21	1	27	9	14	27	30	17	6	24	32	24	22	22	2	32	8
9	13	6	22	32	5	3	24	1	20	28	26	8	13	26	29	16	5	23	31	23	21	21	1	31	9
10	12	5	21	31	4	2	23	38	19	27	25	7	12	25	28	15	4	22	30	22	20	20	33	30	10
11	11	4	20	30	3	1	22	37	18	26	24	6	11	24	27	14	3	21	29	21	19	19	32	29	11
12	10	3	19	29	2	28	21	36	17	25	23	5	10	23	26	13	2	20	28	20	18	18	31	28	12
13	9	2	18	28	1	27	20	35	16	24	22	4	9	22	25	12	1	19	27	19	17	17	30	27	13
14	8	1	17	27	23	26	19	34	15	23	21	3	8	21	24	11	23	18	26	18	16	15	29	26	14
15	7	28	16	26	22	25	18	33	14	22	20	2	7	20	23	10	22	17	25	17	15	14	28	25	15
16	6	27	15	25	21	24	17	32	13	21	19	1	6	19	22	9	21	16	24	16	14	14	27	24	16
17	5	26	14	24	20	23	16	31	12	20	18	38	5	18	21	8	20	15	23	15	13	13	26	23	17
18	4	25	13	23	19	22	15	30	11	19	17	37	4	17	20	7	19	14	22	14	12	12	25	22	18
19	3	24	12	22	18	21	14	29	10	18	16	36	3	16	19	6	18	13	21	13	11	11	24	21	19
20	2	23	11	21	17	20	13	28	9	17	15	35	2	15	18	5	17	12	20	12	10	10	23	20	20
21	1	22	10	20	16	19	12	27	8	16	14	34	1	14	17	4	16	11	19	11	9	9	22	19	21
22	23	21	9	19	15	18	11	26	7	15	13	33	23	13	16	3	15	10	18	10	8	8	21	18	22
23	22	20	8	18	14	17	10	25	6	14	12	32	22	12	15	2	14	9	17	9	7	7	20	17	23
24	21	19	7	17	13	16	9	24	5	13	11	31	21	11	14	1	13	8	16	8	6	6	19	16	24
25	20	18	6	16	12	15	8	23	4	12	10	30	20	10	13	38	12	7	15	7	5	5	18	15	25
26	19	18	5	15	11	14	7	22	3	11	9	29	19	9	12	37	11	6	14	6	4	4	17	14	26
27	18	17	4	14	10	13	6	21	2	10	8	28	18	8	11	36	10	5	13	5	3	3	16	13	27
28	17	16	3	13	9	12	5	20	1	9	7	27	17	7	10	35	9	4	12	4	2	2	15	12	28
29	16	15	2	12	8	11	4	19	23	8	6	26	16	6	9	34	8	3	11	3	1	1	14	11	29
30	15	14	1	11	7	10	3	18	22	7	5	25	15	5	8	33	7	2	10	2	23	28	13	10	30
31	14	12	33	10	6	9	2	17					14	4	7	32					22	27	12	9	31

1933

1933 TAG	JANUAR k	s	g	f	FEBRUAR k	s	g	f	MÄRZ k	s	g	f	APRIL k	s	g	f	MAI k	s	g	f	JUNI k	s	g	f	1933 TAG
1	21	26	11	8	13	23	13	15	8	23	18	25	23	20	20	32	16	18	23	2	8	15	25	9	1
2	20	25	10	7	12	22	12	14	7	22	17	24	22	19	19	31	15	17	22	1	7	14	24	8	2
3	19	24	9	6	11	21	11	13	6	21	16	23	21	18	18	30	14	16	21	38	6	13	23	7	3
4	18	23	8	5	10	20	10	12	5	20	15	22	20	17	17	29	13	15	20	37	5	12	22	6	4
5	17	22	7	4	9	19	9	11	4	19	14	21	19	16	16	28	12	14	19	36	4	11	21	5	5
6	16	21	6	3	8	18	8	10	3	18	13	20	18	15	15	27	11	13	18	35	3	10	20	4	6
7	15	20	5	2	7	17	7	9	2	17	12	19	17	14	14	26	10	12	17	34	2	9	19	3	7
8	14	19	4	1	6	16	6	8	1	16	11	18	16	13	13	25	9	11	16	33	1	8	18	2	8
9	13	18	3	38	5	15	5	7	23	15	10	17	15	12	12	24	8	10	15	32	23	7	17	1	9
10	12	17	2	37	4	14	4	6	22	14	9	16	14	11	11	23	7	9	14	31	22	6	16	38	10
11	11	16	1	36	3	13	3	5	21	13	8	15	13	10	10	22	6	8	13	30	21	5	15	37	11
12	10	15	33	35	2	12	2	4	20	12	7	14	12	9	9	21	5	7	12	29	20	4	14	36	12
13	9	14	32	34	1	11	1	3	19	11	6	13	11	8	8	20	4	6	11	28	19	3	13	35	13
14	8	13	31	33	23	10	33	2	18	10	5	12	10	7	7	19	3	5	10	27	18	2	12	34	14
15	7	12	30	32	22	9	32	1	17	9	4	11	9	6	6	18	2	4	9	26	17	1	11	33	15
16	6	11	29	31	21	8	31	38	16	8	3	10	8	5	5	17	1	3	8	25	16	28	10	32	16
17	5	10	28	30	20	7	30	37	15	7	2	9	7	4	4	16	23	2	7	24	15	27	9	31	17
18	4	9	27	29	19	6	29	36	14	6	1	8	6	3	3	15	22	1	6	23	14	26	8	30	18
19	3	8	26	28	18	5	28	35	13	5	33	7	5	2	2	14	21	28	5	22	13	25	7	29	19
20	2	7	25	27	17	4	27	34	12	4	32	6	4	1	1	13	20	27	4	21	12	24	6	28	20
21	1	6	24	26	16	3	26	33	11	3	31	5	3	28	33	12	19	26	3	20	11	23	5	27	21
22	23	5	23	25	15	2	25	32	10	2	30	4	2	27	32	11	18	25	2	19	10	22	4	26	22
23	22	4	22	24	14	1	24	31	9	1	29	3	1	26	31	10	17	24	1	18	9	21	3	25	23
24	21	3	21	23	13	28	23	30	8	28	28	2	23	25	30	9	16	23	33	17	8	20	2	24	24
25	20	2	20	22	12	27	22	29	7	27	27	1	22	24	29	8	15	22	32	16	7	19	1	23	25
26	19	1	19	21	11	26	21	28	6	26	26	38	21	23	28	7	14	21	31	15	6	18	33	22	26
27	18	28	18	20	10	25	20	27	5	25	25	37	20	22	27	6	13	20	30	14	5	17	32	21	27
28	17	27	17	19	9	24	19	26	4	24	24	36	19	21	26	5	12	19	29	13	4	16	31	20	28
29	16	26	16	18					3	23	23	35	18	20	25	4	11	18	28	12	3	15	30	19	29
30	15	25	15	17					2	22	22	34	17	19	24	3	10	17	27	11	2	14	29	18	30
31	14	24	14	16					1	21	21	33					9	16	26	10					31

1933 TAG	JULI k	s	g	f	AUGUST k	s	g	f	SEPTEMBER k	s	g	f	OKTOBER k	s	g	f	NOVEMBER k	s	g	f	DEZEMBER k	s	g	f	1933 TAG
1	1	13	28	17	16	10	30	24	8	7	32	31	1	5	2	1	16	2	4	8	9	28	7	16	1
2	23	12	27	16	15	9	29	23	7	6	31	30	23	4	1	38	15	1	3	7	8	27	6	15	2
3	22	11	26	15	14	8	28	22	6	5	30	29	22	3	33	37	14	28	2	6	7	26	5	14	3
4	21	10	25	14	13	7	27	21	5	4	29	28	21	2	32	36	13	27	1	5	6	25	4	13	4
5	20	9	24	13	12	6	26	20	4	3	28	27	20	1	31	35	12	26	33	4	5	24	3	12	5
6	19	8	23	12	11	5	25	19	3	2	27	26	19	28	30	34	11	25	32	3	4	23	2	11	6
7	18	7	22	11	10	4	24	18	2	1	26	25	18	27	29	33	10	24	31	2	3	22	1	10	7
8	17	6	21	10	9	3	23	17	1	28	25	24	17	26	28	32	9	23	30	1	2	21	33	9	8
9	16	5	20	9	8	2	22	16	23	27	24	23	16	25	27	31	8	22	29	38	1	20	32	8	9
10	15	4	19	8	7	1	21	15	22	26	23	22	15	24	26	30	7	21	28	37	23	19	31	7	10
11	14	3	18	7	6	28	20	14	21	25	22	21	14	23	25	29	6	20	27	36	22	18	30	6	11
12	13	2	17	6	5	27	19	13	20	24	21	20	13	22	24	28	5	19	26	35	21	17	29	5	12
13	12	1	16	5	4	26	18	12	19	23	20	19	12	21	23	27	4	18	25	34	20	16	28	4	13
14	11	28	15	4	3	25	17	11	18	22	19	18	11	20	22	26	3	17	24	33	19	15	27	3	14
15	10	27	14	3	2	24	16	10	17	21	18	17	10	19	21	25	2	16	23	32	18	14	26	2	15
16	9	26	13	2	1	23	15	9	16	20	17	16	9	18	20	24	1	15	22	31	17	13	25	1	16
17	8	25	12	1	23	22	14	8	15	19	16	15	8	17	19	23	23	14	21	30	16	12	24	38	17
18	7	24	11	38	22	21	13	7	14	18	15	14	7	16	18	22	22	13	20	29	15	11	23	37	18
19	6	23	10	37	21	20	12	6	13	17	14	13	6	15	17	21	21	12	19	28	14	10	22	36	19
20	5	22	9	36	20	19	11	5	12	16	13	12	5	14	16	20	20	11	18	27	13	9	21	35	20
21	4	21	8	35	19	18	10	4	11	15	12	11	4	13	15	19	19	10	17	26	12	8	20	34	21
22	3	20	7	34	18	17	9	3	10	14	11	10	3	12	14	18	18	9	16	25	11	7	19	33	22
23	2	19	6	33	17	16	8	2	9	13	10	9	2	11	13	17	17	8	15	24	10	6	18	32	23
24	1	18	5	32	16	15	7	1	8	12	9	8	1	10	12	16	16	7	14	23	9	5	17	31	24
25	23	17	4	31	15	14	6	38	7	11	8	7	23	9	11	15	15	6	13	22	8	4	16	30	25
26	22	16	3	30	14	13	5	37	6	10	7	6	22	8	10	14	14	5	12	21	7	3	15	29	26
27	21	15	2	29	13	12	4	36	5	9	6	5	21	7	9	13	13	4	11	20	6	2	14	28	27
28	20	14	1	28	12	11	3	35	4	8	5	4	20	6	8	12	12	3	10	19	5	1	13	27	28
29	19	13	33	27	11	10	2	34	3	7	4	3	19	5	7	11	11	2	9	18	4	28	12	26	29
30	18	12	32	26	10	9	1	33	2	6	3	2	18	4	6	10	10	1	8	17	3	27	11	25	30
31	17	11	31	25	9	8	33	32					17	3	5	9					2	26	10	24	31

1934 TAG	JANUAR k	s	g	f	FEBRUAR k	s	g	f	MÄRZ k	s	g	f	APRIL k	s	g	f	MAI k	s	g	f	JUNI k	s	g	f	1934 TAG
1	1	25	9	23	16	22	11	30	11	22	16	2	3	19	18	9	19	17	21	17	11	14	23	24	1
2	23	24	8	22	15	21	10	29	10	21	15	1	2	18	17	8	18	16	20	16	10	13	22	23	2
3	22	23	7	21	14	20	9	28	9	20	14	38	1	17	16	7	17	15	19	15	9	12	21	22	3
4	21	22	6	20	13	19	8	27	8	19	13	37	23	16	15	6	16	14	18	14	8	11	20	21	4
5	20	21	5	19	12	18	7	26	7	18	12	36	22	15	14	5	15	13	17	13	7	10	19	20	5
6	19	20	4	18	11	17	6	25	6	17	11	35	21	14	13	4	14	12	16	12	6	9	18	19	6
7	18	19	3	17	10	16	5	24	5	16	10	34	20	13	12	3	13	11	15	11	5	8	17	18	7
8	17	18	2	16	9	15	4	23	4	15	9	33	19	12	11	2	12	10	14	10	4	7	16	17	8
9	16	17	1	15	8	14	3	22	3	14	8	32	18	11	10	1	11	9	13	9	3	6	15	16	9
10	15	16	33	14	7	13	2	21	2	13	7	31	17	10	9	38	10	8	12	8	2	5	14	15	10
11	14	15	32	13	6	12	1	20	1	12	6	30	16	9	8	37	9	7	11	7	1	4	13	14	11
12	13	14	31	12	5	11	33	19	23	11	5	29	15	8	7	36	8	6	10	6	23	3	12	13	12
13	12	13	30	11	4	10	32	18	22	10	4	28	14	7	6	35	7	5	9	5	22	2	11	12	13
14	11	12	29	10	3	9	31	17	21	9	3	27	13	6	5	34	6	4	8	4	21	1	10	11	14
15	10	11	28	9	2	8	30	16	20	8	2	26	12	5	4	33	5	3	7	3	20	28	9	10	15
16	9	10	27	8	1	7	29	15	19	7	1	25	11	4	3	32	4	2	6	2	19	27	8	9	16
17	8	9	26	7	23	6	28	14	18	6	33	24	10	3	2	31	3	1	5	1	18	26	7	8	17
18	7	8	25	6	22	5	27	13	17	5	32	23	9	2	1	30	2	28	4	38	17	25	6	7	18
19	6	7	24	5	21	4	26	12	16	4	31	22	8	1	33	29	1	27	3	37	16	24	5	6	19
20	5	6	23	4	20	3	25	11	15	3	30	21	7	28	32	28	23	26	2	36	15	23	4	5	20
21	4	5	22	3	19	2	24	10	14	2	29	20	6	27	31	27	22	25	1	35	14	22	3	4	21
22	3	4	21	2	18	1	23	9	13	1	28	19	5	26	30	26	21	24	33	34	13	21	2	3	22
23	2	3	20	1	17	28	22	8	12	28	27	18	4	25	29	25	20	23	32	33	12	20	1	2	23
24	23	2	19	38	16	27	21	7	11	27	26	17	3	24	28	24	19	22	31	32	11	19	33	1	24
25	22	1	18	37	15	26	20	6	10	26	25	16	2	23	27	23	18	21	30	31	10	18	32	38	25
26	21	28	17	36	14	25	19	5	9	25	24	15	1	22	26	22	17	20	29	30	9	17	31	37	26
27	20	27	16	35	13	24	18	4	8	24	23	14	23	21	25	21	16	19	28	29	8	16	30	36	27
28	19	26	15	34	12	23	17	3	7	23	22	13	22	20	24	20	15	18	27	28	7	15	29	35	28
29	18	25	14	33					6	22	21	12	21	19	23	19	14	17	26	27	6	14	28	34	29
30	18	24	13	32					5	21	20	11	20	18	22	18	13	16	25	26	5	13	27	33	30
31	17	23	12	31					4	20	19	10					12	15	24	25					31

1934 TAG	JULI k	s	g	f	AUGUST k	s	g	f	SEPTEMBER k	s	g	f	OKTOBER k	s	g	f	NOVEMBER k	s	g	f	DEZEMBER k	s	g	f	1934 TAG
1	4	12	26	32	19	9	28	1	11	6	30	8	4	4	33	16	19	1	2	23	12	27	5	31	1
2	3	11	25	31	18	8	27	38	10	5	29	7	3	3	32	15	18	28	1	22	11	26	4	30	2
3	2	10	24	30	17	7	26	37	9	4	28	6	2	2	31	14	17	27	33	21	10	25	2	29	3
4	1	9	23	29	16	6	25	36	8	3	27	5	1	1	30	13	16	26	32	20	9	24	1	28	4
5	23	8	22	28	15	5	24	35	7	2	26	4	23	28	29	12	15	25	31	19	8	23	33	27	5
6	22	7	21	27	14	4	23	34	6	1	25	3	22	27	28	11	14	24	30	18	7	22	32	26	6
7	21	6	20	26	13	3	22	33	5	28	24	2	21	26	27	10	13	23	29	17	6	21	31	25	7
8	20	5	19	25	12	2	21	32	4	27	23	1	20	25	26	9	12	22	28	16	5	20	30	24	8
9	19	4	18	24	11	1	20	31	3	26	22	38	19	24	25	8	11	21	27	15	4	19	29	23	9
10	18	3	17	23	10	28	19	30	2	25	21	37	18	23	24	7	10	20	26	14	3	18	28	22	10
11	17	2	16	22	9	27	18	29	1	24	20	36	17	22	23	6	9	19	25	13	2	17	27	21	11
12	16	1	15	21	8	26	17	28	23	23	19	35	16	21	22	5	8	18	24	12	23	16	26	20	12
13	15	28	14	20	7	25	16	27	22	22	18	34	15	20	21	4	7	17	23	11	22	15	25	19	13
14	14	27	13	19	6	24	15	26	21	21	17	33	14	19	20	3	6	16	22	10	21	14	24	18	14
15	13	26	12	18	5	23	14	25	20	20	16	32	13	18	19	2	5	15	21	9	20	13	23	17	15
16	12	25	11	17	4	22	13	24	19	19	15	31	12	17	18	1	4	14	20	8	19	12	22	16	16
17	11	24	10	16	3	21	12	23	18	18	14	38	11	16	17	38	3	13	19	7	18	11	21	15	17
18	10	23	9	15	2	20	11	22	17	17	13	29	10	15	16	37	2	12	18	6	17	10	20	14	18
19	9	22	8	14	1	19	10	21	16	16	12	28	9	14	15	36	1	11	17	5	16	9	19	13	19
20	8	21	7	13	23	18	9	20	15	15	11	27	8	13	14	35	23	10	16	4	15	8	18	12	20
21	7	20	6	12	22	17	8	19	14	14	14	26	7	12	13	34	22	9	15	3	14	7	17	11	21
22	6	19	5	11	21	16	7	18	13	13	13	25	6	11	12	33	21	8	14	2	13	6	16	10	22
23	5	18	4	10	20	15	6	17	12	12	12	24	5	10	11	32	20	7	13	1	12	5	15	9	23
24	4	17	3	9	19	14	5	16	11	11	7	23	4	9	10	31	19	6	12	38	11	4	14	8	24
25	3	16	2	8	18	13	4	15	10	10	6	22	3	8	9	30	18	5	11	30	10	3	13	7	25
26	2	15	1	7	17	12	3	14	9	9	5	21	2	7	8	29	17	4	10	36	9	2	13	6	26
27	1	14	33	6	16	11	2	13	8	8	4	20	1	6	7	28	16	3	9	35	8	1	12	5	27
28	23	13	32	5	15	10	1	12	7	7	3	19	23	5	6	27	15	2	8	34	7	28	11	4	28
29	22	12	31	4	14	9	33	11	6	6	2	18	22	4	5	26	14	1	7	33	6	27	10	3	29
30	21	11	30	3	13	8	32	10	5	5	1	17	21	3	4	25	13	28	6	32	5	26	9	2	30
31	20	10	29	2	12	7	31	9					20	2	3	24					5	25	8	1	31

311

1935

1935 TAG	JANUAR k	s	g	f	FEBRUAR k	s	g	f	MÄRZ k	s	g	f	APRIL k	s	g	f	MAI k	s	g	f	JUNI k	s	g	f	1935 TAG
1	4	24	7	38	23	19	21	7	14	21	14	17	6	18	16	24	22	16	19	32	14	13	21	1	1
2	3	23	6	37	22	18	20	6	13	20	13	16	5	17	15	23	21	15	18	31	13	12	20	38	2
3	2	22	5	36	21	17	19	5	12	19	12	15	4	16	14	22	20	14	17	30	12	11	19	37	3
4	1	21	4	35	20	16	18	4	11	18	11	14	3	15	13	21	19	13	16	29	11	10	18	36	4
5	23	20	3	34	19	15	17	3	10	17	10	13	2	14	12	20	18	12	15	28	10	9	17	35	5
6	22	19	2	33	18	14	16	2	9	16	9	12	1	13	11	19	17	11	14	27	9	8	16	34	6
7	21	18	1	32	17	13	15	1	8	15	8	11	23	12	10	18	16	10	13	26	8	7	15	33	7
8	20	17	33	31	16	12	14	38	7	14	7	10	22	11	9	17	15	9	12	25	7	6	14	32	8
9	19	16	32	30	15	11	13	37	6	13	6	9	21	10	8	16	14	8	11	24	6	5	13	31	9
10	18	15	31	29	14	10	12	36	5	12	5	8	20	9	7	15	13	7	10	23	5	4	12	30	10
11	17	14	30	28	13	9	11	35	4	11	4	7	19	8	6	14	12	6	9	22	4	3	11	29	11
12	16	13	29	27	12	8	10	34	3	10	3	6	18	7	5	13	11	5	8	21	3	2	10	28	12
13	15	12	28	26	11	7	9	33	2	9	2	5	17	6	4	12	10	4	7	20	2	1	9	27	13
14	14	11	27	25	10	6	8	32	1	8	1	4	16	5	3	11	9	3	6	19	1	28	8	26	14
15	13	10	26	24	9	5	7	31	23	7	33	3	15	4	2	10	8	2	5	18	23	27	7	25	15
16	12	9	25	23	8	4	6	30	22	6	32	38	14	3	1	9	7	1	4	17	22	26	6	24	16
17	11	8	24	22	7	3	5	29	21	5	31	37	13	2	33	8	6	28	3	16	21	25	5	23	17
18	10	7	23	21	6	2	4	28	20	4	30	36	12	1	32	7	5	27	2	15	20	24	4	22	18
19	9	6	22	20	5	1	3	27	19	3	29	35	11	28	31	6	4	26	1	14	19	23	3	21	19
20	8	5	21	19	4	25	2	26	18	2	28	34	10	27	30	5	3	25	33	13	18	22	2	20	20
21	7	4	20	18	3	24	1	25	17	1	27	33	9	26	29	4	2	24	32	12	17	21	1	19	21
22	6	3	19	17	2	23	22	24	16	28	26	32	8	25	28	3	1	23	31	11	16	20	33	18	22
23	5	2	18	16	23	22	21	23	15	27	25	31	7	24	27	2	23	22	30	10	15	19	32	17	23
24	4	1	17	15	22	21	20	22	14	26	24	30	6	23	26	1	22	21	29	9	14	18	31	16	24
25	3	28	16	14	21	20	19	21	13	25	23	29	5	22	25	38	21	20	28	8	13	17	30	15	25
26	2	27	15	13	20	19	18	20	12	24	22	28	4	21	24	37	20	19	27	7	12	16	29	14	26
27	1	26	14	12	19	18	17	19	11	23	21	27	3	20	23	36	19	18	26	6	11	15	28	13	27
28	23	25	13	11	18	17	16	18	10	22	20	26	2	19	22	35	18	17	25	5	10	14	27	12	28
29	22	24	12	10					9	21	19	25	1	18	21	34	17	16	24	4	9	13	26	11	29
30	21	23	11	9					8	20	18	24	23	17	20	33	16	15	23	3	8	12	25	10	30
31	20	22	10	8					7	19	17	25					15	14	22	2					31

1935 TAG	JULI k	s	g	f	AUGUST k	s	g	f	SEPTEMBER k	s	g	f	OKTOBER k	s	g	f	NOVEMBER k	s	g	f	DEZEMBER k	s	g	f	1935 TAG
1	7	11	24	9	22	8	26	16	14	5	28	23	7	3	31	31	22	28	33	38	15	26	3	8	1
2	6	10	23	8	21	7	25	15	13	4	27	22	6	2	30	30	21	27	32	37	14	25	2	7	2
3	5	9	22	7	20	6	24	14	12	3	26	21	5	1	29	29	20	26	31	36	13	24	1	6	3
4	4	8	21	6	19	5	23	13	11	2	25	20	4	28	28	28	19	25	30	35	12	23	33	5	4
5	3	7	20	5	18	4	22	12	10	1	24	19	3	27	27	27	18	24	29	34	11	22	32	4	5
6	2	6	19	4	17	3	21	11	9	28	23	18	2	26	26	26	17	23	28	33	10	21	31	3	6
7	1	5	18	3	16	2	20	10	8	27	22	17	1	25	25	25	16	22	27	32	9	20	30	2	7
8	23	4	17	2	15	1	19	9	7	26	21	16	23	24	24	24	15	21	26	31	8	19	29	1	8
9	22	3	16	1	14	28	18	8	6	25	20	15	22	23	23	23	14	20	25	30	7	18	28	38	9
10	21	2	15	38	13	27	17	7	5	24	19	14	21	22	22	22	13	19	24	29	6	17	27	37	10
11	20	1	14	37	12	26	16	6	4	23	18	13	20	21	21	21	12	18	23	28	5	16	26	36	11
12	19	28	13	36	11	25	15	5	3	22	17	12	19	20	20	20	11	17	22	27	4	15	25	35	12
13	18	27	12	35	10	24	14	4	2	21	16	11	18	19	19	19	10	16	21	26	3	14	24	34	13
14	17	26	11	34	9	23	13	3	1	20	15	10	17	18	18	18	9	15	20	25	2	13	23	33	14
15	16	25	10	33	8	22	12	2	23	19	14	9	16	17	17	17	8	14	19	24	1	12	22	32	15
16	15	24	9	32	7	21	11	1	22	18	13	8	15	16	16	16	7	13	18	23	23	11	21	31	16
17	14	23	8	31	6	20	10	38	21	17	12	7	14	15	15	15	6	12	17	22	22	10	20	30	17
18	13	22	7	30	5	19	9	37	20	16	11	6	13	14	14	14	5	11	16	21	21	9	19	29	18
19	12	21	6	29	4	18	8	36	19	15	10	5	12	13	13	13	4	10	15	20	20	8	18	28	19
20	11	20	5	28	3	17	7	35	18	14	9	4	11	12	12	12	3	9	14	19	19	7	17	27	20
21	10	19	4	27	2	16	6	34	17	13	8	3	10	11	11	11	2	8	13	18	18	6	16	26	21
22	9	18	3	26	1	15	5	33	16	12	7	2	9	10	10	10	1	7	12	17	17	5	15	25	22
23	8	17	2	25	23	14	4	32	15	11	6	1	8	9	9	9	23	6	11	16	16	4	14	24	23
24	7	16	1	24	22	13	3	31	14	10	5	38	7	8	8	8	22	5	10	15	15	3	13	23	24
25	6	15	33	23	21	12	2	30	13	9	4	37	6	7	7	7	21	4	9	14	14	2	12	22	25
26	5	14	32	22	20	11	1	29	12	8	3	36	5	6	6	6	20	3	8	13	13	1	11	21	26
27	4	13	31	21	19	10	33	28	11	7	2	35	4	5	5	5	19	2	7	12	12	28	10	20	27
28	3	12	30	20	18	9	32	27	10	6	1	34	3	4	4	4	18	1	6	11	11	27	9	19	28
29	2	11	29	19	17	8	31	26	9	5	33	33	2	3	3	3	17	28	5	10	10	26	8	18	29
30	1	10	28	18	16	7	30	25	8	4	32	32	1	2	2	2	16	27	4	9	9	25	7	17	30
31	23	9	27	17	15	6	29	24					23	1	1	1					8	24	6	16	31

1936

1936 TAG	JANUAR k	s	g	f	FEBRUAR k	s	g	f	MÄRZ k	s	g	f	APRIL k	s	g	f	MAI k	s	g	f	JUNI k	s	g	f	1936 TAG
1	7	23	5	15	22	20	7	22	16	19	11	31	8	16	13	38	1	14	16	8	16	11	18	15	1
2	6	22	4	14	21	19	6	21	15	18	10	30	7	15	12	37	23	13	15	7	15	10	17	14	2
3	5	21	3	13	20	18	5	20	14	17	9	29	6	14	11	36	22	12	14	6	14	9	16	13	3
4	4	20	2	12	19	17	4	19	13	16	8	28	5	13	10	35	21	11	13	5	13	8	15	12	4
5	3	19	1	11	18	16	3	18	12	15	7	27	4	12	9	34	20	10	12	4	12	7	14	11	5
6	2	18	33	10	17	15	2	17	11	14	6	26	3	11	8	33	19	9	11	3	11	6	13	10	6
7	1	17	32	9	16	14	1	16	10	13	5	25	2	10	7	32	18	8	10	2	10	5	12	9	7
8	23	16	31	8	15	13	33	15	9	12	4	24	1	9	6	31	17	7	9	1	9	4	11	8	8
9	22	15	30	7	14	12	32	14	8	11	3	23	23	8	5	30	16	6	8	38	8	3	10	7	9
10	21	14	29	6	13	11	31	13	7	10	2	22	22	7	4	29	15	5	7	37	7	2	9	6	10
11	20	13	28	5	12	10	30	12	6	9	1	21	21	6	3	28	14	4	6	36	6	1	8	5	11
12	19	12	27	4	11	9	29	11	5	8	33	20	20	5	2	27	13	3	5	35	5	28	7	4	12
13	18	11	26	3	10	8	28	10	4	7	32	19	19	4	1	26	12	2	4	34	4	27	6	3	13
14	17	10	25	2	9	7	27	9	3	6	31	18	18	3	33	25	11	1	3	33	3	26	5	2	14
15	16	9	24	1	8	6	26	8	2	5	30	17	17	2	32	24	10	28	2	32	2	25	4	1	15
16	15	8	23	38	7	5	25	7	1	4	29	16	16	1	31	23	9	27	1	31	1	24	3	38	16
17	14	7	22	37	6	4	24	6	23	3	28	15	15	28	30	22	8	26	33	30	23	23	2	37	17
18	13	6	21	36	5	3	23	5	22	2	27	14	14	27	29	21	7	25	32	29	22	22	1	36	18
19	12	5	20	35	4	2	22	4	21	1	26	13	13	26	28	20	6	24	31	28	21	21	33	35	19
20	11	4	19	34	3	1	21	3	20	28	25	12	12	25	27	19	5	23	30	27	20	20	32	34	20
21	10	3	18	33	2	28	20	2	19	27	24	11	11	24	26	18	4	22	29	26	19	19	31	33	21
22	9	2	17	32	1	27	19	1	18	26	23	10	10	23	25	17	3	21	28	25	18	18	30	32	22
23	8	1	16	31	23	26	18	38	17	25	22	9	9	22	24	16	2	20	27	24	17	17	29	31	23
24	7	28	15	30	22	25	17	37	16	24	21	8	8	21	23	15	1	19	26	23	16	16	28	30	24
25	6	27	14	29	21	24	16	36	15	23	20	7	7	20	22	14	23	18	25	22	15	15	27	29	25
26	5	26	13	28	20	23	15	35	14	22	19	6	6	19	21	13	22	17	24	21	14	14	26	28	26
27	4	25	12	27	19	22	14	34	13	21	18	5	5	18	20	12	21	16	23	20	13	13	25	27	27
28	3	24	11	26	18	21	13	33	12	20	17	4	4	17	19	11	20	15	22	19	12	12	24	26	28
29	2	23	10	25	17	20	12	32	11	19	16	3	3	16	18	10	19	14	21	18	11	11	23	25	29
30	1	22	9	24					10	18	15	2	2	15	17	9	18	13	20	17	10	10	22	24	30
31	23	21	8	23					9	17	14	1					17	12	19	16					31

1936 TAG	JULI k	s	g	f	AUGUST k	s	g	f	SEPTEMBER k	s	g	f	OKTOBER k	s	g	f	NOVEMBER k	s	g	f	DEZEMBER k	s	g	f	1936 TAG
1	9	9	21	23	1	6	23	30	16	3	25	37	9	1	28	7	1	26	30	14	17	24	33	22	1
2	8	8	20	22	23	5	22	29	15	2	24	36	8	28	27	6	23	25	29	13	16	23	32	21	2
3	7	7	19	21	22	4	21	28	14	1	23	35	7	27	26	5	22	24	28	12	15	22	31	20	3
4	6	6	18	20	21	3	20	27	13	28	22	34	6	26	25	4	21	23	27	11	14	21	30	19	4
5	5	5	17	19	20	2	19	26	12	27	21	33	5	25	24	3	20	22	26	10	13	20	29	18	5
6	4	4	16	18	19	1	18	25	11	26	20	32	4	24	23	2	19	21	25	9	12	19	28	17	6
7	3	3	15	17	18	28	17	24	10	25	19	31	3	23	22	1	18	20	24	8	11	18	27	16	7
8	2	2	14	16	17	27	16	23	9	24	18	30	2	22	21	38	17	19	23	7	10	17	26	15	8
9	1	1	13	15	16	26	15	22	8	23	17	29	1	21	20	37	16	18	22	6	9	16	25	14	9
10	23	28	12	14	15	25	14	21	7	22	16	28	23	20	19	36	15	17	21	5	8	15	24	13	10
11	22	27	11	13	14	24	13	20	6	21	15	27	22	19	18	35	14	16	20	4	7	14	23	12	11
12	21	26	10	12	13	23	12	19	5	20	14	26	21	18	17	34	13	15	19	3	6	13	22	11	12
13	20	25	9	11	12	22	11	18	4	19	13	25	20	17	16	33	12	14	18	2	5	12	21	10	13
14	19	24	8	10	11	21	10	17	3	18	12	24	19	16	15	32	11	13	17	1	4	11	20	9	14
15	18	23	7	9	10	20	9	16	2	17	11	23	18	15	14	31	10	12	16	38	3	10	19	8	15
16	17	22	6	8	9	19	8	15	1	16	10	22	17	14	13	30	9	11	15	37	2	9	18	7	16
17	16	21	5	7	8	18	7	14	23	15	9	21	16	13	12	29	8	10	14	36	1	8	17	6	17
18	15	20	4	6	7	17	6	13	22	14	8	20	15	12	11	28	7	9	13	35	23	7	16	5	18
19	14	19	3	5	6	16	5	12	21	13	7	19	14	11	10	27	6	8	12	34	22	6	15	4	19
20	13	18	2	4	5	15	4	11	20	12	6	18	13	10	9	26	5	7	11	33	21	5	14	3	20
21	12	17	1	3	4	14	3	10	19	11	5	17	12	9	8	25	4	6	10	32	20	4	13	2	21
22	11	16	33	2	3	13	2	9	18	10	4	16	11	8	7	24	3	5	9	31	19	3	12	1	22
23	10	15	32	1	2	12	1	8	17	9	3	15	10	7	6	23	2	4	8	30	18	2	11	38	23
24	9	14	31	38	1	11	33	7	16	8	2	14	9	6	5	22	1	3	7	29	17	1	10	37	24
25	8	13	30	37	23	10	32	6	15	7	1	13	8	5	4	21	23	2	6	28	16	28	9	36	25
26	7	12	29	36	22	9	31	5	14	6	33	12	7	4	3	20	22	1	5	27	15	27	8	35	26
27	6	11	28	35	21	8	30	4	13	5	32	11	6	3	2	19	21	28	4	26	14	26	7	34	27
28	5	10	27	34	20	7	29	3	12	4	31	10	5	2	1	18	20	27	3	25	13	25	6	33	28
29	4	9	26	33	19	6	28	2	11	3	30	9	4	1	33	17	19	26	2	24	12	24	5	32	29
30	3	8	25	32	18	5	27	1	10	2	29	8	3	28	32	16	18	25	1	23	11	23	4	31	30
31	2	7	24	31	17	4	26	38					2	27	31	15					10	22	3	30	31

1937

1937 TAG	JANUAR k	g	f	FEBRUAR k	g	f	MÄRZ k	g	f	APRIL k	g	f	MAI k	g	f	JUNI k	g	f	1937 TAG
1	9	21	29	1	18	36	19	18	8	11	15	15	4	13	23	19	10	30	1
2	8	20	28	23	17	35	18	17	7	10	14	14	3	12	22	18	9	29	2
3	7	19	27	22	16	34	17	16	6	9	13	13	2	11	21	17	8	28	3
4	6	18	26	21	15	33	16	15	5	8	12	12	1	10	20	16	7	27	4
5	5	17	25	20	14	32	15	14	4	7	11	11	23	9	19	15	6	26	5
6	4	16	24	19	13	31	14	13	3	6	10	10	22	8	18	14	5	25	6
7	3	15	23	18	12	30	13	12	2	5	9	9	21	7	17	13	4	24	7
8	2	14	22	17	11	29	12	11	1	4	8	8	20	6	16	12	3	23	8
9	1	13	21	16	10	28	11	10	38	3	7	7	19	5	15	11	2	22	9
10	23	12	20	15	9	27	10	9	37	2	6	6	18	4	14	10	1	21	10
11	22	11	19	14	8	26	9	8	36	1	5	5	17	3	13	9	28	20	11
12	21	10	18	13	7	25	8	7	35	23	4	4	16	2	12	8	27	19	12
13	20	9	17	12	6	24	7	6	34	22	3	3	15	1	11	7	26	18	13
14	19	8	16	11	5	23	6	5	33	21	2	2	14	28	10	6	25	17	14
15	18	7	15	10	4	22	5	4	32	20	1	1	13	27	33	5	24	16	15
16	17	6	14	9	3	21	4	3	31	19	28	38	12	26	32	4	23	15	16
17	16	5	13	8	2	20	3	2	30	18	27	37	11	25	31	3	22	14	17
18	15	4	12	7	1	19	2	1	29	17	26	36	10	24	30	2	21	13	18
19	14	3	11	6	28	18	1	28	28	16	25	35	9	23	29	1	20	12	19
20	13	2	10	5	27	17	23	27	27	15	24	34	8	22	28	23	19	11	20
21	12	1	9	4	26	16	22	26	26	14	23	33	7	21	27	22	18	10	21
22	11	28	8	3	25	15	21	25	25	13	22	32	6	20	26	21	17	9	22
23	10	27	7	2	24	14	20	24	24	12	21	31	5	19	25	20	16	8	23
24	9	26	6	1	23	13	19	23	23	11	20	30	4	18	38	19	15	7	24
25	8	25	5	23	22	12	18	22	22	10	19	29	3	17	37	18	14	6	25
26	7	24	4	22	21	11	17	21	21	9	18	28	2	16	36	17	13	5	26
27	6	23	3	21	20	10	16	20	20	8	17	27	1	15	35	16	12	4	27
28	5	22	2	20	19	9	15	19	19	7	16	26	23	14	34	15	11	3	28
29	4	21	1				14	18	18	6	15	25	22	13	33	14	10	2	29
30	3	20	38				13	17	17	5	14	24	21	12	32	13	9	20	30
31	2	19	37				12	16	16				20	11	17				31

316

1937 TAG	JULI k	s	g	f	AUGUST k	s	g	f	SEPTEMBER k	s	g	f	OKTOBER k	s	g	f	NOVEMBER k	s	g	f	DEZEMBER k	s	g	f	1937 TAG
1	12	8	19	38	4	5	21	7	19	2	23	14	12	28	26	22	4	25	28	29	20	23	31	37	1
2	11	7	18	37	3	4	20	6	18	1	22	13	11	27	25	21	3	24	27	28	19	22	30	36	2
3	10	6	17	36	2	3	19	5	17	28	21	12	10	26	24	20	2	23	26	27	18	21	29	35	3
4	9	5	16	35	1	2	18	4	16	27	20	11	9	25	23	19	1	22	25	26	17	20	28	34	4
5	8	4	15	34	23	1	17	3	15	26	19	10	8	24	22	18	23	21	24	25	16	19	27	33	5
6	7	3	14	33	22	28	16	2	14	25	18	9	7	23	21	17	22	20	23	24	15	18	26	32	6
7	6	2	13	32	21	27	15	1	13	24	17	8	6	22	20	16	21	19	22	23	14	17	25	31	7
8	5	1	12	31	20	26	14	38	12	23	16	7	5	21	19	15	20	18	21	22	13	16	24	30	8
9	4	28	11	30	19	25	13	37	11	22	15	6	4	20	18	14	19	17	20	21	12	15	23	29	9
10	3	27	10	29	18	24	12	36	10	21	14	5	3	19	17	13	18	16	19	20	11	14	22	28	10
11	2	26	9	28	17	23	11	35	9	20	13	4	2	18	16	12	17	15	18	19	10	13	21	27	11
12	1	25	8	27	16	22	10	34	8	19	12	3	1	17	15	11	16	14	17	18	9	12	20	26	12
13	23	24	7	26	15	21	9	33	7	18	11	2	23	16	14	10	15	13	16	17	8	11	19	25	13
14	22	23	6	25	14	20	8	32	6	17	10	1	22	15	13	9	14	12	15	16	7	10	18	24	14
15	21	22	5	24	13	19	7	31	5	16	9	38	21	14	12	8	13	11	14	15	6	9	17	23	15
16	20	21	4	23	12	18	6	30	4	15	8	37	20	13	11	7	12	10	13	14	5	8	16	22	16
17	19	20	3	22	11	17	5	29	3	14	7	36	19	12	10	6	11	9	12	13	4	7	15	21	17
18	18	19	2	21	10	16	4	28	2	13	6	35	18	11	9	5	10	8	11	12	3	6	14	20	18
19	17	18	1	20	9	15	3	27	1	12	5	34	17	10	8	4	9	7	10	11	2	5	13	19	19
20	16	17	33	19	8	14	2	26	23	11	4	33	16	9	8	3	8	6	9	10	1	4	12	18	20
21	15	16	32	18	7	13	1	25	22	10	3	32	15	8	6	2	7	5	8	9	23	3	11	17	21
22	14	15	31	17	6	12	33	24	21	9	2	31	14	7	5	1	6	4	7	8	22	2	10	16	22
23	13	14	30	16	5	11	32	23	20	8	1	30	13	6	4	38	5	3	6	7	21	1	9	15	23
24	12	13	29	15	4	10	31	22	19	7	33	29	12	5	3	37	4	2	5	6	20	28	8	14	24
25	11	12	28	14	3	9	30	21	18	6	32	28	11	4	2	36	3	1	4	5	19	27	7	13	25
26	10	11	27	13	2	8	29	20	17	5	31	27	10	3	1	35	2	28	3	4	18	26	6	12	26
27	9	10	26	12	1	7	28	19	16	4	30	26	9	2	33	34	1	27	2	3	17	25	5	11	27
28	8	9	25	11	23	6	27	18	15	3	29	25	8	1	32	33	23	26	1	2	16	24	4	10	28
29	7	8	24	10	22	5	26	17	14	2	28	24	7	28	31	32	22	25	33	1	15	23	3	9	29
30	6	7	23	9	21	4	25	16	13	1	27	23	6	27	30	31	21	24	32	38	14	22	2	8	30
31	5	6	22	8	20	3	24	15					5	26	29	30					13	21	1	7	31

317

1938

1938 TAG	JANUAR k	s	g	f	FEBRUAR k	s	g	f	MÄRZ k	s	g	f	APRIL k	s	g	f	MAI k	s	g	f	JUNI k	s	g	f	1938 TAG
1	12	20	33	6	4	17	2	13	22	17	7	23	14	14	9	30	7	12	12	38	22	9	14	7	1
2	11	19	32	5	3	16	1	12	21	16	6	22	13	13	8	29	6	11	11	37	21	8	13	6	2
3	10	18	31	4	2	15	33	11	20	15	5	21	12	12	7	28	5	10	10	36	20	7	12	5	3
4	9	17	30	3	1	14	32	10	19	14	4	20	11	11	6	27	4	9	9	35	19	6	11	4	4
5	8	16	29	2	23	13	31	9	18	13	3	19	10	10	5	26	3	8	8	34	18	5	10	3	5
6	7	15	28	1	22	12	30	8	17	12	2	18	9	9	4	25	2	7	7	33	17	4	9	2	6
7	6	14	27	38	21	11	29	7	16	11	1	17	8	8	3	24	1	6	6	32	16	3	8	1	7
8	5	13	26	37	20	10	28	6	15	10	33	16	7	7	2	23	23	5	5	31	15	2	7	38	8
9	4	12	25	36	19	9	27	5	14	9	32	15	6	6	1	22	22	4	4	30	14	1	6	37	9
10	3	11	24	35	18	8	26	4	13	8	31	14	5	5	33	21	21	3	3	29	13	28	5	36	10
11	2	10	23	34	17	7	25	3	12	7	30	13	4	4	32	20	20	2	2	28	12	27	4	35	11
12	1	9	22	33	16	6	24	2	11	6	29	12	3	3	31	19	19	1	1	27	11	26	3	34	12
13	23	8	21	32	15	5	23	1	10	5	28	11	2	2	30	18	18	28	33	26	10	25	2	33	13
14	22	7	20	31	14	4	22	38	9	4	27	10	1	1	29	17	17	27	32	25	9	24	1	32	14
15	21	6	19	30	13	3	21	37	8	3	26	9	23	28	28	16	16	26	31	24	8	23	33	31	15
16	20	5	18	29	12	2	20	36	7	2	25	8	22	27	27	15	15	25	30	23	7	22	32	30	16
17	19	4	17	28	11	1	19	35	6	1	24	7	21	26	26	14	14	24	29	22	6	21	31	29	17
18	18	3	16	27	10	28	18	34	5	28	23	6	20	25	25	13	13	23	28	21	5	20	30	28	18
19	17	2	15	26	9	27	17	33	4	27	22	5	19	24	24	12	12	22	27	20	4	19	29	27	19
20	16	1	14	25	8	26	16	32	3	26	21	4	18	23	23	11	11	21	26	19	3	18	28	26	20
21	15	20	13	24	7	25	15	31	2	25	20	3	17	22	22	10	10	20	25	18	2	17	27	25	21
22	14	27	12	23	6	24	14	30	1	24	19	2	16	21	21	9	9	19	24	17	1	16	26	24	22
23	13	26	11	22	5	23	13	29	23	23	18	1	15	20	20	8	8	18	23	16	23	15	25	23	23
24	12	25	10	21	4	22	12	28	21	22	17	38	14	19	19	7	7	17	22	15	22	14	24	22	24
25	11	24	9	20	3	21	11	27	21	21	16	37	13	18	18	6	6	16	21	14	21	13	23	21	25
26	10	23	8	19	2	20	10	26	20	20	15	36	12	17	17	5	5	15	20	13	20	12	22	20	26
27	9	22	7	18	1	19	9	25	19	19	14	35	11	16	16	4	4	14	19	12	19	11	21	19	27
28	8	21	6	17	23	18	8	24	18	18	13	34	10	15	15	3	3	13	18	11	18	10	20	18	28
29	7	20	5	16					17	17	12	33	9	14	14	2	2	12	17	10	17	9	19	17	29
30	6	19	4	15					16	16	11	32	8	13	13	1	1	11	16	9	16	8	18	16	30
31	5	18	3	14					15	15	10	31					23	10	15	8					31

1938 TAG	JULI k	s	g	f	AUGUST k	s	g	f	SEPTEMBER k	s	g	f	OKTOBER k	s	g	f	NOVEMBER k	s	g	f	DEZEMBER k	s	g	f	1938 TAG
1	15	7	17	15	7	4	19	22	22	1	21	29	15	27	24	37	7	24	26	6	23	22	29	14	1
2	14	6	16	14	6	3	18	21	21	28	20	28	14	26	23	36	6	23	25	5	22	21	28	13	2
3	13	5	15	13	5	2	17	20	20	27	19	27	13	25	22	35	5	22	24	4	21	20	27	12	3
4	12	4	14	12	4	1	16	19	19	26	18	26	12	24	21	34	4	21	23	3	20	19	26	11	4
5	11	3	13	11	3	28	15	18	18	25	17	25	11	23	20	33	3	20	22	2	19	18	25	10	5
6	10	2	12	10	2	27	14	17	17	24	16	24	10	22	19	32	2	19	21	1	18	17	24	9	6
7	9	1	11	9	1	26	13	16	16	23	15	23	9	21	18	31	1	18	20	38	17	16	23	8	7
8	8	28	10	8	23	25	12	15	15	22	14	22	8	20	17	30	23	17	19	37	16	15	22	7	8
9	7	27	9	7	22	24	11	14	14	21	13	21	7	19	16	29	22	16	18	36	15	14	21	6	9
10	6	26	8	6	21	23	10	13	13	20	12	20	6	18	15	28	21	15	17	35	14	13	20	5	10
11	5	25	7	5	20	22	9	12	12	19	11	19	5	17	14	27	20	14	16	34	13	12	19	4	11
12	4	24	6	4	19	21	8	11	11	18	10	18	4	16	13	26	19	13	15	33	12	11	18	3	12
13	3	23	5	3	18	20	7	10	10	17	9	17	3	15	12	25	18	12	14	32	11	10	17	2	13
14	2	22	4	2	17	19	6	9	9	16	8	16	2	14	11	24	17	11	13	31	10	9	16	1	14
15	1	21	3	1	16	18	5	8	8	15	7	15	1	13	10	23	16	10	12	30	9	8	15	38	15
16	23	20	2	38	15	17	4	7	7	14	6	14	23	12	9	22	15	9	11	29	8	7	14	37	16
17	22	19	1	37	14	16	3	6	6	13	5	13	22	11	8	21	14	8	10	28	7	6	13	36	17
18	21	18	33	36	13	15	2	5	5	12	4	12	21	10	7	20	13	7	9	27	6	5	12	35	18
19	20	17	32	35	12	14	1	4	4	11	3	11	20	9	6	19	12	6	8	26	5	4	11	34	19
20	19	16	31	34	11	13	33	3	3	10	2	10	19	8	5	18	11	5	7	25	4	3	10	33	20
21	18	15	30	33	10	12	32	2	2	9	1	9	18	7	4	17	10	4	6	24	3	2	9	32	21
22	17	14	29	32	9	11	31	1	1	8	33	8	17	6	3	16	9	3	5	23	2	1	8	31	22
23	16	13	28	31	8	10	30	38	23	7	32	7	16	5	2	15	8	2	4	22	1	28	7	30	23
24	15	12	27	30	7	9	29	37	22	6	31	6	15	4	1	14	7	1	3	21	23	27	6	29	24
25	14	11	26	29	6	8	28	36	21	5	30	5	14	3	33	13	6	28	2	20	22	26	5	28	25
26	13	10	25	28	5	7	27	35	20	4	29	4	13	2	32	12	5	27	1	19	21	25	4	27	26
27	12	9	24	27	4	6	26	34	19	3	28	3	12	1	31	11	4	26	33	18	20	24	3	26	27
28	11	8	23	26	3	5	25	33	18	2	27	2	11	28	30	10	3	25	32	17	19	23	2	25	28
29	10	7	22	25	2	4	24	32	17	1	26	1	10	27	29	9	2	24	31	16	18	22	1	24	29
30	9	6	21	24	1	3	23	31	16	28	25	38	9	26	28	8	1	23	30	15	17	21	33	23	30
31	8	5	20	23	23	2	22	30					8	25	27	7					16	20	32	22	31

319

1939

1939 TAG	JANUAR k	s	g	f	FEBRUAR k	s	g	f	MÄRZ k	s	g	f	APRIL k	s	g	f	MAI k	s	g	f	JUNI k	s	g	f	1939 TAG
1	15	19	31	21	7	16	33	28	2	16	5	38	17	13	7	7	10	11	10	15	2	8	12	22	1
2	14	18	30	20	6	15	32	27	1	15	4	37	16	12	6	6	9	10	9	14	1	7	11	21	2
3	13	17	29	19	5	14	31	26	23	14	3	36	15	11	5	5	8	9	8	13	23	6	10	20	3
4	12	16	28	18	4	13	30	25	22	13	2	35	14	10	4	4	7	8	7	12	22	5	9	19	4
5	11	15	27	17	3	12	29	24	21	12	1	34	13	9	3	3	6	7	6	11	21	4	8	18	5
6	10	14	26	16	2	11	28	23	20	11	33	33	12	8	2	2	5	6	5	10	20	3	7	17	6
7	9	13	25	15	1	10	27	22	19	10	32	32	11	7	1	1	4	5	4	9	19	2	6	16	7
8	8	12	24	14	23	9	26	21	18	9	31	31	10	6	33	38	3	4	3	8	18	1	5	15	8
9	7	11	23	13	22	8	25	20	17	8	30	30	9	5	32	37	2	3	2	7	17	28	4	14	9
10	6	10	22	12	21	7	24	19	16	7	29	29	8	4	31	36	1	2	1	6	16	27	3	13	10
11	5	9	21	11	20	6	23	18	15	6	28	28	7	3	30	35	23	1	33	5	15	26	2	12	11
12	4	8	20	10	19	5	22	17	14	5	27	27	6	2	29	34	22	28	32	4	14	25	1	11	12
13	3	7	19	9	18	4	21	16	13	4	26	26	5	1	28	33	21	27	31	3	13	24	33	10	13
14	2	6	18	8	17	3	20	15	12	3	25	25	4	28	27	32	20	26	30	2	12	23	32	9	14
15	1	5	17	7	16	2	19	14	11	2	24	24	3	27	26	31	19	25	29	1	11	22	31	8	15
16	23	4	16	6	15	1	18	13	10	1	23	23	2	26	25	30	18	24	28	38	10	21	30	7	16
17	22	3	15	5	14	28	17	12	9	28	22	22	1	25	24	29	17	23	27	37	9	20	29	6	17
18	21	2	14	4	13	27	16	11	8	27	21	21	23	24	23	28	16	22	26	36	8	19	28	5	18
19	20	1	13	3	12	26	15	10	7	26	20	20	22	23	22	27	15	21	25	35	7	18	27	4	19
20	19	28	12	2	11	25	14	9	6	25	19	19	21	22	21	26	14	20	24	34	6	17	26	3	20
21	18	27	11	1	10	24	13	8	5	24	18	18	20	21	20	25	13	19	23	33	5	16	25	2	21
22	17	26	10	38	9	23	12	7	4	23	17	17	19	20	19	24	12	18	22	32	4	15	24	1	22
23	16	25	9	37	8	22	11	6	3	22	16	16	18	19	18	23	11	17	21	31	3	14	23	38	23
24	15	24	8	36	7	21	10	5	2	21	15	15	17	18	17	22	10	16	20	30	2	13	22	37	24
25	14	23	7	35	6	20	9	4	1	20	14	14	16	17	16	21	9	15	19	29	1	12	21	36	25
26	13	22	6	34	5	19	8	3	23	19	13	13	15	16	15	20	8	14	18	28	23	11	20	35	26
27	12	21	5	33	4	18	7	2	22	18	12	12	14	15	14	19	7	13	17	27	22	10	19	34	27
28	11	20	4	32	3	17	6	1	21	17	11	11	13	14	13	18	6	12	16	26	21	9	18	33	28
29	10	19	3	31					20	16	10	10	12	13	12	17	5	11	15	25	20	8	17	32	29
30	9	18	2	30					19	15	9	9	11	12	11	16	4	10	14	24	19	7	16	31	30
31	8	17	1	29					18	14	8	8					3	9	13	23					31

1939 TAG	JULI k	s	g	f	AUGUST k	s	g	f	SEPTEMBER k	s	g	f	OKTOBER k	s	g	f	NOVEMBER k	s	g	f	DEZEMBER k	s	g	f	1939 TAG
1	18	6	15	38	10	3	17	37	2	28	19	6	18	26	22	14	10	23	24	21	3	21	27	29	1
2	17	5	14	29	9	2	16	36	1	27	18	5	17	25	21	13	9	22	23	20	2	20	26	28	2
3	16	4	13	28	8	1	15	35	23	26	17	4	16	24	20	12	8	21	22	19	1	19	25	27	3
4	15	3	12	27	7	28	14	34	22	25	16	3	15	23	19	11	7	20	21	18	23	18	24	26	4
5	14	2	11	26	6	27	13	33	21	24	15	2	14	22	18	10	6	19	20	17	22	17	23	25	5
6	13	1	10	25	5	26	12	32	20	23	14	1	13	21	17	9	5	18	19	16	21	16	22	24	6
7	13	28	9	24	4	25	11	31	19	22	13	38	12	20	16	8	4	17	18	15	20	15	21	23	7
8	12	27	9	23	3	24	10	30	18	21	12	37	11	19	15	7	3	16	17	14	19	14	20	22	8
9	10	26	7	22	2	23	9	29	17	20	11	36	10	18	14	6	2	15	16	13	18	13	19	21	9
10	9	25	6	21	1	22	8	28	16	19	10	35	9	17	13	5	1	14	15	12	17	12	18	20	10
11	8	24	5	20	23	21	7	27	15	18	9	34	8	16	12	4	23	13	14	11	16	11	17	19	11
12	7	23	4	19	22	20	6	26	14	17	8	33	7	15	11	3	22	12	13	10	15	10	16	18	12
13	6	22	3	18	21	19	5	25	13	16	7	32	6	14	10	2	21	11	12	9	14	9	15	17	13
14	5	21	2	17	20	18	4	24	12	15	6	31	5	13	9	1	20	10	11	8	13	8	14	16	14
15	4	20	1	16	19	17	3	23	11	14	5	30	4	12	8	38	19	9	10	7	12	7	13	15	15
16	3	19	33	15	18	16	2	22	10	13	4	29	3	11	7	37	18	8	9	6	11	6	12	14	16
17	2	18	32	14	17	15	1	21	9	12	3	28	2	10	6	36	17	7	8	5	10	5	11	13	17
18	1	17	31	13	16	14	33	20	8	11	2	27	1	9	5	35	16	6	7	4	9	4	10	12	18
19	23	16	30	12	15	13	32	19	7	10	1	26	23	8	4	34	15	5	6	3	8	3	9	11	19
20	22	15	29	11	14	12	31	18	6	9	33	25	22	7	3	33	14	4	5	2	7	2	8	10	20
21	21	14	28	10	13	11	30	17	5	8	32	24	21	6	2	32	13	3	4	1	6	1	7	9	21
22	20	13	27	9	12	10	29	16	4	7	31	23	20	5	1	31	12	2	3	38	5	28	6	8	22
23	19	12	26	8	11	9	28	15	3	6	30	22	19	4	33	30	11	1	2	37	4	27	5	7	23
24	18	11	25	7	10	8	27	14	2	5	29	21	18	3	32	29	10	28	1	36	3	26	4	6	24
25	17	10	24	6	9	7	26	13	1	4	28	20	17	2	31	28	9	27	33	35	2	25	3	5	25
26	16	9	23	5	8	6	25	12	23	3	27	19	16	1	30	27	8	26	32	34	1	24	2	4	26
27	15	8	22	4	7	5	24	11	22	2	26	18	15	28	29	26	7	25	31	33	23	23	1	3	27
28	14	7	21	3	6	4	23	10	21	1	25	17	14	27	28	25	6	24	30	32	22	22	33	2	28
29	13	6	20	2	5	3	22	9	20	28	24	16	13	26	27	24	5	23	29	31	21	21	32	1	29
30	12	5	19	1	4	2	21	8	19	27	23	15	12	25	26	23	4	22	28	30	20	20	31	38	30
31	11	4	18	38	3	1	20	7					11	24	25	22					19	19	30	37	31

1940

1940 TAG	JANUAR k	s	g	f	FEBRUAR k	s	g	f	MÄRZ k	s	g	f	APRIL k	s	g	f	MAI k	s	g	f	JUNI k	s	g	f	1940 TAG
1	18	18	29	36	10	15	31	5	4	14	2	14	19	11	4	21	12	9	7	29	4	6	9	36	1
2	17	17	28	35	9	14	30	4	3	13	1	13	18	10	3	20	11	8	6	28	3	5	8	35	2
3	16	16	27	34	8	13	29	3	2	12	33	12	17	9	2	19	10	7	5	27	2	4	7	34	3
4	15	15	26	33	7	12	28	2	1	11	32	11	16	8	1	18	9	6	4	26	1	3	6	33	4
5	14	14	25	32	6	11	27	1	23	10	31	10	15	7	33	17	8	5	3	25	23	2	5	32	5
6	13	13	24	31	5	10	26	38	22	9	30	9	14	6	32	16	7	4	2	24	22	1	4	31	6
7	12	12	23	30	4	9	25	37	21	8	29	8	13	5	31	15	6	3	1	23	21	28	3	30	7
8	11	11	22	29	3	8	24	36	20	7	28	7	12	4	30	14	5	2	33	22	20	27	2	29	8
9	10	10	21	28	2	7	23	35	19	6	27	6	11	3	29	13	4	1	32	21	19	26	1	28	9
10	9	9	20	27	1	6	22	34	18	5	26	5	10	2	28	12	3	28	31	20	18	25	33	27	10
11	8	8	19	26	23	5	21	33	17	4	25	4	9	1	27	11	1	27	30	19	17	24	32	26	11
12	7	7	18	25	22	4	20	32	16	3	24	3	8	28	26	10	23	26	29	18	16	23	31	25	12
13	6	6	17	24	21	3	19	31	15	2	23	2	7	27	25	9	22	25	28	17	15	22	30	24	13
14	5	5	16	23	20	2	18	30	14	1	22	1	6	26	24	8	21	24	27	16	14	21	29	23	14
15	4	4	15	22	19	1	17	29	13	28	21	38	5	25	23	7	20	23	26	15	13	20	28	22	15
16	3	3	14	21	18	28	16	28	12	27	20	37	4	24	22	6	19	22	25	14	12	19	27	21	16
17	2	2	13	20	17	27	15	27	11	26	19	36	3	23	21	5	18	21	24	13	11	18	26	20	17
18	1	1	12	19	16	26	14	26	10	25	18	35	2	22	20	4	17	20	23	12	10	17	25	19	18
19	23	28	11	18	15	25	13	25	9	24	17	34	1	21	19	3	16	19	22	11	9	16	24	18	19
20	22	27	10	17	14	24	12	24	8	23	16	33	23	20	18	2	15	18	21	10	8	15	23	17	20
21	21	26	9	16	13	23	11	23	7	22	15	32	22	19	17	1	14	17	20	9	7	14	22	16	21
22	20	25	8	15	12	22	10	22	6	21	14	31	21	18	16	38	13	16	19	8	6	13	21	15	22
23	19	24	7	14	11	21	9	21	5	20	13	30	20	17	15	37	12	15	18	7	5	12	20	14	23
24	18	23	6	13	10	20	8	20	4	19	12	29	19	16	14	36	11	14	17	6	4	11	19	13	24
25	17	22	5	12	9	19	7	19	3	18	11	28	18	15	13	35	10	13	16	5	3	10	18	12	25
26	16	21	4	11	8	18	6	18	2	17	10	27	17	14	12	34	9	12	15	4	2	9	17	11	26
27	15	20	3	10	7	17	5	17	1	16	9	26	16	13	11	33	8	11	14	3	1	8	16	10	27
28	14	19	2	9	6	16	4	16	23	15	8	25	15	12	10	32	7	10	13	2	23	7	15	9	28
29	13	18	1	8	5	15	3	15	22	14	7	24	14	11	9	31	6	9	12	1	22	6	14	8	29
30	12	17	33	7					21	13	6	23	13	10	8	30		8	11	38	21	5	13	7	30
31	11	16	32	6					20	12	5	22					5	7	10	37					31

1940 TAG	JULI k	s	g	f	AUGUST k	s	g	f	SEPTEMBER k	s	g	f	OKTOBER k	s	g	f	NOVEMBER k	s	g	f	DEZEMBER k	s	g	f	1940 TAG
1	20	4	12	6	12	1	14	13	4	26	16	20	20	24	19	28	12	21	21	35	5	19	24	5	1
2	19	3	11	5	11	28	13	12	3	25	15	19	19	23	18	27	11	20	20	34	4	18	23	4	2
3	18	2	10	4	10	27	12	11	2	24	14	18	18	22	17	26	10	19	19	33	3	17	22	3	3
4	17	1	9	3	9	26	11	10	1	23	13	17	17	21	16	25	9	18	18	32	2	16	21	2	4
5	16	28	8	2	8	25	10	9	23	22	12	16	16	20	15	24	8	17	17	31	1	15	20	1	5
6	15	27	7	1	7	24	9	8	22	21	11	15	15	19	14	23	7	16	16	30	23	14	19	38	6
7	14	26	6	38	6	23	8	7	21	20	10	14	14	18	13	22	6	15	15	29	22	13	18	37	7
8	13	25	5	37	5	22	7	6	20	19	9	13	13	17	12	21	5	14	14	28	21	12	17	36	8
9	12	24	4	36	4	21	6	5	19	18	8	12	12	16	11	20	4	13	13	27	20	11	16	35	9
10	11	23	3	35	3	20	5	4	18	17	7	11	11	15	10	19	3	12	12	26	19	10	15	34	10
11	10	22	2	34	2	19	4	3	17	16	6	10	10	14	9	18	2	11	11	25	18	9	14	33	11
12	9	21	1	33	1	18	3	2	16	15	5	9	9	13	8	17	1	10	10	24	17	8	13	32	12
13	8	20	33	32	23	17	2	1	15	14	4	8	8	12	7	16	23	9	9	23	16	7	12	31	13
14	7	19	32	31	22	16	1	38	14	13	3	7	7	11	6	15	22	8	8	22	15	6	11	30	14
15	6	18	31	30	21	15	33	37	13	12	2	6	6	10	5	14	21	7	7	21	14	5	10	29	15
16	5	17	30	29	20	14	32	36	12	11	1	5	5	9	4	13	20	6	6	20	13	4	9	28	16
17	4	16	29	28	19	13	31	35	11	10	33	4	4	8	3	12	19	5	5	19	12	3	8	27	17
18	3	15	28	27	18	12	30	34	10	9	32	3	3	7	2	11	18	4	4	18	11	2	7	26	18
19	2	14	27	26	17	11	29	33	9	8	31	2	2	6	1	10	17	3	3	17	10	1	6	25	19
20	1	13	26	25	16	10	28	32	8	7	30	1	1	5	33	9	16	2	2	16	9	28	5	24	20
21	23	12	25	24	15	9	27	31	7	6	29	38	23	4	32	8	15	1	1	15	8	27	4	23	21
22	22	11	24	23	14	8	26	30	6	5	28	37	22	3	31	7	14	28	33	14	7	26	3	22	22
23	21	10	23	22	13	7	25	29	5	4	27	36	21	2	30	6	13	27	32	13	6	25	2	21	23
24	20	9	22	21	12	6	24	28	4	3	26	35	20	1	29	5	12	26	31	12	5	24	1	20	24
25	19	8	21	20	11	5	23	27	3	2	25	34	19	28	28	4	11	25	30	11	4	23	33	19	25
26	18	7	20	19	10	4	22	26	2	1	24	33	18	27	27	3	10	24	29	10	3	22	32	18	26
27	17	6	19	18	9	3	21	25	1	28	23	32	17	26	26	2	9	23	28	9	2	21	31	17	27
28	16	5	18	17	8	2	20	24	23	27	22	31	16	25	25	1	8	22	27	8	1	20	30	16	28
29	15	4	17	16	7	1	19	23	22	26	21	30	15	24	24	38	7	21	26	8	23	19	29	15	29
30	14	3	16	15	6	28	18	22	21	25	20	29	14	23	23	37	6	20	25	6	22	18	28	14	30
31	13	2	15	14	5	27	17	21					13	22	22	36					21	17	27	13	31

1941

1941 TAG	JANUAR k	s	g	f	FEBRUAR k	s	g	f	MÄRZ k	s	g	f	APRIL k	s	g	f	MAI k	s	g	f	JUNI k	s	g	f	1941 TAG
1	20	16	26	12	12	13	28	19	7	13	33	29	22	10	2	36	15	8	5	6	7	5	7	13	1
2	19	15	25	11	11	12	27	18	6	12	32	28	21	9	1	35	14	7	4	5	6	4	6	12	2
3	18	14	24	10	10	11	26	17	5	11	31	27	20	8	33	34	13	6	3	4	5	3	5	11	3
4	17	13	23	9	9	10	25	16	4	10	30	26	19	7	32	33	12	5	2	3	4	2	4	10	4
5	16	12	22	8	8	9	24	15	3	9	29	25	18	6	31	32	11	4	1	2	3	1	3	9	5
6	15	11	21	7	7	8	23	14	2	8	28	24	17	5	30	31	10	3	33	1	2	28	2	8	6
7	14	10	20	6	6	7	22	13	1	7	27	23	16	4	29	30	9	2	32	38	1	27	1	7	7
8	13	9	19	5	5	6	21	12	23	6	26	22	15	3	28	29	8	1	31	37	23	26	33	6	8
9	12	8	18	4	4	5	20	11	22	5	25	21	14	2	27	28	7	28	38	36	22	25	32	5	9
10	11	7	17	3	3	4	19	10	21	4	24	20	13	1	26	27	6	27	29	35	21	24	31	4	10
11	10	6	16	2	2	3	18	9	20	3	23	19	12	28	25	26	5	26	28	34	20	23	30	3	11
12	9	5	15	1	1	2	17	8	19	2	22	18	11	27	24	25	4	25	27	33	19	22	29	2	12
13	8	4	14	38	23	1	16	7	18	1	21	17	10	26	23	24	3	24	26	32	18	21	28	1	13
14	7	3	13	37	22	28	15	6	17	28	20	16	9	25	22	23	2	23	25	31	17	20	27	38	14
15	6	2	12	36	21	27	14	5	16	27	19	15	8	24	21	22	1	22	24	30	16	19	26	37	15
16	5	1	11	35	20	26	13	4	15	26	18	14	7	23	20	21	23	21	23	29	15	18	25	36	16
17	4	28	10	34	19	25	12	3	14	25	17	13	6	22	19	20	22	20	22	28	14	17	24	35	17
18	3	27	9	33	18	24	11	2	13	24	16	12	5	21	18	19	21	19	21	27	13	16	23	34	18
19	2	26	8	32	17	23	10	1	12	23	15	11	4	20	17	18	20	18	20	26	12	15	22	33	19
20	1	25	7	31	16	22	9	38	11	22	14	10	3	19	16	17	19	17	19	25	11	14	21	32	20
21	23	24	6	30	15	21	8	37	10	21	13	9	2	18	15	16	18	16	18	24	10	13	20	31	21
22	22	23	5	29	14	20	7	36	9	20	12	8	1	17	14	15	17	15	17	23	9	12	19	30	22
23	21	22	4	28	13	19	6	35	8	19	11	7	23	16	13	14	16	14	16	22	8	11	18	29	23
24	20	21	3	27	12	18	5	34	7	18	10	6	22	15	12	13	15	13	15	21	7	10	17	28	24
25	19	20	2	26	11	17	4	33	6	17	9	5	21	14	11	12	14	12	14	20	6	9	16	27	25
26	18	19	1	25	10	16	3	32	5	16	8	4	20	13	10	11	13	11	13	19	5	8	15	26	26
27	17	18	33	24	9	15	2	31	4	15	7	3	19	12	9	10	12	10	12	18	4	7	14	25	27
28	16	17	32	23	8	14	1	30	3	14	6	2	18	11	8	9	11	9	11	17	3	6	13	24	28
29	15	16	31	22					2	13	5	1	17	10	7	8	10	8	10	16	2	5	12	23	29
30	14	15	30	21					1	12	4	38	16	9	6	7	9	7	9	15	1	4	11	22	30
31	13	14	29	20					23	11	3	37					8	6	8	14					31

1941 TAG	JULI k	s	g	f	AUGUST k	s	g	f	SEPTEMBER k	s	g	f	OKTOBER k	s	g	f	NOVEMBER k	s	g	f	DEZEMBER k	s	g	f	1941 TAG
1	23	3	10	21	15	28	12	28	7	25	14	35	23	23	17	5	15	20	19	12	8	18	22	20	1
2	22	2	9	20	14	27	11	27	6	24	13	34	22	22	16	4	14	19	18	11	7	17	21	19	2
3	21	1	8	19	13	26	10	26	5	23	12	33	21	21	15	3	13	18	17	10	6	16	20	18	3
4	20	28	7	18	12	25	9	25	4	22	11	32	20	20	14	2	12	17	16	9	5	15	19	17	4
5	19	27	6	17	11	24	8	24	3	21	10	31	19	19	13	1	11	16	15	8	4	14	18	16	5
6	18	26	5	16	10	23	7	23	2	20	9	30	18	18	12	38	10	15	14	7	3	13	17	15	6
7	17	25	4	15	9	22	6	22	1	19	8	29	17	17	11	37	9	14	13	6	2	12	16	14	7
8	16	24	3	14	8	21	5	21	23	18	7	28	16	16	10	36	8	13	12	5	1	11	15	13	8
9	15	23	2	13	7	20	4	20	22	17	6	27	15	15	9	35	7	12	11	4	23	10	14	12	9
10	14	22	1	12	6	19	3	19	21	16	5	26	14	14	8	34	6	11	10	3	22	9	13	11	10
11	13	21	33	11	5	18	2	18	20	15	4	25	13	13	7	33	5	10	9	2	21	8	12	10	11
12	12	20	32	10	4	17	1	17	19	14	3	24	12	12	6	32	4	9	8	1	20	7	11	9	12
13	11	19	31	9	3	16	33	16	18	13	2	23	11	11	5	31	3	8	7	38	19	6	10	8	13
14	10	18	30	8	2	15	32	15	17	12	1	22	10	10	4	30	2	7	6	37	18	5	9	7	14
15	9	17	29	7	1	14	31	14	16	11	33	21	9	9	3	29	1	6	5	36	17	4	8	6	15
16	8	16	28	6	23	13	30	13	15	10	32	20	8	8	2	28	23	5	4	35	16	3	7	5	16
17	7	15	27	5	22	12	29	12	14	9	31	19	7	7	1	27	22	4	3	34	15	2	6	4	17
18	6	14	26	4	21	11	28	11	13	8	30	18	6	6	33	26	21	3	2	33	14	1	5	3	18
19	5	13	25	3	20	10	27	10	12	7	29	17	5	5	32	25	20	2	1	32	13	28	4	2	19
20	4	12	24	2	19	9	26	9	11	6	28	16	4	4	31	24	19	1	33	31	12	27	3	1	20
21	3	11	23	1	18	8	25	8	10	5	27	15	3	3	30	23	18	28	32	30	11	26	2	38	21
22	2	10	22	38	17	7	24	7	9	4	26	14	2	2	29	22	17	27	31	29	10	25	1	37	22
23	1	9	21	37	16	6	23	6	8	3	25	13	1	1	28	21	16	26	30	28	9	24	33	36	23
24	23	8	20	36	15	5	22	5	7	2	24	12	23	28	27	20	15	25	29	27	8	23	32	35	24
25	22	7	19	35	14	4	21	4	6	1	23	11	22	27	26	19	14	24	28	26	7	22	31	34	25
26	21	6	18	34	13	3	20	3	5	28	22	10	21	26	25	18	13	23	27	25	6	21	30	33	26
27	20	5	17	33	12	2	19	2	4	27	21	9	20	25	24	17	12	22	26	24	5	20	29	32	27
28	19	4	16	32	11	1	18	1	3	26	20	8	19	24	23	16	11	21	25	23	4	19	28	31	28
29	18	3	15	31	10	28	17	38	2	25	19	7	18	23	22	15	10	20	24	22	3	18	27	30	29
30	17	2	14	30	9	27	16	37	1	24	18	6	17	22	21	14	9	19	23	21	2	17	26	29	30
31	16	1	13	29	8	26	15	36					16	21	20	13					1	16	25	28	31

1942 TAG	JANUAR k	s	g	f	FEBRUAR k	s	g	f	MÄRZ k	s	g	f	APRIL k	s	g	f	MAI k	s	g	f	JUNI k	s	g	f	1942 TAG
1	23	15	24	27	15	12	26	34	10	12	31	6	2	9	33	13	18	7	3	21	10	4	5	28	1
2	22	14	23	26	14	11	25	33	9	11	30	5	1	8	32	12	17	6	2	20	9	3	4	27	2
3	21	13	22	25	13	10	24	32	8	10	29	4	23	7	31	11	16	5	1	19	8	2	3	26	3
4	20	12	21	24	12	9	23	31	6	9	28	3	22	6	30	10	15	4	33	18	7	1	2	25	4
5	19	11	20	23	11	8	22	30	5	8	27	2	21	5	29	9	14	3	32	17	6	28	1	24	5
6	18	10	19	22	10	7	21	29	4	7	26	1	20	4	28	8	13	2	31	16	5	27	33	23	6
7	17	9	18	21	9	6	20	28	3	6	25	38	19	3	27	7	12	1	30	15	4	26	32	22	7
8	16	8	17	20	8	5	19	27	2	5	24	37	18	2	26	6	11	28	29	14	3	25	31	21	8
9	15	7	16	19	7	4	18	26	1	4	23	36	17	1	25	5	10	27	28	13	2	24	30	20	9
10	14	6	15	18	6	3	17	25	23	3	22	35	16	28	24	4	9	26	27	12	23	23	29	19	10
11	13	5	14	17	5	2	16	24	22	2	21	34	15	27	23	3	8	25	26	11	22	22	28	18	11
12	12	4	13	16	4	1	15	23	21	1	20	33	14	26	22	2	7	24	25	10	22	21	27	17	12
13	11	3	12	15	3	28	14	22	20	28	19	32	13	25	21	1	6	23	24	9	21	20	26	16	13
14	10	2	11	14	2	27	13	21	19	27	18	31	12	24	20	38	5	22	23	8	20	19	25	15	14
15	9	1	10	13	1	26	12	20	18	26	17	30	11	23	19	37	4	21	22	7	19	18	24	14	15
16	8	28	9	12	23	25	11	19	17	25	16	29	10	22	18	36	3	20	21	6	18	17	23	13	16
17	7	27	8	11	22	24	10	18	16	24	15	28	9	21	17	35	2	19	20	5	17	16	22	12	17
18	6	26	7	10	21	23	9	17	15	23	14	27	8	20	16	34	1	18	19	4	16	15	21	11	18
19	5	25	6	9	20	22	8	16	14	22	13	26	7	19	15	33	23	17	18	3	15	14	20	10	19
20	4	24	5	8	19	21	7	15	13	21	12	25	6	18	14	32	22	16	17	2	14	13	19	9	20
21	3	23	4	7	18	20	6	14	12	20	11	24	5	17	13	31	21	15	16	1	13	12	18	8	21
22	2	22	3	6	17	19	5	13	11	19	10	23	4	16	12	30	20	14	15	38	12	11	17	7	22
23	1	21	2	5	16	18	4	12	10	18	9	22	3	15	11	29	19	13	14	37	11	10	16	6	23
24	23	20	1	4	15	17	3	11	9	17	8	21	2	14	10	28	18	12	13	36	10	9	15	5	24
25	22	19	33	3	14	16	2	10	8	16	7	20	1	13	9	27	17	11	12	35	9	8	14	4	25
26	21	18	32	2	13	15	1	9	7	15	6	19	23	12	8	26	16	10	11	34	8	7	13	3	26
27	20	17	31	1	12	14	31	8	6	14	5	18	22	11	7	25	15	10	10	33	7	6	12	2	27
28	19	16	30	38	11	13	32	7	6	13	4	17	21	10	6	24	14	9	9	32	6	5	11	1	28
29	18	15	29	37					5	12	3	16	20	9	5	23	13	8	8	31	5	4	10	38	29
30	17	14	28	36					4	11	2	15	19	8	4	22	12	7	7	30	4	3	9	37	30
31	16	13	27	35					3	10	1	14					11	5	6	29					31

326

1942 TAG	JULI k	s	g	f	AUGUST k	s	g	f	SEPTEMBER k	s	g	f	OKTOBER k	s	g	f	NOVEMBER k	s	g	f	DEZEMBER k	s	g	f	1942 TAG
1	3	2	8	36	18	27	10	5	10	24	12	12	3	22	15	20	18	19	17	27	11	17	20	35	1
2	2	1	7	35	17	26	9	4	9	23	11	11	2	21	14	19	17	18	16	26	10	16	19	34	2
3	1	28	6	34	16	25	8	3	8	22	10	10	1	20	13	18	16	17	15	25	9	15	18	33	3
4	23	27	5	33	15	24	7	2	7	21	9	9	23	19	12	17	15	16	14	24	8	14	17	32	4
5	22	26	4	32	14	23	6	1	6	20	8	8	22	18	11	16	14	15	13	23	7	13	16	31	5
6	21	25	3	31	13	22	5	38	5	19	7	7	21	17	10	15	13	14	12	22	6	12	15	30	6
7	20	24	2	30	12	21	4	37	4	18	6	6	20	16	9	14	12	13	11	21	5	11	14	29	7
8	19	23	1	29	11	20	3	36	3	17	5	5	19	15	8	13	11	12	10	20	4	10	13	28	8
9	18	22	33	28	10	19	2	35	2	16	4	4	18	14	7	12	10	11	9	19	3	9	12	27	9
10	17	21	32	27	9	18	1	34	1	15	3	3	17	13	6	11	9	10	8	18	2	8	11	26	10
11	16	20	31	26	8	17	33	33	23	14	2	2	16	12	5	10	8	9	7	17	1	7	10	25	11
12	15	19	30	25	7	16	32	32	22	13	1	1	15	11	4	9	7	8	6	16	23	6	9	24	12
13	14	18	29	24	6	15	31	31	21	12	33	38	14	10	3	8	6	7	5	15	22	5	8	23	13
14	13	17	28	23	5	14	30	30	20	11	32	37	13	9	2	7	5	6	4	14	21	4	7	22	14
15	12	16	27	22	4	13	29	29	19	10	31	36	12	8	1	6	4	5	3	13	20	3	6	21	15
16	11	15	26	21	3	12	28	28	18	9	30	35	11	7	33	5	3	4	2	12	19	2	5	20	16
17	10	14	25	20	2	11	27	27	17	8	29	34	10	6	32	4	2	3	1	11	18	1	4	19	17
18	9	13	24	19	1	10	26	26	16	7	28	33	9	5	31	3	1	2	33	10	17	28	3	18	18
19	8	12	23	18	23	9	25	25	15	6	27	32	8	4	30	2	23	1	32	9	16	27	2	17	19
20	7	11	22	17	22	8	24	24	14	5	26	31	7	3	29	1	22	28	31	8	15	26	1	16	20
21	6	10	21	16	21	7	23	23	13	4	25	30	6	2	28	38	21	27	30	7	14	25	33	15	21
22	5	9	20	15	20	6	22	22	12	3	24	29	5	1	27	37	20	26	29	6	13	24	32	14	22
23	4	8	19	14	19	5	21	21	11	2	23	28	4	28	26	36	19	25	28	5	12	23	31	13	23
24	3	7	18	13	18	4	20	20	10	1	22	27	3	27	25	35	18	24	27	4	11	22	30	12	24
25	2	6	17	12	17	3	19	19	9	28	21	26	2	26	24	34	17	23	26	3	10	21	29	11	25
26	1	5	16	11	16	2	18	18	8	27	20	25	1	25	23	33	16	22	25	2	9	20	28	10	26
27	23	4	15	10	15	1	17	17	7	26	19	24	23	24	22	32	15	21	24	1	8	19	27	9	27
28	22	3	14	9	14	28	16	16	6	25	18	23	22	23	21	31	14	20	23	38	7	18	26	8	28
29	21	2	13	8	13	27	15	15	5	24	17	22	21	22	20	30	13	19	22	37	6	17	25	7	29
30	20	1	12	7	12	26	14	14	4	23	16	21	20	21	19	29	12	18	21	36	5	16	24	6	30
31	19	28	11	6	11	25	13	13					19	20	18	28					4	15	23	5	31

1943

1943 TAG	JANUAR k	s	g	f	FEBRUAR k	s	g	f	MÄRZ k	s	g	f	APRIL k	s	g	f	MAI k	s	g	f	JUNI k	s	g	f	1943 TAG
1	3	14	22	4	18	11	24	11	13	11	29	21	5	8	31	28	21	6	1	36	13	3	3	5	1
2	2	13	21	3	17	10	23	10	12	10	28	20	4	7	30	27	20	5	33	35	12	2	2	4	2
3	1	12	20	1	16	9	22	9	11	9	27	19	3	6	29	26	19	4	32	34	11	1	1	3	3
4	23	11	19	38	15	8	21	8	10	8	26	18	2	5	28	25	18	3	31	33	10	28	33	2	4
5	22	10	18	37	14	7	20	7	9	7	25	17	1	4	27	24	17	2	30	32	9	27	32	1	5
6	21	9	17	36	13	6	19	6	8	6	24	16	23	3	26	23	16	1	29	31	8	26	31	38	6
7	20	8	16	35	12	5	18	5	7	5	23	15	22	2	25	22	15	28	28	30	7	25	30	37	7
8	19	7	15	34	11	4	17	4	6	4	22	14	21	1	24	21	14	27	27	29	6	24	29	36	8
9	18	6	14	33	10	3	16	3	5	3	21	13	20	28	23	20	13	26	26	28	5	23	28	35	9
10	17	5	13	32	9	2	15	2	4	2	20	12	19	27	22	19	12	25	25	27	4	22	27	34	10
11	16	4	12	31	8	1	14	1	3	1	19	11	18	26	21	18	11	24	24	26	3	21	26	33	11
12	15	3	11	30	7	28	13	38	2	28	18	10	17	25	20	17	10	23	23	25	2	20	25	32	12
13	14	2	10	29	6	27	12	37	1	27	17	9	16	24	19	16	9	22	22	24	1	19	24	31	13
14	13	1	9	28	5	26	11	36	23	26	16	8	15	23	18	15	8	21	21	23	23	18	23	30	14
15	12	28	8	27	4	25	10	35	22	25	15	7	14	22	17	14	7	20	20	22	22	17	22	29	15
16	11	27	7	27	3	24	9	34	21	24	14	6	13	21	16	13	6	19	19	21	21	16	21	28	16
17	10	26	6	26	2	23	8	33	20	23	13	5	12	20	15	12	5	18	18	20	20	15	20	27	17
18	9	25	5	25	1	22	7	32	19	22	12	4	11	19	14	11	4	17	17	19	19	14	19	26	18
19	8	24	4	24	23	21	6	31	18	21	11	3	10	18	13	10	3	16	16	18	18	13	18	25	19
20	7	23	3	23	22	20	5	30	17	20	10	2	9	17	12	9	2	15	15	17	17	12	17	24	20
21	6	22	2	22	21	19	4	29	16	19	9	1	8	16	11	8	1	14	14	16	16	11	16	23	21
22	5	21	1	21	20	18	3	28	15	18	8	38	7	15	10	7	23	13	13	15	15	9	14	21	22
23	4	20	33	20	19	17	2	27	14	17	7	37	6	14	9	6	22	12	12	13	14	8	13	20	23
24	3	19	32	19	18	16	1	26	13	16	6	36	5	13	8	5	21	11	11	13	13	7	12	19	24
25	2	18	31	18	17	15	33	25	12	15	5	35	4	12	7	4	20	10	10	12	12	6	11	18	25
26	1	17	30	17	16	14	32	24	11	14	4	34	3	11	6	3	19	9	9	10	11	5	10	17	26
27	23	16	29	16	15	13	31	23	10	13	3	33	2	10	5	2	18	8	8	10	10	4	9	16	27
28	22	15	28	15	14	12	30	22	9	12	2	32	1	9	4	1	17	7	7	9	9	3	8	15	28
29	21	14	27	14					8	11	1	31	23	8	3	38	16	6	6	8	8	2	7	14	29
30	20	13	26	13					7	10	33	30	22	7	2	37	15	5	5	7	7				30
31	19	12	25	12					6	9	32	29					14	4		6					31

1943 TAG	JULI k	JULI s	JULI g	JULI f	AUGUST k	AUGUST s	AUGUST g	AUGUST f	SEPTEMBER k	SEPTEMBER s	SEPTEMBER g	SEPTEMBER f	OKTOBER k	OKTOBER s	OKTOBER g	OKTOBER f	NOVEMBER k	NOVEMBER s	NOVEMBER g	NOVEMBER f	DEZEMBER k	DEZEMBER s	DEZEMBER g	DEZEMBER f	1943 TAG
1	6	1	6	13	21	26	8	20	13	23	10	27	6	21	13	35	21	18	15	4	14	16	18	12	1
2	5	28	5	12	20	25	7	19	12	22	9	26	5	20	12	34	20	17	14	3	13	15	17	11	2
3	4	27	4	11	19	24	6	18	11	21	8	25	4	19	11	33	19	16	13	2	12	14	16	10	3
4	3	26	3	10	18	23	5	17	10	20	7	24	3	18	10	32	18	15	12	1	11	13	15	9	4
5	2	25	2	9	17	22	4	16	9	19	6	23	2	17	9	31	17	14	11	38	10	12	14	8	5
6	1	24	1	8	16	21	3	15	8	18	5	22	1	16	8	30	16	13	10	37	9	11	13	7	6
7	23	23	33	7	15	20	2	14	7	17	4	21	23	15	7	29	15	12	9	36	8	10	12	6	7
8	22	22	32	6	14	19	1	13	6	16	3	20	22	14	6	28	14	11	8	35	7	9	11	5	8
9	21	21	31	5	13	18	33	12	5	15	2	19	21	13	5	27	13	10	7	34	6	8	10	4	9
10	20	20	30	4	12	17	32	11	4	14	1	18	20	12	4	26	12	9	6	33	5	7	9	3	10
11	19	19	29	3	11	16	31	10	3	13	33	17	19	11	3	25	11	8	5	32	4	6	8	2	11
12	18	18	28	2	10	15	30	9	2	12	32	16	18	10	2	24	10	7	4	31	3	5	7	1	12
13	17	17	27	1	9	14	29	8	1	11	31	15	17	9	1	23	9	6	3	30	2	4	6	38	13
14	16	16	26	38	8	13	28	7	23	10	30	14	16	8	33	22	8	5	2	29	1	3	5	37	14
15	15	15	25	37	7	12	27	6	22	9	29	13	15	7	32	21	7	4	1	28	23	2	4	36	15
16	14	14	24	36	6	11	26	5	21	8	28	12	14	6	31	20	6	3	33	27	22	1	3	35	16
17	13	13	23	35	5	10	25	4	20	7	27	11	13	5	30	19	5	2	32	26	21	28	2	34	17
18	12	12	22	34	4	9	24	3	19	6	26	10	12	4	29	18	4	1	31	25	20	27	1	33	18
19	11	11	21	33	3	8	23	2	18	5	25	9	11	3	28	17	3	28	30	24	19	26	33	32	19
20	10	10	20	32	2	7	22	1	17	4	24	8	10	2	27	16	2	27	29	23	18	25	32	31	20
21	9	9	19	31	1	6	21	38	16	3	23	7	9	1	26	15	1	26	28	22	17	24	31	30	21
22	8	8	18	30	23	5	20	37	15	2	22	6	8	28	25	14	23	25	27	21	16	23	30	29	22
23	7	7	17	29	22	4	19	36	14	1	21	5	7	27	24	13	22	24	26	20	15	22	29	28	23
24	6	6	16	28	21	3	18	35	13	28	20	4	6	26	23	12	21	23	25	19	14	21	28	27	24
25	5	5	15	27	20	2	17	34	12	27	19	3	5	25	22	11	20	22	24	18	13	20	27	26	25
26	4	4	14	26	19	1	16	33	11	26	18	2	4	24	21	10	19	21	23	17	12	19	26	25	26
27	3	3	13	25	18	28	15	32	10	25	17	1	3	23	20	9	18	20	22	16	11	18	25	24	27
28	2	2	12	24	17	27	14	31	9	24	16	38	2	22	19	8	17	19	21	15	10	17	24	23	28
29	1	1	11	23	16	26	13	30	8	23	15	37	1	21	18	7	16	18	20	14	9	16	23	22	29
30	23	28	10	22	15	25	12	29	7	22	14	36	23	20	17	6	15	17	19	13	8	15	22	21	30
31	22	27	9	21	14	24	11	28					22	19	16	5					7	14	21	20	31

1944

1944 TAG	JANUAR k	s	g	f	FEBRUAR k	s	g	f	MÄRZ k	s	g	f	APRIL k	s	g	f	MAI k	s	g	f	JUNI k	s	g	f	1944 TAG
1	6	13	20	19	21	10	22	26	15	9	26	35	7	6	28	4	23	4	31	12	15	1	33	19	1
2	5	12	19	18	20	9	21	25	14	8	25	34	6	5	27	3	22	3	30	11	14	28	32	18	2
3	4	11	18	17	19	8	20	24	13	7	24	33	5	4	26	2	21	2	29	10	13	27	31	17	3
4	3	10	17	16	18	7	19	23	12	6	23	32	4	3	25	1	20	1	28	9	12	26	30	16	4
5	2	9	16	15	17	6	18	22	11	5	22	31	3	2	24	38	19	28	27	8	11	25	29	15	5
6	1	8	15	14	16	5	17	21	10	4	21	30	2	1	23	37	18	27	26	7	10	24	28	14	6
7	23	7	14	13	15	4	16	20	9	3	20	29	1	28	22	36	17	26	25	6	9	23	27	13	7
8	22	6	13	12	14	3	15	19	8	2	19	28	23	27	21	35	16	25	24	5	8	22	26	12	8
9	21	5	12	11	13	2	14	18	7	1	18	27	22	26	20	34	15	24	23	4	7	21	25	11	9
10	20	4	11	10	12	1	13	17	6	28	17	26	21	25	19	33	14	23	22	3	6	20	24	10	10
11	19	3	10	9	11	28	12	16	5	27	16	25	20	24	18	32	13	22	21	2	5	19	23	9	11
12	18	2	9	8	10	27	11	15	4	26	15	24	19	23	17	31	12	21	20	1	4	18	22	8	12
13	17	1	8	7	9	26	10	14	3	25	14	23	18	22	16	30	11	20	19	38	3	17	21	7	13
14	16	28	7	6	8	25	9	13	2	24	13	22	17	21	15	29	10	19	18	37	2	16	20	6	14
15	15	27	6	5	7	24	8	12	1	23	12	21	16	20	14	28	9	18	17	36	1	15	19	5	15
16	14	26	5	4	6	23	7	11	23	22	11	20	15	19	13	27	8	17	16	35	23	14	18	4	16
17	13	25	4	3	5	22	6	10	22	21	10	19	14	18	12	26	7	16	15	34	22	13	17	3	17
18	12	24	3	2	4	21	5	9	21	20	9	18	13	17	11	25	6	15	14	33	21	12	16	2	18
19	11	23	2	1	3	20	4	8	20	19	8	17	12	16	10	24	5	14	13	32	20	11	15	1	19
20	10	22	1	38	2	19	3	7	19	18	7	16	11	15	9	23	4	13	12	31	19	10	14	38	20
21	9	21	33	37	1	18	2	6	18	17	6	15	10	14	8	22	3	12	11	30	18	9	13	37	21
22	8	20	32	36	23	17	1	5	17	16	5	14	9	13	7	21	2	11	10	29	17	8	12	36	22
23	7	19	31	35	22	16	33	4	16	15	4	13	8	12	6	20	1	10	9	28	16	7	11	35	23
24	6	18	30	34	21	15	32	3	15	14	3	12	7	11	5	19	23	9	8	27	15	6	10	33	24
25	5	17	29	33	20	14	31	2	14	13	2	11	6	10	4	18	22	8	7	26	14	5	9	32	25
26	4	16	28	32	19	13	30	1	13	12	1	10	5	9	3	17	21	7	6	25	13	4	8	31	26
27	3	15	27	31	18	12	29	38	12	11	33	9	4	8	2	16	20	6	5	24	12	3	7	30	27
28	2	14	26	30	17	11	28	37	11	10	32	8	3	7	1	15	19	5	4	23	11	2	6	29	28
29	1	13	25	29	16	10	27	36	10	9	31	7	2	6	33	14	18	4	3	22	10	1	5	28	29
30	23	12	24	28					9	8	30	6	1	5	32	13	17	3	2	21	9	28	4	28	30
31	22	11	23	27					8	7	29	5					16	2	1	20					31

1944 TAG	JULI k	s	g	f	AUGUST k	s	g	f	SEPTEMBER k	s	g	f	OKTOBER k	s	g	f	NOVEMBER k	s	g	f	DEZEMBER k	s	g	f	1944 TAG
1	8	27	3	27	23	24	5	34	15	21	7	3	8	19	10	11	23	16	12	18	16	14	15	26	1
2	7	26	2	26	22	23	4	33	14	20	6	2	7	18	9	10	22	15	11	17	15	13	14	25	2
3	6	25	1	25	21	22	3	32	13	19	5	1	6	17	8	9	21	14	10	16	14	12	13	24	3
4	5	24	33	24	20	21	2	31	12	18	4	38	5	16	7	8	20	13	9	15	13	11	12	23	4
5	4	23	32	23	19	20	1	30	11	17	3	37	4	15	6	7	19	12	8	14	12	10	11	22	5
6	3	22	31	22	18	19	33	29	10	16	2	36	3	14	5	6	18	11	7	13	11	9	10	21	6
7	2	21	30	21	17	18	32	28	9	15	1	35	2	13	4	5	17	10	6	12	10	8	9	20	7
8	1	20	29	20	16	17	31	27	8	14	33	34	1	12	3	4	16	9	5	11	9	7	8	19	8
9	23	19	28	19	15	16	30	26	7	13	32	33	23	11	2	3	15	8	4	10	8	6	7	18	9
10	22	18	27	18	14	15	29	25	6	12	31	32	22	10	1	2	14	7	3	9	7	5	6	17	10
11	21	17	26	17	13	14	28	24	5	11	30	31	21	9	33	1	13	6	2	8	6	4	5	16	11
12	20	16	25	16	12	13	27	23	4	10	29	30	20	8	32	38	12	5	1	7	5	3	4	15	12
13	19	15	24	15	11	12	26	22	3	9	28	29	19	7	31	37	11	4	33	6	4	2	3	14	13
14	18	14	23	14	10	11	25	21	2	8	27	28	18	6	30	36	10	3	32	5	3	1	2	13	14
15	17	13	22	13	9	10	24	20	1	7	26	27	17	5	29	35	9	2	31	4	2	28	1	12	15
16	16	12	21	12	8	9	23	19	23	6	25	26	16	4	28	34	8	1	30	3	1	27	33	11	16
17	15	11	20	11	7	8	22	18	22	5	24	25	15	3	27	33	7	28	29	2	23	26	32	10	17
18	14	10	19	10	6	7	21	17	21	4	23	24	14	2	26	32	6	27	28	1	22	25	31	9	18
19	13	9	18	9	5	6	20	16	20	3	22	23	13	1	25	31	5	26	27	38	21	24	30	8	19
20	12	8	17	8	4	5	19	15	19	2	21	22	12	28	24	30	4	25	26	37	20	23	29	7	20
21	11	7	16	7	3	4	18	14	18	1	20	21	11	27	23	29	3	24	25	36	19	22	28	6	21
22	10	6	15	6	2	3	17	13	17	28	19	20	10	26	22	28	2	23	24	35	18	21	27	5	22
23	9	5	14	5	1	2	16	12	16	27	18	19	9	25	21	27	1	22	23	34	17	20	26	4	23
24	8	4	13	4	23	1	15	11	15	26	17	18	8	24	20	26	23	21	22	33	16	19	25	3	24
25	7	3	12	3	22	28	14	10	14	25	16	17	7	23	19	25	22	20	21	32	15	18	24	2	25
26	6	2	11	2	21	27	13	9	13	24	15	16	6	22	18	24	21	19	20	31	14	17	23	1	26
27	5	1	10	1	20	26	12	8	12	23	14	15	5	21	17	23	20	18	19	30	13	16	22	38	27
28	4	28	9	38	19	25	11	7	11	22	13	14	4	20	16	22	19	17	18	29	12	15	21	37	28
29	3	27	8	37	18	24	10	6	10	21	12	13	3	19	15	21	18	16	17	28	11	14	20	36	29
30	2	26	7	36	17	23	9	5	9	20	11	12	2	18	14	20	17	15	16	27	10	13	19	35	30
31	1	25	6	35	16	22	8	4					1	17	13	19					9	12	18	34	31

1945

1945 TAG	JANUAR k	s	g	f	FEBRUAR k	s	g	f	MÄRZ k	s	g	f	APRIL k	s	g	f	MAI k	s	g	f	JUNI k	s	g	f	1945 TAG
1	8	11	17	33	23	8	19	2	18	7	24	12	10	5	26	19	3	3	29	27	18	28	31	34	1
2	7	10	16	32	22	7	18	1	17	6	23	11	9	4	25	18	2	2	28	26	17	27	30	33	2
3	6	9	15	31	21	6	17	38	16	5	22	10	8	3	24	17	1	1	27	25	16	26	29	32	3
4	5	8	14	30	20	5	16	37	15	4	21	9	7	2	23	16	23	28	26	24	15	25	28	31	4
5	4	7	13	29	19	4	15	36	14	3	20	8	6	1	22	15	22	27	25	23	14	24	27	30	5
6	3	6	12	28	18	3	14	35	13	2	19	7	5	28	21	14	21	26	24	22	13	23	26	29	6
7	2	5	11	27	17	2	13	34	12	1	18	6	4	27	20	13	20	25	23	21	12	22	25	28	7
8	1	4	10	26	16	1	12	33	11	28	17	5	3	26	19	12	19	24	22	20	11	21	24	27	8
9	23	3	9	25	15	28	11	32	10	27	16	4	2	25	18	11	18	23	21	19	10	20	23	26	9
10	22	2	8	24	14	27	10	31	9	26	15	3	1	24	17	10	17	22	20	18	9	19	22	25	10
11	21	1	7	23	13	26	9	30	8	25	14	2	23	23	16	9	16	21	19	17	8	18	21	24	11
12	20	28	6	22	12	25	8	29	7	24	13	1	22	22	15	8	15	20	18	16	7	17	20	23	12
13	19	27	5	21	11	24	7	28	6	23	12	38	21	21	14	7	14	19	17	15	6	16	19	22	13
14	18	26	4	20	10	23	6	27	5	22	11	37	20	20	13	6	13	18	16	14	5	15	18	21	14
15	17	25	3	19	9	22	5	26	4	21	10	36	19	19	12	5	12	17	15	13	4	14	17	20	15
16	16	24	2	18	8	21	4	25	3	20	9	35	18	18	11	4	11	16	14	12	3	13	16	19	16
17	15	23	1	17	7	20	3	24	2	19	8	34	17	17	10	3	10	15	13	11	2	12	15	18	17
18	14	22	33	16	6	19	2	23	1	18	7	33	16	16	9	2	9	14	12	10	1	11	14	17	18
19	13	21	32	15	5	18	1	22	23	17	6	32	15	15	8	1	8	13	11	9	23	10	13	16	19
20	12	20	31	14	4	17	33	21	22	16	5	31	14	14	7	38	7	12	10	8	22	9	12	15	20
21	11	19	30	13	3	16	32	20	21	15	4	30	13	13	6	37	6	11	9	7	21	8	11	14	21
22	10	18	29	12	2	15	31	19	20	14	3	29	12	12	5	36	5	10	8	6	20	7	10	13	22
23	9	17	28	11	1	14	30	18	19	13	2	28	11	11	4	35	4	9	7	5	19	6	9	12	23
24	8	16	27	10	23	13	29	17	18	12	1	27	10	10	3	34	3	8	6	4	18	5	8	11	24
25	7	15	26	9	22	12	28	16	17	11	33	26	9	9	2	33	2	7	5	3	17	4	7	10	25
26	6	14	25	8	21	11	27	15	16	10	32	25	8	8	1	32	1	6	4	2	16	3	6	9	26
27	5	13	24	7	20	10	26	14	15	9	31	24	7	7	33	31	23	5	3	1	15	2	5	8	27
28	4	12	23	6	19	9	25	13	14	8	30	23	6	6	5	30	22	4	2	38	14	1	4	7	28
29	3	11	22	5					13	7	29	22	5	5	31	29	21	3	1	37	13	28	3	6	29
30	2	10	21	4					12	6	28	21	4	4	30	28	20	2	33	36	12	27	2	5	30
31	1	9	20	3					11	5	27	20					19	1	32	35					31

1945 TAG	JULI k	s	g	f	AUGUST k	s	g	f	SEPTEMBER k	s	g	f	OKTOBER k	s	g	f	NOVEMBER k	s	g	f	DEZEMBER k	s	g	f	1945 TAG
1	11	26	1	4	3	23	3	11	18	20	5	18	11	18	8	26	3	15	10	33	19	13	13	3	1
2	10	25	33	3	2	22	2	10	17	19	4	17	10	17	7	25	2	14	9	32	18	12	12	2	2
3	9	24	32	2	1	21	1	9	16	18	3	16	9	16	6	24	1	13	8	31	17	11	11	1	3
4	8	23	31	1	23	20	33	8	15	17	2	15	8	15	5	23	23	12	7	30	16	10	10	38	4
5	7	22	30	38	22	19	32	7	14	16	1	14	7	14	4	22	22	11	6	29	15	9	9	37	5
6	6	21	29	37	21	18	31	6	13	15	33	13	6	13	3	21	21	10	5	28	14	8	8	36	6
7	5	20	28	36	20	17	30	5	12	14	32	12	5	12	2	20	20	9	4	27	13	7	7	35	7
8	4	19	27	35	19	16	29	4	11	13	31	11	4	11	1	19	19	8	3	26	12	6	6	34	8
9	3	18	26	34	18	15	28	3	10	12	30	10	3	10	33	18	18	7	2	25	11	5	5	33	9
10	2	17	25	33	17	14	27	2	9	11	29	9	2	9	32	17	17	6	1	24	10	4	4	32	10
11	1	16	24	32	16	13	26	1	8	10	28	8	1	8	31	16	16	5	33	23	9	3	3	31	11
12	23	15	23	31	15	12	25	38	7	9	27	7	23	7	30	15	15	4	32	22	8	2	2	30	12
13	22	14	22	30	14	11	24	37	6	8	26	6	22	6	29	14	14	3	31	21	7	1	1	29	13
14	21	13	21	29	13	10	23	36	5	7	25	5	21	5	28	13	13	2	30	20	6	28	33	28	14
15	20	12	20	28	12	9	22	35	4	6	24	4	20	4	27	12	12	1	29	19	5	27	32	27	15
16	19	11	19	27	11	8	21	34	3	5	23	3	19	3	26	11	11	28	28	18	4	26	31	26	16
17	18	10	18	26	10	7	20	33	2	4	22	2	18	2	25	10	10	27	27	17	3	25	30	25	17
18	17	9	17	25	9	6	19	32	1	3	21	1	17	1	24	9	9	26	26	16	2	24	29	24	18
19	16	8	16	24	8	5	18	31	23	2	20	38	16	28	23	8	8	25	25	15	1	23	28	23	19
20	15	7	15	23	7	4	17	30	22	1	19	37	15	27	22	7	7	24	24	14	23	22	27	22	20
21	14	6	14	22	6	3	16	29	21	28	18	36	14	26	21	6	6	23	23	13	22	21	26	21	21
22	13	5	13	21	5	2	15	28	20	27	17	35	13	25	20	5	5	22	22	12	21	20	25	20	22
23	12	4	12	20	4	1	14	27	19	26	16	34	12	24	19	4	4	21	21	11	20	19	24	19	23
24	11	3	11	19	3	28	13	26	18	25	15	33	11	23	18	3	3	20	20	10	19	18	23	18	24
25	10	2	10	18	2	27	12	25	17	24	14	32	10	22	17	2	2	19	19	9	18	17	22	17	25
26	9	1	9	17	1	26	11	24	16	23	13	31	9	21	16	1	1	18	18	8	17	16	21	16	26
27	8	28	8	16	23	25	10	23	15	22	12	30	8	20	15	38	23	17	17	7	16	15	20	15	27
28	7	27	7	15	22	24	9	22	14	21	11	29	7	19	14	37	22	16	16	6	15	14	19	14	28
29	6	26	6	14	21	23	8	21	13	20	10	28	6	18	13	36	21	15	15	5	14	13	18	13	29
30	5	25	5	13	20	22	7	20	12	19	9	27	5	17	12	35	20	14	14	4	13	12	17	12	30
31	4	24	4	12	19	21	6	19					4	16	11	34					12	11	16	11	31

1946

1946 TAG	JANUAR k	s	g	f	FEBRUAR k	s	g	f	MÄRZ k	s	g	f	APRIL k	s	g	f	MAI k	s	g	f	JUNI k	s	g	f	1946 TAG
1	11	10	15	10	3	7	17	17	21	7	22	27	13	4	24	34	6	2	27	4	21	27	29	11	1
2	10	9	14	9	2	6	16	16	20	6	21	26	12	3	23	33	5	1	26	3	20	26	28	10	2
3	9	8	13	8	1	5	15	15	19	5	20	25	11	2	22	32	4	28	25	2	19	25	27	9	3
4	8	7	12	7	23	4	14	14	18	4	19	24	10	1	21	31	3	27	24	1	18	24	26	8	4
5	7	6	11	6	22	3	13	13	17	3	18	23	9	28	20	30	2	26	23	38	17	23	25	7	5
6	6	5	10	5	21	2	12	12	16	2	17	22	8	27	19	29	1	25	22	37	16	22	24	6	6
7	5	4	9	4	20	1	11	11	15	1	16	21	7	26	18	28	23	24	21	36	15	21	23	5	7
8	4	3	8	3	19	28	10	10	14	28	15	20	6	25	17	27	22	23	20	35	14	20	22	4	8
9	3	2	7	2	18	27	9	9	13	27	14	19	5	24	16	26	21	22	19	34	13	19	21	3	9
10	2	1	6	1	17	26	8	8	12	26	13	18	4	23	15	25	20	21	18	33	12	18	20	2	10
11	1	28	5	38	16	25	7	7	11	25	12	17	3	22	14	24	19	20	17	32	11	17	19	1	11
12	23	27	4	37	15	24	6	6	10	24	11	16	2	21	13	23	18	19	16	31	10	16	18	38	12
13	22	26	3	36	14	23	5	5	9	23	10	15	1	20	12	22	17	18	15	30	9	15	17	37	13
14	21	25	2	35	13	22	4	4	8	22	9	14	23	19	11	21	16	17	14	29	8	14	16	36	14
15	20	24	1	34	12	21	3	3	7	21	8	13	22	18	10	20	15	16	13	28	7	13	15	35	15
16	19	23	33	33	11	20	2	2	6	20	7	12	21	17	9	19	14	15	12	27	6	12	14	34	16
17	18	22	32	32	10	19	1	1	5	19	6	11	20	16	8	18	13	14	11	26	5	11	13	33	17
18	17	21	31	31	9	18	33	38	4	18	5	10	19	15	7	17	12	13	10	25	4	10	12	32	18
19	16	20	30	30	8	17	32	37	3	17	4	9	18	14	6	16	11	12	9	24	3	9	11	31	19
20	15	19	29	29	7	16	31	36	2	16	3	8	17	13	5	15	10	11	8	23	2	8	10	30	20
21	14	18	28	28	6	15	30	35	1	15	2	7	16	12	4	14	9	10	7	22	1	7	9	29	21
22	13	17	27	27	5	14	29	34	23	14	1	6	15	11	3	13	8	9	6	21	23	6	8	28	22
23	12	16	26	26	4	13	28	33	22	13	33	5	14	10	2	12	7	8	5	20	22	5	7	27	23
24	11	15	25	25	3	12	27	32	21	12	32	4	13	9	1	11	6	7	4	19	21	4	6	26	24
25	10	14	24	24	2	11	26	31	20	11	31	3	12	8	33	10	5	6	3	18	20	3	5	25	25
26	9	13	23	23	1	10	25	30	19	10	30	2	11	7	32	9	4	5	2	17	19	2	4	24	26
27	8	12	22	22	23	9	24	29	18	9	29	1	10	6	31	8	3	4	1	16	18	1	3	23	27
28	7	11	21	21	22	8	23	28	17	8	28	38	9	5	30	7	2	3	33	15	17	28	2	22	28
29	6	10	20	20					16	7	27	37	8	4	29	6	1	2	32	14	16	27	1	21	29
30	5	9	19	19					15	6	26	36	7	3	28	5	23	1	31	13	15	26	33	20	30
31	4	8	18	18					14	5	25	35					22	28	30	12					31

1946 TAG	JULI k	s	g	f	AUGUST k	s	g	f	SEPTEMBER k	s	g	f	OKTOBER k	s	g	f	NOVEMBER k	s	g	f	DEZEMBER k	s	g	f	1946 TAG
1	14	25	32	19	6	22	1	26	21	19	3	33	14	17	6	3	6	14	8	10	22	12	11	18	1
2	13	24	31	18	5	21	33	25	20	18	2	32	13	16	5	2	5	13	7	9	21	11	10	17	2
3	12	23	30	17	4	20	32	24	19	17	1	31	12	15	4	1	4	12	6	8	20	10	9	16	3
4	11	22	29	16	3	19	31	23	18	16	33	30	11	14	3	38	3	11	5	7	19	9	8	15	4
5	10	21	28	15	2	18	30	22	17	15	32	29	10	13	2	37	2	10	4	6	18	8	7	14	5
6	9	20	27	14	1	17	29	21	16	14	31	28	9	12	1	36	1	9	3	5	17	7	6	13	6
7	8	19	26	13	23	16	28	20	15	13	30	27	8	11	33	35	23	8	2	4	16	6	5	12	7
8	7	18	25	12	22	15	27	19	14	12	29	26	7	10	32	34	22	7	1	3	15	5	4	11	8
9	6	17	24	11	21	14	26	18	13	11	28	25	6	9	31	33	21	6	33	2	14	4	3	10	9
10	5	16	23	10	20	13	25	17	12	10	27	24	5	8	30	32	20	5	32	1	13	3	2	9	10
11	4	15	22	9	19	12	23	16	11	9	26	23	4	7	29	31	19	4	31	38	12	2	1	8	11
12	3	14	21	8	18	11	23	15	10	8	25	22	3	6	28	30	18	3	30	37	11	1	33	7	12
13	2	13	20	7	17	10	22	14	9	7	24	21	2	5	27	29	17	2	29	36	10	28	32	6	13
14	1	12	19	6	16	9	21	13	8	6	23	20	1	4	26	28	16	1	28	35	9	27	31	5	14
15	23	11	18	5	15	8	20	12	7	5	22	19	23	3	25	27	15	28	27	34	8	26	30	4	15
16	22	10	17	4	14	7	19	11	6	4	21	18	22	2	24	26	14	27	26	33	7	25	29	3	16
17	21	9	16	3	13	6	18	10	5	3	20	17	21	1	23	25	13	26	25	32	6	24	28	2	17
18	20	8	15	2	12	5	17	9	4	2	19	16	20	28	22	24	12	25	24	31	5	23	27	1	18
19	19	7	14	1	11	4	16	8	3	1	18	15	19	27	21	23	11	24	23	30	4	22	26	38	19
20	18	6	13	38	10	3	15	7	2	28	17	14	18	26	20	22	10	23	22	29	3	21	25	37	20
21	17	5	12	37	9	2	14	6	1	27	16	13	17	25	19	21	9	22	21	28	2	20	24	36	21
22	16	4	11	36	8	1	13	5	23	26	15	12	16	24	18	20	8	21	20	27	1	19	23	35	22
23	15	3	10	35	7	28	12	4	22	25	14	11	15	23	17	19	7	20	19	26	23	18	22	34	23
24	14	2	9	34	6	27	11	3	21	24	13	10	14	22	16	18	6	19	18	25	22	17	21	33	24
25	13	1	8	33	5	26	10	2	20	23	12	9	13	21	15	17	5	18	17	24	21	16	20	32	25
26	12	28	7	32	4	25	9	1	19	22	11	8	12	20	14	16	4	17	16	23	20	15	19	31	26
27	11	27	6	31	3	24	8	38	18	21	10	7	11	19	13	15	3	16	15	22	19	14	18	30	27
28	10	26	5	30	2	23	7	37	17	20	9	6	10	18	12	14	2	15	14	21	18	13	17	29	28
29	9	25	4	29	1	22	6	36	16	19	8	5	9	17	11	13	1	14	13	20	17	12	16	28	29
30	8	24	3	28	23	21	5	35	15	18	7	4	8	16	10	12	23	13	12	19	16	11	15	27	30
31	7	23	2	27	22	20	4	34					7	15	9	11					15	10	14	26	31

335

1947

1947 TAG	JANUAR k	s	g	f	FEBRUAR k	s	g	f	MÄRZ k	s	g	f	APRIL k	s	g	f	MAI k	s	g	f	JUNI k	s	g	f	1947 TAG
1	14	9	13	25	6	6	15	32	1	6	20	4	16	3	22	11	9	1	25	19	1	26	27	26	1
2	13	8	12	24	5	5	14	31	23	5	19	3	15	2	21	10	8	28	24	18	23	25	26	25	2
3	12	7	11	23	4	4	13	30	22	4	18	2	14	1	20	9	7	27	23	17	22	24	25	24	3
4	11	6	10	22	3	3	12	29	21	3	17	1	13	28	19	8	6	26	22	16	21	23	24	23	4
5	10	5	9	21	2	2	11	28	20	2	16	38	12	27	18	7	5	25	21	15	20	22	23	22	5
6	9	4	8	20	1	1	10	27	19	1	15	37	11	26	17	6	4	24	20	14	19	21	22	21	6
7	8	3	7	19	23	28	9	26	18	28	14	36	10	25	16	5	3	23	19	13	18	20	21	20	7
8	7	2	6	18	22	27	8	25	17	27	13	35	9	24	15	4	2	22	18	12	17	19	20	19	8
9	6	1	5	17	21	26	7	24	16	26	12	34	8	23	14	3	1	21	17	11	16	18	19	18	9
10	5	28	4	16	20	25	6	23	15	25	11	33	7	22	13	2	23	20	16	10	15	17	18	17	10
11	4	27	3	15	19	24	5	22	14	24	10	32	6	21	12	1	22	19	15	9	14	16	17	16	11
12	3	26	2	14	18	23	4	21	13	23	9	31	5	20	11	38	21	18	14	8	13	15	16	15	12
13	2	25	1	13	17	22	3	20	12	22	8	30	4	19	10	37	20	17	13	7	12	14	15	14	13
14	1	24	33	12	16	21	2	19	11	21	7	29	3	18	9	36	19	16	12	6	11	13	14	13	14
15	23	23	32	11	15	20	1	18	10	20	6	28	2	17	8	35	18	15	11	5	10	12	13	12	15
16	22	22	31	10	14	19	33	17	9	19	5	27	1	16	7	34	17	14	10	4	9	11	12	11	16
17	21	21	30	9	13	18	32	16	8	18	4	26	23	15	6	33	16	13	9	3	8	10	11	10	17
18	20	20	29	8	12	17	31	15	7	17	3	25	22	14	5	32	15	12	8	2	7	9	10	9	18
19	19	19	28	7	11	16	30	14	6	16	2	24	21	13	4	31	14	11	7	1	6	8	9	8	19
20	18	18	27	6	10	15	29	13	5	15	1	23	20	12	3	30	13	10	6	38	5	7	8	7	20
21	17	17	26	5	9	14	28	12	4	14	33	22	19	11	2	29	12	9	5	37	4	6	7	6	21
22	16	16	25	4	8	13	27	11	3	13	32	21	18	10	1	28	11	8	4	36	3	5	6	5	22
23	15	15	24	3	7	12	26	10	2	12	31	20	17	9	33	27	10	7	3	35	2	4	5	4	23
24	14	14	23	2	6	11	25	9	1	11	30	19	16	8	32	26	9	6	2	34	1	3	4	3	24
25	13	13	22	1	5	10	24	8	23	10	29	18	15	7	31	25	8	5	1	33	23	2	3	2	25
26	12	12	21	38	4	9	23	7	22	9	28	17	14	6	30	24	7	4	33	32	22	1	2	1	26
27	11	11	20	37	3	8	22	6	21	8	27	16	13	5	29	23	6	3	32	31	21	28	1	38	27
28	10	10	19	36	2	7	21	5	20	7	26	15	12	4	28	22	5	2	31	30	20	27	28	37	28
29	9	9	18	35					19	6	25	14	11	3	27	21	4	1	30	29	19	26	33	36	29
30	8	8	17	34					18	5	24	13	10	2	26	20	3	28	29	28	18	25	32	35	30
31	7	7	16	33					17	4	23	12					2	27	28	27					31

1947 TAG	JULI k	s	g	f	AUGUST k	s	g	f	SEPTEMBER k	s	g	f	OKTOBER k	s	g	f	NOVEMBER k	s	g	f	DEZEMBER k	s	g	f	1947 TAG
1	17	24	30	34	9	21	32	3	1	18	1	10	17	16	4	18	9	13	6	25	2	11	9	33	1
2	16	23	29	33	8	20	31	2	23	17	33	9	16	15	3	17	8	12	5	24	1	10	8	32	2
3	15	22	28	32	7	19	30	1	22	16	32	8	15	14	2	16	7	11	4	23	23	9	7	31	3
4	14	21	27	31	6	18	29	38	21	15	31	7	14	13	1	15	6	10	3	22	22	8	6	30	4
5	13	20	26	30	5	17	28	37	20	14	30	6	13	12	33	14	5	9	2	21	21	7	5	29	5
6	12	19	25	29	4	16	27	36	19	13	29	5	12	11	32	13	4	8	1	20	20	6	4	28	6
7	11	18	24	28	3	15	26	35	18	12	28	4	11	10	31	12	3	7	33	19	19	5	3	27	7
8	10	17	23	27	2	14	25	34	17	11	27	3	10	9	30	11	2	6	32	18	18	4	2	26	8
9	9	16	22	26	1	13	24	33	16	10	26	2	9	8	29	10	1	5	31	17	17	3	1	25	9
10	8	15	21	25	23	12	23	32	15	9	25	1	8	7	28	9	23	4	30	16	16	2	33	24	10
11	7	14	20	24	22	11	22	31	14	8	24	38	7	6	27	8	22	3	29	15	15	1	32	23	11
12	6	13	19	23	21	10	21	30	13	7	23	37	6	5	26	7	21	2	28	14	14	28	31	22	12
13	5	12	18	22	20	9	20	29	12	6	22	36	5	4	25	6	20	1	27	13	13	27	30	21	13
14	4	11	17	21	19	8	19	28	11	5	21	35	4	3	24	5	19	28	26	12	12	26	29	20	14
15	3	10	16	20	18	7	18	27	10	4	20	34	3	2	23	4	18	27	25	11	11	25	28	19	15
16	2	9	15	19	17	6	17	26	9	3	19	33	2	1	22	3	17	26	24	10	10	24	27	18	16
17	1	8	14	18	16	5	16	25	8	2	18	32	1	28	21	2	16	25	23	9	9	23	26	17	17
18	23	7	13	17	15	4	15	24	7	1	17	31	23	27	20	1	15	24	22	8	8	22	25	16	18
19	22	6	12	16	14	3	14	23	6	28	16	30	22	26	19	38	14	23	21	7	7	21	24	15	19
20	21	5	11	15	13	2	13	22	5	27	15	29	21	25	18	37	13	22	20	6	6	20	23	14	20
21	20	4	10	14	12	1	12	21	4	26	14	28	20	24	17	36	12	21	19	5	5	19	22	13	21
22	19	3	9	13	11	28	11	20	3	25	13	27	19	23	16	35	11	20	18	4	4	18	21	12	22
23	18	2	8	12	10	27	10	19	2	24	12	26	18	22	15	34	10	19	17	3	3	17	20	11	23
24	17	1	7	11	9	26	9	18	1	23	11	25	17	21	14	33	9	18	16	2	2	16	19	10	24
25	16	28	6	10	8	25	8	17	23	22	10	24	16	20	13	32	8	17	15	1	1	15	18	9	25
26	15	27	5	9	7	24	7	16	22	21	9	23	15	19	12	31	7	16	14	38	23	14	17	8	26
27	14	26	4	8	6	23	6	15	21	20	8	22	14	18	11	30	6	15	13	37	22	13	16	7	27
28	13	25	3	7	5	22	5	14	20	19	7	21	13	17	10	29	5	14	12	36	21	12	15	6	28
29	12	24	2	6	4	21	4	13	19	18	6	20	12	16	9	28	4	13	11	35	20	11	14	5	29
30	11	23	1	5	3	20	3	12	18	17	5	19	11	15	8	27	3	12	10	34	19	10	13	4	30
31	10	22	33	4	2	19	2	11					10	14	7	26					18	9	12	3	31

1948

1948 TAG	JANUAR k	s	g	f	FEBRUAR k	s	g	f	MÄRZ k	s	g	f	APRIL k	s	g	f	MAI k	s	g	f	JUNI k	s	g	f	1948 TAG
1	17	8	11	2	9	5	13	9	3	4	17	18	18	1	19	25	11	27	22	33	3	24	24	2	1
2	16	7	10	1	8	4	12	8	2	2	16	17	17	28	18	24	10	26	21	32	2	23	23	1	2
3	15	6	9	38	7	3	11	7	1	2	15	16	16	27	17	23	9	25	20	31	1	22	22	38	3
4	14	5	8	37	6	2	10	6	23	1	14	15	15	26	16	22	8	24	19	30	23	21	21	37	4
5	13	4	7	36	5	1	9	5	22	28	13	14	14	25	15	21	7	23	18	29	22	20	20	36	5
6	12	3	6	35	4	28	8	4	21	27	12	13	13	24	14	20	6	22	17	28	21	19	19	35	6
7	11	2	5	34	3	27	7	3	20	26	11	12	12	23	13	19	5	21	16	27	20	18	18	34	7
8	10	1	4	33	2	26	6	2	19	25	10	11	11	22	12	18	4	20	15	26	19	17	17	33	8
9	9	28	3	32	1	25	5	1	18	24	9	10	10	21	11	17	3	19	14	25	18	16	16	32	9
10	8	27	2	31	23	24	4	38	17	23	8	9	9	20	10	16	2	18	13	24	17	15	15	31	10
11	7	26	1	30	22	23	3	37	16	22	7	8	8	19	9	15	1	17	12	23	16	14	14	30	11
12	6	25	33	29	21	22	2	36	15	21	6	7	7	18	8	14	23	16	11	22	15	13	13	29	12
13	5	24	32	28	20	21	1	35	14	20	5	6	6	17	7	13	22	15	10	21	14	12	12	28	13
14	4	23	31	27	19	20	33	34	13	19	4	5	5	16	6	12	21	14	9	20	13	11	11	27	14
15	3	22	30	26	18	19	32	33	12	18	3	4	4	15	5	11	20	13	8	19	12	10	10	26	15
16	2	21	29	25	17	18	31	32	11	17	2	3	3	14	4	10	19	12	7	18	11	9	9	25	16
17	1	20	28	24	16	17	30	31	10	16	1	2	2	13	3	9	18	11	6	17	10	8	8	24	17
18	23	19	27	23	15	16	29	30	18	15	33	1	1	12	2	8	17	10	5	16	9	7	7	23	18
19	22	18	26	22	14	15	28	29	17	14	32	38	23	11	1	7	16	9	4	15	8	6	6	22	19
20	21	17	25	21	13	14	27	28	16	13	31	37	22	10	33	6	15	8	3	14	7	5	5	21	20
21	20	16	24	20	12	13	26	27	15	12	30	36	21	9	32	5	14	7	2	13	6	4	4	20	21
22	19	15	23	19	11	12	25	26	14	11	29	35	20	8	31	4	13	6	1	12	5	3	3	19	22
23	18	14	22	18	10	11	24	25	13	10	28	34	19	7	30	3	12	5	33	11	4	2	1	18	23
24	17	13	21	17	9	10	23	24	12	9	27	33	18	6	29	2	11	4	32	10	3	1	17	17	24
25	16	12	20	16	8	9	22	23	11	8	26	32	17	5	28	1	10	3	31	9	2	28	33	16	25
26	15	11	19	15	7	8	21	22	10	7	25	31	16	4	27	38	9	2	30	8	1	27	32	15	26
27	14	10	18	14	6	7	20	21	23	6	24	30	15	3	26	37	8	1	29	7	23	26	31	14	27
28	13	9	17	13	5	6	19	20	22	5	23	29	14	2	25	36	7	28	28	6	22	25	30	13	28
29	12	8	16	12	4	5	18	19	21	4	22	28	13	1	24	35	6	27	27	5	21	24	29	12	29
30	11	7	15	11					20	3	21	27	12	28	23	34	5	26	26	4	20	23	28	11	30
31	10	6	14	10					19	2	20	26					4	25	25	3					31

1948 TAG	JULI k	JULI s	JULI g	JULI f	AUGUST k	AUGUST s	AUGUST g	AUGUST f	SEPTEMBER k	SEPTEMBER s	SEPTEMBER g	SEPTEMBER f	OKTOBER k	OKTOBER s	OKTOBER g	OKTOBER f	NOVEMBER k	NOVEMBER s	NOVEMBER g	NOVEMBER f	DEZEMBER k	DEZEMBER s	DEZEMBER g	DEZEMBER f	1948 TAG
1	19	22	27	10	11	19	29	17	3	16	31	24	19	14	1	32	11	11	3	1	4	9	6	9	1
2	18	21	26	9	10	18	28	16	2	15	30	23	18	13	33	31	10	10	2	38	3	8	5	8	2
3	17	20	25	8	9	17	27	15	1	14	29	22	17	12	32	30	9	9	1	37	2	7	4	7	3
4	16	19	24	7	8	16	26	14	23	13	28	21	16	11	31	29	8	8	33	36	1	6	3	6	4
5	15	18	23	6	7	15	25	13	22	12	27	20	15	10	30	28	7	7	32	35	23	5	2	5	5
6	14	17	22	5	6	14	24	12	21	11	26	19	14	9	29	27	6	6	31	34	22	4	1	4	6
7	13	16	21	4	5	13	23	11	20	10	25	18	13	8	28	26	5	5	30	33	21	3	33	3	7
8	12	15	20	3	4	12	22	10	19	9	24	17	12	7	27	25	4	4	29	32	20	2	32	2	8
9	11	14	19	2	3	11	21	9	18	8	23	16	11	6	26	24	3	3	28	31	19	1	31	1	9
10	10	13	18	1	2	10	20	8	17	7	22	15	10	5	25	23	2	2	27	30	18	28	30	38	10
11	9	12	17	38	1	9	19	7	16	6	21	14	9	4	24	22	1	1	26	29	17	27	29	37	11
12	8	11	16	37	23	8	18	6	15	5	20	13	8	3	23	21	23	28	25	28	16	26	28	36	12
13	7	10	15	36	22	7	17	5	14	4	19	12	7	2	22	20	22	27	24	27	15	25	27	35	13
14	6	9	14	35	21	6	16	4	13	3	18	11	6	1	21	19	21	26	23	26	14	24	26	34	14
15	5	8	13	34	20	5	15	3	12	2	17	10	5	28	20	18	20	25	22	25	13	23	25	33	15
16	4	7	12	33	19	4	14	2	11	1	16	9	4	27	19	17	19	24	21	24	12	22	24	32	16
17	3	6	11	32	18	3	13	1	10	28	15	8	3	26	18	16	18	23	20	23	11	21	23	31	17
18	2	5	10	31	17	2	12	38	9	27	14	7	2	25	17	15	17	22	19	22	10	20	22	30	18
19	1	4	9	30	16	1	11	37	8	26	13	6	23	24	16	14	16	21	18	21	9	19	21	29	19
20	23	3	8	29	15	28	10	36	7	25	12	5	23	23	15	13	15	20	17	20	8	18	20	28	20
21	22	2	7	28	14	27	9	35	6	24	11	4	22	22	14	12	14	19	16	19	7	17	19	27	21
22	21	1	6	27	13	26	8	34	5	23	10	3	21	21	13	11	13	18	15	18	6	16	18	26	22
23	20	28	5	26	12	25	7	33	4	22	9	2	20	20	12	10	12	17	14	17	5	15	17	25	23
24	19	27	4	25	11	24	6	32	3	21	8	1	19	19	11	9	11	16	13	16	4	14	16	24	24
25	18	26	3	24	10	23	5	31	2	20	7	38	18	18	10	8	10	15	12	15	3	13	15	23	25
26	17	25	2	23	9	22	4	30	1	19	6	37	17	17	9	7	9	14	11	14	2	12	14	22	26
27	16	24	1	22	8	21	3	29	23	18	5	36	16	16	8	6	8	13	10	13	1	11	13	21	27
28	15	23	33	21	7	20	2	28	22	17	4	35	15	15	7	5	7	12	9	12	23	10	12	20	28
29	14	22	32	20	6	19	1	27	21	16	3	34	14	14	6	4	6	11	8	11	22	9	11	19	29
30	13	21	31	19	5	18	33	26	20	15	2	33	13	13	5	3	5	10	7	10	21	8	10	18	30
31	12	20	30	18	4	17	32	25					12	12	4	2					20	7	9	17	31

339

1949

1949 TAG	JANUAR k	s	g	f	FEBRUAR k	s	g	f	MÄRZ k	s	g	f	APRIL k	s	g	f	MAI k	s	g	f	JUNI k	s	g	f	1949 TAG
1	19	6	8	16	11	3	10	23	6	3	15	33	21	28	17	2	14	26	20	10	6	23	22	17	1
2	18	5	7	15	10	2	9	22	5	2	14	32	20	27	16	1	13	25	19	9	5	22	21	16	2
3	17	4	6	14	9	1	8	21	4	1	13	31	19	26	15	38	12	24	18	8	4	21	20	15	3
4	16	3	5	13	8	28	7	20	3	28	12	30	18	25	14	37	11	23	17	7	3	20	19	14	4
5	15	2	4	12	7	27	6	19	2	27	11	29	17	24	13	36	10	22	16	6	2	19	18	13	5
6	14	1	3	11	6	26	5	18	1	26	10	28	16	23	12	35	9	21	15	5	1	18	17	12	6
7	13	28	2	10	5	25	4	17	23	25	9	27	15	22	11	34	8	20	14	4	23	17	16	11	7
8	12	27	1	9	4	24	3	16	22	24	8	26	14	21	10	33	7	19	13	3	22	16	15	10	8
9	11	26	33	9	3	23	2	15	21	23	7	25	13	20	9	32	6	18	12	2	21	15	14	9	9
10	10	25	32	8	2	22	1	14	20	22	6	24	12	19	8	31	5	17	11	1	20	14	13	8	10
11	9	24	31	7	1	21	33	13	19	21	5	23	11	18	7	30	4	16	10	38	19	13	12	7	11
12	8	23	30	6	23	20	32	12	18	20	4	22	10	17	6	29	3	15	9	37	18	12	11	6	12
13	7	22	29	5	22	19	31	11	17	19	3	21	9	16	5	28	2	14	8	36	17	11	10	5	13
14	6	21	28	4	21	18	30	10	16	18	2	20	8	15	4	27	1	13	7	35	16	10	9	4	14
15	5	20	27	3	20	17	29	9	15	17	1	19	7	14	3	26	23	12	6	34	15	9	8	3	15
16	4	19	26	1	19	16	28	8	14	16	33	18	6	13	2	25	22	11	5	33	14	8	7	2	16
17	3	18	25	38	18	15	27	7	13	15	32	17	5	12	1	24	21	10	4	32	13	7	6	1	17
18	2	17	24	37	17	14	26	6	12	14	31	16	4	11	33	23	20	9	3	31	12	6	5	38	18
19	1	16	23	36	16	13	25	5	11	13	30	15	3	10	32	22	19	8	2	30	11	5	4	37	19
20	23	15	22	35	15	12	24	4	10	12	29	14	2	9	31	21	18	7	1	29	10	4	3	36	20
21	22	14	21	34	14	11	23	3	9	11	28	13	1	8	30	20	17	6	33	28	9	3	2	35	21
22	21	13	20	33	13	10	22	2	8	10	27	12	23	7	29	19	16	5	32	27	8	2	1	34	22
23	20	12	19	32	12	9	21	1	7	9	26	11	22	6	28	18	15	4	31	26	7	1	33	33	23
24	19	11	18	31	11	8	20	38	6	8	25	10	21	5	27	17	14	3	30	25	6	28	32	32	24
25	18	10	17	30	10	7	19	37	5	7	24	9	20	4	26	16	13	2	29	24	5	27	31	31	25
26	17	9	16	29	9	6	18	36	4	6	23	8	19	3	25	15	12	1	28	23	4	26	30	30	26
27	16	8	15	28	8	5	17	35	3	5	22	7	18	2	24	14	11	28	27	22	3	25	29	29	27
28	15	7	14	27	7	4	16	34	2	4	21	6	17	1	23	13	10	27	26	21	2	24	28	28	28
29	14	6	13	26					1	3	20	5	16	28	22	12	9	26	25	20	1	23	27	27	29
30	13	5	12	25					23	2	19	4	15	27	21	11	8	25	24	19	23	22	26	26	30
31	12	4	11	24					22	1	18	3					7	24	23	18					31

1949 TAG	JULI k	s	g	f	AUGUST k	s	g	f	SEPTEMBER k	s	g	f	OKTOBER k	s	g	f	NOVEMBER k	s	g	f	DEZEMBER k	s	g	f	1949 TAG
1	22	21	25	25	14	18	27	32	6	15	29	1	22	13	32	9	14	10	1	16	7	8	4	24	1
2	21	20	24	24	13	17	26	31	5	14	28	38	21	12	31	8	13	9	33	15	6	7	3	23	2
3	20	19	23	23	12	16	25	30	4	13	27	37	20	11	30	7	12	8	32	14	5	6	2	22	3
4	19	18	22	22	11	15	24	29	3	12	26	36	19	10	29	6	11	7	31	13	4	5	1	21	4
5	18	17	21	21	10	14	23	28	2	11	25	35	18	9	28	5	10	6	30	12	3	4	33	20	5
6	17	16	20	20	9	13	22	27	1	10	24	34	17	8	27	4	9	5	29	11	2	3	32	19	6
7	16	15	19	19	8	12	21	26	23	9	23	33	16	7	26	3	8	4	28	10	1	2	31	18	7
8	15	14	18	18	7	11	20	25	22	8	22	32	15	6	25	2	7	3	27	9	23	1	30	17	8
9	14	13	17	17	6	10	19	24	21	7	21	31	14	5	24	1	6	2	26	8	22	28	29	16	9
10	13	12	16	16	5	9	18	23	20	6	20	30	13	4	23	38	5	1	25	7	21	27	28	15	10
11	12	11	15	15	4	8	17	22	19	5	19	29	12	3	22	37	4	28	24	6	20	26	27	14	11
12	11	10	14	14	3	7	16	21	18	4	18	28	11	2	21	36	3	27	23	5	19	25	26	13	12
13	10	9	13	13	2	6	15	20	17	3	17	27	10	1	20	35	2	26	22	4	18	24	25	12	13
14	9	8	12	12	1	5	14	19	16	2	16	26	9	28	19	34	1	25	21	3	17	23	24	11	14
15	8	7	11	11	23	4	13	18	15	1	15	25	8	27	18	33	23	24	20	2	16	22	23	10	15
16	7	6	10	10	22	3	12	17	14	28	14	24	7	26	17	32	22	23	19	1	15	21	22	9	16
17	6	5	9	9	21	2	11	16	13	27	13	23	6	25	16	31	21	22	18	38	14	20	21	8	17
18	5	4	8	8	20	1	10	15	12	26	12	22	5	24	15	30	20	21	17	37	13	19	20	7	18
19	4	3	7	7	19	28	9	14	11	25	11	21	4	23	14	29	19	20	16	36	12	18	19	6	19
20	3	2	6	6	18	27	8	13	10	24	10	20	3	22	13	28	18	19	15	35	11	17	18	5	20
21	2	1	5	5	17	26	7	12	9	23	9	19	2	21	12	27	17	18	14	34	10	16	17	4	21
22	1	28	4	4	16	25	6	11	8	22	8	18	1	20	11	26	16	17	13	33	9	15	16	3	22
23	23	27	3	3	15	24	5	10	7	21	7	17	23	19	10	25	15	16	12	32	8	14	15	2	23
24	22	26	2	2	14	23	4	9	6	20	6	16	22	18	9	24	14	15	11	31	7	13	14	1	24
25	21	25	1	1	13	22	3	8	5	19	5	15	21	17	8	23	13	14	10	30	6	12	13	38	25
26	20	24	33	38	12	21	2	7	4	18	4	14	20	16	7	22	12	13	9	29	5	11	12	37	26
27	19	23	32	37	11	20	1	6	3	17	3	13	19	15	6	21	11	12	8	28	4	10	11	36	27
28	18	22	31	36	10	19	33	5	2	16	2	12	18	14	5	20	10	11	7	27	3	9	10	35	28
29	17	21	30	35	9	18	32	4	1	15	1	11	17	13	4	19	9	10	6	26	2	8	9	34	29
30	16	20	29	34	8	17	31	3	23	14	33	10	16	12	3	18	8	9	5	25	1	7	8	33	30
31	15	19	28	33	7	16	30	2					15	11	2	17					23	6	7	32	31

341

1950

1950 TAG	JANUAR k	s	g	f	FEBRUAR k	s	g	f	MÄRZ k	s	g	f	APRIL k	s	g	f	MAI k	s	g	f	JUNI k	s	g	f	1950 TAG
1	22	5	6	31	14	2	8	38	9	2	13	10	1	27	15	17	17	25	18	25	9	22	20	32	1
2	21	4	5	30	13	1	7	37	8	1	12	9	23	26	14	16	16	24	17	24	8	21	19	31	2
3	20	3	4	29	12	28	6	36	7	28	11	8	22	25	13	15	15	23	16	23	7	20	18	30	3
4	19	2	3	28	11	27	5	35	6	27	10	7	21	24	12	14	14	22	15	22	6	19	17	29	4
5	18	1	2	27	10	26	4	34	5	26	9	6	20	23	11	13	13	21	14	21	5	18	16	28	5
6	17	28	1	26	9	25	3	33	4	25	8	5	19	22	10	12	12	20	13	20	4	17	15	27	6
7	16	27	33	25	8	24	2	32	3	24	7	4	18	21	9	11	11	19	12	19	3	16	14	26	7
8	15	26	32	24	7	23	1	31	2	23	6	3	17	20	8	10	10	18	11	18	2	15	13	25	8
9	14	25	31	23	6	22	33	30	1	22	5	2	16	19	7	9	9	17	10	17	1	14	12	24	9
10	13	24	30	22	5	21	32	29	23	21	4	1	15	18	6	8	8	16	9	16	23	13	11	23	10
11	12	23	29	21	4	20	31	28	22	20	3	38	14	17	5	7	7	15	8	15	22	12	10	22	11
12	11	22	28	20	3	19	30	27	21	19	2	37	13	16	4	6	6	14	7	14	21	11	9	21	12
13	10	21	27	19	2	18	29	26	20	18	1	36	12	15	3	5	5	13	6	13	20	10	8	20	13
14	9	20	26	18	1	17	28	25	19	17	33	35	11	14	2	4	4	12	5	12	19	9	7	19	14
15	8	19	25	17	23	16	27	24	18	16	32	34	10	13	1	3	3	11	4	11	18	8	6	18	15
16	7	18	24	16	22	15	26	23	17	15	31	33	9	12	33	2	2	10	3	10	17	7	5	17	16
17	6	17	23	15	21	14	25	22	16	14	30	32	8	11	32	1	1	9	2	9	16	6	4	16	17
18	5	16	22	14	20	13	24	21	15	13	29	31	7	10	31	38	23	8	1	8	15	5	3	15	18
19	4	15	21	13	19	12	23	20	14	12	28	30	6	9	30	37	22	7	33	7	14	4	2	14	19
20	3	14	20	12	18	11	22	19	13	11	27	29	5	8	29	36	21	6	32	6	13	3	1	13	20
21	2	13	19	11	17	10	21	18	12	10	26	28	4	7	28	35	20	5	31	5	12	2	33	12	21
22	1	12	18	10	16	9	20	17	11	9	25	27	3	6	27	34	19	4	30	4	11	1	32	11	22
23	23	11	17	9	15	8	19	16	10	8	24	26	2	5	26	33	18	3	29	3	10	28	31	10	23
24	22	10	16	8	14	7	18	15	9	7	23	25	1	4	25	32	17	2	28	2	9	27	30	9	24
25	21	9	15	7	13	6	17	14	8	6	22	24	23	3	24	31	16	1	27	1	8	26	29	8	25
26	20	8	14	6	12	5	16	13	7	5	21	23	22	2	23	30	15	28	26	38	7	25	28	7	26
27	19	7	13	5	11	4	15	12	6	4	20	22	21	1	22	29	14	27	25	37	6	24	27	6	27
28	18	6	12	4	10	3	14	11	5	3	19	21	20	28	21	28	13	26	24	36	5	23	26	5	28
29	17	5	11	3					4	2	18	20	19	27	20	27	12	25	23	35	4	22	25	4	29
30	16	4	10	2					3	1	17	19	18	26	19	26	11	24	22	34	3	21	24	3	30
31	15	3	9	1					2	28	16	18					10	23	21	33					31

1950 TAG	JULI k	JULI s	JULI g	JULI f	AUGUST k	AUGUST s	AUGUST g	AUGUST f	SEPTEMBER k	SEPTEMBER s	SEPTEMBER g	SEPTEMBER f	OKTOBER k	OKTOBER s	OKTOBER g	OKTOBER f	NOVEMBER k	NOVEMBER s	NOVEMBER g	NOVEMBER f	DEZEMBER k	DEZEMBER s	DEZEMBER g	DEZEMBER f	1950 TAG
1	2	20	23	2	17	17	25	9	9	14	27	16	2	12	30	24	17	9	32	31	10	7	2	1	1
2	1	19	22	1	16	16	24	8	8	13	26	15	1	11	29	23	16	8	31	30	9	6	1	38	2
3	23	18	21	38	15	15	23	7	7	12	25	14	23	10	28	22	15	7	30	29	8	5	33	37	3
4	22	17	20	37	14	14	22	6	6	11	24	13	22	9	27	21	14	6	29	28	7	4	32	36	4
5	21	16	19	36	13	13	21	5	5	10	23	12	21	8	26	20	13	5	28	27	6	3	31	35	5
6	20	15	18	35	12	12	20	4	4	9	22	11	20	7	25	19	12	4	27	26	5	2	30	34	6
7	19	14	17	34	11	11	19	3	3	8	21	10	19	6	24	18	11	3	26	25	4	1	29	33	7
8	18	13	16	33	10	10	18	2	2	7	20	9	18	5	23	17	10	2	25	24	3	28	28	32	8
9	17	12	15	32	9	9	17	1	1	6	19	8	17	4	22	16	9	1	24	23	2	27	27	31	9
10	16	11	14	31	8	8	16	38	23	5	18	7	16	3	21	15	8	28	23	22	1	26	26	30	10
11	15	10	13	30	7	7	15	37	22	4	17	6	15	2	20	14	7	27	22	21	23	25	25	29	11
12	14	9	12	29	6	6	14	36	21	3	16	5	14	1	19	13	6	26	21	20	22	24	24	28	12
13	13	8	11	28	5	5	13	35	20	2	15	4	13	28	18	12	5	25	20	19	21	23	23	27	13
14	12	7	10	27	4	4	12	34	19	1	14	3	12	27	17	11	4	24	19	18	20	22	22	26	14
15	11	6	9	26	3	3	11	33	18	28	13	2	11	26	16	10	3	23	18	17	19	21	21	25	15
16	10	5	8	25	2	2	10	32	17	27	12	1	10	25	15	9	2	22	17	16	18	20	20	24	16
17	9	4	7	24	1	1	9	31	16	26	11	38	9	24	14	8	1	21	16	15	17	19	19	23	17
18	8	3	6	23	23	28	8	30	15	25	10	37	8	23	13	7	23	20	15	14	16	18	18	22	18
19	7	2	5	22	22	27	7	29	14	24	9	36	7	22	12	6	22	19	14	13	15	17	17	21	19
20	6	1	4	21	21	26	6	28	13	23	8	35	6	21	11	5	21	18	13	12	14	16	16	20	20
21	5	28	3	20	20	25	5	27	12	22	7	34	5	20	10	4	20	17	12	11	13	15	15	19	21
22	4	27	2	19	19	24	4	26	11	21	6	33	4	19	9	3	19	16	11	10	12	14	14	18	22
23	3	26	1	18	18	23	3	25	10	20	5	32	3	18	8	2	18	15	10	9	11	13	13	17	23
24	2	25	33	17	17	22	2	24	9	19	4	31	2	17	7	1	17	14	9	8	10	12	12	16	24
25	1	24	32	16	16	21	1	23	8	18	3	30	1	16	6	38	16	13	8	7	9	11	11	15	25
26	23	23	31	15	15	20	33	22	7	17	2	29	23	15	5	37	15	12	7	6	8	10	10	14	26
27	22	22	30	14	14	19	32	21	6	16	1	28	22	14	4	36	14	11	6	5	7	9	9	13	27
28	21	21	29	13	13	18	31	20	5	15	33	27	21	13	3	35	13	10	5	4	6	8	8	12	28
29	20	20	28	12	12	17	30	19	4	14	32	26	20	12	2	34	12	9	4	3	5	7	7	11	29
30	19	19	27	11	11	16	29	18	3	13	31	25	19	11	1	33	11	8	3	2	4	6	6	10	30
31	18	18	26	10	10	15	28	17					18	10	33	32					3	5	5	9	31

343

1951

1951 TAG	JANUAR				FEBRUAR				MÄRZ				APRIL				MAI				JUNI				1951 TAG
	k	s	g	f	k	s	g	f	k	s	g	f	k	s	g	f	k	s	g	f	k	s	g	f	
1	2	4	4	8	17	1	6	15	12	1	11	25	4	26	13	32	20	24	16	2	12	21	18	9	1
2	1	3	3	7	16	28	5	14	11	28	10	24	3	25	12	31	19	23	15	1	11	20	17	8	2
3	23	2	2	6	15	27	4	13	10	27	9	23	2	24	11	30	18	22	14	38	10	19	16	7	3
4	22	1	1	5	14	26	3	12	9	26	8	22	1	23	10	29	17	21	13	37	9	18	15	6	4
5	21	28	33	4	13	25	2	11	8	25	7	21	23	22	9	28	16	20	12	36	8	17	14	5	5
6	20	27	32	3	12	24	1	10	7	24	6	20	22	21	8	27	15	19	11	35	7	16	13	4	6
7	19	26	31	2	11	23	33	9	6	23	5	19	21	20	7	26	14	18	10	34	6	15	12	3	7
8	18	25	30	1	10	22	32	8	5	22	4	18	20	19	6	25	13	17	9	33	5	14	11	2	8
9	17	24	29	38	9	21	31	7	4	21	3	17	19	18	5	24	12	16	8	32	4	13	10	1	9
10	16	23	28	37	8	20	30	6	3	20	2	16	18	17	4	23	11	15	7	31	3	12	9	38	10
11	15	22	27	36	7	19	29	5	2	19	1	15	17	16	3	22	10	14	6	30	2	11	8	37	11
12	14	21	26	35	6	18	28	4	1	18	33	14	16	15	2	21	9	13	5	29	1	10	7	36	12
13	13	20	25	34	5	17	27	3	23	17	32	13	15	14	1	20	8	12	4	28	23	9	6	35	13
14	12	19	24	33	4	16	26	2	22	16	31	12	14	13	33	19	7	11	3	27	22	8	5	34	14
15	11	18	23	32	3	15	25	1	21	15	30	11	13	12	32	18	6	10	2	26	21	7	4	33	15
16	10	17	22	31	2	14	24	38	20	14	29	10	12	11	31	17	5	9	1	25	20	6	3	32	16
17	9	16	21	30	1	13	23	37	19	13	28	9	11	10	30	16	4	8	33	24	19	5	2	31	17
18	8	15	20	29	23	12	22	36	18	12	27	8	10	9	29	15	3	7	32	23	18	4	1	30	18
19	7	14	19	28	22	11	21	35	17	11	26	7	9	8	28	14	2	6	31	22	17	3	33	29	19
20	6	13	18	27	21	10	20	34	16	10	25	6	8	7	27	13	1	5	30	21	16	2	32	28	20
21	5	12	17	26	20	9	19	33	15	9	24	5	7	6	26	12	23	4	29	20	15	1	31	27	21
22	4	11	16	25	19	8	18	32	14	8	23	4	6	5	25	11	22	3	28	19	14	28	30	26	22
23	3	10	15	24	18	7	17	31	13	7	22	3	5	4	24	10	21	2	27	18	13	27	29	25	23
24	2	9	14	23	17	6	16	30	12	6	21	2	4	3	23	9	20	1	26	17	12	26	28	24	24
25	1	8	13	22	16	5	15	29	11	5	20	1	3	2	22	8	19	28	25	16	11	25	27	23	25
26	23	7	12	21	15	4	14	28	10	4	19	38	2	1	21	7	18	27	24	15	10	24	26	22	26
27	22	6	11	20	14	3	13	27	9	3	18	37	1	28	20	6	17	26	23	14	9	23	25	21	27
28	21	5	10	19	13	2	12	26	8	2	17	36	23	27	19	5	16	25	22	13	8	22	24	20	28
29	20	4	9	18					7	1	16	35	22	26	18	4	15	24	21	12	7	21	23	19	29
30	19	3	8	17					6	28	15	34	21	25	17	3	14	23	20	11	6	20	22	18	30
31	18	2	7	16					5	27	14	33					13	22	19	10					31

1951 TAG	JULI k	s	g	f	AUGUST k	s	g	f	SEPTEMBER k	s	g	f	OKTOBER k	s	g	f	NOVEMBER k	s	g	f	DEZEMBER k	s	g	f	1951 TAG
1	5	19	21	17	20	16	23	24	12	13	25	31	5	11	28	1	20	8	30	8	13	6	33	16	1
2	4	18	20	16	19	15	22	23	11	12	24	30	4	10	27	38	19	7	29	7	12	5	32	15	2
3	3	17	19	15	18	14	21	22	10	11	23	29	3	9	26	37	18	6	28	6	11	4	31	14	3
4	2	16	18	14	17	13	20	21	9	10	22	28	2	8	25	36	17	5	27	5	10	3	30	13	4
5	1	15	17	13	16	12	19	20	8	9	21	27	1	7	24	35	16	4	26	4	9	2	29	12	5
6	23	14	16	12	15	11	18	19	7	8	20	26	23	6	23	34	15	3	25	3	8	1	28	11	6
7	22	13	15	11	14	10	17	18	6	7	19	25	22	5	22	33	14	2	24	2	7	28	27	10	7
8	21	12	14	10	13	9	16	17	5	6	18	24	21	4	21	32	13	1	23	1	6	27	26	9	8
9	20	11	13	9	12	8	15	16	4	5	17	23	20	3	20	31	12	28	22	38	5	26	25	8	9
10	19	10	12	8	11	7	14	15	3	4	16	22	19	2	19	30	11	27	21	37	4	25	24	7	10
11	18	9	11	7	10	6	13	14	2	3	15	21	18	1	18	29	10	26	20	36	3	24	23	6	11
12	17	8	10	6	9	5	12	13	1	2	14	20	17	28	17	28	9	25	19	35	2	23	22	5	12
13	16	7	9	5	8	4	11	12	23	1	13	19	16	27	16	27	8	24	18	34	1	22	21	4	13
14	15	6	8	4	7	3	10	11	22	28	12	18	15	26	15	26	7	23	17	33	23	21	20	3	14
15	14	5	7	3	6	2	9	10	21	27	11	17	14	25	14	25	6	22	16	32	22	20	19	2	15
16	13	4	6	2	5	1	8	9	20	26	10	16	13	24	13	24	5	21	15	31	21	19	18	1	16
17	12	3	5	1	4	28	7	8	19	25	9	15	12	23	12	23	4	20	14	30	20	18	17	38	17
18	11	2	4	38	3	27	6	7	18	24	8	14	11	22	11	22	3	19	13	29	19	17	16	37	18
19	10	1	3	37	2	26	5	6	17	23	7	13	10	21	10	21	2	18	12	28	18	16	15	36	19
20	9	28	2	36	1	25	4	5	16	22	6	12	9	20	9	20	1	17	11	27	17	15	14	35	20
21	8	27	1	35	23	24	3	4	15	21	5	11	8	19	8	19	23	16	10	26	16	14	13	34	21
22	7	26	33	34	22	23	2	3	14	20	4	10	7	18	7	18	22	15	9	25	15	13	12	33	22
23	6	25	32	33	21	22	1	2	13	19	3	9	6	17	6	17	21	14	8	24	14	12	11	32	23
24	5	24	31	32	20	21	33	1	12	18	2	8	5	16	5	16	20	13	7	23	13	11	10	31	24
25	4	23	30	31	19	20	32	38	11	17	1	7	4	15	4	15	19	12	6	22	12	10	9	30	25
26	3	22	29	30	18	19	31	37	10	16	33	6	3	14	3	14	18	11	5	21	11	9	8	29	26
27	2	21	28	29	17	18	30	36	9	15	32	5	2	13	2	13	17	10	4	20	10	8	7	28	27
28	1	20	27	28	16	17	29	35	8	14	31	4	1	12	1	12	16	9	3	19	9	7	6	27	28
29	23	19	26	27	15	16	28	34	7	13	30	3	23	11	33	11	15	8	2	18	8	6	5	26	29
30	22	18	25	26	14	15	27	33	6	12	29	2	22	10	32	10	14	7	1	17	7	5	4	25	30
31	21	17	24	25	13	14	26	32					21	9	31	9					6	4	3	24	31

1952

1952 TAG	JANUAR k	s	g	f	FEBRUAR k	s	g	f	MÄRZ k	s	g	f	APRIL k	s	g	f	MAI k	s	g	f	JUNI k	s	g	f	1952 TAG
1	5	3	2	23	20	28	4	30	14	27	8	1	6	24	10	8	22	22	13	16	14	19	15	23	1
2	4	2	1	22	19	27	3	29	13	26	7	38	5	23	9	7	21	21	12	15	13	18	14	22	2
3	3	1	33	21	18	26	2	28	12	25	6	37	4	22	8	6	20	20	11	14	12	17	13	21	3
4	2	28	32	20	17	25	1	27	11	24	5	36	3	21	7	5	19	19	10	13	11	16	12	20	4
5	1	27	31	19	16	24	33	26	10	23	4	35	2	20	6	4	18	18	9	12	10	15	11	19	5
6	23	26	30	18	15	23	32	25	9	22	3	34	1	19	5	3	17	17	8	11	9	14	10	18	6
7	22	25	29	17	14	22	31	24	8	21	2	33	23	18	4	2	16	16	7	10	8	13	9	17	7
8	21	24	28	16	13	21	30	23	7	20	1	32	22	17	3	1	15	15	6	9	7	12	8	16	8
9	20	23	27	15	12	20	29	22	6	19	33	31	21	16	2	38	14	14	5	8	6	11	7	15	9
10	19	22	26	14	11	19	28	21	5	18	32	30	20	15	1	37	13	13	4	7	5	10	6	14	10
11	18	21	25	13	10	18	27	20	4	17	31	29	19	14	33	36	12	12	3	6	4	9	5	13	11
12	17	20	24	12	9	17	26	19	3	16	30	28	18	13	32	35	11	11	2	5	3	8	4	12	12
13	16	19	23	11	8	16	25	18	2	15	29	27	17	12	31	34	10	10	1	4	2	7	3	11	13
14	15	18	22	10	7	15	24	17	1	14	28	26	16	11	30	33	9	9	33	3	1	6	2	10	14
15	14	17	21	9	6	14	23	16	23	13	27	25	15	10	29	32	8	8	32	2	23	5	1	9	15
16	13	16	20	8	5	13	22	15	22	12	26	24	14	9	28	31	7	7	31	1	22	4	33	8	16
17	12	15	19	7	4	12	21	14	21	11	25	23	13	8	27	30	6	6	30	38	21	3	32	7	17
18	11	14	18	6	3	11	20	13	20	10	24	22	12	7	26	29	5	5	29	37	20	2	31	6	18
19	10	13	17	5	2	10	19	12	19	9	23	21	11	6	25	28	4	4	28	36	19	1	30	5	19
20	9	12	16	4	1	9	18	11	18	8	22	20	10	5	24	27	3	3	27	35	18	28	29	4	20
21	8	11	15	3	23	8	17	10	17	7	21	19	9	4	23	26	2	2	26	34	17	27	28	3	21
22	7	10	14	2	22	7	16	9	16	6	20	18	8	3	22	25	1	1	25	33	16	26	27	2	22
23	6	9	13	1	21	6	15	8	15	5	19	17	7	2	21	24	23	28	24	32	15	25	26	1	23
24	5	8	12	38	20	5	14	7	14	4	18	16	6	1	20	23	22	27	23	31	14	24	25	38	24
25	4	7	11	37	19	4	13	6	13	3	17	15	5	28	19	22	21	26	22	30	13	23	24	37	25
26	3	6	10	36	18	3	12	5	12	2	16	14	4	27	18	21	20	25	21	29	12	22	23	36	26
27	2	5	9	35	17	2	11	4	11	1	15	13	3	26	17	20	19	24	20	28	11	21	22	35	27
28	1	4	8	34	16	1	10	3	10	28	14	12	2	25	16	19	18	23	19	27	10	20	21	34	28
29	23	3	7	33	15	28	9	2	9	27	13	11	1	24	15	18	17	22	18	26	9	19	20	33	29
30	22	2	6	32					8	26	12	10	23	23	14	17	16	21	17	25	8	18	19	32	30
31	21	1	5	31					7	25	11	9					15	20	16	24					31

1952 TAG	JULI k	s	g	f	AUGUST k	s	g	f	SEPTEMBER k	s	g	f	OKTOBER k	s	g	f	NOVEMBER k	s	g	f	DEZEMBER k	s	g	f	1952 TAG
1	7	17	18	31	22	14	20	38	14	11	22	7	7	9	25	15	22	6	27	22	15	4	30	30	1
2	6	16	17	30	21	13	19	37	13	10	21	6	6	8	24	14	21	5	26	21	14	3	29	29	2
3	5	15	16	29	20	12	18	36	12	9	20	5	5	7	23	13	20	4	25	20	13	2	28	28	3
4	4	14	15	28	19	11	17	35	11	8	19	4	4	6	22	12	19	3	24	19	12	1	27	27	4
5	3	13	14	27	18	10	16	34	10	7	18	3	3	5	21	11	18	2	23	18	11	28	26	26	5
6	2	12	13	26	17	9	15	33	9	6	17	2	2	4	20	10	17	1	22	17	10	27	25	25	6
7	1	11	12	25	16	8	14	32	8	5	16	1	1	3	19	9	16	28	21	16	9	26	24	24	7
8	23	10	11	24	15	7	13	31	7	4	15	38	23	2	18	8	15	27	20	15	8	25	23	23	8
9	22	9	10	23	14	6	12	30	6	3	14	37	22	1	17	7	14	26	19	14	7	24	22	22	9
10	21	8	9	22	13	5	11	29	5	2	13	36	21	28	16	6	13	25	18	13	6	23	21	21	10
11	20	7	8	21	12	4	10	28	4	1	12	35	20	27	15	5	12	24	17	12	5	22	20	20	11
12	19	6	7	20	11	3	9	27	3	28	11	34	19	26	14	4	11	23	16	11	4	21	19	19	12
13	18	5	6	19	10	2	8	26	2	27	10	33	18	25	13	3	10	22	15	10	3	20	18	18	13
14	17	4	5	18	9	1	7	25	1	26	9	32	17	24	12	2	9	21	14	9	2	19	17	17	14
15	16	3	4	17	8	28	6	24	23	25	8	31	16	23	11	1	8	20	13	8	1	18	16	16	15
16	15	2	3	16	7	27	5	23	22	24	7	30	15	22	10	38	7	19	12	7	23	17	15	15	16
17	14	1	2	15	6	26	4	22	21	23	6	29	14	21	9	37	6	18	11	6	22	16	14	14	17
18	13	28	1	14	5	25	3	21	20	22	5	28	13	20	8	36	5	17	10	5	21	15	13	13	18
19	12	27	33	13	4	24	2	20	19	21	4	27	12	19	7	35	4	16	9	4	20	14	12	12	19
20	11	26	32	13	3	23	1	19	18	20	3	26	11	18	6	34	3	15	8	3	19	13	11	11	20
21	10	25	31	12	2	22	33	18	17	19	2	25	10	17	5	33	2	14	7	2	18	12	10	10	21
22	9	23	30	10	1	21	32	17	16	18	1	24	9	16	4	32	1	13	6	1	17	11	9	9	22
23	8	23	29	9	23	20	31	16	15	17	33	23	8	15	3	31	23	12	5	38	16	10	8	8	23
24	7	22	28	8	22	19	30	15	14	16	32	22	7	14	2	30	22	11	4	37	15	9	7	7	24
25	6	21	27	7	21	18	29	14	13	15	31	21	6	13	33	29	21	10	3	36	14	8	6	6	25
26	5	20	26	6	20	17	28	13	12	14	30	20	5	12	32	28	20	9	2	35	13	7	5	5	26
27	4	19	25	5	19	16	27	12	11	13	29	19	4	11	31	27	19	8	1	34	12	6	4	4	27
28	3	18	24	4	18	15	26	11	10	12	28	18	3	10	30	26	18	7	33	33	11	5	3	3	28
29	2	17	23	3	17	14	25	10	9	11	27	17	2	9	29	25	17	6	32	32	10	4	2	2	29
30	1	16	22	2	16	13	24	9	8	10	26	16	1	8	29	24	16	5	31	31	9	3	1	1	30
31	23	15	21	1	15	12	23	8					23	7	28	23					8	2	33	38	31

347

1953

TAG	JANUAR k	s	g	f	FEBRUAR k	s	g	f	MÄRZ k	s	g	f	APRIL k	s	g	f	MAI k	s	g	f	JUNI k	s	g	f	TAG
1	7	1	32	37	22	26	1	6	17	26	6	16	9	23	8	23	2	21	11	31	17	18	13	38	1
2	6	28	31	36	21	25	33	5	16	25	5	15	8	22	7	22	1	20	10	30	16	17	12	37	2
3	5	27	30	35	20	24	32	4	15	24	4	14	7	21	6	21	23	19	9	29	15	16	11	36	3
4	4	26	29	34	19	23	31	3	14	23	3	13	6	20	5	20	22	18	8	28	14	15	10	35	4
5	3	25	28	33	18	22	30	2	13	22	2	12	5	19	4	19	21	17	7	27	13	14	9	34	5
6	2	24	27	32	17	21	29	1	12	21	1	11	4	18	3	18	20	16	6	26	12	13	8	33	6
7	1	23	26	31	16	20	28	38	11	20	33	10	3	17	2	17	19	15	5	25	11	12	7	32	7
8	23	22	25	30	15	19	27	37	10	19	32	9	2	16	1	16	18	14	4	24	10	11	6	31	8
9	22	21	24	29	14	18	26	36	9	18	31	8	1	15	33	15	17	13	3	23	9	10	5	30	9
10	21	20	23	28	13	17	25	35	8	17	30	7	23	14	32	14	16	12	2	22	8	9	4	29	10
11	20	19	22	27	12	16	24	34	7	16	29	6	22	13	31	13	15	11	1	21	7	8	3	28	11
12	19	18	21	26	11	15	23	33	6	15	28	5	21	12	30	12	14	10	33	20	6	7	2	27	12
13	18	17	20	25	10	14	22	32	5	14	27	4	20	11	29	11	13	9	32	19	5	6	1	26	13
14	17	16	19	24	9	13	21	31	4	13	26	3	19	10	28	10	12	8	31	18	4	5	33	25	14
15	16	15	18	23	8	12	20	30	3	12	25	2	18	9	27	9	11	7	30	17	3	4	32	24	15
16	15	14	17	22	7	11	19	29	2	11	24	1	17	8	26	8	10	6	29	16	2	3	31	23	16
17	14	13	16	21	6	10	18	28	1	10	23	38	16	7	25	7	9	5	28	15	1	2	30	22	17
18	13	12	15	20	5	9	17	27	23	9	22	37	15	6	24	6	8	4	27	14	23	1	29	21	18
19	12	11	14	19	4	8	16	26	22	8	21	36	14	5	23	5	7	3	26	13	22	28	28	20	19
20	11	10	13	18	3	7	15	25	21	7	20	35	13	4	22	4	6	2	25	12	21	27	27	19	20
21	10	9	12	17	2	6	14	24	20	6	19	34	12	3	21	3	5	1	24	11	20	26	26	18	21
22	9	8	11	16	1	5	13	23	19	5	18	33	11	2	20	2	4	28	23	10	19	25	25	17	22
23	8	7	10	15	23	4	12	22	18	4	17	32	10	1	19	1	3	27	22	9	18	24	24	16	23
24	7	6	9	14	22	3	11	21	17	3	16	31	9	27	18	38	2	26	21	8	17	23	23	15	24
25	6	5	8	13	21	2	10	20	16	2	15	30	8	26	17	37	1	25	20	7	16	22	22	14	25
26	5	4	7	12	20	1	9	19	15	1	14	29	7	25	16	36	23	24	19	6	15	21	21	13	26
27	4	3	6	11	19	28	8	18	14	28	13	28	6	24	15	35	22	23	18	5	14	20	20	12	27
28	3	2	5	10	18	27	7	17	13	27	12	27	5	23	14	34	21	22	17	4	13	19	19	11	28
29	2	1	4	9					12	26	11	26	4	22	13	33	20	21	16	3	12	18	18	10	29
30	1	28	3	8					11	25	10	25	3	21	12	32	19	20	15	2	11	17	17	9	30
31	23	27	2	7					10	24	9	24					18	19	14	1					31

348

1953 TAG	JULI				AUGUST				SEPTEMBER				OKTOBER				NOVEMBER				DEZEMBER				1953 TAG
	k	s	g	f	k	s	g	f	k	s	g	f	k	s	g	f	k	s	g	f	k	s	g	f	
1	10	16	16	8	2	13	18	15	17	10	18	22	10	8	23	30	2	5	25	37	18	3	28	7	1
2	9	15	15	7	1	12	17	14	16	9	19	21	9	7	22	29	1	4	24	36	17	2	27	6	2
3	8	14	14	6	23	11	16	13	15	8	18	20	8	6	21	28	23	3	23	35	16	1	26	5	3
4	7	13	13	5	22	10	15	12	14	7	17	19	7	5	20	27	22	2	22	34	15	28	25	4	4
5	6	12	12	4	21	9	14	11	13	6	16	18	6	4	19	26	21	1	21	33	14	27	24	3	5
6	5	11	11	3	20	8	13	10	12	5	15	17	5	3	18	25	20	28	20	32	13	26	23	2	6
7	4	10	10	2	19	7	12	9	11	4	14	16	4	2	17	24	19	27	19	31	12	25	22	1	7
8	3	9	9	1	18	6	11	8	10	3	13	15	3	1	16	23	18	26	18	30	11	24	21	38	8
9	2	8	8	38	17	5	10	7	9	2	12	14	2	28	15	22	17	25	17	29	10	23	20	37	9
10	1	7	7	37	16	4	9	6	8	1	11	13	1	27	14	21	16	24	16	28	9	22	19	36	10
11	23	6	6	36	15	3	8	5	7	28	10	12	23	26	13	20	15	23	15	27	8	21	18	35	11
12	22	5	5	35	14	2	7	4	6	27	9	11	22	25	12	19	14	22	14	26	7	20	17	34	12
13	21	4	4	34	13	1	6	3	5	26	8	10	21	24	11	18	13	21	13	25	6	19	16	33	13
14	20	3	3	33	20	28	5	2	4	25	7	9	20	23	10	17	12	20	12	24	5	18	15	32	14
15	19	2	2	32	11	27	4	1	3	24	6	8	19	22	9	16	11	19	11	23	4	17	14	31	15
16	18	1	1	31	10	26	3	38	2	23	5	7	18	21	8	15	10	18	10	22	3	16	13	30	16
17	17	28	33	30	9	25	2	37	1	22	4	6	17	20	7	14	9	17	9	21	2	15	12	29	17
18	16	27	32	29	8	24	1	36	23	21	3	5	16	19	6	13	8	16	8	20	1	14	11	28	18
19	15	26	31	28	7	23	33	35	22	20	2	4	15	18	5	12	7	15	7	19	23	13	10	27	19
20	14	25	30	27	6	22	32	34	21	19	1	3	14	17	4	11	6	14	6	18	22	12	9	26	20
21	13	24	29	26	5	21	31	33	20	18	33	2	13	16	3	10	5	13	5	17	21	11	8	25	21
22	12	23	28	25	4	20	30	32	19	17	32	1	12	15	2	9	4	12	4	16	20	10	7	24	22
23	11	22	27	24	3	19	29	31	18	16	31	38	11	14	1	8	3	11	3	15	19	9	6	23	23
24	10	21	26	23	2	18	28	30	17	15	30	37	10	13	33	7	2	10	2	14	18	8	5	22	24
25	9	20	25	22	1	17	27	29	16	14	29	36	9	12	32	6	1	9	1	13	17	7	4	21	25
26	8	19	24	21	23	16	26	28	15	13	28	35	8	11	31	5	23	8	33	12	16	6	3	20	26
27	7	18	23	20	22	15	25	27	14	12	27	34	7	10	30	4	22	7	32	11	15	5	2	19	27
28	6	17	22	19	21	14	24	26	13	11	26	33	6	9	29	3	21	6	31	10	14	4	1	18	28
29	5	16	21	18	20	13	23	25	12	10	25	32	5	8	28	2	20	5	30	9	13	3	33	17	29
30	4	15	20	17	19	12	22	24	11	9	24	31	4	7	27	1	19	4	29	8	12	2	32	16	30
31	3	14	19	16	18	11	21	23					3	6	26	38					11	1	31	15	31

1954

1954 TAG	JANUAR k	s	g	f	FEBRUAR k	s	g	f	MÄRZ k	s	g	f	APRIL k	s	g	f	MAI k	s	g	f	JUNI k	s	g	f	1954 TAG
1	10	28	30	14	2	25	32	21	20	25	4	31	12	22	6	38	5	20	9	8	20	17	11	15	1
2	9	27	29	13	1	24	31	20	19	24	3	30	11	21	5	37	4	19	8	7	19	16	10	14	2
3	8	26	28	12	23	23	30	19	18	23	2	29	10	20	4	36	3	18	7	6	18	15	9	13	3
4	7	25	27	11	22	22	29	18	17	22	1	28	9	19	3	35	2	17	6	5	17	14	8	12	4
5	6	24	26	10	21	21	28	17	16	21	33	27	8	18	2	34	1	16	5	4	16	13	7	11	5
6	5	23	25	9	20	20	27	16	15	20	32	26	7	17	1	33	23	15	4	3	15	12	6	10	6
7	4	22	24	8	19	19	26	15	14	19	31	25	6	16	33	32	22	14	3	2	14	11	5	9	7
8	3	21	23	7	18	18	25	14	13	18	30	24	5	15	32	31	21	13	2	1	13	10	4	8	8
9	2	20	22	6	17	17	24	13	12	17	29	23	4	14	31	30	20	12	1	38	12	9	3	7	9
10	1	19	21	5	16	16	23	12	11	16	28	22	3	13	30	29	19	11	33	37	11	8	2	6	10
11	23	18	20	4	15	15	22	11	10	15	27	21	2	12	29	28	18	10	32	36	10	7	1	5	11
12	22	17	19	3	14	14	21	10	9	14	26	20	1	11	28	27	17	9	31	35	9	6	33	4	12
13	21	16	18	2	13	13	20	9	8	13	25	19	23	10	27	26	16	8	30	34	8	5	32	3	13
14	20	15	17	1	12	11	19	8	7	12	24	18	22	9	26	25	15	7	29	33	7	4	31	2	14
15	19	14	16	38	11	11	18	7	6	11	23	17	21	8	25	24	14	6	28	32	6	3	30	1	15
16	18	13	15	37	10	10	17	6	5	10	22	16	20	7	24	23	13	5	27	31	5	2	29	38	16
17	17	12	14	36	9	9	16	5	4	9	21	15	19	6	23	22	12	4	26	30	4	1	28	37	17
18	16	11	13	35	8	8	15	4	3	8	20	14	18	5	22	21	11	3	25	29	3	28	27	36	18
19	15	10	12	34	7	7	14	3	2	7	19	13	17	4	21	20	10	2	24	28	2	27	26	35	19
20	14	9	11	33	6	6	13	2	1	6	18	12	16	3	20	19	9	1	23	27	1	26	25	34	20
21	13	8	10	32	5	5	12	1	23	5	17	11	15	2	19	18	8	28	22	26	23	25	24	33	21
22	12	7	9	31	4	4	11	38	22	4	16	10	14	1	18	17	7	27	21	25	22	24	23	32	22
23	11	6	8	30	3	3	10	37	21	3	15	9	13	28	17	16	6	26	20	24	21	23	22	31	23
24	10	5	7	29	2	2	9	36	20	2	14	8	12	27	16	15	5	25	19	23	20	22	21	30	24
25	9	4	6	28	1	1	8	35	19	1	13	7	11	26	15	14	4	24	18	22	19	21	20	29	25
26	8	3	5	27	23	28	7	34	18	28	12	6	10	25	14	13	3	23	17	21	18	20	19	28	26
27	7	2	4	26	22	27	6	33	17	27	11	5	9	24	13	12	2	22	16	20	17	19	18	27	27
28	6	1	3	25	21	26	5	32	16	26	10	4	8	23	12	11	1	21	15	19	16	18	17	26	28
29	5	28	2	24					15	25	9	3	7	22	11	10	23	20	14	18	15	17	16	25	29
30	4	27	1	23					14	24	8	2	6	21	10	9	22	19	13	17	14	16	15	24	30
31	3	26	33	22					13	23	7	1					21	18	12	16					31

1954 TAG	JULI k	s	g	f	AUGUST k	s	g	f	SEPTEMBER k	s	g	f	OKTOBER k	s	g	f	NOVEMBER k	s	g	f	DEZEMBER k	s	g	f	1954 TAG
1	13	15	14	23	5	12	16	30	20	9	18	37	13	7	21	7	5	4	23	14	21	2	26	22	1
2	12	14	13	22	4	11	15	29	19	8	17	36	12	6	20	6	4	3	22	13	20	1	25	21	2
3	11	13	12	21	3	10	14	28	18	7	16	35	11	5	19	5	3	2	21	12	19	28	24	20	3
4	10	12	11	20	2	9	13	27	17	6	15	34	10	4	18	4	2	1	20	11	18	27	23	19	4
5	9	11	10	19	1	8	12	26	16	5	14	33	9	3	17	3	1	28	19	10	17	26	22	18	5
6	8	10	9	18	23	7	11	25	15	4	13	32	8	2	16	2	23	27	18	9	16	25	21	17	6
7	7	9	8	17	22	6	10	24	14	3	12	31	7	1	15	1	22	26	17	8	15	24	20	16	7
8	6	8	7	16	21	5	9	23	13	2	11	30	6	28	14	38	21	25	16	7	14	23	19	15	8
9	5	7	6	15	20	4	8	22	12	1	10	29	5	27	13	37	20	24	15	6	13	22	18	14	9
10	4	6	5	14	19	3	7	21	11	28	9	28	4	26	12	36	19	23	14	5	12	21	17	13	10
11	3	5	4	13	18	2	6	20	10	27	8	27	3	25	11	35	18	22	13	4	11	20	16	12	11
12	2	4	3	12	17	1	5	19	9	26	7	26	2	24	10	34	17	21	12	3	10	19	15	11	12
13	1	3	2	11	16	28	4	18	8	25	6	25	1	23	9	33	16	20	11	2	9	18	14	10	13
14	23	2	1	10	15	27	3	17	7	24	5	24	23	22	8	32	15	19	10	1	8	17	13	9	14
15	22	1	33	9	14	26	2	16	6	23	4	23	22	21	7	31	14	18	9	38	7	16	12	8	15
16	21	28	32	8	13	25	1	15	5	22	3	22	21	20	6	30	13	17	8	37	6	15	11	7	16
17	20	27	31	7	12	24	33	14	4	21	2	21	20	19	5	29	12	16	7	36	5	14	10	6	17
18	19	26	30	6	11	23	32	13	3	20	1	20	19	18	4	28	11	15	6	35	4	13	9	5	18
19	18	25	29	5	10	22	31	12	2	19	33	19	18	17	3	27	10	14	5	34	3	12	8	4	19
20	17	24	28	4	9	21	30	11	1	18	32	18	17	16	2	26	9	13	4	33	2	11	7	3	20
21	16	23	27	3	8	20	29	10	23	17	31	17	16	15	1	25	8	12	3	32	1	10	6	2	21
22	15	22	26	2	7	19	28	9	22	16	30	16	15	14	33	24	7	11	2	31	23	9	5	1	22
23	14	21	25	1	6	18	27	8	21	15	29	15	14	13	32	23	6	10	1	30	22	8	4	38	23
24	13	20	24	38	5	17	26	7	20	14	28	14	13	12	31	22	5	9	33	29	21	7	3	37	24
25	12	19	23	37	4	16	25	6	19	13	27	13	12	11	30	21	4	8	32	28	20	6	2	36	25
26	11	18	22	36	3	15	24	5	18	12	26	12	11	10	29	20	3	7	31	27	19	5	1	35	26
27	10	17	21	35	2	14	23	4	17	11	25	11	10	9	28	19	2	6	30	26	18	4	33	34	27
28	9	16	20	34	1	13	22	3	16	10	24	10	9	8	27	18	1	5	29	25	17	3	32	33	28
29	8	15	19	33	23	12	21	2	15	9	23	9	8	7	26	17	23	4	28	24	16	2	31	32	29
30	7	14	18	32	22	11	20	1	14	8	22	8	7	6	25	16	22	3	27	23	15	1	30	31	30
31	6	13	17	31	21	10	19	38					6	5	24	15					14	28	29	30	31

1955

1955 TAG	JANUAR k	s	g	f	FEBRUAR k	s	g	f	MÄRZ k	s	g	f	APRIL k	s	g	f	MAI k	s	g	f	JUNI k	s	g	f	1955 TAG
1	13	27	28	29	5	24	30	36	23	24	2	8	15	21	4	15	8	19	7	23	23	16	9	30	1
2	12	26	27	28	4	23	29	35	22	23	1	7	14	20	3	14	7	18	6	22	22	15	8	29	2
3	11	25	26	27	3	22	28	34	21	22	33	6	13	19	2	13	6	17	5	21	21	14	7	28	3
4	10	24	25	26	2	21	27	33	20	21	32	5	12	18	1	12	5	16	4	20	20	13	6	27	4
5	9	23	24	25	1	20	26	32	19	20	31	4	11	17	33	11	4	15	3	19	19	12	5	26	5
6	8	22	23	24	23	19	25	31	18	19	30	3	10	16	32	10	3	14	2	18	18	11	4	25	6
7	7	21	22	23	22	18	24	30	17	18	29	2	9	15	31	9	2	13	1	17	17	10	3	24	7
8	6	20	21	22	21	17	23	29	16	17	28	1	8	14	30	8	1	12	33	16	16	9	2	23	8
9	5	19	20	21	20	16	22	28	15	16	27	38	7	13	29	7	23	11	32	15	15	8	1	22	9
10	4	18	19	20	19	15	21	27	14	15	26	37	6	12	28	6	22	10	31	14	14	7	33	21	10
11	3	17	18	19	18	14	20	26	13	14	25	36	5	11	27	5	21	9	30	13	13	6	32	20	11
12	2	16	17	18	17	13	19	25	12	13	24	35	4	10	26	4	20	8	29	12	12	5	31	19	12
13	1	15	16	17	16	12	18	24	11	12	23	34	3	9	25	3	19	7	28	11	11	4	30	18	13
14	23	14	15	16	15	11	17	23	10	11	22	33	2	8	24	2	18	6	27	10	10	3	29	17	14
15	22	13	14	15	14	10	16	22	9	10	21	32	1	7	23	1	17	5	26	9	9	2	28	16	15
16	21	12	13	14	13	9	15	21	8	9	20	31	23	6	22	38	16	4	25	8	8	1	27	15	16
17	20	11	12	13	12	8	14	20	7	8	19	30	22	5	21	37	15	3	24	7	7	28	26	14	17
18	19	10	11	12	11	7	13	19	6	7	18	29	21	4	20	36	14	2	23	6	6	27	25	13	18
19	18	9	10	11	10	6	12	18	5	6	17	28	20	3	19	35	13	1	22	5	5	26	24	12	19
20	17	8	9	10	9	5	11	17	4	5	16	27	19	2	18	34	12	28	21	4	4	25	23	11	20
21	16	7	8	9	8	4	10	16	3	4	15	26	18	1	17	33	11	27	20	3	3	24	22	10	21
22	15	6	7	8	7	3	9	15	2	3	14	25	17	28	16	32	10	26	19	2	2	23	21	9	22
23	14	5	6	7	6	2	8	14	1	2	13	24	16	27	15	31	9	25	18	1	1	22	20	8	23
24	13	4	5	6	5	1	7	13	23	1	12	23	15	26	14	30	8	24	14	38	23	21	19	7	24
25	12	3	4	5	4	28	6	12	22	28	11	22	14	25	13	29	7	23	16	37	22	20	18	6	25
26	11	2	3	4	3	27	5	11	21	27	10	21	13	24	12	28	6	22	15	36	21	19	17	5	26
27	10	1	2	3	2	26	4	10	20	26	9	20	12	23	11	27	5	21	14	35	20	18	16	4	27
28	9	28	1	2	1	25	3	9	19	25	8	19	11	22	10	26	4	20	13	34	19	17	15	3	28
29	8	27	33	1					18	24	7	18	10	21	9	25	3	19	12	33	18	16	14	2	29
30	7	26	32	38					17	23	6	17	9	20	8	24	2	18	11	32	17	15	13	1	30
31	6	25	31	37					16	22	5	16					1	17	10	31					31

1955 TAG	JULI k	s	g	f	AUGUST k	s	g	f	SEPTEMBER k	s	g	f	OKTOBER k	s	g	f	NOVEMBER k	s	g	f	DEZEMBER k	s	g	f	1955 TAG
1	16	14	12	38	8	11	14	7	23	8	16	14	16	6	19	22	8	3	21	29	1	1	24	37	1
2	15	13	11	37	7	10	13	6	22	7	15	13	15	5	18	21	7	2	20	28	23	28	23	36	2
3	14	12	10	36	6	9	12	5	21	6	14	12	14	4	17	20	6	1	19	27	22	27	22	35	3
4	13	11	9	35	5	8	11	4	20	5	13	11	13	3	16	19	5	28	18	26	21	26	21	34	4
5	12	10	8	34	4	7	10	3	19	4	12	10	12	2	15	18	4	27	17	25	20	25	20	33	5
6	11	9	6	33	3	6	9	2	18	3	11	9	11	1	14	17	3	26	16	24	19	24	16	32	6
7	10	8	6	32	2	5	8	1	17	2	10	8	10	28	13	16	2	25	15	23	18	23	18	31	7
8	9	7	5	31	1	4	7	38	16	1	9	7	9	27	12	15	1	24	14	22	17	22	17	30	8
9	8	6	4	30	23	3	6	37	15	28	8	6	8	26	11	14	23	23	13	21	16	21	16	29	9
10	7	5	3	29	22	2	5	36	14	27	7	5	7	25	10	13	22	22	12	20	15	20	15	28	10
11	6	4	2	28	21	1	4	35	13	26	6	4	6	24	9	12	21	21	11	19	14	19	14	27	11
12	5	3	1	27	20	28	3	34	12	25	5	3	5	23	8	11	20	20	10	18	13	18	13	26	12
13	4	2	33	26	19	27	2	33	11	24	4	2	4	22	7	10	19	19	9	17	12	17	12	25	13
14	3	1	32	25	18	26	1	32	10	23	3	1	3	21	6	9	18	18	8	16	11	16	11	24	14
15	2	28	31	24	17	25	33	31	9	22	2	38	2	20	5	8	17	17	7	15	10	15	10	23	15
16	1	27	30	23	16	24	32	30	8	21	1	37	1	19	4	7	16	16	6	14	9	14	9	22	16
17	23	26	29	22	15	23	31	29	7	20	33	36	23	18	3	6	15	15	5	13	8	13	8	21	17
18	22	25	28	21	14	22	30	28	6	19	32	35	22	17	2	5	14	14	4	12	7	12	7	20	18
19	21	24	27	20	13	21	29	27	5	18	31	34	21	16	1	4	13	13	3	11	6	11	6	19	19
20	20	23	26	19	12	20	28	26	4	17	30	33	20	15	33	3	12	12	2	10	5	10	5	18	20
21	19	22	25	18	11	19	27	25	3	16	29	32	19	14	32	2	11	11	1	9	4	9	4	17	21
22	18	21	24	17	10	18	26	24	2	15	28	31	18	13	31	1	10	10	33	8	3	8	3	16	22
23	17	20	23	16	9	17	25	23	1	14	27	30	17	12	30	38	9	9	32	7	2	7	2	15	23
24	16	19	22	15	8	16	24	22	23	13	26	29	16	11	29	37	8	8	31	6	1	6	1	14	24
25	15	18	21	14	7	15	23	21	22	12	25	28	15	10	28	36	7	7	30	5	23	5	33	13	25
26	14	17	20	13	6	14	22	20	21	11	24	27	14	9	27	35	6	6	29	4	22	4	32	12	26
27	13	16	19	12	5	13	21	19	20	10	23	26	13	8	26	34	5	5	28	3	21	3	31	11	27
28	12	15	18	11	4	12	20	18	19	9	22	25	12	7	25	33	4	4	27	2	20	2	30	10	28
29	11	14	17	10	3	11	19	17	18	8	21	24	11	6	24	32	3	3	26	1	19	1	29	9	29
30	10	13	16	9	2	10	18	16	17	7	20	23	10	5	23	31	2	2	25	38	18	28	28	8	30
31	9	12	15	8	1	9	17	15					9	4	22	30					17	27	27	7	31

1956

1956 TAG	JUNI k	s	g	f	MÄI k	s	g	f	APRIL k	s	g	f	MÄRZ k	s	g	f	FEBRUAR k	s	g	f	JANUAR k	s	g	f	1956 TAG
1	2	14	6	6	10	17	4	37	17	19	1	29	2	22	32	22	8	23	28	13	16	26	26	6	1
2	1	13	5	5	9	16	3	36	16	18	33	28	1	21	31	21	7	22	27	12	15	25	25	5	2
3	23	12	4	4	8	15	2	35	15	17	32	27	23	20	30	20	6	21	26	11	14	24	24	4	3
4	22	11	3	3	7	14	1	34	14	16	31	26	22	19	29	19	5	20	25	10	13	23	23	3	4
5	21	10	2	2	6	13	33	33	13	15	30	25	21	18	28	18	4	19	24	9	12	22	22	2	5
6	20	9	1	1	5	12	32	32	12	14	29	24	20	17	27	17	3	18	23	8	11	21	21	1	6
7	19	8	33	38	4	11	31	31	11	13	28	23	19	16	26	16	2	17	22	7	10	20	20	38	7
8	18	7	32	37	3	10	30	30	10	12	27	22	18	15	25	15	1	16	21	6	9	19	19	37	8
9	17	6	31	36	2	9	29	29	9	11	26	21	17	14	24	14	23	15	20	5	8	18	18	36	9
10	16	5	30	35	1	8	28	28	8	10	25	20	16	13	23	13	22	14	19	4	7	17	17	35	10
11	15	4	29	34	23	7	27	27	7	9	24	19	15	12	22	12	21	13	18	3	6	16	16	34	11
12	14	3	28	33	22	6	26	26	6	8	23	18	14	11	21	11	20	12	17	2	5	15	15	33	12
13	13	2	27	32	21	5	25	25	5	7	22	17	13	10	20	10	19	11	16	1	4	14	14	32	13
14	12	1	26	31	20	4	24	24	4	6	21	16	12	9	19	9	18	10	15	38	3	13	13	31	14
15	11	28	25	30	19	3	23	23	3	5	20	15	11	8	18	8	17	9	14	37	2	12	12	30	15
16	10	27	24	29	18	2	22	22	2	4	19	14	10	7	17	7	16	8	13	36	1	11	11	29	16
17	9	26	23	28	17	1	21	21	1	3	18	13	9	6	16	6	15	7	12	35	23	10	10	28	17
18	8	25	22	27	16	28	20	20	23	2	17	12	8	5	15	5	14	6	11	34	22	9	9	27	18
19	7	24	21	26	15	27	19	19	22	1	16	11	7	4	14	4	13	5	10	33	21	8	8	26	19
20	6	23	20	25	14	26	18	18	21	28	15	10	6	3	13	3	12	4	9	32	20	7	7	25	20
21	5	22	19	24	13	25	17	17	20	27	14	9	5	2	12	2	11	3	8	31	19	6	6	24	21
22	4	21	18	23	12	24	16	16	19	26	13	8	4	1	11	1	10	2	7	30	18	5	5	23	22
23	3	20	17	22	11	23	15	15	18	25	12	7	3	28	10	38	9	1	6	29	17	4	4	22	23
24	2	19	16	21	10	22	14	14	17	24	11	6	2	27	9	37	8	28	5	28	16	3	3	21	24
25	1	18	15	20	9	21	13	13	16	23	10	5	1	26	8	36	7	27	4	27	15	2	2	20	25
26	23	17	14	19	8	20	12	12	15	22	9	4	23	25	7	35	6	26	3	26	14	1	1	19	26
27	22	16	13	18	7	19	11	11	14	21	8	3	22	24	6	34	5	25	2	25	13	28	33	18	27
28	21	15	12	17	6	18	10	10	13	20	7	2	21	23	5	33	4	24	1	24	12	27	32	17	28
29	20	14	11	16	5	17	9	9	12	19	6	1	20	22	4	32	3	23	33	23	11	26	31	16	29
30	19	13	10	15	4	16	8	8	11	18	5	38	19	21	3	31					10	25	30	15	30
31					3	15	7	7					18	20	2	30					9	24	29	14	31

1956 TAG	JULI k	s	g	f	AUGUST k	s	g	f	SEPTEMBER k	s	g	f	OKTOBER k	s	g	f	NOVEMBER k	s	g	f	DEZEMBER k	s	g	f	1956 TAG
1	18	12	9	14	10	9	11	21	2	6	13	28	18	4	16	36	10	1	18	5	3	27	21	13	1
2	17	11	8	13	9	8	10	20	1	5	12	27	17	3	15	35	9	28	17	4	2	26	20	12	2
3	16	10	7	12	8	7	9	19	23	4	11	26	16	2	14	34	8	27	16	3	1	25	19	11	3
4	15	9	6	11	7	6	8	18	22	3	10	25	15	1	13	33	7	26	15	2	23	24	18	10	4
5	14	8	5	10	6	5	7	17	21	2	9	24	14	28	12	32	6	25	14	1	22	23	17	9	5
6	13	7	4	9	5	4	6	16	20	1	8	23	13	27	11	31	5	24	13	38	21	22	16	8	6
7	12	6	3	8	4	3	5	15	19	28	7	22	12	26	10	30	4	23	12	37	20	21	15	7	7
8	11	5	2	7	3	2	4	14	18	27	6	21	11	25	9	29	3	22	11	36	19	20	14	6	8
9	10	4	1	6	2	1	3	13	17	26	5	20	10	24	8	28	2	21	10	35	18	19	13	5	9
10	9	3	33	5	1	28	2	12	16	25	4	19	9	23	7	27	1	20	9	34	17	18	12	4	10
11	8	2	32	4	23	27	1	11	15	24	3	18	8	22	6	26	23	19	8	33	16	17	11	3	11
12	7	1	31	3	22	26	33	10	14	23	2	17	7	21	5	25	22	18	7	32	15	16	10	2	12
13	6	28	30	2	21	25	32	9	13	22	1	16	6	20	4	24	21	17	6	31	14	15	9	1	13
14	5	27	29	1	20	24	31	8	12	21	33	15	5	19	3	23	20	16	5	30	13	14	8	38	14
15	4	26	28	38	19	23	30	7	11	20	32	14	4	18	2	22	19	15	4	29	12	13	7	37	15
16	3	25	27	37	18	22	29	6	10	19	31	13	3	17	1	21	18	14	3	28	11	12	6	36	16
17	2	24	26	36	17	21	28	5	9	18	30	12	2	16	33	20	17	13	2	27	10	11	5	35	17
18	1	23	25	35	16	20	27	4	8	17	29	11	1	15	32	19	16	12	1	26	9	10	4	34	18
19	23	22	24	34	15	19	26	3	7	16	28	10	23	14	31	18	15	11	33	25	8	9	3	33	19
20	22	21	23	33	14	18	25	2	6	15	27	9	22	13	30	17	14	10	32	24	7	8	2	32	20
21	21	20	22	32	13	17	24	1	5	14	26	8	21	12	29	16	13	9	31	23	6	7	1	31	21
22	20	19	21	31	12	16	23	38	4	13	25	7	20	11	28	15	12	8	30	22	5	6	33	30	22
23	19	18	20	30	11	15	22	37	3	12	24	6	19	10	27	14	11	7	29	21	4	5	32	29	23
24	18	17	19	29	10	14	21	36	2	11	23	5	18	9	26	13	10	6	28	20	3	4	31	28	24
25	17	16	18	28	9	13	20	35	1	10	22	4	17	8	25	12	9	5	27	19	2	3	30	27	25
26	16	15	17	27	8	12	19	34	23	9	21	3	16	7	24	11	8	4	26	18	1	2	29	26	26
27	15	14	16	26	7	11	18	33	22	8	20	2	15	6	23	10	7	3	25	17	23	1	28	25	27
28	14	13	15	25	6	10	17	32	21	7	19	1	14	5	22	9	6	2	24	16	22	28	27	24	28
29	13	12	14	24	5	9	16	31	20	6	18	38	13	4	21	8	5	1	23	15	21	27	26	23	29
30	12	11	13	23	4	8	15	30	19	5	17	37	12	3	20	7	4	28	22	14	20	26	25	22	30
31	11	10	12	22	3	7	14	29					11	2	19	6					19	25	24	21	31

355

1957

1957 TAG	JANUAR k	s	g	f	FEBRUAR k	s	g	f	MÄRZ k	s	g	f	APRIL k	s	g	f	MAI k	s	g	f	JUNI k	s	g	f	1957 TAG
1	18	24	23	20	10	21	25	27	5	21	30	37	20	18	32	6	13	16	2	14	5	13	4	21	1
2	17	23	22	19	9	20	24	26	4	20	29	36	19	17	31	5	12	15	1	13	4	12	3	20	2
3	16	22	21	18	8	19	23	25	3	19	28	35	18	16	30	4	11	14	33	12	3	11	2	19	3
4	15	21	20	17	7	18	22	24	2	18	27	34	17	15	29	3	10	13	32	11	2	10	1	18	4
5	14	20	19	16	6	17	21	23	1	17	26	33	16	14	28	2	9	12	31	10	1	9	33	17	5
6	13	19	18	15	5	16	20	22	23	16	25	32	15	13	27	1	8	11	30	9	23	8	32	16	6
7	12	18	17	14	4	15	19	21	22	15	24	31	14	12	26	38	7	10	29	8	22	7	31	15	7
8	11	17	16	13	3	14	18	20	21	14	23	30	13	11	25	37	6	9	28	7	21	6	30	14	8
9	10	16	15	12	2	13	17	19	20	13	22	29	12	10	24	36	5	8	27	6	20	5	29	13	9
10	9	15	14	11	1	12	16	18	19	12	21	28	11	9	23	35	4	7	26	5	19	4	28	12	10
11	8	14	13	10	23	11	15	17	18	11	20	27	10	8	22	34	3	6	25	4	18	3	27	11	11
12	7	13	12	9	22	10	14	16	17	10	19	26	9	7	21	33	2	5	24	3	17	2	26	10	12
13	6	12	11	8	21	9	13	15	16	9	18	25	8	6	20	32	1	4	23	2	16	1	25	9	13
14	5	11	10	7	20	8	12	14	15	8	17	24	7	5	19	31	23	3	22	1	15	28	24	8	14
15	4	10	9	6	19	7	11	13	14	7	16	23	6	4	18	30	22	2	21	38	14	27	23	7	15
16	3	9	8	5	18	6	10	12	13	6	15	22	5	3	17	29	21	1	20	37	13	26	22	6	16
17	2	8	7	4	17	5	9	11	12	5	14	21	4	2	16	28	20	28	19	36	12	25	21	5	17
18	1	7	6	3	16	4	8	10	11	4	13	20	3	1	15	27	19	27	18	35	11	24	20	4	18
19	23	6	5	2	15	3	7	9	10	3	12	19	2	28	14	26	18	26	17	34	10	23	19	3	19
20	22	5	4	1	14	2	6	8	9	2	11	18	1	27	13	25	17	25	16	33	9	22	18	2	20
21	21	4	3	38	13	1	5	7	8	1	10	17	23	26	12	24	16	24	15	32	8	21	17	1	21
22	20	3	2	37	12	28	4	6	7	28	9	16	22	25	11	23	15	23	14	31	7	20	16	38	22
23	19	2	1	36	11	27	3	5	6	27	8	15	21	24	10	22	14	22	13	30	6	19	15	37	23
24	18	1	33	35	10	26	2	4	5	26	7	14	20	23	9	21	13	21	12	29	5	18	14	36	24
25	17	28	32	34	9	25	1	3	4	25	6	13	19	22	8	20	12	20	11	28	4	17	13	35	25
26	16	27	31	33	8	24	33	2	3	24	5	12	18	21	7	19	11	19	10	27	3	16	12	34	26
27	15	26	30	32	7	23	32	1	2	23	4	11	17	20	6	18	10	18	9	26	2	15	11	33	27
28	14	25	29	31	6	22	31	38	1	22	3	10	16	19	5	17	9	17	8	25	1	14	10	32	28
29	13	24	28	30					23	21	2	9	15	18	4	16	8	16	7	24	23	13	9	31	29
30	12	23	27	29					22	20	1	8	14	17	3	15	7	15	6	23	22	12	8	30	30
31	11	22	26	28					21	19	33	7					6	14	5	22					31

1957 TAG	JULI k	s	g	f	AUGUST k	s	g	f	SEPTEMBER k	s	g	f	OKTOBER k	s	g	f	NOVEMBER k	s	g	f	DEZEMBER k	s	g	f	1957 TAG
1	21	11	7	29	13	8	9	36	5	5	11	5	21	3	14	13	13	28	16	20	6	26	19	28	1
2	20	10	6	28	12	7	8	35	4	4	10	4	20	2	13	12	12	27	15	19	5	25	18	27	2
3	19	9	5	27	11	6	7	34	3	3	9	3	19	1	12	11	11	26	14	18	4	24	17	26	3
4	18	8	4	26	10	5	6	33	2	2	8	2	18	28	11	10	10	25	13	17	3	23	16	25	4
5	17	7	3	25	9	4	5	32	1	1	7	1	17	27	10	9	9	24	12	16	2	22	15	24	5
6	16	6	2	24	8	3	4	31	23	28	6	38	16	26	9	8	8	23	11	15	1	21	14	23	6
7	15	5	1	23	7	2	3	30	22	27	5	37	15	25	8	7	7	22	10	14	23	20	13	22	7
8	14	4	33	22	6	1	2	29	21	26	4	36	14	24	7	6	6	21	9	13	22	19	12	21	8
9	13	3	32	21	5	28	1	28	20	25	3	35	13	23	6	5	5	20	8	12	21	18	11	20	9
10	12	2	31	20	4	27	33	27	19	24	2	34	12	22	5	4	4	19	7	11	20	17	10	19	10
11	11	1	30	19	3	26	32	26	18	23	1	33	11	21	4	3	3	18	6	10	19	16	9	18	11
12	10	28	29	18	2	25	31	25	17	22	33	32	10	20	3	2	2	17	5	9	18	15	8	17	12
13	9	27	28	17	1	24	30	24	16	21	32	31	9	19	2	1	1	16	4	8	17	14	7	16	13
14	8	26	27	16	23	23	29	23	15	20	31	30	8	18	1	38	23	15	3	7	16	13	6	15	14
15	7	25	26	15	22	22	28	22	14	19	30	29	7	17	33	37	22	14	2	6	15	12	5	14	15
16	6	24	25	14	21	21	27	21	13	18	29	28	6	16	32	36	21	13	1	5	14	11	4	13	16
17	5	23	24	13	20	20	26	20	12	17	28	27	5	15	31	35	20	12	33	4	13	10	3	12	17
18	4	22	23	12	19	19	25	19	11	16	27	26	4	14	30	34	19	11	32	3	12	9	2	11	18
19	3	21	22	11	18	18	24	18	10	15	26	25	3	13	29	33	18	10	31	2	11	8	1	10	19
20	2	20	21	10	17	17	23	17	9	14	25	24	2	12	28	32	17	9	30	1	10	7	33	9	20
21	1	19	20	9	16	16	22	16	8	13	24	23	1	11	27	31	16	8	29	38	9	6	32	8	21
22	23	18	19	8	15	15	21	15	7	12	23	22	23	10	26	30	15	7	28	37	8	5	31	7	22
23	22	17	18	7	14	14	20	14	6	11	22	21	22	9	25	29	14	6	27	36	7	4	30	6	23
24	21	16	17	6	13	13	19	13	5	10	21	20	21	8	24	28	13	5	26	35	6	3	29	5	24
25	20	15	16	5	12	12	18	12	4	9	20	19	20	7	23	27	12	4	25	34	5	2	28	4	25
26	19	14	15	4	11	11	17	11	3	8	19	18	19	6	22	26	11	3	24	33	4	1	27	3	26
27	18	13	14	3	10	10	16	10	2	7	18	17	18	5	21	25	10	2	23	32	3	28	26	2	27
28	17	12	13	2	9	9	15	9	1	6	17	16	17	4	20	24	9	1	22	31	2	27	25	1	28
29	16	11	12	1	8	8	14	8	23	5	16	15	16	3	19	23	8	28	21	30	1	26	24	38	29
30	15	10	11	38	7	7	13	7	22	4	15	14	15	2	18	22	7	27	20	29	23	25	23	37	30
31	14	9	10	37	6	6	12	6					14	1	17	21					22	24	22	36	31

1958

1958 TAG	JANUAR k	s	g	f	FEBRUAR k	s	g	f	MÄRZ k	s	g	f	APRIL k	s	g	f	MAI k	s	g	f	JUNI k	s	g	f	1958 TAG
1	21	23	21	35	13	20	23	4	8	20	28	14	23	17	30	21	16	15	33	29	8	12	2	36	1
2	20	22	20	34	12	19	22	3	7	19	27	13	22	16	29	20	15	14	32	28	7	11	1	35	2
3	19	21	19	33	11	18	21	2	6	18	26	12	21	15	28	19	14	13	31	27	6	10	33	34	3
4	18	20	18	32	10	17	20	1	5	17	25	11	20	14	27	18	13	12	30	26	5	9	32	33	4
5	17	19	17	31	9	16	19	38	4	16	24	10	19	13	26	17	12	11	29	25	4	8	31	32	5
6	16	18	16	30	8	15	18	37	3	15	23	9	18	12	25	16	11	10	28	24	3	7	30	31	6
7	15	17	15	29	7	14	17	36	2	14	22	8	17	11	24	15	10	9	27	23	2	6	29	30	7
8	14	16	14	28	6	13	16	35	1	13	21	7	16	10	23	14	9	8	26	22	1	5	28	29	8
9	13	15	13	27	5	12	15	34	23	12	20	6	15	9	22	13	8	7	25	21	23	4	27	28	9
10	12	14	12	26	4	11	14	33	22	11	19	5	14	8	21	12	7	6	24	20	22	3	26	27	10
11	11	13	11	25	3	10	13	32	21	10	18	4	13	7	20	11	6	5	23	19	21	2	25	26	11
12	10	12	10	24	2	9	12	31	20	9	17	3	12	6	19	10	5	4	22	18	20	1	24	25	12
13	9	11	9	23	1	8	11	30	19	8	16	2	11	5	18	9	4	3	21	17	19	28	23	24	13
14	8	10	8	22	23	7	10	29	18	7	15	1	10	4	17	8	3	2	20	16	18	27	22	23	14
15	7	9	7	21	22	6	9	28	17	6	14	38	9	3	16	7	2	1	19	15	17	26	21	22	15
16	6	8	6	20	21	5	8	27	16	5	13	37	8	2	15	6	1	28	18	14	16	25	20	21	16
17	5	7	5	19	20	4	7	26	15	4	12	36	7	1	14	5	23	27	17	13	15	24	19	20	17
18	4	6	4	18	19	3	6	25	14	3	11	35	6	28	13	4	22	26	16	12	14	23	18	19	18
19	3	5	3	17	18	2	5	24	13	2	10	34	5	27	12	3	21	25	15	11	13	22	17	18	19
20	2	4	2	16	17	1	4	23	12	1	9	33	4	26	11	2	20	24	14	10	12	21	16	17	20
21	1	3	1	15	16	28	3	22	11	28	8	32	3	25	10	1	19	23	13	9	11	20	15	16	21
22	23	2	33	14	15	27	2	21	10	27	7	31	2	24	9	38	18	22	12	8	10	19	14	15	22
23	22	1	32	13	14	26	1	20	9	26	6	30	1	23	8	37	17	21	11	7	9	18	13	14	23
24	21	28	31	12	13	25	33	19	8	25	5	29	23	22	7	36	16	20	10	6	8	17	12	13	24
25	20	27	30	11	12	24	32	18	7	24	4	28	22	21	6	35	15	19	9	5	7	16	11	12	25
26	19	26	29	10	11	23	31	17	6	23	3	27	21	20	5	34	14	18	8	4	6	15	10	11	26
27	18	25	28	9	10	22	30	16	5	22	2	26	20	19	4	33	13	17	7	3	5	14	9	10	27
28	17	24	27	8	9	21	29	15	4	21	1	25	19	18	3	32	12	16	6	2	4	13	8	9	28
29	16	23	26	7					3	20	33	24	18	17	2	31	11	15	5	1	3	12	7	8	29
30	15	22	25	6					2	19	32	23	17	16	1	30	10	14	4	38	2	11	6	7	30
31	14	21	24	5					1	18	31	22					9	13	3	37					31

1958 TAG	JULI k	s	g	f	AUGUST k	s	g	f	SEPTEMBER k	s	g	f	OKTOBER k	s	g	f	NOVEMBER k	s	g	f	DEZEMBER k	s	g	f	1958 TAG
1	1	10	5	6	16	7	6	13	8	4	3	20	1	2	12	28	16	27	14	35	9	25	17	5	1
2	23	9	4	5	15	6	5	12	7	3	2	19	23	1	11	27	15	26	13	34	8	24	16	4	2
3	22	8	3	4	14	5	4	11	6	2	1	18	22	28	10	26	14	25	11	33	7	23	15	3	3
4	21	7	2	3	13	4	3	10	5	1	28	17	21	27	9	25	13	24	11	32	6	22	14	2	4
5	20	6	1	2	12	3	2	9	4	28	27	16	20	26	8	24	12	23	10	31	5	21	13	1	5
6	19	5	33	1	11	2	1	8	3	27	26	15	19	25	7	23	11	22	9	30	4	20	12	38	6
7	18	4	32	38	10	1	33	7	2	26	25	14	18	24	6	22	10	21	8	29	3	19	11	37	7
8	17	3	31	37	9	28	32	6	1	25	24	13	17	23	5	21	9	20	7	28	2	18	10	36	8
9	16	2	30	36	8	27	31	5	23	24	23	12	16	22	4	20	8	19	6	27	1	17	9	35	9
10	15	1	29	35	7	26	30	4	22	23	33	11	15	21	3	19	7	18	5	26	23	16	8	34	10
11	14	28	28	34	6	25	29	3	21	22	32	10	14	20	2	18	6	17	4	25	22	15	7	33	11
12	13	27	27	33	5	24	28	2	20	21	31	9	13	19	1	17	5	16	3	24	21	14	6	32	12
13	12	26	26	32	4	23	27	1	19	20	30	8	12	18	33	16	4	15	2	23	20	13	5	31	13
14	11	25	25	31	3	22	26	38	18	19	29	7	11	17	32	15	3	14	1	22	19	12	4	30	14
15	10	24	24	30	2	21	25	37	17	18	28	6	10	16	31	14	2	13	33	21	18	11	3	29	15
16	9	23	23	29	1	20	24	36	16	17	27	5	9	15	30	13	1	12	32	20	17	10	2	28	16
17	8	22	22	28	23	19	23	35	15	16	26	4	8	14	29	12	23	11	31	19	16	9	1	27	17
18	7	21	21	27	22	18	22	34	14	15	25	3	7	13	28	11	22	10	30	18	15	8	33	26	18
19	6	20	20	26	21	17	21	33	13	14	24	2	6	12	27	10	21	9	29	17	14	7	32	25	19
20	5	19	19	25	20	16	20	32	12	13	23	1	5	11	26	9	20	8	28	16	13	6	31	24	20
21	4	18	18	24	19	15	19	31	11	12	22	38	4	10	25	8	19	7	27	15	12	5	30	23	21
22	3	17	17	23	18	14	18	30	10	11	21	37	3	9	24	7	18	6	26	14	11	4	29	22	22
23	2	16	16	22	17	13	17	29	9	10	20	36	2	8	23	6	17	5	25	13	10	3	28	21	23
24	1	15	15	21	16	12	16	28	8	9	19	35	1	7	22	5	16	4	24	12	9	2	27	20	24
25	23	14	14	20	15	11	15	27	7	8	18	34	23	6	21	4	15	3	23	11	8	1	26	19	25
26	22	13	13	19	14	10	14	26	6	7	17	33	22	5	20	3	14	2	22	10	7	28	25	18	26
27	21	12	12	18	13	9	13	25	5	6	16	32	21	4	19	2	13	1	21	9	6	27	24	17	27
28	20	11	11	17	12	8	12	24	4	5	15	31	20	3	18	1	12	28	20	8	5	26	23	16	28
29	19	10	10	16	11	7	11	23	3	4	14	30	19	2	17	38	11	27	19	7	4	25	22	15	29
30	18	9	9	15	10	6	11	22	2	3	13	29	18	1	16	37	10	26	18	6	3	24	21	14	30
31	17	8	8	14	9	5	10	21					17	28	15	36					2	23	20	13	31

1959

1959 TAG	JANUAR k	s	g	f	FEBRUAR k	s	g	f	MÄRZ k	s	g	f	APRIL k	s	g	f	MAI k	s	g	f	JUNI k	s	g	f	1959 TAG
1	1	22	19	12	16	19	21	19	11	19	26	29	3	16	28	36	19	14	31	6	11	11	33	13	1
2	23	21	18	11	15	18	20	18	10	18	25	28	2	15	27	35	18	13	30	5	10	10	32	12	2
3	22	20	17	10	14	17	19	17	9	17	24	27	1	14	26	34	17	12	29	4	9	9	31	11	3
4	21	19	16	9	13	16	18	16	8	16	23	26	23	13	25	33	16	11	28	3	8	8	30	10	4
5	20	18	15	8	12	15	17	15	7	15	22	25	22	12	24	32	15	10	27	2	7	7	29	9	5
6	19	17	14	7	11	14	16	14	6	14	21	24	21	11	23	31	14	9	26	1	6	6	28	8	6
7	18	16	13	6	10	13	15	13	5	13	20	23	20	10	22	30	13	8	25	38	5	5	27	7	7
8	17	15	12	5	9	12	14	12	4	12	19	22	19	9	21	29	12	7	24	37	4	4	26	6	8
9	16	14	11	4	8	11	13	11	3	11	18	21	18	8	20	28	11	6	23	36	3	3	25	5	9
10	15	13	10	3	7	10	12	10	2	10	17	20	17	7	19	27	10	5	22	35	2	2	24	4	10
11	14	12	9	2	6	9	11	9	1	9	16	19	16	6	18	26	9	4	21	34	1	1	23	3	11
12	13	11	8	1	5	8	10	8	23	8	15	18	15	5	17	25	8	3	20	33	23	28	22	2	12
13	12	10	7	38	4	7	9	7	22	7	14	17	14	4	16	24	7	2	19	32	22	27	21	1	13
14	11	9	6	37	3	6	8	6	21	6	13	16	13	3	15	23	6	1	18	31	21	26	20	38	14
15	10	8	5	36	2	5	7	5	20	5	12	15	12	2	14	22	5	28	17	30	20	25	19	37	15
16	9	7	4	35	1	4	6	4	19	4	11	14	11	1	13	21	4	27	16	29	19	24	18	36	16
17	8	6	3	34	23	3	5	3	18	3	10	13	10	28	12	20	3	26	15	28	18	23	17	35	17
18	7	5	2	33	22	2	4	2	17	2	9	12	9	27	11	19	2	25	14	27	17	22	16	34	18
19	6	4	1	32	21	1	3	1	16	1	8	11	8	26	10	18	1	24	13	26	16	21	15	33	19
20	5	3	33	31	20	28	2	38	15	28	7	10	7	25	9	17	23	23	12	25	15	20	14	32	20
21	4	2	32	30	19	27	1	37	14	27	6	9	6	24	8	16	22	22	11	24	14	19	13	31	21
22	3	1	31	29	18	26	33	36	13	26	5	8	5	23	7	15	21	21	10	23	13	18	12	30	22
23	2	28	30	28	17	25	32	35	12	25	4	7	4	22	6	14	20	20	9	22	12	17	11	29	23
24	1	27	29	27	16	24	31	34	11	24	3	6	3	21	5	13	19	19	8	21	11	16	10	28	24
25	23	26	28	26	15	23	30	33	10	23	2	5	2	20	4	12	18	18	7	20	10	15	9	27	25
26	22	25	27	25	14	22	29	32	9	22	1	4	1	19	3	11	17	17	6	19	9	14	8	26	26
27	21	24	26	24	13	21	28	31	8	21	33	3	23	18	2	10	16	16	5	18	8	13	7	25	27
28	20	23	25	23	12	20	27	30	7	20	32	2	22	17	1	9	15	15	4	17	7	12	6	24	28
29	19	22	24	22					6	19	31	1	21	16	33	8	14	14	3	16	6	11	5	23	29
30	18	21	23	21					5	18	30	38	20	15	32	7	13	13	2	15	5	10	4	22	30
31	17	20	22	20					4	17	29	37					12	12	1	14					31

360

1959 TAG	DEZEMBER				NOVEMBER				OKTOBER				SEPTEMBER				AUGUST				JULI				1959 TAG
	k	s	g	f	k	s	g	f	k	s	g	f	k	s	g	f	k	s	g	f	k	s	g	f	
1	12	24	20	20	19	26	12	12	4	1	10	5	11	3	7	35	19	6	5	28	4	9	3	21	1
2	11	23	15	19	18	25	11	11	3	28	9	4	10	2	6	34	18	5	4	27	3	8	2	20	2
3	10	22	13	18	17	24	10	10	2	27	8	3	9	1	5	33	17	4	3	26	2	7	1	19	3
4	9	21	12	17	16	23	9	9	1	26	7	2	8	28	4	32	16	3	2	25	1	6	33	18	4
5	8	20	11	16	15	22	8	8	23	25	6	1	7	27	3	31	15	2	1	24	23	5	32	17	5
6	7	19	10	15	14	21	7	7	22	24	5	38	6	26	2	30	14	1	33	23	22	4	31	16	6
7	6	18	9	14	13	20	6	6	21	23	4	37	5	25	1	29	13	28	32	22	21	3	30	15	7
8	5	17	8	13	12	19	5	5	20	22	3	36	4	24	33	28	12	27	31	21	20	2	29	14	8
9	4	16	7	12	11	18	4	4	19	21	2	35	3	23	32	27	11	26	30	20	19	1	28	13	9
10	3	15	6	11	10	17	3	3	18	20	1	34	2	22	31	26	10	25	29	19	18	28	27	12	10
11	2	14	5	10	9	16	2	2	17	19	33	33	1	21	30	25	9	24	28	18	17	27	26	11	11
12	1	13	4	9	8	15	1	1	16	18	32	32	23	20	29	24	8	23	27	17	16	26	25	10	12
13	23	12	3	8	7	14	33	38	15	17	31	31	22	19	28	23	7	22	26	16	15	25	24	9	13
14	22	11	2	7	6	13	32	37	14	16	30	30	21	18	27	22	6	21	25	15	14	24	23	8	14
15	21	10	1	6	5	12	31	36	13	15	29	29	20	17	26	21	5	20	24	14	13	23	22	7	15
16	20	9	33	5	4	11	30	35	12	14	28	28	19	16	25	20	4	19	23	13	12	22	21	6	16
17	19	8	32	4	3	10	29	34	11	13	27	27	18	15	24	19	3	18	22	12	11	21	20	5	17
18	18	7	31	3	2	9	28	33	10	12	26	26	17	14	23	18	2	17	21	11	10	20	19	4	18
19	17	6	30	2	1	8	27	32	9	11	25	25	16	13	22	17	1	16	20	10	9	19	18	3	19
20	16	5	29	1	23	7	26	31	8	10	24	24	15	12	21	16	23	15	19	9	8	18	17	2	20
21	15	4	28	38	22	6	25	30	7	9	23	23	14	11	20	15	22	14	18	8	7	17	16	1	21
22	14	3	27	37	21	5	24	29	6	8	22	22	13	10	19	14	21	13	17	7	6	16	15	38	22
23	13	2	26	36	20	4	23	28	5	7	21	21	12	9	18	13	20	12	16	6	5	15	14	37	23
24	12	1	25	35	19	3	22	27	4	6	20	20	11	8	17	12	19	11	15	5	4	14	13	36	24
25	11	28	24	34	18	2	21	26	3	5	19	19	10	7	16	11	18	10	14	4	3	13	12	35	25
26	10	27	23	33	17	1	20	25	2	4	18	18	9	6	15	10	17	9	13	3	2	12	11	34	26
27	9	26	22	32	16	28	19	24	1	3	17	17	8	5	14	9	16	8	12	2	1	11	10	33	27
28	8	25	21	31	15	27	18	23	23	2	16	16	7	4	13	8	15	7	11	1	23	10	9	32	28
29	7	24	20	30	14	26	17	22	22	1	15	15	6	3	12	7	14	6	10	38	22	9	8	31	29
30	6	23	19	29	13	25	16	21	21	28	14	14	5	2	11	6	13	5	9	37	21	8	7	30	30
31	5	22	18	28					20	27	13	13					12	4	8	36	20	7	6	29	31

1960

1960 TAG	JANUAR k	s	g	f	FEBRUAR k	s	g	f	MÄRZ k	s	g	f	APRIL k	s	g	f	MAI k	s	g	f	JUNI k	s	g	f	1960 TAG
1	4	21	17	27	19	18	19	34	13	17	23	5	5	14	25	12	21	12	28	20	13	9	30	27	1
2	3	20	16	26	18	17	18	33	12	16	22	4	4	13	24	11	20	11	27	19	12	8	29	26	2
3	2	19	15	25	17	16	17	32	11	15	21	3	3	12	23	10	19	10	26	18	11	7	28	25	3
4	1	18	14	24	16	15	16	31	10	14	20	2	2	11	22	9	18	9	25	17	10	6	27	24	4
5	23	17	13	23	15	14	15	30	9	13	19	1	1	10	21	8	17	8	24	16	9	5	26	23	5
6	22	16	12	22	14	13	14	29	8	12	18	38	23	9	20	7	16	7	23	15	8	4	25	22	6
7	21	15	11	21	13	12	13	28	7	11	17	37	22	8	19	6	15	6	22	14	7	3	24	21	7
8	20	14	10	20	12	11	12	27	6	10	16	36	21	7	18	5	14	5	21	13	6	2	23	20	8
9	19	13	9	19	11	10	11	26	5	9	15	35	20	6	17	4	13	4	20	12	5	1	22	19	9
10	18	12	8	18	10	9	10	25	4	8	14	34	19	5	16	3	12	3	19	11	4	28	21	18	10
11	17	11	7	17	9	8	9	24	3	7	13	33	18	4	15	2	11	2	18	10	3	27	20	17	11
12	16	10	6	16	8	7	8	23	2	6	12	32	17	3	14	1	10	1	17	9	2	26	19	16	12
13	15	9	5	15	7	6	7	22	1	5	11	31	16	2	13	38	9	28	16	8	1	25	18	15	13
14	14	8	4	14	6	5	6	21	23	4	10	30	15	1	12	37	8	27	15	7	23	24	17	14	14
15	13	7	3	13	5	4	5	20	22	3	9	29	14	28	11	36	7	26	14	6	22	23	16	13	15
16	12	6	2	12	4	3	4	19	21	2	8	28	13	27	10	35	6	25	13	5	21	22	15	12	16
17	11	5	1	11	3	2	3	18	20	1	7	27	12	26	9	34	5	24	12	4	20	21	14	11	17
18	10	4	33	10	2	1	2	17	19	28	6	26	11	25	8	33	4	23	11	3	19	20	13	10	18
19	9	3	32	9	1	28	1	16	18	27	5	25	10	24	7	32	3	22	10	2	18	19	12	9	19
20	8	2	31	8	23	27	33	15	17	26	4	24	9	23	6	31	2	21	9	1	17	18	11	8	20
21	7	1	30	7	22	26	32	14	16	25	3	23	8	22	5	30	1	20	8	38	16	17	10	7	21
22	6	28	29	6	21	25	31	13	15	24	2	22	7	21	4	29	23	19	7	37	15	16	9	6	22
23	5	27	28	5	20	24	30	12	14	23	1	21	6	20	3	28	22	18	6	36	14	15	8	5	23
24	4	26	27	4	19	23	29	11	13	22	33	20	5	19	1	27	21	17	5	35	13	14	7	4	24
25	3	25	26	3	18	22	28	10	12	21	32	19	4	18	33	26	20	16	4	34	12	13	6	3	25
26	2	24	25	2	17	21	27	9	11	20	31	18	3	17	32	25	19	15	3	33	11	12	5	2	26
27	1	23	24	1	16	20	26	8	10	19	30	17	2	16	31	24	18	14	2	32	10	11	4	1	27
28	23	22	23	38	15	19	25	7	9	18	29	16	1	15	31	23	17	13	1	31	9	10	3	38	28
29	22	21	22	37	14	18	24	6	8	17	28	15	23	14	30	22	16	12	33	30	8	9	2	37	29
30	21	20	21	36					7	16	27	14	22	13	29	21	15	11	32	29	7	8	1	36	30
31	20	19	20	35					6	15	26	13					14	10	31	28					31

362

1960 TAG	JULI k	JULI s	JULI g	JULI f	AUGUST k	AUGUST s	AUGUST g	AUGUST f	SEPTEMBER k	SEPTEMBER s	SEPTEMBER g	SEPTEMBER f	OKTOBER k	OKTOBER s	OKTOBER g	OKTOBER f	NOVEMBER k	NOVEMBER s	NOVEMBER g	NOVEMBER f	DEZEMBER k	DEZEMBER s	DEZEMBER g	DEZEMBER f	1960 TAG
1	6	7	33	35	21	4	2	4	13	1	4	11	6	27	7	19	21	24	9	26	14	22	12	34	1
2	5	6	32	34	20	3	1	3	12	28	3	10	5	26	6	18	20	23	8	25	13	21	11	33	2
3	4	5	31	33	19	2	33	2	11	27	2	9	4	25	5	17	19	22	7	24	12	20	10	32	3
4	3	4	30	32	18	1	32	1	10	26	1	8	3	24	4	16	18	21	6	23	11	19	9	31	4
5	2	3	29	31	17	28	31	38	9	25	33	7	2	23	3	15	17	20	5	22	10	18	8	30	5
6	1	2	28	30	16	27	30	37	8	24	32	6	1	22	2	14	16	19	4	21	9	17	7	29	6
7	23	1	27	29	15	26	29	36	7	23	31	5	23	21	1	13	15	18	3	20	8	16	6	28	7
8	22	28	26	28	14	25	28	35	6	22	30	4	22	20	33	12	14	17	2	19	7	15	5	27	8
9	21	27	25	27	13	24	27	34	5	21	29	3	21	19	32	11	13	16	1	18	6	14	4	26	9
10	20	26	24	26	12	23	26	33	4	20	28	2	20	18	31	10	12	15	33	17	5	13	3	25	10
11	19	25	23	25	11	22	25	32	3	19	27	1	19	17	30	9	11	14	32	16	4	12	2	24	11
12	18	24	22	24	10	21	24	31	2	18	26	38	18	16	29	8	10	13	31	15	3	11	1	23	12
13	17	23	21	23	9	20	23	30	1	17	25	37	17	15	28	7	9	12	30	14	2	10	33	22	13
14	16	22	20	22	8	19	22	29	23	16	24	36	16	14	27	6	8	11	29	13	1	9	32	21	14
15	15	21	19	21	7	18	21	28	22	15	23	35	15	13	26	5	7	10	28	12	23	8	31	20	15
16	14	20	18	20	6	17	20	27	21	14	22	34	14	12	25	4	6	9	27	11	22	7	30	19	16
17	13	19	17	19	5	16	19	26	20	13	21	33	13	11	24	3	5	8	26	10	21	6	29	18	17
18	12	18	16	18	4	15	18	25	19	12	20	32	12	10	23	2	4	7	25	9	20	5	28	17	18
19	11	17	15	17	3	14	17	24	18	11	19	31	11	9	22	1	3	6	24	8	19	4	27	16	19
20	10	16	14	16	2	13	16	23	17	10	18	30	10	8	21	38	2	5	23	7	18	3	26	15	20
21	9	15	13	15	1	12	15	22	16	9	17	29	9	7	20	37	1	4	22	6	17	2	25	14	21
22	8	14	12	14	23	11	14	21	15	8	16	28	8	6	19	36	23	3	21	5	16	1	24	13	22
23	7	13	11	13	22	10	13	20	14	7	15	27	7	5	18	35	22	2	20	4	15	28	23	12	23
24	6	12	10	12	21	9	12	19	13	6	14	26	6	4	17	34	21	1	19	3	14	27	22	11	24
25	5	11	9	11	20	8	11	18	12	5	13	25	5	3	16	33	20	28	18	2	13	26	21	10	25
26	4	10	8	10	19	7	10	17	11	4	12	24	4	2	15	32	19	27	17	1	12	25	20	9	26
27	3	9	7	9	18	6	9	16	10	3	11	23	3	1	14	31	18	26	16	38	11	24	19	8	27
28	2	8	6	8	17	5	8	15	9	2	10	22	2	28	13	30	17	25	15	37	10	23	18	7	28
29	1	7	5	7	16	4	7	14	8	1	9	21	1	27	12	29	16	24	14	36	9	22	17	6	29
30	23	6	4	6	15	3	6	13	7	28	8	20	23	26	11	28	15	23	13	35	8	21	16	5	30
31	22	5	3	5	14	2	5	12					22	25	10	27					7	20	15	4	31

1961

1961 TAG	JANUAR k	s	g	f	FEBRUAR k	s	g	f	MÄRZ k	s	g	f	APRIL k	s	g	f	MAI k	s	g	f	JUNI k	s	g	f	1961 TAG
1	6	19	14	3	21	16	16	10	16	16	21	20	8	13	23	27	1	11	26	35	16	8	28	4	1
2	5	18	13	2	20	15	15	9	15	15	20	19	7	12	22	26	23	10	25	34	15	7	27	3	2
3	4	17	12	1	19	14	14	8	14	14	19	18	6	11	21	25	22	9	24	33	14	6	26	2	3
4	3	16	11	38	18	13	13	7	13	13	18	17	5	10	20	24	21	8	23	32	13	5	25	1	4
5	2	15	10	37	17	12	12	6	12	12	17	16	4	9	19	23	20	7	22	31	12	4	24	38	5
6	1	14	9	36	16	11	11	5	11	11	16	15	3	8	18	22	19	6	21	30	11	3	23	37	6
7	23	13	8	35	15	10	10	4	10	10	15	14	2	7	17	21	18	5	20	29	10	2	22	36	7
8	22	12	7	34	14	9	9	3	9	9	14	13	1	6	16	20	17	4	19	28	9	1	21	35	8
9	21	11	6	33	13	8	8	2	8	8	13	12	23	5	15	19	16	3	18	27	8	28	20	34	9
10	20	10	5	32	12	7	7	1	7	7	12	11	22	4	14	18	15	2	17	26	7	27	19	33	10
11	19	9	4	31	11	6	6	38	6	6	11	10	21	3	13	17	14	1	16	25	6	26	18	32	11
12	18	8	3	30	10	5	5	37	5	5	10	9	20	2	12	16	13	28	15	24	5	25	17	31	12
13	17	7	2	29	9	4	4	36	4	4	9	8	19	1	11	15	12	27	14	23	4	24	16	30	13
14	16	6	1	28	8	3	3	35	3	3	8	7	18	28	10	14	11	26	13	22	3	23	15	29	14
15	15	5	33	27	7	2	2	34	2	2	7	6	17	27	9	13	10	25	12	21	2	22	14	28	15
16	14	4	32	26	6	1	1	33	1	1	6	5	16	26	8	12	9	24	11	20	1	21	13	27	16
17	13	3	31	25	5	28	33	32	23	28	5	4	15	25	7	11	8	23	10	19	23	20	12	26	17
18	12	2	30	24	4	27	32	31	22	27	4	3	14	24	6	10	7	22	9	18	22	19	11	25	18
19	11	1	29	23	3	26	31	30	21	26	3	2	13	23	5	9	6	21	8	17	21	18	10	24	19
20	10	28	28	22	2	25	30	29	20	25	2	1	12	22	4	8	5	20	7	16	20	17	9	23	20
21	9	27	27	21	1	24	29	28	19	24	1	38	11	21	3	7	4	19	6	15	19	16	8	22	21
22	8	26	26	20	23	23	28	27	18	23	33	37	10	20	2	6	3	18	5	14	18	15	7	21	22
23	7	25	25	19	22	22	27	26	17	22	32	36	9	19	1	5	2	17	4	13	17	14	6	20	23
24	6	24	24	18	21	21	26	25	16	21	31	35	8	18	33	4	1	16	3	12	16	13	5	19	24
25	5	23	23	17	20	20	25	24	15	20	30	34	7	17	32	3	23	15	2	11	15	12	4	18	25
26	4	22	22	16	19	19	24	23	14	19	29	33	6	16	31	2	22	14	1	10	14	11	3	17	26
27	3	21	21	15	18	18	23	22	13	18	28	32	5	15	30	1	21	13	33	9	13	10	2	16	27
28	2	20	20	14	17	17	22	21	12	17	27	31	4	14	29	38	20	12	32	8	12	9	1	15	28
29	1	19	19	13					11	16	26	30	3	13	28	37	19	11	31	7	11	8	33	14	29
30	23	18	18	12					10	15	25	29	2	12	27	36	18	10	30	6	10	7	32	13	30
31	22	17	17	11					9	14	24	28					17	9	29	5					31

1961 TAG	JULI k	s	g	f	AUGUST k	s	g	f	SEPTEMBER k	s	g	f	OKTOBER k	s	g	f	NOVEMBER k	s	g	f	DEZEMBER k	s	g	f	1961 TAG
1	9	6	31	12	1	3	33	19	16	28	2	26	9	26	5	34	1	23	7	3	17	21	10	11	1
2	8	5	30	11	23	2	32	18	15	27	1	25	8	25	4	33	23	22	6	2	16	20	9	10	2
3	7	4	29	10	22	1	31	17	14	26	33	24	7	24	3	32	22	21	5	1	15	19	8	9	3
4	6	3	28	9	21	28	30	16	13	25	32	23	6	23	2	31	21	20	4	38	14	18	7	8	4
5	5	2	27	8	20	27	29	15	12	24	31	22	5	22	1	30	20	19	3	37	13	17	6	7	5
6	4	1	26	7	19	26	28	14	11	23	30	21	4	21	33	29	19	18	2	36	12	16	5	6	6
7	3	28	25	6	18	25	27	13	10	22	29	20	3	20	32	28	18	17	1	35	11	15	4	5	7
8	2	27	24	5	17	24	26	12	9	21	28	19	2	19	31	27	17	16	33	34	10	14	3	4	8
9	1	26	23	4	16	23	25	11	8	20	27	18	1	18	30	26	16	15	32	33	9	13	2	3	9
10	23	25	22	3	15	22	24	10	7	19	26	17	23	17	29	25	15	14	31	32	8	12	1	2	10
11	22	24	21	2	14	21	23	9	6	18	25	16	22	16	28	24	14	13	30	31	7	11	33	1	11
12	21	23	20	1	13	20	22	8	5	17	24	15	21	15	27	23	13	12	29	30	6	10	32	38	12
13	20	22	19	38	12	19	21	7	4	16	23	14	20	14	26	22	12	11	28	29	5	9	31	37	13
14	19	21	18	37	11	18	20	6	3	15	22	13	19	13	25	21	11	10	27	28	4	8	30	36	14
15	18	20	17	36	10	18	19	5	2	14	21	12	18	12	24	20	10	9	26	27	3	7	29	35	15
16	17	19	16	35	9	16	18	4	1	13	20	11	17	11	23	19	9	8	25	26	2	6	28	34	16
17	16	18	15	34	8	15	17	3	23	12	19	10	16	10	22	18	8	7	24	25	1	5	27	33	17
18	15	17	14	33	7	14	16	2	22	11	18	9	15	9	21	17	7	6	23	24	23	4	26	32	18
19	14	16	13	32	6	13	15	1	21	10	17	8	14	8	20	16	6	5	22	23	22	3	25	31	19
20	13	15	12	31	5	12	14	38	20	9	16	8	13	7	19	15	5	4	21	22	21	2	24	30	20
21	12	14	11	30	4	11	13	37	19	8	15	6	12	6	18	14	4	3	20	21	20	1	23	29	21
22	11	13	10	29	3	10	12	36	18	7	14	5	11	5	17	13	3	2	19	20	19	28	22	28	22
23	10	12	9	28	2	9	11	35	17	6	13	4	10	4	16	12	2	1	18	19	18	27	21	27	23
24	9	11	8	27	1	8	10	34	16	5	12	3	9	3	15	11	1	28	17	18	17	26	20	26	24
25	8	10	7	26	23	7	9	33	15	4	11	2	8	2	14	10	23	27	16	17	16	25	19	25	25
26	7	9	6	25	22	6	8	32	14	3	10	1	7	1	13	9	22	26	15	16	15	24	18	24	26
27	6	8	5	24	21	5	7	31	13	2	9	38	6	28	12	8	21	25	14	15	14	23	17	23	27
28	5	7	4	23	20	4	6	30	12	1	8	37	5	27	11	7	20	24	13	14	13	22	16	22	28
29	4	6	3	22	19	3	5	29	11	28	7	36	4	26	10	6	19	23	12	13	12	21	15	21	29
30	3	5	2	21	18	2	4	28	10	27	6	35	3	25	9	5	18	22	11	12	11	20	14	20	30
31	2	4	1	20	17	1	3	27					2	24	8	4					10	19	13	19	31

365

1962

1962 TAG	JANUAR k	s	g	f	FEBRUAR k	s	g	f	MÄRZ k	s	g	f	APRIL k	s	g	f	MAI k	s	g	f	JUNI k	s	g	f	1962 TAG
1	9	18	12	18	1	15	14	25	19	15	19	35	11	12	21	4	4	10	24	12	19	7	26	19	1
2	8	17	11	17	23	14	13	24	18	14	18	34	10	11	20	3	3	9	23	11	18	6	25	18	2
3	7	16	10	16	22	13	12	23	17	13	17	33	9	10	19	2	2	8	22	10	17	5	24	17	3
4	6	15	9	15	21	12	11	22	16	12	16	32	8	9	18	1	1	7	21	9	16	4	23	16	4
5	5	14	8	14	20	11	10	21	15	11	15	31	7	8	17	38	23	6	20	8	15	3	22	15	5
6	4	13	7	13	19	10	9	20	14	10	14	30	6	7	16	37	22	5	19	7	14	2	21	14	6
7	3	12	6	12	18	9	8	19	13	9	13	29	5	6	15	36	21	4	18	6	13	1	20	13	7
8	2	11	5	11	17	8	7	18	12	8	12	28	4	5	14	35	20	3	17	5	12	28	19	12	8
9	1	10	4	10	16	7	6	17	11	7	11	27	3	4	13	34	19	2	16	4	11	27	18	11	9
10	23	9	3	9	15	6	5	16	10	6	10	26	2	3	12	33	18	1	15	3	10	26	17	10	10
11	22	8	2	8	14	5	4	15	9	5	9	25	1	2	11	32	17	28	14	2	9	25	16	9	11
12	21	7	1	7	13	4	3	14	8	4	8	24	23	1	10	31	16	27	13	1	8	24	15	8	12
13	20	6	33	6	12	3	2	13	7	3	7	23	22	28	9	30	15	26	12	38	7	23	14	7	13
14	19	5	32	5	11	2	1	12	6	2	6	22	21	27	8	29	14	25	11	37	6	22	13	6	14
15	18	4	31	4	10	1	33	11	5	1	5	21	20	26	7	28	13	24	10	36	5	21	12	5	15
16	17	3	30	3	9	28	32	10	4	28	4	20	19	25	6	27	12	23	9	35	4	20	11	4	16
17	16	2	29	2	8	27	31	9	3	27	3	19	18	24	5	26	11	22	8	34	3	19	10	3	17
18	15	1	28	1	7	26	30	8	2	26	2	18	17	23	4	25	10	21	7	33	2	18	9	2	18
19	14	28	27	38	6	25	29	7	1	25	1	17	16	22	3	24	9	20	6	32	1	17	8	1	19
20	13	27	26	37	5	24	28	6	23	24	33	16	15	21	2	23	8	19	5	31	23	16	7	38	20
21	12	26	25	36	4	23	27	5	22	23	32	15	14	20	1	22	7	18	4	30	22	15	6	37	21
22	11	25	24	35	3	22	26	4	21	22	31	14	13	19	33	21	6	17	3	29	21	14	5	36	22
23	10	24	23	34	2	21	25	3	20	21	30	13	12	18	32	20	5	16	2	28	20	13	4	35	23
24	9	23	22	33	1	20	24	2	19	20	29	12	11	17	31	19	4	15	1	27	19	12	3	34	24
25	8	22	21	32	23	19	23	1	18	19	28	11	10	16	30	18	3	14	33	26	18	11	2	33	25
26	7	21	20	31	22	18	22	38	17	18	27	10	9	15	29	17	2	13	32	25	17	10	1	32	26
27	6	20	19	30	21	17	21	37	16	17	26	9	8	14	28	16	1	12	31	24	16	9	33	31	27
28	5	19	18	29	20	16	20	36	15	16	25	8	7	13	27	15	23	11	30	23	15	8	32	30	28
29	4	18	17	28					14	15	24	7	6	12	26	14	22	10	29	22	14	7	31	29	29
30	3	17	16	27					13	14	23	6	5	11	25	13	21	9	28	21	13	6	30	28	30
31	2	16	15	26					12	13	22	5					20	8	27	20					31

1962 TAG	JULI				AUGUST				SEPTEMBER				OKTOBER				NOVEMBER				DEZEMBER				1962 TAG
	k	s	g	f	k	s	g	f	k	s	g	f	k	s	g	f	k	s	g	f	k	s	g	f	
1	12	5	29	27	4	2	31	34	19	27	33	3	12	25	3	11	4	22	5	18	20	20	8	26	1
2	11	4	28	26	3	1	30	33	18	26	32	2	11	24	2	10	3	21	4	17	19	19	7	25	2
3	10	3	27	25	2	28	29	32	17	25	31	1	10	23	1	9	2	20	3	16	18	18	6	24	3
4	9	2	26	24	1	27	28	31	16	24	30	38	9	22	33	8	1	19	2	15	17	17	5	23	4
5	8	1	25	23	23	26	27	30	15	23	29	37	8	21	32	7	23	18	1	14	16	16	4	22	5
6	7	28	24	22	22	25	26	29	14	22	28	36	7	20	31	6	22	17	33	13	15	15	3	21	6
7	6	27	23	21	21	24	25	28	13	21	27	35	6	19	30	5	21	16	32	12	14	14	2	20	7
8	5	26	22	20	20	23	24	27	12	20	26	34	5	18	29	4	20	15	31	11	13	13	1	19	8
9	4	25	21	19	19	22	23	26	11	19	25	33	4	17	28	3	19	14	30	10	12	12	33	18	9
10	3	24	20	18	18	21	22	25	10	18	24	32	3	16	27	2	18	13	29	9	11	11	32	17	10
11	2	23	19	17	17	20	21	24	9	17	23	31	2	15	26	1	17	12	28	8	10	10	31	16	11
12	1	22	18	16	16	19	20	23	8	16	22	30	1	14	25	38	16	11	27	7	9	9	30	15	12
13	23	21	17	15	15	18	19	22	7	15	21	29	23	13	24	37	15	10	26	6	8	8	29	14	13
14	22	20	16	14	14	17	18	21	6	14	20	28	22	12	23	36	14	9	25	5	7	7	28	13	14
15	21	19	15	13	13	16	17	20	5	13	19	27	21	11	22	35	13	8	24	4	6	6	27	12	15
16	20	18	14	12	12	15	16	19	4	12	18	26	20	10	21	34	12	7	23	3	5	5	26	11	16
17	19	17	13	11	11	14	15	18	3	11	17	25	19	9	20	33	11	6	22	2	4	4	25	10	17
18	18	16	12	10	10	13	14	17	2	10	16	24	18	8	19	32	10	5	21	1	3	3	24	9	18
19	17	15	11	9	9	12	13	16	1	9	15	23	17	7	18	31	9	4	20	38	2	2	23	8	19
20	16	14	10	8	8	11	12	15	23	8	14	22	16	6	17	30	8	3	19	37	1	1	22	7	20
21	15	13	9	7	7	10	11	14	22	7	13	21	15	5	16	29	7	2	18	36	23	28	21	6	21
22	14	12	8	6	6	9	10	13	21	6	12	20	14	4	15	28	6	1	17	35	22	27	20	5	22
23	13	11	7	5	5	8	9	12	20	5	11	19	13	3	14	27	5	28	16	34	21	26	19	4	23
24	12	10	6	4	4	7	8	11	19	4	10	18	12	2	13	26	4	27	15	33	20	25	18	3	24
25	11	9	5	3	3	6	7	10	18	3	9	17	11	1	12	25	3	26	14	32	19	24	17	2	25
26	10	8	4	2	2	5	6	9	17	2	8	16	10	28	11	24	2	25	13	31	18	23	16	1	26
27	9	7	3	1	1	4	5	8	16	1	7	15	9	27	10	23	1	24	12	30	17	22	15	38	27
28	8	6	2	38	23	3	4	7	15	28	6	14	8	26	9	22	23	23	11	29	16	21	14	37	28
29	7	5	1	37	22	2	3	6	14	27	5	13	7	25	8	21	22	22	10	28	15	20	13	36	29
30	6	4	33	36	21	1	2	5	13	26	4	12	6	24	7	20	21	21	9	27	14	19	12	35	30
31	5	3	32	35	20	28	1	4					5	23	6	19					13	18	11	34	31

1963

1963 TAG	JANUAR k	s	g	f	FEBRUAR k	s	g	f	MÄRZ k	s	g	f	APRIL k	s	g	f	MAI k	s	g	f	JUNI k	s	g	f	1963 TAG
1	12	17	10	33	4	14	12	2	22	14	17	12	14	11	19	19	7	9	22	27	22	6	24	34	1
2	11	16	9	32	3	13	11	1	21	13	16	11	13	10	18	18	6	8	21	26	21	5	23	33	2
3	10	15	8	31	2	12	10	38	20	12	15	10	12	9	17	17	5	7	20	25	20	4	22	32	3
4	9	14	7	30	1	11	9	37	19	11	14	9	11	8	16	16	4	6	19	24	19	3	21	31	4
5	8	13	6	29	23	10	8	36	18	10	13	8	10	7	15	15	3	5	18	23	18	2	20	30	5
6	7	12	5	28	22	9	7	35	17	9	12	7	9	6	14	14	2	4	17	22	17	1	19	29	6
7	6	11	4	27	21	8	6	34	16	8	11	6	8	5	13	13	1	3	16	21	16	28	18	28	7
8	5	10	3	26	20	7	5	33	15	7	10	5	7	4	12	12	23	2	15	20	15	27	17	27	8
9	4	9	2	25	19	6	4	32	14	6	9	4	6	3	11	11	22	1	14	19	14	26	16	26	9
10	3	8	1	24	18	5	3	31	13	5	8	3	5	2	10	10	21	28	13	18	13	25	15	25	10
11	2	7	33	23	17	4	2	30	12	4	7	2	4	1	9	9	20	27	12	17	12	24	14	24	11
12	1	6	32	22	16	3	1	29	11	3	6	1	3	28	8	8	19	26	11	16	11	23	13	23	12
13	23	5	31	21	15	2	33	28	10	2	5	38	2	27	7	7	18	25	10	15	10	22	12	22	13
14	22	4	30	20	14	1	32	27	9	1	4	37	1	26	6	6	17	24	9	14	9	21	11	21	14
15	21	3	29	19	13	28	31	26	8	28	3	36	23	25	5	5	16	23	8	13	8	20	10	20	15
16	20	2	28	18	12	27	30	25	7	27	2	35	22	24	4	4	15	22	7	12	7	19	9	19	16
17	19	1	27	17	11	26	29	24	6	26	1	34	21	23	3	3	14	21	6	11	6	18	8	18	17
18	18	28	26	16	10	25	28	23	5	25	33	33	20	22	2	2	13	20	5	10	5	17	7	17	18
19	17	27	25	15	9	24	27	22	4	24	32	32	19	21	1	1	12	19	4	9	4	16	6	16	19
20	16	26	24	14	8	23	26	21	3	23	31	31	18	20	33	38	11	18	3	8	3	15	5	15	20
21	15	25	23	13	7	22	25	20	2	22	30	30	17	19	32	37	10	17	2	7	2	14	4	14	21
22	14	24	22	12	6	21	24	19	1	21	29	29	16	18	31	36	9	16	1	6	1	13	3	13	22
23	13	23	21	11	5	20	23	18	23	20	28	28	15	17	30	35	8	15	33	5	23	12	2	12	23
24	12	22	20	10	4	19	22	17	22	19	27	27	14	16	29	34	7	14	32	4	22	11	1	11	24
25	11	21	19	9	3	18	21	16	21	18	26	26	13	15	28	33	6	13	31	3	21	10	33	10	25
26	10	20	18	8	2	17	20	15	20	17	25	25	12	14	27	32	5	12	30	2	20	9	32	9	26
27	9	19	17	7	1	16	19	14	19	16	24	24	11	13	26	31	4	11	29	1	19	8	31	8	27
28	8	18	16	6	23	15	18	13	18	15	23	23	10	12	25	30	3	10	28	38	18	7	30	7	28
29	7	17	15	5					17	14	22	22	9	11	24	29	2	9	27	37	17	6	29	6	29
30	6	16	14	4					16	13	21	21	8	10	23	28	1	8	26	36	16	5	28	5	30
31	5	15	13	3					15	12	20	20					23	7	25	35					31

1963 TAG	JULI k	s	g	f	AUGUST k	s	g	f	SEPTEMBER k	s	g	f	OKTOBER k	s	g	f	NOVEMBER k	s	g	f	DEZEMBER k	s	g	f	1963 TAG
1	15	4	27	4	7	1	29	11	22	26	31	18	15	24	1	26	7	21	3	33	23	19	6	3	1
2	14	3	26	3	6	28	28	10	21	25	30	17	14	23	33	25	6	20	2	32	22	18	5	2	2
3	13	2	25	2	5	27	27	9	20	24	29	16	13	22	32	24	5	19	1	31	21	17	4	1	3
4	12	1	24	1	4	26	26	8	19	23	28	15	12	21	31	23	4	18	33	30	20	16	3	38	4
5	11	28	23	38	3	25	25	7	18	22	27	14	11	20	30	22	3	17	32	29	19	15	2	37	5
6	10	27	22	37	2	24	24	6	17	21	26	13	10	19	29	21	2	16	31	28	18	14	1	36	6
7	9	26	21	36	1	23	23	5	16	20	25	12	9	18	28	20	1	15	30	27	17	13	33	35	7
8	8	25	20	35	23	22	22	4	15	19	24	11	8	17	27	19	23	14	29	26	16	12	32	34	8
9	7	24	19	34	22	21	21	3	14	18	23	10	7	16	26	18	22	13	28	25	15	11	31	33	9
10	6	23	18	33	21	20	20	2	13	17	22	9	6	15	25	17	21	12	27	24	14	10	30	32	10
11	5	22	17	32	20	19	19	1	12	16	21	8	5	14	24	16	20	11	26	23	13	9	29	31	11
12	4	21	16	31	19	18	18	38	11	15	20	7	4	13	23	15	19	10	25	22	12	8	28	30	12
13	3	20	15	30	18	17	17	37	10	14	19	6	3	12	22	14	18	9	24	21	11	7	27	29	13
14	2	19	14	29	17	16	16	36	9	13	18	5	2	11	21	13	17	8	23	20	10	6	26	28	14
15	1	18	13	28	16	15	15	35	8	12	17	4	1	10	20	12	16	7	22	19	9	5	25	27	15
16	23	17	12	27	15	14	14	34	7	11	16	3	23	9	19	11	15	6	21	18	8	4	24	26	16
17	22	16	11	26	14	13	13	33	6	10	15	2	22	8	18	10	14	5	20	17	7	3	23	25	17
18	21	15	10	25	13	12	12	32	5	9	14	1	21	7	17	9	13	4	19	16	6	2	22	24	18
19	20	14	9	24	12	11	11	31	4	8	13	38	20	6	16	8	12	3	18	15	5	1	21	23	19
20	19	13	8	23	11	10	10	30	3	7	12	37	19	5	15	7	11	2	17	14	4	28	20	22	20
21	18	12	7	22	10	9	9	29	2	6	11	36	18	4	14	6	10	1	16	13	3	27	19	21	21
22	17	11	6	21	9	8	8	28	1	5	10	35	17	3	13	5	9	28	15	12	2	26	18	20	22
23	16	10	5	20	8	7	7	27	23	4	9	34	16	2	12	4	8	27	14	11	1	25	17	19	23
24	15	9	4	19	7	6	6	26	22	3	8	33	15	1	11	3	7	26	13	10	23	24	16	18	24
25	14	8	3	18	6	5	5	25	21	2	7	32	14	28	10	2	6	25	12	9	22	23	15	17	25
26	13	7	2	17	5	4	4	24	20	1	6	31	13	27	9	1	5	24	11	8	21	22	14	16	26
27	12	6	1	16	4	3	3	23	19	28	5	30	12	26	8	38	4	23	10	7	20	21	13	15	27
28	11	5	33	15	3	2	2	22	18	27	4	29	11	25	7	37	3	22	9	6	19	20	12	14	28
29	10	4	32	14	2	1	1	21	17	26	3	28	10	24	6	36	2	21	8	5	18	19	11	13	29
30	9	3	31	13	1	28	33	20	16	25	2	27	9	23	5	35	1	20	7	4	17	18	10	12	30
31	8	2	30	12	23	27	32	19					8	22	4	34					16	17	9	11	31

1964

1964 TAG	JANUAR k	s	g	f	FEBRUAR k	s	g	f	MÄRZ k	s	g	f	APRIL k	s	g	f	MAI k	s	g	f	JUNI k	s	g	f	1964 TAG
1	15	16	8	10	7	13	10	17	1	12	14	26	16	9	16	33	9	7	19	3	1	4	21	10	1
2	14	15	7	9	6	12	9	16	23	11	13	25	15	8	15	32	8	6	18	2	23	3	20	9	2
3	13	14	6	8	5	11	8	15	22	10	12	24	14	7	14	31	7	5	17	1	22	2	19	8	3
4	12	13	5	7	4	10	7	14	21	9	11	23	13	6	13	30	6	4	16	38	21	1	18	7	4
5	11	12	4	6	3	9	6	13	20	8	10	22	12	5	12	29	5	3	15	37	20	28	17	6	5
6	10	11	3	5	2	8	5	12	19	7	9	21	11	4	11	28	4	2	14	36	19	27	16	5	6
7	9	10	2	4	1	7	4	11	18	6	8	20	10	3	10	27	3	1	13	35	18	26	15	4	7
8	8	9	1	3	23	6	3	10	17	5	7	19	9	2	9	26	2	28	12	34	17	25	14	3	8
9	7	8	33	2	22	5	2	9	16	4	6	18	8	1	8	25	1	27	11	33	16	24	13	2	9
10	6	7	32	1	21	4	1	8	15	3	5	17	7	28	7	24	23	26	10	32	15	23	12	1	10
11	5	6	31	38	20	3	33	7	14	2	4	16	6	27	6	23	22	25	9	31	14	22	11	38	11
12	4	5	30	37	19	2	32	6	13	1	3	15	5	26	5	22	21	24	8	30	13	21	10	37	12
13	3	4	29	36	18	1	31	5	12	28	2	14	4	25	4	21	20	23	7	29	12	20	9	36	13
14	2	3	28	35	17	28	30	4	11	27	1	13	3	24	3	20	19	22	6	28	11	19	8	35	14
15	1	2	27	34	16	27	29	3	10	26	33	12	2	23	2	19	18	21	5	27	10	18	7	34	15
16	23	1	26	33	15	26	28	2	9	25	32	11	1	22	1	18	17	20	4	26	9	17	6	33	16
17	22	28	25	32	14	25	27	1	8	24	31	10	23	21	33	17	16	19	3	25	8	16	5	32	17
18	21	27	24	31	13	24	26	38	7	23	30	9	22	20	32	16	15	18	2	24	7	15	4	31	18
19	20	26	23	30	12	23	25	37	6	22	29	8	21	19	31	15	14	17	1	23	6	14	3	30	19
20	19	25	22	29	11	22	24	36	5	21	28	7	20	18	30	14	13	16	33	22	5	13	2	29	20
21	18	24	21	28	10	21	23	35	4	20	27	6	19	17	29	13	12	15	32	21	4	12	1	28	21
22	17	23	20	27	9	20	22	34	3	19	26	5	18	16	28	12	11	14	31	20	3	11	33	27	22
23	16	22	19	26	8	19	21	33	2	18	25	4	17	15	27	11	10	13	30	19	2	10	32	26	23
24	15	21	18	25	7	18	20	32	1	17	24	3	16	14	26	10	9	12	29	18	1	9	31	25	24
25	14	20	17	24	6	17	19	31	23	16	23	2	15	13	25	9	8	11	28	17	23	8	30	24	25
26	13	19	16	23	5	16	18	30	22	15	22	1	14	12	24	8	7	10	27	16	22	7	29	23	26
27	12	18	15	22	4	15	17	29	21	14	21	38	13	11	23	7	6	9	26	15	21	6	28	22	27
28	11	17	14	21	3	14	16	28	20	13	20	37	12	10	22	6	5	8	25	14	20	5	27	21	28
29	10	16	13	20	2	13	15	27	19	12	19	36	11	9	21	5	4	7	24	13	19	4	26	20	29
30	9	15	12	19					18	11	18	35	10	8	20	4	3	6	23	12	18	3	25	19	30
31	8	14	11	18					17	10	17	34					2	5	22	11					31

1964 TAG	JULI k	JULI s	JULI g	JULI f	AUGUST k	AUGUST s	AUGUST g	AUGUST f	SEPTEMBER k	SEPTEMBER s	SEPTEMBER g	SEPTEMBER f	OKTOBER k	OKTOBER s	OKTOBER g	OKTOBER f	NOVEMBER k	NOVEMBER s	NOVEMBER g	NOVEMBER f	DEZEMBER k	DEZEMBER s	DEZEMBER g	DEZEMBER f	1964 TAG
1	17	2	24	18	9	27	26	25	1	24	28	32	17	22	31	2	9	19	33	9	2	17	3	17	1
2	16	1	23	17	8	26	25	24	23	23	27	31	16	21	30	1	8	18	32	8	1	16	2	16	2
3	15	28	22	16	7	25	24	23	22	22	26	30	15	20	29	38	7	17	31	7	23	15	1	15	3
4	14	27	21	15	6	24	23	22	21	21	25	29	14	19	28	37	6	16	30	6	22	14	33	14	4
5	13	26	20	14	5	23	22	21	20	20	24	28	13	18	27	36	5	15	29	5	21	13	32	13	5
6	12	25	19	13	4	22	21	20	19	19	23	27	12	17	26	35	4	14	28	4	20	12	31	12	6
7	11	24	18	12	3	21	20	19	18	18	22	26	11	16	25	34	3	13	27	3	19	11	30	11	7
8	10	23	17	11	2	20	19	18	17	17	21	25	10	15	24	33	2	12	26	2	18	10	29	10	8
9	9	22	16	10	1	19	18	17	16	16	20	24	9	14	23	32	1	11	25	1	17	9	28	9	9
10	8	21	15	9	23	18	17	16	15	15	19	23	8	13	22	31	23	10	24	38	16	8	27	8	10
11	7	20	14	8	22	17	16	15	14	14	18	22	7	12	21	30	22	9	23	37	15	7	26	7	11
12	6	19	13	7	21	16	15	14	13	13	17	21	6	11	20	29	21	8	22	36	14	6	25	6	12
13	5	18	12	6	20	15	14	13	12	12	16	20	5	10	19	28	20	7	21	35	13	5	24	5	13
14	4	17	11	5	19	14	13	12	11	11	15	19	4	9	18	27	19	6	20	34	12	4	23	4	14
15	3	16	10	4	18	13	12	11	10	10	14	18	3	8	17	26	18	5	19	33	11	3	22	3	15
16	2	15	9	3	17	12	11	10	9	9	13	17	2	7	16	25	17	4	18	32	10	2	21	2	16
17	1	14	8	2	16	11	10	9	8	8	12	16	1	6	15	24	16	3	17	31	9	1	20	1	17
18	23	13	7	1	15	10	9	8	7	7	11	15	23	5	14	23	15	2	16	30	8	28	19	38	18
19	22	12	6	38	14	9	8	7	6	6	10	14	22	4	13	22	14	1	15	29	7	27	18	37	19
20	21	11	5	37	13	8	7	6	5	5	9	13	21	3	12	21	13	28	14	28	6	26	17	36	20
21	20	10	4	36	12	7	6	5	4	4	8	12	20	2	11	20	12	27	13	27	5	25	16	35	21
22	19	9	3	35	11	6	5	4	3	3	7	11	19	1	10	19	11	26	12	26	4	24	15	34	22
23	18	8	2	34	10	5	4	3	2	2	6	10	18	28	9	18	10	25	11	25	3	23	14	33	23
24	17	7	1	33	9	4	3	2	1	1	5	9	17	27	8	17	9	24	10	24	2	22	13	32	24
25	16	6	33	32	8	3	2	1	23	28	4	8	16	26	7	16	8	23	9	23	1	21	12	31	25
26	15	5	32	31	7	2	1	38	22	27	3	7	15	25	6	15	7	22	8	22	23	20	11	30	26
27	14	4	31	30	6	1	33	37	21	26	2	6	14	24	5	14	6	21	7	21	22	19	10	29	27
28	13	3	30	29	5	28	32	36	20	25	1	5	13	23	4	13	5	20	6	20	21	18	9	28	28
29	12	2	29	28	4	27	31	35	19	24	33	4	12	22	3	12	4	19	5	19	20	17	8	27	29
30	11	1	28	27	3	26	30	34	18	23	32	3	11	21	2	11	3	18	4	18	19	16	7	26	30
31	10	28	27	26	2	25	29	33					10	20	1	10					18	15	6	25	31

1965

1965 TAG	JANUAR k	s	g	f	FEBRUAR k	s	g	f	MÄRZ k	s	g	f	APRIL k	s	g	f	MAI k	s	g	f	JUNI k	s	g	f	1965 TAG
1	17	14	5	24	9	11	7	31	4	11	12	3	19	8	14	10	12	6	17	18	4	3	19	25	1
2	16	13	4	23	8	10	6	30	3	10	11	2	18	7	13	9	11	5	16	17	3	2	18	24	2
3	15	12	3	22	7	9	5	29	2	9	10	1	17	6	12	8	10	4	15	16	2	1	17	23	3
4	14	11	2	21	6	8	4	28	1	8	9	38	16	5	11	7	9	3	14	15	1	28	16	22	4
5	13	10	1	20	5	7	3	27	23	7	8	37	15	4	10	6	8	2	13	14	23	27	15	21	5
6	12	9	33	19	4	6	2	26	22	6	7	36	14	3	9	5	7	1	12	13	22	26	14	20	6
7	11	8	32	18	3	5	1	25	21	5	6	35	13	2	8	4	6	28	11	12	21	25	13	19	7
8	10	7	31	17	2	4	33	24	20	4	5	34	12	1	7	3	5	27	10	11	20	24	12	18	8
9	9	6	30	16	1	3	32	23	19	3	4	33	11	28	6	2	4	26	9	10	19	23	11	17	9
10	8	5	29	15	23	2	31	22	18	2	3	32	10	27	5	1	3	25	8	9	18	22	10	16	10
11	7	4	28	14	22	1	30	21	17	1	2	31	9	26	4	38	2	24	7	8	17	21	9	15	11
12	6	3	27	13	21	28	29	20	16	28	1	30	8	25	3	37	1	23	6	7	16	20	8	14	12
13	5	2	26	12	20	27	28	19	15	27	33	29	7	24	2	36	23	22	5	6	15	19	7	13	13
14	4	1	25	11	19	26	27	18	14	26	32	28	6	23	1	35	22	21	4	5	14	18	6	12	14
15	3	28	24	10	18	25	26	17	13	25	31	27	5	22	33	34	21	20	3	4	13	17	5	11	15
16	2	27	23	9	17	24	25	16	12	24	30	26	4	21	32	33	20	19	2	3	12	16	4	10	16
17	1	26	22	8	16	23	24	15	11	23	29	25	3	20	31	32	19	18	1	2	11	15	3	9	17
18	23	25	21	7	15	22	23	14	10	22	28	24	2	19	30	31	18	17	33	1	10	14	2	8	18
19	22	24	20	6	14	21	22	13	9	21	27	23	1	18	29	30	17	16	32	38	9	13	1	7	19
20	21	23	19	5	13	20	21	12	8	20	26	22	23	17	28	29	16	15	31	37	8	12	33	6	20
21	20	22	18	4	12	19	20	11	7	19	25	21	22	16	27	28	15	14	30	36	7	11	32	5	21
22	19	21	17	3	11	18	19	10	6	18	24	20	21	15	26	27	14	13	29	35	6	10	31	4	22
23	18	20	16	2	10	17	18	9	5	17	23	19	20	14	25	26	13	12	28	34	5	9	30	3	23
24	17	19	15	1	9	16	17	8	4	16	22	18	19	13	24	25	12	11	27	33	4	8	29	2	24
25	16	18	14	38	8	15	16	7	3	15	21	17	18	12	23	24	11	10	26	32	3	7	28	1	25
26	15	17	13	37	7	14	15	6	2	14	20	16	17	11	22	23	10	9	25	31	2	6	27	38	26
27	14	16	12	36	6	13	14	5	1	13	19	15	16	10	21	22	9	8	24	30	1	5	26	37	27
28	13	15	11	35	5	12	13	4	23	12	18	14	15	9	20	21	8	7	23	29	23	4	25	36	28
29	12	14	10	34					22	11	17	13	14	8	19	20	7	6	22	28	22	3	24	35	29
30	11	13	9	33					21	10	16	12	13	7	18	19	6	5	21	27	21	2	23	34	30
31	10	12	8	32					20	9	15	11					5	4	20	26					31

1965 TAG	JULI				AUGUST				SEPTEMBER				OKTOBER				NOVEMBER				DEZEMBER				1965 TAG
	k	s	g	f	k	s	g	f	k	s	g	f	k	s	g	f	k	s	g	f	k	s	g	f	
1	20	1	22	33	12	26	24	2	4	23	26	9	20	21	29	17	12	18	31	24	5	16	1	32	1
2	19	28	21	32	11	25	23	1	3	22	25	8	19	20	28	16	11	17	30	23	4	15	33	31	2
3	18	27	20	31	10	24	22	38	2	21	24	7	18	19	27	15	10	16	29	22	3	14	32	30	3
4	17	26	19	30	9	23	21	37	1	20	23	6	17	18	26	14	9	15	28	21	2	13	31	29	4
5	16	25	18	29	8	22	20	36	23	19	22	5	16	17	25	13	8	14	27	20	1	12	30	28	5
6	15	24	17	28	7	21	19	35	22	18	21	4	15	16	24	12	7	13	26	19	23	11	29	27	6
7	14	23	16	27	6	20	18	34	21	17	20	3	14	15	23	11	6	12	25	18	22	10	28	26	7
8	13	22	15	26	5	19	17	33	20	16	19	2	13	14	22	10	5	11	24	17	21	9	27	25	8
9	12	21	14	25	4	18	16	32	19	15	18	1	12	13	21	9	4	10	23	16	20	8	26	24	9
10	11	20	13	24	3	17	15	31	18	14	17	38	11	12	20	8	3	9	22	15	19	7	25	23	10
11	10	19	12	23	2	16	14	30	17	13	16	37	10	11	19	7	2	8	21	14	18	6	24	22	11
12	9	18	11	22	1	15	13	29	16	12	15	36	9	10	18	6	1	7	20	13	17	5	23	21	12
13	8	17	10	21	23	14	12	28	15	11	14	35	8	9	17	5	23	6	19	12	16	4	22	20	13
14	7	16	9	20	22	13	11	27	14	10	13	34	7	8	16	4	22	5	18	11	15	3	21	19	14
15	6	15	8	19	21	12	10	26	13	9	12	33	6	7	15	3	21	4	17	10	14	2	20	18	15
16	5	14	7	18	20	11	9	25	12	8	11	32	5	6	14	2	20	3	16	9	13	1	19	17	16
17	4	13	6	17	19	10	8	24	11	7	10	31	4	5	13	1	19	2	15	8	12	28	18	16	17
18	3	12	5	16	18	9	7	23	10	6	9	30	3	4	12	38	18	1	14	7	11	27	17	15	18
19	2	11	4	15	17	8	6	22	9	5	8	29	2	3	11	37	17	28	13	6	10	26	16	14	19
20	1	10	3	14	16	7	5	21	8	4	7	28	1	2	10	36	16	27	12	5	9	25	15	13	20
21	23	9	2	13	15	6	4	20	7	3	6	27	23	1	9	35	15	26	11	4	8	24	14	12	21
22	22	8	1	12	14	5	3	19	6	2	5	26	22	28	8	34	14	25	10	3	7	23	13	11	22
23	21	7	33	11	13	4	2	18	5	1	4	25	21	27	7	33	13	24	9	2	6	22	12	10	23
24	20	6	32	10	12	3	1	17	4	28	3	24	20	26	6	32	12	23	8	1	5	21	11	9	24
25	19	5	31	9	11	2	33	16	3	27	2	23	19	25	5	31	11	22	7	38	4	20	10	8	25
26	18	4	30	8	10	1	32	15	2	26	1	22	18	24	4	30	10	21	6	37	3	19	9	7	26
27	17	3	29	7	9	28	31	14	1	25	33	21	17	23	3	29	9	20	5	36	2	18	8	6	27
28	16	2	28	6	8	27	30	13	23	24	32	20	16	22	2	28	8	19	4	35	1	17	7	5	28
29	15	1	27	5	7	26	29	12	22	23	31	19	15	21	1	27	7	18	3	34	23	16	6	4	29
30	14	28	26	4	6	25	28	11	21	22	30	18	14	20	33	26	6	17	2	33	22	15	5	3	30
31	13	27	25	3	5	24	27	10					13	19	32	25					21	14	4	2	31

1966

1966 TAG	JANUAR k	s	g	f	FEBRUAR k	s	g	f	MÄRZ k	s	g	f	APRIL k	s	g	f	MAI k	s	g	f	JUNI k	s	g	f	1966 TAG
1	20	13	3	1	12	10	5	8	7	10	10	18	22	7	12	25	15	5	15	33	7	2	17	2	1
2	19	12	31	38	11	9	4	7	6	9	9	17	21	6	11	24	14	4	14	32	6	1	16	1	2
3	18	11	1	37	10	8	3	6	5	8	8	16	20	5	10	22	13	3	13	31	5	28	15	38	3
4	17	10	33	36	9	7	2	5	4	7	7	15	19	4	9	22	12	2	12	30	4	27	14	37	4
5	16	9	32	35	8	6	1	4	3	6	6	14	18	3	8	21	11	1	11	29	3	26	13	36	5
6	15	8	31	34	7	5	33	3	2	5	5	13	17	2	7	20	10	28	10	28	2	25	12	35	6
7	14	7	30	33	6	4	32	2	1	4	4	12	16	1	6	19	9	27	9	27	1	24	11	34	7
8	13	6	29	32	5	3	31	1	23	3	3	11	15	28	5	18	8	26	8	26	23	23	10	33	8
9	12	5	28	31	4	2	30	38	22	2	2	10	14	27	4	17	7	25	7	25	22	22	9	32	9
10	11	4	27	30	3	1	29	37	21	1	1	9	13	26	3	16	6	24	6	24	21	21	8	31	10
11	10	3	26	29	2	28	28	36	20	28	33	8	12	25	2	15	5	23	5	23	20	20	7	30	11
12	9	2	25	28	1	27	27	35	19	27	32	7	11	24	1	14	4	22	4	22	19	19	6	29	12
13	8	1	24	27	23	26	26	34	18	26	31	6	10	23	33	13	3	21	3	21	18	18	5	28	13
14	7	28	23	26	22	25	25	33	17	25	30	5	9	22	32	12	2	20	1	20	17	17	4	27	14
15	6	27	22	25	21	24	24	32	16	24	29	4	8	21	31	11	1	19	1	19	16	16	3	26	15
16	5	26	21	24	20	23	23	31	15	23	28	3	7	20	30	10	23	18	33	18	15	15	2	25	16
17	4	25	20	23	19	22	22	30	14	22	27	2	6	19	29	9	22	17	32	17	14	14	1	24	17
18	3	24	19	22	18	21	21	29	13	21	26	1	5	18	28	8	21	16	31	16	13	13	33	23	18
19	2	23	18	21	17	20	20	28	12	20	25	38	4	17	27	7	20	15	30	15	12	12	32	22	19
20	1	22	17	20	16	19	19	27	11	19	24	37	3	16	26	6	19	14	29	13	11	11	31	21	20
21	23	21	16	19	15	18	18	26	10	18	23	36	2	15	25	5	18	13	28	13	10	10	30	20	21
22	22	20	15	18	14	17	17	25	9	17	22	35	1	14	24	4	17	12	27	12	9	9	29	19	22
23	21	19	14	17	13	16	16	24	8	16	21	34	23	13	23	3	16	11	26	11	8	8	28	18	23
24	20	18	13	16	12	15	15	23	7	15	20	33	22	12	22	2	15	10	25	10	7	7	27	17	24
25	19	17	12	15	11	14	14	22	6	14	19	32	21	11	21	1	14	9	24	9	6	6	26	16	25
26	18	16	11	14	10	13	13	21	5	13	18	31	20	10	20	38	13	8	23	8	5	5	25	15	26
27	17	15	10	13	9	12	12	20	4	12	17	30	19	9	19	37	12	7	22	7	4	4	24	14	27
28	16	14	9	12	8	11	11	19	3	11	16	29	18	8	18	36	11	6	21	6	3	3	23	13	28
29	15	13	8	11					2	10	15	28	17	7	17	35	10	5	20	5	2	2	22	12	29
30	14	12	7	10					1	9	14	27	16	6	16	34	9	4	19	4	1	1	21	11	30
31	13	11	6	9					23	8	13	26					8	3	18	3					31

374

1966 TAG	JULI k	s	g	f	AUGUST k	s	g	f	SEPTEMBER k	s	g	f	OKTOBER k	s	g	f	NOVEMBER k	s	g	f	DEZEMBER k	s	g	f	1966 TAG
1	23	28	20	10	15	25	22	17	7	22	24	24	23	20	27	32	15	17	29	1	8	15	32	9	1
2	22	27	19	9	14	24	21	16	6	21	23	23	22	19	26	31	14	16	28	38	7	14	31	8	2
3	21	26	18	8	13	23	20	15	5	20	22	22	21	18	25	30	13	15	27	37	6	13	30	7	3
4	20	25	17	7	12	22	19	14	4	19	21	21	20	17	24	29	12	14	26	36	5	12	29	6	4
5	19	24	16	6	11	21	18	13	3	18	20	20	19	16	23	28	11	13	25	35	4	11	28	5	5
6	18	23	15	5	10	20	17	12	2	17	19	19	18	15	22	27	10	12	24	34	3	10	27	4	6
7	17	22	14	4	9	19	16	11	1	16	18	18	17	14	21	26	9	11	23	33	2	9	26	3	7
8	16	21	13	3	8	18	15	10	23	15	17	17	16	13	20	25	8	10	22	32	1	8	25	2	8
9	15	20	12	2	7	17	14	9	22	14	16	16	15	12	19	24	7	9	21	31	23	7	24	1	9
10	14	19	11	1	6	16	13	8	21	13	15	15	14	11	18	23	6	8	20	30	22	6	23	38	10
11	13	18	10	38	5	15	12	7	20	12	14	14	13	10	17	22	5	7	19	29	21	5	22	37	11
12	12	17	9	37	4	14	11	6	19	11	13	13	12	9	16	21	4	6	18	28	20	4	21	36	12
13	11	16	8	36	3	13	10	5	18	10	12	12	11	8	15	20	3	5	17	27	19	3	20	35	13
14	10	15	7	35	2	12	9	4	17	9	11	11	10	7	14	19	2	4	16	26	18	2	19	34	14
15	9	14	6	34	1	11	8	3	16	8	10	10	9	6	13	18	1	3	15	25	17	1	18	33	15
16	8	13	5	33	23	10	7	2	15	7	9	9	8	5	12	17	23	2	14	24	16	28	17	32	16
17	7	12	4	32	22	9	6	1	14	6	8	8	7	4	11	16	22	1	13	23	15	27	16	31	17
18	6	11	3	31	21	8	5	38	13	5	7	7	6	3	10	15	21	28	12	22	14	26	15	30	18
19	5	10	2	30	20	7	4	37	12	4	6	6	5	2	9	14	20	27	11	21	13	25	14	29	19
20	4	9	1	29	19	6	3	36	11	3	5	5	4	1	8	13	19	26	10	20	12	24	13	28	20
21	3	8	33	28	18	5	2	35	10	2	4	4	3	28	7	12	18	25	9	19	11	23	12	27	21
22	2	7	32	27	17	4	1	34	9	1	3	3	2	27	6	11	17	24	8	18	10	22	11	26	22
23	1	6	31	26	16	3	33	33	8	28	2	2	1	26	5	10	16	23	7	17	9	21	10	25	23
24	23	5	30	25	15	2	32	32	7	27	1	1	23	25	4	9	15	22	6	16	8	20	9	24	24
25	22	4	29	24	14	1	31	31	6	26	33	38	22	24	3	8	14	21	5	15	7	19	8	23	25
26	21	3	28	23	13	28	30	30	5	25	32	37	21	23	2	7	13	20	4	14	6	18	7	22	26
27	20	2	27	22	12	27	29	29	4	24	31	36	20	22	1	6	12	19	3	13	5	17	6	21	27
28	19	1	26	21	11	26	28	28	3	23	30	35	19	21	33	5	11	18	2	12	4	16	5	20	28
29	18	28	25	20	10	25	27	27	2	22	29	34	18	20	32	4	10	17	1	11	3	15	4	19	29
30	17	27	24	19	9	24	26	26	1	21	28	33	17	19	31	3	9	16	33	10	2	14	3	18	30
31	16	26	23	18	8	23	25	25					16	18	30	2					1	13	2	17	31

1967

1967 TAG	JUNI k	s	g	f	MAI k	s	g	f	APRIL k	s	g	f	MÄRZ k	s	g	f	FEBRUAR k	s	g	f	JANUAR k	s	g	f	1967 TAG
1	10	1	15	17	18	4	13	10	2	6	10	2	10	9	8	33	15	9	3	23	23	12	1	16	1
2	9	28	14	16	17	3	12	9	1	5	9	1	9	8	7	32	14	8	2	22	22	11	33	15	2
3	8	27	13	15	16	2	11	8	23	4	8	38	8	7	6	31	13	7	1	21	21	10	32	14	3
4	7	26	12	14	15	1	10	7	22	3	7	37	7	6	5	30	12	6	33	20	20	9	31	13	4
5	6	25	11	13	14	28	9	6	21	2	6	36	6	5	4	29	11	5	32	19	19	8	30	12	5
6	5	24	10	12	13	27	8	5	20	1	5	35	5	4	3	28	10	4	31	18	18	7	29	11	6
7	4	23	9	11	12	26	7	4	19	28	4	34	4	3	2	27	9	3	30	17	17	6	28	10	7
8	3	22	8	10	11	25	6	3	18	27	3	33	3	2	1	26	8	2	29	16	16	5	27	9	8
9	2	21	7	9	10	24	5	2	17	26	2	32	2	1	33	25	7	1	28	15	15	4	26	8	9
10	1	20	6	8	9	23	4	1	16	25	1	31	1	28	32	24	6	28	27	14	14	3	25	7	10
11	23	19	5	7	8	22	3	38	15	24	33	30	23	27	31	23	5	27	26	13	13	2	24	6	11
12	22	18	4	6	7	21	2	37	14	23	32	29	22	26	30	22	4	26	25	12	12	1	23	5	12
13	21	17	3	5	6	20	1	36	13	22	31	28	21	25	29	21	3	25	24	11	11	28	22	4	13
14	20	16	2	4	5	19	33	35	12	21	30	27	20	24	28	20	2	24	23	10	10	27	21	3	14
15	19	15	1	3	4	18	32	34	11	20	29	26	19	23	27	19	1	23	22	9	9	26	20	2	15
16	18	14	33	2	3	17	31	33	10	19	28	25	18	22	26	18	23	22	21	8	8	25	19	1	16
17	17	13	32	1	2	16	30	32	9	18	27	24	17	21	25	17	22	21	20	7	7	24	18	38	17
18	16	12	31	38	1	15	29	30	8	17	26	23	16	20	24	16	21	20	19	6	6	23	17	37	18
19	15	11	30	37	23	14	28	29	7	16	25	22	15	19	23	15	20	19	18	5	5	22	16	36	19
20	14	10	29	36	22	13	27	28	6	15	24	21	14	18	21	14	19	18	17	4	4	21	15	35	20
21	13	9	28	35	21	12	26	27	5	14	23	20	13	17	21	13	18	17	16	3	3	20	14	34	21
22	12	8	27	34	20	11	25	26	4	13	22	19	12	16	20	12	17	16	15	2	2	19	13	33	22
23	11	7	26	33	19	10	24	25	3	12	21	18	11	15	19	11	16	15	14	1	1	18	12	32	23
24	10	6	25	32	18	9	23	24	2	11	20	17	10	14	18	10	15	14	13	38	23	17	11	31	24
25	9	5	24	31	17	8	22	23	1	10	19	16	9	13	17	9	14	13	12	37	22	16	10	30	25
26	8	4	23	30	16	7	21	22	23	9	18	15	8	12	16	8	13	12	11	36	21	15	9	29	26
27	7	3	22	29	15	6	20	21	22	8	17	14	7	11	15	7	12	11	10	35	20	14	8	28	27
28	6	2	21	28	14	5	19	20	21	7	16	13	6	10	14	6	11	10	9	34	19	13	7	27	28
29	5	1	20	27	13	4	18	19	20	6	15	12	5	9	13	5					18	12	6	26	29
30	4	28	19	26	12	3	17	19	19	5	14	11	4	8	12	4					17	11	5	25	30
31					11	2	16	18					3	7	11	3					16	10	4	24	31

1967 TAG	JULI k	JULI s	JULI g	JULI f	AUGUST k	AUGUST s	AUGUST g	AUGUST f	SEPTEMBER k	SEPTEMBER s	SEPTEMBER g	SEPTEMBER f	OKTOBER k	OKTOBER s	OKTOBER g	OKTOBER f	NOVEMBER k	NOVEMBER s	NOVEMBER g	NOVEMBER f	DEZEMBER k	DEZEMBER s	DEZEMBER g	DEZEMBER f	1967 TAG
1	3	27	18	25	18	24	20	32	10	21	22	1	3	19	25	9	18	16	27	16	11	14	30	24	1
2	2	26	17	24	17	23	19	31	9	20	21	38	2	18	24	8	17	15	26	15	10	13	29	23	2
3	1	25	16	23	16	22	18	30	8	19	20	37	1	17	23	7	16	14	25	14	9	12	28	22	3
4	23	24	15	22	15	21	17	29	7	18	19	36	23	16	22	6	15	13	24	13	8	11	27	21	4
5	22	23	14	21	14	20	16	28	6	17	18	35	22	15	21	5	14	12	23	12	7	10	26	20	5
6	21	22	13	20	13	19	15	27	5	16	17	34	21	14	20	4	13	11	22	11	6	9	25	19	6
7	20	21	12	19	12	18	14	26	4	15	16	33	20	13	19	3	12	10	21	10	5	8	24	18	7
8	19	20	11	18	11	17	13	25	3	14	15	32	19	12	18	2	11	9	20	9	4	7	23	17	8
9	18	19	10	17	10	16	12	24	2	13	14	31	18	11	17	1	10	8	19	8	3	6	22	16	9
10	17	18	9	16	9	15	11	23	1	12	13	30	17	10	16	38	9	7	18	7	2	5	21	15	10
11	16	17	8	15	8	14	10	22	23	11	12	29	16	9	15	37	8	6	17	6	1	4	20	14	11
12	15	16	7	14	7	13	9	21	22	10	11	28	15	8	14	36	7	5	16	5	23	3	19	13	12
13	14	15	6	13	6	12	8	20	21	9	10	27	14	7	13	35	6	4	15	4	22	2	18	12	13
14	13	14	5	12	5	11	7	19	20	8	9	26	13	6	12	34	5	3	14	3	21	1	17	11	14
15	12	13	4	11	4	10	6	18	19	7	8	25	12	5	11	33	4	2	13	2	20	28	16	10	15
16	11	12	3	10	3	9	5	17	18	6	7	24	11	4	10	32	3	1	12	1	19	27	15	9	16
17	10	11	2	9	2	8	4	16	17	5	6	23	10	3	9	31	2	28	11	38	18	26	14	8	17
18	9	10	1	8	1	7	3	15	16	4	5	22	9	2	8	30	1	27	10	37	17	25	13	7	18
19	8	9	33	7	23	6	2	14	15	3	4	21	8	1	7	29	23	26	9	36	16	24	12	6	19
20	7	8	32	6	22	5	1	13	14	2	3	20	7	28	6	27	22	25	8	35	15	23	11	5	20
21	6	7	31	5	21	4	33	12	13	1	2	19	6	27	5	26	21	24	7	34	14	22	10	4	21
22	5	6	30	4	20	3	32	11	12	28	1	18	5	26	4	25	20	23	6	33	13	21	9	3	22
23	4	5	29	3	19	2	31	10	11	27	33	17	4	25	3	24	19	22	5	32	12	20	8	2	23
24	3	4	28	2	18	1	30	9	10	26	32	16	3	24	2	23	18	21	4	31	11	19	7	1	24
25	2	3	27	1	17	28	29	8	9	25	31	15	2	23	1	22	17	20	3	30	10	18	6	38	25
26	1	2	26	38	16	27	28	7	8	24	30	14	1	22	33	21	16	19	2	29	9	17	5	37	26
27	23	1	25	37	15	26	27	6	7	23	29	13	23	21	32	20	15	18	1	28	8	16	4	36	27
28	22	28	24	36	14	25	26	5	6	22	28	12	22	20	31	19	14	17	33	27	7	15	3	35	28
29	21	27	23	35	13	24	25	4	5	21	27	11	21	19	30	18	13	16	32	26	6	14	2	34	29
30	20	26	22	34	12	23	24	3	4	20	26	10	20	18	29	17	12	15	31	25	5	13	1	33	30
31	19	25	21	33	11	22	23	2					19	17	28	17					4	12	33	32	31

1968

1968 TAG	JANUAR k	s	g	f	FEBRUAR k	s	g	f	MÄRZ k	s	g	f	APRIL k	s	g	f	MAI k	s	g	f	JUNI k	s	g	f	1968 TAG
1	3	11	32	31	18	8	1	38	12	7	5	9	4	4	7	16	20	2	10	24	12	27	12	31	1
2	2	10	31	30	17	7	33	37	11	6	4	8	3	3	6	15	19	1	9	23	11	26	11	30	2
3	1	9	30	29	16	6	32	36	10	5	3	7	2	2	5	14	18	28	8	22	10	25	10	29	3
4	23	8	29	28	15	5	31	35	9	4	2	6	1	1	4	13	17	27	7	21	9	24	9	28	4
5	22	7	28	27	14	4	30	34	8	3	1	5	23	28	3	12	16	26	6	20	8	23	8	27	5
6	21	6	27	26	13	3	29	33	7	2	33	4	22	27	2	11	15	25	5	19	7	22	7	26	6
7	20	5	26	25	12	2	28	32	6	1	32	3	21	26	1	10	14	24	4	18	6	21	6	25	7
8	19	4	25	24	11	1	27	31	5	28	31	2	20	25	33	9	13	23	3	17	5	20	5	24	8
9	18	3	24	23	10	28	26	30	4	27	30	1	19	24	32	8	12	22	2	16	4	19	4	23	9
10	17	2	23	22	9	27	25	29	3	26	29	38	18	23	31	7	11	21	1	15	3	18	3	22	10
11	16	1	22	21	8	26	24	28	2	25	28	37	17	22	30	6	10	20	33	14	2	17	2	21	11
12	15	28	21	20	7	25	23	27	1	24	27	36	16	21	29	5	9	19	32	13	1	16	1	20	12
13	14	27	20	19	6	24	22	26	23	23	26	35	15	20	28	4	8	18	31	12	23	15	33	19	13
14	13	26	19	18	5	23	21	25	22	22	25	34	14	19	27	3	7	17	30	11	22	14	32	18	14
15	12	25	18	17	4	22	20	24	21	21	24	33	13	18	26	2	6	16	29	10	21	13	31	17	15
16	11	24	17	16	3	21	19	23	20	20	23	32	12	17	25	1	5	15	28	9	20	12	30	16	16
17	10	23	16	15	2	20	18	22	19	19	22	31	11	16	24	38	4	14	27	8	19	11	29	15	17
18	9	22	15	14	1	19	17	21	18	18	21	30	10	15	23	37	3	13	26	7	18	10	28	14	18
19	8	21	14	13	23	18	16	20	17	17	20	29	9	14	22	36	2	12	25	6	17	9	27	13	19
20	7	20	13	12	22	17	15	19	16	16	19	28	8	13	21	35	1	11	24	5	16	8	26	12	20
21	6	19	12	11	21	16	14	18	15	15	18	27	7	12	20	34	23	10	23	4	15	7	25	11	21
22	5	18	11	10	20	15	13	17	14	14	17	26	6	11	19	33	22	9	22	3	14	6	24	10	22
23	4	17	10	9	19	14	12	16	13	13	16	25	5	10	18	32	21	8	21	2	13	5	23	9	23
24	3	16	9	8	18	13	11	15	12	12	15	24	4	9	17	31	20	7	20	1	12	4	22	8	24
25	2	15	8	7	17	12	10	14	11	11	14	23	3	8	16	30	19	6	19	38	11	3	21	7	25
26	1	14	7	6	16	11	9	13	10	10	13	22	2	7	15	29	18	5	18	37	10	2	20	6	26
27	23	13	6	5	15	10	8	12	9	9	12	21	1	6	14	28	17	4	17	36	9	1	19	5	27
28	22	12	5	4	14	9	7	11	8	8	11	20	23	5	13	27	16	3	16	35	8	28	18	4	28
29	21	11	4	3	13	8	6	10	7	7	10	19	22	4	12	26	15	2	15	34	7	27	17	3	29
30	20	10	3	2					6	6	9	18	21	3	11	25	14	1	14	33	6	26	16	2	30
31	19	9	2	1					5	5	8	17					13	28	13	32					31

1968 TAG	JULI k	s	g	f	AUGUST k	s	g	f	SEPTEMBER k	s	g	f	OKTOBER k	s	g	f	NOVEMBER k	s	g	f	DEZEMBER k	s	g	f	1968 TAG
1	5	25	15	1	20	22	17	8	12	19	19	15	5	17	22	23	20	14	24	30	13	12	27	38	1
2	4	24	14	38	19	21	16	7	11	18	18	14	4	16	21	22	19	13	23	29	12	11	26	37	2
3	3	23	13	37	18	20	15	6	10	17	17	13	3	15	20	21	18	12	22	28	11	10	25	36	3
4	2	22	12	36	17	19	14	5	9	16	16	12	2	14	19	20	17	11	21	27	10	9	24	35	4
5	1	21	11	35	16	18	13	4	8	15	15	11	1	13	18	19	16	10	20	26	9	8	23	34	5
6	23	20	10	34	15	17	12	3	7	14	14	10	23	12	17	18	15	9	19	25	8	7	22	33	6
7	22	19	9	33	14	16	11	2	6	13	13	9	22	11	16	17	14	8	18	24	7	6	21	32	7
8	21	18	8	32	13	15	10	1	5	12	12	8	21	10	15	16	13	7	17	23	6	5	20	31	8
9	20	17	7	31	12	14	9	38	4	11	11	7	20	9	14	15	12	6	16	22	5	4	19	30	9
10	19	16	6	30	11	13	8	37	3	10	10	6	19	8	13	14	11	5	15	21	4	3	18	29	10
11	18	15	5	29	10	12	7	36	2	9	9	5	18	7	12	13	10	4	14	20	3	2	17	28	11
12	17	14	4	28	9	11	6	35	1	8	8	4	17	6	11	12	9	3	13	19	2	1	16	27	12
13	16	13	3	27	8	10	5	34	23	7	7	3	16	5	10	11	8	2	12	18	1	28	15	26	13
14	15	12	2	26	7	9	4	33	22	6	6	2	15	4	9	10	7	1	11	17	23	27	14	25	14
15	14	11	1	25	6	8	3	32	21	5	5	1	14	3	8	9	6	28	10	16	22	26	13	24	15
16	13	10	33	24	5	7	2	31	20	4	4	38	13	2	7	8	5	27	9	15	21	25	12	23	16
17	12	9	32	23	4	6	1	30	19	3	3	37	12	1	6	7	4	26	8	14	20	24	11	22	17
18	11	8	31	22	3	5	33	29	18	2	2	36	11	28	5	6	3	25	7	13	19	23	10	21	18
19	10	7	30	21	2	4	32	28	17	1	1	35	10	27	4	5	2	24	6	12	18	22	9	20	19
20	9	6	29	20	1	3	31	27	16	28	33	34	9	26	3	4	1	23	5	11	17	21	8	19	20
21	8	5	28	19	23	2	30	26	15	27	32	33	8	25	2	3	23	22	4	10	16	20	7	18	21
22	7	4	27	18	22	1	29	25	14	26	31	32	7	24	1	2	22	21	3	9	15	19	6	17	22
23	6	3	26	17	21	28	28	24	13	25	30	31	6	23	33	1	21	20	2	8	14	18	5	16	23
24	5	2	25	16	20	27	27	23	12	24	29	30	5	22	32	38	20	19	1	7	13	17	4	15	24
25	4	1	24	15	19	26	26	22	11	23	28	29	4	21	31	37	19	18	33	6	12	16	3	14	25
26	3	28	23	14	18	25	25	21	10	22	27	28	3	20	30	36	18	17	32	5	11	15	2	13	26
27	2	27	22	13	17	24	24	20	9	21	26	27	2	19	29	35	17	16	31	4	10	14	1	12	27
28	1	26	21	12	16	23	23	19	8	20	25	26	1	18	28	34	16	15	30	3	9	13	33	11	28
29	23	25	20	11	15	22	22	18	7	19	24	25	23	17	27	33	15	14	29	2	8	12	32	10	29
30	22	24	19	10	14	21	21	17	6	18	23	24	22	16	26	32	14	13	28	1	7	11	31	9	30
31	21	23	18	9	13	20	20	16					21	15	25	31					6	10	30	8	31

1969

1969 TAG	JANUAR k	s	g	f	FEBRUAR k	s	g	f	MÄRZ k	s	g	f	APRIL k	s	g	f	MAI k	s	g	f	JUNI k	s	g	f
1	5	9	29	7	20	6	31	14	15	6	3	24	7	3	5	31	23	1	8	1	15	26	10	8
2	4	8	28	6	19	5	30	13	14	5	2	23	6	2	4	30	22	28	7	38	14	25	9	7
3	3	7	27	5	18	4	29	12	13	4	1	22	5	1	3	29	21	27	6	37	13	24	8	6
4	2	6	26	4	17	3	28	11	12	3	33	21	4	28	2	28	20	26	5	36	12	23	7	5
5	1	5	25	3	16	2	27	10	11	2	32	20	3	27	1	27	19	25	4	35	11	22	6	4
6	23	4	24	2	15	1	26	9	10	1	31	19	2	26	33	26	18	24	3	34	10	21	5	3
7	22	3	23	1	14	28	25	8	9	28	30	18	1	25	32	25	17	23	2	33	9	20	4	2
8	21	2	22	38	13	27	24	7	8	27	29	17	23	24	31	24	16	22	1	32	8	19	3	1
9	20	1	21	37	12	26	23	6	7	26	28	16	22	23	30	23	15	21	33	31	7	18	2	38
10	19	28	20	36	11	25	22	5	6	25	27	15	21	22	29	22	14	20	32	30	6	17	1	37
11	18	27	19	35	10	24	21	4	5	24	26	14	20	21	28	21	13	19	31	29	5	16	33	36
12	17	26	18	34	9	23	20	3	4	23	25	13	19	20	27	20	12	18	30	28	4	15	32	35
13	16	25	17	33	8	22	19	2	3	22	24	12	18	19	26	19	11	17	29	27	3	14	31	34
14	15	24	16	32	7	21	18	1	2	21	23	11	17	18	25	18	10	16	28	26	2	13	30	33
15	14	23	15	31	6	20	17	38	1	20	22	10	16	17	24	17	9	15	27	25	1	12	29	32
16	13	22	14	30	5	19	16	37	23	19	21	9	15	16	23	16	8	14	26	24	23	11	28	31
17	12	21	13	29	4	18	15	36	22	18	20	8	14	15	22	15	7	13	25	23	22	10	27	30
18	11	20	12	28	3	17	14	35	21	17	19	7	13	14	21	14	6	12	24	22	21	9	26	29
19	10	19	11	27	2	16	13	34	20	16	18	6	12	13	20	13	5	11	23	21	20	8	25	28
20	9	18	10	26	1	15	12	33	19	15	17	5	11	12	19	12	4	10	22	20	19	7	24	27
21	8	17	9	25	23	14	11	32	18	14	16	4	10	11	18	11	3	9	21	19	18	6	23	26
22	7	16	8	24	22	13	10	31	17	13	15	3	9	10	17	10	2	8	20	18	17	5	22	25
23	6	15	7	23	21	12	9	30	16	12	14	2	8	9	16	9	1	7	19	17	16	4	21	24
24	5	14	6	22	20	11	8	29	15	11	13	1	7	8	15	8	23	6	18	16	15	3	20	23
25	4	13	5	21	19	10	7	28	14	10	12	38	6	7	14	7	21	5	17	15	13	2	19	22
26	3	12	4	20	18	9	6	27	13	9	11	37	5	6	13	6	20	4	16	14	12	1	18	21
27	2	11	3	19	17	8	5	26	12	8	10	36	4	5	12	5	19	3	15	13	11	28	17	20
28	1	10	2	18	16	7	4	25	11	7	9	35	3	4	11	4	18	2	14	12	10	27	16	19
29	23	9	1	17					10	6	8	34	2	3	10	3	19	1	13	11	9	26	15	18
30	22	8	33	16					9	5	7	33	1	2	9	2	18	28	12	10	8	25	14	17
31	21	7	32	15					8	4	6	32					17	27	11	9				

1969 TAG
1 2 3 4 5 6 7 8 9 10 11 12 13 14 15 16 17 18 19 20 21 22 23 24 25 26 27 28 29 30 31

1969 TAG	JULI k	s	g	f	AUGUST k	s	g	f	SEPTEMBER k	s	g	f	OKTOBER k	s	g	f	NOVEMBER k	s	g	f	DEZEMBER k	s	g	f	1969 TAG
1	8	24	13	16	23	21	15	23	15	18	17	30	8	16	20	38	23	13	22	7	16	11	25	15	1
2	7	23	12	15	22	20	14	22	14	17	16	29	7	15	19	37	22	12	21	6	15	10	24	14	2
3	6	22	11	14	21	19	13	21	13	16	15	28	6	14	18	36	21	11	20	5	14	9	23	13	3
4	5	21	10	13	20	18	12	20	12	15	14	27	5	13	17	35	20	10	19	4	13	8	22	12	4
5	4	20	9	12	19	17	11	19	11	14	13	26	4	12	16	34	19	9	18	3	12	7	21	11	5
6	3	19	8	11	18	16	10	18	10	13	12	25	3	11	15	33	18	8	17	2	11	6	20	10	6
7	2	18	7	10	17	15	9	17	9	12	11	24	2	10	14	32	17	7	16	1	10	5	19	9	7
8	1	17	6	9	16	14	8	16	8	11	10	23	1	9	13	31	16	6	15	38	9	4	18	8	8
9	23	16	5	8	15	13	7	15	7	10	9	22	23	8	12	30	15	5	14	37	8	3	17	7	9
10	22	15	4	7	14	12	6	14	6	9	8	21	22	7	11	29	14	4	13	36	7	2	16	6	10
11	21	14	3	6	13	11	5	13	5	8	7	20	21	6	10	28	13	3	12	35	6	1	15	5	11
12	20	13	2	5	12	10	4	12	4	7	6	19	20	5	9	27	12	2	11	34	5	28	14	4	12
13	19	12	1	4	11	9	3	11	3	6	5	18	19	4	8	26	11	1	10	33	4	27	13	3	13
14	18	11	33	3	10	8	2	10	2	5	4	17	18	3	7	25	10	28	9	32	3	26	12	2	14
15	17	10	32	2	9	7	1	9	1	4	3	16	17	2	6	24	9	27	8	31	2	25	11	1	15
16	16	9	31	1	8	6	33	8	23	3	2	15	16	1	5	23	8	26	7	30	1	24	10	38	16
17	15	8	30	38	7	5	32	7	22	2	1	14	15	28	4	22	7	25	6	29	23	23	9	37	17
18	14	7	29	37	6	4	31	6	21	1	33	13	14	27	3	21	6	24	5	28	22	22	8	36	18
19	13	6	28	36	5	3	30	5	20	28	32	12	13	26	2	20	5	23	4	27	21	21	7	35	19
20	12	5	27	35	4	2	29	4	19	27	31	11	12	25	1	19	4	22	3	26	20	20	6	34	20
21	11	4	26	34	3	1	28	3	18	26	30	10	11	24	33	18	3	21	2	25	19	19	5	33	21
22	10	3	25	33	2	28	27	2	17	25	29	9	10	23	32	17	2	20	1	24	18	18	4	32	22
23	9	2	24	32	1	27	26	1	16	24	28	8	9	22	31	16	1	19	33	23	17	17	3	31	23
24	8	1	23	31	23	26	25	38	15	23	27	7	8	21	30	15	23	18	32	22	16	16	2	30	24
25	7	28	22	30	22	25	24	37	14	22	26	6	7	20	29	14	22	17	31	21	15	15	1	29	25
26	6	27	21	29	21	24	23	36	13	21	25	5	6	19	28	13	21	16	30	20	14	14	33	28	26
27	5	26	20	28	20	23	22	35	12	20	24	4	5	18	27	12	20	15	29	19	13	13	32	27	27
28	4	25	19	27	19	22	21	34	11	19	23	3	4	17	26	11	19	14	28	18	12	12	31	26	28
29	3	24	18	26	18	21	20	33	10	18	22	2	3	16	25	10	18	13	27	17	11	11	30	25	29
30	2	23	17	25	17	20	19	32	9	17	21	1	2	15	24	9	17	12	26	16	10	10	29	24	30
31	1	22	16	24	16	19	18	31					1	14	23	8					9	9	28	23	31

1970

1970 TAG	JANUAR				FEBRUAR				MÄRZ				APRIL				MAI				JUNI				1970 TAG
	k	s	g	f	k	s	g	f	k	s	g	f	k	s	g	f	k	s	g	f	k	s	g	f	
1	8	8	27	22	23	5	29	29	18	5	1	1	10	2	3	8	3	28	6	16	18	25	8	23	1
2	7	7	26	21	22	4	28	28	17	4	33	38	9	1	2	7	2	27	5	15	17	24	7	22	2
3	6	6	25	20	21	3	27	27	16	3	32	37	8	28	1	6	1	26	4	14	16	23	6	21	3
4	5	5	24	19	20	2	26	26	15	2	31	36	7	27	33	5	23	25	3	13	15	22	5	20	4
5	4	4	23	18	19	1	25	25	14	1	30	35	6	26	32	4	22	24	2	12	14	21	4	19	5
6	3	3	22	17	18	28	24	24	13	28	29	34	5	25	31	3	21	23	1	11	13	20	3	18	6
7	2	2	21	16	17	27	23	23	12	27	28	33	4	24	30	2	20	22	33	10	12	19	2	17	7
8	1	1	20	15	16	26	22	22	11	26	27	32	3	23	29	1	19	21	32	9	11	18	1	16	8
9	23	28	19	14	15	25	21	21	10	25	26	31	2	22	28	38	18	20	31	8	10	17	33	15	9
10	22	27	18	13	14	24	20	20	9	24	25	30	1	21	27	37	17	19	30	7	9	16	32	14	10
11	21	26	17	12	13	23	19	19	8	23	24	29	23	20	26	36	16	18	29	6	8	15	31	13	11
12	20	25	16	11	12	22	18	18	7	22	23	28	22	19	25	35	15	17	28	5	7	14	30	12	12
13	19	24	15	10	11	21	17	17	6	21	22	27	21	18	24	34	14	16	27	4	6	13	29	11	13
14	18	23	14	9	10	20	16	16	5	20	21	26	20	17	23	33	13	15	26	3	5	12	28	10	14
15	17	22	13	8	9	19	15	15	4	19	20	25	19	16	22	32	12	14	25	2	4	11	27	9	15
16	16	21	12	7	8	18	14	14	3	18	19	24	18	15	21	31	11	13	24	1	3	10	26	8	16
17	15	20	11	6	7	17	13	13	2	17	18	23	17	14	20	30	10	12	23	38	2	9	25	7	17
18	14	19	10	5	6	16	12	12	1	16	17	22	16	13	19	29	9	11	22	37	1	8	24	6	18
19	13	18	9	4	5	15	11	11	23	15	16	21	15	12	18	28	8	10	21	36	23	7	23	5	19
20	12	17	8	3	4	14	10	10	22	14	15	20	14	11	17	27	7	9	20	35	22	6	22	4	20
21	11	16	7	2	3	13	9	9	21	13	14	19	13	10	16	26	6	8	19	34	21	5	21	3	21
22	10	15	6	1	2	12	8	8	20	12	13	18	12	9	15	25	5	7	18	33	20	4	20	2	22
23	9	14	5	38	1	11	7	7	19	11	12	17	11	8	14	24	4	6	17	32	19	3	19	1	23
24	8	13	4	37	23	10	6	6	18	10	11	16	10	7	13	23	3	5	16	31	18	2	18	38	24
25	7	12	3	36	22	9	5	5	17	9	10	15	9	6	12	22	2	4	15	30	17	1	17	37	25
26	6	11	2	35	21	8	4	4	16	8	9	14	8	5	11	21	1	3	14	29	16	28	16	36	26
27	5	10	1	34	20	7	3	3	15	7	8	13	7	4	10	20	23	2	13	28	15	27	15	35	27
28	4	9	33	33	19	6	2	2	14	6	7	12	6	3	9	19	22	1	12	27	14	26	14	34	28
29	3	8	32	32					13	5	6	11	5	2	8	18	21	28	11	26	13	25	13	33	29
30	2	7	31	31					12	4	5	10	4	1	7	17	20	27	10	25	12	24	12	32	30
31	1	6	30	30					11	3	4	9					19	26	9	24					31

1970 TAG	JULI k	s	g	f	AUGUST k	s	g	f	SEPTEMBER k	s	g	f	OKTOBER k	s	g	f	NOVEMBER k	s	g	f	DEZEMBER k	s	g	f	1970 TAG
1	11	23	11	31	3	20	13	38	18	17	15	7	11	15	18	15	3	12	20	22	19	10	23	30	1
2	10	22	10	30	2	19	12	37	17	16	14	6	10	14	17	14	2	11	19	21	18	9	22	29	2
3	9	21	9	29	1	18	11	36	16	15	13	5	9	13	16	13	1	10	18	20	17	8	21	28	3
4	8	20	8	28	23	17	10	35	15	14	12	4	8	12	15	12	23	9	17	19	16	7	20	27	4
5	7	19	7	27	22	16	9	34	14	13	11	3	7	11	14	11	22	8	16	18	15	6	19	26	5
6	6	18	6	26	21	15	8	33	13	12	10	2	6	10	13	10	21	7	15	17	14	5	18	25	6
7	5	17	5	25	20	14	7	32	12	11	9	1	5	9	12	9	20	6	14	16	13	4	17	24	7
8	4	16	4	24	19	13	6	31	11	10	8	38	4	8	11	8	19	5	13	15	12	3	16	23	8
9	3	15	3	23	18	12	5	30	10	9	7	37	3	7	10	7	18	4	12	14	11	2	15	22	9
10	2	14	2	22	17	11	4	29	9	8	6	36	2	6	9	6	17	3	11	13	10	1	14	21	10
11	1	13	1	21	16	10	3	28	8	7	5	35	1	5	8	5	16	2	10	12	9	28	13	20	11
12	23	12	33	20	15	9	2	27	7	6	4	34	23	4	7	4	15	1	9	11	8	27	12	19	12
13	22	11	32	19	14	8	1	26	6	5	3	33	22	3	6	3	14	28	8	10	7	26	11	18	13
14	21	10	31	18	13	7	33	25	5	4	2	32	21	2	5	2	13	27	7	9	6	25	10	17	14
15	20	9	30	17	12	6	32	24	4	3	1	31	20	1	4	1	12	26	6	8	5	24	9	16	15
16	19	8	29	16	11	5	31	23	3	2	33	30	19	28	3	38	11	25	5	7	4	23	8	15	16
17	18	7	28	15	10	4	30	22	2	1	32	29	18	27	2	37	10	24	4	6	3	22	7	14	17
18	17	6	27	14	9	3	29	21	1	28	31	28	17	26	1	36	9	23	3	5	2	21	6	13	18
19	16	5	26	13	8	2	28	20	23	27	30	27	16	25	33	35	8	22	2	4	1	20	5	12	19
20	15	4	25	12	7	1	27	19	22	26	29	26	15	24	32	34	7	21	1	3	23	19	4	11	20
21	14	3	24	11	6	28	26	18	21	25	28	25	14	23	31	33	6	20	33	2	22	18	3	10	21
22	13	2	23	10	5	27	25	17	20	24	27	24	13	22	30	32	5	19	32	1	21	17	2	9	22
23	12	1	22	9	4	26	24	16	19	23	26	23	12	21	29	31	4	18	31	38	20	16	1	8	23
24	11	28	21	8	3	25	23	15	18	22	25	22	11	20	28	30	3	17	30	37	19	15	33	7	24
25	10	27	20	7	2	24	22	14	17	21	24	21	10	19	27	29	2	16	29	36	18	14	32	6	25
26	9	26	19	6	1	23	21	13	16	20	23	20	9	18	26	28	1	15	28	35	17	13	31	5	26
27	8	25	18	5	23	22	20	12	15	19	22	19	8	17	25	27	23	14	27	34	16	12	30	4	27
28	7	24	17	4	22	21	19	11	14	18	21	18	7	16	24	26	22	13	26	33	15	11	29	3	28
29	6	23	16	3	21	20	18	10	13	17	20	17	6	15	23	25	21	12	25	32	14	10	28	2	29
30	5	22	15	2	20	19	17	9	12	16	19	16	5	14	22	24	20	11	24	31	13	9	27	1	30
31	4	21	14	1	19	18	16	8					4	13	21	23					12	8	26	38	31

1971

1971 TAG	JANUAR k	s	g	f	FEBRUAR k	s	g	f	MARZ k	s	g	f	APRIL k	s	g	f	MAI k	s	g	f	JUNI k	s	g	f	1971 TAG
1	11	7	25	37	3	4	27	6	21	4	32	16	13	1	1	23	6	27	4	31	21	24	6	38	1
2	10	6	24	36	2	3	26	5	20	3	31	15	12	28	33	22	5	26	3	30	20	23	5	37	2
3	9	5	23	35	1	2	25	4	19	2	30	14	11	27	32	21	4	25	2	29	19	22	4	36	3
4	8	4	22	34	23	1	24	3	18	1	29	13	10	26	31	20	3	24	1	28	18	21	3	35	4
5	7	3	21	33	22	28	23	2	17	28	28	12	9	25	30	19	2	23	33	27	17	20	2	34	5
6	6	2	20	32	21	27	22	1	16	27	27	11	8	24	29	18	1	22	32	26	16	19	1	33	6
7	5	1	19	31	20	26	21	38	15	26	26	10	7	23	28	17	23	21	31	25	15	18	33	32	7
8	4	28	18	30	19	25	20	37	14	25	25	9	6	22	27	16	22	20	30	24	14	17	32	31	8
9	3	27	17	29	18	24	19	36	13	24	24	8	5	21	26	15	21	19	29	23	13	16	31	30	9
10	2	26	16	28	17	23	18	35	12	23	23	7	4	20	25	14	20	18	28	22	12	15	30	29	10
11	1	25	15	27	16	22	17	34	11	22	22	6	3	19	24	13	19	17	27	21	11	14	29	28	11
12	23	24	14	26	15	21	16	33	10	21	21	5	2	18	23	12	18	16	26	20	10	13	28	27	12
13	22	23	13	25	14	20	15	32	9	20	20	4	1	17	22	11	17	15	25	19	9	12	27	26	13
14	21	22	12	24	13	19	14	31	8	19	19	3	23	16	21	10	16	14	24	18	8	11	26	25	14
15	20	21	11	23	12	18	13	30	7	18	18	2	22	15	20	9	15	13	23	17	7	10	25	24	15
16	19	20	10	22	11	17	12	29	6	17	17	1	21	14	19	8	14	12	22	16	6	9	24	23	16
17	18	19	9	21	10	16	11	28	5	16	16	38	20	13	18	7	13	11	21	15	5	8	23	22	17
18	17	18	8	20	9	15	10	27	4	15	15	37	19	12	17	6	12	10	20	14	4	7	22	21	18
19	16	17	7	19	8	14	9	26	3	14	14	36	18	11	16	5	11	9	19	13	3	6	21	20	19
20	15	16	6	18	7	13	8	25	2	13	13	35	17	10	15	4	10	8	18	12	2	5	20	19	20
21	14	15	5	17	6	12	7	24	1	12	12	34	16	9	14	3	9	7	17	11	1	4	19	18	21
22	13	14	4	16	5	11	6	23	23	11	11	33	15	8	13	2	8	6	16	10	23	3	18	17	22
23	12	13	3	15	4	10	5	22	22	10	10	32	14	7	12	1	7	5	15	9	22	2	17	16	23
24	11	12	2	14	3	9	4	21	21	9	9	31	13	6	11	38	6	4	14	8	21	1	16	15	24
25	10	11	1	13	2	8	3	20	20	8	8	30	12	5	10	37	5	3	13	7	20	28	15	14	25
26	9	10	33	12	1	7	2	19	19	7	7	29	11	4	9	36	4	2	12	6	19	27	14	13	26
27	8	9	32	11	23	6	1	18	18	6	6	28	10	3	8	35	3	1	11	5	18	26	13	12	27
28	7	8	31	10	22	5	33	17	17	5	5	27	9	2	7	34	2	28	10	4	17	25	12	11	28
29	6	7	30	9					16	4	4	26	8	1	6	33	1	27	9	3	16	24	11	10	29
30	5	6	29	8					15	3	3	25	7	28	5	32	23	26	8	2	15	23	10	9	30
31	4	5	28	7					14	2	2	24					22	25	7	1					31

1971 TAG	JULI k	s	g	f	AUGUST k	s	g	f	SEPTEMBER k	s	g	f	OKTOBER k	s	g	f	NOVEMBER k	s	g	f	DEZEMBER k	s	g	f	1971 TAG
1	14	22	9	8	6	19	11	15	21	16	13	22	14	14	16	30	6	11	18	37	22	9	21	7	1
2	13	21	8	7	5	18	10	14	20	15	12	21	13	13	15	29	5	10	17	36	21	8	20	6	2
3	12	20	7	6	4	17	9	13	19	14	11	20	12	12	14	28	4	9	16	35	20	7	19	5	3
4	11	19	6	5	3	16	8	12	18	13	10	19	11	11	13	27	3	8	15	34	19	6	18	4	4
5	10	18	5	4	2	15	7	11	17	12	9	18	10	10	12	26	2	7	14	33	18	5	17	3	5
6	9	17	4	3	1	14	6	10	16	11	8	17	9	9	11	25	1	6	13	32	17	4	16	2	6
7	8	16	3	2	23	13	5	9	15	10	7	16	8	8	10	24	23	5	12	31	16	3	15	1	7
8	7	15	2	1	22	12	4	8	14	9	6	15	7	7	9	23	22	4	11	30	15	2	14	38	8
9	6	14	1	38	21	11	3	7	13	8	5	14	6	6	8	22	21	3	10	29	14	1	13	37	9
10	5	13	33	37	20	10	2	6	12	7	4	13	5	5	7	21	20	2	9	28	13	28	12	36	10
11	4	12	32	36	19	9	1	5	11	6	3	12	4	4	6	20	19	1	8	27	12	27	11	35	11
12	3	11	31	35	18	8	33	4	10	5	2	11	3	3	5	19	18	28	7	26	11	26	10	34	12
13	2	10	30	34	17	7	32	3	9	4	1	10	2	2	4	18	17	27	6	25	10	25	9	33	13
14	1	9	29	33	16	6	31	2	8	3	33	9	1	1	3	17	16	26	5	24	9	24	8	32	14
15	23	8	28	32	15	5	30	1	7	2	32	8	23	28	2	16	15	25	4	23	8	23	7	31	15
16	22	7	27	31	14	4	29	38	6	1	31	7	22	27	1	15	14	24	3	22	7	22	6	30	16
17	21	6	26	30	13	3	28	37	5	28	30	6	21	26	33	14	13	23	2	21	6	21	5	29	17
18	20	5	25	29	12	2	27	36	4	27	29	5	20	25	32	13	12	22	1	20	5	20	4	28	18
19	19	4	24	28	11	1	26	35	3	26	28	4	19	24	31	12	11	21	33	19	4	19	3	27	19
20	18	3	23	27	10	28	25	34	2	25	27	3	18	23	30	11	10	20	32	18	3	18	2	26	20
21	17	2	22	26	9	27	24	33	1	24	26	2	17	22	29	10	9	19	31	17	2	17	1	25	21
22	16	1	21	25	8	26	23	32	23	23	25	1	16	21	28	9	8	18	30	16	1	16	33	24	22
23	15	28	20	24	7	25	22	31	22	22	24	38	15	20	27	8	7	17	29	15	23	15	32	23	23
24	14	27	19	23	6	24	21	30	21	21	23	37	14	19	26	7	6	16	28	14	22	14	31	22	24
25	13	26	18	22	5	23	20	29	20	20	22	36	13	18	25	6	5	15	27	13	21	13	30	21	25
26	12	25	17	21	4	22	19	28	19	19	21	35	12	17	24	5	4	14	26	12	20	12	29	20	26
27	11	24	16	20	3	21	18	27	18	18	20	34	11	16	23	4	3	13	25	11	19	11	28	19	27
28	10	23	15	19	2	20	17	26	17	17	19	33	10	15	22	3	2	12	24	10	18	10	27	18	28
29	9	22	14	18	1	19	16	25	16	16	18	32	9	14	21	2	1	11	23	9	17	9	26	17	29
30	8	21	13	17	23	18	15	24	15	15	17	31	8	13	20	1	23	10	22	8	16	8	25	16	30
31	7	20	12	16	22	17	14	23					7	12	19	38					15	7	24	15	31

1972

1972 TAG	JANUAR k	s	g	f	FEBRUAR k	s	g	f	MÄRZ k	s	g	f	APRIL k	s	g	f	MAI k	s	g	f	JUNI k	s	g	f	1972 TAG
1	14	6	23	14	6	3	25	21	23	2	29	30	15	27	31	37	8	25	1	7	23	22	3	14	1
2	13	5	22	13	5	2	24	20	22	1	28	29	14	26	30	36	7	24	33	6	22	21	2	13	2
3	12	4	21	12	4	1	23	19	21	28	27	28	13	25	29	35	6	23	32	5	21	20	1	12	3
4	11	3	20	11	3	28	22	18	20	27	26	27	12	24	28	34	5	22	31	4	20	19	33	11	4
5	10	2	19	10	2	27	21	17	19	26	25	26	11	23	27	33	4	21	30	3	19	18	32	10	5
6	9	1	18	9	1	26	20	16	18	25	24	25	10	22	26	32	3	20	29	2	18	17	31	9	6
7	8	28	17	8	23	25	19	15	17	24	23	24	9	21	25	31	2	19	28	1	17	16	30	8	7
8	7	27	16	7	22	24	18	14	16	23	22	23	8	20	24	30	1	18	27	38	16	15	29	7	8
9	6	26	15	6	21	23	17	13	15	22	21	22	7	19	23	29	23	17	26	37	15	14	28	6	9
10	5	25	14	5	20	22	16	12	14	21	20	21	6	18	22	28	22	16	25	36	14	13	27	5	10
11	4	24	13	4	19	21	15	11	13	20	19	20	5	17	21	27	21	15	24	35	13	12	26	4	11
12	3	23	12	3	18	20	14	10	12	19	18	19	4	16	20	26	20	14	23	34	12	11	25	3	12
13	2	22	11	2	17	19	13	9	11	18	17	18	3	15	19	25	19	13	22	33	11	10	24	2	13
14	1	21	10	1	16	18	12	8	10	17	16	17	2	14	18	24	18	12	21	32	10	9	23	1	14
15	23	20	9	38	15	17	11	7	9	16	15	16	1	13	17	23	17	11	20	31	9	8	22	38	15
16	22	19	8	37	14	16	10	6	8	15	14	15	23	12	16	22	16	10	19	30	8	7	21	37	16
17	21	18	7	36	13	15	9	5	7	14	13	14	22	11	15	21	15	9	18	29	7	6	20	36	17
18	20	17	6	35	12	14	8	4	6	13	12	13	21	10	14	20	14	8	17	28	6	5	19	35	18
19	19	16	5	34	11	13	7	3	5	12	11	12	20	9	13	19	13	7	16	27	5	4	18	34	19
20	18	15	4	33	10	12	6	2	4	11	10	11	19	8	12	18	12	6	15	26	4	3	17	33	20
21	17	14	3	32	9	11	5	1	3	10	9	10	18	7	11	17	11	5	14	25	3	2	16	32	21
22	16	13	2	31	8	10	4	38	2	9	8	9	17	6	10	16	10	4	13	24	2	1	15	31	22
23	15	12	1	30	7	9	3	37	1	8	7	8	16	5	9	15	9	3	12	23	1	28	14	30	23
24	14	11	33	29	6	8	2	36	23	7	6	7	15	4	8	14	8	2	11	22	23	27	13	29	24
25	13	10	32	28	5	7	1	35	22	6	5	6	14	3	7	13	7	1	10	21	22	26	12	28	25
26	12	9	31	27	4	6	33	34	21	5	4	5	13	2	6	12	6	28	9	20	21	25	11	27	26
27	11	8	30	26	3	5	32	33	20	4	3	4	12	1	5	11	5	27	8	19	20	24	10	26	27
28	10	7	29	25	2	4	31	32	19	3	2	3	11	28	4	10	4	26	7	18	19	23	9	25	28
29	9	6	28	24	1	3	30	31	18	2	1	2	10	27	3	9	3	25	6	17	18	22	8	24	29
30	8	5	27	23					17	1	33	1	9	26	2	8	2	24	5	16	17	21	7	23	30
31	7	4	26	22					16	28	32	38					1	23	4	15					31

386

1972 TAG	JULI k	s	g	f	AUGUST k	s	g	f	SEPTEMBER k	s	g	f	OKTOBER k	s	g	f	NOVEMBER k	s	g	f	DEZEMBER k	s	g	f	1972 TAG
1	16	20	6	22	8	17	8	29	23	14	10	36	16	12	13	6	8	9	15	13	1	7	18	21	1
2	15	19	5	21	7	16	7	28	22	13	9	35	15	11	12	5	7	8	14	12	23	6	17	20	2
3	14	18	4	20	6	15	6	27	21	12	8	34	14	10	11	4	6	7	13	11	22	5	16	19	3
4	13	17	3	19	5	14	5	26	20	11	7	33	13	9	10	3	5	6	12	10	21	4	15	18	4
5	12	16	2	18	4	13	4	25	19	10	6	32	12	8	9	2	4	5	11	9	20	3	14	17	5
6	11	15	1	17	3	12	3	24	18	9	5	31	11	7	8	1	3	4	10	8	19	2	13	16	6
7	10	14	33	16	2	11	2	23	17	8	4	30	10	6	7	38	2	3	9	7	18	1	12	15	7
8	9	13	32	15	1	10	1	22	16	7	3	29	9	5	6	37	1	2	8	6	17	28	11	14	8
9	8	12	31	14	23	9	33	21	15	6	2	28	8	4	5	36	23	1	7	5	16	27	10	13	9
10	7	11	30	13	22	8	32	20	14	5	1	27	7	3	4	35	22	28	6	4	15	26	9	12	10
11	6	10	29	12	21	7	31	19	13	4	33	26	6	2	3	34	21	27	5	3	14	25	8	11	11
12	5	9	28	11	20	6	30	18	12	3	32	25	5	1	2	33	20	26	4	2	13	24	7	10	12
13	4	8	27	10	19	5	29	17	11	2	31	24	4	28	1	32	19	25	3	1	12	23	6	9	13
14	3	7	26	9	18	4	28	16	10	1	30	23	3	27	33	31	18	24	2	38	11	22	5	8	14
15	2	6	25	8	17	3	27	15	9	28	29	22	2	26	32	30	17	23	1	37	10	21	4	7	15
16	1	5	24	7	16	2	26	14	8	27	28	21	1	25	31	29	16	22	33	36	9	20	3	6	16
17	23	4	23	6	15	1	25	13	7	26	27	20	23	24	30	28	15	21	32	35	8	19	2	5	17
18	22	3	22	5	14	28	24	12	6	25	26	19	22	23	29	27	14	20	31	34	7	18	1	4	18
19	21	2	21	4	13	27	23	11	5	24	25	18	21	22	28	26	13	19	30	33	6	17	33	3	19
20	20	1	20	3	12	26	22	10	4	23	24	17	20	21	27	25	12	18	29	32	5	16	32	2	20
21	19	28	19	2	11	25	21	9	3	22	23	16	19	20	26	24	11	17	28	31	4	15	31	1	21
22	18	27	18	1	10	24	20	8	2	21	22	15	18	19	25	23	10	16	27	30	3	14	30	38	22
23	17	26	17	38	9	23	19	7	1	20	21	14	17	18	24	22	9	15	26	29	2	13	29	37	23
24	16	25	16	37	8	22	18	6	23	19	20	13	16	17	23	21	8	14	25	28	1	12	28	36	24
25	15	24	15	36	7	21	17	5	22	18	19	12	15	16	22	20	7	13	24	27	23	11	27	35	25
26	14	23	14	35	6	20	16	4	21	17	18	11	14	15	21	19	6	12	23	26	22	10	26	34	26
27	13	22	13	34	5	19	15	3	20	16	17	10	13	14	20	18	5	11	22	25	21	9	25	33	27
28	12	21	12	33	4	18	14	2	19	15	16	9	12	13	19	17	4	10	21	24	20	8	24	32	28
29	11	20	11	32	3	17	13	1	18	14	15	8	11	12	18	16	3	9	20	23	19	7	23	31	29
30	10	19	10	31	2	16	12	38	17	13	14	7	10	11	17	15	2	8	19	22	18	6	22	30	30
31	9	18	9	30	1	15	11	37					9	10	16	14					17	5	21	29	31

1973

1973 TAG	JANUAR k	s	g	f	FEBRUAR k	s	g	f	MÄRZ k	s	g	f	APRIL k	s	g	f	MAI k	s	g	f	JUNI k	s	g	f	1973 TAG
1	16	4	20	28	8	1	22	35	3	1	27	7	18	26	29	14	11	24	32	22	3	21	1	29	1
2	15	3	19	27	7	28	21	34	2	28	26	6	17	25	28	13	10	23	31	21	2	20	33	28	2
3	14	2	18	26	6	27	20	33	1	27	25	5	16	24	27	12	9	22	30	20	1	19	32	27	3
4	13	1	17	25	5	26	19	32	23	26	24	4	15	23	26	11	8	21	29	19	23	18	31	26	4
5	12	28	16	24	4	25	18	31	22	25	23	3	14	22	25	10	7	20	28	18	22	17	30	25	5
6	11	27	15	23	3	24	17	30	21	24	22	2	13	21	24	9	6	19	27	17	21	16	29	24	6
7	10	26	14	22	2	23	16	29	20	23	21	1	12	20	23	8	5	18	26	16	20	15	28	23	7
8	9	25	13	21	1	22	15	28	19	22	20	30	11	19	22	7	4	17	25	15	19	14	27	22	8
9	8	24	12	20	23	21	14	27	18	21	19	37	10	18	21	6	3	16	24	14	18	13	26	21	9
10	7	23	11	19	22	20	13	26	17	20	18	36	9	17	20	5	2	15	23	13	17	12	25	20	10
11	6	22	10	18	21	19	12	25	16	19	17	35	8	16	19	4	1	14	22	12	16	11	24	19	11
12	5	21	9	17	20	18	11	24	15	18	16	34	7	15	18	3	23	13	21	11	15	10	23	18	12
13	4	20	8	16	19	17	10	23	14	17	15	33	6	14	17	2	22	12	20	10	14	9	22	17	13
14	3	19	7	15	18	16	9	22	13	16	14	32	5	13	16	1	21	11	19	9	13	8	21	16	14
15	2	18	6	14	17	15	8	21	12	15	13	31	4	12	15	30	20	10	18	8	12	7	20	15	15
16	1	17	5	13	16	14	7	20	11	14	12	30	3	11	14	37	19	9	17	7	11	6	19	14	16
17	23	16	4	12	15	13	6	19	10	13	11	29	2	10	13	36	18	8	16	6	10	5	18	13	17
18	22	15	3	11	14	12	5	18	9	12	10	28	1	9	12	35	17	7	15	5	9	4	17	12	18
19	21	14	2	10	13	11	4	17	8	11	9	27	23	8	11	34	16	6	14	4	8	3	16	11	19
20	20	13	1	9	12	10	3	16	7	10	8	26	22	7	10	33	15	5	13	3	7	2	15	10	20
21	19	12	33	8	11	9	2	15	6	9	7	25	21	6	9	32	14	4	12	2	6	1	14	9	21
22	18	11	32	7	10	8	1	14	5	8	6	24	20	5	8	31	13	3	11	1	5	28	13	8	22
23	17	10	31	6	9	7	33	13	4	7	5	23	19	4	7	30	12	2	10	30	4	27	12	7	23
24	16	9	30	5	8	6	32	12	3	6	4	22	18	3	6	29	11	1	9	37	3	26	11	6	24
25	15	8	29	4	7	5	31	11	2	5	3	21	17	2	5	28	10	28	8	36	2	25	10	5	25
26	14	7	28	3	6	4	30	10	1	4	2	20	16	1	4	27	9	27	7	35	1	24	9	4	26
27	13	6	27	2	5	3	29	9	23	3	1	19	15	28	3	26	8	26	6	34	23	23	8	3	27
28	12	5	26	1	4	2	28	8	22	2	33	18	14	27	2	25	7	25	5	33	22	22	7	2	28
29	11	4	25	30					21	1	32	17	13	26	1	24	6	24	4	32	21	21	6	1	29
30	10	3	24	37					20	28	31	16	12	25	33	23	5	23	3	31	20	20	5	38	30
31	9	2	23	36					19	27	30	15					4	22	2	30					31

1973 TAG	JULI k	s	g	f	AUGUST k	s	g	f	SEPTEMBER k	s	g	f	OKTOBER k	s	g	f	NOVEMBER k	s	g	f	DEZEMBER k	s	g	f	1973 TAG
1	19	19	4	37	11	16	6	6	3	13	8	13	19	11	11	21	11	8	13	28	4	6	16	36	1
2	18	18	3	36	10	15	5	5	2	12	7	12	18	10	10	20	10	7	12	27	3	5	15	35	2
3	17	17	2	35	9	14	4	4	1	11	6	11	17	9	9	19	9	6	11	26	2	4	14	34	3
4	16	16	1	34	8	13	3	3	23	10	5	10	16	8	8	18	8	5	10	25	1	3	13	33	4
5	15	15	33	33	7	12	2	2	22	9	8	9	15	7	7	17	7	4	9	24	23	2	12	32	5
6	14	14	32	32	6	11	1	1	21	8	4	8	14	6	6	16	6	3	8	23	22	1	11	31	6
7	13	13	31	31	5	10	33	38	20	7	3	7	13	5	5	15	5	2	7	22	21	28	10	30	7
8	12	12	30	30	4	9	32	37	19	6	2	6	12	4	4	14	4	1	6	21	20	27	9	29	8
9	11	11	29	29	3	8	31	36	18	5	1	5	11	3	3	13	3	28	5	20	19	26	8	28	9
10	10	10	28	28	2	7	30	35	17	4	33	4	10	2	2	12	2	27	4	19	18	25	7	27	10
11	9	9	28	27	1	6	29	34	16	3	32	3	9	1	1	11	1	26	3	18	17	24	6	26	11
12	8	8	27	26	23	5	28	33	15	2	31	2	8	28	33	10	23	25	2	17	16	23	5	25	12
13	7	7	26	25	22	4	27	32	14	1	29	1	7	27	32	9	22	24	1	16	15	22	4	24	13
14	6	6	25	24	21	3	26	31	13	28	27	37	6	26	31	8	21	23	33	15	14	21	3	23	14
15	5	5	24	23	20	2	25	30	12	27	27	37	5	25	30	7	20	22	32	14	13	20	2	22	15
16	4	4	23	22	19	1	24	29	11	26	26	36	4	24	29	6	19	21	31	13	12	19	1	21	16
17	3	3	22	21	18	28	23	28	10	25	25	35	3	23	28	5	18	20	30	12	11	18	33	20	17
18	2	2	20	20	17	27	22	27	9	23	23	33	2	22	27	4	17	19	29	11	10	17	32	19	18
19	1	1	19	19	16	26	21	26	8	23	23	33	1	21	26	3	16	18	28	10	9	16	31	18	19
20	23	28	18	18	15	25	20	25	7	22	22	32	23	20	25	2	15	17	27	9	8	15	30	17	20
21	22	27	17	17	14	24	19	24	6	21	21	31	22	19	24	1	14	16	26	8	7	14	29	16	21
22	21	26	16	15	13	23	18	23	5	20	20	30	21	18	23	38	13	15	25	7	6	13	28	15	22
23	20	25	15	15	12	22	17	22	4	19	19	29	20	17	22	37	12	14	24	6	5	12	27	14	23
24	19	24	14	14	11	21	16	21	3	18	18	28	19	16	21	36	11	13	23	5	4	11	26	13	24
25	18	23	13	13	10	20	15	20	2	17	17	27	18	15	20	35	10	12	22	4	3	10	25	12	25
26	17	22	12	12	9	19	14	19	1	16	16	26	17	14	19	34	9	11	21	3	2	9	24	11	26
27	16	21	11	11	8	18	13	18	23	15	15	25	16	13	18	33	8	10	20	2	1	8	23	10	27
28	15	20	10	10	7	17	12	17	22	14	14	24	15	12	17	32	7	9	19	1	23	7	22	9	28
29	14	19	9	9	6	16	11	16	21	13	13	23	14	11	16	31	6	8	18	38	22	6	21	8	29
30	13	18	8	8	5	15	10	15	20	12	12	22	13	10	15	30	5	7	17	37	21	5	20	7	30
31	12	17	7	7	4	14	9	14					12	9	14	29					20	4	19	6	31

389

1974

1974 TAG	JANUAR k	s	g	FEBRUAR k	s	g	MÄRZ k	s	g	APRIL k	s	g	MAI k	s	g	JUNI k	s	g	1974 TAG
1	19	3	18	5	11	28	20	12	6	28	25	22	21	25	26	29	14	23	30	37	6	20	32	6	1
2	18	2	17	4	10	27	19	11	5	27	24	21	20	24	26	28	13	22	29	36	5	19	31	5	2
3	17	1	16	3	9	26	18	10	4	26	23	20	19	23	25	27	12	21	28	35	4	18	30	4	3
4	16	28	15	2	8	25	17	9	3	25	22	19	18	22	24	26	11	20	27	34	3	17	29	3	4
5	15	27	14	1	7	24	16	8	2	24	21	18	17	21	23	25	10	19	26	33	1	16	28	2	5
6	14	26	13	38	6	23	15	7	1	23	20	17	16	20	22	24	9	18	25	32	23	14	26	38	6
7	13	25	12	37	5	22	14	6	23	22	19	16	15	19	21	23	8	17	24	31	22	13	25	37	7
8	12	24	11	36	4	21	13	5	22	21	18	15	14	18	20	22	7	16	23	30	21	12	24	36	8
9	11	23	10	35	3	20	12	4	21	20	17	14	13	17	19	21	6	15	22	29	19	10	22	34	9
10	10	22	9	34	2	19	11	3	20	19	16	13	12	16	18	20	5	14	21	28	18	9	21	33	10
11	9	21	8	33	1	18	10	2	19	18	15	12	11	15	17	19	4	13	20	27	17	8	20	32	11
12	8	20	7	32	23	17	9	1	18	17	14	11	10	14	16	18	3	12	19	26	16	7	19	31	12
13	7	19	6	31	22	16	8	38	17	16	13	10	9	13	15	17	2	11	18	25	15	6	18	30	13
14	6	18	5	30	21	15	7	37	16	15	12	9	8	12	14	16	1	10	17	24	14	5	17	29	14
15	5	17	4	29	20	14	6	36	15	14	11	8	7	11	13	15	23	9	16	23	13	4	16	28	15
16	4	16	3	28	19	13	5	35	14	13	10	7	6	10	12	14	22	8	15	22	12	3	15	27	16
17	3	15	2	27	18	12	4	34	13	12	9	6	5	9	11	13	21	7	14	21	11	2	14	26	17
18	2	14	1	26	17	11	3	33	12	11	8	5	4	8	10	12	20	6	13	20	10	1	13	25	18
19	1	13	33	25	16	10	2	32	11	10	7	4	3	7	9	11	19	5	12	19	9	28	12	24	19
20	23	12	32	24	15	9	1	31	10	9	6	3	2	6	8	10	18	4	11	18	8	27	11	23	20
21	22	11	31	23	14	8	33	30	9	8	5	2	23	5	7	9	17	3	10	17	7	26	10	22	21
22	21	10	30	22	13	7	32	29	8	7	4	1	22	4	6	8	16	2	9	16	6	25	9	21	22
23	20	9	29	21	12	6	31	28	7	6	3	38	23	3	5	7	15	1	8	15	5	24	8	20	23
24	19	8	28	20	11	5	30	27	6	5	2	37	21	2	4	6	14	28	7	14	4	23	7	19	24
25	18	7	27	19	10	4	29	26	5	4	1	36	20	1	3	5	13	27	6	13	3	22	6	18	25
26	17	6	26	18	9	3	28	25	4	3	33	35	19	28	2	4	12	26	5	12	2	21	5	17	26
27	16	5	25	17	8	2	27	24	3	2	32	34	18	27	1	3	11	25	4	11	1	20	4	16	27
28	15	4	24	16	7	1	26	23	2	1	31	33	17	26	33	2	10	24	3	10	23	19	3	15	28
29	14	3	23	15					1	28	30	32	16	25	32	1	9	23	2	9					29
30	13	2	22	14					23	27	29	31	15	24	31	38	8	22	1	8					30
31	12	1	21	13					22	26	28	30					7	21	33	7					31

390

1974 TAG	JULI k	s	g	f	AUGUST k	s	g	f	SEPTEMBER k	s	g	f	OKTOBER k	s	g	f	NOVEMBER k	s	g	f	DEZEMBER k	s	g	f	1974 TAG
1	22	18	2	14	14	15	4	21	6	12	6	28	22	10	9	36	14	7	11	5	7	5	14	13	1
2	21	17	1	13	13	14	3	20	5	11	5	27	21	9	8	35	13	6	10	4	6	4	13	12	2
3	20	16	33	12	12	13	2	19	4	10	4	26	20	8	7	34	12	5	9	3	5	3	12	11	3
4	19	15	32	11	11	12	1	18	3	9	3	25	19	7	6	33	11	4	8	2	4	2	11	10	4
5	18	14	31	10	10	11	33	17	2	8	2	24	18	6	5	32	10	3	7	1	3	1	10	9	5
6	17	13	30	9	9	10	32	16	1	7	1	23	17	5	4	31	9	2	6	38	2	28	9	8	6
7	16	12	29	8	8	9	31	15	23	6	33	22	16	4	3	30	8	1	5	37	1	27	8	7	7
8	15	11	28	7	7	8	30	14	22	5	32	21	15	3	2	29	7	28	4	36	23	26	7	6	8
9	14	10	27	6	6	7	29	13	21	4	31	20	14	2	1	28	6	27	3	35	22	25	6	5	9
10	13	9	26	5	5	6	28	12	20	3	30	19	13	1	33	27	5	26	2	34	21	24	5	4	10
11	12	8	25	4	4	5	27	11	19	2	29	18	12	28	32	26	4	25	1	33	20	23	4	3	11
12	11	7	24	3	3	4	26	10	18	1	28	17	11	27	31	25	3	24	33	32	19	22	3	2	12
13	10	6	23	2	2	3	25	9	17	28	27	16	10	26	30	24	2	23	32	31	18	21	2	1	13
14	9	5	22	1	1	2	24	8	16	27	26	15	9	25	29	23	1	22	31	30	17	20	1	38	14
15	8	4	21	38	23	1	23	7	15	26	25	14	8	24	28	22	23	21	30	29	16	19	33	37	15
16	7	3	20	37	22	28	22	6	14	25	24	13	7	23	27	21	22	20	29	28	15	18	32	36	16
17	6	2	19	36	21	27	21	5	13	24	23	12	6	22	26	20	21	19	28	27	14	17	31	35	17
18	5	1	18	35	20	26	20	4	12	23	22	11	5	21	25	19	20	18	27	26	13	16	30	34	18
19	4	28	17	34	19	25	19	3	11	22	21	10	4	20	24	18	19	17	26	25	12	15	29	33	19
20	3	27	16	33	18	24	18	2	10	21	20	9	3	19	23	17	18	16	25	24	11	14	28	32	20
21	2	26	15	32	17	23	17	1	9	20	19	8	2	18	22	16	17	15	24	23	10	13	27	31	21
22	1	25	14	31	16	22	16	38	8	19	18	7	1	17	21	15	16	14	23	22	9	12	26	30	22
23	23	24	13	30	15	21	15	37	7	18	17	6	23	16	20	14	15	13	22	21	8	11	25	29	23
24	22	23	12	29	14	20	14	36	6	17	16	5	22	15	19	13	14	12	21	20	7	10	24	28	24
25	21	22	11	28	13	19	13	35	5	16	15	4	21	14	18	12	13	11	20	19	6	9	23	27	25
26	20	21	10	27	12	18	12	34	4	15	14	3	20	13	17	11	12	10	19	18	5	8	22	26	26
27	19	20	9	26	11	17	11	33	3	14	13	2	19	12	16	10	11	9	18	17	4	7	21	25	27
28	18	19	8	25	10	16	10	32	2	13	12	1	18	11	15	9	10	8	17	16	3	6	20	24	28
29	17	18	7	24	9	15	9	31	1	12	11	38	17	10	14	8	9	7	16	15	2	5	19	23	29
30	16	17	6	23	8	14	8	30	23	11	10	37	16	9	13	7	8	6	15	14	1	4	18	22	30
31	15	16	5	22	7	13	7	29					15	8	12	6					23	3	17	21	31

1975

1975 TAG	JANUAR				FEBRUAR				MÄRZ				APRIL				MAI				JUNI				1975 TAG
	k	s	g	f	k	s	g	f	k	s	g	f	k	s	g	f	k	s	g	f	k	s	g	f	
1																									1
2																									2
3																									3
4																									4
5																									5
6																									6
7																									7
8																									8
9																									9
10																									10
11																									11
12																									12
13																									13
14																									14
15																									15
16																									16
17																									17
18																									18
19																									19
20																									20
21																									21
22																									22
23																									23
24																									24
25																									25
26																									26
27																									27
28																									28
29																									29
30																									30
31																									31

1975 TAG	JULI k	s	g	f	AUGUST k	s	g	f	SEPTEMBER k	s	g	f	OKTOBER k	s	g	f	NOVEMBER k	s	g	f	DEZEMBER k	s	g	f	1975 TAG
1	2	17	33	29	17	14	2	36	9	11	4	5	2	9	7	13	17	6	9	20	10	4	12	28	1
2	1	16	32	28	16	13	1	35	8	10	3	4	1	8	6	12	16	5	8	19	9	3	11	27	2
3	23	15	31	27	15	12	33	34	7	9	2	3	23	7	5	11	15	4	7	18	8	2	10	26	3
4	22	14	30	26	14	11	32	33	6	8	1	2	22	6	4	10	14	3	6	17	7	1	9	25	4
5	21	13	29	25	13	10	31	32	5	7	33	1	21	5	3	9	13	2	5	16	6	28	8	24	5
6	20	12	28	24	12	9	30	31	4	6	32	38	20	4	2	8	12	1	4	15	5	27	7	23	6
7	19	11	27	23	11	8	29	30	3	5	31	37	19	3	1	7	11	28	3	14	4	26	6	22	7
8	18	10	26	22	10	7	28	29	2	4	30	36	18	2	33	6	10	27	2	13	3	25	5	21	8
9	17	9	25	21	9	6	27	28	1	3	29	35	17	1	32	5	9	26	1	12	2	24	4	20	9
10	16	8	24	20	8	5	26	27	23	2	28	34	16	28	31	4	8	25	33	11	1	23	3	19	10
11	15	7	23	19	7	4	25	26	22	1	27	33	15	27	30	3	7	24	32	10	23	22	2	18	11
12	14	6	22	18	6	3	24	25	21	28	26	32	14	26	29	2	6	23	31	9	22	21	1	17	12
13	13	5	21	17	5	2	23	24	20	27	25	31	13	25	28	1	5	22	30	8	21	20	33	16	13
14	12	4	20	16	4	1	22	23	19	26	24	30	12	24	27	38	4	21	29	7	20	19	32	15	14
15	11	3	19	15	3	28	21	22	18	25	23	29	11	23	26	37	3	20	28	6	19	18	31	14	15
16	10	2	18	14	2	27	20	21	17	24	22	28	10	22	25	36	2	19	27	5	18	17	30	13	16
17	9	1	17	13	1	26	19	20	16	23	21	27	9	21	24	35	1	18	26	4	17	16	29	12	17
18	8	28	16	12	23	25	18	19	15	22	20	26	8	20	23	34	23	17	25	3	16	15	28	11	18
19	7	27	15	11	22	24	17	18	14	21	19	25	7	19	22	33	22	16	24	2	15	14	27	10	19
20	6	26	14	10	21	23	16	17	13	20	18	24	6	18	21	32	21	15	23	1	14	13	26	9	20
21	5	25	13	9	20	22	15	16	12	19	17	23	5	17	20	31	20	14	22	38	13	12	25	8	21
22	4	24	12	8	19	21	14	15	11	18	16	22	4	16	19	30	19	13	21	37	12	11	24	7	22
23	3	23	11	7	18	20	13	14	10	17	15	21	3	15	18	29	18	12	20	36	11	10	23	6	23
24	2	22	10	6	17	19	12	13	9	16	14	20	2	14	17	28	17	11	19	35	10	9	22	5	24
25	1	21	9	5	16	18	11	12	8	15	13	19	1	13	16	27	16	10	18	34	9	8	21	4	25
26	23	20	8	4	15	17	10	11	7	14	12	18	23	12	15	26	15	9	17	33	8	7	20	3	26
27	22	19	7	3	14	16	9	10	6	13	11	17	22	11	14	25	14	8	16	32	7	6	19	2	27
28	21	18	6	2	13	15	8	9	5	12	10	16	21	10	13	24	13	7	15	31	6	5	18	1	28
29	20	17	5	1	12	14	7	8	4	11	9	15	20	9	12	23	12	6	14	30	5	4	17	38	29
30	19	16	4	38	11	13	6	7	3	10	8	14	19	8	11	22	11	5	13	29	4	3	16	37	30
31	18	15	3	37	10	12	5	6					18	7	10	21					3	2	15	36	31

393

1976

1976 TAG	JANUAR k	s	g	f	FEBRUAR k	s	g	f	MÄRZ k	s	g	f	APRIL k	s	g	f	MAI k	s	g	f	JUNI k	s	g	f	1976 TAG
1	2	1	14	35	17	26	16	4	11	25	20	13	3	22	22	20	19	20	25	28	11	17	27	35	1
2	1	28	13	34	16	25	15	3	10	24	19	12	2	21	21	19	18	19	24	27	10	16	26	34	2
3	23	27	12	33	15	24	14	2	9	23	18	11	1	20	20	18	17	18	23	26	9	15	25	33	3
4	22	26	11	32	14	23	13	1	8	22	17	10	23	19	19	17	16	17	22	25	8	14	24	32	4
5	21	25	10	31	13	22	12	38	7	21	16	9	22	18	18	16	15	16	21	24	7	13	23	31	5
6	20	24	9	30	12	21	11	37	6	20	15	8	21	17	17	15	14	15	20	23	6	12	22	30	6
7	19	23	8	29	11	20	10	36	5	19	14	7	20	16	16	14	13	14	19	22	5	11	21	29	7
8	18	22	7	28	10	19	9	35	4	18	13	6	19	15	15	13	12	13	18	21	4	10	20	28	8
9	17	21	6	27	9	18	8	34	3	17	12	5	18	14	14	12	11	12	17	20	3	9	19	27	9
10	16	20	5	26	8	17	7	33	2	16	11	4	17	13	13	11	10	11	16	19	2	8	18	26	10
11	15	19	4	25	7	16	6	32	1	15	10	3	16	12	12	10	9	10	15	18	1	7	17	25	11
12	14	18	3	24	6	15	5	31	23	14	9	2	15	11	11	9	8	9	14	17	23	6	16	24	12
13	13	17	2	23	5	14	4	30	22	13	8	1	14	10	10	8	7	8	13	16	22	5	15	23	13
14	12	16	1	22	4	13	3	29	21	12	7	38	13	9	9	7	6	7	12	15	21	4	14	22	14
15	11	15	33	21	3	12	2	28	20	11	6	37	12	8	8	6	5	6	11	14	20	3	13	21	15
16	10	14	32	20	2	11	1	27	19	10	5	36	11	7	7	5	4	5	10	13	19	2	12	20	16
17	9	13	31	19	1	10	33	26	18	9	4	35	10	6	6	4	3	4	9	12	18	1	11	19	17
18	8	12	30	18	23	9	32	25	17	8	3	34	9	5	5	3	2	3	8	11	17	28	10	18	18
19	7	11	29	17	22	8	31	24	16	7	2	33	8	4	4	2	1	2	7	10	16	27	9	17	19
20	6	10	28	16	21	7	30	23	15	6	1	32	7	3	3	1	23	1	6	9	15	26	8	16	20
21	5	9	27	15	20	6	29	22	14	5	33	31	6	2	2	38	22	28	5	8	14	25	7	15	21
22	4	8	26	14	19	5	28	21	13	4	32	30	5	1	1	37	21	27	4	7	13	24	6	14	22
23	3	7	25	13	18	4	27	20	12	3	31	29	4	28	38	36	20	26	3	6	12	23	5	13	23
24	2	6	24	12	17	3	26	19	11	2	30	28	3	27	37	35	19	25	2	5	11	22	4	12	24
25	1	5	23	11	16	2	25	18	10	1	29	27	2	26	36	34	18	24	1	4	10	21	3	11	25
26	23	4	22	10	15	1	24	17	9	28	28	26	1	25	35	33	17	23	33	3	9	20	2	10	26
27	22	3	21	9	14	28	23	16	8	27	27	25	23	24	34	32	16	22	32	2	8	19	1	9	27
28	21	2	20	8	13	27	22	15	7	26	26	24	22	23	33	31	15	21	31	1	7	18	33	8	28
29	20	1	19	7	12	26	21	14	6	25	25	23	21	22	32	30	14	20	30	38	6	17	32	7	29
30	19	28	18	6					5	24	24	22	20	21	31	29	13	19	29	37	5	16	31	6	30
31	18	27	17	5					4	23	23	21					12	18	28	36					31

1976 TAG	JULI k	s	g	f	AUGUST k	s	g	f	SEPTEMBER k	s	g	f	OKTOBER k	s	g	f	NOVEMBER k	s	g	f	DEZEMBER k	s	g	f	1976 TAG
1	4	15	30	5	19	12	32	12	11	9	1	19	4	7	4	27	19	4	6	34	12	2	9	4	1
2	3	14	30	4	18	11	31	11	10	8	33	18	3	6	3	26	18	3	5	33	11	1	8	3	2
3	2	13	28	3	17	10	30	10	9	7	32	17	2	5	2	25	17	2	4	32	10	28	7	2	3
4	1	12	27	2	16	9	29	9	8	6	31	16	1	4	1	24	16	1	3	31	9	27	6	1	4
5	23	11	26	1	15	8	28	8	7	5	30	15	23	3	33	23	15	28	2	30	8	26	5	38	5
6	22	10	25	38	14	7	27	7	6	4	29	14	22	2	32	22	14	27	1	29	7	25	4	37	6
7	21	9	24	37	13	6	26	6	5	3	28	13	21	1	31	21	13	26	33	28	6	24	3	36	7
8	20	8	23	36	12	5	25	5	4	2	27	12	20	28	30	20	12	25	32	27	5	23	2	35	8
9	19	7	22	35	11	4	24	4	3	1	26	11	19	27	29	19	11	24	31	26	4	22	1	34	9
10	18	6	21	34	10	3	23	3	2	28	25	10	18	26	28	18	10	23	30	25	3	21	33	33	10
11	17	5	20	33	9	2	22	2	1	27	24	9	17	25	27	17	9	22	29	24	2	20	32	32	11
12	16	4	19	32	8	1	21	1	23	26	23	8	16	24	26	16	8	21	28	23	1	19	31	31	12
13	15	3	18	31	7	28	20	38	22	25	22	7	15	23	25	15	7	20	27	22	23	18	30	30	13
14	14	2	17	30	6	27	19	37	21	24	21	6	14	22	24	14	6	19	26	21	22	17	29	29	14
15	13	1	16	29	5	26	18	36	20	23	20	5	13	21	23	13	5	18	25	20	21	16	28	28	15
16	12	28	15	28	4	25	17	35	19	22	19	4	12	20	22	12	4	17	24	19	20	15	27	27	16
17	11	27	14	27	3	24	16	34	18	21	18	3	11	19	21	11	3	16	23	18	19	14	26	26	17
18	10	26	13	26	2	23	15	33	17	20	17	2	10	18	20	10	2	15	22	17	18	13	25	25	18
19	9	25	12	25	1	22	14	32	16	19	16	1	9	17	19	9	1	14	21	16	17	12	24	24	19
20	8	24	11	24	23	21	13	31	15	18	15	38	8	16	18	8	23	13	20	15	16	11	23	23	20
21	7	23	10	23	22	20	12	30	14	17	14	37	7	15	17	7	22	12	19	14	15	10	22	22	21
22	6	22	9	22	21	19	11	29	13	16	13	36	6	14	16	6	21	11	18	13	14	9	21	21	22
23	5	21	8	21	20	18	10	28	12	15	12	35	5	13	15	5	20	10	17	12	13	8	20	20	23
24	4	20	7	20	19	17	9	27	11	14	11	34	4	12	14	4	19	9	16	11	12	7	19	19	24
25	3	19	6	19	18	16	8	26	10	13	10	33	3	11	13	3	18	8	15	10	11	6	18	18	25
26	2	18	5	18	17	15	7	25	9	12	9	32	2	10	12	2	17	7	14	9	10	5	17	17	26
27	1	17	4	17	16	14	6	24	8	11	8	31	1	9	11	1	16	6	13	8	9	4	16	16	27
28	23	16	3	16	15	13	5	23	7	10	7	30	23	8	10	38	15	5	12	7	8	3	15	15	28
29	22	15	2	15	14	12	4	22	6	9	6	29	22	7	9	37	14	4	11	6	7	2	14	14	29
30	21	14	1	14	13	11	3	21	5	8	5	28	21	6	8	36	13	3	10	5	6	1	13	13	30
31	20	13	33	13	12	10	2	20					20	5	7	35					5	28	12	12	31

395

1977

1977 TAG	JANUAR				FEBRUAR				MÄRZ				APRIL				MAI				JUNI				1977 TAG
	k	s	g	f	k	s	g	f	k	s	g	f	k	s	g	f	k	s	g	f	k	s	g	f	
1	4	27	11	11	19	24	13	18	14	24	18	28	6	21	20	35	22	19	23	5	14	16	25	12	1
2	3	26	10	10	18	23	12	17	13	23	17	27	5	20	19	34	21	18	22	4	13	15	24	11	2
3	2	25	9	9	17	22	11	16	12	22	16	26	4	19	18	33	20	17	21	3	12	14	23	10	3
4	1	24	8	8	16	21	10	15	11	21	15	25	3	18	17	32	19	16	20	2	11	13	22	9	4
5	23	23	7	7	15	20	9	14	10	20	14	24	2	17	16	31	18	15	19	1	10	12	21	8	5
6	22	22	6	6	14	19	8	13	9	19	13	23	1	16	15	30	17	14	18	38	9	11	20	7	6
7	21	21	5	5	13	18	7	12	8	18	12	22	23	15	14	29	16	13	17	37	8	10	19	6	7
8	20	20	4	4	12	17	6	11	7	17	11	21	22	14	13	28	15	12	16	36	7	9	18	5	8
9	19	19	3	3	11	16	5	10	6	16	10	20	21	13	12	27	14	11	15	35	6	8	17	4	9
10	18	18	2	2	10	15	4	9	5	15	9	19	20	12	11	26	13	10	14	34	5	7	16	3	10
11	17	17	1	1	9	14	3	8	4	14	8	18	19	11	10	25	12	9	13	33	4	6	15	2	11
12	16	16	33	38	8	13	2	7	3	13	7	17	18	10	9	24	11	8	12	32	3	5	14	1	12
13	15	15	32	37	7	12	1	6	2	12	6	16	17	9	8	23	10	7	11	31	2	4	13	38	13
14	14	14	31	36	6	11	33	5	1	11	5	15	16	8	7	22	9	6	10	30	23	3	12	37	14
15	13	13	30	35	5	10	32	4	23	10	4	14	15	7	6	21	8	5	9	29	22	2	11	36	15
16	12	12	29	34	4	9	31	3	22	9	3	13	14	6	5	20	7	4	8	28	21	1	10	35	16
17	11	11	28	33	3	8	30	2	21	8	2	12	13	5	4	19	6	3	7	27	20	28	9	34	17
18	10	10	27	32	2	7	29	1	20	7	1	11	12	4	3	18	5	2	6	26	19	27	8	33	18
19	9	9	26	31	1	6	28	38	19	6	33	10	11	3	2	17	4	1	5	25	18	26	7	32	19
20	8	8	25	30	23	5	27	37	18	5	32	9	10	2	1	16	3	28	4	24	17	25	6	31	20
21	7	7	24	29	22	4	26	36	17	4	31	8	9	1	33	15	2	27	3	23	16	24	5	30	21
22	6	6	23	28	21	3	25	35	16	3	30	7	8	28	32	14	1	26	2	22	15	23	4	29	22
23	5	5	22	27	20	2	24	34	15	2	29	6	7	27	31	13	23	25	1	21	14	22	3	28	23
24	4	4	21	26	19	1	23	33	14	1	28	5	6	26	30	12	22	24	33	20	13	21	2	27	24
25	3	3	20	25	18	28	22	32	13	28	27	4	5	25	29	11	21	23	32	19	12	20	1	26	25
26	2	2	19	24	17	27	21	31	12	27	26	3	4	24	28	10	20	22	31	18	11	19	33	25	26
27	1	1	18	23	16	26	20	30	11	26	25	2	3	23	27	9	19	21	30	17	10	18	32	24	27
28	23	28	17	22	15	25	19	29	10	25	24	1	2	22	26	8	18	20	29	16	9	17	31	23	28
29	22	27	16	21					9	24	23	38	1	21	25	7	17	19	28	15	8	16	30	22	29
30	21	26	15	20					8	23	22	37	23	20	24	6	16	18	27	14	7	15	29	21	30
31	20	25	14	19					7	22	21	36					15	17	26	13					31

1977 TAG	JULI k	JULI s	JULI g	JULI f	AUGUST k	AUGUST s	AUGUST g	AUGUST f	SEPTEMBER k	SEPTEMBER s	SEPTEMBER g	SEPTEMBER f	OKTOBER k	OKTOBER s	OKTOBER g	OKTOBER f	NOVEMBER k	NOVEMBER s	NOVEMBER g	NOVEMBER f	DEZEMBER k	DEZEMBER s	DEZEMBER g	DEZEMBER f	1977 TAG
1	7	14	28	20	22	11	30	27	14	8	32	34	7	6	2	4	22	3	4	11	15	1	7	19	1
2	6	13	27	19	21	10	29	26	13	7	31	33	6	5	1	3	21	2	3	10	14	28	6	18	2
3	5	12	26	18	20	9	28	25	12	6	30	32	5	4	33	2	20	1	2	9	13	27	5	17	3
4	4	11	25	17	19	8	27	24	11	5	29	31	4	3	32	1	19	28	1	8	12	26	4	16	4
5	3	10	24	16	18	7	26	23	10	4	28	30	3	2	31	38	18	27	33	7	11	25	3	15	5
6	2	9	23	15	17	6	25	22	9	3	27	29	2	1	30	37	17	26	32	6	10	24	2	14	6
7	1	8	22	14	16	5	24	21	8	2	26	28	1	28	29	36	16	25	31	5	9	23	1	13	7
8	23	7	21	13	15	4	23	20	7	1	25	27	23	27	28	35	15	24	30	4	8	22	33	12	8
9	22	6	20	12	14	3	22	19	6	28	24	26	22	26	27	34	14	23	29	3	7	21	32	11	9
10	21	5	19	11	13	2	21	18	5	27	23	25	21	25	26	33	13	22	28	2	6	20	31	10	10
11	20	4	18	10	12	1	20	17	4	26	22	24	20	24	25	32	12	21	27	1	5	19	30	9	11
12	19	3	17	9	11	28	19	16	3	25	21	23	19	23	24	31	11	20	26	38	4	18	29	8	12
13	18	2	16	8	10	27	18	15	2	24	20	22	18	22	23	30	10	19	25	37	3	17	28	7	13
14	17	1	15	7	9	26	17	14	1	23	19	21	17	21	22	29	9	18	24	36	2	16	27	6	14
15	16	28	14	6	8	25	16	13	23	22	18	20	16	20	21	28	8	17	23	35	1	15	26	5	15
16	15	27	13	5	7	24	15	12	22	21	17	19	15	19	20	27	7	16	22	34	23	14	25	4	16
17	14	26	12	4	6	23	14	11	21	20	16	18	14	18	19	26	6	15	21	33	22	13	24	3	17
18	13	25	11	3	5	22	13	10	20	19	15	17	13	17	18	25	5	14	20	32	21	12	23	2	18
19	12	24	10	2	4	21	12	9	19	18	14	16	12	16	17	24	4	13	19	31	20	11	22	1	19
20	11	23	9	1	3	20	11	8	18	17	13	15	11	15	16	23	3	12	18	30	19	10	21	38	20
21	10	22	8	38	2	19	10	7	17	16	12	14	10	14	15	22	2	11	17	29	18	9	20	37	21
22	9	21	7	37	1	18	9	6	16	15	11	13	9	13	14	21	1	10	16	28	17	8	19	36	22
23	8	20	6	36	23	17	8	5	15	14	10	12	8	12	13	20	23	9	15	27	16	7	18	35	23
24	7	19	5	35	22	16	7	4	14	13	9	11	7	11	12	19	22	8	14	26	15	6	17	34	24
25	6	18	4	34	21	15	6	3	13	12	8	10	6	10	11	18	21	7	13	25	14	5	16	33	25
26	5	17	3	33	20	14	5	2	12	11	7	9	5	9	10	17	20	6	12	24	13	4	15	32	26
27	4	16	2	32	19	13	4	1	11	10	6	8	4	8	9	16	19	5	11	23	12	3	14	31	27
28	3	15	1	31	18	12	3	38	10	9	5	7	3	7	8	15	18	4	10	22	11	2	13	30	28
29	2	14	33	30	17	11	2	37	9	8	4	6	2	6	7	14	17	3	9	21	10	1	12	29	29
30	1	13	32	29	16	10	1	36	8	7	3	5	1	5	6	13	16	2	8	20	9	28	11	28	30
31	23	12	31	28	15	9	33	35					23	4	5	12					8	27	10	27	31

1978

1978 TAG	JANUAR				FEBRUAR				MÄRZ				APRIL				MAI				JUNI				1978 TAG
	k	s	g	f	k	s	g	f	k	s	g	f	k	s	g	f	k	s	g	f	k	s	g	f	
1	7	26	9	26	22	23	11	33	17	23	16	5	9	20	18	12	2	18	21	20	17	15	23	27	1
2	6	25	8	25	21	22	10	32	16	22	15	4	8	19	17	11	1	17	20	19	16	14	22	26	2
3	5	24	7	24	20	21	9	31	15	21	14	3	7	18	16	10	23	16	19	18	15	13	21	25	3
4	4	23	6	23	19	20	8	30	14	20	13	2	6	17	15	9	22	15	18	17	14	12	20	24	4
5	3	22	5	22	18	19	7	29	13	19	12	1	5	16	14	8	21	14	17	16	13	11	19	23	5
6	2	21	4	21	17	18	6	28	12	18	11	38	4	15	13	7	20	13	16	15	12	10	18	22	6
7	1	20	3	20	16	17	5	27	11	17	10	37	3	14	12	6	19	12	15	14	11	9	17	21	7
8	23	19	2	19	15	16	4	26	10	16	9	36	2	13	11	5	18	11	14	13	10	8	16	20	8
9	22	18	1	18	14	15	3	25	9	15	8	35	1	12	10	4	17	10	13	12	9	7	15	19	9
10	21	17	33	17	13	14	2	24	8	14	7	34	23	11	9	3	16	9	12	11	8	6	14	18	10
11	20	16	32	16	12	13	1	23	7	13	6	33	22	10	8	2	15	8	11	10	7	5	13	17	11
12	19	15	31	15	11	12	33	22	6	12	5	32	21	9	7	1	14	7	10	9	6	4	12	16	12
13	18	14	30	14	10	11	32	21	5	11	4	31	20	8	6	38	13	6	9	8	5	3	11	15	13
14	17	13	29	13	9	10	31	20	4	10	3	30	19	7	5	37	12	5	8	7	4	2	10	14	14
15	16	12	28	12	8	9	30	19	3	9	2	29	18	6	4	36	11	4	7	6	3	1	9	13	15
16	15	11	27	11	7	8	29	18	2	8	1	28	17	5	3	35	10	3	6	5	2	28	8	12	16
17	14	10	26	10	6	7	28	17	1	7	33	27	16	4	2	34	9	2	5	4	1	27	7	11	17
18	13	9	25	9	5	6	27	16	23	6	32	26	15	3	1	33	8	1	4	3	23	26	6	10	18
19	12	8	24	8	4	5	26	15	22	5	31	25	14	2	33	32	7	28	3	2	22	25	5	9	19
20	11	7	23	7	3	4	25	14	21	4	30	24	13	1	32	31	6	27	2	1	21	24	4	8	20
21	10	6	22	6	2	3	24	13	20	3	29	23	12	28	31	30	5	26	1	38	20	23	3	7	21
22	9	5	21	5	1	2	23	12	19	2	28	22	11	27	30	29	4	25	33	37	19	22	2	6	22
23	8	4	20	4	23	1	22	11	18	1	27	21	10	26	29	28	3	24	32	36	18	21	1	5	23
24	7	3	19	3	22	28	21	10	17	28	26	20	9	25	28	27	2	23	31	35	17	20	33	4	24
25	6	2	18	2	21	27	20	9	16	27	25	19	8	24	27	26	1	22	30	34	16	19	32	3	25
26	5	1	17	1	20	26	19	8	15	26	24	18	7	23	26	25	23	21	29	33	15	18	31	2	26
27	4	28	16	38	19	25	18	7	14	25	23	17	6	22	25	24	22	20	28	32	14	17	30	1	27
28	3	27	15	37	18	24	17	6	13	24	22	16	5	21	24	23	21	19	27	31	13	16	29	38	28
29	2	26	14	36					12	23	21	15	4	20	23	22	20	18	26	30	12	15	28	37	29
30	1	25	13	35					11	22	20	14	3	19	22	21	19	17	25	29	11	14	27	36	30
31	23	24	12	34					10	21	19	13					18	16	24	28					31

1978 TAG	JULI k	JULI s	JULI g	JULI f	AUGUST k	AUGUST s	AUGUST g	AUGUST f	SEPTEMBER k	SEPTEMBER s	SEPTEMBER g	SEPTEMBER f	OKTOBER k	OKTOBER s	OKTOBER g	OKTOBER f	NOVEMBER k	NOVEMBER s	NOVEMBER g	NOVEMBER f	DEZEMBER k	DEZEMBER s	DEZEMBER g	DEZEMBER f	1978 TAG
1	10	13	26	35	2	10	28	4	17	7	30	11	10	5	33	19	2	2	2	26	18	28	5	34	1
2	9	12	25	34	1	9	27	3	16	6	29	10	9	4	32	18	1	1	1	25	17	27	4	33	2
3	8	11	24	33	23	8	26	2	15	5	28	9	8	3	31	17	23	28	33	24	16	26	3	32	3
4	7	10	23	32	22	7	25	1	14	4	27	8	7	2	30	16	22	27	32	23	15	25	2	31	4
5	6	9	22	31	21	6	24	38	13	3	26	7	6	1	29	15	21	26	31	22	14	24	1	30	5
6	5	8	21	30	20	5	23	37	12	2	25	6	5	28	28	14	20	25	30	21	13	23	33	29	6
7	4	7	20	29	19	4	22	36	11	1	24	5	4	27	27	13	19	24	29	20	12	22	32	28	7
8	3	6	19	28	18	3	21	35	10	28	23	4	3	26	26	12	18	23	28	19	11	21	31	27	8
9	2	5	18	27	17	2	20	34	9	27	22	3	2	25	25	11	17	22	27	18	10	20	30	26	9
10	1	4	17	26	16	1	19	33	8	26	21	2	1	24	24	10	16	21	26	17	9	19	29	25	10
11	23	3	16	25	15	28	18	32	7	25	20	1	23	23	23	9	15	20	25	16	8	18	28	24	11
12	22	2	15	24	14	27	17	31	6	24	19	38	22	22	22	8	14	19	24	15	7	17	27	23	12
13	21	1	14	23	13	26	16	30	5	23	18	37	21	21	21	7	13	18	23	14	6	16	26	22	13
14	20	28	13	22	12	25	15	29	4	22	17	36	20	20	20	6	12	17	22	13	5	15	25	21	14
15	19	27	12	21	11	24	14	28	3	21	16	35	19	19	19	5	11	16	21	12	4	14	24	20	15
16	18	26	11	20	10	23	13	27	2	20	15	34	18	18	18	4	10	15	20	11	3	13	23	19	16
17	17	25	10	19	9	22	12	26	1	19	14	33	17	17	17	3	9	14	19	10	2	12	22	18	17
18	16	24	9	18	8	21	11	25	23	18	13	32	16	16	16	2	8	13	18	9	1	11	21	17	18
19	15	23	8	17	7	20	10	24	22	17	12	31	15	15	15	1	7	12	17	8	23	10	20	16	19
20	14	22	7	16	6	19	9	23	21	16	11	30	14	14	14	38	6	11	16	7	22	9	19	15	20
21	13	21	6	15	5	18	8	22	20	15	10	29	13	13	13	37	5	10	15	6	21	8	18	14	21
22	12	20	5	14	4	17	7	21	19	14	9	28	12	12	12	36	4	9	14	5	20	7	17	13	22
23	11	19	4	13	3	16	6	20	18	13	8	27	11	11	11	35	3	8	13	4	19	6	16	12	23
24	10	18	3	12	2	15	5	19	17	12	7	26	10	10	10	34	2	7	12	3	18	5	15	11	24
25	9	17	2	11	1	14	4	18	16	11	6	25	9	9	9	33	1	6	11	2	17	4	14	10	25
26	8	16	1	10	23	13	3	17	15	10	5	24	8	8	8	32	23	5	10	1	16	3	13	9	26
27	7	15	33	9	22	12	2	16	14	9	4	23	7	7	7	31	22	4	9	38	15	2	12	8	27
28	6	14	32	8	21	11	1	15	13	8	3	22	6	6	6	30	21	3	8	37	14	1	11	7	28
29	5	13	31	7	20	10	33	14	12	7	2	21	5	5	5	29	20	2	7	36	13	28	10	6	29
30	4	12	30	6	19	9	32	13	11	6	1	20	4	4	4	28	19	1	6	35	12	27	9	5	30
31	3	11	29	5	18	8	31	12					3	3	3	27					11	26	8	4	31

1979

1979 TAG	JANUAR k	s	g	f	FEBRUAR k	s	g	f	MARZ k	s	g	f	APRIL k	s	g	f	MAI k	s	g	f	JUNI k	s	g	f	1979 TAG
1	10	25	7	3	2	22	9	10	20	22	14	20	12	19	16	27	5	17	19	35	20	14	21	4	1
2	9	24	6	2	1	21	8	9	19	21	13	19	11	18	15	26	4	16	18	34	19	13	20	3	2
3	8	23	5	1	23	20	7	8	18	20	12	18	10	17	14	25	3	15	17	33	18	12	19	2	3
4	7	22	4	38	22	19	6	7	17	19	11	17	9	16	13	24	2	14	16	32	17	11	18	1	4
5	6	21	3	37	21	18	5	6	16	18	10	16	8	15	12	23	1	13	15	31	16	10	17	38	5
6	5	20	2	36	20	17	4	5	15	17	9	15	7	14	11	22	23	12	14	30	15	9	16	37	6
7	4	19	1	35	19	16	3	4	14	16	8	14	6	13	10	21	22	11	13	29	14	8	15	36	7
8	3	18	33	34	18	15	2	3	13	15	7	13	5	12	9	20	21	10	12	28	13	7	14	35	8
9	2	17	32	33	17	14	1	2	12	14	6	12	4	11	8	19	20	9	11	27	12	6	13	34	9
10	1	16	31	32	16	13	33	1	11	13	5	11	3	10	7	18	19	8	10	26	11	5	12	33	10
11	23	15	30	31	15	12	32	38	10	12	4	10	2	9	6	17	18	7	9	25	10	4	11	32	11
12	22	14	29	30	14	11	31	37	9	11	3	9	1	8	5	16	17	6	8	24	9	3	10	31	12
13	21	13	28	29	13	10	30	36	8	10	2	8	23	7	4	15	16	5	7	23	8	2	9	30	13
14	20	12	27	28	12	9	29	35	7	9	1	7	22	6	3	14	15	4	6	22	7	1	8	29	14
15	19	11	26	27	11	8	28	34	6	8	33	6	21	5	2	13	14	3	5	21	6	28	7	28	15
16	18	10	25	26	10	7	27	33	5	7	32	5	20	4	1	12	13	2	4	20	5	27	6	27	16
17	17	9	24	25	9	6	26	32	4	6	31	4	19	3	33	11	12	1	3	19	4	26	5	26	17
18	16	8	23	24	8	5	25	31	3	5	30	3	18	2	32	10	11	28	2	18	3	25	4	25	18
19	15	7	22	23	7	4	24	30	2	4	29	2	17	1	31	9	10	27	1	17	2	24	3	24	19
20	14	6	21	22	6	3	23	29	1	3	28	1	16	28	30	8	9	26	33	16	1	23	2	23	20
21	13	5	20	21	5	2	22	28	23	2	27	38	15	27	29	7	8	25	32	15	23	22	1	22	21
22	12	4	19	20	4	1	21	27	22	1	26	37	14	26	28	6	7	24	31	14	22	21	33	21	22
23	11	3	18	19	3	28	20	26	21	28	25	36	13	25	27	5	6	23	30	13	21	20	32	20	23
24	10	2	17	18	2	27	19	25	20	27	24	35	12	24	26	4	5	22	29	12	20	19	31	19	24
25	9	1	16	17	1	26	18	24	19	26	23	34	11	23	25	3	4	21	28	11	19	18	30	18	25
26	8	28	15	16	23	25	17	23	18	25	22	33	10	22	24	2	3	20	27	10	18	17	29	17	26
27	7	27	14	15	22	24	16	22	17	24	21	32	9	21	23	1	2	19	26	9	17	16	28	16	27
28	6	26	13	14	21	23	15	21	16	23	20	31	8	20	22	38	1	18	25	8	16	15	27	15	28
29	5	25	12	13					15	22	19	30	7	19	21	37	23	17	24	7	15	14	26	14	29
30	4	24	11	12					14	21	18	29	6	18	20	36	22	16	23	6	14	13	25	13	30
31	3	23	10	11					13	20	17	28					21	15	22	5					31

1979 TAG	JULI k	s	g	f	AUGUST k	s	g	f	SEPTEMBER k	s	g	f	OKTOBER k	s	g	f	NOVEMBER k	s	g	f	DEZEMBER k	s	g	f	1979 TAG
1	13	12	24	12	5	9	26	19	20	6	28	26	13	4	31	34	5	1	33	3	21	27	3	11	1
2	12	11	23	11	4	8	25	18	19	5	27	25	12	3	30	33	4	28	32	2	20	26	2	10	2
3	11	10	22	10	3	7	24	17	18	4	26	24	11	2	29	32	3	27	31	1	19	25	1	9	3
4	10	9	21	9	2	6	23	16	17	3	25	23	10	1	28	31	2	26	30	38	18	24	33	8	4
5	9	8	20	8	1	5	22	15	16	2	24	22	9	28	27	30	1	25	29	37	17	23	32	7	5
6	8	7	19	7	23	4	21	14	15	1	23	21	8	27	26	29	23	24	28	36	16	22	31	6	6
7	7	6	18	6	22	3	20	13	14	28	22	20	7	26	25	28	22	23	27	35	15	21	30	5	7
8	6	5	17	5	21	2	19	12	13	27	21	19	6	25	24	27	21	22	26	34	14	20	29	4	8
9	5	4	16	4	20	1	18	11	12	26	20	18	5	24	23	26	20	21	25	33	13	19	28	3	9
10	4	3	15	3	19	28	17	10	11	25	19	17	4	23	22	25	19	20	24	32	12	18	27	2	10
11	3	2	14	2	18	27	16	9	10	24	18	16	3	22	21	24	18	19	23	31	11	17	26	1	11
12	2	1	13	1	17	26	15	8	9	23	17	15	2	21	20	23	17	18	22	30	10	16	25	38	12
13	1	28	12	38	16	25	14	7	8	22	16	14	1	20	19	22	16	17	21	29	9	15	24	37	13
14	23	27	11	37	15	24	13	6	7	21	15	13	23	19	18	21	15	16	20	28	8	14	23	36	14
15	22	26	10	36	14	23	12	5	6	20	14	12	22	18	17	20	14	15	19	27	7	13	22	35	15
16	21	25	9	35	13	22	11	4	5	19	13	11	21	17	16	19	13	14	18	26	6	12	21	34	16
17	20	24	8	34	12	21	10	3	4	18	12	10	20	16	15	18	12	13	17	25	5	11	20	33	17
18	19	23	7	33	11	20	9	2	3	17	11	9	19	15	14	17	11	12	16	24	4	10	19	32	18
19	18	22	6	32	10	19	8	1	2	16	10	8	18	14	13	16	10	11	15	23	3	9	18	31	19
20	17	21	5	31	9	18	7	38	1	15	9	7	17	13	12	15	9	10	14	22	2	8	17	30	20
21	16	20	4	30	8	17	6	37	23	14	8	6	16	12	11	14	8	9	13	21	1	7	16	29	21
22	15	19	3	29	7	16	5	36	22	13	7	5	15	11	10	13	7	8	12	20	23	6	15	28	22
23	14	18	2	28	6	15	4	35	21	12	6	4	14	10	9	12	6	7	11	19	22	5	14	27	23
24	13	17	1	27	5	14	3	34	20	11	5	3	13	9	8	11	5	6	10	18	21	4	13	26	24
25	12	16	33	26	4	13	2	33	19	10	4	2	12	8	7	10	4	5	9	17	20	3	12	25	25
26	11	15	32	25	3	12	1	32	18	9	3	1	11	7	6	9	3	4	8	16	19	2	11	24	26
27	10	14	31	24	2	11	33	31	17	8	2	38	10	6	5	8	2	3	7	15	18	1	10	23	27
28	9	13	30	23	1	10	32	30	16	7	1	37	9	5	4	7	1	2	6	14	17	28	9	22	28
29	8	12	29	22	23	9	31	29	15	6	33	36	8	4	3	6	23	1	5	13	16	27	8	21	29
30	7	11	28	21	22	8	30	28	14	5	32	35	7	3	2	5	22	28	4	12	15	26	7	20	30
31	6	10	27	20	21	7	29	27					6	2	1	4					14	25	6	19	31

1980

1980 TAG	JANUAR k	s	g	f	FEBRUAR k	s	g	f	MÄRZ k	s	g	f	APRIL k	s	g	f	MAI k	s	g	f	JUNI k	s	g	f	1980 TAG
1	13	24	5	18	5	21	7	25	22	20	11	34	14	17	13	3	7	15	16	11	22	12	18	18	1
2	12	23	4	17	4	20	6	24	21	19	10	33	13	16	12	2	6	14	15	10	21	11	17	17	2
3	11	22	3	16	3	19	5	23	20	18	9	32	12	15	11	1	5	13	14	9	20	10	16	16	3
4	10	21	2	15	2	18	4	22	19	17	8	31	11	14	10	38	4	12	13	8	19	9	15	15	4
5	9	20	1	14	1	17	3	21	18	16	7	30	10	13	9	37	3	11	12	7	18	8	14	14	5
6	8	19	33	13	23	16	2	20	17	15	6	29	9	12	8	36	2	10	11	6	17	7	13	13	6
7	7	18	32	12	22	15	1	19	16	14	5	28	8	11	7	35	1	9	10	5	16	6	12	12	7
8	6	17	31	11	21	14	33	18	15	13	4	27	7	10	6	34	23	8	9	4	15	5	11	11	8
9	5	16	30	10	20	13	32	17	14	12	3	26	6	9	5	33	22	7	8	3	14	4	10	10	9
10	4	15	29	9	19	12	31	16	13	11	2	25	5	8	4	32	21	6	7	2	13	3	9	9	10
11	3	14	28	8	18	11	30	15	12	10	1	24	4	7	3	31	20	5	6	1	12	2	8	8	11
12	2	13	27	7	17	10	29	14	11	9	33	23	3	6	2	30	19	4	5	38	11	1	7	7	12
13	1	12	26	6	16	9	28	13	10	8	32	22	2	5	1	29	18	3	4	37	10	28	6	6	13
14	23	11	25	5	15	8	27	12	9	7	31	21	1	4	33	28	17	2	3	36	9	27	5	5	14
15	22	10	24	4	14	7	26	11	8	6	30	20	23	3	32	27	16	1	2	35	8	26	4	4	15
16	21	9	23	3	13	6	25	10	7	5	29	19	22	2	31	26	15	28	1	34	7	25	3	3	16
17	20	8	22	2	12	5	24	9	6	4	28	18	21	1	30	25	14	27	33	33	6	24	2	2	17
18	19	7	21	1	11	4	23	8	5	3	27	17	20	28	29	24	13	26	32	32	5	23	1	1	18
19	18	6	20	38	10	3	22	7	4	2	26	16	19	27	28	23	12	25	31	31	4	22	33	38	19
20	17	5	19	37	9	2	21	6	3	1	25	15	18	26	27	22	11	24	30	30	3	21	32	37	20
21	16	4	18	36	8	1	20	5	2	28	24	14	17	25	26	21	10	23	29	29	2	20	31	36	21
22	15	3	17	35	7	28	19	4	1	27	23	13	16	24	25	20	9	22	28	28	1	19	30	35	22
23	14	2	16	34	6	27	18	3	23	26	22	12	15	23	24	19	8	21	27	27	23	18	29	34	23
24	13	1	15	33	5	26	17	2	22	25	21	11	14	22	23	18	7	20	26	26	22	17	28	33	24
25	12	28	14	32	4	25	16	1	21	24	20	10	13	21	22	17	6	19	25	25	21	16	27	32	25
26	11	27	13	31	3	24	15	38	20	23	19	9	12	20	21	16	5	18	24	24	20	15	26	31	26
27	10	26	12	30	2	23	14	37	19	22	18	8	11	19	20	15	4	17	23	23	19	14	25	30	27
28	9	25	11	29	1	22	13	36	18	21	17	7	10	18	19	14	3	16	22	22	18	13	24	29	28
29	8	24	10	28	23	21	12	35	17	20	16	6	9	17	18	13	2	15	21	21	17	12	23	28	29
30	7	23	9	27					16	19	15	5	8	16	17	12	1	14	20	20	16	11	22	27	30
31	6	22	8	26					15	18	14	4					23	13	19	19					31

1980 TAG	JULI k	s	g	f	AUGUST k	s	g	f	SEPTEMBER k	s	g	f	OKTOBER k	s	g	f	NOVEMBER k	s	g	f	DEZEMBER k	s	g	f	1980 TAG
1	15	10	21	26	7	7	23	33	22	4	25	2	15	2	28	10	7	27	30	17	23	25	33	25	1
2	14	9	20	25	6	6	22	32	21	3	24	1	14	1	27	9	6	26	29	16	22	24	32	24	2
3	13	8	19	24	5	5	21	31	20	2	23	38	13	28	26	8	5	25	28	15	21	23	31	23	3
4	12	7	18	23	4	4	20	30	19	1	22	37	12	27	25	7	4	24	27	14	20	22	30	22	4
5	11	6	17	22	3	3	19	29	18	28	21	36	11	26	24	6	3	23	26	13	19	21	29	21	5
6	10	5	16	21	2	2	18	28	17	27	20	35	10	25	23	5	2	22	25	12	18	20	28	20	6
7	9	4	15	20	1	1	17	27	16	26	19	34	9	24	22	4	1	21	24	11	17	19	27	19	7
8	8	3	14	19	23	28	16	26	15	25	18	33	8	23	21	3	23	20	23	10	16	18	26	18	8
9	7	2	13	18	22	27	15	25	14	24	17	32	7	22	20	2	22	19	22	9	15	17	25	17	9
10	6	1	12	17	21	26	14	24	13	23	16	31	6	21	19	1	21	18	21	8	14	16	24	16	10
11	5	28	11	16	20	25	13	23	12	22	15	30	5	20	18	38	20	17	20	7	13	15	23	15	11
12	4	27	10	15	19	24	12	22	11	21	14	29	4	19	17	37	19	16	19	6	12	14	22	14	12
13	3	26	9	14	18	23	11	21	10	20	13	28	3	18	16	36	18	15	18	5	11	13	21	13	13
14	2	25	8	13	17	22	10	20	9	19	12	27	2	17	15	35	17	14	17	4	10	12	20	12	14
15	1	24	7	12	16	21	9	19	8	18	11	26	1	16	14	34	16	13	16	3	9	11	19	11	15
16	23	23	6	11	15	20	8	18	7	17	10	25	23	15	13	33	15	12	15	2	8	10	18	10	16
17	22	22	5	10	14	19	7	17	6	16	9	24	22	14	12	32	14	11	14	1	7	9	17	9	17
18	21	21	4	9	13	18	6	16	5	15	8	23	21	13	11	31	13	10	13	38	6	8	16	8	18
19	20	20	3	8	12	17	5	15	4	14	7	22	20	12	10	30	12	9	12	37	5	7	15	7	19
20	19	19	2	7	11	16	4	14	3	13	6	21	19	11	9	29	11	8	11	36	4	6	14	6	20
21	18	18	1	6	10	15	3	13	2	12	5	20	18	10	8	28	10	7	10	35	3	5	13	5	21
22	17	17	33	5	9	14	2	12	1	11	4	19	17	9	7	27	9	6	9	34	2	4	12	4	22
23	16	16	32	4	8	13	1	11	23	10	3	18	16	8	6	26	8	5	8	33	1	3	11	3	23
24	15	15	31	3	7	12	33	10	22	9	2	17	15	7	5	25	7	4	7	32	23	2	10	2	24
25	14	14	30	2	6	11	32	9	21	8	1	16	14	6	4	24	6	3	6	31	22	1	9	1	25
26	13	13	29	1	5	10	31	8	20	7	33	15	13	5	3	23	5	2	5	30	21	28	8	38	26
27	12	12	28	38	4	9	30	7	19	6	32	14	12	4	2	22	4	1	4	29	20	27	7	37	27
28	11	11	27	37	3	8	29	6	18	5	31	13	11	3	1	21	3	28	3	28	19	26	6	36	28
29	10	10	26	36	2	7	28	5	17	4	30	12	10	2	33	20	2	27	2	27	18	25	5	35	29
30	9	9	25	35	1	6	27	4	16	3	29	11	9	1	32	19	1	26	1	26	17	24	4	34	30
31	8	8	24	34	23	5	26	3					8	28	31	18					16	23	3	33	31

1981

1981 TAG	JANUAR k	s	g	f	FEBRUAR k	s	g	f	MARZ k	s	g	f	APRIL k	s	g	f	MAI k	s	g	f	JUNI k	s	g	f	1981 TAG
1	15	22	2	32	7	19	4	1	2	19	9	11	17	16	11	18	10	14	14	26	2	11	16	33	1
2	14	21	1	31	6	18	3	38	1	18	8	10	16	15	10	17	9	13	13	25	1	10	15	32	2
3	13	20	33	30	5	17	2	37	23	17	7	9	15	14	9	16	8	12	12	24	23	9	14	31	3
4	12	19	32	29	4	16	1	36	22	16	6	8	14	13	8	15	7	11	11	23	22	8	13	30	4
5	11	18	31	28	3	15	33	35	21	15	5	7	13	12	7	14	6	10	10	22	21	7	12	29	5
6	10	17	30	27	2	14	32	34	20	14	4	6	12	11	6	13	5	9	9	21	20	6	11	28	6
7	9	16	29	26	1	13	31	33	19	13	3	5	11	10	5	12	4	8	8	20	19	5	10	27	7
8	8	15	28	25	23	12	30	32	18	12	2	4	10	9	4	11	3	7	7	19	18	4	9	26	8
9	7	14	27	24	22	11	29	31	17	11	1	3	9	8	3	10	2	6	6	18	17	3	8	25	9
10	6	13	26	23	21	10	28	30	16	10	33	2	8	7	2	9	1	5	5	17	16	2	7	24	10
11	5	12	25	22	20	9	27	29	15	9	32	1	7	6	1	8	23	4	4	16	15	1	6	23	11
12	4	11	24	21	19	8	26	28	14	8	31	38	6	5	33	7	22	3	3	15	14	28	5	22	12
13	3	10	23	20	18	7	25	27	13	7	30	37	5	4	32	6	21	2	2	14	13	27	4	21	13
14	2	9	22	19	17	6	24	26	12	6	29	36	4	3	31	5	20	1	1	13	12	26	3	20	14
15	1	8	21	18	16	5	23	25	11	5	28	35	3	2	30	4	19	28	33	12	11	25	2	19	15
16	23	7	20	17	15	4	22	24	10	4	27	34	2	1	29	3	18	27	32	11	10	24	1	18	16
17	22	6	19	16	14	3	21	23	9	3	26	33	1	28	28	2	17	26	31	10	9	23	33	17	17
18	21	5	18	15	13	2	20	22	8	2	25	32	23	27	27	1	16	25	30	9	8	22	32	16	18
19	20	4	17	14	12	1	19	21	7	1	24	31	22	26	26	38	15	24	29	8	7	21	31	15	19
20	19	3	16	13	11	28	18	20	6	28	23	30	21	25	25	37	14	23	28	7	6	20	30	14	20
21	18	2	15	12	10	27	17	19	5	27	22	29	20	24	24	36	13	22	27	6	5	19	29	13	21
22	17	1	14	11	9	26	16	18	4	26	21	28	19	23	23	35	12	21	26	5	4	18	28	12	22
23	16	28	13	10	8	25	15	17	3	25	20	27	18	22	22	34	11	20	25	4	3	17	27	11	23
24	15	27	12	9	7	24	14	16	2	24	19	26	17	21	21	33	10	19	24	3	2	16	26	10	24
25	14	26	11	8	6	23	13	15	1	23	18	25	16	20	20	32	9	18	23	2	1	15	25	9	25
26	13	25	10	7	5	22	12	14	23	22	17	24	15	19	19	31	8	17	22	1	23	14	24	8	26
27	12	24	9	6	4	21	11	13	22	21	16	23	14	18	18	30	7	16	21	38	22	13	23	7	27
28	11	23	8	5	3	20	10	12	21	20	15	22	13	17	17	29	6	15	20	37	21	12	22	6	28
29	10	22	7	4					20	19	14	21	12	16	16	28	5	14	19	36	20	11	21	5	29
30	9	21	6	3					19	18	13	20	11	15	15	27	4	13	18	35	19	10	20	4	30
31	8	20	5	2					18	17	12	19					3	12	17	34					31

1981 TAG	JULI k	JULI s	JULI g	JULI f	AUGUST k	AUGUST s	AUGUST g	AUGUST f	SEPTEMBER k	SEPTEMBER s	SEPTEMBER g	SEPTEMBER f	OKTOBER k	OKTOBER s	OKTOBER g	OKTOBER f	NOVEMBER k	NOVEMBER s	NOVEMBER g	NOVEMBER f	DEZEMBER k	DEZEMBER s	DEZEMBER g	DEZEMBER f	1981 TAG
1	18	9	19	3	10	6	21	10	2	3	23	17	18	1	26	25	10	26	28	32	3	24	31	2	1
2	17	8	18	2	9	5	20	9	1	2	22	16	17	28	25	24	9	25	27	31	2	23	30	1	2
3	16	7	17	1	8	4	19	8	23	1	21	15	16	27	24	23	8	24	26	30	1	22	29	38	3
4	15	6	16	38	7	3	18	7	22	28	20	14	15	26	23	22	7	23	25	29	23	21	28	37	4
5	14	5	15	37	6	2	17	6	21	27	19	13	14	25	22	21	6	22	24	28	22	20	27	36	5
6	13	4	14	36	5	1	16	5	20	26	18	12	13	24	21	20	5	21	23	27	21	19	26	35	6
7	12	3	13	35	4	28	15	4	19	25	17	11	12	23	20	19	4	20	22	26	20	18	25	34	7
8	11	2	12	34	3	27	14	3	18	24	16	10	11	22	19	18	3	19	21	25	19	17	24	33	8
9	10	1	11	33	2	26	13	2	17	23	15	9	10	21	18	17	2	18	20	24	18	16	23	32	9
10	9	28	10	32	1	25	12	1	16	22	14	8	9	20	17	16	1	17	19	23	17	15	22	31	10
11	8	27	9	31	23	24	11	38	15	21	13	7	8	19	16	15	23	16	18	22	16	14	21	30	11
12	7	26	8	38	22	23	10	37	14	20	12	6	7	18	15	14	22	15	17	21	15	13	20	29	12
13	6	25	7	29	21	22	9	36	13	19	11	5	6	17	14	13	21	14	16	20	14	12	19	28	13
14	5	24	6	28	20	21	8	35	12	18	10	4	5	16	13	12	20	13	15	19	13	11	18	27	14
15	4	23	5	27	19	20	7	34	11	17	9	3	4	15	12	11	19	12	14	18	12	10	17	26	15
16	3	22	4	26	18	19	6	33	10	16	8	2	3	14	11	10	18	11	13	17	11	9	16	25	16
17	2	21	3	25	17	18	5	32	9	15	7	1	2	13	10	9	17	10	12	16	10	8	15	24	17
18	1	20	2	24	16	17	4	31	8	14	6	38	1	12	9	8	16	9	11	15	9	7	14	23	18
19	23	19	1	23	15	16	3	30	7	13	5	37	23	11	8	7	15	8	10	14	8	6	13	22	19
20	22	18	33	22	14	15	2	29	6	12	4	36	22	10	7	6	14	7	9	13	7	5	12	21	20
21	21	17	32	21	13	14	1	28	5	11	3	35	21	9	6	5	13	6	8	12	6	4	11	20	21
22	20	16	31	20	12	13	33	27	4	10	2	34	20	8	5	4	12	5	7	11	5	3	10	19	22
23	19	15	30	19	11	12	32	26	3	9	1	33	19	7	4	3	11	4	6	10	4	2	9	18	23
24	18	14	29	18	10	11	31	25	2	8	33	32	18	6	3	2	10	3	5	9	3	1	8	17	24
25	17	13	28	17	9	10	30	24	1	7	32	31	17	5	2	1	9	2	4	8	2	28	7	16	25
26	16	12	27	16	8	9	29	23	23	6	31	30	16	4	1	38	8	1	3	7	1	27	6	15	26
27	15	11	26	15	7	8	28	22	22	5	30	29	15	3	33	37	7	28	2	6	23	26	5	14	27
28	14	10	25	14	6	7	27	21	21	4	29	28	14	2	32	36	6	27	1	5	22	25	4	13	28
29	13	9	24	13	5	6	26	20	20	3	28	27	13	1	31	35	5	26	33	4	21	24	3	12	29
30	12	8	23	12	4	5	25	19	19	2	27	26	12	28	30	34	4	25	32	3	20	23	2	11	30
31	11	7	22	11	3	4	24	18					11	27	29	33					19	22	1	10	31

405

1982

1982 TAG	JANUAR k	s	g	f	FEBRUAR k	s	g	f	MÄRZ k	s	g	f	APRIL k	s	g	f	MAI k	s	g	f	JUNI k	s	g	f	1982 TAG
1	18	21	33	9	10	18	2	16	5	18	7	26	20	15	9	33	13	13	12	3	5	10	14	10	1
2	17	20	32	8	9	17	1	15	4	17	6	25	19	14	8	32	12	12	11	2	4	9	13	9	2
3	16	19	31	7	8	16	33	14	3	16	5	24	18	13	7	31	11	11	10	1	3	8	12	8	3
4	15	18	30	6	7	15	32	13	2	15	4	23	17	12	6	30	10	10	9	38	2	7	11	7	4
5	14	17	29	5	6	14	31	12	1	14	3	22	16	11	5	29	9	9	8	37	1	6	10	6	5
6	13	16	28	4	5	13	30	11	23	13	2	21	15	10	4	28	8	8	7	36	23	5	9	5	6
7	12	15	27	3	4	12	29	10	22	12	1	20	14	9	3	27	7	7	6	35	22	4	8	4	7
8	11	14	26	2	3	11	28	9	21	11	33	19	13	8	2	26	6	6	5	34	21	3	7	3	8
9	10	13	25	1	2	10	27	8	20	10	32	18	12	7	1	25	5	5	4	33	20	2	6	2	9
10	9	12	24	38	1	9	26	7	19	9	31	17	11	6	33	24	4	4	3	32	19	1	5	1	10
11	8	11	23	37	23	8	25	6	18	8	30	16	10	5	32	23	3	3	2	31	18	28	4	38	11
12	7	10	22	36	22	7	24	5	17	7	29	15	9	4	31	22	2	2	1	30	17	27	3	37	12
13	6	9	21	35	21	6	23	4	16	6	28	14	8	3	30	21	1	1	33	29	16	26	2	36	13
14	5	8	20	34	20	5	22	3	15	5	27	13	7	2	29	20	23	28	32	28	15	25	1	35	14
15	4	7	19	33	19	4	21	2	14	4	26	12	6	1	28	19	22	27	31	27	14	24	33	34	15
16	3	6	18	32	18	3	20	1	13	3	25	11	5	28	27	18	21	26	30	26	13	23	32	33	16
17	2	5	17	31	17	2	19	38	12	2	24	10	4	27	26	17	20	25	29	25	12	22	31	32	17
18	1	4	16	30	16	1	18	37	11	1	23	9	3	26	25	16	19	24	28	24	11	21	30	31	18
19	23	3	15	29	15	28	17	36	10	28	22	8	2	25	24	15	18	23	27	23	10	20	29	30	19
20	22	2	14	28	14	27	16	35	9	27	21	7	1	24	23	14	17	22	26	22	9	19	28	29	20
21	21	1	13	27	13	26	15	34	8	26	20	6	23	23	22	13	16	21	25	21	8	18	27	28	21
22	20	28	12	26	12	25	14	33	7	25	19	5	22	22	21	12	15	20	24	20	7	17	26	27	22
23	19	27	11	25	11	24	13	32	6	24	18	4	21	21	20	11	14	19	23	19	6	16	25	26	23
24	18	26	10	24	10	23	12	31	5	23	17	3	20	20	19	10	13	18	22	18	5	15	24	25	24
25	17	25	9	23	9	22	11	30	4	22	16	2	19	19	18	9	12	17	21	17	4	14	23	24	25
26	16	24	8	22	8	21	10	29	3	21	15	1	18	18	17	8	11	16	20	16	3	13	22	23	26
27	15	23	7	21	7	20	9	28	2	20	14	38	17	17	16	7	10	15	19	15	2	12	21	22	27
28	14	22	6	20	6	19	8	27	1	19	13	37	16	16	15	6	9	14	18	14	1	11	20	21	28
29	13	21	5	19					23	18	12	36	15	15	14	5	8	13	17	13	23	10	19	20	29
30	12	20	4	18					22	17	11	35	14	14	13	4	7	12	16	12	22	9	18	19	30
31	11	19	3	17					21	16	10	34					6	11	15	11					31

406

1982 TAG	JULI k	JULI s	JULI g	JULI f	AUGUST k	AUGUST s	AUGUST g	AUGUST f	SEPTEMBER k	SEPTEMBER s	SEPTEMBER g	SEPTEMBER f	OKTOBER k	OKTOBER s	OKTOBER g	OKTOBER f	NOVEMBER k	NOVEMBER s	NOVEMBER g	NOVEMBER f	DEZEMBER k	DEZEMBER s	DEZEMBER g	DEZEMBER f	1982 TAG
1	21	8	17	18	13	5	19	25	5	2	21	32	21	28	24	2	13	25	26	9	6	23	29	17	1
2	20	7	16	17	12	4	18	24	4	1	20	31	20	27	23	1	12	24	25	8	5	22	28	16	2
3	19	6	15	16	11	3	17	23	3	28	19	30	19	26	22	38	11	23	24	7	4	21	27	15	3
4	18	5	14	15	10	2	16	22	2	27	18	29	18	25	21	37	10	22	23	6	3	20	26	14	4
5	17	4	13	14	9	1	15	21	1	26	17	28	17	24	20	36	9	21	22	5	2	19	25	13	5
6	16	3	12	13	8	28	14	20	23	25	16	27	16	23	19	35	8	20	21	4	1	18	24	12	6
7	15	2	11	12	7	27	13	19	22	24	15	26	15	22	18	34	7	19	20	3	23	17	23	11	7
8	14	1	10	11	6	26	12	18	21	23	14	25	14	21	17	33	6	18	19	2	22	16	22	10	8
9	13	28	9	10	5	25	11	17	20	22	13	24	13	20	16	32	5	17	18	1	21	15	21	9	9
10	12	27	8	9	4	24	10	16	19	21	12	23	12	19	15	31	4	16	17	38	20	14	20	8	10
11	11	26	7	8	3	23	9	15	18	20	11	22	11	18	14	30	3	15	16	37	19	13	19	7	11
12	10	25	6	7	2	22	8	14	17	19	10	21	10	17	13	29	2	14	15	36	18	12	18	6	12
13	9	24	5	6	1	21	7	13	16	18	9	20	9	16	12	28	1	13	14	35	17	11	17	5	13
14	8	23	4	5	23	20	6	12	15	17	8	19	8	15	11	27	23	12	13	34	16	10	16	4	14
15	7	22	3	4	22	19	5	11	14	16	7	18	7	14	10	26	22	11	12	33	15	9	15	3	15
16	6	21	2	3	21	18	4	10	13	15	6	17	6	13	9	25	21	10	11	32	14	8	14	2	16
17	5	20	1	2	20	17	3	9	12	14	5	16	5	12	8	24	20	9	10	31	13	7	13	1	17
18	4	19	33	1	19	16	2	8	11	13	4	15	4	11	7	23	19	8	9	30	12	6	12	38	18
19	3	18	32	38	18	15	1	7	10	12	3	14	3	10	6	22	18	7	8	29	11	5	11	37	19
20	2	17	31	37	17	14	33	6	9	11	2	13	2	9	5	21	17	6	7	28	10	4	10	36	20
21	1	16	30	36	16	13	32	5	8	10	1	12	1	8	4	20	16	5	6	27	9	3	9	35	21
22	23	15	29	35	15	12	31	4	7	9	33	11	23	7	3	19	15	4	5	26	8	2	8	34	22
23	22	14	28	34	14	11	30	3	6	8	32	10	22	6	2	18	14	3	4	25	7	1	7	33	23
24	21	13	27	33	13	10	29	2	5	7	31	9	21	5	1	17	13	2	3	24	6	28	6	32	24
25	20	12	26	32	12	9	28	1	4	6	30	8	20	4	33	16	12	1	2	23	5	27	5	31	25
26	19	11	25	31	11	8	27	38	3	5	29	7	19	3	32	15	11	28	1	22	4	26	4	30	26
27	18	10	24	30	10	7	26	37	2	4	28	6	18	2	31	14	10	27	33	21	3	25	3	29	27
28	17	9	23	29	9	6	25	36	1	3	27	5	17	1	30	13	9	26	32	20	2	24	2	28	28
29	16	8	22	28	8	5	24	35	23	2	26	4	16	28	29	12	8	25	31	19	1	23	1	27	29
30	15	7	21	27	7	4	23	34	22	1	25	3	15	27	28	11	7	24	30	18	23	22	33	26	30
31	14	6	20	26	6	3	22	33					14	26	27	10					22	21	32	25	31

1983

1983 TAG	JANUAR k	s	g	f	FEBRUAR k	s	g	f	MÄRZ k	s	g	f	APRIL k	s	g	f	MAI k	s	g	f	JUNI k	s	g	f	1983 TAG
1	21	20	31	24	13	17	33	31	8	17	5	3	23	14	7	10	16	12	10	18	8	9	12	25	1
2	20	19	30	23	12	16	32	30	7	16	4	2	22	13	6	9	15	11	9	17	7	8	11	24	2
3	19	18	29	22	11	15	31	29	6	15	3	1	21	12	5	8	14	10	8	16	6	7	10	23	3
4	18	17	28	21	10	14	30	28	5	14	2	38	20	11	4	7	13	9	7	15	5	6	9	22	4
5	17	16	27	20	9	13	29	27	4	13	1	37	19	10	3	6	12	8	6	14	4	5	8	21	5
6	16	15	26	19	8	12	28	26	3	12	33	36	18	9	2	5	11	7	5	13	3	4	7	20	6
7	15	14	25	18	7	11	27	25	2	11	32	35	17	8	1	4	10	6	4	12	2	3	6	19	7
8	14	13	24	17	6	10	26	24	1	10	31	34	16	7	33	3	9	5	3	11	1	2	5	18	8
9	13	12	23	16	5	9	25	23	23	9	30	33	15	6	32	2	8	4	2	10	23	1	4	17	9
10	12	11	22	15	4	8	24	22	22	8	29	32	14	5	31	1	7	3	1	9	22	28	3	16	10
11	11	10	21	14	3	7	23	21	21	7	28	31	13	4	30	38	6	2	33	8	21	27	2	15	11
12	10	9	20	13	2	6	22	20	20	6	27	30	12	3	29	37	5	1	32	7	20	26	1	14	12
13	9	8	19	12	1	5	21	19	19	5	26	29	11	2	28	36	4	28	31	6	19	25	33	13	13
14	8	7	18	11	23	4	20	18	18	4	25	28	10	1	27	35	3	27	30	5	18	24	32	12	14
15	7	6	17	10	22	3	19	17	17	3	24	27	9	28	26	34	2	26	29	4	17	23	31	11	15
16	6	5	16	9	21	2	18	16	16	2	23	26	8	27	25	33	1	25	28	3	16	22	30	10	16
17	5	4	15	8	20	1	17	15	15	1	22	25	7	26	24	32	23	24	27	2	15	21	29	9	17
18	4	3	14	7	19	28	16	14	14	28	21	24	6	25	23	31	22	23	26	1	14	20	28	8	18
19	3	2	13	6	18	27	15	13	13	27	20	23	5	24	22	30	21	22	25	38	13	19	27	7	19
20	2	1	12	5	17	26	14	12	12	26	19	22	4	23	21	29	20	21	24	37	12	18	26	6	20
21	1	28	11	4	16	25	13	11	11	25	18	21	3	22	20	28	19	20	23	36	11	17	25	5	21
22	23	27	10	3	15	24	12	10	10	24	17	20	2	21	19	27	18	19	22	35	10	16	24	4	22
23	22	26	9	2	14	23	11	9	9	23	16	19	1	20	18	26	17	18	21	34	9	15	23	3	23
24	21	25	8	1	13	22	10	8	8	22	15	18	23	19	17	25	16	17	20	33	8	14	22	2	24
25	20	24	7	38	12	21	9	7	7	21	14	17	22	18	16	24	15	16	19	32	7	13	21	1	25
26	19	23	6	37	11	20	8	6	6	20	13	16	21	17	15	23	14	15	18	31	6	12	20	38	26
27	18	22	5	36	10	19	7	5	5	19	12	15	20	16	14	22	13	14	17	30	5	11	19	37	27
28	17	21	4	35	9	18	6	4	4	18	11	14	19	15	13	21	12	13	16	29	4	10	18	36	28
29	16	20	3	34					3	17	10	13	18	14	12	20	11	12	15	28	3	9	17	35	29
30	15	19	2	33					2	16	9	12	17	13	11	19	10	11	14	27	2	8	16	34	30
31	14	18	1	32					1	15	8	11					9	10	13	26					31

1983 TAG	JULI k	s	g	f	AUGUST k	s	g	f	SEPTEMBER k	s	g	f	OKTOBER k	s	g	f	NOVEMBER k	s	g	f	DEZEMBER k	s	g	f	1983 TAG
1	1	5	15	33	16	4	17	2	8	1	19	9	1	27	22	17	16	24	24	24	9	22	27	32	1
2	23	6	14	32	15	3	16	1	7	28	18	8	23	26	21	16	15	23	23	23	8	21	26	31	2
3	22	5	13	31	14	2	15	38	6	27	17	7	22	25	20	15	14	22	22	22	7	20	25	30	3
4	21	4	12	30	13	1	14	37	5	26	16	6	21	24	19	14	13	21	21	21	6	19	24	29	4
5	20	3	11	29	12	28	13	36	4	25	15	5	20	23	18	13	12	20	20	20	5	18	23	28	5
6	19	2	10	28	11	27	12	35	3	24	14	4	19	22	17	12	11	19	19	19	4	17	22	27	6
7	18	1	9	27	10	26	11	34	2	23	13	3	18	21	16	11	10	18	18	18	3	16	21	26	7
8	17	28	8	26	9	25	10	33	1	22	12	2	17	20	15	10	9	17	17	17	2	15	20	25	8
9	16	27	7	25	8	24	9	32	23	21	11	1	16	19	14	9	8	16	16	16	1	14	19	24	9
10	15	26	6	24	7	23	8	31	22	20	10	38	15	18	13	8	7	15	15	15	23	13	18	23	10
11	14	25	5	23	6	22	7	30	21	19	9	37	14	17	12	7	6	14	14	14	22	12	17	22	11
12	13	24	4	22	5	21	6	29	20	18	8	36	13	16	11	6	5	13	13	13	21	11	16	21	12
13	12	23	3	21	4	20	5	28	19	17	7	35	12	15	10	5	4	12	12	12	20	10	15	20	13
14	11	22	2	20	3	19	4	27	18	16	6	34	11	14	9	4	3	11	11	11	19	9	14	19	14
15	10	21	1	19	2	18	3	26	17	15	5	33	10	13	8	3	2	10	10	10	18	8	13	18	15
16	9	20	33	18	1	17	2	25	16	14	4	32	9	12	7	2	1	9	9	9	17	7	12	17	16
17	8	19	32	17	23	16	1	24	15	13	3	31	8	11	6	1	23	8	8	8	16	6	11	16	17
18	7	18	31	16	22	15	33	23	14	12	2	30	7	10	5	38	22	7	7	7	15	5	10	15	18
19	6	17	30	15	21	14	32	22	13	11	1	29	6	9	4	37	21	6	6	6	14	4	9	14	19
20	5	16	29	14	20	13	31	21	12	10	33	28	5	8	3	36	20	5	5	5	13	3	8	13	20
21	4	15	28	13	19	12	30	20	11	9	32	27	4	7	2	35	19	4	4	4	12	2	7	12	21
22	3	14	27	12	18	11	29	19	10	8	31	26	3	6	1	34	18	3	3	3	11	1	6	11	22
23	2	13	26	11	17	10	28	18	9	7	30	25	2	5	33	33	17	2	2	2	10	28	5	10	23
24	1	12	25	10	16	9	27	17	8	6	29	24	1	4	32	32	16	1	1	1	9	27	4	9	24
25	23	11	24	9	15	8	26	16	7	5	28	23	23	3	31	31	15	28	33	38	8	26	3	8	25
26	22	10	23	8	14	7	25	15	6	4	27	22	22	2	30	30	14	27	32	37	7	25	2	7	26
27	21	9	22	7	13	6	24	14	5	3	26	21	21	1	29	29	13	26	31	36	6	24	1	6	27
28	20	8	21	6	12	5	23	13	4	2	25	20	20	28	28	28	12	25	30	35	5	23	33	5	28
29	19	7	20	5	11	4	22	12	3	1	24	19	19	27	27	27	11	24	29	34	4	22	32	4	29
30	18	6	19	4	10	3	21	11	2	28	23	18	18	26	26	26	10	23	28	33	3	21	31	3	30
31	17	5	18	3	9	2	20	10					17	25	25	25					2	20	30	2	31

1984

1984 TAG	JANUAR k	JANUAR s	JANUAR g	JANUAR f	FEBRUAR k	FEBRUAR s	FEBRUAR g	FEBRUAR f	MÄRZ k	MÄRZ s	MÄRZ g	MÄRZ f	APRIL k	APRIL s	APRIL g	APRIL f	MAI k	MAI s	MAI g	MAI f	JUNI k	JUNI s	JUNI g	JUNI f	1984 TAG
1	1	19	29	1	16	16	31	8	10	15	2	17	2	12	4	24	18	10	7	32	10	7	9	1	1
2	23	18	28	38	15	15	30	7	9	14	1	16	1	11	3	23	17	9	6	31	9	6	8	38	2
3	22	17	27	37	14	14	29	6	8	13	33	15	23	10	2	22	16	8	5	30	8	5	7	37	3
4	21	16	26	36	13	13	28	5	7	12	32	14	22	9	1	21	15	7	4	29	7	4	6	36	4
5	20	15	25	35	12	12	27	4	6	11	31	13	21	8	33	20	14	6	3	28	6	3	5	35	5
6	19	14	24	34	11	11	26	3	5	10	30	12	20	7	32	19	13	5	2	27	5	2	4	34	6
7	18	13	23	33	10	10	25	2	4	9	29	11	19	6	31	18	12	4	1	26	4	1	3	33	7
8	17	12	22	32	9	9	24	1	3	8	28	10	18	5	30	17	11	3	33	25	3	28	2	32	8
9	16	11	21	31	8	8	23	38	2	7	27	9	17	4	29	16	10	2	32	24	2	27	1	31	9
10	15	10	20	30	7	7	22	37	1	6	26	8	16	3	28	15	9	1	31	23	1	26	33	30	10
11	14	9	19	29	6	6	21	36	23	5	25	7	15	2	27	14	8	28	30	22	23	25	32	29	11
12	13	8	18	28	5	5	20	35	22	4	24	6	14	1	26	13	7	27	29	21	22	24	31	28	12
13	12	7	17	27	4	4	19	34	21	3	23	5	13	28	25	12	6	26	28	20	21	23	30	27	13
14	11	6	16	26	3	3	18	33	20	2	22	4	12	27	24	11	5	25	27	19	20	22	29	26	14
15	10	5	15	25	2	2	17	32	19	1	21	3	11	26	23	10	4	24	26	18	19	21	28	25	15
16	9	4	14	24	1	1	16	31	18	28	20	2	10	25	22	9	3	23	25	17	18	20	27	24	16
17	8	3	13	23	23	28	15	30	17	27	19	1	9	24	21	8	2	22	24	16	17	19	26	23	17
18	7	2	12	22	22	27	14	29	16	26	18	38	8	23	20	7	1	21	23	15	16	18	25	22	18
19	6	1	11	21	21	26	13	28	15	25	17	37	7	22	19	6	23	20	22	14	15	17	24	21	19
20	5	28	10	20	20	25	12	27	14	24	16	36	6	21	18	5	22	19	21	13	14	16	23	20	20
21	4	27	9	19	19	24	11	26	13	23	15	35	5	20	17	4	21	18	20	12	13	15	22	19	21
22	3	26	8	18	18	23	10	25	12	22	14	34	4	19	16	3	20	17	19	11	12	14	21	18	22
23	2	25	7	17	17	22	9	24	11	21	13	33	3	18	15	2	19	16	18	10	11	13	20	17	23
24	1	24	6	16	16	21	8	23	10	20	12	32	2	17	14	1	18	15	17	9	10	12	19	16	24
25	23	23	5	15	15	20	7	22	9	19	11	31	1	16	13	38	17	14	16	8	9	11	18	15	25
26	22	22	4	14	14	19	6	21	8	18	10	30	23	15	12	37	16	13	15	7	8	10	17	14	26
27	21	21	3	13	13	18	5	20	7	17	9	29	22	14	11	36	15	12	14	6	7	9	16	13	27
28	20	20	2	12	12	17	4	19	6	16	8	28	21	13	10	35	14	11	13	5	6	8	15	12	28
29	19	19	1	11	11	16	3	18	5	15	7	27	20	12	9	34	13	10	12	4	5	7	14	11	29
30	18	18	33	10					4	14	6	26	19	11	8	33	12	9	11	3	4	6	13	10	30
31	17	17	32	9					3	13	5	25					11	8	10	2					31

410

1984 TAG	JULI k	JULI s	JULI g	JULI f	AUGUST k	AUGUST s	AUGUST g	AUGUST f	SEPTEMBER k	SEPTEMBER s	SEPTEMBER g	SEPTEMBER f	OKTOBER k	OKTOBER s	OKTOBER g	OKTOBER f	NOVEMBER k	NOVEMBER s	NOVEMBER g	NOVEMBER f	DEZEMBER k	DEZEMBER s	DEZEMBER g	DEZEMBER f	1984 TAG
1	3	5	12	9	18	2	14	16	10	27	16	23	3	25	19	31	18	22	21	38	11	20	24	8	1
2	2	4	11	8	17	1	13	15	9	26	15	22	2	24	18	30	17	21	20	37	10	19	23	7	2
3	1	3	10	7	16	28	12	14	8	25	14	21	1	23	17	29	16	20	19	36	9	18	22	6	3
4	23	2	9	6	15	27	11	13	7	24	13	20	23	22	16	28	15	19	18	35	8	17	21	5	4
5	22	1	8	5	14	26	10	12	6	23	12	19	22	21	15	27	14	18	17	34	7	16	20	4	5
6	21	28	7	4	13	25	9	11	5	22	11	18	21	20	14	26	13	17	16	33	6	15	19	3	6
7	20	27	6	3	12	24	8	10	4	21	10	17	20	19	13	25	12	16	15	32	5	14	18	2	7
8	19	26	5	2	11	23	7	9	3	20	9	16	19	18	12	24	11	15	14	31	4	13	17	1	8
9	18	25	4	1	10	22	6	8	2	19	8	15	18	17	11	23	10	14	13	30	3	12	16	38	9
10	17	24	3	38	9	21	5	7	1	18	7	14	17	16	10	22	9	13	12	29	2	11	15	37	10
11	16	23	2	37	8	20	4	6	23	17	6	13	16	15	9	21	8	12	11	28	1	10	14	36	11
12	15	22	1	36	7	19	3	5	22	16	5	12	15	14	8	20	7	11	10	27	23	9	13	35	12
13	14	21	33	35	6	18	2	4	21	15	4	11	14	13	7	19	6	10	9	26	22	8	12	34	13
14	13	20	32	34	5	17	1	3	20	14	3	10	13	12	6	18	5	9	8	25	21	7	11	33	14
15	12	19	31	33	4	16	33	2	19	13	2	9	12	11	5	17	4	8	7	24	20	6	10	32	15
16	11	18	30	32	3	15	32	1	18	12	1	8	11	10	4	16	3	7	6	23	19	5	9	31	16
17	10	17	29	31	2	14	31	38	17	11	33	7	10	9	3	15	2	6	5	22	18	4	8	30	17
18	9	16	28	30	1	13	30	37	16	10	32	6	9	8	2	14	1	5	4	21	17	3	7	29	18
19	8	15	27	29	23	12	29	36	15	9	31	5	8	7	1	13	23	4	3	20	16	2	6	28	19
20	7	14	26	28	22	11	28	35	14	8	30	4	7	6	33	12	22	3	2	19	15	1	5	27	20
21	6	13	25	27	21	10	27	34	13	7	29	3	6	5	32	11	21	2	1	18	14	28	4	26	21
22	5	12	24	26	20	9	26	33	12	6	28	2	5	4	31	10	20	1	33	17	13	27	3	25	22
23	4	11	23	25	19	8	25	32	11	5	27	1	4	3	30	9	19	28	32	16	12	26	2	24	23
24	3	10	22	24	18	7	24	31	10	4	26	38	3	2	29	8	18	27	31	15	11	25	1	23	24
25	2	9	21	23	17	6	23	30	9	3	25	37	2	1	28	7	17	26	30	14	10	24	33	22	25
26	1	8	20	22	16	5	22	29	8	2	24	36	1	28	27	6	16	25	29	13	9	23	32	21	26
27	23	7	19	21	15	4	21	28	7	1	23	35	23	27	26	5	15	24	28	12	8	22	31	20	27
28	22	6	18	20	14	3	20	27	6	28	22	34	22	26	25	4	14	23	27	11	7	21	30	19	28
29	21	5	17	19	13	2	19	26	5	27	21	33	21	25	24	3	13	22	26	10	6	20	29	18	29
30	20	4	16	18	12	1	18	25	4	26	20	32	20	24	23	2	12	21	25	9	5	19	28	17	30
31	19	3	15	17	11	28	17	24					19	23	22	1					4	18	27	16	31

411

1985

1985 TAG	JANUAR k	s	g	f	FEBRUAR k	s	g	f	MARZ k	s	g	f	APRIL k	s	g	f	MAI k	s	g	f	JUNI k	s	g	f	1985 TAG
1	3	17	26	15	18	14	28	22	13	14	33	32	5	11	2	1	21	9	5	9	13	6	7	16	1
2	2	16	25	14	17	13	27	21	12	13	32	31	4	10	1	38	20	8	4	8	12	5	6	15	2
3	1	15	24	13	16	12	26	20	11	12	31	30	3	9	33	37	19	7	3	7	11	4	5	14	3
4	23	14	23	12	15	11	25	19	10	11	30	29	2	8	32	36	18	6	2	6	10	3	4	13	4
5	22	13	22	11	14	10	24	18	9	10	29	28	1	7	31	35	17	5	1	5	9	2	3	12	5
6	21	12	21	10	13	9	23	17	8	9	28	27	23	6	30	34	16	4	33	4	8	1	2	11	6
7	20	11	20	9	12	8	22	16	7	8	27	26	22	5	29	33	15	3	32	3	7	28	1	10	7
8	19	10	19	8	11	7	21	15	6	7	26	25	21	4	28	32	14	2	31	2	6	27	33	9	8
9	18	9	18	7	10	6	20	14	5	6	25	24	20	3	27	31	13	1	30	1	5	26	32	8	9
10	17	8	17	6	9	5	19	13	4	5	24	23	19	2	26	30	12	28	29	38	4	25	31	7	10
11	16	7	16	5	8	4	18	12	3	4	23	22	18	1	25	29	11	27	28	37	3	24	30	6	11
12	15	6	15	4	7	3	17	11	2	3	22	21	17	28	24	28	10	26	27	36	2	23	29	5	12
13	14	5	14	3	6	2	16	10	1	2	21	20	16	27	23	27	9	25	26	35	1	22	28	4	13
14	13	4	13	2	5	1	15	9	23	1	20	19	15	26	22	26	8	24	25	34	23	21	27	3	14
15	12	3	12	1	4	28	14	8	22	28	19	18	14	25	21	25	7	23	24	33	22	20	26	2	15
16	11	2	11	38	3	27	13	7	21	27	18	17	13	24	20	24	6	22	23	32	21	19	25	1	16
17	10	1	10	37	2	26	12	6	20	26	17	16	12	23	19	23	5	21	22	31	20	18	24	38	17
18	9	28	9	36	1	25	11	5	19	25	16	15	11	22	18	22	4	20	21	30	19	17	23	37	18
19	8	27	8	35	23	24	10	4	18	24	15	14	10	21	17	21	3	19	20	29	18	16	22	36	19
20	7	26	7	34	22	23	9	3	17	23	14	13	9	20	16	20	2	18	19	28	17	15	21	35	20
21	6	25	6	33	21	22	8	2	16	22	13	12	8	19	15	19	1	17	18	27	16	14	20	34	21
22	5	24	5	32	20	21	7	1	15	21	12	11	7	18	14	18	23	16	17	26	15	13	19	33	22
23	4	23	4	31	19	20	6	38	14	20	11	10	6	17	13	17	22	15	16	25	14	12	18	32	23
24	3	22	3	30	18	19	5	37	13	19	10	9	5	16	12	16	21	14	15	24	13	11	17	31	24
25	2	21	2	29	17	18	4	36	12	18	9	8	4	15	11	15	20	13	14	23	12	10	16	30	25
26	1	20	1	28	16	17	3	35	11	17	8	7	3	14	10	14	19	12	13	22	11	9	15	29	26
27	23	19	33	27	15	16	2	34	10	16	7	6	2	13	9	13	18	11	12	21	10	8	14	28	27
28	22	18	32	26	14	15	1	33	9	15	6	5	1	12	8	12	17	10	11	20	9	7	13	27	28
29	21	17	31	25					8	14	5	4	23	11	7	11	16	9	10	19	8	6	12	26	29
30	20	16	30	24					7	13	4	3	22	10	6	10	15	8	9	18	7	5	11	25	30
31	19	15	29	23					6	12	3	2					14	7	8	17					31

1985 TAG	JULI k	JULI s	JULI g	JULI f	AUGUST k	AUGUST s	AUGUST g	AUGUST f	SEPTEMBER k	SEPTEMBER s	SEPTEMBER g	SEPTEMBER f	OKTOBER k	OKTOBER s	OKTOBER g	OKTOBER f	NOVEMBER k	NOVEMBER s	NOVEMBER g	NOVEMBER f	DEZEMBER k	DEZEMBER s	DEZEMBER g	DEZEMBER f	1985 TAG
1	6	4	10	24	21	1	12	31	13	26	14	38	6	24	17	8	21	21	19	15	14	19	22	23	1
2	5	3	9	23	20	28	11	30	12	25	13	37	5	23	16	7	20	20	18	14	13	18	21	22	2
3	4	2	8	22	19	27	10	29	11	24	12	36	4	22	15	6	19	19	17	13	12	17	20	21	3
4	3	1	7	21	18	26	9	28	10	23	11	35	3	21	14	5	18	18	16	12	11	16	19	20	4
5	2	28	6	20	17	25	8	27	9	22	10	34	2	20	13	4	17	17	15	11	10	15	18	19	5
6	1	27	5	19	16	24	7	26	8	21	9	33	1	19	12	3	16	16	14	10	9	14	17	18	6
7	23	26	4	18	15	23	6	25	7	20	8	32	23	18	11	2	15	15	13	9	8	13	16	17	7
8	22	25	3	17	14	22	5	24	6	19	7	31	22	17	10	1	14	14	12	8	7	12	15	16	8
9	21	24	2	16	13	21	4	23	5	18	6	30	21	16	9	38	13	13	11	7	6	11	14	15	9
10	20	23	1	15	12	20	3	22	4	17	5	29	20	15	8	37	12	12	10	6	5	10	13	14	10
11	19	22	33	14	11	19	2	21	3	16	4	28	19	14	7	36	11	11	9	5	4	9	12	13	11
12	18	21	32	13	10	18	1	20	2	15	3	27	18	13	6	35	10	10	8	4	3	8	11	12	12
13	17	20	31	12	9	17	33	19	1	14	2	26	17	12	5	34	9	9	7	3	2	7	10	11	13
14	16	19	30	11	8	16	32	18	23	13	1	25	16	11	4	33	8	8	6	2	1	6	9	10	14
15	15	18	29	10	7	15	31	17	22	12	33	24	15	10	3	32	7	7	5	1	23	5	8	9	15
16	14	17	28	9	6	14	30	16	21	11	32	23	14	9	2	31	6	6	4	38	22	4	7	8	16
17	13	16	27	8	5	13	29	15	20	10	31	22	13	8	1	30	5	5	3	37	21	3	6	7	17
18	12	15	26	7	4	12	28	14	19	9	30	21	12	7	33	29	4	4	2	36	20	2	5	6	18
19	11	14	25	6	3	11	27	13	18	8	29	20	11	6	32	28	3	3	1	35	19	1	4	5	19
20	10	13	24	5	2	10	26	12	17	7	28	19	10	5	31	27	2	2	33	34	18	28	3	4	20
21	9	12	23	4	1	9	25	11	16	6	27	18	9	4	30	26	1	1	32	33	17	27	2	3	21
22	8	11	22	3	23	8	24	10	15	5	26	17	8	3	29	25	23	23	31	32	16	26	1	2	22
23	7	10	21	2	22	7	23	9	14	4	25	16	7	2	28	24	22	22	30	31	15	25	33	1	23
24	6	9	20	1	21	6	22	8	13	3	24	15	6	1	27	23	21	21	29	30	14	24	32	38	24
25	5	8	19	38	20	5	21	7	12	2	23	14	5	28	26	22	20	20	28	29	13	23	31	37	25
26	4	7	18	37	19	4	20	6	11	1	22	13	4	27	25	21	19	19	27	28	12	22	30	36	26
27	3	6	17	36	18	3	19	5	10	28	21	12	3	26	24	20	18	18	26	27	11	21	29	35	27
28	2	5	16	35	17	2	18	4	9	27	20	11	2	25	23	19	17	17	25	26	10	20	28	34	28
29	1	4	15	34	16	1	17	3	8	26	19	10	1	24	22	18	16	16	24	25	9	19	27	33	29
30	23	3	14	33	15	28	16	2	7	25	18	9	23	23	21	17	15	15	23	24	8	18	26	32	30
31	22	2	13	32	14	27	15	1					22	22	20	16					7	17	25	31	31

1986

1986 TAG	JANUAR k	s	g	f	FEBRUAR k	s	g	f	MÄRZ k	s	g	f	APRIL k	s	g	f	MAI k	s	g	f	JUNI k	s	g	f	1986 TAG
1	6	16	24	30	21	13	26	37	16	13	31	9	8	10	33	16	1	8	3	24	16	5	5	31	1
2	5	15	23	29	20	12	25	36	15	12	30	8	7	9	32	15	23	7	2	23	15	4	4	30	2
3	4	14	22	28	19	11	24	35	14	11	29	7	6	8	31	14	22	6	1	22	14	3	3	29	3
4	3	13	21	27	18	10	23	34	13	10	28	6	5	7	30	13	21	5	33	21	13	2	2	28	4
5	2	12	20	26	17	9	22	33	12	9	27	5	4	6	29	12	20	4	32	20	12	1	1	27	5
6	1	11	19	25	16	8	21	32	11	8	26	4	3	5	28	11	19	3	31	19	11	28	33	26	6
7	23	10	18	24	15	7	20	31	10	7	25	3	2	4	27	10	18	2	30	18	10	27	32	25	7
8	22	9	17	23	14	6	19	30	9	6	24	2	1	3	26	9	17	1	29	17	9	26	31	24	8
9	21	8	16	22	13	5	18	29	8	5	23	1	23	2	25	8	16	28	28	16	8	25	30	23	9
10	20	7	15	21	12	4	17	28	7	4	22	38	22	1	24	7	15	27	27	15	7	24	29	22	10
11	19	6	14	20	11	3	16	27	6	3	21	37	21	28	23	6	14	26	26	14	6	23	28	21	11
12	18	5	13	19	10	2	15	26	5	2	20	36	20	27	22	5	13	25	25	13	5	22	27	20	12
13	17	4	12	18	9	1	14	25	4	1	19	35	19	26	21	4	12	24	24	12	4	21	26	19	13
14	16	3	11	17	8	28	13	24	3	28	18	34	18	25	20	3	11	23	23	11	3	20	25	18	14
15	15	2	10	16	7	27	12	23	2	27	17	33	17	24	19	2	10	22	22	10	2	19	24	17	15
16	14	1	9	15	6	26	11	22	1	26	16	32	16	23	18	1	9	21	21	9	1	18	23	16	16
17	13	28	8	14	5	25	10	21	23	25	15	31	15	22	17	38	8	20	20	8	23	17	22	15	17
18	12	27	7	13	4	24	9	20	22	24	14	30	14	21	16	37	7	19	19	7	22	16	21	14	18
19	11	26	6	12	3	23	8	19	21	23	13	29	13	20	15	36	6	18	18	6	21	15	20	13	19
20	10	25	5	11	2	22	7	18	20	22	12	28	12	19	14	35	5	17	17	5	20	14	19	12	20
21	9	24	4	10	1	21	6	17	19	21	11	27	11	18	13	34	4	16	16	4	19	13	18	11	21
22	8	23	3	9	23	20	5	16	18	20	10	26	10	17	12	33	3	15	15	3	18	12	17	10	22
23	7	22	2	8	22	19	4	15	17	19	9	25	9	16	11	32	2	14	14	2	17	11	16	9	23
24	6	21	1	7	21	18	3	14	16	18	8	24	8	15	10	31	1	13	13	1	16	10	15	8	24
25	5	20	33	6	20	17	2	13	15	17	7	23	7	14	9	30	23	12	12	38	15	9	14	7	25
26	4	19	32	5	19	16	1	12	14	16	6	22	6	13	8	29	22	11	11	37	14	8	13	6	26
27	3	18	31	4	18	15	33	11	13	15	5	21	5	12	7	28	21	10	10	36	13	7	12	5	27
28	2	17	30	3	17	14	32	10	12	14	4	20	4	11	6	27	20	9	9	35	12	6	11	4	28
29	1	16	29	2					11	13	3	19	3	10	5	26	19	8	8	34	11	5	10	3	29
30	23	15	28	1					10	12	2	18	2	9	4	25	18	7	7	33	10	4	9	2	30
31	22	14	27	38					9	11	1	17					17	6	6	32					31

1986 TAG	JULI k	s	g	f	AUGUST k	s	g	f	SEPTEMBER k	s	g	f	OKTOBER k	s	g	f	NOVEMBER k	s	g	f	DEZEMBER k	s	g	f	1986 TAG
1	9	3	8	1	1	28	10	8	16	25	12	15	9	23	15	23	1	20	17	38	17	18	20	38	1
2	8	2	7	38	23	27	9	7	15	24	11	14	8	22	14	22	23	19	16	29	16	17	19	37	2
3	7	1	6	37	22	26	8	6	14	23	10	13	7	21	13	21	22	18	15	28	15	16	18	36	3
4	6	28	5	36	21	25	7	5	13	22	9	12	6	20	12	20	21	17	14	27	14	15	17	35	4
5	5	27	4	35	20	24	6	4	12	21	8	11	5	19	11	19	20	16	13	26	13	14	16	34	5
6	4	26	3	34	19	23	5	3	11	20	7	10	4	18	10	18	19	15	12	25	12	13	15	33	6
7	3	25	2	33	18	22	4	2	10	19	6	9	3	17	9	17	18	14	11	24	11	12	14	32	7
8	2	24	1	32	17	21	3	1	9	18	5	8	2	16	8	16	17	13	10	23	10	11	13	31	8
9	1	23	33	31	16	20	2	38	8	17	4	7	1	15	7	15	16	12	9	22	9	10	12	30	9
10	23	22	32	30	15	19	1	37	7	16	3	6	23	14	6	14	15	11	8	21	8	9	11	29	10
11	22	21	31	29	14	18	33	36	6	15	2	5	22	13	5	13	14	10	7	20	7	8	10	28	11
12	21	20	30	28	13	17	32	35	5	14	1	4	21	12	4	12	13	9	6	19	6	7	9	27	12
13	20	19	29	27	12	16	30	34	4	13	33	3	20	11	3	11	12	8	5	18	5	6	8	26	13
14	19	18	28	26	11	15	30	33	3	12	32	2	19	10	2	10	11	7	4	17	4	5	7	25	14
15	18	17	27	25	10	14	29	32	2	11	31	1	18	9	1	9	10	6	3	16	3	4	6	24	15
16	17	16	26	24	9	13	28	31	1	10	30	38	17	8	33	8	9	5	2	15	2	3	5	23	16
17	16	15	25	23	8	12	27	30	23	9	29	37	16	7	32	7	8	4	1	14	1	2	4	22	17
18	15	14	24	22	7	11	26	29	22	8	28	36	15	6	31	6	7	3	33	13	23	1	3	21	18
19	14	13	23	21	6	10	25	28	21	7	27	35	14	5	30	5	6	2	32	12	22	28	2	20	19
20	13	12	22	20	5	9	24	27	20	6	26	34	13	4	29	4	5	1	31	11	21	27	1	19	20
21	12	11	21	19	4	8	23	26	19	5	25	33	12	3	28	3	4	28	30	10	20	26	33	18	21
22	11	10	20	18	3	7	22	25	18	4	24	32	11	2	27	2	3	27	29	9	19	25	32	17	22
23	10	9	19	17	2	6	21	24	17	3	23	31	10	1	26	1	2	26	28	8	18	24	31	16	23
24	9	8	18	16	1	5	20	23	16	2	22	30	9	28	25	38	1	25	27	7	17	23	30	15	24
25	8	7	17	15	23	4	19	22	15	1	21	29	8	27	24	37	23	24	26	6	16	22	29	14	25
26	7	6	16	14	22	3	18	21	14	28	20	28	7	26	23	36	22	23	25	5	15	21	28	13	26
27	6	5	15	13	21	2	17	20	13	27	19	27	6	25	22	35	21	22	24	4	14	20	27	12	27
28	5	4	14	12	20	1	16	19	12	26	18	26	5	24	21	34	20	21	23	3	13	19	26	11	28
29	4	3	13	11	19	28	15	18	11	25	17	25	4	23	20	33	19	20	22	2	12	18	25	10	29
30	3	2	12	10	18	27	14	17	10	24	16	24	3	22	19	32	18	19	21	1	11	17	24	9	30
31	2	1	11	9	17	26	13	16					2	21	18	31					10	16	23	8	31

1987

1987 TAG	JANUAR k	s	g	f	FEBRUAR k	s	g	f	MÄRZ k	s	g	f	APRIL k	s	g	f	MAI k	s	g	f	JUNI k	s	g	f	1987 TAG
1	9	15	22	7	1	12	24	14	19	12	29	24	11	9	31	31	4	7	1	1	19	4	3	8	1
2	8	14	21	6	23	11	23	13	18	11	28	23	10	8	30	30	3	6	33	38	18	3	2	7	2
3	7	13	20	5	22	10	22	12	17	10	27	22	9	7	29	29	2	5	32	37	17	2	1	6	3
4	6	12	19	4	21	9	21	11	16	9	26	21	8	6	28	28	1	4	31	36	16	1	33	5	4
5	5	11	18	3	20	8	20	10	15	8	25	20	7	5	27	27	23	3	30	35	15	28	32	4	5
6	4	10	17	2	19	7	19	9	14	7	24	19	6	4	26	26	22	2	29	34	14	27	31	3	6
7	3	9	16	1	18	6	18	8	13	6	23	18	5	3	25	25	21	1	28	33	13	26	30	2	7
8	2	8	15	38	17	5	17	7	12	5	22	17	4	2	24	24	20	28	27	32	12	25	29	1	8
9	1	7	14	37	16	4	16	6	11	4	21	16	3	1	23	23	19	27	26	31	11	24	28	38	9
10	23	6	13	36	15	3	15	5	10	3	20	15	2	28	22	22	18	26	25	30	10	23	27	37	10
11	22	5	12	35	14	2	14	4	9	2	19	14	1	27	21	21	17	25	24	29	9	22	26	36	11
12	21	4	11	34	13	1	13	3	8	1	18	13	23	26	20	20	16	24	23	28	8	21	25	35	12
13	20	3	10	33	12	28	12	2	7	28	17	12	22	25	19	19	15	23	22	27	7	20	24	34	13
14	19	2	9	32	11	27	11	1	6	27	16	11	21	24	18	18	14	22	21	26	6	19	23	33	14
15	18	1	8	31	10	26	10	38	5	26	15	10	20	23	17	17	13	21	20	25	5	18	22	32	15
16	17	28	7	30	9	25	9	37	4	25	14	9	19	22	16	16	12	20	19	24	4	17	21	31	16
17	16	27	6	29	8	24	8	36	3	24	13	8	18	21	15	15	11	19	18	23	3	16	20	30	17
18	15	26	5	28	7	23	7	35	2	23	12	7	17	20	14	14	10	18	17	22	2	15	19	29	18
19	14	25	4	27	6	22	6	34	1	22	11	6	16	19	13	13	9	17	16	21	1	14	18	28	19
20	13	24	3	26	5	21	5	33	23	21	10	5	15	18	12	12	8	16	15	20	23	13	17	27	20
21	12	23	2	25	4	20	4	32	22	20	9	4	14	17	11	11	7	15	14	19	22	12	16	26	21
22	11	22	1	24	3	19	3	31	21	19	8	3	13	16	10	10	6	14	13	18	21	11	15	25	22
23	10	21	33	23	2	18	2	30	20	18	7	2	12	15	9	9	5	13	12	17	20	10	14	24	23
24	9	20	32	22	1	17	1	29	19	17	6	1	11	14	8	8	4	12	11	16	19	9	13	23	24
25	8	19	31	21	23	16	33	28	18	16	5	38	10	13	7	7	3	11	10	15	18	8	12	22	25
26	7	18	30	20	22	15	32	27	17	15	4	37	9	12	6	6	2	10	9	14	17	7	11	21	26
27	6	17	29	19	21	14	31	26	16	14	3	36	8	11	5	5	1	9	8	13	16	6	10	20	27
28	5	16	28	18	20	13	30	25	15	13	2	35	7	10	4	4	23	8	7	12	15	5	9	19	28
29	4	15	27	17					14	12	1	34	6	9	3	3	22	7	6	11	14	4	8	18	29
30	3	14	26	16					13	11	33	33	5	8	2	2	21	6	5	10	13	3	7	17	30
31	2	13	25	15					12	10	32	32					20	5	4	9					31

416

1987 TAG	JULI				AUGUST				SEPTEMBER				OKTOBER				NOVEMBER				DEZEMBER				1987 TAG
	k	s	g	f	k	s	g	f	k	s	g	f	k	s	g	f	k	s	g	f	k	s	g	f	
1	12	2	6	16	4	27	8	23	19	24	10	30	12	22	13	38	4	19	15	7	20	17	18	15	1
2	11	1	5	15	3	26	7	22	18	23	9	29	11	21	12	37	3	18	14	6	19	16	17	14	2
3	10	28	4	14	2	25	6	21	17	22	8	28	10	20	11	36	2	17	13	5	18	15	16	13	3
4	9	27	3	13	1	24	5	20	16	21	7	27	9	19	10	35	1	16	12	4	17	14	15	12	4
5	8	26	2	12	23	23	4	19	15	20	6	26	8	18	9	34	23	15	11	3	16	13	14	11	5
6	7	25	1	11	22	22	3	18	14	19	5	25	7	17	8	33	22	14	10	2	15	12	13	10	6
7	6	24	33	10	21	21	2	17	13	18	4	24	6	16	7	32	21	13	9	1	14	11	12	9	7
8	5	23	32	9	20	20	1	16	12	17	3	23	5	15	6	31	20	12	8	38	13	10	11	8	8
9	4	22	31	8	19	19	33	15	11	16	2	22	4	14	5	30	19	11	7	37	12	9	10	7	9
10	3	21	30	7	18	18	32	14	10	15	1	21	3	13	4	29	18	10	6	36	11	8	9	6	10
11	2	20	29	6	17	17	31	13	9	14	33	20	2	12	3	28	17	9	5	35	10	7	8	5	11
12	1	19	28	5	16	16	30	12	8	13	32	19	1	11	2	27	16	8	4	34	9	6	7	4	12
13	23	18	27	4	15	15	29	11	7	12	31	18	23	10	1	26	15	7	3	33	8	5	6	3	13
14	22	17	26	3	14	14	28	10	6	11	30	17	22	9	33	25	14	6	2	32	7	4	5	2	14
15	21	16	25	2	13	13	27	9	5	10	29	16	21	8	32	24	13	5	1	31	6	3	4	1	15
16	20	15	24	1	12	12	26	8	4	9	28	15	20	7	31	23	12	4	33	30	5	2	3	38	16
17	19	14	23	38	11	11	25	7	3	8	27	14	19	6	30	22	11	3	32	29	4	1	2	37	17
18	18	13	22	37	10	10	24	6	2	7	26	13	18	5	29	21	10	2	31	28	3	28	1	36	18
19	17	12	21	36	9	9	23	5	1	6	25	12	17	4	28	20	9	1	30	27	2	27	33	35	19
20	16	11	20	35	8	8	22	4	23	5	24	11	16	3	27	19	8	28	29	26	1	26	32	34	20
21	15	10	19	34	7	7	21	3	22	4	23	10	15	2	26	18	7	27	28	25	23	25	31	33	21
22	14	9	18	33	6	6	20	2	21	3	22	9	14	1	25	17	6	26	27	24	22	24	30	32	22
23	13	8	17	32	5	5	19	1	20	2	21	8	13	28	24	16	5	25	26	23	21	23	29	31	23
24	12	7	16	31	4	4	18	38	19	1	20	7	12	27	23	15	4	24	25	22	20	22	28	30	24
25	11	6	15	30	3	3	17	37	18	28	19	6	11	26	22	14	3	23	24	21	19	21	27	29	25
26	10	5	14	29	2	2	16	36	17	27	18	5	10	25	21	13	2	22	23	20	18	20	26	28	26
27	9	4	13	28	1	1	15	35	16	26	17	4	9	24	20	12	1	21	22	19	17	19	25	27	27
28	8	3	12	27	23	28	14	34	15	25	16	3	8	23	19	11	23	20	21	18	16	18	24	26	28
29	7	2	11	26	22	27	13	33	14	24	15	2	7	22	18	10	22	19	20	17	15	17	23	25	29
30	6	1	10	25	21	26	12	32	13	23	14	1	6	21	17	9	21	18	19	16	14	16	22	24	30
31	5	28	9	24	20	25	11	31					5	20	16	8					13	15	21	23	31

1988

1988 TAG	JANUAR k	s	g	f	FEBRUAR k	s	g	f	MÄRZ k	s	g	f	APRIL k	s	g	f	MAI k	s	g	f	JUNI k	s	g	f	1988 TAG
1	12	14	20	22	4	11	22	29	21	10	26	38	13	7	28	7	6	5	31	15	21	2	33	22	1
2	11	13	19	21	3	10	21	28	20	9	25	37	12	6	27	6	5	4	30	14	20	1	32	21	2
3	10	12	18	20	2	9	20	27	19	8	24	36	11	5	26	5	4	3	29	13	19	28	31	20	3
4	9	11	17	19	1	8	19	26	18	7	23	35	10	4	25	4	3	2	28	12	18	27	30	19	4
5	8	10	16	18	23	7	18	25	17	6	22	34	9	3	24	3	2	1	27	11	17	26	29	18	5
6	7	9	15	17	22	6	17	24	16	5	21	33	8	2	23	2	1	28	26	10	16	25	28	17	6
7	6	8	14	16	21	5	16	23	15	4	20	32	7	1	22	1	23	27	25	9	15	24	27	16	7
8	5	7	13	15	20	4	15	22	14	3	19	31	6	28	21	38	22	26	24	8	14	23	26	15	8
9	4	6	12	14	19	3	14	21	13	2	18	30	5	27	20	37	21	25	23	7	13	22	25	14	9
10	3	5	11	13	18	2	13	20	12	1	17	29	4	26	19	36	20	24	22	6	12	21	24	13	10
11	2	4	10	12	17	1	12	19	11	28	16	28	3	25	18	35	19	23	21	5	11	20	23	12	11
12	1	3	9	11	16	28	11	18	10	27	15	27	2	24	17	34	18	22	20	4	10	19	22	11	12
13	23	2	8	10	15	27	10	17	9	26	14	26	1	23	16	33	17	21	19	3	9	18	21	10	13
14	22	1	7	9	14	26	9	16	8	25	13	25	23	22	15	32	16	20	18	2	8	17	20	9	14
15	21	28	6	8	13	25	8	15	7	24	12	24	22	21	14	31	15	19	17	1	7	16	19	8	15
16	20	27	5	7	12	24	7	14	6	23	11	23	21	20	13	30	14	18	16	38	6	15	18	7	16
17	19	26	4	6	11	23	6	13	5	22	10	22	20	19	12	29	13	17	15	37	5	14	17	6	17
18	18	25	3	5	10	22	5	12	4	21	9	21	19	18	11	28	12	16	14	36	4	13	16	5	18
19	17	24	2	4	9	21	4	11	3	20	8	20	18	17	10	27	11	15	13	35	3	12	15	4	19
20	16	23	1	3	8	20	3	10	2	19	7	19	17	16	9	26	10	14	12	34	2	11	14	3	20
21	15	22	33	2	7	19	2	9	1	18	6	18	16	15	8	25	9	13	11	33	1	10	13	2	21
22	14	21	32	1	6	18	1	8	23	17	5	17	15	14	7	24	8	12	10	32	23	9	12	1	22
23	13	20	31	38	5	17	33	7	22	16	4	16	14	13	6	23	7	11	9	31	22	8	11	38	23
24	12	19	30	37	4	16	32	6	21	15	3	15	13	12	5	22	6	10	8	30	21	7	10	37	24
25	11	18	29	36	3	15	31	5	20	14	2	14	12	11	4	21	5	9	7	29	20	6	9	36	25
26	10	17	28	35	2	14	30	4	19	13	1	13	11	10	3	20	4	8	6	28	19	5	8	35	26
27	9	16	27	34	1	13	29	3	18	12	33	12	10	9	2	19	3	7	5	27	18	4	7	34	27
28	8	15	26	33	23	12	28	2	17	11	32	11	9	8	1	18	2	6	4	26	17	3	6	33	28
29	7	14	25	32	22	11	27	1	16	10	31	10	8	7	33	17	1	5	3	25	16	2	5	32	29
30	6	13	24	31					15	9	30	9	7	6	32	16	23	4	2	24	15	1	4	31	30
31	5	12	23	30					14	8	29	8					22	3	1	23					31

1988 TAG	JULI k	s	g	f	AUGUST k	s	g	f	SEPTEMBER k	s	g	f	OKTOBER k	s	g	f	NOVEMBER k	s	g	f	DEZEMBER k	s	g	f	1988 TAG
1	14	28	3	30	6	25	5	37	21	22	7	6	14	20	10	14	6	17	12	21	22	15	15	29	1
2	13	27	2	29	5	24	4	36	20	21	6	5	13	19	9	13	5	16	11	20	21	14	14	28	2
3	12	26	1	28	4	23	3	35	19	20	5	4	12	18	8	12	4	15	10	19	20	13	13	27	3
4	11	25	33	27	3	22	2	34	18	19	4	3	11	17	7	11	3	14	9	18	19	12	12	26	4
5	10	24	32	26	2	21	1	33	17	18	3	2	10	16	6	10	2	13	8	17	18	11	11	25	5
6	9	23	31	25	1	20	33	32	16	17	2	1	9	15	5	9	1	12	7	16	17	10	10	24	6
7	8	22	30	24	23	19	32	31	15	16	1	38	8	14	4	8	23	11	6	15	16	9	9	23	7
8	7	21	29	23	22	18	31	30	14	15	33	37	7	13	3	7	22	10	5	14	15	8	8	22	8
9	6	20	28	22	21	17	30	29	13	14	32	36	6	12	2	6	21	9	4	13	14	7	7	21	9
10	5	19	27	21	20	16	29	28	12	13	31	35	5	11	1	5	20	8	3	12	13	6	6	20	10
11	4	18	26	20	19	15	28	27	11	12	30	34	4	10	33	4	19	7	2	11	12	5	5	19	11
12	3	17	25	19	18	14	27	26	10	11	29	33	3	9	32	3	18	6	1	10	11	4	4	18	12
13	2	16	24	18	17	13	26	25	9	10	28	32	2	8	31	2	17	5	33	9	10	3	3	17	13
14	1	15	23	17	16	12	25	24	8	9	27	31	1	7	30	1	16	4	32	8	9	2	2	16	14
15	23	14	22	16	15	11	24	23	7	8	26	30	23	6	29	38	15	3	31	7	8	1	1	15	15
16	22	13	21	15	14	10	23	22	6	7	25	29	22	5	28	37	14	2	30	6	7	28	33	14	16
17	21	12	20	14	13	9	22	21	5	6	24	28	21	4	27	36	13	1	29	5	6	27	32	13	17
18	20	11	19	13	12	8	21	20	4	5	23	27	20	3	26	35	12	28	28	4	5	26	31	12	18
19	19	10	18	12	11	7	20	19	3	4	22	26	19	2	25	34	11	27	27	3	4	25	30	11	19
20	18	9	17	11	10	6	19	18	2	3	21	25	18	1	24	33	10	26	26	2	3	24	29	10	20
21	17	8	16	10	9	5	18	17	1	2	20	24	17	28	23	32	9	25	25	1	2	23	28	9	21
22	16	7	15	9	8	4	17	16	23	1	19	23	16	27	22	31	8	24	24	38	1	22	27	8	22
23	15	6	14	8	7	3	16	15	22	28	18	22	15	26	21	30	7	23	23	37	23	21	26	7	23
24	14	5	13	7	6	2	15	14	21	27	17	21	14	25	20	29	6	22	22	36	22	20	25	6	24
25	13	4	12	6	5	1	14	13	20	26	16	20	13	24	19	28	5	21	21	35	21	19	24	5	25
26	12	3	11	5	4	28	13	12	19	25	15	19	12	23	18	27	4	20	20	34	20	18	23	4	26
27	11	2	10	4	3	27	12	11	18	24	14	18	11	22	17	26	3	19	19	33	19	17	22	3	27
28	10	1	9	3	2	26	11	10	17	23	13	17	10	21	16	25	2	18	18	32	18	16	21	2	28
29	9	28	8	2	1	25	10	9	16	22	12	16	9	20	15	24	1	17	17	31	17	15	20	1	29
30	8	27	7	1	23	24	9	8	15	21	11	15	8	19	14	23	23	16	16	30	16	14	19	38	30
31	7	26	6	38	22	23	8	7					7	18	13	22					15	13	18	37	31

1989

1989 TAG	JANUAR k	s	g	f	FEBRUAR k	s	g	f	MÄRZ k	s	g	f	APRIL k	s	g	f	MAI k	s	g	f	JUNI k	s	g	f	1989 TAG
1	14	12	17	36	6	5	19	5	1	9	24	15	16	6	26	22	9	4	29	30	1	1	31	37	1
2	13	11	16	35	5	4	18	4	23	8	23	14	15	5	25	21	8	3	28	29	23	28	30	36	2
3	12	10	15	34	4	3	17	3	22	7	22	13	14	4	24	20	7	2	27	28	22	27	29	35	3
4	11	9	14	33	3	2	16	2	21	6	21	12	13	3	23	19	6	1	26	27	21	26	28	34	4
5	10	8	13	32	2	1	15	1	20	5	20	11	12	2	22	18	5	28	25	26	20	25	27	33	5
6	9	7	12	31	1	4	14	38	19	4	19	10	11	1	21	17	4	27	24	25	19	24	26	32	6
7	8	6	11	30	23	3	13	37	18	3	18	9	10	28	20	16	3	26	23	24	18	23	25	31	7
8	7	5	10	29	22	2	12	36	17	2	17	8	9	27	19	15	2	25	22	23	17	22	24	30	8
9	6	4	9	28	21	1	11	35	16	1	16	7	8	26	18	14	1	24	21	22	16	21	23	29	9
10	5	3	8	27	20	28	10	34	15	28	15	6	7	25	17	13	23	23	20	21	15	20	22	28	10
11	4	2	7	26	19	27	9	33	14	27	14	5	6	24	16	12	22	22	19	20	14	19	21	27	11
12	3	1	6	25	18	26	8	32	13	26	13	4	5	23	15	11	21	21	18	19	13	18	20	26	12
13	2	28	5	24	17	25	7	31	12	25	12	3	4	22	14	10	20	20	17	18	12	17	19	25	13
14	1	27	4	23	16	24	6	30	11	24	11	2	3	21	13	9	19	19	16	17	11	16	18	24	14
15	23	26	3	22	15	23	5	29	10	23	10	1	2	20	12	8	18	18	15	16	10	15	17	23	15
16	22	25	2	21	14	22	4	28	9	22	9	38	1	19	11	7	17	17	14	15	9	14	16	22	16
17	21	24	1	20	13	21	3	27	8	21	8	37	23	18	10	6	16	16	13	14	8	13	15	21	17
18	20	23	33	19	12	20	2	26	7	20	7	36	22	17	9	5	15	15	12	13	7	12	14	20	18
19	19	22	32	18	11	19	1	25	6	19	6	35	21	16	8	4	14	14	11	12	6	11	13	19	19
20	18	21	31	17	10	18	33	24	5	18	5	34	20	15	7	3	13	13	10	11	5	10	12	18	20
21	17	20	30	16	9	17	32	23	4	17	4	33	19	14	6	2	12	12	9	10	4	9	11	17	21
22	16	19	29	15	8	16	31	22	3	16	3	32	18	13	5	1	11	11	8	9	3	8	10	16	22
23	15	18	28	14	7	15	30	21	2	15	2	31	17	12	4	38	10	10	7	8	2	7	9	15	23
24	14	17	27	13	6	14	29	20	1	14	1	30	16	11	3	37	9	9	6	7	1	6	8	14	24
25	13	16	26	12	5	13	28	19	23	13	33	29	15	10	2	36	8	8	5	6	23	5	7	13	25
26	12	15	25	11	4	12	27	18	22	12	32	28	14	9	1	35	7	7	4	5	22	4	6	12	26
27	11	14	24	10	3	11	26	17	21	11	31	27	13	8	33	34	6	6	3	4	21	3	5	11	27
28	10	13	23	9	2	10	25	16	20	10	30	26	12	7	32	33	5	5	2	3	20	2	4	10	28
29	9	12	22	8					19	9	29	25	11	6	31	32	4	4	1	2	19	1	3	9	29
30	8	11	21	7					18	8	28	24	10	5	30	31	3	3	33	1	18	28	2	8	30
31	7	10	20	6					17	7	27	23					2	2	32	38					31

1989 TAG	JULI k	JULI g	JULI s	JULI f	AUGUST k	AUGUST g	AUGUST s	AUGUST f	SEPTEMBER k	SEPTEMBER g	SEPTEMBER s	SEPTEMBER f	OKTOBER k	OKTOBER g	OKTOBER s	OKTOBER f	NOVEMBER k	NOVEMBER g	NOVEMBER s	NOVEMBER f	DEZEMBER k	DEZEMBER g	DEZEMBER s	DEZEMBER f	1989 TAG
1	17	27	1	7	9	24	3	14	1	21	5	21	17	19	8	29	9	16	10	36	2	14	13	6	1
2	16	26	33	6	8	23	2	13	23	20	4	20	16	18	7	28	8	15	9	35	1	13	12	5	2
3	15	25	32	5	7	22	1	12	22	19	3	19	15	17	6	27	7	14	8	34	23	12	11	4	3
4	14	24	31	4	6	21	33	11	21	18	2	18	14	16	5	26	6	13	7	33	22	11	10	3	4
5	13	23	30	3	5	20	32	10	20	17	1	17	13	15	4	25	5	12	6	32	21	10	9	2	5
6	12	22	29	2	4	19	31	9	19	16	33	16	12	14	3	24	4	11	5	31	20	9	8	1	6
7	11	21	28	1	3	18	30	8	18	15	32	15	11	13	2	23	3	10	4	30	19	8	7	38	7
8	10	20	27	38	2	17	29	7	17	14	31	14	10	12	1	22	2	9	3	29	18	7	6	37	8
9	9	19	26	37	1	16	28	6	16	13	30	13	9	11	33	21	1	8	2	28	17	6	5	36	9
10	8	18	25	36	23	15	27	5	15	12	29	12	8	10	32	20	23	7	1	27	16	5	4	35	10
11	7	17	24	35	22	14	26	4	14	11	28	11	7	9	31	19	22	6	33	26	15	4	3	34	11
12	6	16	23	34	21	13	25	3	13	10	27	10	6	8	30	18	21	5	32	25	14	3	2	33	12
13	5	15	22	33	20	12	24	2	12	9	26	9	5	7	29	17	20	4	31	24	13	2	1	32	13
14	4	14	21	32	19	11	23	1	11	8	25	8	4	6	28	16	19	3	30	23	12	1	33	31	14
15	3	13	20	31	18	10	22	38	10	7	24	7	3	5	27	15	18	2	29	22	11	28	32	30	15
16	2	12	19	30	17	9	21	37	9	6	23	6	2	4	26	14	17	1	28	21	10	27	31	29	16
17	1	11	18	29	16	8	20	36	8	5	22	5	1	3	25	13	16	28	27	20	9	26	30	28	17
18	23	10	17	28	15	7	19	35	7	4	21	4	23	2	24	12	15	27	26	19	8	25	29	27	18
19	22	9	16	27	14	6	18	34	6	3	20	3	22	1	23	11	14	26	25	18	7	24	28	26	19
20	21	8	15	26	13	5	17	33	5	2	19	2	21	28	22	10	13	25	24	17	6	23	27	25	20
21	20	7	14	25	12	4	16	32	4	1	18	1	20	27	21	9	12	24	23	16	5	22	26	24	21
22	19	6	13	24	11	3	15	31	3	28	17	38	19	26	20	8	11	23	22	15	4	21	25	23	22
23	18	5	12	23	10	2	14	30	2	27	16	37	18	25	19	7	10	22	21	14	3	20	24	22	23
24	17	4	11	22	9	1	13	29	1	26	15	36	17	24	18	6	9	21	20	13	2	19	23	21	24
25	16	3	10	21	8	28	12	28	23	25	14	35	16	23	17	5	8	20	19	12	1	18	22	20	25
26	15	2	9	20	7	27	11	27	22	24	13	34	15	22	16	4	7	19	18	11	23	17	21	19	26
27	14	1	8	19	6	26	10	26	21	23	12	33	14	21	15	3	6	18	17	10	22	16	20	18	27
28	13	28	7	18	5	25	9	25	20	22	11	32	13	20	14	2	5	17	16	9	21	15	19	17	28
29	12	27	6	17	4	24	8	24	19	21	10	31	12	19	13	1	4	16	15	8	20	14	18	16	29
30	11	26	5	16	3	23	7	23	18	20	9	30	11	18	12	38	3	15	14	7	19	13	17	15	30
31	10	25	4	15	2	22	6	22					10	17	11	37					18	12	16	14	31

1990

1990 TAG	JANUAR k	s	g	f	FEBRUAR k	s	g	f	MÄRZ k	s	g	f	APRIL k	s	g	f	MAI k	s	g	f	JUNI k	s	g	f	1990 TAG
1	17	11	15	13	9	8	17	20	4	8	22	30	19	5	24	37	12	3	27	7	4	28	29	14	1
2	16	10	14	12	8	7	16	19	3	7	21	29	18	4	23	36	11	2	26	6	3	27	28	13	2
3	15	9	13	11	7	6	15	18	2	6	20	28	17	3	22	35	10	1	25	5	2	26	27	12	3
4	14	8	12	10	6	5	14	17	1	5	19	27	16	2	21	34	9	28	24	4	1	25	26	11	4
5	13	7	11	9	5	4	13	16	23	4	18	26	15	1	20	33	8	27	23	3	23	24	25	10	5
6	12	6	10	8	4	3	12	15	22	3	17	25	14	28	19	32	7	26	22	2	22	23	24	9	6
7	11	5	9	7	3	2	11	14	21	2	16	24	13	27	18	31	6	25	21	1	21	22	23	8	7
8	10	4	8	6	2	1	10	13	20	1	15	23	12	26	17	30	5	24	20	38	20	21	22	7	8
9	9	3	7	5	1	28	9	12	19	28	14	22	11	25	16	29	4	23	19	37	19	20	21	6	9
10	8	2	6	4	23	27	8	11	18	27	13	21	10	24	15	28	3	22	18	36	18	19	20	5	10
11	7	1	5	3	22	26	7	10	17	26	12	20	9	23	14	27	2	21	17	35	17	18	19	4	11
12	6	28	4	2	21	25	6	9	16	25	11	19	8	22	13	26	1	20	16	34	16	17	18	3	12
13	5	27	3	1	20	24	5	8	15	24	10	18	7	21	12	25	23	19	15	33	15	16	17	2	13
14	4	26	2	38	19	23	4	7	14	23	9	17	6	20	11	24	22	18	14	32	14	15	16	1	14
15	3	25	1	37	18	22	3	6	13	22	8	16	5	19	10	23	21	17	13	31	13	14	15	38	15
16	2	24	33	36	17	21	2	5	12	21	7	15	4	18	9	22	20	16	12	30	12	13	14	37	16
17	1	23	32	35	16	20	1	4	11	20	6	14	3	17	8	21	19	15	11	29	11	12	13	36	17
18	23	22	31	34	15	19	33	3	10	19	5	13	2	16	7	20	18	14	10	28	10	11	12	35	18
19	22	21	30	33	14	18	32	2	9	18	4	12	1	15	6	19	17	13	9	27	9	10	11	34	19
20	21	20	29	32	13	17	31	1	8	17	3	11	23	14	5	18	16	12	8	26	8	9	10	33	20
21	20	19	28	31	12	16	30	38	7	16	2	10	22	13	4	17	15	11	7	25	7	8	9	32	21
22	19	18	27	30	11	15	29	37	6	15	1	9	21	12	3	16	14	10	6	24	6	7	8	31	22
23	18	17	26	29	10	14	28	36	5	14	33	8	20	11	2	15	13	9	5	23	5	6	7	30	23
24	17	16	25	28	9	13	27	35	4	13	32	7	19	10	1	14	12	8	4	22	4	5	6	29	24
25	16	15	24	27	8	12	26	34	3	12	31	6	18	9	33	13	11	7	3	21	3	4	5	28	25
26	15	14	23	26	7	11	25	33	2	11	30	5	17	8	32	12	10	6	2	20	2	3	4	27	26
27	14	13	22	25	6	10	24	32	1	10	29	4	16	7	31	11	9	5	1	19	1	2	3	26	27
28	13	12	21	24	5	9	23	31	23	9	28	3	15	6	30	10	8	4	33	18	23	1	2	25	28
29	12	11	20	23					22	8	27	2	14	5	29	9	7	3	32	17	22	28	1	24	29
30	11	10	19	22					21	7	26	1	13	4	28	8	6	2	31	16	21	27	33	23	30
31	10	9	18	21					20	6	25	38					5	1	30	15					31

1990 TAG	JULI k	s	g	f	AUGUST k	s	g	f	SEPTEMBER k	s	g	f	OKTOBER k	s	g	f	NOVEMBER k	s	g	f	DEZEMBER k	s	g	f	1990 TAG
1	20	26	32	22	12	23	1	29	4	20	3	36	20	18	6	6	12	15	8	13	5	13	11	21	1
2	19	25	31	21	11	22	33	28	3	19	2	35	19	17	5	5	11	14	7	12	4	12	10	20	2
3	18	24	30	20	10	21	32	27	2	18	1	34	18	16	4	4	10	13	6	11	3	11	9	19	3
4	17	23	29	19	9	20	31	26	1	17	33	33	17	15	3	3	9	12	5	10	2	10	8	18	4
5	16	22	28	18	8	19	30	25	23	16	32	32	16	14	2	2	8	11	4	9	1	9	7	17	5
6	15	21	27	17	7	18	29	24	22	15	31	31	15	13	1	1	7	10	3	8	23	8	6	16	6
7	14	20	26	16	6	17	28	23	21	14	30	30	14	12	33	38	6	9	2	7	22	7	5	15	7
8	13	19	25	15	5	16	27	22	20	13	29	29	13	11	32	37	5	8	1	6	21	6	4	14	8
9	12	18	24	14	4	15	26	21	19	12	28	28	12	10	31	36	4	7	33	5	20	5	3	13	9
10	11	17	23	13	3	14	25	20	18	11	27	27	11	9	30	35	3	6	32	4	19	4	2	12	10
11	10	16	22	12	2	13	24	19	17	10	26	26	10	8	29	34	2	5	31	3	18	3	1	11	11
12	9	15	21	11	1	12	23	18	16	9	25	25	9	7	28	33	1	4	30	2	17	2	33	10	12
13	8	14	20	10	23	11	22	17	15	8	24	24	8	6	27	32	23	3	29	1	16	1	32	9	13
14	7	13	19	9	22	10	21	16	14	7	23	23	7	5	26	31	22	2	28	38	15	28	31	8	14
15	6	12	18	8	21	9	20	15	13	6	22	22	6	4	25	30	21	1	27	37	14	27	30	7	15
16	5	11	17	7	20	8	19	14	12	5	21	21	5	3	24	29	20	28	26	36	13	26	29	6	16
17	4	10	16	6	19	7	18	13	11	4	20	20	4	2	23	28	19	27	25	35	12	25	28	5	17
18	3	9	15	5	18	6	17	12	10	3	19	19	3	1	22	27	18	26	24	34	11	24	27	4	18
19	2	8	14	4	17	5	16	11	9	2	18	18	2	28	21	26	17	25	23	33	10	23	26	3	19
20	1	7	13	3	16	4	15	10	8	1	17	17	1	27	20	25	16	24	22	32	9	22	25	2	20
21	23	6	12	2	15	3	14	9	7	28	16	16	23	26	19	24	15	23	21	31	8	21	24	1	21
22	22	5	11	1	14	2	13	8	6	27	15	15	22	25	18	23	14	22	20	30	7	20	23	38	22
23	21	4	10	38	13	1	12	7	5	26	14	14	21	24	17	22	13	21	19	29	6	19	22	37	23
24	20	3	9	37	12	28	11	6	4	25	13	13	20	23	16	21	12	20	18	28	5	18	21	36	24
25	19	2	8	36	11	27	10	5	3	24	12	12	19	22	15	20	11	19	17	27	4	17	20	35	25
26	18	1	7	35	10	26	9	4	2	23	11	11	18	21	14	19	10	18	16	26	3	16	19	34	26
27	17	28	6	34	9	25	8	3	1	22	10	10	17	20	13	18	9	17	15	25	2	15	18	33	27
28	16	27	5	33	8	24	7	2	23	21	9	9	16	19	12	17	8	16	14	24	1	14	17	32	28
29	15	26	4	32	7	23	6	1	22	20	8	8	15	18	11	16	7	15	13	23	23	13	16	31	29
30	14	25	3	31	6	22	5	38	21	19	7	7	14	17	10	15	6	14	12	22	22	12	15	30	30
31	13	24	2	30	5	21	4	37					13	16	9	14					21	11	14	29	31

1991

1991 TAG	JUNI k	s	g	f	MAI k	s	g	f	APRIL k	s	g	f	MÄRZ k	s	g	f	FEBRUAR k	s	g	f	JANUAR k	s	g	f	1991 TAG
1	7	27	27	29	15	2	25	22	22	4	22	14	7	7	20	7	12	7	15	35	20	10	13	28	1
2	6	26	26	28	14	1	24	21	21	3	21	13	6	6	19	6	11	6	14	34	19	9	12	27	2
3	5	25	25	27	13	28	23	20	20	2	20	12	5	5	18	5	10	5	13	33	18	8	11	26	3
4	4	24	24	26	12	27	22	19	19	1	19	11	4	4	17	4	9	4	12	32	17	7	10	25	4
5	3	23	23	25	11	26	21	18	18	28	18	10	3	3	16	3	8	3	11	31	16	6	9	24	5
6	2	22	22	24	10	25	20	17	17	27	17	9	2	2	15	2	7	2	10	30	15	5	8	23	6
7	1	21	21	23	9	24	19	16	16	26	16	8	1	1	14	1	6	1	9	29	14	4	7	22	7
8	23	20	20	22	8	23	18	15	15	25	15	7	23	28	13	38	5	28	8	28	13	3	6	21	8
9	22	19	19	21	7	22	17	14	14	24	14	6	22	27	12	37	4	27	7	27	12	2	5	20	9
10	21	18	18	20	6	21	16	13	13	23	13	5	21	26	11	36	3	26	6	26	11	1	4	19	10
11	20	17	17	19	5	20	15	12	12	22	12	4	20	25	10	35	2	25	5	25	10	28	3	18	11
12	19	16	16	18	4	19	14	11	11	21	11	3	19	24	9	34	1	24	4	24	9	27	2	17	12
13	18	15	15	17	3	18	13	10	10	20	10	2	18	23	8	33	23	23	3	23	8	26	1	16	13
14	17	14	14	16	2	17	12	9	9	19	9	1	17	22	7	32	22	22	2	22	7	25	33	15	14
15	16	13	13	15	1	16	11	8	8	18	8	38	16	21	6	31	21	21	1	21	6	24	32	14	15
16	15	12	12	13	23	15	10	7	7	17	7	37	15	20	5	30	20	20	33	20	5	23	31	13	16
17	14	11	11	13	22	14	9	6	6	16	6	36	14	19	4	29	19	19	32	19	4	22	30	12	17
18	13	10	10	12	21	13	8	5	5	15	5	35	13	18	3	28	18	18	31	18	3	21	29	11	18
19	12	9	9	11	20	12	7	4	4	14	4	34	12	17	2	27	17	17	30	17	2	20	28	10	19
20	11	8	8	10	19	11	6	3	3	13	3	33	11	16	1	26	16	16	29	16	1	19	27	9	20
21	10	7	7	9	18	10	5	2	2	12	2	32	10	15	33	25	15	15	28	15	23	18	26	8	21
22	9	6	6	8	17	9	4	1	1	11	1	31	9	14	32	24	14	14	27	14	22	17	25	7	22
23	8	5	5	7	16	8	3	38	23	10	33	30	8	13	31	23	13	13	26	13	21	16	24	6	23
24	7	4	4	5	15	7	2	37	22	9	32	29	7	12	30	22	12	12	25	12	20	15	23	5	24
25	6	3	3	4	14	6	1	36	21	8	31	28	6	11	29	21	11	11	24	11	19	14	22	4	25
26	5	2	2	3	13	5	33	35	20	7	30	27	5	10	28	20	10	10	23	10	18	13	21	3	26
27	4	1	1	2	12	4	32	34	19	6	29	26	4	9	27	19	9	9	22	9	17	12	20	1	27
28	3	28	33	1	11	3	31	33	18	5	28	25	3	8	26	18	8	8	21	8	16	11	19	1	28
29	2	27	32	38	10	2	30	32	17	4	27	24	2	7	25	17					15	10	18	38	29
30	1	26	31	31	9	1	29	31	16	3	26	23	1	6	24	16					14	9	17	37	30
31					8	28	28	30					23	5	23	15					13	8	16	36	31

424

1991 TAG	JULI k	s	g	f	AUGUST k	s	g	f	SEPTEMBER k	s	g	f	OKTOBER k	s	g	f	NOVEMBER k	s	g	f	DEZEMBER k	s	g	f	1991 TAG
1	23	25	30	37	15	22	32	6	7	19	1	13	23	17	4	21	15	14	6	28	8	12	9	36	1
2	22	24	29	36	14	21	31	5	6	18	33	12	22	16	3	20	14	13	5	27	7	11	8	35	2
3	21	23	28	35	13	20	30	4	5	17	32	11	21	15	2	19	13	12	4	26	6	10	7	34	3
4	20	22	27	34	12	19	29	3	4	16	31	10	20	14	1	18	12	11	3	25	5	9	6	33	4
5	19	21	26	33	11	18	28	2	3	15	30	9	19	13	33	17	11	10	2	24	4	8	5	32	5
6	18	20	25	32	10	17	27	1	2	14	29	8	18	12	32	16	10	9	1	23	3	7	4	31	6
7	17	19	24	31	9	16	26	38	1	13	28	7	17	11	31	15	9	8	33	22	2	6	3	30	7
8	16	18	23	30	8	15	25	37	23	12	27	6	16	10	30	14	8	7	32	21	1	5	2	29	8
9	15	17	22	29	7	14	24	36	22	11	26	5	15	9	29	13	7	6	31	20	23	4	1	28	9
10	14	16	21	28	6	13	23	35	21	10	25	4	14	8	28	12	6	5	30	19	22	3	33	27	10
11	13	15	20	27	5	12	22	34	20	9	24	3	13	7	27	11	5	4	29	18	21	2	32	26	11
12	12	14	19	26	4	11	21	33	19	8	23	2	12	6	26	10	4	3	28	17	20	1	31	25	12
13	11	13	18	25	3	10	20	32	18	7	22	1	11	5	25	9	3	2	27	16	19	28	30	24	13
14	10	12	17	24	2	9	18	31	17	6	21	38	10	4	24	8	2	1	26	15	18	27	29	23	14
15	9	11	16	23	1	8	18	30	16	5	20	37	9	3	23	7	1	28	25	14	17	26	28	22	15
16	8	10	15	22	23	7	17	29	15	4	19	36	8	2	22	6	23	27	24	13	16	25	27	21	16
17	7	9	14	21	22	6	16	28	14	3	18	35	7	1	21	5	22	26	23	12	15	24	26	20	17
18	6	8	13	20	21	5	15	27	13	2	17	34	6	28	20	4	21	25	22	11	14	23	25	19	18
19	5	7	12	19	20	4	14	26	12	1	16	33	5	27	19	3	20	24	21	10	13	22	24	18	19
20	4	6	11	18	19	3	13	25	11	28	15	32	4	26	18	2	19	23	20	9	12	21	23	17	20
21	3	5	10	17	18	2	12	24	10	27	14	31	3	25	17	1	18	22	19	8	11	20	22	16	21
22	2	4	9	16	17	1	11	23	9	26	13	30	2	24	16	38	17	21	18	7	10	19	21	15	22
23	1	3	8	15	16	28	10	22	8	25	12	29	1	23	15	37	16	20	17	6	9	18	20	14	23
24	23	2	7	14	15	27	9	21	7	24	11	28	23	22	14	36	15	19	16	5	8	17	19	13	24
25	22	1	6	13	14	26	8	20	6	23	10	27	22	21	13	35	14	18	15	4	7	16	18	12	25
26	21	28	5	12	13	25	7	19	5	22	9	26	21	20	12	34	13	17	14	3	6	15	17	11	26
27	20	27	4	11	12	24	6	18	4	21	8	25	20	19	11	33	12	16	13	2	5	14	16	10	27
28	19	26	3	10	11	23	5	17	3	20	7	24	19	18	10	32	11	15	12	1	4	13	15	9	28
29	18	25	2	9	10	22	4	16	2	19	6	23	18	17	9	31	10	14	11	38	3	12	14	8	29
30	17	24	1	8	9	21	3	15	1	18	5	22	17	16	8	30	9	13	10	37	2	11	13	7	30
31	16	23	33	7	8	20	2	14					16	15	7	29					1	10	12	6	31

1992

1992 TAG	JANUAR k	s	g	f	FEBRUAR k	s	g	f	MÄRZ k	s	g	f	APRIL k	s	g	f	MAI k	s	g	f	JUNI k	s	g	f	1992 TAG
1	23	9	11	5	15	6	13	12	9	5	17	21	1	2	19	28	17	28	22	36	9	25	24	5	1
2	22	8	10	4	14	5	12	11	8	4	16	20	23	1	18	27	16	27	21	35	8	24	23	4	2
3	21	7	9	3	13	4	11	10	7	3	15	19	22	28	17	26	15	26	20	34	7	23	22	3	3
4	20	6	8	2	12	3	10	9	6	2	14	18	21	27	16	25	14	25	19	33	6	22	21	2	4
5	19	5	7	1	11	2	9	8	5	1	13	17	20	26	15	24	13	24	18	32	5	21	20	1	5
6	18	4	6	38	10	1	8	7	4	28	12	16	19	25	14	23	12	23	17	31	4	20	19	38	6
7	17	3	5	37	9	28	7	6	3	27	11	15	18	24	13	22	11	22	16	30	3	19	18	37	7
8	16	2	4	36	8	27	6	5	2	26	10	14	17	23	12	21	10	21	15	29	2	18	17	36	8
9	15	1	3	35	7	26	5	4	1	25	9	13	16	22	11	20	9	20	14	28	1	17	16	35	9
10	14	28	2	34	6	25	4	3	23	24	8	12	15	21	10	19	8	19	13	27	23	16	15	34	10
11	13	27	1	33	5	24	3	2	22	23	7	11	14	20	9	18	7	18	12	26	22	15	14	33	11
12	12	26	33	32	4	23	2	1	21	22	6	10	13	19	8	17	6	17	11	25	21	14	13	32	12
13	11	25	32	31	3	22	1	38	20	21	5	9	12	18	7	16	5	16	10	24	20	13	12	31	13
14	10	24	31	30	2	21	33	37	19	20	4	8	11	17	6	15	4	15	9	23	19	12	11	30	14
15	9	23	30	29	1	20	32	36	18	19	3	7	10	16	5	14	3	14	8	22	18	11	10	29	15
16	8	22	29	28	23	19	31	35	17	18	2	6	9	15	4	13	2	13	7	21	17	10	9	28	16
17	7	21	28	27	22	18	30	34	16	17	1	5	8	14	3	12	1	12	6	20	16	9	8	27	17
18	6	20	27	26	21	17	29	33	15	16	33	4	7	13	2	11	23	11	5	19	15	8	7	26	18
19	5	19	26	25	20	16	28	32	14	15	32	3	6	12	1	10	22	10	4	18	14	7	6	25	19
20	4	18	25	24	19	15	27	31	13	14	31	2	5	11	33	9	21	9	3	17	13	6	5	24	20
21	3	17	24	23	18	14	26	30	12	13	30	1	4	10	32	8	20	8	2	16	12	5	4	23	21
22	2	16	23	22	17	13	25	29	11	12	29	38	3	9	31	7	19	7	1	15	11	4	3	22	22
23	1	15	22	21	16	12	24	28	10	11	28	37	2	8	30	6	18	6	33	14	10	3	2	21	23
24	23	14	21	20	15	11	23	27	9	10	27	36	1	7	29	5	17	5	32	13	9	2	1	20	24
25	22	13	20	19	14	10	22	26	8	9	26	35	23	6	28	4	16	4	31	12	8	1	33	19	25
26	21	12	19	18	13	9	21	25	7	8	25	34	22	5	27	3	15	3	30	11	7	28	32	18	26
27	20	11	18	17	12	8	20	24	6	7	24	33	21	4	26	2	14	2	29	10	6	27	31	17	27
28	19	10	17	16	11	7	19	23	5	6	23	32	20	3	25	1	13	1	28	9	5	26	30	16	28
29	18	9	16	15	10	6	18	22	4	5	22	31	19	2	24	38	12	28	27	8	4	25	29	15	29
30	17	8	15	14					3	4	21	30	18	1	23	37	11	27	26	7	3	24	28	14	30
31	16	7	14	13					2	3	20	29					10	26	25	6					31

1992 TAG	JULI k	s	g	f	AUGUST k	s	g	f	SEPTEMBER k	s	g	f	OKTOBER k	s	g	f	NOVEMBER k	s	g	f	DEZEMBER k	s	g	f	1992 TAG
1	2	23	27	13	17	20	29	20	9	17	31	27	2	15	1	35	17	12	3	4	10	10	6	12	1
2	1	22	26	12	16	19	28	19	8	16	30	26	1	14	33	34	16	11	2	3	9	9	5	11	2
3	23	21	25	11	15	18	27	18	7	15	29	25	23	13	32	33	15	10	1	2	8	8	4	10	3
4	22	20	24	10	14	17	26	17	6	14	28	24	22	12	31	32	14	9	33	1	7	7	3	9	4
5	21	19	23	9	13	16	25	16	5	13	27	23	21	11	30	31	13	8	32	38	6	6	2	8	5
6	20	18	22	8	12	15	24	15	4	12	26	22	20	10	29	30	12	7	31	37	5	5	1	7	6
7	19	17	21	7	11	14	23	14	3	11	25	21	19	9	28	29	11	6	30	36	4	4	33	6	7
8	18	16	20	6	10	13	22	13	2	10	24	20	18	8	27	28	10	5	29	35	3	3	32	5	8
9	17	15	19	5	9	12	21	12	1	9	23	19	17	7	26	27	9	4	28	34	2	2	31	4	9
10	16	14	18	4	8	11	20	11	23	8	22	18	16	6	25	26	8	3	27	33	1	1	30	3	10
11	15	13	17	3	7	10	19	10	22	7	21	17	15	5	24	25	7	2	26	32	23	28	29	2	11
12	14	12	16	2	6	9	18	9	21	6	20	16	14	4	23	24	6	1	25	31	22	27	28	1	12
13	13	11	15	1	5	8	17	8	20	5	19	15	13	3	22	23	5	28	24	30	21	26	27	38	13
14	12	10	14	38	4	7	16	7	19	4	18	14	12	2	21	22	4	27	23	29	20	25	26	37	14
15	11	9	13	37	3	6	15	6	18	3	17	13	11	1	20	21	3	26	22	28	19	24	25	36	15
16	10	8	12	36	2	5	14	5	17	2	16	12	10	28	19	20	2	25	21	27	18	23	24	35	16
17	9	7	11	35	1	4	13	4	16	1	15	11	9	27	18	19	1	24	20	26	17	22	23	34	17
18	8	6	10	34	23	3	12	3	15	28	14	10	8	26	17	18	23	23	19	25	16	21	22	33	18
19	7	5	9	33	22	2	11	2	14	27	13	9	7	25	16	17	22	22	18	24	15	20	21	32	19
20	6	4	8	32	21	1	10	1	13	26	12	8	6	24	15	16	21	21	17	23	14	19	20	31	20
21	5	3	7	31	20	28	9	38	12	25	11	7	5	23	14	15	20	20	16	22	13	18	19	30	21
22	4	2	6	30	19	27	8	37	11	24	10	6	4	22	13	14	19	19	15	21	12	17	18	29	22
23	3	1	5	29	18	26	7	36	10	23	9	5	3	21	12	13	18	18	14	20	11	16	17	28	23
24	2	28	4	28	17	25	6	35	9	22	8	4	2	20	11	12	17	17	13	19	10	15	16	27	24
25	1	27	3	27	16	24	5	34	8	21	7	3	1	19	10	11	16	16	12	18	9	14	15	26	25
26	23	26	2	26	15	23	4	33	7	20	6	2	23	18	9	10	15	15	11	17	8	13	14	25	26
27	22	25	1	25	14	22	3	32	6	19	5	1	22	17	8	9	14	14	10	16	7	12	13	24	27
28	21	24	33	24	13	21	2	31	5	18	4	38	21	16	7	8	13	13	9	15	6	11	12	23	28
29	20	23	32	23	12	20	1	30	4	17	3	37	20	15	6	7	12	12	8	14	5	10	11	22	29
30	19	22	31	22	11	19	33	29	3	16	2	36	19	14	5	6	11	11	7	13	4	9	10	21	30
31	18	21	30	21	10	18	32	28					18	13	4	5					3	8	9	20	31

1993

1993 TAG	JANUAR k	s	g	f	FEBRUAR k	s	g	f	MÄRZ k	s	g	f	APRIL k	s	g	f	MAI k	s	g	f	JUNI k	s	g	f	1993 TAG
1	2	7	8	19	17	4	10	26	12	4	15	36	4	1	17	5	20	27	20	13	12	24	22	20	1
2	1	6	7	18	16	3	9	25	11	3	14	35	3	28	16	4	19	26	19	12	11	23	21	19	2
3	23	5	6	17	15	2	8	24	10	2	13	34	2	27	15	3	18	25	18	11	10	22	20	18	3
4	22	4	5	16	14	1	7	23	9	1	12	33	1	26	14	1	17	24	17	10	9	21	19	17	4
5	21	3	4	15	13	28	6	22	8	28	11	32	23	25	13	38	16	23	16	9	8	20	18	16	5
6	20	2	3	14	12	27	5	21	7	27	10	31	22	24	12	37	15	22	15	8	7	19	17	15	6
7	19	1	2	13	11	26	4	20	6	26	9	30	21	23	11	36	14	21	14	7	6	18	16	14	7
8	18	28	1	12	10	25	3	19	5	25	8	29	20	22	10	35	13	20	13	6	5	17	15	13	8
9	17	27	33	11	9	24	2	18	4	24	7	28	19	21	9	34	12	19	12	5	4	16	14	12	9
10	16	26	32	10	8	23	1	17	3	23	6	27	18	20	8	33	11	18	11	4	3	15	13	11	10
11	15	25	31	9	7	22	33	16	2	22	5	26	17	19	7	32	10	17	10	3	2	14	12	10	11
12	14	24	30	8	6	21	32	15	1	21	4	25	16	18	6	31	9	16	9	2	23	13	11	9	12
13	13	23	29	7	5	20	31	14	23	20	3	24	15	17	5	30	8	15	8	1	22	12	10	8	13
14	12	22	28	6	4	19	30	13	22	19	2	23	14	16	4	29	7	14	7	38	21	11	9	7	14
15	11	21	27	5	3	18	29	12	21	18	1	22	13	15	3	28	6	13	6	37	20	10	8	6	15
16	10	20	26	4	2	17	28	11	20	17	33	21	12	14	2	27	5	12	5	36	19	9	7	5	16
17	9	19	25	3	1	16	27	10	19	16	32	20	11	13	1	26	4	11	4	35	18	8	6	4	17
18	8	18	24	2	23	15	26	9	18	15	31	19	10	12	33	25	3	10	3	34	17	7	5	3	18
19	7	17	23	1	22	14	25	8	17	14	30	18	9	11	32	24	2	9	2	33	16	6	4	2	19
20	6	16	22	38	21	13	24	7	16	13	29	17	8	10	31	23	1	8	1	32	15	5	3	1	20
21	5	15	21	37	20	12	23	6	15	12	28	16	7	9	30	22	23	7	33	31	14	4	1	38	21
22	4	14	20	36	19	11	22	5	14	11	27	15	6	8	29	22	22	6	32	30	13	3	33	37	22
23	3	13	19	35	18	10	21	4	13	10	26	14	5	7	28	21	21	5	31	29	12	2	32	36	23
24	2	12	18	34	17	9	20	3	12	9	25	13	4	6	27	20	20	4	30	28	11	1	31	35	24
25	1	11	17	33	16	8	19	2	11	8	24	12	3	5	26	19	19	3	29	27	10	28	30	34	25
26	23	10	16	32	15	7	18	1	10	7	23	11	2	4	25	18	18	2	28	26	9	27	29	33	26
27	22	9	15	31	14	6	17	38	9	6	22	10	1	3	24	17	17	1	27	25	8	26	28	32	27
28	21	8	14	30	13	5	16	37	8	5	21	9	23	2	23	16	16	28	26	24	7	25	27	31	28
29	20	7	13	29					7	4	20	8	22	1	22	15	15	27	25	23	6	24	26	30	29
30	19	6	12	28					6	3	19	7	21	28	21	14	14	26	24	22	6	23	26	29	30
31	10	5	11	27					5	2	18	6					13	25	23	21					31

1993 TAG	JULI				AUGUST				SEPTEMBER				OKTOBER				NOVEMBER				DEZEMBER				1993 TAG
	k	s	g	f	k	s	g	f	k	s	g	f	k	s	g	f	k	s	g	f	k	s	g	f	
1	5	22	25	28	20	19	27	35	12	16	29	4	5	14	32	12	20	11	1	19	13	9	4	27	1
2	4	21	24	27	19	18	26	34	11	15	28	3	4	13	31	11	19	10	33	18	12	8	3	26	2
3	3	20	23	26	18	17	25	33	10	14	27	2	3	12	30	10	18	9	32	17	11	7	2	25	3
4	2	19	22	25	17	16	24	32	9	13	26	1	2	11	29	9	17	8	31	16	10	6	1	24	4
5	1	18	21	24	16	15	23	31	8	12	25	38	1	10	28	8	16	7	30	15	9	5	33	23	5
6	23	17	20	23	15	14	22	30	7	11	24	37	23	9	27	7	15	6	29	14	8	4	32	22	6
7	22	16	19	22	14	13	21	29	6	10	23	36	22	8	26	6	14	5	28	13	7	3	31	21	7
8	21	15	18	21	13	12	20	28	5	9	22	35	21	7	25	5	13	4	27	12	6	2	30	20	8
9	20	14	17	20	12	11	19	27	4	8	21	34	20	6	24	4	12	3	26	11	5	1	29	19	9
10	19	13	16	19	11	10	18	26	3	7	20	33	19	5	23	3	11	2	25	10	4	28	28	18	10
11	18	12	15	18	10	9	17	25	2	6	19	32	18	4	22	2	10	1	24	9	3	27	27	17	11
12	17	11	14	17	9	8	16	24	1	5	18	31	17	3	21	1	9	28	23	8	2	26	26	16	12
13	16	10	13	16	8	7	15	23	23	4	17	30	16	2	20	38	8	27	22	7	1	25	25	15	13
14	15	9	12	15	7	6	14	22	22	3	16	29	15	1	19	37	7	26	21	6	23	24	24	14	14
15	14	8	11	14	6	5	13	21	21	2	15	28	14	28	18	36	6	25	20	5	22	23	23	13	15
16	13	7	10	13	5	4	12	20	20	1	14	27	13	27	17	35	5	24	19	4	21	22	22	12	16
17	12	6	9	12	4	3	11	19	19	28	13	26	12	26	16	34	4	23	18	3	20	21	21	11	17
18	11	5	8	11	3	2	10	18	18	27	12	25	11	25	15	33	3	22	17	2	19	20	20	10	18
19	10	4	7	10	2	1	9	17	17	26	11	24	10	24	14	32	2	21	16	1	18	19	19	9	19
20	9	3	6	9	1	28	8	16	16	25	10	23	9	23	13	31	1	20	15	38	17	18	18	8	20
21	8	2	5	8	23	27	7	15	15	24	9	22	8	22	12	30	23	19	14	37	16	17	17	7	21
22	7	1	4	7	22	26	6	14	14	23	8	21	7	21	11	29	22	18	13	36	15	16	16	6	22
23	6	28	3	6	21	25	5	13	13	22	7	20	6	20	10	28	21	17	12	35	14	15	15	5	23
24	5	27	2	5	20	24	4	12	12	21	6	19	5	19	9	27	20	16	11	34	13	14	14	4	24
25	4	26	1	4	19	23	3	11	11	20	5	18	4	18	8	26	19	15	10	33	12	13	13	3	25
26	3	25	33	3	18	22	2	10	10	19	4	17	3	17	7	25	18	14	9	32	11	12	12	2	26
27	2	24	32	2	17	21	1	9	9	18	3	16	2	16	6	24	17	13	8	31	10	11	11	1	27
28	1	23	31	1	16	20	33	8	8	17	2	15	1	15	5	23	16	12	7	30	9	10	10	38	28
29	23	22	30	38	15	19	32	7	7	16	1	14	23	14	4	22	15	11	6	29	8	9	9	37	29
30	22	21	29	37	14	18	31	6	6	15	33	13	22	13	3	21	14	10	5	28	7	8	8	36	30
31	21	20	28	36	13	17	30	5					21	12	2	20					6	7	7	35	31

1994

1994 TAG	JANUAR k	s	g	f	FEBRUAR k	s	g	f	MÄRZ k	s	g	f	APRIL k	s	g	f	MAI k	s	g	f	JUNI k	s	g	f	1994 TAG
1	5	6	6	34	20	3	8	3	15	3	13	13	7	28	15	20	23	26	18	28	15	23	20	35	1
2	4	5	5	33	19	2	7	2	14	2	12	12	6	27	14	19	22	25	17	27	14	22	19	34	2
3	3	4	4	32	18	1	6	1	13	1	11	11	5	26	13	18	21	24	16	26	13	21	18	33	3
4	2	3	3	31	17	28	5	38	12	28	10	10	4	25	12	17	20	23	15	25	12	20	17	32	4
5	1	2	2	30	16	27	4	37	11	27	9	9	3	24	11	16	19	22	14	24	11	19	16	31	5
6		1	1	29	15	26	3	36	10	26	8	8	2	23	10	15	18	21	13	23	10	18	15	30	6
7	23	28	33	28	14	25	2	35	9	25	7	7	1	22	9	14	17	20	12	22	9	17	14	29	7
8	22	27	32	27	13	24	1	34	8	24	6	6	23	21	8	13	16	19	11	21	8	16	13	28	8
9	21	26	31	26	12	23	33	33	7	23	5	5	22	20	7	12	15	18	10	20	7	15	12	27	9
10	20	25	30	25	11	22	32	32	6	22	4	4	21	19	6	11	14	17	9	19	6	14	11	26	10
11	19	24	29	24	10	21	31	31	5	21	3	3	20	18	5	10	13	16	8	18	5	13	10	25	11
12	18	23	28	23	9	20	30	30	4	20	2	2	19	17	4	9	12	15	7	17	4	12	9	24	12
13	17	22	27	22	8	19	29	29	3	19	1	1	18	16	3	8	11	14	6	16	3	11	8	23	13
14	16	21	26	21	7	18	28	28	2	18	33	38	17	15	2	7	10	13	5	15	2	10	7	22	14
15	15	20	25	20	6	17	27	27	1	17	32	37	16	14	1	6	9	12	4	14	1	9	6	21	15
16	14	19	24	19	5	16	26	26	23	16	31	36	15	13	33	5	8	11	3	13	23	8	5	20	16
17	13	18	23	18	4	15	25	25	22	15	30	35	14	12	32	4	7	10	2	12	22	7	4	19	17
18	12	17	22	17	3	14	24	24	21	14	29	34	13	11	31	3	6	9	1	11	21	6	3	18	18
19	11	16	21	16	2	13	23	23	20	13	28	33	12	10	30	2	5	8	33	10	20	5	2	17	19
20	10	15	20	15	1	12	22	22	19	12	27	32	11	9	29	1	4	7	32	9	19	4	1	16	20
21	9	14	19	14	23	11	21	21	18	11	26	31	10	8	28	38	3	6	31	8	18	3	33	15	21
22	8	13	18	13	22	10	20	20	17	10	25	30	9	7	27	37	2	5	30	7	17	2	32	14	22
23	7	12	17	12	21	9	19	19	16	9	24	29	8	6	26	36	1	4	29	6	16	1	31	13	23
24	6	11	16	11	20	8	18	18	15	8	23	28	7	5	25	35	23	3	28	5	15	28	30	12	24
25	5	10	15	10	19	7	17	17	14	7	22	27	6	4	24	34	22	2	27	4	14	27	29	11	25
26	4	9	14	9	18	6	16	16	13	6	21	26	5	3	23	33	21	1	26	3	13	26	28	10	26
27	3	8	13	8	17	5	15	15	12	5	20	25	4	2	22	32	20	28	25	2	12	25	27	9	27
28	2	7	12	7	16	4	14	14	11	4	19	24	3	1	21	31	19	27	24	1	11	24	26	8	28
29	1	6	11	6					10	3	18	23	2	28	20	30	18	26	23	38	10	23	25	7	29
30	23	5	10	5					9	2	17	22	1	27	19	29	17	25	22	37	9	22	24	6	30
31	22	4	9	4					8	1	16	21					16	24	21	36					31

1994 TAG	JULI k	s	g	f	AUGUST k	s	g	f	SEPTEMBER k	s	g	f	OKTOBER k	s	g	f	NOVEMBER k	s	g	f	DEZEMBER k	s	g	f	1994 TAG
1	8	21	23	5	23	18	25	12	15	15	27	19	8	13	30	27	23	10	32	34	16	8	2	4	1
2	7	20	22	4	22	17	24	11	14	14	26	18	7	12	29	26	22	9	31	33	15	7	1	3	2
3	6	19	21	3	21	16	23	10	13	13	25	17	6	11	28	25	21	8	30	32	14	6	33	2	3
4	5	18	20	2	20	15	22	9	12	12	24	16	5	10	27	24	20	7	29	31	13	5	32	1	4
5	4	17	19	1	19	14	21	8	11	11	23	15	4	9	26	23	19	6	28	30	12	4	31	38	5
6	3	16	18	38	18	13	20	7	10	10	22	14	3	8	25	22	18	5	27	29	11	3	30	37	6
7	2	15	17	37	17	12	19	6	9	9	21	13	2	7	24	21	17	4	26	28	10	2	29	36	7
8	1	14	16	36	16	11	18	5	8	8	20	12	1	6	23	20	16	3	25	27	9	1	28	35	8
9	23	13	15	35	15	10	17	4	7	7	19	11	23	5	22	19	15	2	24	26	8	28	27	34	9
10	22	12	14	34	14	9	16	3	6	6	18	10	22	4	21	18	14	1	23	25	7	27	26	33	10
11	21	11	13	33	13	8	15	2	5	5	17	9	21	3	20	17	13	28	22	24	6	26	25	32	11
12	20	10	12	32	12	7	14	1	4	4	16	8	20	2	19	16	12	27	21	23	5	25	24	31	12
13	19	9	11	31	11	6	13	38	3	3	15	7	19	1	18	15	11	26	20	22	4	24	23	30	13
14	18	8	10	30	10	5	12	37	2	2	14	6	18	28	17	14	10	25	19	21	3	23	22	29	14
15	17	7	9	29	9	4	11	36	1	1	13	5	17	27	16	13	9	24	18	20	2	22	21	28	15
16	16	6	8	28	8	3	10	35	23	28	12	4	16	26	15	12	8	23	17	19	1	21	20	27	16
17	15	5	7	27	7	2	9	34	22	27	11	3	15	25	14	11	7	22	16	18	23	20	19	26	17
18	14	4	6	26	6	1	8	33	21	26	10	2	14	24	13	10	6	21	15	17	22	19	18	25	18
19	13	3	5	25	5	28	7	32	20	25	9	1	13	23	12	9	5	20	14	16	21	18	17	24	19
20	12	2	4	24	4	27	6	31	19	24	8	38	12	22	11	8	4	19	13	15	20	17	16	23	20
21	11	1	3	23	3	26	5	30	18	23	7	37	11	21	10	7	3	18	12	14	19	16	15	22	21
22	10	28	2	22	2	25	4	29	17	22	6	36	10	20	9	6	2	17	11	13	18	15	14	21	22
23	9	27	1	21	1	24	3	28	16	21	5	35	9	19	8	5	1	16	10	12	17	14	13	20	23
24	8	26	33	20	23	23	2	27	15	20	4	34	8	18	7	4	23	15	9	11	16	13	12	19	24
25	7	25	32	19	22	22	1	26	14	19	3	33	7	17	6	3	22	14	8	10	15	12	11	18	25
26	6	24	31	18	21	21	33	25	13	18	2	32	6	16	5	2	21	13	7	9	14	11	10	17	26
27	5	23	30	17	20	20	32	24	12	17	1	31	5	15	4	1	20	12	6	8	13	10	9	16	27
28	4	22	29	16	19	19	31	23	11	16	33	30	4	14	3	38	19	11	5	7	12	9	8	15	28
29	3	21	28	15	18	18	30	22	10	15	32	29	3	13	2	37	18	10	4	6	11	8	7	14	29
30	2	20	27	14	17	17	29	21	9	14	31	28	2	12	1	36	17	9	3	5	10	7	6	13	30
31	1	19	26	13	16	16	28	20					1	11	33	35					9	6	5	12	31

1995

1995 TAG	JANUAR k	s	g	f	FEBRUAR k	s	g	f	MÄRZ k	s	g	f	APRIL k	s	g	f	MAI k	s	g	f	JUNI k	s	g	f	1995 TAG
1	8	5	4	11	23	2	6	18	18	2	11	28	10	27	13	35	3	25	16	5	18	22	18	12	1
2	7	4	3	10	22	1	5	17	17	1	10	27	9	26	12	34	2	24	15	4	17	21	17	11	2
3	6	3	2	9	21	28	4	16	16	28	9	26	8	25	11	33	1	23	14	3	16	20	16	10	3
4	5	2	1	8	20	27	3	15	15	27	8	25	7	24	10	32	23	22	13	2	15	19	15	9	4
5	4	1	33	7	19	26	2	14	14	26	7	24	6	23	9	31	22	21	12	1	14	18	14	8	5
6	3	28	32	6	18	25	1	13	13	25	6	23	5	22	8	30	21	20	11	38	13	17	13	7	6
7	2	27	31	5	17	24	33	12	12	24	5	22	4	21	7	29	20	19	10	37	12	16	12	6	7
8	1	26	30	4	16	23	32	11	11	23	4	21	3	20	6	28	19	18	9	36	11	15	11	5	8
9	23	25	29	3	15	22	31	10	10	22	3	20	2	19	5	27	18	17	8	35	10	14	10	4	9
10	22	24	28	2	14	21	30	9	9	21	2	19	1	18	4	26	17	16	7	34	9	13	9	3	10
11	21	23	27	1	13	20	29	8	8	20	1	18	23	17	3	25	16	15	6	33	8	12	8	2	11
12	20	22	26	38	12	19	28	7	7	19	33	17	22	16	2	24	15	14	5	32	7	11	7	1	12
13	19	21	25	37	11	18	27	6	6	18	32	16	21	15	1	23	14	13	4	31	6	10	6	38	13
14	18	20	24	36	10	17	26	5	5	17	31	15	20	14	33	22	13	12	3	30	5	9	5	37	14
15	17	19	23	35	9	16	25	4	4	16	30	14	19	13	32	21	12	11	2	29	4	8	4	36	15
16	16	18	22	34	8	15	24	3	3	15	29	13	18	12	31	20	11	10	1	28	3	7	3	35	16
17	15	17	21	33	7	14	23	2	2	14	28	12	17	11	30	19	10	9	33	27	2	6	2	34	17
18	14	16	20	32	6	13	22	1	1	13	27	11	16	10	29	18	9	8	32	26	1	5	1	33	18
19	13	15	19	31	5	12	21	38	23	12	26	10	15	9	28	17	8	7	31	25	23	4	33	32	19
20	12	14	18	30	4	11	20	37	22	11	25	9	14	8	27	16	7	6	30	24	22	3	32	31	20
21	11	13	17	29	3	10	19	36	21	10	24	8	13	7	26	15	6	5	29	23	21	2	31	30	21
22	10	12	16	28	2	9	18	35	20	9	23	7	12	6	25	14	5	4	28	22	20	1	30	29	22
23	9	11	15	27	1	8	17	34	19	8	22	6	11	5	24	13	4	3	27	21	19	28	29	28	23
24	8	10	14	26	23	7	16	33	18	7	21	5	10	4	23	12	3	2	26	20	18	27	28	27	24
25	7	9	13	25	22	6	15	32	17	6	20	4	9	3	22	11	2	1	25	19	17	26	27	26	25
26	6	8	12	24	21	5	14	31	16	5	19	3	8	2	21	10	1	28	24	18	16	25	26	25	26
27	5	7	11	23	20	4	13	30	15	4	18	2	7	1	20	9	23	27	23	17	15	24	25	24	27
28	4	6	10	22	19	3	12	29	14	3	17	1	6	28	19	8	22	26	22	16	14	23	24	23	28
29	3	5	9	21					13	2	16	38	5	27	18	7	21	25	21	15	13	22	23	22	29
30	2	4	8	20					12	1	15	37	4	26	17	6	20	24	20	14	12	21	22	21	30
31	1	3	7	19					11	28	14	36					19	23	19	13					31

1995 TAG	JULI k	g	f	AUGUST k	g	f	SEPTEMBER k	g	f	OKTOBER k	g	f	NOVEMBER k	g	f	DEZEMBER k	g	f	1995 TAG
1	11	20	20	3	17	27	18	14	34	11	12	4	3	30	11	19	7	19	1
2	10	19	19	2	16	26	17	13	33	10	11	3	2	29	10	18	6	18	2
3	9	18	18	1	15	25	16	12	32	9	10	2	1	8	9	17	5	17	3
4	8	17	17	23	14	24	15	11	31	8	9	1	23	7	8	16	4	16	4
5	7	16	16	22	13	23	14	10	30	7	8	38	22	6	27	15	3	15	5
6	6	15	15	21	12	22	13	9	29	6	7	37	21	5	26	14	2	14	6
7	5	14	14	20	11	21	12	8	28	5	6	36	20	4	25	13	1	13	7
8	4	13	13	19	10	20	11	7	27	4	5	35	19	3	24	12	28	12	8
9	3	12	12	18	9	19	10	6	26	3	4	34	18	2	23	11	27	11	9
10	2	11	11	17	8	18	9	5	25	2	3	33	17	28	22	10	26	10	10
11	1	10	10	16	7	17	8	4	24	1	2	32	16	27	21	9	25	9	11
12	23	9	9	15	6	16	7	3	23	23	1	31	15	26	19	8	24	8	12
13	22	8	8	14	5	15	6	2	22	22	28	30	14	25	18	7	23	7	13
14	21	7	7	13	4	14	5	1	21	21	27	29	13	24	17	6	22	6	14
15	20	6	6	12	3	13	4	28	20	20	26	28	12	23	16	5	21	5	15
16	19	5	5	11	2	12	3	27	19	19	25	27	11	22	15	4	20	4	16
17	18	4	4	10	1	11	2	26	18	18	24	26	10	21	14	3	19	3	17
18	17	3	3	9	28	10	1	25	17	17	23	25	9	20	13	2	18	2	18
19	16	2	2	8	27	9	23	24	16	16	22	24	8	19	12	1	17	1	19
20	15	1	1	7	26	8	22	23	15	15	21	23	7	18	11	23	16	38	20
21	14	28	38	6	25	7	21	22	14	14	20	22	6	17	10	22	15	37	21
22	13	27	37	5	24	6	20	21	13	13	19	21	5	16	9	21	14	36	22
23	12	26	36	4	23	5	19	20	12	12	18	20	4	15	8	20	13	35	23
24	11	25	35	3	22	4	18	19	11	11	17	19	3	14	7	19	12	34	24
25	10	24	34	2	21	3	17	18	10	10	16	18	2	13	6	18	11	33	25
26	9	23	33	1	20	2	16	17	33	9	15	17	1	12	25	17	10	32	26
27	8	22	32	23	19	1	15	16	32	8	14	16	23	11	24	16	9	31	27
28	7	21	31	22	18	38	14	15	31	7	13	15	22	10	23	15	8	30	28
29	6	20	30	21	17	37	13	14	30	6	12	14	21	9	22	14	7	29	29
30	5	19	29	20	16	36	12	13	29	5	11	13	20	8	21	13	6	28	30
31	4	18	28	19	15	35				4	10	12				12	5	27	31

433

1996

1996 TAG	JANUAR k	s	g	f	FEBRUAR k	s	g	f	MÄRZ k	s	g	f	APRIL k	s	g	f	MAI k	s	g	f	JUNI k	s	g	f	1996 TAG
1	11	4	2	26	3	1	4	33	20	28	8	4	12	25	10	11	5	23	13	19	20	28	15	26	1
2	10	3	1	25	2	28	3	32	19	27	7	3	11	24	9	10	4	22	12	18	19	19	14	25	2
3	9	2	33	24	1	27	2	31	18	26	6	2	10	23	8	9	3	21	11	17	18	18	13	24	3
4	8	1	32	23	23	26	1	30	17	25	5	1	9	22	7	8	2	20	10	16	17	17	12	23	4
5	7	28	31	22	22	25	33	29	16	24	4	38	8	21	6	7	1	19	9	15	16	16	11	22	5
6	6	27	30	21	21	24	32	28	15	23	3	37	7	20	5	6	23	18	8	14	15	15	10	21	6
7	5	26	29	20	20	23	31	27	14	22	2	36	6	19	4	5	22	17	7	13	14	14	9	20	7
8	4	25	28	19	19	22	30	26	13	21	1	35	5	18	3	4	21	16	6	12	13	13	8	19	8
9	3	24	27	18	18	21	29	25	12	20	33	34	4	17	2	3	20	15	5	11	12	12	7	18	9
10	2	23	26	17	17	20	28	24	11	19	32	33	3	16	1	2	19	14	4	10	11	11	6	17	10
11	1	22	25	16	16	19	27	23	10	18	31	32	2	15	33	1	18	13	3	9	10	10	5	16	11
12	23	21	24	15	15	18	26	22	9	17	30	31	1	14	32	38	17	12	2	8	9	9	4	15	12
13	22	20	23	14	14	17	25	21	8	16	29	30	23	13	31	37	16	11	1	7	8	8	3	14	13
14	21	19	22	13	13	16	24	20	7	15	28	29	22	12	30	36	15	10	33	6	7	7	2	13	14
15	20	18	21	12	12	15	23	19	6	14	27	28	21	11	29	35	14	9	32	5	6	6	1	12	15
16	19	17	20	11	11	14	22	18	5	13	26	27	20	10	28	34	13	8	31	4	5	5	33	11	16
17	18	16	19	10	10	13	21	17	4	12	25	26	19	9	27	33	12	7	30	3	4	4	32	10	17
18	17	15	18	9	9	12	20	16	3	11	24	25	18	8	26	32	11	6	29	2	3	3	31	9	18
19	16	14	17	8	8	11	19	15	2	10	23	24	17	7	25	31	10	5	28	1	2	2	30	8	19
20	15	13	16	7	7	10	18	14	1	9	22	23	16	6	24	30	9	4	27	38	1	1	29	7	20
21	14	12	15	6	6	9	17	13	23	8	21	22	15	5	23	29	8	3	26	37	23	28	28	6	21
22	13	11	14	5	5	8	16	12	22	7	20	21	14	4	22	28	7	2	25	36	22	27	27	5	22
23	12	10	13	4	4	7	15	11	21	6	19	20	13	3	21	27	6	1	24	35	21	26	26	4	23
24	11	9	12	3	3	6	14	10	20	5	18	19	12	2	20	26	5	28	23	34	20	25	25	3	24
25	10	8	11	2	2	5	13	9	19	4	17	18	11	1	19	25	4	27	22	33	19	24	24	2	25
26	9	7	10	1	1	4	12	8	18	3	16	17	10	28	18	24	3	26	21	32	18	23	23	1	26
27	8	6	9	38	23	3	11	7	17	2	15	16	9	27	17	23	2	25	20	31	17	22	22	38	27
28	7	5	8	37	22	2	10	6	16	1	14	15	8	26	16	22	1	24	19	30	16	21	21	37	28
29	6	4	7	36	21	1	9	5	15	28	13	14	7	25	15	21	23	23	18	29	15	20	20	36	29
30	5	3	6	35					14	27	12	13	6	24	14	20	22	22	17	28	14	19	19	35	30
31	4	2	5	34					13	26	11	12					21	21	16	27					31

434

1996 TAG	JULI k	s	g	f	AUGUST k	s	g	f	SEPTEMBER k	s	g	f	OKTOBER k	s	g	f	NOVEMBER k	s	g	f	DEZEMBER k	s	g	f	1996 TAG
1	13	18	18	34	5	15	20	3	20	12	22	10	13	10	25	18	5	7	27	25	21	5	30	33	1
2	12	17	17	33	4	14	19	2	19	11	21	9	12	9	24	17	4	6	26	24	20	4	29	32	2
3	11	16	16	32	3	13	18	1	18	10	20	8	11	8	23	16	3	5	25	23	19	3	28	31	3
4	10	15	15	31	2	12	17	38	17	9	19	7	10	7	22	15	2	4	24	22	18	2	27	30	4
5	9	14	14	30	1	11	16	37	16	8	18	6	9	6	21	14	1	3	23	21	17	1	26	29	5
6	8	13	13	29	23	10	15	36	15	7	17	5	8	5	20	13	23	2	22	20	16	28	25	28	6
7	7	12	12	28	22	9	14	35	14	6	16	4	7	4	19	12	22	1	21	19	15	27	24	27	7
8	6	11	11	27	21	8	13	34	13	5	15	3	6	3	18	11	21	28	20	18	14	26	23	26	8
9	5	10	10	26	20	7	12	33	12	4	14	2	5	2	17	10	20	27	19	17	13	25	22	25	9
10	4	9	9	25	19	6	11	32	11	3	13	1	4	1	16	9	19	26	18	16	12	23	21	24	10
11	3	8	8	24	18	5	10	31	10	2	12	38	3	28	15	8	18	25	17	15	11	23	20	23	11
12	2	7	7	23	17	4	9	30	9	1	11	37	2	27	14	7	17	24	16	14	10	22	19	22	12
13	1	6	6	22	16	3	8	29	8	28	10	36	1	26	13	6	16	23	15	13	9	21	18	21	13
14	23	5	5	21	15	2	7	28	7	27	9	35	23	25	12	5	15	22	14	12	8	20	17	20	14
15	22	4	4	20	14	1	6	27	6	26	8	34	22	24	11	4	14	21	13	11	7	19	16	19	15
16	21	3	3	19	13	28	5	26	5	25	7	33	21	23	10	3	13	20	12	10	6	18	15	18	16
17	20	2	2	18	12	27	3	25	4	24	6	32	20	22	9	2	12	19	11	9	5	17	14	17	17
18	19	1	1	17	11	26	3	24	3	23	5	31	19	21	8	1	11	18	10	8	4	16	13	16	18
19	18	28	33	16	10	25	2	23	2	22	4	30	18	20	7	38	10	17	9	7	3	15	12	15	19
20	17	27	32	15	9	24	1	22	1	21	3	29	17	19	6	37	9	16	8	6	2	14	11	14	20
21	16	26	31	14	8	23	33	21	23	20	2	28	16	18	5	36	8	15	7	5	1	13	10	13	21
22	15	25	30	13	7	22	32	20	22	19	1	27	15	17	4	35	7	14	6	4	23	12	9	12	22
23	14	24	29	12	6	21	31	19	21	18	33	26	14	16	3	34	6	13	5	3	22	11	8	11	23
24	13	23	28	11	5	20	30	18	20	17	32	25	13	15	2	33	5	12	4	2	21	10	7	10	24
25	12	22	27	10	4	19	29	17	19	16	31	24	12	14	1	32	4	11	3	1	20	9	6	9	25
26	11	21	26	9	3	18	28	16	18	15	30	23	11	13	33	31	3	10	2	38	19	8	5	8	26
27	10	20	25	8	2	17	27	15	17	14	29	22	10	12	32	30	2	9	1	37	18	7	4	7	27
28	9	19	24	7	1	16	26	14	16	13	28	21	9	11	31	29	1	8	33	36	17	6	3	6	28
29	8	18	23	6	23	15	25	13	15	12	27	20	8	10	30	28	23	7	32	35	16	5	2	5	29
30	7	17	22	5	22	14	24	12	14	11	26	19	7	9	29	27	22	6	31	34	15	4	1	4	30
31	6	16	21	4	21	13	23	11					6	8	28	26					14	3	33	3	31

435

1997

1997 TAG	JANUAR k	s	g	f	FEBRUAR k	s	g	f	MÄRZ k	s	g	f	APRIL k	s	g	f	MAI k	s	g	f	JUNI k	s	g	f	1997 TAG
1	13	2	32	2	5	27	1	9	23	27	6	19	15	24	8	26	8	22	11	34	23	19	13	3	1
2	12	1	31	1	4	26	33	8	22	26	5	18	14	23	7	25	7	21	10	33	22	18	12	2	2
3	11	28	30	38	3	25	32	7	21	25	4	17	13	22	6	24	6	20	9	32	21	17	11	1	3
4	10	27	29	37	2	24	31	6	20	24	3	16	12	21	5	23	5	19	8	31	20	16	10	38	4
5	9	26	28	36	1	23	30	5	19	23	2	15	11	20	4	22	4	18	7	30	19	15	9	37	5
6	8	25	27	35	23	22	29	4	18	22	1	14	10	19	3	21	3	17	6	29	18	14	8	36	6
7	7	24	26	34	22	21	28	3	17	21	33	13	9	18	2	20	2	16	5	28	17	13	7	35	7
8	6	23	25	33	21	20	27	2	16	20	32	12	8	17	1	19	1	15	4	27	16	12	6	34	8
9	5	22	24	32	20	19	26	1	15	19	31	11	7	16	33	18	23	14	3	26	15	11	5	33	9
10	4	21	23	31	19	18	25	38	14	18	30	10	6	15	32	17	22	13	2	25	14	10	4	32	10
11	3	20	22	30	18	17	24	37	13	17	29	9	5	14	31	16	21	12	1	24	13	9	3	31	11
12	2	19	21	29	17	16	23	36	12	16	28	8	4	13	30	15	20	11	33	23	12	8	2	30	12
13	1	18	20	28	16	15	22	35	11	15	27	8	3	12	29	14	19	10	32	22	11	7	1	29	13
14	23	17	19	27	15	14	21	34	10	14	26	7	2	11	28	13	18	9	31	21	10	6	33	28	14
15	22	16	18	26	14	13	20	33	9	13	25	6	1	10	27	12	17	8	30	20	9	5	32	27	15
16	21	15	17	25	13	12	19	32	8	12	24	5	23	9	26	11	16	7	29	19	8	4	31	26	16
17	20	14	16	24	12	11	18	31	7	11	23	4	22	8	25	10	15	6	28	18	7	3	30	25	17
18	19	13	15	23	11	10	17	30	6	10	22	3	21	7	24	9	14	5	27	17	6	2	29	24	18
19	18	12	14	22	10	9	16	29	5	9	21	2	20	6	23	8	13	4	26	16	5	1	28	23	19
20	17	11	13	21	10	8	15	28	4	8	20	1	19	5	22	7	12	3	25	15	4	28	27	22	20
21	16	10	12	20	8	7	14	27	3	7	19	38	18	4	21	6	11	2	24	14	3	27	26	21	21
22	15	9	11	19	7	6	13	26	2	6	18	37	17	3	20	5	10	1	23	13	2	26	25	20	22
23	14	8	10	18	6	5	12	25	1	5	17	35	16	2	19	4	9	28	22	12	1	25	24	19	23
24	13	7	9	17	5	4	11	24	23	4	16	34	15	1	18	3	8	27	21	11	23	24	23	18	24
25	12	6	8	16	4	3	10	23	22	3	15	33	14	28	17	2	7	26	20	10	22	23	22	17	25
26	11	5	7	15	3	2	9	22	21	2	14	32	13	27	16	1	6	25	19	9	21	22	21	16	26
27	10	4	6	14	2	1	8	21	20	1	13	31	12	26	15	38	5	24	18	8	20	21	20	15	27
28	9	3	5	13	1	28	7	20	19	28	12	30	11	25	14	37	4	23	17	7	19	20	19	14	28
29	8	2	4	12					18	27	11	29	10	24	13	36	3	22	16	6	18	19	18	13	29
30	7	1	3	11					17	26	10	28	9	23	12	35	2	21	15	5	17	18	17	12	30
31	6	28	2	10					16	25	9	27					1	20	14	4					31

1997 TAG	JULI k	s	g	f	AUGUST k	s	g	f	SEPTEMBER k	s	g	f	OKTOBER k	s	g	f	NOVEMBER k	s	g	f	DEZEMBER k	s	g	f	1997 TAG
1	16	17	16	11	8	14	18	18	23	11	20	25	16	9	23	33	8	6	25	2	1	4	28	10	1
2	15	16	15	10	7	13	17	17	22	10	19	24	15	8	22	32	7	5	24	1	23	3	27	9	2
3	14	15	14	9	6	12	16	16	21	9	18	23	14	7	21	31	6	4	23	38	22	2	26	8	3
4	13	14	13	8	5	11	15	15	20	8	17	22	13	6	20	30	5	3	22	37	21	1	25	7	4
5	12	13	12	7	4	10	14	14	19	7	16	21	12	5	19	29	4	2	21	36	20	28	24	6	5
6	11	12	11	6	3	9	13	13	18	6	15	20	11	4	18	28	3	1	20	35	19	27	23	5	6
7	10	11	10	5	2	8	12	12	17	5	14	19	10	3	17	27	2	28	19	34	18	26	22	4	7
8	9	10	9	4	1	7	11	11	16	4	13	18	9	2	16	26	1	27	18	33	17	25	21	3	8
9	8	9	8	3	23	6	10	10	15	3	12	17	8	1	15	25	23	26	17	32	16	24	20	2	9
10	7	8	7	2	22	5	9	9	14	2	11	16	7	28	14	24	22	25	16	31	15	23	19	1	10
11	6	7	6	1	21	4	8	8	13	1	10	15	6	27	13	23	21	24	15	30	14	22	18	38	11
12	5	6	5	38	20	3	7	7	12	28	9	14	5	26	12	22	20	23	14	29	13	21	17	37	12
13	4	5	4	37	19	2	6	6	11	27	8	13	4	25	11	21	19	22	13	28	12	20	16	36	13
14	3	4	3	36	18	1	5	5	10	26	7	12	3	24	10	20	18	21	12	27	11	19	15	35	14
15	2	3	2	35	17	28	4	4	9	25	6	11	2	23	9	19	17	20	11	26	10	18	14	34	15
16	1	2	1	34	16	27	3	3	8	24	5	10	1	22	8	18	16	19	10	25	9	17	13	33	16
17	23	1	33	33	15	26	2	2	7	23	4	9	23	21	7	17	15	18	9	24	8	16	12	32	17
18	22	28	32	32	14	25	1	1	6	22	3	8	22	20	6	16	14	17	8	23	7	15	11	31	18
19	21	27	31	31	13	24	33	38	5	21	2	7	21	19	5	15	13	16	7	22	6	14	10	30	19
20	20	26	30	30	12	23	32	37	4	20	1	6	20	18	4	14	12	15	6	21	5	13	9	29	20
21	19	25	29	29	11	22	31	36	3	19	33	5	19	17	3	13	11	14	5	20	4	12	8	28	21
22	18	24	28	28	10	21	30	35	2	18	32	4	18	16	2	12	10	13	4	19	3	11	7	27	22
23	17	23	27	27	9	20	29	34	1	17	31	3	17	15	1	11	9	12	3	18	2	10	6	26	23
24	16	22	26	26	8	19	28	33	23	16	30	2	16	14	33	10	8	11	2	17	1	9	5	25	24
25	15	21	25	25	7	18	27	32	22	15	29	1	15	13	32	9	7	10	1	16	23	8	4	24	25
26	14	20	24	24	6	17	26	31	21	14	28	38	14	12	31	8	6	9	33	15	22	7	3	23	26
27	13	19	23	23	5	16	25	30	20	13	27	37	13	11	30	7	5	8	32	14	21	6	2	22	27
28	12	18	22	22	4	15	24	29	19	12	26	36	12	10	29	6	4	7	31	13	20	5	1	21	28
29	11	17	21	21	3	14	23	28	18	11	25	35	11	9	28	5	3	6	30	12	19	4	33	20	29
30	10	16	20	20	2	13	22	27	17	10	24	34	10	8	27	4	2	5	29	11	18	3	32	19	30
31	9	15	19	19	1	12	21	26					9	7	26	3					17	2	31	18	31

437

1998

1998 TAG	JANUAR k	s	g	f	FEBRUAR k	s	g	f	MÄRZ k	s	g	f	APRIL k	s	g	f	MAI k	s	g	f	JUNI k	s	g	f	1998 TAG
1	16	1	30	17	8	26	32	24	3	26	4	34	18	23	6	3	11	21	9	11	3	18	11	18	1
2	15	28	29	16	7	25	31	23	2	25	3	33	17	22	5	2	10	20	8	10	2	17	10	17	2
3	14	27	28	15	6	24	30	22	1	24	2	32	16	21	4	1	9	19	7	9	1	16	9	16	3
4	13	26	27	14	5	23	29	21	23	23	1	31	15	20	3	38	8	18	6	8	23	15	8	15	4
5	12	25	26	13	4	22	28	20	22	22	33	30	14	19	2	37	7	17	5	7	22	14	7	14	5
6	11	24	25	12	3	21	27	19	21	21	32	29	13	18	1	36	6	16	4	6	21	13	6	13	6
7	10	23	24	11	2	20	26	18	20	20	31	28	12	17	33	35	5	15	3	5	20	12	5	12	7
8	9	22	23	10	1	19	25	17	19	19	30	27	11	16	32	34	4	14	2	4	19	11	4	11	8
9	8	21	22	9	23	18	24	16	18	18	29	26	10	15	31	33	3	13	1	3	18	10	3	10	9
10	7	20	21	8	22	17	23	15	17	17	28	25	9	14	30	32	2	12	33	2	17	9	2	9	10
11	6	19	20	7	21	16	22	14	16	16	27	24	8	13	29	31	1	11	32	1	16	8	1	8	11
12	5	18	19	6	20	15	21	13	15	15	26	23	7	12	28	30	23	10	31	38	15	7	33	7	12
13	4	17	18	5	19	14	20	12	14	14	25	22	6	11	27	29	22	9	30	37	14	6	32	6	13
14	3	16	17	4	18	13	19	11	13	13	24	21	5	10	26	28	21	8	29	36	13	5	31	5	14
15	2	15	16	3	17	12	18	10	12	12	23	20	4	9	25	27	20	7	28	35	12	4	30	4	15
16	1	14	15	2	16	11	17	9	11	11	22	19	3	8	24	26	19	6	27	34	11	3	29	3	16
17	23	13	14	1	15	10	16	8	10	10	21	18	2	7	23	25	18	5	26	33	10	2	28	2	17
18	22	12	13	38	14	9	15	7	9	9	20	17	1	6	22	24	17	4	25	32	9	1	27	1	18
19	21	11	12	37	13	8	14	6	8	8	19	16	23	5	21	23	16	3	24	31	8	28	26	38	19
20	20	10	11	36	12	7	13	5	7	7	18	15	22	4	20	22	15	2	23	30	7	27	25	37	20
21	19	9	10	35	11	6	12	4	6	6	17	14	21	3	19	21	14	1	22	29	6	26	24	36	21
22	18	8	9	34	10	5	11	3	5	5	16	13	20	2	18	20	13	28	21	28	5	25	23	35	22
23	17	7	8	33	9	4	10	2	4	4	15	12	19	1	17	19	12	27	20	27	4	24	22	34	23
24	16	6	7	32	8	3	9	1	3	3	14	11	18	28	16	18	11	26	19	26	3	23	21	33	24
25	15	5	6	31	7	2	8	38	2	2	13	10	17	27	15	17	10	25	18	25	2	22	20	32	25
26	14	4	5	30	6	1	7	37	1	1	12	9	16	26	14	16	9	24	17	24	1	21	19	31	26
27	13	3	4	29	5	28	6	36	23	28	11	8	15	25	13	15	8	23	16	23	23	20	18	30	27
28	12	2	3	28	4	27	5	35	22	27	10	7	14	24	12	14	7	22	15	22	22	19	17	29	28
29	11	1	2	27					21	26	9	6	13	23	11	13	6	21	14	21	21	18	16	28	29
30	10	28	1	26					20	25	8	5	12	22	10	12	5	20	13	20	20	17	15	27	30
31	9	27	33	25					19	24	7	4					4	19	12	19					31

438

1998 TAG	JULI k	s	g	f	AUGUST k	s	g	f	SEPTEMBER k	s	g	f	OKTOBER k	s	g	f	NOVEMBER k	s	g	f	DEZEMBER k	s	g	f	1998 TAG
1	19	16	14	26	11	13	16	33	3	10	18	2	19	8	21	10	11	5	23	17	4	3	26	25	1
2	18	15	13	25	10	12	15	32	2	9	17	1	18	7	20	9	10	4	22	16	3	2	25	24	2
3	17	14	12	24	9	11	14	31	1	8	16	38	17	6	19	8	9	3	21	15	2	1	24	23	3
4	16	13	11	23	8	10	13	30	23	7	15	37	16	5	18	7	8	2	20	14	1	28	23	22	4
5	15	12	10	22	7	9	12	29	22	6	14	36	15	4	17	6	7	1	19	13	23	27	22	21	5
6	14	11	9	21	6	8	11	28	21	5	13	35	14	3	16	5	6	28	18	12	22	26	21	20	6
7	13	10	8	20	5	7	10	27	20	4	12	34	13	2	15	4	5	27	17	11	21	25	20	19	7
8	12	9	7	19	4	6	9	26	19	3	11	33	12	1	14	3	4	26	16	10	20	24	19	18	8
9	11	8	6	18	3	5	8	25	18	2	10	32	11	28	13	2	3	25	15	9	19	23	18	17	9
10	10	7	5	17	2	4	7	24	17	1	9	31	10	27	12	1	2	24	14	8	18	22	17	16	10
11	9	6	4	16	1	3	6	23	16	28	8	30	9	26	11	38	1	23	13	7	17	21	16	15	11
12	8	5	3	15	23	2	5	22	15	27	7	29	8	25	10	37	23	22	12	6	16	20	15	14	12
13	7	4	2	14	22	1	4	21	14	26	6	28	7	24	9	36	22	21	11	5	15	19	14	13	13
14	6	3	1	13	21	28	3	20	13	25	5	27	6	23	8	35	21	20	10	4	14	18	13	12	14
15	5	2	33	12	20	27	2	19	12	24	4	26	5	22	7	34	20	19	9	3	13	17	12	11	15
16	4	1	32	11	19	26	1	18	11	23	3	25	4	21	6	33	19	18	8	2	12	16	11	10	16
17	3	28	31	10	18	25	33	17	10	22	2	24	3	20	5	32	18	17	7	1	11	15	10	9	17
18	2	27	30	9	17	24	32	16	9	21	1	23	2	19	4	31	17	16	6	38	10	14	9	8	18
19	1	26	29	8	16	23	31	15	8	20	33	22	1	18	3	30	16	15	5	37	9	13	8	7	19
20	23	25	28	7	15	22	30	14	7	19	32	21	23	17	2	29	15	14	4	36	8	12	7	6	20
21	22	24	27	6	14	21	29	13	6	18	31	20	22	16	1	28	14	13	3	35	7	11	6	5	21
22	21	23	26	5	13	20	28	12	5	17	30	19	21	15	33	27	13	12	2	34	6	10	5	4	22
23	20	22	25	4	12	19	27	11	4	16	29	18	20	14	32	26	12	11	1	33	5	9	4	3	23
24	19	21	24	3	11	18	26	10	3	15	28	17	19	13	31	25	11	10	33	32	4	8	3	2	24
25	18	20	23	2	10	17	25	9	2	14	27	16	18	12	30	24	10	9	32	31	3	7	2	1	25
26	17	19	22	1	9	16	24	8	1	13	26	15	17	11	29	23	9	8	31	30	2	6	1	38	26
27	16	18	21	38	8	15	23	7	23	12	25	14	16	10	28	22	8	7	30	29	1	5	33	37	27
28	15	17	20	37	7	14	22	6	22	11	24	13	15	9	27	21	7	6	29	28	23	4	32	36	28
29	14	16	19	36	6	13	21	5	21	10	23	12	14	8	26	20	6	5	28	27	22	3	31	35	29
30	13	15	18	35	5	12	20	4	20	9	22	11	13	7	25	19	5	4	27	26	21	2	30	34	30
31	12	14	17	34	4	11	19	3					12	6	24	18					20	1	29	33	31

1999

1999 TAG	JANUAR				FEBRUAR				MÄRZ				APRIL				MAI				JUNI				1999 TAG
	k	s	g	f	k	s	g	f	k	s	g	f	k	s	g	f	k	s	g	f	k	s	g	f	
1	19	28	28	32	11	25	30	1	6	25	2	11	21	22	4	18	14	20	7	26	6	17	9	33	1
2	18	27	27	31	10	24	29	38	5	24	1	10	20	21	3	17	13	19	6	25	5	16	8	32	2
3	17	26	26	30	9	23	28	37	4	23	33	9	19	20	2	16	12	18	5	24	4	15	7	31	3
4	16	25	25	29	8	22	27	36	3	22	32	8	18	19	1	15	11	17	4	23	3	14	6	30	4
5	15	24	24	28	7	21	26	35	2	21	31	7	17	18	33	14	10	16	3	22	2	13	5	29	5
6	14	23	23	27	6	20	25	34	1	20	30	6	16	17	32	13	9	15	2	21	1	12	4	28	6
7	13	22	22	26	5	19	24	33	23	19	29	5	15	16	31	12	8	14	1	20	23	11	3	27	7
8	12	21	21	25	4	18	23	32	22	18	28	4	14	15	30	11	7	13	33	19	22	10	2	26	8
9	11	20	20	24	3	17	22	31	21	17	27	3	13	14	29	10	6	12	32	18	21	9	1	25	9
10	10	19	19	23	2	16	21	30	20	16	26	2	12	13	28	9	5	11	31	17	20	8	33	24	10
11	9	18	18	22	1	15	20	29	19	15	25	1	11	12	27	8	4	10	30	16	19	7	32	23	11
12	8	17	17	21	23	14	19	28	18	14	24	38	10	11	26	7	3	9	29	15	18	6	31	22	12
13	7	16	16	20	22	13	18	27	17	13	23	37	9	10	25	6	2	8	28	14	17	5	30	21	13
14	6	15	15	19	21	12	17	26	16	12	22	36	8	9	24	5	1	7	27	13	16	4	29	20	14
15	5	14	14	18	20	11	16	25	15	11	21	35	7	8	23	4	23	6	26	12	15	3	28	19	15
16	4	13	13	17	19	10	15	24	14	10	20	34	6	7	22	3	22	5	25	11	14	2	27	18	16
17	3	12	12	16	18	9	14	23	13	9	19	33	5	6	21	2	21	4	24	10	13	1	26	17	17
18	2	11	11	15	17	8	13	22	12	8	18	32	4	5	20	1	20	3	23	9	12	28	25	16	18
19	1	10	10	14	16	7	12	21	11	7	17	31	3	4	19	38	19	2	22	8	11	27	24	15	19
20	23	9	9	13	15	6	11	20	10	6	16	30	2	3	18	37	18	1	21	7	10	26	23	14	20
21	22	8	8	12	14	5	10	19	9	5	15	29	1	2	17	36	17	28	20	6	9	25	22	13	21
22	21	7	7	11	13	4	9	18	8	4	14	28	23	1	16	35	16	27	19	5	8	24	21	12	22
23	20	6	6	10	12	3	8	17	7	3	13	27	22	28	15	34	15	26	18	4	7	23	20	11	23
24	19	5	5	9	11	2	7	16	6	2	12	26	21	27	14	33	14	25	17	3	6	22	19	10	24
25	18	4	4	8	10	1	6	15	5	1	11	25	20	26	13	32	13	24	16	2	5	21	18	9	25
26	17	3	3	7	9	28	5	14	4	28	10	24	19	25	12	31	12	23	15	1	4	20	17	8	26
27	16	2	2	6	8	27	4	13	3	27	9	23	18	24	11	30	11	22	14	38	3	19	16	7	27
28	15	1	1	5	7	26	3	12	2	26	8	22	17	23	10	29	10	21	13	37	2	18	15	6	28
29	14	28	33	4					1	25	7	21	16	22	9	28	9	20	12	36	1	17	14	5	29
30	13	27	32	3					23	24	6	20	15	21	8	27	8	19	11	35	23	16	13	4	30
31	12	26	31	2					22	23	5	19					7	18	10	34					31

440

Kalender 1999 — Umrechnungstabelle (Juli–Dezember)

1999 TAG	JULI k	JULI s	JULI g	JULI f	AUGUST k	AUGUST s	AUGUST g	AUGUST f	SEPTEMBER k	SEPTEMBER s	SEPTEMBER g	SEPTEMBER f	OKTOBER k	OKTOBER s	OKTOBER g	OKTOBER f	NOVEMBER k	NOVEMBER s	NOVEMBER g	NOVEMBER f	DEZEMBER k	DEZEMBER s	DEZEMBER g	DEZEMBER f	1999 TAG
1	22	15	12	3	14	12	14	10	6	9	16	17	22	7	19	25	14	4	21	32	7	2	24	2	1
2	21	14	11	2	13	11	13	9	5	8	15	16	21	6	18	24	13	3	20	31	6	1	23	1	2
3	20	13	10	1	12	10	12	8	4	7	14	15	20	5	17	23	12	2	19	30	5	28	22	38	3
4	19	12	9	38	11	9	11	7	3	6	13	14	19	4	16	22	11	1	18	29	4	27	21	37	4
5	18	11	8	37	10	8	10	6	2	5	12	13	18	3	15	21	10	28	17	28	3	26	20	36	5
6	17	10	7	36	9	7	9	5	1	4	11	12	17	2	14	20	9	27	16	27	2	25	19	35	6
7	16	9	6	35	8	6	8	4	23	3	10	11	16	1	13	19	8	26	15	26	1	24	18	34	7
8	15	8	5	34	7	5	7	3	22	2	9	10	15	28	12	18	7	25	14	25	23	23	17	33	8
9	14	7	4	33	6	4	6	2	21	1	8	9	14	27	11	17	6	24	13	24	22	22	16	32	9
10	13	6	3	32	5	3	5	1	20	28	7	8	13	26	10	16	5	23	12	23	21	21	15	31	10
11	12	5	2	31	4	2	4	38	19	27	6	7	12	25	9	15	4	22	11	22	20	20	14	30	11
12	11	4	1	30	3	1	3	37	18	26	5	6	11	24	8	14	3	21	10	21	19	19	13	29	12
13	10	3	33	29	2	28	2	36	17	25	4	5	10	23	7	13	2	20	9	20	18	18	12	28	13
14	9	2	32	28	1	27	1	35	16	24	3	4	9	22	6	12	1	19	8	19	17	17	11	27	14
15	8	1	31	27	23	26	33	34	15	23	2	3	8	21	5	11	23	18	7	18	16	16	10	26	15
16	7	28	30	26	22	25	32	33	14	22	1	2	7	20	4	10	22	17	6	17	15	15	9	25	16
17	6	27	29	25	21	24	31	32	13	21	33	1	6	19	3	9	21	16	5	16	14	14	8	24	17
18	5	26	28	24	20	23	30	31	12	20	32	38	5	18	2	8	20	15	4	15	13	13	7	23	18
19	4	25	27	23	19	22	29	30	11	19	31	37	4	17	1	7	19	14	3	14	12	12	6	22	19
20	3	24	26	22	18	21	28	29	10	18	30	36	3	16	33	6	18	13	2	13	11	11	5	21	20
21	2	23	25	21	17	20	27	28	9	17	29	35	2	15	32	5	17	12	1	12	10	10	4	20	21
22	1	22	24	20	16	19	26	27	8	16	28	34	1	14	31	4	16	11	33	11	9	9	3	19	22
23	23	21	23	19	15	18	25	26	7	15	27	33	23	13	30	3	15	10	32	10	8	8	2	18	23
24	22	20	22	18	14	17	24	25	6	14	26	32	22	12	29	2	14	9	31	9	7	7	1	17	24
25	21	19	21	17	13	16	23	24	5	13	25	31	21	11	28	1	13	8	30	8	6	6	33	16	25
26	20	18	20	16	12	15	22	23	4	12	24	30	20	10	27	38	12	7	29	7	5	5	32	15	26
27	19	17	19	15	11	14	21	22	3	11	23	29	19	9	26	37	11	6	28	6	4	4	31	14	27
28	18	16	18	14	10	13	20	21	2	10	22	28	18	8	25	36	10	5	27	5	3	3	30	13	28
29	17	15	17	13	9	12	19	20	1	9	21	27	17	7	24	35	9	4	26	4	2	2	29	12	29
30	16	14	16	12	8	11	18	19	23	8	20	26	16	6	23	34	8	3	25	3	1	1	28	11	30
31	15	13	15	11	7	10	17	18					15	5	22	33					23	28	27	10	31

2000

2000 TAG	JUNI k	s	g	f	MAI k	s	g	f	APRIL k	s	g	f	MÄRZ k	s	g	f	FEBRUAR k	s	g	f	JANUAR k	s	g	f	2000 TAG
1	8	15	6	9	16	18	4	2	23	20	1	32	8	23	32	25	14	24	28	16	22	27	26	9	1
2	7	14	5	8	15	17	3	1	22	19	33	31	7	22	31	24	13	23	27	15	21	26	25	8	2
3	6	13	4	7	14	16	2	38	21	18	32	30	6	21	30	23	12	22	26	14	20	25	24	7	3
4	5	12	3	6	13	15	1	37	20	17	31	29	5	20	29	22	11	21	25	13	19	24	23	6	4
5	4	11	2	5	12	14	33	36	19	16	30	28	4	19	28	21	10	20	24	12	18	23	22	5	5
6	3	10	1	4	11	13	32	35	18	15	29	27	3	18	27	20	9	19	23	11	17	22	21	4	6
7	2	9	33	3	10	12	31	34	17	14	28	26	2	17	26	19	8	18	22	10	16	21	20	3	7
8	1	8	32	2	9	11	30	33	16	13	27	25	1	16	25	18	7	17	21	9	15	20	19	2	8
9	23	7	31	1	8	10	29	32	15	12	26	24	23	15	24	17	6	16	20	8	14	19	18	1	9
10	22	6	30	38	7	9	28	31	14	11	25	23	22	14	23	16	5	15	19	7	13	18	17	38	10
11	21	5	29	37	6	8	27	30	13	10	24	22	21	13	22	15	4	14	18	6	12	17	16	37	11
12	20	4	28	36	5	7	26	29	12	9	23	21	20	12	21	14	3	13	17	5	11	16	15	36	12
13	19	3	27	35	4	6	25	28	11	8	22	20	19	11	20	13	2	12	16	4	10	15	14	35	13
14	18	2	26	34	3	5	24	27	10	7	21	19	18	10	19	12	1	11	15	3	9	14	13	34	14
15	17	1	25	33	2	4	23	26	9	6	20	18	17	9	18	11	23	10	14	2	8	13	12	33	15
16	16	28	24	32	1	3	22	25	8	5	19	17	16	8	17	10	22	9	13	1	7	12	11	32	16
17	15	27	23	31	23	2	21	24	7	4	18	16	15	7	16	9	21	8	12	38	6	11	10	31	17
18	14	26	22	30	22	1	20	23	6	3	17	15	14	6	15	8	20	7	11	37	5	10	9	30	18
19	13	25	21	29	21	28	19	22	5	2	16	14	13	5	14	7	19	6	10	36	4	9	8	29	19
20	12	24	20	28	20	27	18	21	4	1	15	13	12	4	13	6	18	5	9	35	3	8	7	28	20
21	11	23	19	27	19	26	17	20	3	28	14	12	11	3	12	5	17	4	8	34	2	7	6	27	21
22	10	22	18	26	18	25	16	19	2	27	13	11	10	2	11	4	16	3	7	33	1	6	5	26	22
23	9	21	17	25	17	24	15	18	1	26	12	10	9	1	10	3	15	2	6	32	23	5	4	25	23
24	8	20	16	24	16	23	14	17	23	25	11	9	28	28	9	2	14	1	5	31	22	4	3	24	24
25	7	19	15	23	15	22	13	16	22	24	10	8	7	27	8	1	13	28	4	30	21	3	2	23	25
26	6	18	14	22	14	21	12	15	21	23	9	7	6	26	7	38	12	27	3	29	20	2	1	22	26
27	5	17	13	21	13	20	11	14	20	22	8	6	5	25	6	37	11	26	2	28	19	1	33	21	27
28	4	16	12	20	12	19	10	13	19	21	7	5	4	24	5	36	10	25	1	27	18	28	32	20	28
29	3	15	11	19	11	18	9	12	18	20	8	4	3	23	4	35	9	24	33	26	17	27	31	19	29
30	2	14	10	18	10	17	8	11	17	19	5	3	2	22	3	34					16	26	30	18	30
31					9	16	7	10					1	21	2	33					15	25	29	17	31

2000 TAG	JULI k	JULI s	JULI g	JULI f	AUGUST k	AUGUST s	AUGUST g	AUGUST f	SEPTEMBER k	SEPTEMBER s	SEPTEMBER g	SEPTEMBER f	OKTOBER k	OKTOBER s	OKTOBER g	OKTOBER f	NOVEMBER k	NOVEMBER s	NOVEMBER g	NOVEMBER f	DEZEMBER k	DEZEMBER s	DEZEMBER g	DEZEMBER f	2000 TAG
1	1	13	9	17	16	10	11	24	8	7	13	31	1	5	16	1	16	2	18	8	9	28	21	16	1
2	23	12	8	16	15	9	10	23	7	6	12	30	23	4	15	38	15	1	17	7	8	27	20	15	2
3	22	11	7	15	14	8	9	22	6	5	11	29	22	3	14	37	14	28	16	6	7	26	19	14	3
4	21	10	6	14	13	7	8	21	5	4	10	28	21	2	13	36	13	27	15	5	6	25	18	13	4
5	20	9	5	13	12	6	7	20	4	3	9	27	20	1	12	35	12	26	14	4	5	24	17	12	5
6	19	8	4	12	11	5	6	19	3	2	8	26	19	28	11	34	11	25	13	3	4	23	16	11	6
7	18	7	3	11	10	4	5	18	2	1	7	25	18	27	10	33	10	24	12	2	3	22	15	10	7
8	17	6	2	10	9	3	4	17	1	28	6	24	17	26	9	32	9	23	11	1	2	21	14	9	8
9	16	5	1	9	8	2	3	16	23	27	5	23	16	25	8	31	8	22	10	38	1	20	13	8	9
10	15	4	33	8	7	1	2	15	22	26	4	22	15	24	7	30	7	21	9	37	23	19	12	7	10
11	14	3	32	7	6	28	1	14	21	25	3	21	14	23	6	29	6	20	8	36	22	18	11	6	11
12	13	2	31	6	5	27	33	13	20	24	2	20	13	22	5	28	5	19	7	35	21	17	10	5	12
13	12	1	30	5	4	26	32	12	19	23	1	19	12	21	4	27	4	18	6	34	20	16	9	4	13
14	11	28	29	4	3	25	31	11	18	22	33	18	11	20	3	26	3	17	5	33	19	15	8	3	14
15	10	27	28	3	2	24	30	10	17	21	32	17	10	19	2	25	2	16	4	32	18	14	7	2	15
16	9	26	27	2	1	23	29	9	16	20	31	16	9	18	1	24	1	15	3	31	17	13	6	1	16
17	8	25	26	1	23	22	28	8	15	19	30	15	8	17	33	23	23	14	2	30	16	12	5	38	17
18	7	24	25	38	22	21	27	7	14	18	29	14	7	16	32	22	22	13	1	29	15	11	4	37	18
19	6	23	24	37	21	20	26	6	13	17	28	13	6	15	31	21	21	12	33	28	14	10	3	36	19
20	5	22	23	36	20	19	25	5	12	16	27	12	5	14	30	20	20	11	32	27	13	9	2	35	20
21	4	21	22	35	19	18	24	4	11	15	26	11	4	13	29	19	19	10	31	26	12	8	1	34	21
22	3	20	21	34	18	17	23	3	10	14	25	10	3	12	28	18	18	9	30	25	11	7	33	33	22
23	2	19	20	33	17	16	22	2	9	13	24	9	2	11	27	17	17	8	29	24	10	6	32	32	23
24	1	18	19	32	16	15	21	1	8	12	23	8	1	10	26	16	16	7	28	23	9	5	31	31	24
25	23	17	18	31	15	14	20	38	7	11	22	7	23	9	25	15	15	6	27	22	8	4	30	30	25
26	22	16	17	30	14	13	19	37	6	10	21	6	22	8	24	14	14	5	26	21	7	3	29	29	26
27	21	15	16	29	13	12	18	36	5	9	20	5	21	7	23	13	13	4	25	20	6	2	28	28	27
28	20	14	15	28	12	11	17	35	4	8	19	4	20	6	22	12	12	3	24	19	5	1	27	27	28
29	19	13	14	27	11	10	16	34	3	7	18	3	19	5	21	11	11	2	23	18	4	28	26	26	29
30	18	12	13	26	10	9	15	33	2	6	17	2	18	4	20	10	10	1	22	17	3	27	25	25	30
31	17	11	12	25	9	8	14	32					17	3	19	9					2	26	24	24	31

Literatur

Appel, Walter A.: Biorhythmik – Die biologische Erfolgsuhr. mvg – Moderne Verlags Gesellschaft, Landsberg 1984

Appel, Walter A.: Die Macht des Mondes – Wie man den Mondeinfluß testen und nutzen kann. Goldmann Verlag, München 1989

Ahlefeld, Hans-Ulrich: Marketing für die Ehe. München 1977

Alberoni, Francesco: Verliebt sein und lieben. Stuttgart 1983

Austin, Jr. Dr. R. B.: How to make it with another person. New York 1976

Bach, George R./Deutsch, Ronald M.: Pairing. Düsseldorf 1970

Bauer-Debois, Karl: Wie sag ich's meinem Partner. Wien 1982

Beer, Ulrich: Beers Ehebuch. Frankfurt/M. 1978

Bessell, Harold: Testen Sie Ihren LQ (Liebes-Quotient). München 1986

Birzele, Karl: Sonnenaktivität und Biorhythmus des Menschen. Franz Deuticke, Wien 1966

Clinebell, H. u. Ch.: Ehe intim. München 1974

Cohen, Daniel: Biorhythm in your life. Greenwich, USA 1976

Dirks, Heinz: Mensch und Mitmensch im Licht der Psychologie. München o. J.

Dreikurs, Rudolf: Die Ehe – eine Herausforderung. Stuttgart 1972

Drenk, Linda u. Rüdiger: Aktive Partnersuche per Inserat. Hamburg 1985

Ell, Ernst: Warum sich gleich scheiden lassen? Tübingen 1975

English, Fanita: Es ging doch gut – was ging denn schief? München 1982

Eysenck, Hans: Das Partnerbuch – Anleitung zum Glücklichsein. Verlag Molden – S. Seewald, München 1983, S. 25

Fast, Julius/Bernstein, Meredith: Körpersignale der Liebe. Hamburg 1984

Feyler, Günther: Endlich mehr Zeit haben. Heyne-Verlag, München 1982, S. 83

Flachowsky, Gert: Berechenbare Schwäche. In: esotera Nr. 5/ Mai 1981, S. 412 ff.

Fließ, Wilhelm: Der Ablauf des Lebens. Grundlegung zur exakten Biologie. Franz Deuticke, Leipzig–Wien 1923

Fließ, Wilhelm: Das Jahr im Lebendigen. Eugen Diederichs, Jena 1924

Fließ, Wilhelm: Zur Periodenlehre. Eugen Diederichs, Jena 1925

Gale, Mort: Biorhythm Compatibility. Indiana 1978

Genuit, Hans: Praxis der Bio-Rhythmik. Turm Verlag, Bietigheim 1977

Gittelson, Bernard: Biorhythm – A Personal Science. Warner Books, Inc., New York 1980

Ders.: Biorhythm Sports Forecasting. Arco Publishing Company, New York, letzte Umschlagseite

Goethe von, Johann Wolfgang: Die Wahlverwandschaften. dtv, München 1980

Gross, Hugo Max: Biorhythmik. Wilhelm Goldmann Verlag, München 1979

Gruhl, Herbert: Das irdische Gleichgewicht. Ökologie unseres Daseins. Erb Verlag, Düsseldorf 1982, S. 165

Guthrie, R. Dale: Das gewisse Etwas. München 1978

Hajek, Erich: Wie erreiche ich, daß mich meine Partner wirklich verstehen? Wien 1984

Hatzold, Otfried: Wunschkind Sohn oder Tochter. J. F. Lehmanns Verlag, München 1970, S. 46 ff.

Herder von, Johann Gottfried: Gott. Zweite verkürzte und vermehrte Auflage 1800, Bd. 16, S. 558 ff.

Hersey, Rexford: Seele und Gefühl des Arbeiters. Psychologie der Menschenführung. Konkordia-Verlag, Leipzig 1935

Hill, Napoleon / Stone, W. Clement: Erfolg durch positives Denken. Genf 1975

Igenbergs, Erik: Die Kraft des Denkens. München 1981

Jaeggi, Eva / Hollstein, Walter: Wenn Ehen älter werden. München 1985

Joshi, Vasant: Der Erwachte. Leben und Werk von Bhagwan Shree Rajneesh. Synthesis Verlag S. Gerken, Essen 1983

Klages, Ludwig: Vom Wesen des Rhythmus. Gropengiesser, Zürich–Leipzig 1944

Klein, Mavis: Ein Mensch für mich. Düsseldorf–Wien 1982

Kluge, Heidelore: Mitmenschen-Kompaß. Niedernhausen 1980

Knaus, Hermann: Die fruchtbaren und unfruchtbaren Tage der Frau. Wilhelm Goldmann Verlag, München 1966

Kopmeyer, M. R.: Persönlichkeits-Bildung. Ariston Verlag, Genf 1982, S. 211 ff.

Kurth, Hanns: Mit Biorhythmik zum Erfolg. Albert Müller Verlag, Rüschlikon – Zürich 1972, S. 11 ff./ S. 46 ff.

Lauster, Peter: Die Liebe. Düsseldorf 1980

Leonard, George: Der Rhythmus des Kosmos. Scherz Verlag, Bern–München 1983, S. 8

Lermer, Stephan: Geheimnisse der Kommunikation. München 1982

Luce, Gay G.: Körper-Rhythmen. Die Uhr in uns geht ganz genau. Hoffmann und Campe, Hamburg 1973

Mallardi, Vincent: Biorhythms and your Behavior. Philadelphia 1977

Mandel, A. u. K. H.: Einübung in Partnerschaft. München 1975

Masters, William / Johnson, Virginia: Spaß an der Ehe. Wien–München 1976

Mertz, B. A.: Das Du und Ich in der Astrologie. Passende Partner im Horoskop – Wiesbaden 1982

Meves, Christa: Ehe-Alphabet. Freiburg 1973

Meyer, Hermann: Partnerschaft, Gesundheit und Glück in der psychologischen Astrologie. München 1982

Murphy, Joseph: Die Macht Ihres Unterbewußtseins. Ariston Verlag, Genf 1979, S. 43 ff.

Paetz, Günter: Physikalische Medizin und Rehabilitation. In: Zeitschrift für allgemeine und spezielle Medizin, 14. Jahrg. Nov. 1973, Heft 11, S. 345 ff.

Perry S. und Dawson J.: Chronobiologie – die innere Uhr Ihres Körpers. Ariston Verlag, Genf / München 1990

Rebsch, Don: Biorhythm & You: The Facts. Rockville 1977

Rombeck, Hans / Neumann, Wolfgang: Die Beatles – Ihre Karriere, ihre Musik, ihre Erfolge. Bergisch-Gladbach 1977

Rorvik, David / Shettles, Landrum: Junge oder Mädchen. Fritz Molden, Wien–München–Zürich 1970, S. 51 ff.

Ruthe, Reinhold: Psychologie der Partnerwahl. München 1974

Schara, August: All the Presidents Plus. An Insight into Moments of History through Biorhythms. Exposition Press, Hickville, New York 1978

Schindler, L. / Hahlweg, K. / Revenstorf, D.: Partnerschaftsprobleme: Möglichkeiten zur Bewältigung. Berlin 1980

Schultz, Hans-Jürgen: Was der Mensch braucht. Stuttgart 1977

Schwing, Hans: Über Biorhythmen und deren technische Anwendung. Gebr. Leemann & Co., Zürich 1939 (Dissertation)

Seifert, S. u. T.: Ich – Du – Wir. Stuttgart 1977

Simon, Waltraud: Praxis der Eheinstitute. Düsseldorf 1985

Spater, G. und Parsons, Ian: Porträt einer ungewöhnlichen Ehe. Virginia & Leonard Woolf. Fischer Taschenbuch Verlag, Frankfurt 1980, S. 233

Stiegnitz, Peter: Mensch und Soziologie. München 1975

Swoboda, Hermann: Die Perioden des menschlichen Organismus in ihrer psychologischen und biologischen Bedeutung. Deuticke, Leipzig. Wien 1904

Ders.: Die kritischen Tage des Menschen und ihre Berechnung mit dem Periodenschieber. Ebenda 1909

Tatai, Kichinosuke: Biorhythm for Health Design. Japan Publications, Inc., Tokyo 1977

Thürkauf, Max: Rhythmen und Polaritäten im heutigen Bild der Materie in Rhythmen des Lebens. Das kosmische Gesetz von Polarität und Wiederkehr. Herder, München 1981, S. 58

Viscott, David: How to live with another person. New York 1976

Waldeck, Hans: Dein Bluttakt ist dein Schicksal. Gettenbach b. Gelnhausen 1934

West, Peter: Biorhythms – the science of successful living. Wellingborough 1984

Willi, Jürg: Die Zweierbeziehung. Reinbek b. Hamburg 1975

Goldmann
Taschenbücher

Allgemeine Reihe
Unterhaltung und Literatur
Blitz · Jubelbände · Cartoon
Bücher zu Film und Fernsehen
Großschriftreihe
Ausgewählte Texte
Meisterwerke der Weltliteratur
Klassiker mit Erläuterungen
Werkausgaben
Goldmann Classics (in englischer Sprache)
Rote Krimi
Meisterwerke der Kriminalliteratur
Fantasy · Science Fiction
Ratgeber
Psychologie · Gesundheit · Ernährung · Astrologie
Farbige Ratgeber
Sachbuch
Politik und Gesellschaft
Esoterik · Kulturkritik · New Age

Goldmann Verlag · Neumarkter Str. 18 · 8000 München 80

Bitte
senden Sie
mir das neue
Gesamtverzeichnis.

Name: _____

Straße: _____

PLZ/Ort: _____